组织行为学

第四版

龙立荣 编著

21世纪高等院校
力资源管理精品教材
Elaborate Textbooks on HRM for Higher Education

Organizational
Behavior
4th edition

图书在版编目（CIP）数据

组织行为学 / 龙立荣编著．—4版．—大连：东北财经大学出版社，2019.8（2020.11重印）
（21世纪高等院校人力资源管理精品教材）
ISBN 978-7-5654-3668-0

Ⅰ．组… Ⅱ．龙… Ⅲ．组织行为学-高等学校-教材 Ⅳ．C936

中国版本图书馆CIP数据核字（2019）第173733号

东北财经大学出版社出版
（大连市黑石礁尖山街217号 邮政编码 116025）
网 址：http：//www.dufep.cn
读者信箱：dufep@dufe.edu.cn

大连日升彩色印刷有限公司印刷 东北财经大学出版社发行

幅面尺寸：185mm×260mm 字数：563千字 印张：28.25 插页：1

2019年8月第4版 2020年11月第11次印刷

责任编辑：刘东威 责任校对：清 灵
封面设计：冀贵收 版式设计：钟福建

定价：56.00元

教学支持 售后服务 联系电话：（0411）84710309

第四版前言

修订2016版《组织行为学》教材之际，恰遇中美贸易摩擦正酣之时，感慨良多。我国经过40多年的改革开放，自成为世界第二大经济体以来，遇到了第一大经济体美国的强力阻击。在“美国优先”战略的驱动下，美国对我国的高科技行业实施了前所未有的打压，特别是对华为等高科技公司的核心技术出口和研发合作施加限制。这一方面说明了我国经济和科技水平的强大，让美国感到畏惧；另一方面也凸显了我国科技发展的一些短板和弱势，将科技的自主研发提上我国的重要议事日程。

放眼未来，互联网、物联网、人工智能等数字技术必将成为全球新的竞争焦点，谁掌握了核心科技，谁就能够赢得未来发展的主动权。过去，我国主要采用技术引进加自主研发的战略，且主要以引进为主；现在则要平衡引进和自主创新战略，更加注重自主创新。一旦战略目标确定了，人力资源管理就成为实现战略目标的核心。如何根据人的行为特点，激发其创造力，是我国管理需要面对的新挑战和新问题。

其实，互联网本身已经在悄悄地改变着教育教学活动，慕课（Massive Open Online Course，MOOC）的兴起、自媒体的活跃，一直改变着传统教育，也在促进传统教育的变革，教材自然也难以脱离这种冲击，因此，需要与时俱进，融入时代元素。此外，我国改革开放40多年来，经过不断的探索和创新，涌现了许多成功的企业和管理经验，需要我们分析、总结和提炼，以形成新的管理经验或模式。考虑到这两个方面，此次教材的修订，笔者努力尝试融入这两个元素，使教材具有更强的时代性和文化性。

具体来说，此次修订主要体现在以下方面：

第一，突出了新思想，如激励中的合伙人激励、组织结构中的平台型组织、领导中的共享型领导、组织变革与发展中的O2O转变。

第二，突出了新材料。本次修订更新了许多阅读材料，还特别增加了网络阅读资料和网络视频内容。为了使材料具有更强的针对性，所选取的材料笔者都一一观看过，以避免不切主题、浪费时间。

第三，增加了新案例。我国涌现了许多世界500强企业，有不少是与互联网相关的企业，对这些案例的学习、分析和讨论，有利于启发管理智慧。

第四，考虑到教材的篇幅限制，删除了原有的“冲突与管理”一章。

尽管做出了许多的努力，花费了许多时间，特别是结合自己教学过程中遇到的挑战和问题，对教材的内容和辅助学习材料进行了更新和完善，然而，还是有诸多不如意之处。笔者一直觉得，我们一方面要吸收西方先进的管理思想和方法，另一方面也要提炼和总结我国的管理理论和实践，形成一定的文化特色。然而，除了技术手段的限制外，更大的挑战其实来源于管理研究方法。中国人的思维更倾向于整体性、场景性，像中医一样突出个别性；西方人的思维更侧重分析性和跨情境性，如西医的针对性和共同性，这使得东西方在理论和方法上存在很大的差异。加上现在的管理体系都是源于西方发达国家，所以要做实质性的改变，的确非常困难。理想很丰满，现实太骨感，尽管有挑战，但还是想有所作为，因此，笔者阅读了许多成功企业家的传记，也参考了一些企业家的演讲和对话，并且把这些内容作为教材中的小材料，或者课外的阅读和收看材料，希望启发读者，通过教学相长，和大家一起来完成“文化复兴”的伟大使命。

在修订的过程中，笔者借鉴了一些专著和案例资料，对相关的作者一并表示感谢。

华中科技大学管理学院　龙立荣

2019年夏

目　录

第1章　组织行为学概论/1

学习目标/1
1.1　组织行为学定义/2
1.2　人性假设与管理/4
1.3　组织行为学的相关学科/10
1.4　组织行为学的主要内容/12
1.5　组织行为学的研究方法/13
本章小结/23
关键概念/23
单项选择题/23
思考题/23
案例分析题/24
推荐阅读资料/25
网上资源/25

第2章　个体心理与行为/26

学习目标/26
2.1　心理过程与管理/28
2.2　态度与管理/39
2.3　情绪与管理/48
2.4　压力与管理/51
2.5　工作幸福感/57
2.6　个体决策与管理/61
2.7　自我概念的形成与管理/67
2.8　归因理论与管理/69
本章小结/71
关键概念/72
单项选择题/72
思考题/72
案例分析题/72
推荐阅读资料/73

网上资源/74

第3章 个体差异与管理/75

学习目标/75
3.1 能力差异与管理/81
3.2 人格差异与管理/109
3.3 价值观差异与管理/126
3.4 胜任力模型与管理/131
本章小结/136
关键概念/137
单项选择题/137
思考题/137
案例分析题/138
推荐阅读资料/138
网络视频资料/139
网络阅读资料 139
网上资源/139

第4章 激 励/140

学习目标/140
4.1 内容型激励理论/143
4.2 目标设置理论/155
4.3 过程型激励理论/162
4.4 激励理论的综合运用/176
本章小结/178
关键概念/178
单项选择题/178
思考题/179
案例分析题/179
推荐阅读资料/181
网络视频资料 181
网络阅读资料 181
网上资源/181

第5章 群 体/182

学习目标/182
5.1 群体概述/185
5.2 群体活动规律/189

5.3　群体的形成、发展与凝聚力/197
5.4　群体决策/200
5.5　团队与团队建设/205
本章小结/214
关键概念/215
单项选择题/215
思考题/215
案例分析题/216
推荐阅读资料/219
网络视频资料/220
网络阅读资料/220
网上资源/220

第6章　沟　通/221

学习目标/221
6.1　沟通概述/223
6.2　沟通过程/225
6.3　沟通形式和种类/238
6.4　沟通管理/246
本章小结/257
关键概念/258
单项选择题/258
思考题/258
案例分析题/259
推荐阅读资料/261
网络视频资料/261
网络阅读资料/261
网上资源/261

第7章　领　导/262

学习目标/262
7.1　领导概述/269
7.2　领导特质理论/274
7.3　领导行为理论/277
7.4　领导权变理论/284
7.5　领导理论的新进展/291
7.6　领导力提升的艺术/301

本章小结/304
关键概念/305
单项选择题/305
思考题/306
案例分析题/306
推荐阅读资料/313
网络视频资料/313
网络阅读资料/313
网上资源/313

第8章 组织结构与设计/314

学习目标/314
8.1 组织结构概述/317
8.2 组织结构分类/320
8.3 组织理论/332
8.4 组织结构设计/337
本章小结/345
关键概念/346
单项选择题/346
思考题/347
案例分析题/347
推荐阅读资料/349
网上资源/349

第9章 组织变革与发展/350

学习目标/350
9.1 组织变革概述/355
9.2 组织变革的过程理论/365
9.3 组织变革的策略与方法/369
9.4 组织发展与方法/383
本章小结/391
关键概念/392
单项选择题/392
思考题/392
案例分析题/393
推荐阅读资料/395
网络视频资料/395

网络阅读资料/395
网上资源/396

第10章 组织文化/397

学习目标/397
10.1 组织文化的历史与内涵/399
10.2 组织文化的要素及建构/405
10.3 组织文化建设的机制与主体/413
10.4 组织文化建设案例/427
本章小结/437
关键概念/437
单项选择题/437
思考题/438
案例分析题/438
推荐阅读资料/441
网上资源/441

附录 章后客观题参考答案/442

参考文献/443

第1章 组织行为学概论

学习目标

了解组织行为学的学科发展脉络；掌握人性假设及相应的管理方法；重点掌握组织行为学在个体、群体和组织三个层面的主要研究内容；了解组织行为学的一些常用研究方法。

引 例

郭总的困惑

郭总最近终于深刻体会到了解员工心理需求的重要性了。起因是他所管理的部门中最得力的三个助手纷纷离职了。

首先是秦高。他很年轻，毕业没几年，但是肯钻研、有干劲、悟性好，就是有点“狂”，自尊心太强。在试用期内,郭总对他的能力很欣赏。实习结束后，郭总直接安排了一个重要项目给他做。虽然秦高很努力，但结果还是没有完成好任务。郭总觉得等这个项目完了，再好好培养他一下，毕竟自己很欣赏他的能力和工作风格。但还没等项目结束，郭总就收到了秦高的辞职信，理由是他认为自己的能力很强，但不被公司认可，所以想另谋出路。

然后是老田，他是部门的元老了，已经在公司里工作了五年，不管什么技术难题在老田那儿都成了“小儿科”，部门上下对他都很尊重。前天老田要求调到其他部门，原因是他认为在一个部门做同样的事情，简单重复，没有意义，缺乏挑战性。

最后是新来的赵力，他工作踏实，有研究生学历，在公司工作的半年里业绩突出，公司已经把他列为重点培养对象。郭总没想到正准备提拔他的时候他却要离开公司，理由是希望在其他企业得到更好的发展。

三个人的突然离职让郭总在工作上很被动，更让他不能理解的是为什么这些他欣赏的员工都要离他而去呢。经过几天的冥思苦想，他终于有一点理解他们了。郭总认为他们离开的原因是三个人的需求不一样，目前公司没有满足他们的需求。秦高最大的需求是自己的能力被公司认可，而现实的业绩极大地打击了他的自尊心。老田作为老员工，在物质上已经没有想法，他看重的是如何使自己的能力和技术得到提升。赵力是一名研究生，对自己期望很高，他的梦想是进外企，而不是在这种小公司踏踏实实地干一辈子。想到这儿，郭总似乎明白了一些，作为组织中的一名管理者应该多想想员工的“心”。

人类经历了不同的发展阶段，从寻求生存到渴望发展，在满足了基本的物质生活条件后，在一个价值多元化的时代，人们的行为动力和特点变得越来越多元化；特别是在改革开放的今天，受西方文化的影响，新生代员工更加追求个性化的发展，人的社会性和个性的关系也更加复杂。此外，人是结群行动的，在社会中如此，在组织中亦如此。人数增加后，受人际关系的影响，人们的行为也会发生变化。假设1+1应该大于2，但在实际工作和生活中，1+1小于2的现象可能更常见，这也就是人们常说的“三个和尚没水吃”。如何根据这些个人和群体的特点，采取切实有效的办法，充分调动人的积极性和创造性，求大同存小异，群策群力实现组织目标，是组织行为学希望解决的问题。

1.1 组织行为学定义

组织行为学是系统地研究组织环境中所有成员的行为，包括组织成员个人、群体、整个组织在与外部环境相互作用和调适过程中的行为规律的科学。

从理论上说，组织行为学应该从组织层面的介绍开始，了解为了实现组织的战略目标，组织的结构、组织的领导、组织的各个部门、各个部门中的员工如何协同行为，各自发挥自己的功能，齐心协力，朝着组织目标努力，以最小的成本、最高的效率，达成组织的目标。

实际上，组织行为学的教材则更多与理论相反，往往从个人的行为规律开始介绍，然后到群体行为，最后到组织行为。因为贯穿整个组织行为学的内容都是以人为中心的，所以从个体开始研究和介绍，从学习的角度看更符合认知规律，由易到难，人们学习和理解起来也更容易。

个人和组织的关系从源头上看，是因为组织有许多工作需要人来完成，而个人为了追求物质利益和精神利益也需要一个事业的平台，为此个人和组织走到一起。但是，组织的追求和个人的追求不是完全一致的，这就容易产生矛盾和冲突，如何化解这些矛盾和冲突、这些矛盾和冲突背后的逻辑和深层原因是什么，需要我们很好地理解和把握，最终找到解决办法，为人力资源管理、营销实践服务。

综上所述，组织行为学主要研究在组织环境下人们的心理和行为活动规律，以预测和引导人的行为，为实现组织目标服务。从具体研究内容来看，组织行为学的研究领域包括以下几个主要方面：

第一，组织行为学要研究人的心理和行为活动规律。当然，人的心理和行为可能有分歧，人不能心里怎么想，行为上就怎么做，但心理活动是行为的前提，顺应人们的心理活动，促进行为的产生就比较容易；反之，与人们的心理活动相背离，尽管短期能够影响人们的行为，但不能长期地打动人们的心，会出现貌合神离的情形。比如，实行平均主义、大锅饭的管理体制，就是假设人们都是有公心的，都会努力工作；但事实上，人是有私心、有自利倾向的，在干多干少一个样、干好干坏一个样、干与不干一个样的情况下，会出现出工不出力或干脆不干的现象。尽管管理者要求人们认真劳动、努力工作，但实际上效率就是很难提高。联产承包责任制正是顺应了人的行为规律，在多人劳动的情况下，如果工作任务的评价不明确，就可能偷懒或懈怠（social loafing）。为此，将个人的责、权、利统一在一起，每个人的责任、权利、利益捆绑在一起，清清楚楚。如果个人懒惰，结果就会伤害到懒惰者的利益，懒惰行为受到了惩罚，懒惰行为自然就减少了。这些规律还包括其他个人的心理和行为规律，比如人与人之间有没有差异？这些差异如何影响人的行为及效率？人的行为动力是什么？如何根据人的需求予以差异化的激励，以达到组织所期望的行为和目标？个人在单独活动情境下与在群体活动情境下有没有差异？差异有哪些？

第二，组织行为学关心的是人的心理和行为规律，主要是在组织活动的背景下，而不是在所有情境下的心理和行为规律。当然，个人在组织中的活动与组织之外的活动有一定的连续性，但是，在正规组织中，由于人的行为受到整个组织的规范和制度约束，人的心理和行为有一定的特定性，比如在正式组织中，如果委派一个人作为领导，下属的成员就会服从领导的指示；如果是在非正式组织中，人们不一定会服从该人的领导，除非他有较强的号召力和感召力，能够打动追随者的心。简单地说，在正式组织中，人们的行为更多地受到组织管理者在资源分配时的奖惩权力的影响；而在非正式组织中，人们的行为更多地受到组织管理者个人魅力或威信的制约，更加顺应个人的心理感受或情感。在脱离组织背景的非正式场合，比如在火车上、休闲娱乐场所，人们没有组织的约束，常常能更加真实、自由地表达自我，包括对自己所在单位、单位领导、单位同事的负面意见和态度，还有对社会现象、社会问题的看法和观点。一旦变换环境，如回到自己所在的组织，人们就会判若两人，语言往往要谨慎得多，在更多情况下甚至选择了沉默（silence），或者说他人希望其所说的话。因此，为了听到真实的声音，特别是对组织发展有积极意义的意见和建议，现在对谏言行为（voice）、纳谏（voice endorsement）的研究逐渐多起来。

第三，研究组织背景下人们的心理和行为规律，是为了更好地预测和控制人们的行为，使人们的行为与组织期望的目标更接近，以免引起消极的行为，阻碍组织目标的实现。比如，研究发现，人们有与大多数人的行为保持一致的倾向。在市场的不确定性不断增加的今天，工作、服务非常注重时间、效率，人们常常说“计划赶不上变化”，因此，组织很难将所有组织期待的员工的行为都明确进行规定或约定，如果一味地依赖组织的约定，优质、快捷的服务和效率就很难实现。因此，需要组织制定一定的行为规范和原则，让人们明确组织的使命和愿景，并通过员工的相互感染和互动来形成一定的行为规范，这种行为像个磁场，对人的行为方向进行规定，不论是新员工，还是老员工，都会服从大家约定俗成的规矩。组织文化正是通过营造这种氛围，形成一定的群体规范，约束人们的行为。因此，组织文化像一个染缸，凡是经过染缸的人都会带有一定的颜色，这个染缸的色彩可能是积极的，也可能是消极的。阿里巴巴专门设置了“闻味官”，在招聘、考核和晋升过程中，进行价值观对标，引导员工行为的一致性。

第四，研究个人、群体和组织之间相互影响的行为规律。一个组织的领导，他的哪些行为会对组织的群体、个人产生积极的影响？他的哪些行为会对群体和个人产生消极的影响？群体和群体的竞争是否会减少群体内部成员之间的矛盾和冲突？群体内部是以竞争为主还是以合作为主？如何因地制宜地选择？组织与组织之间也有竞争，比如中通、圆通、韵达、顺丰等快递公司之间就存在竞争，不同的空调厂商如格力、美的、海尔、海信等也一样。这些问题也是组织行为学研究的领域。

1.2 人性假设与管理

在了解人的行为规律的过程中，科学性和简单性一直是人们十分看重的。为了找出人的活动的基本规律，有一个最基本的问题需要回答，即人是善良的、勤劳的，还是贪婪的、懒惰的？如果人的本性是善良的、勤劳的，那么管理措施和办法就应该突出宽容、大度；如果人的本性是贪婪的、懒惰的，那么管理措施和办法就应该是严厉、苛刻，尽量不让人有犯错误的机会。

围绕这个问题，长期以来人们争论不休，学者们提出了许多不同的观点，形成了不同的理论。在我国春秋战国时代，就有“人之初，性本善”之说。作为管理者，必须对人性有一个大致的判断，然后基于这些判断来制定管理制度。

西方人考虑问题强调科学性和简单性。他们的学术思维往往有点极端，比如弗洛伊德（Sigmund Freud）将人看成是恶的，需要进行管制；马斯洛（Abraham H.Maslow）则将人看成是善良的，提出以自我实现为中心的管理理念，提倡创造环境引导人发挥和展示其善良行为。实际上，人既有恶的一面，但也不乏善的一面；有的人恶多一些，有的人善多一些；有的群体恶多一些，有的群体善多一些；有的人在人生某一发展阶段恶多一些，在另一个阶段则善多一些。因此，在实际的管理工作中，人们更多地采取兼收并蓄的态度，因人或情境而异综合运用管理措施和方法，以达到理想的管理效果。中国人考虑问题更强调整体思维，注重每一个要素的组合效应，不大关注每一个要素的个体效应，结果限制了人的理性，忽视了对问题的深入研究。这是我们在理解组织行为学的基本原理时经常会遇到的问题。

西方学者麦格雷戈（D.M.McGregor）在1960年将人性分成对立的两类：X理论和Y理论。X理论为性恶说，Y理论则为性善说，与人性假设相对应，其管理的思想和制度也不相同，具体见表1-1。

表1-1 X理论和Y理论的比较

X理论的管理思想	X理论的人性观	Y理论的人性观	Y理论的管理思想
管理的重点是生产率和生产任务，不用考虑情感因素 管理是少数人的事情，工人的任务就是听从管理者指挥	人生来是懒惰的，总想逃避工作	人都是勤奋的，如果环境有利，工作如同游戏或休息一样自然	注重创造适宜的工作环境、工作条件，使人们充分发挥自己的潜力和才能 管理制度也应该保证员工能够充分地表露自己的才能，达到自己所期望的成就
	一般人没什么雄心，也不喜欢负责任，甘心受别人指导	一般人不仅会承担责任，而且会主动寻求责任	
	人生来是以自我为中心的，不关心组织的需要和目标 人是缺乏理性的，不能自律且容易受他人影响	人们在执行任务中能够自我指导和自我控制，控制和惩罚不是实现组织目标的唯一方法	
用金钱刺激员工的积极性，对消极怠工者采用严厉的惩罚措施，即“胡萝卜加大棒”	多数人干工作都是为了满足基本的生理和安全需要	人们有高度的想象力以及创造性；在现代条件下，一般人的潜力只利用了一部分	对人的奖励可分成外在奖励和内在奖励。外在奖励，如加工资、提升良好的人际关系等；内在奖励，如获得知识、增长才干、充分发挥自己的潜能。应该更重视内在奖励

19世纪中期到20世纪早期，由于资本家拼命地进行原始资本积累，竭力榨取工人的剩余价值，工人非常反感。资本家只要求工人努力工作，为了降低成本，他们会提高定额标准，尽可能少地支付工人的工资，为此，工人越来越不愿意努力工作。面对这种劳资对立现状，泰勒（Frederick Winslow Taylor）的经济人假设基本上是把人看成懒惰的、不愿意负责任的。为了通过管理来改变这种现状，提高生产

效率，泰勒提出了科学管理方法，设置合理的劳动定额，既满足资本家提高生产效率的愿望，也满足工人提高待遇的要求。结果，泰勒采用科学的方法管理生产，用金钱激励员工，但忽视了人的社会性需求和情感需求。

改变经济人假设的事件是霍桑（Hawthorne）工厂实验（1924—1932）。当时，坐落在美国芝加哥的西屋电器公司是一家设备完善，福利优越，具有良好娱乐设施、医疗制度和养老金制度的企业，但工人缺乏积极性，生产效率低下。为此，美国科学院组织了一个包括各方面专家在内的研究小组，对该公司的工作条件和生产效率的关系进行全面考察和实验，试图了解提高工作效率的影响因素。霍桑工厂实验是一项以科学管理的逻辑为基础的实验。从1924年开始到1932年结束，在将近8年的时间里，前后分成两个阶段：第一阶段是从1924年11月到1927年5月，在美国国家科学委员会的赞助下进行；第二阶段是从1927年到1932年，在美国哈佛大学教授梅奥（George Elton Mayo）的主持下进行。

由于该公司主要生产电器，当时美国国家科学院的管理专家小组认为，改善照明条件是提高生产效率的重要因素。为了找到最合适的照明条件，专家小组以绕线圈活动为实验情景，在不同照明条件下观察员工绕线圈的数量。这项实验前后共进行了两年半的时间。最开始，实验组的照明从24、46、76烛光逐渐增加，而对照组的照明度始终保持不变，结果发现：在两组强照明的条件下，产量都在不断提高。后来，研究人员又采取了相反的措施，对照组的照明不变，实验组降低照明度，使照明从10、3烛光一直降低到0.06烛光（几乎和月亮光照明度差不多），这时产量才开始下降。这个实验结果让科研人员百思不得其解，因为灯光照明只是影响生产的不太重要的因素。后来霍桑工厂的检查部主任潘诺克在1927年末到1928年冬参加了哈佛大学教授梅奥举办的人事经理报告会，把霍桑工厂实验结果及可能的解释告诉梅奥，并邀请梅奥参加霍桑工厂实验，组成哈佛大学的研究小组，于是便有了梅奥主持的后期研究。

梅奥在进行继电器装配实验时，为了控制影响职工积极性的因素，挑选了6名女工，这些女工在单独的房间中从事继电器装配工作。实验条件是缩短工作日，延长休息时间，提供免费茶点等。结果发现，不论有无这些福利措施，员工的生产积极性都很高，而且撤销这些福利措施后，生产不仅没有下降反而上升了。因此，梅奥解释：这种结果是职工和研究者之间融洽的人际关系所致，即调动职工的积极性，人际关系比福利措施更为有效。简单地说，“金钱不是万能的”，还有一些其他因素影响人的行为。

社会人假设突出了人的社会性需求，认为：（1）人是由社会需要而引发工作动机的，并通过与同事的关系而获得认同感；（2）工人对同事们的影响力要比管理者所给予的经济诱因及控制更重视、更有效；（3）工人们的工作效率随着他们的社会需求的满足程度而改善。

与此相适应，管理方式也应该改变。过去的管理过于注重工作任务的完成与经济奖励之间的联系；现在则需要考虑员工的社会需求，员工是否受到管理者的尊重，是否对单位有归属感，管理者是否给员工提供了参与管理（participative management）的机会等。应该看到，随着物质生活条件的改善，人们的需要逐步由满足生理需要的物质向满足社会性需求的精神过渡，管理者应该敏感地把握员工这一心理需求的变化，通过满足员工的需求来引导和控制员工的行为方向，使员工的行为与组织目标尽量一致。

得到的东西满足了人的需要，其价值就会悄悄地打折。人们经常会发现一个现象：对于得到的东西人们不是很珍惜，而对于得不到的东西人们往往特别看重。随着科技进步，社会经济发展水平的日益改善和提高，生存问题、社会需求得到一定满足后，人们又开始彷徨了，工作的动力和积极性又开始下降，因此，从逻辑上来讲，需要有新的人性观、新的管理理念来适应这种转变。与之相适应，在20世纪50年代，出现了人本主义心理学思想。

马斯洛和罗杰斯（Carl Ransom Rogers）是人本主义的代表人物。罗杰斯的人本主义思想主要在心理咨询领域产生了广泛影响，而马斯洛的需求层次理论则在企业界赢得了普遍的赞誉。马斯洛将人的需求分成五个层次（如图1-1所示），这五个层次有先后顺序，一层一层地提高。按照马斯洛的理论，人生来就是善良的、向上的，有一种内生的发展愿望，就像种子一样，只要外部有合适的阳光和土壤，就会生长。这五个层次的需要是按照一定的顺序出现的。第一是生理与种族繁衍的需要，包括与个人生存和种族繁衍有关的需要，如衣食住行的需要、性的需要等，这与泰勒的经济人假设相一致。当今我国房价高企，员工压力非常大，人们住的需求没有得到满足。第二是安全的需要，个人能够生存下来，但还需要有安全保障，没有安全保障，人同样会不舒服，比如工伤事故保障、医疗保障、雇佣保障、养老金或退休金支付等；而医疗、养老保障也是国人的心病，安全保障问题显现出来。第三是归属与爱的需要，人是社会的人，需要归属于一定的群体，需要人与人之间相互关爱，需要群体之间有和谐的人际关系，这与梅奥在霍桑工厂实验所得到的结果是类似的。第四是尊重的需要，同样也是人的社会属性的反映。第五是自我实现的需要，即实现自我价值、开发自我潜能的愿望。为此，许多企业实行了基于自我实现理论的管理，比如给员工提供良好的工作条件，主动给员工提供学习的机会和发展的空间与平台，让员工的个人或团队成功与组织的成功结合起来。这些措施的实施，不是基于个人和组织的输赢博弈，而是追求双方的共赢格局。个人有杰出的创意和成果，可以和善待他的组织分享；组织将个人看成自己的合作伙伴，而不是视其为简单追求个人利益最大化的自私的人。

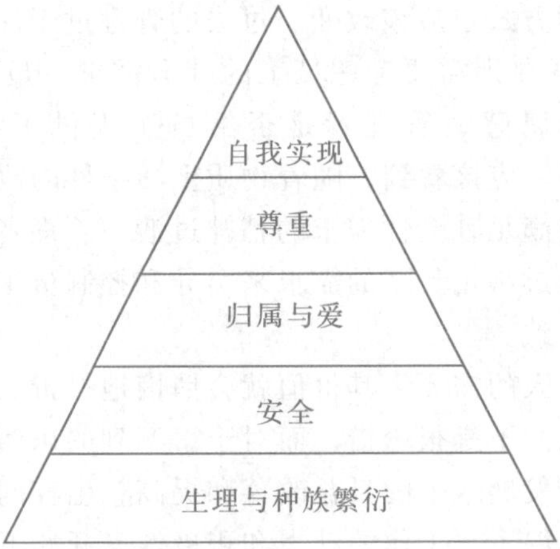

图1-1 马斯洛的需求层次理论

随着管理的不断精细化，简单地运用大数定律对一群人进行粗放管理的理念也显得不合时宜。如何更加明确地对焦个人的差异，进行差异化的精细管理？1965年，美国心理学家沙因（E.H.Schein）把西方的几种人性理论进行了进一步概括，提出了经济人、社会人、自我实现人和复杂人假设。该理论中的经济人（rational-economic man）假设相当于X理论，而自我实现人（self actualizing man）假设就相当于Y理论，但沙因增加了社会人（social man）和复杂人（complex man）假设，使人们对人性的认识更加全面和深入。沙因根据人与社会发展的逻辑，综合考虑了已有的人性理论，逐步勾画出了学者对人性的揭示过程。

起初，受社会经济发展水平的制约，物质匮乏，生存问题一直困扰着人们，与之相关，经济回报的作用巨大，泰勒的经济人假设正好顺应了这个时代的特点。随着工业化水平的提高，人的物质生活相对丰富了，基本的物质生活有了保障，人的社会性需求因而提到议事日程，如果还是用物质刺激人，就很难发挥作用了。正因为如此，通过霍桑工厂实验，形成了梅奥的社会人假设，提出要注重人与人之间的关系，注重尊重员工，满足员工的参与需求。在人们的物质生活得以保障落实，社会性需求得到满足时，人们对精神价值的追求日益凸显。人们不仅希望活出滋味，还想名垂千史，因此也就诞生了马斯洛的自我实现理论。

然而，即使是同一个时代的人，由于天赋、成长环境和际遇不同，个人的生存状况和生存能力也可能千差万别。作为管理者，不能以不变应万变，需要根据管理对象的特点，实施差异化管理。对于一个能力较差、受教育程度有限、竞争力较差、生存难以保证的员工，经济回报具有非常重要的激励作用；对于能力很强、受教育程度较高、在劳动力市场很有竞争力的员工，生存不是主要问题，发展才是至关重要的，如何通过管理创造适合个人潜力充分释放的工作环境和制度，才是管理者的追求。正是考虑到这些细节因素，沙因提出了复杂人假设，以应对人群的差异，实施弹性的、差异化的管理。人性的认识历程尽管时间长、差异大，但本质上是相互联系的。通过图1-2，可以更好地理解各种人性假设的差异和联系。人的差异性还可以通过理论应用1-1予以说明。

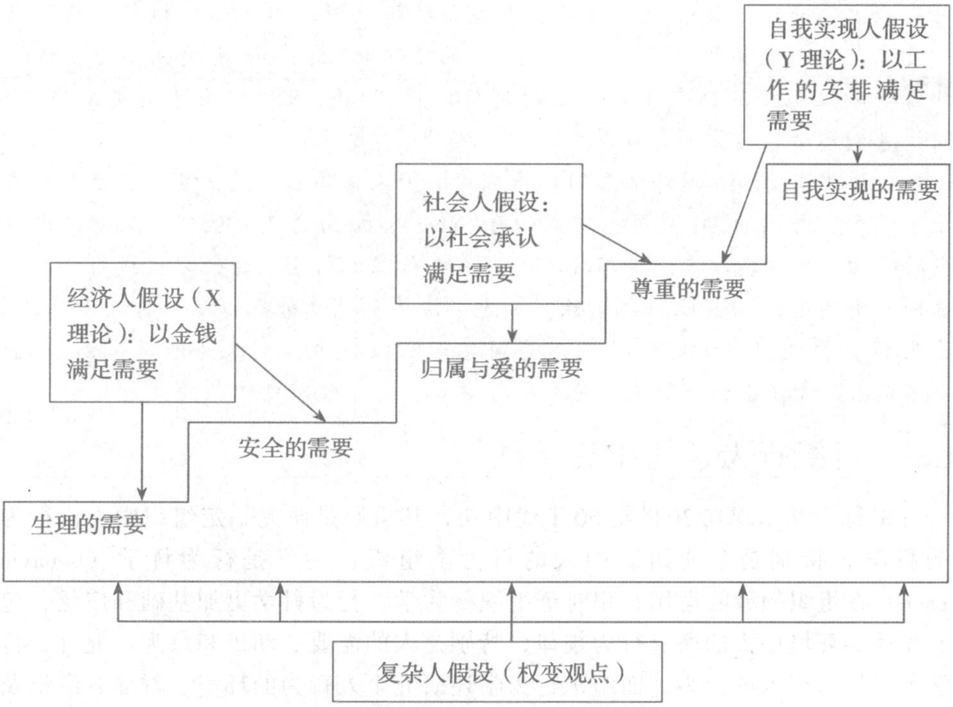

图1-2 人性假设的联系示意图

【理论应用1-1】 **自我管理型团队**

自我管理型团队（self managed work teams）是一种真正独立自主的团队，它不仅注重问题的解决而且执行解决问题的方案，并对工作结果承担全部的责任。这种新型团队一般由10~15人组成，组织规模比较小，这样有利于组织的迅速反应以及组织信息的有效沟通。它不同于问题解决型团队和多功能型团队，它不会因问题的解决而被解散。自我管理型团队一旦在组织中构建，就会成为固定的组织形式。它是一种高度自治的组织形式，自我管理型团队一般都是自己控制工作节奏、决定工作任务的分配、安排工间休息。彻底的自我管理型团队甚至可以挑选自己的成员，并让成员相互进行绩效评估。从理论上来说，自我管理型团队的优势是如此显而易见，在组织中广泛推行自我管理型团队可以增强组织的民主气氛，提高员工的积极性、满意度，从而也就能提高组织的绩效，实现组织的持续性发展。自我管理型团队可以说是高绩效的团队形式。

自我管理型团队是一种在设定的领导人（大多轮流担任）的管理下，自我决策，实现组织目标的具有高度自主权的团队。在这种组织形式中，管理者主要致力于战略性规划。在传统的组织中，管理者往往要花大量的时间去监督他们的下属和解决下属出现的问题，其角色更像一位“救火队长”。自我管理型团队是家族式管理的对立面。家族式管理是一种以自我为中心的、建立在视员工为公司附属物基础上的非理性化管理。自我管理型团队强调以人为中心、视员工为活动主体、员工是公司企业的主人。与其他类型的团队相比，它拥有更大的自主权。一旦给自我管理型团队确定了要完成的目标以后，它就有权自主地决定工作分配、工间休息和质量检验方法等。

自我管理型团队在国外企业的广泛应用，带来很高的收益，显现出巨大的应用价值。例如，美国的3M公司、挪威的BP Norge，应用自我管理型团队创造出员工自我激励的工作环境。在这种环境下，每一个员工都将企业的使命当成自己的使命和责任，有高度的自主性和自觉性，加速了决策和创新效率以及工作效率。此外，在应用自我管理型团队的情况下，美国电话电报公司接线服务质量提高了12%；Shenandoah人寿保险公司削减了员工安置费用，每年能节约20万美元。

1.3 组织行为学的相关学科

组织行为学出现在20世纪60年代中期，其重心是研究一定组织中人们行为规律的科学，特别是企业组织中人的行为。组织行为学是行为科学（behavioral science）在组织领域的运用，相对于组织行为学，行为科学更加基础和广泛，包括自然和社会环境中人的所有行为规律，特别是人的需要、动机和行为。此外，行为科学主要探讨个人的行为，而组织行为学还研究个人行为的环境、群体、组织及其相互关系。由于制约人的行为的因素有很多，既有生理因素，也有心理和社会因素，一般来说，与组织行为学相关联的学科包括心理学、社会学、经济学、管理学、社会心理学、文化人类学、政治学和伦理学等。而心理学则是其中最重要的学科，因为在人的行为表现之前，心理活动最直接；从长远角度看，对人的行为的影响也最持久。

心理学与管理学的结合最早可以追溯到20世纪初，著名心理学家闵斯特伯格（Hugo Münsterberg）在1912年出版了《心理学与工业效率》一书。他认为，为了取得良好的工作效率，有三个方面的关键问题：第一，找到工作的最佳人选；第二，找到获得最满意产量的心理条件；第三，对人实施什么样的影响，才能影响人们的思想，让人们给企业最大的回报。这种人与事（工作）配合的思想还影响了第一次世界大战的征兵和训练，1920年前后，工业心理学成为管理学的重要组成部分。此外，与泰勒合作进行管理科学研究的吉尔布雷思夫妇，在进行动作研究、疲劳研究和制度管理研究方面很重视人的作用，他们用生理学、心理学和教育学的知识来提升和拓展工人的能力，以提高他们的工作效率。其中，丈夫弗兰克·吉尔布雷思（Frank Bunker Gilbreth，1868—1924）被称为“动作研究之父”；妻子莉莲·

吉尔布雷思（Lillian Moller Gilbreth，1878—1972）则出版了《管理心理学》，强调传统管理与科学管理对个人、职能化、激励和福利等的影响，突出了科学管理对培养人的作用。

真正对心理学与工业结合促进比较大的还是梅奥的霍桑工厂实验，该研究突出了企业管理中人的因素，建立了人际关系学派。第二次世界大战后，工业心理学以极快的速度发展，在美国20世纪50年代出现了管理心理学，后来又被称为组织心理学。该学科是心理学向应用方向发展的重要标志性学科，它集心理学中关于人的差异性规律以及社会心理学中关于群体的规律于一身，试图解决组织管理中的实际问题，以顺应人的行为规律，提高组织运行的效率。

社会学的视角对于理解人的行为也功不可没。人有情感、有个人理性，但人毕竟生活在社会中，需要按照社会的行为规范行事；否则就会产生不和谐，就会感受到压力，产生焦虑反应。比如“男大当婚，女大当嫁”也许违背了个人的价值观，但当大多数人都按照这个规则行动时，少数不按照此规则行动的人就会感受到极大的压力。这种压力可能来自父母、朋友、上司等，正因为如此，许多人过年“租”男/女朋友来安慰亲朋好友，有些大龄男女青年甚至因此不敢回家过年。从某种意义上说，行为与行为背后的动机可能是脱节的，但很多时候，组织行为学就是需要关注行为本身。也许有些员工不愿意从事脏、苦、累和危险性高的工作，但许多人都是这样干着自己的工作，不只是一个人如此。有这种社会环境的支撑，为了生存或一种精神追求的约束，人们最终还是付诸了实际的行动。

经济学的视角也制约人的行为。供给和需求直接影响人力资源的价格，在20世纪90年代，由于工业化运动，农业回报相对较低，因此出现了“农民工”（根在农村，工作在城镇的工厂，做的是工人的活），农村人口大量涌向工厂；由于让一部分地区先富起来、一部分人先富起来，地区薪酬待遇差异加大，为此，出现了“孔雀东南飞”的局面，中西部、三四线城市的人才快速向经济发达的地区流动。毕竟，人才的数量是有限的，相对而言，供小于求，市场价格上涨。

生理学、生物学等自然科学对行为的影响作用也很大。不同的人种、不同的年龄、不同的性别、不同的成长环境，对人的行为也有不同的影响。这些规律有些体现在心理学中，有的体现在文化人类学中。

【理论应用1-2】 **王石的悟性**

1988年，万科与美国费城的富兰克林铸币公司合办车模加工厂。最先接触的是中国香港人彼得（Peter），两周后是美籍德国人，一个月后为美籍日本人，又一周后是美籍犹太人律师，最后是美籍爱尔兰人老板。

面对这些来自不同种族的客人，王石由惊讶变得理性，他对此做出了如下解释：中国香港人是中国通，评估万科的实力和信用；德国人谈工艺流程设计，产品组装工序环节以秒为单位；日本人是工艺产品成本控制师，计算每件产品加工费的最经济支出；犹太律师来谈终止合同时双方的责任和义务，非常仔细。

结论是：人是有文化差异的，同样的事情，不同性格的人做，效果是不同的。用人需要精准，才能把事情的每个环节做好，最终产品才能做到最好。

1.4 组织行为学的主要内容

组织行为学主要研究三个层面的问题：首先是个体层面，包括个人的能力、性格的差异性，以及态度和价值观的差异性规律，人的行为动力与激励措施等问题；其次是群体层面，包括群体活动的规律和团队建设、群体内的沟通、群体的冲突与解决；最后是组织层面，包括领导、组织设计、组织变革和发展、组织文化等。

这三个层次相互联系，又相互区别，最终为组织目标的实现服务。其实，这三个层次也可以倒过来分析，就更容易发现三个层次之间的关系。组织为了实现特定的目标，需要完成一系列任务。以一个电视机生产经营组织为例，该组织至少有研究开发、生产制造、销售电视机三项任务，由于这三项任务的性质不同，通常需要由不同的部门来完成；而每个部门的任务一个人完成不了，需要由一群人来合作完成。这三个部门构成了一个组织，这个组织下设的三个部门就至少有三个群体，每个群体又由不同的个体集合而成，如图1-3所示。

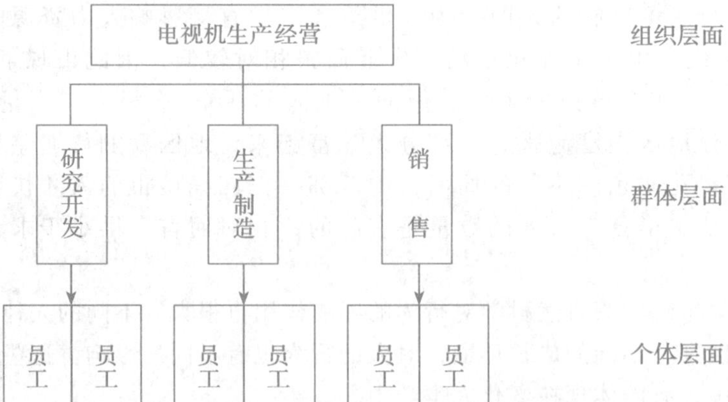

图1-3　组织行为学研究对象示意图

组织层面负责组织机构的设计、人员的配置、组织规章制度的制定、生产和经营的协调等活动。部门则负责特定任务（如新产品开发、生产或销售）的完成，为了高质量、及时地完成任务，需要聘用合格的员工，并激励每一个员工，使他们心往一处想、劲往一处使，尽量不产生内耗，形成一个士气高昂、战斗力强的群体。对于每一个员工，由于其生存和发展所处的环境不同、能力大小不同、所受教育和培训不同、性格不同，擅长的领域也就不同，需要很好地进行人职匹配，用人所长，避人所短，让每个人心情愉快，保质、保量地完成各自的任务。

考虑到组织行为学这门学科的复杂性，许多精细的规律仅仅凭借书本介绍很难真正理解，还需要在实践中运用方能体会其真谛。这里，本书作为一门基础课程的教材，重在勾画学科的轮廓，理解学科的基础性和重要性，因此，有一些辅助性的内容没有全面介绍，比如全球化、国别文化与行为等，有兴趣的读者可参考其他组织行为学著作中的相关内容。

1.5 组织行为学的研究方法

组织行为学的研究主要是揭示组织中人的行为活动的规律。为了科学地描述他们的行为、行为的过程，并正确地解释其行为，需要借助于科学的方法。边缘学科的方法往往是自然科学和社会科学方法的综合集成，让方法为问题服务。按照这种逻辑，边缘学科的研究方法呈现出多元化的趋势。下面简单介绍研究类型及与之相关的研究方法。

1）根据研究的深度分类

根据研究的深度，可以将研究分成三类，即描述性研究、关系性研究和预测性研究。

（1）描述性研究

描述性研究主要是对组织中的行为现象、特点进行描述。比如随着组织竞争的加剧，许多已经周密布置的工作和任务往往会遇到变化，在这种情况下，基于严格分工的做法必然导致许多事先意想不到的工作没有人来做，长期下来就会导致组织的效率下降。种种情况表明：人们的行为需要一些弹性，一旦遇到组织政策规定范围以外的工作，即使组织不支付薪酬，也应该有人主动来完成，以减少管理的成本，提高组织的协调度，改善组织服务的形象。

组织行为学家奥根（Demnis Organ）敏锐地观察到知识经济时代组织中的这种现象，并对这种现象进行了提炼和概括，将其描述为组织公民行为（organizational citizenship behavior，OCB），认为这些行为与过去组织要求的行为不一样，属于付出后组织没有规定具体回报的行为，类似于过去我国号召的“雷锋精神”。众所周知，管理科学主要受到泰勒的科学管理、韦伯（Max Weber）的科层管理等的影响，特别注重分工、责任清晰、按劳付酬等法则，而且过去所有分配考核制度都是建立在这些管理法则的基础上的，这些法则对于组织新需要的行为有何影响，如何通过组织制度改革，唤起员工的组织公民行为就成为当今研究的热点。伯德沙科夫（Podsakoff，1990）提出了组织公民行为的五个核心因素，即利他主义、个人主动性（conscientiousness）、运动员精神（sportsmanship）、公民道德（civic virtue）和谦逊（courtesy）。

此外，我国的改革十分注重个人责权的统一，随着经济全球化、竞争白热化，合作式、以群体为单位的竞争将成为更加有效的方式。然而，许多组织仍然沿用过去习惯化的个人竞争方式，注重个人考核以及以个人为单位的考核方式，结果不能形成团队，依赖个体智慧的研发和创新质量呈现整体性下滑，制约了组织的创新，降低了组织可持续发展的能力。到底制约团队精神形成的根本原因是什么？其与团队成员构成、团队领导、团队评价和激励机制有何关系？这还需要进一步研究和探讨。

（2）关系性研究

这类研究旨在建立不同事物之间的联系，比如工资中的固定部分与员工积极性有关吗？在一种极端情况下，出租车司机不仅没有保底工资，还要交管理费，所有的工资完全靠自己工作的业绩提成而来；在另一种极端情况下，许多国有企事业单位员工、政府公务员则不论干多干少、干好干坏，都可以稳定地获得所有的工资。在这两种制度下，员工的工作态度、工作强度、工作时间是否一样（参见表1-2）？此外，在员工招聘过程中，何种工资收入水平、工资结构可能对员工有吸引力？是以稳定的收入为主，还是以浮动的收入为主？哪些员工看重稳定收益？哪些员工更看重浮动收益？

表1-2　**变动收入强度与劳动积极性的关系**

	固定收入（%）	浮动收入（%）	变动量	积极性
出租车司机	-30	130	大	很高
公务员	90	10	小	低
研发人员	50	50	中	较高

另外，为了提高团队精神，通过部门或团队绩效考核和个人绩效考核相结合，是否比单纯的基于个人的绩效考核更能提高团队精神？按照这个思路，团队业绩与个人业绩考核各自所占的权重多少最有激励效果？比如，是将团队业绩定为70%、个人业绩定为30%更有激励效果，还是换成各占50%更有激励效果？

比较经典的如压力与绩效的关系研究结果表明：过大的压力或过小的压力都不利于达到最佳业绩，而适中的压力效果最好。

（3）预测性研究

这类研究是指研究建立不同变量或事物之间的因果关系模型，以预测未来事物的变化规律。这类研究难度较大，主要解释为什么的问题。比如，如果通过研究发现不同的基因与不同的行为之间的因果联系，就可以通过生物的方法改变基因，达到改变行为的目标。

在行为科学领域，因果型的研究比较少，难度比较大，因为人的行为原因或预测变量太多，而且这些变量之间未必一定呈线性关系，要建立起一个具有解释力的因果模型难度太大。

普莱斯-穆勒（Price-Mueller）建立了离职行为与其影响因素的关系模型（如图1-4所示）。该离职模型的核心是由一系列假设构成的。首先，假设雇员是带着一定的期望进入组织的。如果这些期望能够得到满足的话，雇员会感到满意并对组织有强烈的依附感，所以会保持组织成员的身份。其次，假设雇员和组织之间存在收益交换，组织给雇员种种回报，用于交换雇员的服务。最后，假设雇员追求净收益的最大化。假如多个收益和成本存在，雇员会权衡成本和收益以获得最大的净收益。这种假设基于霍曼斯（Homans）对个体行为的观点。该模型的主要贡献在于它吸收了多个学术领域（心理学和社会学、经济学）对离职的研究成果，在解释雇员离职的心理变化过程方面表现出了很好的预测能力。但是，该模型也因为假设的变量太多，许多假设没有得到检验而受到批评。

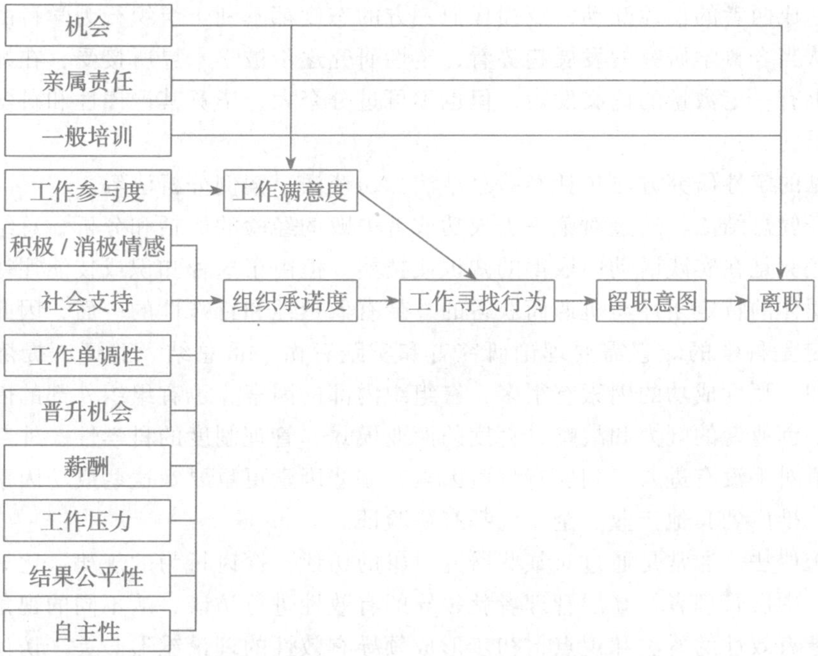

图1-4　普莱斯-穆勒（2000）的离职模型图

图1-4中，组织的支持，如一般培训、工作参与度、薪酬、结果公平性、自主性等都是提高员工组织承诺的重要因素，工作单调性则可能是组织承诺

的消极影响因素，还有个人的积极/消极情感、工作压力等也影响组织承诺高低；作为家庭责任的亲属责任也影响组织承诺；外部的工作机会则是更大的制约因素。

从离职过程来看，影响最大的是员工对工作的满意度以及组织承诺水平或忠诚度，如果二者比较低，可能出现找工作行为，如果找到合适的，就会离职。

2）按照研究的性质分类

按照研究的性质可分成定性研究和定量研究。

（1）定性研究

在组织行为学领域，有许多现成的案例或文献，可以从中总结出一些规律，但是这些规律需要经过检验，方能判断这些规律是否属实。一般来说，定性研究擅长于将客观现象作为一个整体，进行比较系统、全面的描述，定性研究受到描述者的视角、立场、思维水平等的影响，同样一个案例或现象完全可以得到不同的解释或概括。那么，这些经过定性概括、提炼的规律是否是真实的？是否可以推广？这就需要用能够控制的、有标准化测量指标的方法进行检验，这类方法由于更加注重事物的数量特征，因此被称为定量研究。一般来说，定性研究容易提出问题，而定量研究则容易检验问题。如果能够很好地处理两者的关系，充分发挥各自的优势，就有利于形成两者的良性互动，贬损任何一方的态度都不利于组织行为学科的研究和发展。从当今科学研究的发展趋势看，定性研究逐步被学术界所接受，在知名学术杂志中也有一定数量的论文发表；但也不可过分夸大，毕竟其严谨性和科学性还是相对薄弱的。

常见的定性研究方法包括经验总结法、访谈法、案例分析法等。

①经验总结法。通过对某一类成功或者失败的经验的概括和分析，总结出行为规律。经验是在实践活动中取得的知识或技能。但由于这种知识或技能往往是凭借个人或团体的特定条件与机遇而获得的，带有偶然性和特殊性的一面，因此，经验并不一定是科学的。它需要理论研究者和实践者做一番总结、验证、提炼加工工作。比如，百度成功的因素有很多，有组织内部的因素，也有组织外部的因素。内部因素如创业者的魅力和战略、百度的商业模式、管理制度的科学性；外部因素如国际竞争对手没有进入。到底有哪些因素？哪些因素更重要？这些成功因素是否可以复制、推广到其他产业、企业？都有待验证。

②访谈法。通常是通过对某些研究对象的访谈，探讨行为的规律。比如，可以对下属、中层管理者、高层管理者就领导的有效性进行访谈，从不同的视角了解人们对领导有效性的看法和观点，初步形成领导有效性的理论雏形。关于访谈法，有的学者提出了德才兼备的领导观，有的学者则提出了仁慈领导、威权领导、德行领导的领导观。这里的仁慈是对下属的，威权是对工作的，德行则是对领导者自己的。这些访谈的结果，为科学地构建适合中国人的领导有效性理论模型奠定了思想

基础，为科学地开展定量研究确定了方向。

③案例分析法。通过对某个特定的案例的分析和解剖，发现案例成功和失败的规律，并将这种规律推广到更多的组织中去，大大促进了知识和经验分享的覆盖面。虽然案例分析法的优势是可行性高，但问题是缺乏相对的比较、控制，所以得出的结论可能存在严谨性问题。现在有许多学者开始进行多案例比较研究，即通过多个案例，提供适度的比较和控制，更加符合逻辑和科学法则。当然，其设计和数据收集难度相对更大。

（2）定量研究

①研究假设

定量研究首先要确定研究变量，以及变量之间的关系。变量之间的关系可以概括成以下几种：

A.相关关系：两个以上的变量之间的共变情况，或者说不同的事物之间的联系强弱。由于变量之间缺乏明确的时间先后顺序关系，所以不能说它们之间是因果关系。有研究结果表明：智商与每周洗发的次数有关，但不能说智商高导致洗发次数多，更不能说每周洗发次数导致智商的改变。可能这两个事物之间有联系，比如，由于某人智商高，社会地位高，经济收入高，因此他特别讲究仪表，也有条件讲究仪表，所以洗头的次数频繁些，但洗头次数与智商之间一定不是简单的因果关系。

B.因果关系：一个或几个变量导致某一个被预测变量的变化。原因变量（也称为自变量，independent variables）在前，结果变量（也称为因变量，dependent variables）在后。如果一个单位员工流失率很高，为了控制流失率，在企业集团的一个分公司采取了提高待遇、实行多劳多得的试点薪酬激励方案，而其他各分公司仍然沿用过去的激励办法。结果发现：实行了新的薪酬激励方案的分公司员工流失率显著下降了，而没有实行的分公司流失率仍然没有下降，从而就可以将人员流失率下降归因为薪酬激励制度改革的结果。

在有些情况下，人们希望了解两个变量之间是如何联系起来的，这常常借助于中介变量的研究。我们将两个变量之间起衔接作用的变量，称为中介变量（mediator variables）。如果研究发现领导能力与员工业绩和员工对企业的忠诚度有关，那么人们就会问，两者之间是如何联系起来的？中间通过了哪些媒介？于是有人假设两者可能是通过分配公平感联系的。研究思路如图1-5所示。

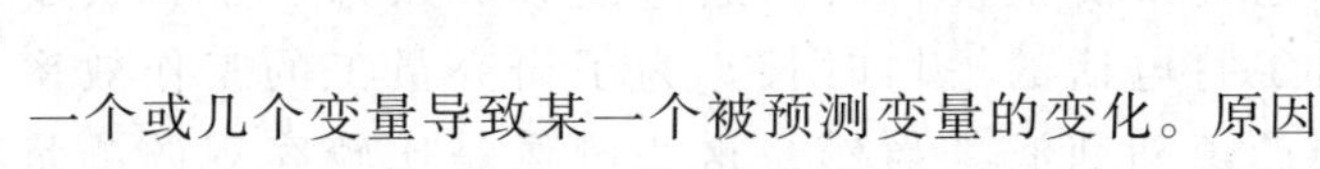

图1-5 中介变量及作用示意图

在有些情况下，两个变量之间的关系可能受到其他因素的制约，这些其他因素就称为调节变量（moderator variables）。调节变量对两个变量之间的关系起干扰作用。随着市场经济体制在我国逐步建立起来，员工逐步接受内部员工之间较大的薪酬差距。较大的薪酬待遇差距能更有效地激励员工的工作积极性和其对企业的忠诚度，在沿海经济发达地区尤其如此。而在我国内地一些观念比较保守的地方，员工可能不能忍受内部员工之间较大的薪酬差距。这种关系如图1-6所示。

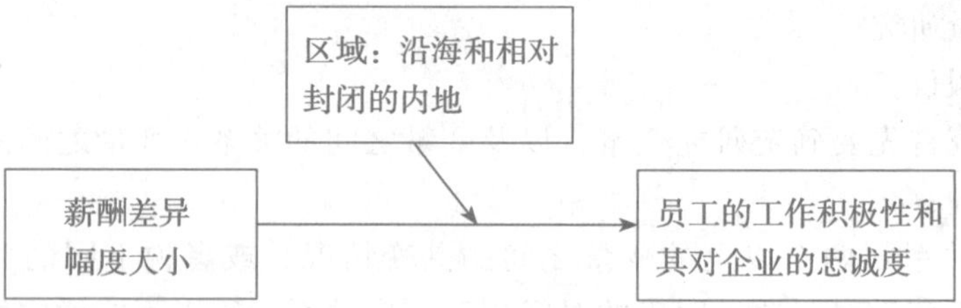

图1-6 调节变量作用示意图

②变量的测量

在组织行为学的研究中，为了获得一般的行为规律，常常需要建立不同的概念之间的量化关系，因此就需要对各种变量进行测量。比如，为了研究一个企业的运行节奏快慢，可以通过观察和录像，了解员工走路的速度，记录和分析员工打电话的平均时长。为了研究员工的工作效率，可以计算员工创造的平均产值和利润。当然，这些测量是比较客观的测量，而许多组织行为学的变量很难客观地测量，而更多地采用主观评价，这就需要有一个相对合理的标准。

在市场经济中，求职是一个非常重要的问题。然而，由于许多人没有经过就业指导的有效培训，常常遇到困惑，也许是不了解自我，也许不善于收集职业信息，也许是不会制订行动计划，也许是受制于诸多因素的影响而难以决策，为此，职业心理学家蓓兹（Betz）开发了职业决策自我效能感问卷。鉴于我国大学生也存在类似的困惑，彭永新和龙立荣修订了部分项目，并在我国大学生中进行试用，有较好的信度和效度，可以作为研究工具使用。

大学生职业决策自我效能量表

本量表（见表1-3）是帮助使用者了解在选择未来职业时所出现的困难及其原因，为进一步进行职业辅导提供科学依据，帮助使用者更好地做出决定。

指导语：请仔细阅读下列每一种说法，并表明你对完成每一项任务有多大的信心。请在答卷纸相应的代号上打“√”。

完全没有信心	有一点信心	有一些信心	比较有信心	完全有信心
1	2	3	4	5

表1-3 **大学生职业决策自我效能量表**

序号	项　目	完全没有信心	有一点信心	有一些信心	比较有信心	完全有信心
1	列出几个你感兴趣的职业或工作	1	2	3	4	5
2	查找你感兴趣的职业或工作的信息	1	2	3	4	5
3	选择一个适合你个人前途的职业或工作	1	2	3	4	5
4	为你的职业或工作目标制订下一个近期和长期计划	1	2	3	4	5
5	即使你灰心丧气，仍坚持为你的职业目标而努力	1	2	3	4	5
6	确定你理想的职业或工作是什么	1	2	3	4	5
7	查找有关聘用你所在系大学生的用人单位的信息	1	2	3	4	5
8	从你正在考虑的可能的职业或工作中挑选一个职业或工作	1	2	3	4	5
9	确定你需要采取的行动步骤，以便成功地获得你已选择的职业或工作	1	2	3	4	5
10	判断一种职业或工作中你认为最有价值的东西	1	2	3	4	5
11	了解某一职业或工作的发展前景	1	2	3	4	5
12	选择一个适合你的生活方式的职业或工作	1	2	3	4	5
13	做出职业决定，不会担心是对还是错	1	2	3	4	5
14	获取老师或辅导员的求职推荐信	1	2	3	4	5
15	解决找工作时遇到的经济困难	1	2	3	4	5
16	确定你最有能力的职业或工作	1	2	3	4	5
17	向老师询问与你所学专业有关的职业和工作的情况	1	2	3	4	5
18	选择你的父母不同意的职业或工作	1	2	3	4	5
19	获得与你未来职业或工作目标有关的工作经验	1	2	3	4	5

续表

	项　目	完全没有信心	有一点信心	有一些信心	比较有信心	完全有信心
20	当你的父母或朋友要你从事你力不能及的职业或工作时，违背他们的意愿	1	2	3	4	5
21	描述你想要从事职业或工作的事务	1	2	3	4	5
22	找到并利用人才交流中心，参加人才交流会	1	2	3	4	5
23	解决与男或女朋友求职时的各种冲突	1	2	3	4	5
24	为了实现你的职业目标，列出你愿意或不愿意失去什么	1	2	3	4	5
25	查明目前或未来某种职业或工作的就业趋势	1	2	3	4	5
26	选择一个适合你兴趣的职业或工作	1	2	3	4	5
27	为了你的职业目标，决定你是否报考研究生或参加职业培训	1	2	3	4	5
28	查明某一职业或工作的人均月收入或年收入	1	2	3	4	5
29	选择一个适合你能力的职业或工作	1	2	3	4	5
30	学习专业以外的有助于你的未来职业的技能	1	2	3	4	5
31	准确地评价你的能力	1	2	3	4	5
32	找一个你感兴趣的职业或工作的已参加工作的人交谈	1	2	3	4	5
33	挑选一个最好的职业或工作，即使要付出更大的努力	1	2	3	4	5
34	利用各种社会关系，获得职业或工作信息	1	2	3	4	5
35	利用国家就业政策和法规，保护自己的正当权益	1	2	3	4	5
36	查找关于研究生招生的信息	1	2	3	4	5
37	选择你想要的职业或工作，即使它的就业机会呈下降趋势	1	2	3	4	5
38	成功地应付求职面试过程	1	2	3	4	5
39	找到就业机会严重不足时的暂时应对措施	1	2	3	4	5

下面是本量表的计分说明：题目中选择1、2、3、4、5中任何一项，计相应分数，如第1题选3，则计3分。全部为正向计分，无反向计分题目。分量表或全量表分数越高，职业决策自我效能越高（见表1-4）。

表1-4 大学生职业决策自我效能感计分方法

因子	题号	总分	均值=总分/题目数
自我评价	1 6 10 16 24 31		
收集信息	2 7 11 17 21 25 28 32 36		
选择目标	3 8 12 13 18 26 29 33 37		
制订规划	4 9 14 19 22 27 30 38		
问题解决	5 15 20 23 34 35 39		

③数据收集方法

收集数据的方法有很多，这里主要介绍常用的几个方法，即实验法、模拟实验法、观察法和问卷法。

A.实验法：是一个控制比较严格、可以得出比较明确的因果关系规律的方法。实验法可以分成实验室实验和现场实验。通常，实验室实验由于控制严格、干扰变量较少，得到的结果比较可靠，其不足是由于实验室环境的控制效果，实验室的条件与社会活动背景差异较大，实验结论的运用比较困难。而现场实验虽然真实可靠，但操作和控制起来难度非常大，而且受许多难以控制的内部和外部因素制约，研究结果不可靠。霍桑工厂实验就是采用了现场实验法，获得了许多有价值的数据。其典型的研究逻辑如图1-7所示。

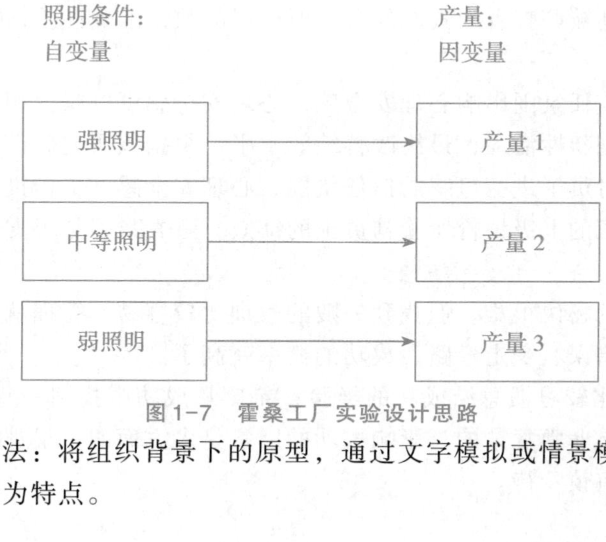

图1-7 霍桑工厂实验设计思路

B.模拟实验法：将组织背景下的原型，通过文字模拟或情景模拟，考查在模拟情境下人们的行为特点。

格林伯格（J.Greenberg，2001）对分配不公平时人们的反应进行了现场模拟实验研究。研究者征集一些素不相识的人参加实验，事先告诉他们工作量与工作待遇的关系。然后研究者创造一个情境，让他们觉得研究者没有让实验者得到应该得到的待遇或回报，这时研究者在参加实验的人员完成工作任务后，让参与实验的人自己到某个特定的地方取钱。这个放置钱的地方没有人监督，而且放置钱的数量肯定超过告诉他们应该领取的钱数。那么，我们看看当实验者遇到这种情况时，是悄悄地多取钱，还是按被告知的钱拿取；如果多取，多取了多少钱。当然，这些参加实验的人不知道研究者过后会清点钱数。结果表明：在人们受到不公平的分配待遇时，“多”取的钱明显超过了研究者公布的他们“应该”取得的钱数。

C.观察法：是通过对研究对象在自然状态下的表现进行观察和记录，从而了解人们行为规律的办法。人的行为有很强的社会性，在知道有人监督和观看的情况下，人们会刻意表现出社会赞许的行为（尽管平时不表现）。为了发现人们真实的行为规律，就需要在比较隐蔽的条件下，观察人们的自发表现，了解在特定环境下人们行为的规律，为制定管理制度奠定基础。

比如，有记者专门研究人们拾金不昧行为出现的概率和条件，用隐蔽的摄像机记录不同情境下人们捡钱后的归还行为。结果发现：在没有明显被他人观察到的情况下，捡到钱后上交或归还的人很少。

在某些情况下，由于观察成本过高，或者由于有些观察可能侵犯人权，因此该方法有很大的局限性。

D.问卷法：是当今进行行为研究的常用方法之一，其优点是效率高，容易实施。缺点则是控制不严格，特别是缺乏时间顺序，导致结果归因分析比较困难。此外，有时很难得到被调查者的真诚配合，所取得的数据准确性差，从而影响了结论的可靠性。

比如，组织信任氛围影响心理安全感，心理安全感可以减少相互的猜疑，可以进行风险较高的创新性活动，最终改善绩效水平。根据该研究假设，可以运用问卷法验证该构想，对员工进行组织的信任氛围、心理安全感、工作投入度、创新活动量等调查，让员工的上级评价所管辖员工的绩效，看看数据是否支持自己的假设和构想。

要获得成功的秘诀很难，但找到失败的教训比较容易。管理就是不断地避免犯错误，只要少犯错误、少走弯路，成功的概率就高了。

但是，人们比较习惯总结成功的经验，希望从成功中找到一些根本性的规律。通常来说，案例是非常复杂的，影响成功的因素是多方面的，很难真正提炼到有价值的真金，需要审慎看待。

本章小结

组织行为学是系统地研究组织环境中所有成员的行为，以及成员个人、群体、整个组织在与外部环境的相互作用和调适中的行为规律的科学。

对人性的假设经历了经济人、社会人、自我实现人和复杂人假设等阶段。不同的人性假设导致不同的管理思想。

组织行为学是行为科学在组织领域的运用。它与心理学、社会学、经济学、管理学、社会心理学、文化人类学、政治学和伦理学关系密切。

组织行为学的研究集中在三个层面：个体层面、群体层面、组织层面。个体层面包括能力、性格的差异性、态度和价值观的差异性规律等；群体层面包括团队建设、群体内的沟通、群体的冲突与解决；组织层面包括领导、组织设计、组织变革和发展、组织文化等。

组织行为学的研究方法呈现出多元化的趋势。根据研究的深度不同，可以将研究分成三类，即描述性研究、关系性研究和预测性研究。按照研究的性质可分成定性研究和定量研究。

关键概念

组织行为学　心理学　人性假设　研究方法

单项选择题

1.1　霍桑工厂实验所反映的关于人性的假说属于（　　）。

A.经济人假说　　B.社会人假说

C.自我实现人假说　　D.复杂人假设

1.2　社会人假设倡导更加关注马斯洛需求层次中的（　　）层次。

A.自我实现需求和生理需求　　B.尊重需求和归属需求

C.生理需求和安全需求　　D.安全需求和尊重需求

1.3　提出需求层次理论的是（　　）。

A.梅奥　　B.马斯洛　　C.赫兹伯格　　D.泰勒

1.4　组织行为学是研究（　　）规律性的科学。

A.一切人的心理活动　　B.一切人的行为

C.一定组织中的人的心理与行为　　D.一切人的心理与行为

思考题

1.1　关于人性的假设有哪些？对管理者来说有什么借鉴意义？

1.2　为什么说霍桑工厂实验改变了经济人假设？

1.3 心理学的哪些领域对组织行为学有贡献？社会学、社会心理学、人类学、政治学等学科可能对组织行为学有什么贡献？

案例分析题

秦志坚的难题

秦志坚刚从一家外资企业跳槽到凯奇公司。在外资企业中，秦志坚的卓越工作才能得到董事会的一致好评，一直做到副总经理的职位。他的朋友和同事很难理解的是他突然从知名外企来到一家新兴的电子技术公司。然而秦志坚却有自己的考虑，对于他来说，外企高薪的吸引力越来越小，他更希望能到一个成长中的组织中展示和提高自己的能力。

凯奇电子成立于2001年，由张晓飞和董立一起创建。张晓飞任董事长，董立任采购部经理。刚来到公司一个星期的秦志坚就对公司的状况有了个大致的了解。公司2013年的销售业绩突破了多项纪录，高层为今年制订的计划是销售业绩增加40%，树立五个新的产品品牌。按照2014年的形势，秦志坚对此满怀信心，认为超额完成任务的可能性很大。

在由各部门经理参加的第一次正式例会上，秦志坚与前来参加例会的研发部经理洪亮、财务部经理老梁和采购部经理董立作了一番寒暄之后，财务部经理把去年的财务状况作了简短的说明。基本上大家都对2013年的财务状况很满意。秦志坚看到大家都很有信心，就把提高2014年财务目标的想法告诉了大家。研发部经理洪亮听了以后面有难色，表示应该看看前两个季度的情况。采购部经理对这个提议很赞同，财务部经理没有表态。秦志坚暗自想，公司领导的作风还是有些保守，迈不开步子，会错过2014年市场产品的调整机遇。

半个月过去了，秦志坚对公司的各部门经理有了更深的认识。洪亮是一个典型的工作狂，整个公司加班最多的就是研发部。老员工董立被反映工作拖沓、不思进取，但由于他是公司老员工，大家都不敢多说。秦志坚正考虑去研发部找洪亮谈谈，想弄清楚上次洪亮对提高2014年财务目标不同意的原因。这时，电话响了，是销售部一个在南京的副经理，言语很焦急。原来是市场对公司的新型号产品需求异常旺盛，而企业目前只研发出了一种新型号的产品并且质量还经常出问题。秦志坚听完以后情绪也有点激动，决定去研发部找洪亮。

来到研发部，秦志坚很直接地询问上半年研发的三种新型号产品到现在还没有完成的原因，没想到性格很直的洪亮站起来直接要求秦志坚和他一起去找董立。原来采购部采购来的产品不仅型号不对，而且质量有很大的问题，很多技术说明都没有附带。这样的话，研发部前期大部分的工作都白做了。秦志坚拿起电话，打到了董立的手机上。董立以市场上原材料供应不及时为理由理直气壮地推脱了责任，没有丝毫的歉意。

秦志坚对此很生气，他赶紧把两个人叫到办公室，商量一下对策。洪亮指责董立不及时预订产品并且原材料质量把关不严。如果还不能进到新的合格原材料，今年的研发任务肯定完不成，销售目标也难以达到。而董立的态度坚决，采购部做的工作已经到位了，只是原材料市场有变化。

这样，销售部指责研发部，研发部埋怨采购部。董立的工作能力和作风影响了公司的业绩，按照目前的状况，上半年的目标肯定完不成。秦志坚在想是不是该换掉他？但是考虑到董事长和董立都是公司的元老而且关系很不一般，董事长很难同意秦志坚的要求。他该怎么办呢？

问题：

1.试从需求层次上分析采购部经理的工作作风。

2.如果你是秦志坚，会如何处理采购部经理的问题？

3.组织行为学研究的主要内容是什么？请简要阐述你认为与这个案例有关的组织行为学的知识。

推荐阅读资料

[1] 麦格雷戈. 企业的人性面 [M]. 韩卉，译，北京：中国人民大学出版社，2008.

[2] 吴增基. 现代社会学 [M]. 上海：上海人民出版社，2005.

[3] 陈晓萍，徐淑英，樊景立，等. 组织与管理研究的实证方法 [M]. 北京：北京大学出版社，2008.

[4] 刘军. 管理研究方法 [M]，北京：中国人民大学出版社，2008.

[5] 李平，曹仰锋. 案例研究方法：理论与范例——凯瑟琳·埃森哈特论文集 [M]. 北京：北京大学出版社，2012.

网上资源

http：//www.psych.org.cn

http：//www.ghrlib.com

http：//www.tmtpost.com

http：//www.ceconline.com

http：//www.chinahrd.net

http：//www.icxo.com

http：//content.businessvalue.com.cn

http：//www.iceo.com.cn

http：//www.gemag.com.cn

微信公众号：管理智慧、北大纵横、正和岛、华商研究院、春暖花开网络视频、财经郎眼

第2章　个体心理与行为

学习目标

重点掌握心理活动的基本过程及影响因素；了解感知的规律；掌握态度的分类和态度改变理论；了解自我概念的形成和管理；了解情绪与管理、压力与管理、不同归因倾向、个体决策中偏差的影响因素。

引　例

张倩和于文的上下级关系

张倩和于文从小在一起上学，关系一直很好。毕业后在同一家企业工作，两人在工作中配合默契、形影不离。但是公司效益不好，不久后倒闭了，两人双双下岗。

后来张倩在一个偶然的机会中得到了在省内一家报社兼职的机会。由于工作业绩突出，她被报社聘为正式员工；不出半年就成了某记者站的负责人。

而于文一直失业在家。张倩见此建议于文来自己的记者站工作，正好记者站缺人手。反正也没有正式工作，于文决定去了。又能和老朋友一起工作了，于文感到很开心。

刚去的时候，于文看见张倩总不习惯喊她张主任，依然直呼其名。弄得张倩很尴尬，为此私下与于文商量了好几次，于文这才称呼她张主任，但心里总感觉两个人之间的距离越来越远。

于文以为凭借着与张倩的关系，自己能获得一个好的职位，没想到刚开始于文就被分派到客户部。客户部的员工经常要去外面拉客户，不仅要风雨无阻，而且要看客户的脸色。这让于文觉得很难做。她决定和张倩说一下，把自己的工作和站里的另外一个女孩换一下。那个女孩性格开朗，交际能力很好，凭着多年的关系，于文想张倩应该给这个面子吧。没想到张倩严词拒绝了，还在一次会议上公开说到这件事。虽然没有直接点名，可是谁都知道那是在说于文。

有了几次不愉快的摩擦后，于文逐渐意识到做好朋友的下属太难了。在工作中张倩那命令的口气实在让她受不了，她决定找个合适的机会离开。朋友升职，友谊就不能长存吗？原来平等、默契的合作关系就不能继续了吗？职位的不同会带来心理和行为上如此大的改变吗？本例就涉及本章中的组织员工心理和行为问题。

个人是构成组织的细胞，个人的心理活动有哪些规律？如何了解？如何控制？个人的心理活动是整个管理活动的基础。

从总体上看，心理活动可分成几个部分：首先是心理活动的动力系统，即人们心理活动的内部和外部的推动力；其次是满足心理活动目的的过程；最后是在这些长期的活动中形成的稳定特征。

根据心理学的解释，人的心理活动的动力系统包括需要、动机、兴趣、理想、信念、价值观等要素。为了满足需要，人们需要从事认识等心理活动。比如，肚子饿了，需要食物（动力），人就会考虑哪里有食物，有没有钱，如何到达获得食物的地方（认识活动过程）；然后将个人的构想付诸实际（意志行动），如果能够找到可口的食物解决饥饿问题，人就会高兴，否则就会烦恼和愤怒（情绪活动）。而积极的情绪活动促进满足需求的行为发生，消极的情绪可能改变人的需求的类型和方式。这些活动长期进行着，一段时间后，这些活动的特征就稳定下来，最终形成比较稳定的价值观、能力和性格特征。心理学将心理现象分成三类：个性倾向性，主要指人行为的动力特征；心理过程，主要指动态的心理活动过程，包括认识、意志、情绪活动；个性心理特征，主要指相对稳定的心理特征，即能力和性格特征。

图2-1是对心理活动的一个简单描述，事实上，心理活动远远比我们描述的要复杂得多。如何完整地分析和认识个人的心理活动，并控制人的行为，是组织实现自身目标的重要手段。在本书中，除本章外，还有两章与这些内容有关，即个别差异（第3章）、激励问题（第4章）。从本质上讲，个别差异主要涉及能力和性格的差异；激励就是要描述个人的动力体系的活动规律，并采取针对性的诱发行为的措施。

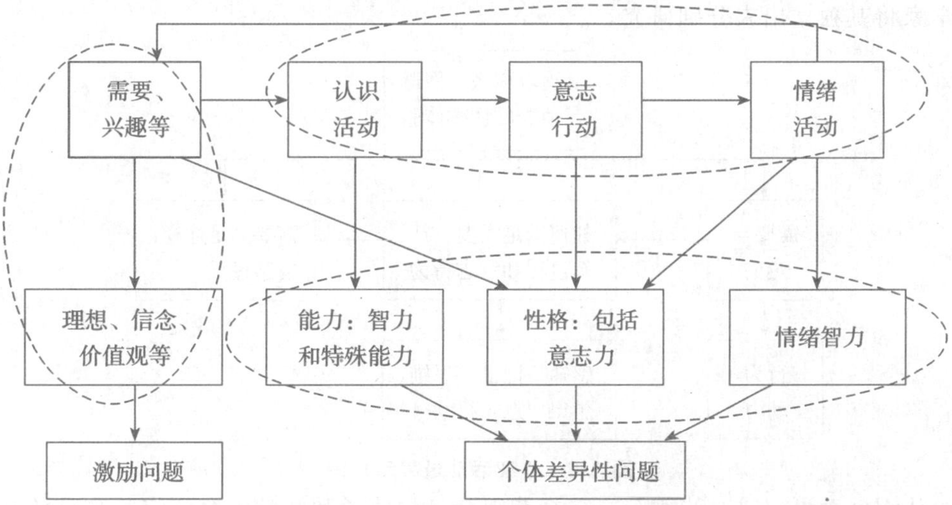

图2-1 心理活动的逻辑体系示意图

2.1 心理过程与管理

2.1.1 心理过程概述

心理过程主要指认识、意志行动和情绪过程。组织行为学关心行为，但也关心行为背后的内在心理历程。从某种意义上说，了解人行为背后的规律显得更加重要，因为迟早这些心理会主导行为。如果一个员工对单位领导不满，而且从长期来看这种状况不可能解决，也许这个员工短期内还在尽力工作，但可能已经开始寻找新单位或新部门了，没有直接提出调离，可能是因为还没有找到合适的新单位或新部门，或者因为配偶或子女入学、老人安置等问题还没有妥善解决，即离开的时机还不成熟等。对公司不利的行为没有表现出来，并非对公司没有意见。一个组织要真正留住员工，要激发员工的工作积极性，从长远的角度考虑，需要很好地掌握人们的内心世界活动的规律。企业和员工的关系就像婚姻一样，如果夫妻双方都不能理解对方，都只站在自己的角度思考问题，那么共同点或交集重叠的地方会越来越少，自然分歧就会越来越大，而且没有合适的渠道沟通以改变对方，这些都会成为离婚的前兆。可能迫于孩子成长的压力，或者社会舆论的压力，暂时没有采取法律手段，可一旦时机合适，离婚是必然的选择。

心理活动过程主要包括认知过程、意志行为、情感过程（如图2-2所示）。在需求导向确立后，人们就需要进行认识活动，通过感知、记忆、思维和想象来寻求达到目标的措施和办法，相当于在精神上进行设计；然后通过意志行动将这些主观构想付诸行动检验；最后人们要对意志行为的结果与原来的需求出发点进行比较，获得积极或消极的情绪感受。这三个过程事实上是连续发生的，为了方便研究，心理学家将其独立出来分别研究。

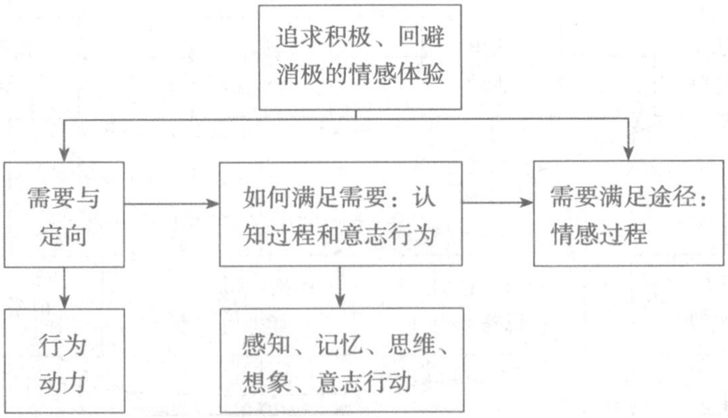

图2-2 心理活动过程示意图

认识活动可以进一步细分，包括获得信息的感觉和知觉、存储信息的记忆、信息的思维和想象。人对客观世界和社会的认识有时是相对客观的、正确的，有时是主观的、错误的，但人是根据主观判断而行动的。因此，主观的判断未必客观正确，但其事实上影响和控制着人的行为。有学者让人们判断，三种交通工具哪种更安全：第一汽车，第二火车，第三飞机。许多人根据自己的生活观察和主观判断，认为飞机最危险，汽车第二危险，火车最安全。事实上，统计结果表明：飞机的事故率最低，汽车的事故率最高，火车居中。但可以肯定，认为飞机最危险的人，在三种交通工具可选的情况下，他/她避免选择飞机出行的可能性最大。人们在主观思维加工时发生了偏差，将飞机出事的可怕性与出事的概率混淆了。了解这些主观活动规律，可以控制人和预测人的行为，达到管理的目的。

意志行动主要是根据个人行为的目标，依据认识活动的帮助，采取行动、实现目标的过程。在实际的行为过程中，人们常常会遇到各种意想不到的困难和障碍，如何克服这些困难和障碍成为焦点，比如坚持性、毅力、果断性等就非常重要。

情感过程是人们从认识和行为结果中获得的体验或感受（也包含行动过程中的感受）。一般来说，人们追求愉快的感受，而回避消极和痛苦的感受。愉快的感受如高兴、幸福、甜美等，消极和痛苦的感受如愤怒、悲哀、恐惧、焦虑、挫折等。从某种意义上说，情感是一种过程性的体验，是人们在追求愉悦、回避痛苦的历程中转化成一种行为的动力。最终经过长期的认知和行为活动，与积极的感受体验相伴的那些需求得以沉积下来，成为比较稳定的需要和价值，与消极的感受体验相伴的那些需求可能被弱化、被回避（作为人生存所需的基本生理需求例外）。这样，人们逐步形成了比较稳定的、适合自己的需求动力。

发现哪些事物能够使人们开心、愉悦，哪些事物会使人们痛苦、难受，是管理者必不可少的技能。如果你的管理能让下属开心，就可能达到“士为知己者死”的效果；反之，下属则可能消极怠工，甚至揭竿而起，闹得你四面楚歌。在市场经济发达的今天，竞争日益激烈，让“客户”产生积极体验，减少烦恼，就能增加回头率，他们甚至愿意支付更高的价格购买服务。星巴克咖啡店就是给在繁忙工作之余的人提供一个安静、休闲的场所。医院为了提高缴费的效率，利用电子技术制作了缴费预存卡，并且在挂号、化验、设备检查、取药等场所、不同的楼层都设置了缴费设施，这就提高了病人和家属的看病体验和满意度，也减少了病人和医院的冲突。

人们喜欢免费的有趣活动，但是又不喜欢看广告。可是没有广告，支撑免费的有趣活动又很难可持续维护。微信丰富了人们的交流，增加了信息的获得渠道，既可以用文字交流，也可以用语音交流，还可以留言、传递文件、图片、转账等；而维护系统的有效运作，改进服务水平，都是需要经费支持的。微信广告是一个重要的收入来源，但是，微信只发少量的广告，增进了用户的积极情绪体验，增加了微信的美誉度。

此外，认识活动的不同环节之间也是相互作用的，感知影响记忆和思维，记忆和思维也影响感知，这些认知活动之间不是绝对独立的。早期有个关于香烟口感的研究，将质量等级相同的烟丝贴上不同价格的标签，让人们品尝并感觉香烟的好坏。结果发现，价格标签高的，人们的感觉更好。这个结果告诉人们，香烟口感的好坏除了受烟丝本身质量的影响以外，还受到标签价格高低的影响。也许在人们的记忆中，“便宜没有好货，好货一定不便宜!”这就意味着价格高一点，品质更好，人们的感觉要更好一些，因此，有时同质可以不同价。

记忆对人的感知的影响可以从图2-3反映出来。一个相同的图形，有时人们感知为A，有时人们感知为H，即人们将不同情境下的同一个形状根据记忆中该形状“应该”是什么字母，进行了感知，而不是客观地感知了。

图2-3 记忆对人的感知的影响

2.1.2 形状知觉、错觉、时间知觉与管理

知觉是人们认识事物的开端。不论对待事还是人，知觉结果直接影响人们后来的心理活动和行为。知觉有很多种分类办法，这里按照知觉的内容将其分成两类：物质知觉和社会知觉。物质知觉指对客观事物的主观反映，包括对事物的空间、时间和运动属性的反映。本书主要介绍空间知觉（这里主要介绍形状知觉）和时间知觉。而社会知觉则是对人的属性的主观反映。

1）形状知觉与管理

空间知觉包括二维形状知觉和三维立体知觉。人们对客观事物的反映既受事物本身的影响，也受个人主观因素的制约。形状知觉主要包括相似法则、接近法则和闭合法则。

相似法则（law of similarity）。在知觉场中有多种刺激物同时存在时，各刺激物之间在某方面的特征（如大小、形状、颜色等）如有相似之处，在知觉上即倾向于将之归属于一类。心理学家们将此种按刺激物相似特征组成知觉经验的心理倾向，称为相似法则。图2-4更容易将圆点看成合在一起，构成一类图形；而将交叉符号看成另一类图形。

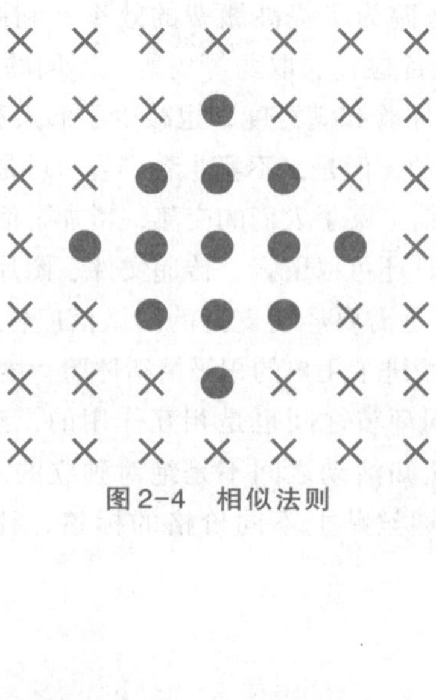

图2-4 相似法则

接近法则（law of proximity）。有时候，在知觉场中刺激物的特征并不十分清楚，甚至在各刺激物之间找不出足以辨别的特征。在这种情境之下，人们常根据以往经验，主观地寻找刺激物之间的关系，以增强其特征性，从而获得有意义的或合乎逻辑的知觉经验。心理学家将此种按刺激物间距离关系而组成知觉经验的心理倾向，称为接近法则。图2-5左边的点更容易被看成4条纵向的点阵，而右边的点则更容易被看成4排横向的点阵。

图2-5　接近法则

闭合法则（law of closure）。知觉刺激物本身既不闭合，也不连接，是观察者把它们看成完整的黑色的圆盘；观察者把很多不连接的白色线条，在心理上连起来，闭合而成一个白色立方体。此种现象为闭合法则，如图2-6所示。

图2-6　闭合法则

在对客观事物进行感知的过程中，受主观经验的影响，知觉还呈现出选择性、整体性、理解性特征。

知觉的选择性，即人们在感知外部事物时，不是对所有的外部事物进行反映，而是根据自己的经验和理解进行选择性的信息加工，形成对客观事物的反映。图2-7中的形状，要么被感知为一个花瓶，要么被感知为两张人脸，两者只能看到其中的一个。

知觉的整体性，是指知觉的实际经验超越了部分刺激相加的总和。例如，一棵绿树上开有红花。绿叶是一部分刺激，红花也是一部分刺激，人们将红花绿叶合起来，在心理上所获得的美感知觉，超过了红与绿两种物理属性之和。

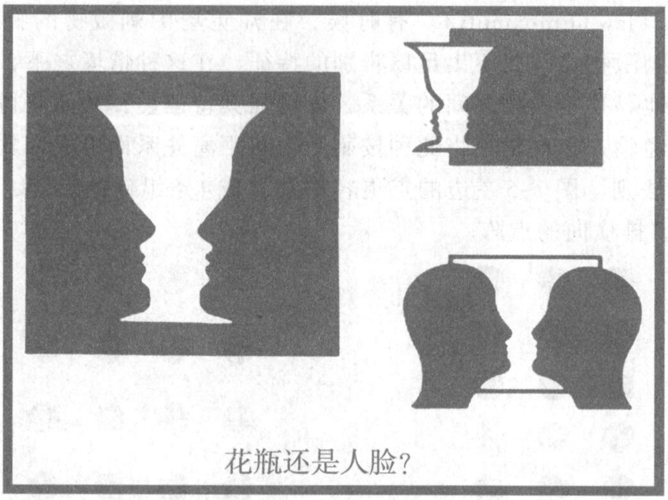

图 2-7 知觉的选择性

知觉的整体性，这是一种心理作用。有时即使引起知觉的刺激，其本身也是零散的，而由之所得的知觉经验，仍然是整体的。图 2-8 是主观轮廓的图形，客观地说，图中的各个图形碎片独立时没有意义，但经过人的整合或整体把握，就感知成一个三角形在另一个三角形之上。

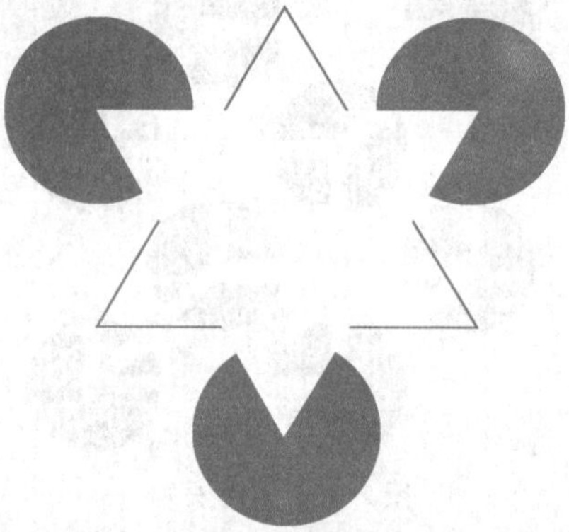

图 2-8 主观轮廓

在有些情况下，乍一看有意义的图形，仔细看可能失去了意义。可见人们对客观事物的知觉不是完全客观的，如图 2-9 所示。

知觉的理解性，是指人们的感知活动受到高级认识活动如记忆和思维的影响。一旦人们对某个事物有了特定的理解，就会对事物进行选择性的感知，如图 2-10 所示。垂直地看，可能将中心的符号看成“口”字；按照数字的斜向看，则可能看成数字“12”；如果横向看，可能看成“江”字。在快速阅读图 2-11 时，只有当你阅读完，仔细看，才会发现混乱的汉字排序问题。

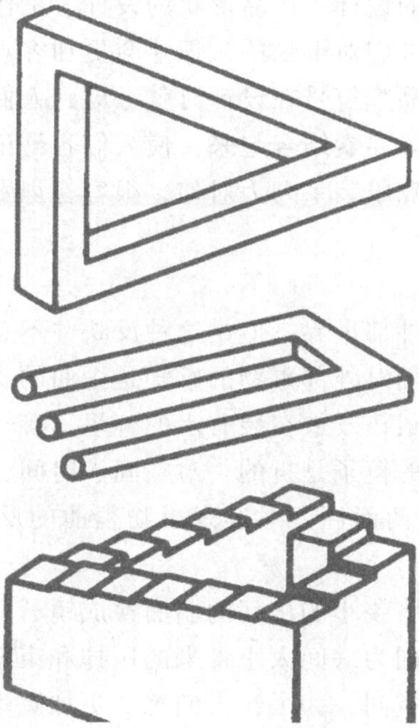

图2-9　不可能图形

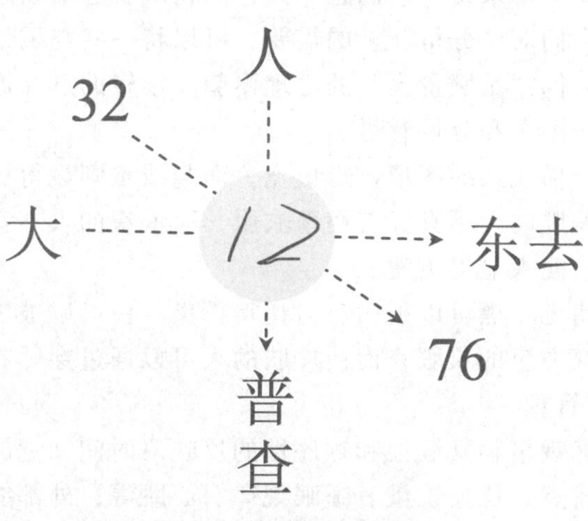

图2-10　知觉的理解性

研表究明：汉字的序顺并不定一会影阅响读。比如当看你完这句话后，才发这现里的字全是都乱的。

图2-11　理解性对阅读的影响

在管理实践中，广告的设计、产品形状的设计、工作空间的设计，都需要根据感知的规律来设计，这样人们对事物的认识才会更加客观、容易。

有一些产品的商标或品牌符号在设计时就考虑到人们形状知觉的特点，将形状的可识别性、意义理解性等要素结合起来，使人们容易记忆和理解。比如，奔驰汽车的标示符为方向盘，耐克服装系列为对勾，很容易识别，并产生美好的联想并更具意义性。

2）错觉与管理

知觉能够客观地反映外部世界，但是这种反映并不总是客观的。由于大脑的局限性，在许多情况下，人们对外部事物的感知是歪曲的。这种对客观事物歪曲的反映就称为错觉。比如将一根筷子放在装有水的碗里，筷子客观上应该是直的，然而人的主观感受则认为水中的筷子是折的。对空间、时间、运动的主观感知都有错觉现象发生。任何事物都有两面性，对客观事物歪曲的反映也可以为我所用，发挥作用。

（1）空间大小错觉。将狭小的房间的墙面换成镜子，就会感觉这个狭小的房间宽敞明亮。为了克服人们因为房间太小带来的压抑和束缚感，可以通过这种办法解决。电梯是个比较狭小的空间，为了让人们感到更加宽敞，通常会在电梯的四周安装玻璃镜子，这样，狭小的空间变得宽敞起来，会让人们感觉更加舒服。

（2）重量错觉。通常来说，人们感觉白色的物质看起来较轻，而感觉深色的物质较重。为了满足人们对“分量”多的需要，可以将一些与重量需求相关的物品包装成深色的，满足人们“足额量大”的心理愿望。很轻的燕窝通常会装在颜色偏深的木盒子里，以突出厚重和分量感受。

（3）条纹错觉。横线条的图形显得更宽，而竖线条则显得更高。为此，在人们进行服装选择时，偏胖的人不宜穿着横条衣服，而偏瘦的人不宜穿着竖条衣服；否则，胖人显得更胖，瘦人显得更瘦。

（4）颜色对比错觉。黑可以被白色衬托得更黑，白可以被黑色衬托得更白。黑皮肤的人不宜选择穿白色的衣服；而白皮肤的人可以通过穿黑衣服显得更白。

3）时间知觉与管理

时间知觉是对客观事物延续性和顺序性的反映。时间知觉的线索很多，内部线索有人的生理活动特点，比如饥饿、睡眠规律、心跳等；外部线索有计时工具、日月变化、潮汐、温度变化等。然而更重要的则是人们工作、活动本身内容的影响。正如爱因斯坦所说的，同样长的时间，如果是无聊的等待，人们会觉得时间非常漫长；如果是和心爱的女朋友在一起，可能会觉得时间过得太快。在很多情况下，个人和组织由于时间管理混乱，导致工作效率较低。有时时间悄悄过去了，但没有取得应有的工作成效；有时又觉得时间难以打发，无所事事，度日如年。同样长度的时间，如果让这个时间段的活动内容丰富多彩，人们可以感觉到时间过得紧张而有效率，否则会感到无聊而漫长。激烈的讨论、精彩的演讲、紧张的考试或工作、魅力无穷的游戏、扣人心弦的电影等都让人觉得时间过得太快；无聊的会议、内容枯燥乏味的课程或报告、无穷无尽的等待会让人饱受煎熬。了解人的时间知觉规律，有利于改进管理。

纽约高楼的层数多，电梯运行时间长，等待时间也长。这样，即使人们已经按下停靠的按钮，由于等待时间超过了其承受的范围，不知不觉也会再次按压开关按钮。结果，电梯开关按钮因为不必要的按压次数增加而使用期限缩短，增加了更换成本，电梯维护和保养公司非常烦恼。在20世纪初期，电梯维护和保养公司一直被如何延长纽约高楼电梯按钮的使用时间而困扰。后来，心理学家使用低成本的办法帮助解决了这个问题，人们多次无用地按压按钮是因为无聊的等待。问题的关键是如何消除人们等待电梯时的无聊感。在电梯旁边增加一块玻璃镜子，让焦急的人们可以梳妆打扮，观看自己的表情等，以填充无聊的时间空隙，结果人们相应地减少了多余的按压电梯开关按钮的次数，自然就延长了电梯开关的使用时间，降低了成本。现在许多比较人性化的电梯附近不再是玻璃镜子，而是代之以电视、音乐、视频广告等设施，以丰富人们的等待时间，减少无聊的感觉。

过去，酒店大堂为了避免人们入住和退房的等待时间，常常会在柜台上放一些糖，让人们在美好的感受中消磨时光。随着智能手机的出现，人们可以通过手机查看朋友圈、看新闻、打游戏、处理一些紧急事务，结果，时间飞逝，柜台上也可以不放糖了。

人们常以“一寸光阴一寸金，寸金难买寸光阴”来说明时间的宝贵性。在知识经济时代，时间就是金钱，时间就是效率，如何很好地管理时间、提升工作效率，不论对于组织还是个人，意义都非常重大。

许多人有一上班就上网查阅电子邮箱的习惯，并顺便看看新闻和轶事。要知道在电脑前，时间过得很快。结果，看一下电子邮箱，回几封电子邮件，浏览一下相关新闻，一上午的时间就已经过了一半，还没有正常处理重要的工作。俗话说，一天之计在于晨，用宝贵的时间处理这么不重要的事情，显然属于浪费时间。要提高工作效率，除非紧迫的事情，最好将查阅电子邮箱的时间放在闲散、工作效率低的时间进行，这样就不会影响重要工作。

比尔·盖茨的时间管理名言是：“能够站着说的就不要坐下说，能够在办公室说的就不要到会议上说。”因为站着说话比较累，效率比较高，坐下来说话比较舒服，紧张感降低，效率也较低；如果把少数人之间能够解决的问题带到会议上，人多嘴杂，就可能浪费无关人员的时间，导致会议效率低下。要知道，许多中高层管理人员享受着很高的薪酬待遇，每个小时的成本支出是很高昂的，如果这些时间不能被充分利用，就是一种严重的浪费。在很多企业或组织里，由于缺乏成本意识，会议之前没有准备和策划，会议中没有目标和进程管理，结果开会没有达到应有的效果，既浪费了金钱，又形成了对开会的负面心理感受。

在当今时代，工作、生活节奏都很快，人们常常感到时间飞逝，但效率低下。一周、一个月、一年很快就过去了，却没有工作成效。如何提高时间的有效利用水平，需要注意工作内容安排的合理性。时间管理强调紧急性和重要性，一般来说，重要而紧急的事情是需要及时处理的，要安排好时间；而紧急不重要的事情也是需要处理的，但不能占用过多的时间；不紧急而重要的事情是需要分配长期时间的，这些大事抓好了，就可以减少救火式的紧急事件发生的机会，就可能少很多紧急而不重要的事情。特别要注意，不重要也不紧急的事情是需要削减和删除的，比如无聊的、漫长的电话，漫无边际的网络聊天，过度地介入游戏等。具体见表2-1。

表2-1 **事件与时间管理**

	紧　急	不紧急
重　要	第一象限：紧急状况；迫切问题；限期完成的会议或项目，准备活动	第二象限：准备工作；预防措施；计划；协调人际关系；提升能力
不重要	第三象限：访问；电话；信件；报告；某些会议；某些不重要但又迫在眉睫的急事；日常活动	第四象限：看报纸；网络聊天；电话聊天；网络游戏

个人在时间管理上，感到时间紧迫，但效率低下、压力很大，可以对自己的时间安排进行统计，比如针对一周的统计，看看自己的时间分布情况。理论上应该减少不重要也不紧急的活动时间，增加重要但不紧急的活动时间。按照这种方式对照自己的时间安排，就可以发现问题。

2.1.3 社会知觉与管理

社会知觉是人对他人的个体属性、群体属性的主观反映。比如通过观察他人的外表、言谈举止等，对其社会和心理属性等进行推断；通过对他人的国籍、出生地、社会阶层等信息的认知来对其性格、价值观等进行推断。

人们对他人和群体的社会心理属性的推断简化了人的认知活动，而且有很多推断在大多数情况下符合客观实际，这就提高了人们的社会适应能力，对改善人们的社会生活有帮助。然而，由于人受动机、价值观、经验等复杂的心理属性影响，对他人的社会和心理属性的判断较之自然属性更为复杂，以偏概全、以点带面之类的错误很多。这里介绍几种常见的社会知觉偏差规律。

(1) 第一印象（the first impression）。两个不认识的人第一次见面所形成的个人印象非常重要，这种印象一旦形成，会长期左右人们对该个体的判断。比如，第一次交往发现某个人在某个特定的情境比较虚伪和圆滑，也许这只是某个人偶然的应酬表现，不是这个人一贯的表现，但是对这个人所形成的虚伪和圆滑印象会在人们的心目中持续很长的时间，除非有非常强有力的事实否认这个印象。因此，管理学中有一个研究领域叫作印象管理，专门研究印象形成和改变的规律，帮助人们塑造积极的印象，控制或改造消极的负面印象。这种对印象的管理目前已经由对个人的研究扩展到对组织的研究，组织的印象与品牌塑造紧密相联。

由于人的认知偏差的客观存在，为了形成良好的第一印象，人们需要认真对待自己给人的第一印象。比如刚到一个单位，需要注意自己的仪表、语言表达、礼仪等。如果不注意这些方面，可能会给人留下负面的印象，影响今后的工作和职业生涯发展。如果新到一个单位做领导，印象管理就显得更加重要，这是领导魅力形成的重要途径和机会。精心的打扮、认真的发言准备、对单位情况的了解和员工背景的了解可以为个人印象添彩；而随意的着装、应酬性的讲话可能使你的印象大打折扣。面试时就更应该注意第一印象了，许多没有受过严格训练的招聘人员常常将前5分钟内形成的印象当成判断形成的依据，即使是受过严格的招聘标准训练的人，第一印象的作用也是客观存在的，只是人们会适当地校正自己的印象偏差而已。

影响第一印象形成的因素有很多，其中很关键的一个因素是相貌，人们很容易"以貌取人"。心理学家曾经做过相关的研究，将同样一所小学五年级学生的资料卡复制成许多张，但每张卡片上贴上美感度不同的照片，让五年级老师评价这些带照片的资料卡中学生能力的高低，结果发现，教师们认为相貌较好的学生智力较高。更有研究表明，相貌好的人不仅智力较高，而且心地善良，生活也比较愉快。

与第一印象相似的表述是首因效应（primacy effect），首因效应与近因效应（recency effect）相对应。首因效应是指人们比较重视最先得到的信息，据此对他人做出判断；近因效应则是指最新得到的信息对他人的印象形成有较强的作用。第一印象与首因效应的区别在于信息获得的直接性和时间性。通常第一印象是指面对面获得的信息，而首因效应还包括见面前的、间接的介绍。客观地说，第一印象更加直接、印象更为深刻。首因效应和近因效应的作用就如写作文一样，精彩的开头、绝妙的结尾常常给人十分美好的印象，因此开头和结尾往往成为评价作文质量高低的参照点。为了获得他人的好评，我们需要注意首因效应和近因效应；如果需要获得对他人的客观评价，我们则需要控制首因效应和近因效应所产生的歪曲。

（2）晕轮效应（halo effect）。这也称为光环效应，是指对个人某个方面属性的印象好坏而影响其他个人属性和特征优劣的判断，也就是以点带面效应。比如一个人长得很漂亮，就形成了一个光环，将心灵美、善良、聪慧等属性也赋予这个人；反之，如果对某个人形成了负面的消极印象，也会自然地将一些不好的属性强加给这个人，比如阴险、丑恶、好逸恶劳等。这些判断有时是合乎事实的，但大多数情况下缺乏科学道理，与事实不符。在具体工作中，可能有的员工能力很强，人们可能会认为该员工办事认真；有的员工能力较差，人们就认为其道德品质也不好；一个人富有闯劲，人们会认为他很有能力；一个热情奔放的人，可能被认为慷慨且富有幽默感。其实不然。

心理学家进行过一项实验，将某个人的个性特点中的一个关键特征进行改变，结果发现这种改变可以导致一系列特征印象的变化。例如，一个人聪明、能干、果断、现实、谨慎、热情，群体对其评价为聪明、幽默、得人心、富有想象力。如果将其中的“热情”特征换成“冷淡”，那么就会形成对此人根本不同的印象和评价，评价结果可能是自私、猜疑、好讽刺挖苦人、难以相处。

晕轮效应固然简化了人的思维过程，概括了一些典型的文学化的人物特性，但在现实生活中，这种过分抽象化的人物不一定存在，因此，按照这种模式生搬硬套可能会犯错误，导致对人认识的偏见，出现用人和管理上的错误。

（3）刻板印象（stereotype）。这是指对某些特定人群较为简单化、固定化的看法，并对以后有关该类对象的知觉产生强烈影响。刻板印象所反映的是一类人，如果你属于这类人中的一分子，人们在知觉时也有意无意地将这类人的属性和看法强加给你。比如，女性不会为了晋升而换工作，男性对照顾孩子不感兴趣，老员工无法学会新技能，肥胖者缺乏纪律性等；人们对我国不同地区的人，诸如山西人（会做生意）、河南人（骗子和假货多）、上海人（节省和小气）、东北人（直率和冲动）、湖北人（圆滑）、温州人（会做生意和假货多）等的一些特定性格属性描述；对不同国家的人，如美国人、德国人、法国人、以色列人等国民的性格属性描述；对军人、商人、教师、演员等职业群体的特征描述；对妇女、老人、年轻人等年龄和性别的特征描述，都属于刻板印象的范畴。在人们的印象中，美国人敢于冒险和创新，德国人严谨而仔细，法国人浪漫，以色列人抱团、善于赚钱。可以肯定地说，美国人敢于冒险的概率更大，法国人浪漫的概率更大，但并非每个美国人都敢于冒险，也不是每个法国人都浪漫。

尽管刻板印象对具体个人的社会属性知觉和描述不一定正确，然而，人们喜欢走捷径，以降低脑力支出或认知负荷，因此，这些印象很容易被添加到所遇到的具体对象身上，成为左右人们判断这类人群性格的重要依据。虽然可能犯错误，但人们习惯了这种反映。只要见到军人，就会觉得他/她是正直、勇敢、强健的，容易产生信任甚至轻信，许多骗子就是打着军人的招牌实施骗术；只要遇到商人就会产生奸诈、狡猾、锱铢必较等印象，因而遇到商人很少不防范、不讨价还价。

刻板印象一旦形成，往往会持续很长时间，左右人们的判断和推测。在我国市场经济的早期阶段，温州产品有很多伪劣货，让人们形成了温州货不可靠、温州人专门生产假冒伪劣产品的印象，为此温州货、温州人就成了制假和造假的代名词。即使现在温州人已经不再生产假冒伪劣产品，但人们对温州人生产的物品仍然信任度不高。时间证明，温州人也因此受到了惩罚，有些温州产品为了摆脱负面的评价，常常要借助口碑好的外地品牌销售，为外地品牌支付费用。

（4）投射效应（projection）。这是指人们将自己对待某种事物的态度和观点投射到他人身上的倾向。由于人们很难真正知道交往对象的内心活动，然而人们又特别希望能够了解他人的心理活动规律，以便能够预测他人的行为，保护自己。因此，推己及人、换位思考成为一个重要的渠道，即将自己当成一个参照点推测别人的行为，即在某种情况下，自己通常是如何思考和行为的，如果遇到相似的情况，就用自己的所思所想去解释他人的行为和动机。

真正的换位思考是十分困难的事情，因此，大多数人认识和理解他人都是通过投射来进行的。人们认为礼尚往来是交往的重要法则，很注重情意，相互回报。如果有人没有让人信服的理由，只接受他人的礼物而不思回报，就可能被判断为自私、吝啬，从而被人们疏远。当然，由于人们的生活经历不同、职位高低不同，有时候相互理解比较困难。比如，年轻人没有经历过老一辈的艰苦生活，很难理解老一辈勤俭节约的习惯；下级没有做过上级的工作，不知道上级工作的复杂性，很难理解上级的压力和苦衷。

2.2 态度与管理

2.2.1 态度概述

态度是人们对某一事物所持有的评价和行为倾向。态度的对象是多方面的，有人、物、组织、事件、团体、制度、代表事物的观念等，如对领导的态度、对所属群体或部门的态度、对同事的态度、对工作的态度、对单位的态度。当然，对单位分配制度的态度、对晋升制度的态度、对人才引进制度的态度等更加具体。

态度不能等同于行为，但态度与行为密切联系。态度是隐藏在个人内心的对某种人和事物的观点和评价，直接和间接地影响人们的行为。组织中制定的各种规章制度和条例，员工如果从内心持赞成的态度，他们就倾向于按照这种制度和条例行事，尽管不能保证百分之百地符合，但至少大多数情况下会遵从这种制度。如果员工对这些制度持否定的态度，就可能在短期内迫于压力被动地服从，但从长时间来看不遵守这些规则的可能性更大。

态度的成分包括认知成分、情感成分和行为意向成分。认知成分是指对评价对象的观点，如对评价对象的认识与理解、赞同或反对。情感成分则是指对评价对象的情感体验，如喜欢或厌恶。行为意向成分是指个人对评价对象的行为反应倾向，如接近评价对象、支持评价对象，还是远离评价对象或反对评价对象。

在不同情况下，对不同事物的态度的成分组合不大一样，有时以认知成分为主，有时以情感成分为主，有时以行为意向成分为主，但情感成分始终不可或缺。比如对组织政策和制度的态度，主要是认知、情感和行为意向；对上级领导的态度主要是情感和行为意向；对组织本身的态度也主要是情感和行为意向。

2.2.2 态度分类

社会上有许多事物和观念，人们对每种事物和观念都会形成态度。比如，对生育的态度、对选举的态度、对中国乒乓球的态度、对中国足球的态度、对环境保护的态度等。本书主要注重组织背景下的态度，为组织管理服务。组织背景下的态度分为对工作的态度、对人的态度、对工作单位的态度。由于对工作态度的研究往往涵盖了工作、工作环境（包括人、工作条件），因此将前两者合二为一，表现为工作满意度（job satisfaction）；而对工作单位的态度则称为组织承诺（organizational commitment）。

1）工作满意度

工作满意度是指对工作本身及工作环境是否满足个人的愿望而产生的体验。如果一个公司组织设计合理，分工明确，待遇公平，能够充分施展个人的才能，体现员工的自我价值，员工就会产生较高的工作满意度；相反，如果员工从事的是自己不喜欢或不胜任的工作，有多个领导指挥而无所适从，责任分工不明确，员工不能做自己想做的事情，感到壮志未酬等，员工就会产生较低的工作满意度。

由于影响工作满意度的因素很多，比如上级领导的水平是否高，人际关系是否融洽，组织的晋升和岗位轮换是否公平，组织未来是否有希望和竞争力，休息和休闲设施是否齐全，因此，人们常常将工作满意度的范围扩大，这样可以通过对工作本身以及影响工作的相关因素统筹考虑，力争提高员工的工作满意度水平，为员工潜心工作、提高业绩创造条件。

提高员工工作满意度的宗旨是促使员工提高业绩。然而，影响员工业绩的因素非常多，研究发现：工作满意度与工作业绩只有中等程度的联系，即满意的员工未必是高绩效的员工。因此，除了通过提高管理水平来改善员工的满意度外，还需要进行其他相关的努力，比如制定合理的业绩目标，采取一定的激励措施，改进设施和工艺流程等，齐抓共管，方能达到提高业绩的目标。

可以肯定的是，尽管工作满意度高不一定绩效高，但工作满意度低，从长期考虑，业绩一定不会高。人们带着怨气、带着敌对情绪、带着无可奈何的态度，能取得什么理想的业绩？

不同的学者对工作满意度的理解不同，分类办法也不尽相同，比较知名的满意度理论和问卷阐述如下：

明尼苏达满意度问卷（Minnesota Satisfaction Questionnaire，MSQ）分成内在满意度、外在满意度和一般满意度三个方面，包括20个维度，即个人能力的发挥、成就感、能动性、公司培训和自我发展、权力、公司政策和实施、报酬、部门和同事的团队精神、创造力、独立性、道德标准、公司对员工的奖惩、本人责任、员工工作安全、员工所享受的社会服务、员工社会地位、员工关系管理和沟通管理、公司技术发展、公司的多样化发展、公司工作条件和环境。明尼苏达满意度问卷运用李克特5级量表作答。其中，1表示非常不满意，2表示不满意，3表示不明确，4表示满意，5表示非常满意，具体项目见表2-2。

表2-2 明尼苏达满意度问卷

序号	问项	非常不满意	不满意	不明确	满意	非常满意
1	独立工作的机会	1	2	3	4	5
2	偶尔能做些不同事情的机会	1	2	3	4	5
3	成为团体中重要人物的机会	1	2	3	4	5
4	我的老板控制下属的方式	1	2	3	4	5
5	我的上级做决策的能力	1	2	3	4	5
6	能够做不违背我良心的事	1	2	3	4	5
7	我的工作带来一种稳定的雇佣关系	1	2	3	4	5
8	为其他人做事的机会	1	2	3	4	5
9	告诉别人该做什么的机会	1	2	3	4	5
10	能够充分发挥我能力的机会	1	2	3	4	5
11	公司政策的实施方式	1	2	3	4	5
12	我的报酬和工作量	1	2	3	4	5
13	晋升职位的机会	1	2	3	4	5
14	我自己做出决策的机会	1	2	3	4	5
15	在工作中能尝试我自己方法的机会	1	2	3	4	5
16	工作条件	1	2	3	4	5
17	与同事之间相处的方式	1	2	3	4	5
18	我工作完成得好而得到的奖励	1	2	3	4	5
19	我从工作中获得的成就感	1	2	3	4	5
20	总能保持一种忙碌的状态	1	2	3	4	5

洛克则从另外10个维度（工作本身、报酬、提升、认可、工作条件、福利、自我、管理者、同事、组织外成员）来衡量员工满意度。

我国管理者对满意度的分析主要包括：对企业形象的满意度（管理制度、客户服务、质量管理、参与管理等）；对领导的满意度（管理者、工作认可等）；对工作回报的满意度（报酬、福利、培训与发展、工作环境等）；对工作协作的满意度（同事、沟通、尊重等）；对工作本身的满意度（工作胜任感、成就感、安全感等）。在问卷调查过程中，经常遇到的问题是：员工不愿意暴露真实的身份信息，担心这些信息暴露以后会影响人与人之间的关系。如果采用真实的个人信息，员工可能不会根据真实情况作答；如果不提供真实信息，许多满意度信息可能不是很清楚，比如不知道不满意是来自哪些部门、哪些员工，最终难以采取针对性强的措施和办法。

其实，这与企业文化是有联系的。一个组织的文化鼓励个人真实地提出合理化意见和建议，不给员工带来负面的隐患，员工如实反映信息的积极性高涨，这对于组织改进、提高管理水平意义重大。如果一个企业长期处于高压之下，员工与管理者之间缺乏信任与合作，情况就大不一样了。遇到这种问题，员工更多地采取对付的办法，不愿意因为小问题伤了和气，被别人“穿小鞋”。解决这类问题的办法是突出真心和诚意，建立企业与员工之间的信任关系。比如在进行员工满意度调查后，不论调查结果是否普遍有效，只要是有价值的信息，就应该受到企业的重视，并切实采取有效的办法予以解决、提升信任度，就可能改变员工的恐惧心理，让员工大胆、真实地表达自己的感受，为改善管理提供信息。

2）组织承诺研究

组织承诺是当今组织行为学研究的热点问题。组织承诺与员工的离职意愿常常紧密结合在一起。组织承诺是员工与组织关系的一种状态，即员工对组织的留恋、依赖的情感（Porter）。后来，考虑到留恋组织行为原因的多样性，约翰·梅耶尔（John Meyer，1993）扩展了组织承诺的概念，将组织承诺看成员工留在组织的动因，并将其分成情感承诺（affective commitment）、规范承诺（normative commitment）和继续承诺（continuance commitment）。所谓情感承诺，是指员工对组织的情感；所谓规范承诺，是指职员工接受社会规范，不轻易离开组织；所谓继续承诺，是指员工考虑到离开组织的成本太大，而不得不留在组织中。

通常而言，如果员工对单位的承诺以情感承诺和规范承诺为主，员工有积极的工作表现的可能性更大；而如果员工对单位的承诺以继续承诺为主，则员工的行为就是被动、消极的。一项研究发现：情感承诺可以显著预测各种结果（对任务特色的认知、职业满意度、离职意愿），解释度高达63%；规范承诺和继续承诺的解释度分别是30%和7%。继续承诺的解释度较弱是可以理解的，因为它本身是被动的，属于利益层面的承诺。与效忠（情感承诺）和义务（规范承诺）不同，继续承诺的员工仅仅是因为没有更好的选择而被“拴”在现在的组织中。

在组织行为学研究中，组织承诺，特别是情感承诺常常作为组织管理结果诊断的重要变量，因为研究表明，如果员工的情感承诺很高，员工就会表现出许多组织期望的员工行为，比如较高业绩、较高的无偿帮助行为、较高的合作行为、较少的缺勤和怠工行为等，见表2-3。

表2-3　　**组织承诺问卷**

情感承诺题目								
1	我很高兴在这个组织中度过我余下的职业生涯	1	2	3	4	5	6	7
2	我喜欢和组织外的人议论现在的组织	1	2	3	4	5	6	7
3	我将组织的问题视为我自己的问题	1	2	3	4	5	6	7
4	我认为我可以轻易地将自己和另一个组织联系起来（R）	1	2	3	4	5	6	7
5	我不想成为组织家庭中的一部分（R）	1	2	3	4	5	6	7
6	我没有感到和组织有情感上的依恋关系（R）	1	2	3	4	5	6	7
7	这个组织对我而言有着很多的个人意义	1	2	3	4	5	6	7
8	我对组织没有一种很强烈的归属感（R）	1	2	3	4	5	6	7
规范承诺题目								
9	我认为现在的人工作换得太频繁	1	2	3	4	5	6	7
10	我不认为一个人必须始终忠于他的组织（R）	1	2	3	4	5	6	7
11	跳槽对我来说算不上不道德的行为（R）	1	2	3	4	5	6	7
12	我继续为这个组织工作的一个主要原因就是我认为忠诚是一种非常重要的品德，因此我有义务留下来	1	2	3	4	5	6	7
13	即使我有机会在另一个地方找到更好的工作，我也不认为离开我的组织是正确的选择	1	2	3	4	5	6	7
14	我被教导说应该在价值观方面忠实于自己的组织	1	2	3	4	5	6	7
15	人们在组织中待得时间越长，状况就越好	1	2	3	4	5	6	7
16	我不再认为成为一名组织成员有任何意义了（R）	1	2	3	4	5	6	7
继续承诺题目								
17	我并不担心在没有另一份现成的工作的情况下离职会发生些什么（R）	1	2	3	4	5	6	7
18	即使我愿意，要现在离开组织也是非常困难的	1	2	3	4	5	6	7
19	一旦我决定离开现在的组织，我生活中的很多事情就会被打乱	1	2	3	4	5	6	7
20	对我来说，立刻就离开现在的组织代价并不大	1	2	3	4	5	6	7
21	到目前为止，留在组织中是我所希望的，也是必需的	1	2	3	4	5	6	7
22	我的机会太少以至于无法考虑离开组织这件事	1	2	3	4	5	6	7
23	离开组织的负面影响之一就是缺乏选择	1	2	3	4	5	6	7
24	我继续留下来工作的一个主要原因就是离职需要付出极大的个人代价，其他组织也许效益不如现在这个好	1	2	3	4	5	6	7

注：该问卷采用李克特7级量表，1表示非常反对，7表示非常同意。R为反向计分题目，即7表示非常反对，1表示非常同意。

2.2.3 态度改变

员工对事物具有符合组织愿望的态度，就可能支持组织，使组织的目标容易实现；反之则可能成为组织发展的障碍，进而削弱组织的竞争力。这就需要了解组织成员的态度，并采取合适的办法改变与组织目标不一致的态度。

那么，态度是可以改变的吗？可以肯定地说，态度是后天形成的，可以改变。只是有些态度经历了很长时间的积累，有很大的惯性，改变起来难度很大。在一个单位实施竞聘上岗，实现能者上、平者让、庸者下。然而，这一在管理界广为流传的赛马机制却不受人们的欢迎，没有人愿意参与竞聘上岗。原来，人们对这个制度有两点顾虑：第一，单位是搞形式主义还是真正希望选拔人才，很可能是形式主义，认认真真走过场；第二，竞聘有成功和失败的可能，即使竞聘成功，低头不见抬头见，日后与前任也不好相处，更何况竞聘失败，面子上更不好看。

在改革开放初期，人们对于金钱的态度是比较含蓄的，即使有钱，如果没有社会地位、没有较高的文化修养，仍然可能为人们所不屑。随着市场经济体系的逐步建立，所有的物质生活、精神生活要素都市场化了，无钱寸步难行。为生活所迫，人们不得不改变对金钱的态度，拜金主义便非常盛行。找工作、换工作、交朋友、谈婚论嫁、晋升、奖励等，都与金钱联系起来，从一个极端（无视金钱）走到了另一个极端（过分崇尚金钱）也未必是好事，但这是客观事实。

1）态度改变理论

研究态度改变理论的学者中比较有代表性的是费斯廷格（Loen Festinger），他在20世纪50年代提出了认知不协调理论（cognitive dissonance）。认知不协调理论试图解释个人的态度和行为之间的联系。不协调指不一致，这种不一致可以是个人的多个态度之间，或者态度和行为之间的不一致。费斯廷格认为，任何形式的不一致都会导致个人感到不舒服，个人会努力消除这种不一致或不舒服。而消除不一致或不舒服的过程就是态度或行为改变的动力和基础。比如，个人希望公司提高工资奖金，改善工作条件，但自己不想太拼命地工作；希望到国外进修，又害怕学习外语；希望子女成龙成凤，又不想在子女教育方面花费时间等。

个人最终能否通过改变态度或行为来减少认知不协调或不一致，主要取决于三种力量的大小：第一，导致认知不协调的因素的重要性；第二，个人认为他对于这些因素的影响能力；第三，不协调可能导致的后果大小。

如果导致认知不协调的因素不大重要，可能不协调所导致的压力也不会很大，比如，明知抽烟可能危害健康，而个人感觉健康状况还不错，则可能继续抽烟。如果单位为了倡导健康环境建设，树立文明的企业形象，维护员工的健康，明文规定不许抽烟，并且规定前两次被发现抽烟要罚款并警告，第三次被发现则解雇。这种情况下，不协调的压力就大了，抽烟不仅会被罚款，而且可能会失去工作岗位。人们就会考虑：是工作重要还是抽烟重要？如果觉得抽烟重要，那就只好选择跳槽到允许抽烟的单位；否则就只有改变行为，戒烟保工作。在这个例子中，戒烟或找工作都属于自己可以控制的因素，如果组织规定过去抽烟的人统统要解雇，那么这些烟民除了愤怒，已经没有什么认知不协调了。当然，罚款是小一些的后果，而失去工作则严重得多，为了保住工作岗位，人们必须设法改变行为，达到认知协调，减少不舒服感。

再比如，在大学当教师成为一个令人羡慕的职业，学校为了提升科研和教学水平，尽快与国际接轨，准备实施一个计划：在5年之内，40岁以内的教师凡是没有博士学位的不仅不能晋升教授职称，还可能面临下岗的危险。下岗不仅给教师带来物质利益损失，也带来较高的名誉损失，并导致连带的各种家庭矛盾，但是自己害怕从事科学研究，并且外语也生疏了。在这种情况下，工作岗位就显得非常重要，攻读博士学位又是自己可以控制的因素，也许自己长期忽视了科研，但并不缺乏基本的能力和潜质，而且大学教师的岗位太好、太重要了，失去岗位的后果十分可怕，因此，即使自己不喜欢科研工作，不想花工夫学外语，也不得不改变自己的态度。

2）态度改变的影响因素

社会因素、群体因素、宣传等都是改变态度的重要因素。

人是社会性的动物，需要适应社会，一旦个人与社会、群体不一致，不是自己改变他人，就是改变自己的态度而被他人改变。我们生活在一个社会中，社会中其他人的观点、行为会对我们产生影响。长期生活在国内的人，对西方人的政治体制、宗教信仰、思维方式、行为方式等敌意较大，一旦你生活在西方社会，与西方人面对面地接触和交流，可能你的态度就会发生一些改变，觉得他们没有想象中那么可恶和可怕；反之亦然，许多西方人印象中以为中国人的生活、工作非常凄惨，但是一旦他们进入中国，也会改变态度。

人们相信“真理往往掌握在少数人手里”，因此，个人独立时，不容易受到外界的影响；但当你生活在一群人中，就很难摆脱他人的思想和行为规范的影响。三人成虎是群体规范对个人态度改变的典型例子。看到一个人与自己不同，可能不会动摇自己的态度；看到多数人都反对自己，就很难保证你心里不打鼓、不动摇了。

宣传是通过理性的思想交流，达到改变个人态度的有效手段。宣传往往借助于宣传者的威信、宣传内容、宣传方式和方法，它们结合在一起，构成一种客观的说服力，影响被宣传者的有关态度。

【理论应用2-1】　论鲶鱼效应——态度改变方式

西班牙人爱吃沙丁鱼，但沙丁鱼非常娇贵，极不适应离开大海后的环境。当渔民们把刚捕捞上来的沙丁鱼放入鱼槽准备运回码头时却发现，用不了多久沙丁鱼就会由于缺氧而死去。死掉的沙丁鱼味道不好销量也差，倘若抵港时沙丁鱼还活着，鱼的卖价就要比死鱼高出若干倍。后来有人发现，将几条沙丁鱼的天敌鲶鱼放在运输容器里，沙丁鱼的存活率大大提高。因为鲶鱼是食肉鱼，放进鱼槽后沙丁鱼会紧张起来。为了躲避天敌的吞食，沙丁鱼自然加速游动，从而保持了旺盛的生命力，因而它们能存活下来。如此一来，一条条沙丁鱼就活蹦乱跳地回到渔港。这就是“鲶鱼效应”。

其实在组织中同样会出现上面这种情况，当一个组织的工作达到较稳定的状态时，企业员工也常常像沙丁鱼一样在工作上缺乏活力，工作积极性降低，工作业绩自然也会受到一些消极影响。因此有必要找些外来的“鲶鱼”加入公司，适当制造一些紧张气氛。当员工们看见自己的位置多了些“职业杀手”时，便会有种紧迫感，知道该加快步伐了。这时候，为了更好地生存发展下去，员工就像沙丁鱼一样，对待工作的态度自然会变得更加积极，这无疑会激活员工队伍，提高工作业绩。这样一来，企业自然而然就生机勃勃了。

3）态度改变的方法

在组织中个体可以通过以下方式改变态度：参与活动改变态度；宣传改变态度；团体氛围改变态度。

在组织中，各个部门都很重要，都承担着与组织正常运转相关的责任。然而，各个部门的成员往往只熟悉自己的部门，常常站在自己的立场考虑问题，强调自己部门的重要性，而否认其他部门的重要性。这种部门之间的不理解经常导致合作不顺利，相互抱怨和推诿，结果导致组织的运行效率下降。要让员工们转变态度和行为，就需要各个部门的领导进行岗位轮换，分别体验在不同部门工作的难度和各个部门的重要性，亲身经历最有说服力。

对先进的管理思想运用也有一个态度转变的过程。泰勒起初实施科学管理，遇到的问题也是相似的：工人对资本家缺乏信任，坚信资本家所采取的任何措施和办法都是要尽量榨取工人的剩余价值，剥削工人的劳动。为了推行科学管理，建立科学的劳动量标准，实行多劳多得，他们曾经让少数特别看重金钱的人采用新的科学操作方法，在支付同样多体力的情况下，得到了更高的报酬，后来其他人也要求采用新方法，这就很自然地改变了工人的态度。

人的思想有惯性，一旦形成抵触情绪，人们就会采取非理性的态度，不管事物是否有利于自己，一概否定。在计划经济时代，人们对于市场经济的思想和方法抵触情绪很大，甚至有人认为是在搞资本主义。为了转变人们对市场经济的态度，早期我国划设了一些特区，在特区开展以市场经济为主的管理和经营活动，结果这些地方的人们生活水平大大改善。原来对市场经济持否定态度的人发现，市场经济并非过去想象的那般糟糕，也有许多值得借鉴和学习的地方，为此纷纷希望将本地区划入经济改革特区，成千上万的人希望调入特区工作。

为了建立市场经济体系，许多国有企业由于经营不善，需要转化经营体制。但人们对转制往往持怀疑态度，即转制后的管理层或大股东可能将国有或集体资产逐步据为己有，伤害大多数员工的长期利益。为此，竭力阻挠转制，提出很多无理要求，宁愿大家一起下岗，也不愿求得一线继续工作的希望。这就需要领导层进行深入细致的工作，帮助员工转变态度，让员工真正相信改制不会损害大多数员工的整体利益和长期利益。

宣传也是非常有利的转变态度的办法。然而，宣传也要讲究科学。人们相信权威，对权威的遵从可能导致态度转变。2007年轰动一时的全国牙防组案就是个例子。全国牙防组就被宣传成权威机构，具有很强的影响力。全国牙防组因此收取了高额的广告赞助费，事后人们发现全国牙防组并非专门的权威机构，而是一个民间组织。

“墙内开花墙外香”也是需要考虑的因素。人都有神秘感，如果遇到一个人，经常交往，对其优点和缺点有比较全面的认识，那么，即使该人很有才能，也不容易引起人们的重视；如果有一些神秘感，让人们只看到其阳光的一面、智慧的一面，则常常能够起到意想不到的效果。为了改变人们的态度，即使本单位有人能够讲明白的道理，也要请外面的专家，特别是国外的、经济和文化发达地区的、有头衔的人物来讲，这样效果更好一些。许多品牌，其实是国内设计、生产制造的，可一旦取一个外国的名字，或仅仅在国外注册公司，便可以迷惑人，让人肃然起敬，改变态度。

对于受教育程度低的人，单方面宣传效果比较好；对于文化水平较高的人，则需要从正反两方面进行宣传，否则效果不好。传销就是典型的单方面宣传，只介绍成功的人，不介绍失败的人，更不能理性地分析其中的悖论：如果人人都有利可图，利益的源头在哪里呢？蛋糕的大小是一定的，而分蛋糕的人如此多，如果不是大多数人的利益受损失，如何才能让少数人发财？生产制造、销售、研发、物流、银行等企业组织，都可以准确计算盈利的空间以及成本和回报。因此，传销本质上是一个坑蒙拐骗的招数。

由于受教育水平较高的人，受过严格的逻辑思维、科学思维的训练，喜欢从正反两方面考虑利害关系，如果只是单方面考虑问题，就可能在逻辑上出现偏差，导致其产生抵触和反感情绪。有些广告宣传某些药物包治百病，往往只给出一些被治愈的案例，人们可能会想：这些案例真实吗？没有被治愈的案例占多大比例？如果这些药物包治百病，为什么没有获得过诺贝尔奖或者国家科技进步奖？即使是青霉素，也有人因过敏反应而不能用它，难道这些药物的作用超过了青霉素？如果不能回答这些问题，人们就会继续反感包治百病的广告。

宣传的冲击力也很重要。有时候需要将问题适当地放大，让比较迟钝的人也能感受到压力，这样可以达到理想的宣传效果。

群体氛围会促使态度改变。人是社会性的动物，对他人的行为、观念很在意。为了改变少数人的态度，可以将这些少数人放在与之态度不同的组织中工作和生活，由此产生的群体压力有利于其态度转变。

2.3 情绪与管理

情绪（emotion）是指对人或事物的一种强烈的心理感受，比如当我们看到某个久违的老朋友时感到高兴亦或是因为丢失了钱包而感到恼火。著名情绪心理学家艾克曼（Ekman）和弗里森（Friesen）的研究显示，人类有六种基本情绪：愤怒、快乐、恐惧、惊奇、厌恶和悲伤，这些基本情绪在不同的文化中都能识别，具有跨文化的普遍性。

通常而言，我们所说的情绪有两个相伴生的概念——心境（mood）和情感（affect）。心境是一种情绪强度较弱的心理感受，具有背景性和持续性。所谓“感时花溅泪，恨别鸟惊心”就是心境的反映。情感是个体经历的一种总体范围的感受，其包括情绪和心境。

除强度不同外，情绪和心境的区别还包括：情绪指向特定的人或事物，而心境的起因则是比较广泛、模糊的；情绪通常存续时间比较短，分分钟产生或消失，而心境则可以较长时间存在，数日不绝；情绪通常伴随有明显的面部表情，会导致一些即时的行为，而心境通常不会通过面部表情表达，更多的是认知导向。

另外，情绪和心境有着紧密的联系，实际生活中情绪和心境也是不可分的，很难说个体在某一个时刻只有情绪没有心境或相反。当忽视了情绪产生的焦点时，情绪可能会转变为心境，而在心境的影响下，情绪反应会更敏感、强度会更大。当我们有快乐的情绪的时候，其可能会产生一个持续数天的好心境；当我们心境不好的时候，可能更容易愤怒。

2.3.1 情绪劳动

1）情绪劳动的概念和维度

当我们走进酒店时，迎宾人员会露出八颗牙齿的标准式微笑；当客户前来参观时，我们会以笑颜相待。在工作场所，诸如此类的涉及情绪的行为数不胜数，我们也称这类行为为情绪劳动（emotion labor）。在激烈的市场竞争时代，服务业员工的微笑服务成为基本的要求。然而，要求每个人无论何时都要微笑，显然是挑战人的内心。我们能否微笑地面对各种服务对象受到两个因素的影响：一方面自己是否开心；另一方面客户是否讲理。如果这两个方面都是消极的，冲突就很容易发生。

1983年霍克希尔德（Hochschild）在《情绪管理探索》（Explore The Managed Heart）一书中，提出了情绪劳动这一概念，并将情绪劳动界定为“个人致力于情感的管理，以便在公众面前，创造一个大家可以看到的脸部表情或身体动作”。这一概念偏重于社会学角度，而莫里斯（Morris）和费尔德曼（Feldman）从组织与管理角度指出情绪劳动是“在人际交流中，通过努力、计划和控制以表达组织期望的情绪”。

情绪劳动可以划分为两个维度：第一个维度包括情绪失调与表层扮演；第二个维度是深层扮演。当个人被要求的情绪与个人的真实情绪不一致、产生冲突时，情绪失调即发生。表层扮演指员工调整外在的情绪表达行为，达到组织要求而对内在的真实情绪体验并不进行调整，即掩盖真实情绪而表现出期望情绪。表层扮演可能会成功，如某些微笑服务尽管微笑不是发自内心但顾客并未察觉仍能取得很好的效果，可是如果顾客察觉到，如“感觉她笑起来很假”“皮笑肉不笑”，则可能对顾客体验造成影响。深层扮演是指个体为了表达组织要求的情绪，调整内在的心理体验，进而表达要求的情绪。员工的表达行为与内心体验是一致的，不存在分离的情况，可以称为表里如一，员工会获得更好的工作体验，也会获得更好的顾客绩效。

2）情绪劳动的影响因素

根据格兰迪（Grandey）于2000年对前人研究总结提出的系统性情绪劳动研究框架（见图2-12），影响情绪劳动的因素可以划分为四个方面：互动期望（频率、持续时间、多样性、表达规则）、情绪事件（积极事件、消极事件）、个体因素（性别、情绪表达特质、情绪智力、积极和消极情感）及组织因素（工作自主性、上级及同事的支持）。如工作自主性越高，情绪失调可能性越小；情绪智力越高，越倾向于深层扮演；女性员工更倾向于运用表面扮演策略；体验到顾客的消极情绪，员工更可能进行表面扮演等。

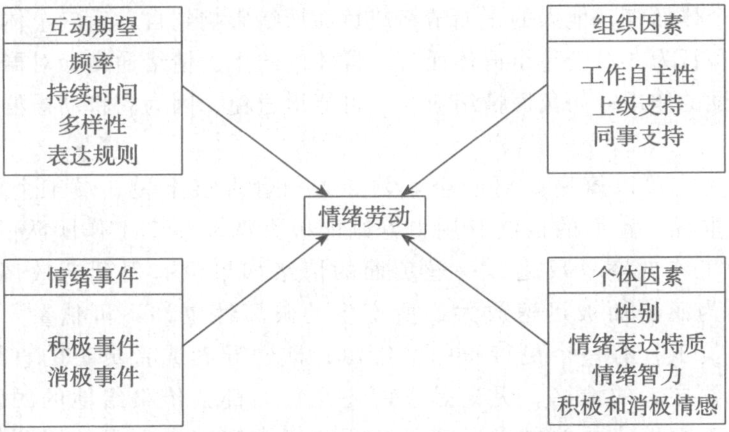

图2-12 格兰迪（2000）情绪劳动的影响因素

此外，年龄、人格、人际关系、文化等都与情绪劳动相关。年龄大的人情绪智商高，外向型的员工表面扮演少、情绪失调少，神经质、高责任性和宜人性的员工表面扮演更多。不同地区不同文化背景下，情绪表现的规范有所差异。在意大利，在工作中表现出真实情绪是被接受的；而对于日本企业而言，这种情绪化行为是粗鲁的表现。

3）情绪劳动的影响

在工作中从事情绪劳动既有积极的影响，也存在一定的负面效果。首先，对于员工个体而言，情绪劳动为个体的自我表现提供了舞台，当个体的自我表现需求得到满足时，个人就会保持良好的心理状态，能够提高自我效能感和心理幸福感。相反，当个体内心感受与需要表现的情绪不一致时，即情绪失调，个体就会出现情绪矛盾、情绪耗竭，表现出缺乏精力、情感麻痹、工作热情丧失、挫折和疲惫、冷漠和疏离等心理或情绪反应，产生工作倦怠，对工作满意度降低。其次，对于组织而言，用严格规定的方式管理员工的情绪表达，能够保证工作效率和服务质量。但是从长期来看，如果员工一直处于情绪失调的状态，员工个体工作满意度和组织承诺的降低有可能影响组织整体目标的实现与发展。

2.3.2 情绪感染

生活中，当朋友成功升职涨薪而开心时，与他们的交往自己也会变得高兴；工作中，当上级领导一脸严肃、愤怒，员工也会变得小心翼翼、紧张、低落。这种情绪上的一致化即情绪感染（emotional contagion）。情绪感染是一种情绪体验，该体验被他人所激发，并最终使接受者的情绪与最初的激发者趋于一致。

在工作场所内，员工通常不是独自工作的，而是处在一个群体性的环境中，如一个项目组、一个部门、一个企业等。在群体内，个体的情绪不仅会对个体自己的态度和行为产生影响，同时还会影响到群体中其他与之接触的个体的情绪、态度、行为。对于个体而言，他人的正面情绪或负面情绪影响到自己后，个体可能会产生相应的态度和行为。对于整个群体而言，群体内的正面情绪通常会对群体内成员起到吸引和激励的作用；而负面情绪应当尽可能地避免，因为它将动摇群体成员间的和睦与团结。

星星之火，可以燎原。对于企业领导人与管理层来说，员工个体的情绪应给予充分的重视。正面的情绪利用得好则能极大调动整个工作团队的积极氛围，提高整体的工作效率；反之，一丝负面的情绪如果没有得到有效调整与解决，其可能会因为感染而被迅速放大，所产生的破坏性也许不可估量。在实践中，相对于普通员工，有一个更特殊的情绪源，即领导者或者员工的直接上级。已有研究证明领导者的情绪，无论是正面还是负面都会传染给他的团队成员。那些更多展示正面情绪的领导者所率领的团队通常表现出更强的团队精神和更高的工作效率。

中国建材集团的董事长宋志平在总结自己的管理心得时，曾经讲过一个故事：自己每天出门前，都要对着镜子练习微笑，看到自己微笑到位了才出门。由于改革初期矛盾多、问题多，没有良好的心情，可能会把负能量带到工作中。自己的心情好了，看什么都顺眼，更加有利于创造性地解决问题，提升个人魅力。

2.4 压力与管理

2.4.1 压力概述

随着工业化、信息化等带来经济爆炸式的发展，人们的生活与工作节奏普遍在加快，所承受的压力越来越多，强度亦日趋增大。2013年有调查结果显示，中国是目前世界上压力最大的国家。

1）压力的定义

近几十年来，国内外学者对压力这一现象的研究非常多，压力的定义也有所不同。这里，我们认为压力（stress）是指个体对超出自身正常承受水平的生理、心理、社会刺激的应激反应。

压力有不同的类型，包括积极的压力和消极的压力、挑战性压力和阻碍性压力等。挑战性压力是指个体认为对其职业生涯发展和自我成长有利的工作压力，包括工作超负荷、时间压力大、工作职责多、岗位责任重等；阻碍性压力是指个体认为阻碍其职业生涯发展和自我成长的工作压力，包括角色模糊、组织政治、工作不安全感、职业发展受阻等。而与此同时，压力同样也存在大小之分。不同类型、不同程度的压力，所带来的效果也有积极和消极之分。一位心理咨询师这样描述压力："压力就像一根小提琴弦，没有压力，就不会产生音乐。但是如果弦绷得太紧，就会断掉。"许多人都在抱怨压力太大，但俗语有言，"井无压力不喷油，人无压力轻飘飘"，如果没有压力，就难以达到完成任务所需的思维、情绪和行为水平。

2）压力模型

从压力的定义上看，压力是对外界刺激的应激反应。这种刺激本身并不具备任何积极或消极的性质，之所以产生压力主要还在于对这些刺激的认知与评价过程。即使面对同样的刺激，不同个体也会产生不同的认知，也就会产生性质和大小相异的压力，而后续处理措施的差异也会导致差异化的结果（见图2-13）。

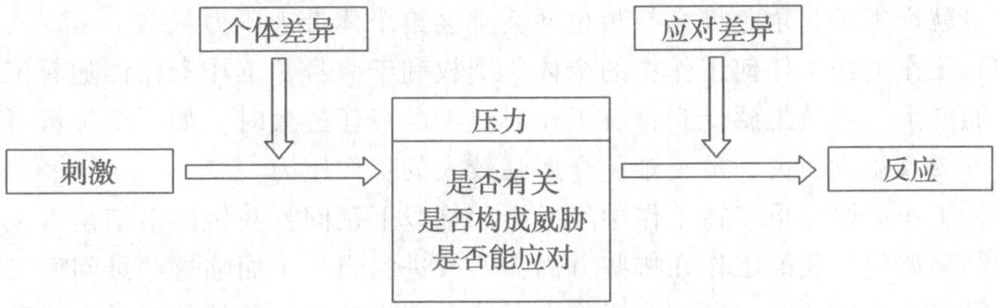

图2-13 压力模型

2.4.2 压力的来源

压力的来源主要可归结为三个方面，即环境因素、组织因素和个人因素。

1）环境因素

（1）经济周期。经济紧缩时，人们收入相对压缩，市场机会相对减少，薪水相对下调，给自身带来的安全感降低，感受到的压力却是倍增。当今全球经济增速放缓，贸易保护主义抬头，国际间的贸易下滑，生产的产品相对过剩。为了生存而降低成本，许多企业裁员，给人们的生活造成极大的压力。

（2）政治动荡。政治的不确定性给人们造成的压力一直以来都存在。如地区政治动荡、游行、罢工等使人们在人身安全、正常就业等方面都会受到威胁，而在该地区进行投资的企业同样会承受经济损失。

（3）技术变革。20世纪中期以来，人类进入了信息时代，第四次工业革命也即将到来。在这种大背景下，各类技术高速发展，人们的技术和经验会在非常短的时间内过时。这种技术上的不确定性不仅会给一般员工带来跟上时代步伐的压力，甚至可能会造成各行业的重新洗牌。例如手机领域昔日全球老大、市值曾位居全球上市公司之首的诺基亚以区区72亿美元的“白菜价”出售了旗下最核心的手机业务，而考虑到Android和苹果系统iOS的兴起，诺基亚因为技术落后和管理保守，最终走向衰落。苹果的触摸屏技术以及其与移动互联网观念的整合，打垮了诺基亚。

2）组织因素

（1）人岗匹配。如果员工个人的能力水平与工作要求不匹配或者员工的个性与工作要求不匹配，员工在工作过程中不得不投入更多的时间和精力乃至强迫自己从事这一工作，也就会产生较大的任务压力，久而久之组织也会面临损失。

（2）角色模糊与冲突。角色通常是与组织或者群体某一位置（或其行为）相联系的，处于组织或群体中的个体会面临正式或者非正式的角色要求。个体感受到角色期望值后开始实施。而这一过程中，个体可能会感受到角色模糊（role ambiguity）与角色冲突（role conflict）。当工作职责、工作目标不明确时，个体会出现角色模糊；当个体在工作时间、工作职能上出现冲突或者面临多重领导时，角色冲突也就产生了。角色模糊与角色冲突都会给个体带来压力。

（3）工作责任。任何工作中的个体集责权利于一身，工作责任伴随着工作岗位的产生而产生。当员工感受到自身工作对组织的责任过大时，如一个决策可能会造成数百万的收益或损失，员工难免会面临较大的工作压力。

（4）工作反馈。员工在工作中经常会面临以下疑问：我做的事情是否正确？我工作的结果如何？我的工作在哪些方面需要改进？当员工面临这些疑问而又得不到解答即没有工作反馈时，员工在工作中可能会产生彷徨、茫然的感觉，感受到较大的压力。

（5）人际关系。员工工作的岗位通常都会涉及与同事、上下级或者客户打交道，与他们的关系对于工作的顺利开展有着重要作用。当员工得不到同事或上下级的支持、与客户的关系恶劣时，员工在工作上无疑会寸步难行。

（6）工作环境。工作环境包括员工所在组织的文化背景和物理工作条件。当员工个人的价值观与组织的文化不匹配或者组织所提供的物理工作条件如工作空间、照明、办公设备等比较差时，都有可能给员工造成压力。

（7）组织生命周期。一个组织的生命周期包含初创、成长、成熟和衰退四个阶段。在每个阶段员工都会面临着不同的压力，特别是在初创和衰退阶段。初创阶段要为一个充满不确定性的事物开拓市场，衰退阶段又面临着市场份额的缩减与效益的降低，员工压力重重。

3）个人因素

（1）经济问题。生活中的吃、穿、住、用、行都需要个人经济上的支持，特别是在物欲横流、攀比成风的环境中，员工的经济需求更加突出。物质缺乏会造成其生存、社交压力的成倍增长。在房价飞涨的时期，许多人由于买房或付首付而囊空如洗，经济压力非常大。

（2）家庭问题。婚姻幸福、父母健康、家庭和睦、子女教育等都是员工需要关注的问题，当任何一方面得不到满足时，员工都会面临压力，甚至家庭方面的压力还会影响工作，产生工作压力。

压力源数不胜数，有大事件也有小细节，有时候轻易能够识别，有时候却是在不经意之间形成，由此带来的压力也是各种各样。各色压力之间是具有可加性的，更重要的是压力所带来的后果边际递增，因此一根稻草也能压垮骆驼。但要注意的是压垮骆驼的并不一定就是那一根稻草，而是所有压力的共同作用。日常生活与工作中我们需要认真识别、分析自己主要的压力源，随时排解自己的压力，不让自己的压力大量累积，让自己的压力始终处于合适的、可承受的范围内。

【理论应用2-2】 关于“996”的讨论

事情的起因是一枚“程序猿”在技术圈很喜欢用的网站GitHub上发起了一个叫“996.icu”的项目。他控诉一些互联网企业，把“早9点，晚9点，一周6个工作日”的加班状态规定成正常的工作时间，斥责这制度不仅违反劳动法的规定，而且罔顾员工的健康和生命。这个网站的隐含意思是：“工作996，生命ICU。”

企业方（用工方代表）的观点：

第一个站出来发声的重量级大佬马云，并没有旗帜鲜明地反对，反而称在BAT这类公司里，“能996是一种福气”，“是福报”，因为很多人想这样996都没有机会。隐含的意思是：在市场竞争白热化的今天，能进大公司有很多优越性，不论待遇还是发展机会。

而几乎在同一时间跳出来发朋友圈的刘强东，也被很多网友指责。因为尽管他在朋友圈里提到京东不强制996，但在广大读者看来，他的核心思想是“混日子的人不是我兄弟”，“每一个京东人都必须具备拼搏精神”等，相当于从侧面支持了996。

政府方（裁判）的观点：

2019年4月14日，《人民日报》也就996话题撰文，特别强调崇尚奋斗、崇尚劳动，但不等于强制加班。

《人民日报》表示，我们的企业不仅要依靠员工的汗水，更要激发员工的灵感；不仅要让员工更努力地工作，更要激发员工更高效地工作；不仅要靠加班工资的激励，更要让家人的陪伴、身体的健康、意义的饱满也成为工作的奖赏。

《人民日报》指出，对996有争议，并不是不想奋斗、不要劳动。没有人不懂“不劳无获”的道理，但崇尚奋斗、崇尚劳动不等于强制加班。苦干是奋斗，巧干也是奋斗；延长工时是奋斗，提高效率也是奋斗，因此，不能给反对996的员工贴上“混日子”“不奋斗”的道德标签，而应该正视他们的真实诉求。

你怎么看996?

2.4.3 影响压力认知的个体差异

（1）人格特征。A型人格通常急躁，没有耐心；争强好胜，求胜心切，追求成就，有很强的事业心；时间观念强；情绪容易波动。而B型人格随和，不喜争斗；生活方式悠闲，成败得失看得较淡，对工作生活较容易满足；时间观念不是特别强。具有A型人格的员工相对于B型人格员工在面临着同样的刺激时可能感到更大的压力。

（2）工作经验。员工个人工作经验的多寡对员工感受到压力的大小会有所影响。同样面临一项挑战性的工作，有类似工作经验的员工会感觉到相对轻松，而一个新手则会如临大敌，压力如山。

（3）社会支持。相对于没有社会支持的员工，那些有同事、上下级、客户和家人积极支持的员工，面对同样的问题时压力会相对较小。

2.4.4 压力的后果

在医学领域，关于压力对个体造成的生理症状的研究早已开始并有较多成果。研究发现，压力感大的个体可能会出现心率加快、血压增高、肾上腺和去甲肾上腺素分泌增加、肠胃失调，如溃疡、身体受伤、心脏疾病、呼吸问题、汗流量增加、皮肤功能失调、头痛、肌肉紧张、睡眠不好等生理症状。

除了生理症状，压力对个体心理的影响也十分明显。压力大的个体易产生焦虑、紧张、迷惑、急燥、疲劳感、生气和憎恶、情绪过敏和反应过敏、感情压抑和抑郁、孤独和疏远感、厌烦和工作不满、精神疲劳、注意力分散、缺乏自发性和创造力、自信心不足等心理现象。

此外，压力对个体行为也有着重大的影响。如果个体压力过大，则可能出现拖延和逃避工作、饮食过度或减少饮食、冒险行为增加、侵犯别人、破坏公共财产、与家人和朋友关系恶化、酗酒和吸毒、自杀或试图自杀等行为。其中关于压力与个体绩效的关系则呈现倒U形，即过低和过高的压力水平都会使机体的绩效降低，适中的压力会对机体产生激活作用，使个体保持高绩效，见图2-14。

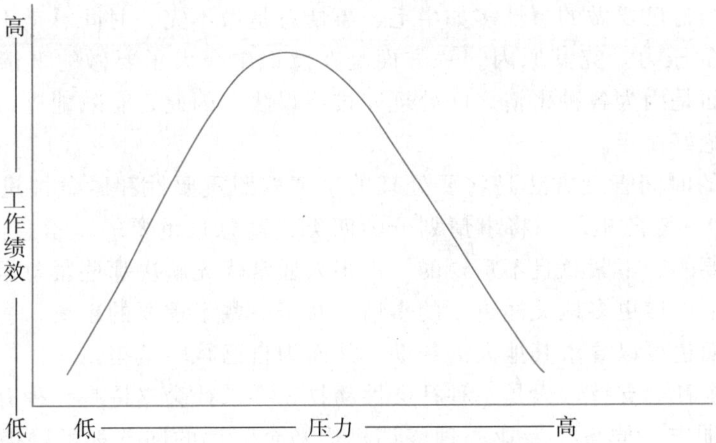

图2-14 压力与工作绩效倒U形关系

2.4.5 压力应对

1）个人压力管理

个人压力管理需要注意两点：首先是要能识别自己的压力源；其次应采取适合自己的应对方式。对于压力应对方式，在个人层面主要包括以下几点：

（1）认知重构。认知重构是指一种将消极的、自我击败的思维替换为积极的、自我肯定的思维，从而把对压力源的威胁性知觉转变为非威胁性知觉的行为。日常生活与工作中通常有许多消极、自我击败的思维，特别是在压力大的时候更是明显，这种思维可称为“毒性思维”。在这种思维模式下，个体可能会从最坏的一面看待事情，可能夸大一件事情的后果，可能因为本应该做而没做的事情过度责备自己，可能会把别人的错误归结到自己，可能把任何事情都看成极端，即只有好坏而没有中间状态，可能以偏概全，一点小失误被视为大错误。认知重构就是要将这种毒性思维变为肯定的、积极的思维。

假设你家里遭到贼偷了，你的财产损失了大半，这个时候，你会怎么想？是不是就认为，我怎么这么倒霉，为什么偏偏偷我家呀？还把我的财产偷了大半，那我以后要多辛苦呀！然后把这种不快乐的情绪再放大一下，继而认为什么都和你作对。但是看看罗斯福总统是如何做的吧。他说，感谢上帝，贼偷了我一部分财产，而不是全部；感谢上帝，贼偷的是我的财产，而没伤害到我；感谢上帝，做贼的是他不是我！

国内有个故事：有一个老太太，她有两个女儿，大女儿卖雨伞，小女儿洗衣服。晴天，她担心大女儿的雨伞卖不出去；雨天，她又担心小女儿的衣服晒不干。邻居就劝她换个角度看问题：晴天时，告诉老太太她小女儿的衣服很快就晒干了；雨天时，告诉老太太她大女儿的雨伞会卖很很好。这样老太太就会开心了。

（2）学会时间管理。许多人感觉到的压力都来源于过快的生活与工作节奏。通常人们会认为自己要做的事情多如牛毛，事情总是做不完，时间总是不够用，由此产生非常大的压力。究其原因，一方面是在意识中夸大了要做的事情的数量和难度，另一方面是因为各种事情之间处理安排不得法。因此，有效地进行时间管理是应对压力的绝好途径。

最常用的时间管理方法是将要处理的事情按照重要性和紧急性进行分类和排序，构建重要-紧急矩阵，将事情划分为四类：紧急且重要的、紧急但不重要的、不紧急但重要的、不紧急且不重要的。许多人通常优先解决那些紧急但不重要的事情，但实际上应该更多地关注重要的事情。对于一些不重要的事情，一方面可以放弃；另一方面也可以寻求其他人的帮助，从而为自己减轻负担。

（3）寻求社会支持。人是一种社会性动物，寻求社会支持是一种有效的减压方式。家人、朋友、同事、专业心理咨询机构乃至陌生的网友都可以提供一定的帮助。一方面可以向他们倾诉，让自己内心的压抑得以释放而不至于过度累积；另一方面也可以从他们那里得到鼓励和支持，增强自己抗压能力，保持积极的心态。此外，还能从他们那里学会生活与工作经验，有效地减少自己的压力源。寻求社会支持时也要注意两点：倾诉要有度有法，不应经常性地倾诉，不要让倾诉变成抱怨，而要在诉说中让内心舒畅、寻求解决方式；寻求专业机构帮助时不应过于顾忌，进行心理咨询并不是说就有精神病，对于这种途径应树立正确的认识。

（4）学会情绪管理。压力会产生负面情绪，负面情绪又会放大压力。

除了这些方法之外，还有一些应对技能。例如，合理运动，在运动中加强体魄、放松心情；采用横膈膜呼吸法、冥想法舒缓紧张的心情；加强自信训练等。

2）组织压力管理

作为员工个体压力的重要压力源，组织也需要关注员工压力情况，并采取一些措施适当减轻员工的压力，使员工保持良好的工作状态。

（1）保障人岗匹配。让每位员工在合适的岗位拼命地工作是人力资源和组织行为的一个重要原则。组织要将每位员工放在合适的岗位，保障人岗匹配，才能既减轻员工的工作压力又能保证员工的个体绩效与组织目标的达成。定期通过绩效考核，发现员工的问题，特别是人岗是否匹配；如果不是动机问题，是没有将合适的人放在合适的岗位上，则需要进行岗位调配，或进行适当的培训，实现人岗匹配。

（2）合理安排工作任务。过量的、难度过大的工作会对员工形成莫大的压力。工作安排上虽不能过于悠闲以让员工充分发挥其效能，但也不能一味地加码。任务的量和难度都应该遵守员工跳一跳能够完成的原则。长久持续的过多工作任务会导致员工压力由小而大、不断累积直至无法忍受。

（3）减少角色模糊和角色冲突。任何一项工作任务都要明确要求，让员工了解组织对其的期望。同时要加强对员工各项工作任务的反馈，让员工明晰自己工作的情况，心里有底。此外，也要避免多重领导、任务过度叠加导致冲突等现象，增强员工工作的条理性，减轻工作压力。

（4）实施员工帮助计划（employee assistance program，EAP）。EAP是企业组织为员工提供的系统的、长期的援助与福利项目，该计划通过专业人员对组织以及员工进行诊断和建议，提供专业指导、培训和咨询，帮助员工及其家庭成员解决心理和行为问题，从而提高员工和组织绩效。当前各企业EAP的服务模式和内容包括工作压力、心理健康、灾难事件、职业生涯困扰、婚姻家庭问题、健康生活方式、法律纠纷、理财问题、减肥和饮食紊乱等，全方位帮助员工解决个人问题。实施EAP可能是企业帮助员工减压的一种新的有效途径。

2.5 工作幸福感

2.5.1 工作幸福感的内涵

21世纪是积极心理学快速发展的时代，以塞利格曼（Seligman）和契克森米哈（Csikszentmihalyi）合著的《积极心理学导论》为标志。与消极心理学不同，积极心理学承担起了帮助健康的人更幸福、更多产，并发挥人的潜能的使命。积极心理学的发展也推动了组织行为学的转型。虽然早在霍桑工厂实验的时代就已经认识到员工的积极感知与绩效之间的关系，但传统管理研究的焦点仍在于如何将错误降到最低或减少组织和个人发展过程中的缺陷。在积极心理学的推动下，鲁森斯（Luthans）提出了积极组织行为学（positive organizational behavior）的概念，关注人性、展现人类积极力量，把促进绩效提升的人力资源优势和心理能力作为主要研究内容，从“补短”转向增进幸福感。

幸福感是个体认识到自己需要得到满足以及理想得到实现时产生的一种情绪状态，是由需要（包括动机、欲望、兴趣）、认知、情感等心理因素与外部诱因的交互作用形成的一种复杂的、多层次的心理状态。从已有研究看，幸福感主要被划分为主观幸福感（subjective well-being，SWB）和心理幸福感（psychological well-being，PWB）。主观幸福感是人们对自己生活的情感上及认知上的评价。心理幸福感认为幸福是客观的，是不以自己的主观意志为转移的自我完善、自我实现、自我成就，是自我潜能的完美实现。

从组织行为学的角度看，大多数学者采用主观幸福感来衡量员工的工作幸福感。工作幸福感（working well-being）是幸福感在工作领域中的反映，它是员工对具体工作领域中的各个方面产生的感知、评价、动机和情感，是一种可延展的积极心理能力。

据我国学者研究，中国特殊的文化背景下，工作幸福感包含工作价值、福利待遇、发展前景、环境驾驭、自我接受、人际关系、自主性等七个维度。工作价值是指工作的目标和价值方面，有具体的工作目标和对自己工作的价值怀有期待的人更容易在工作中获得幸福感。福利待遇是指在工作过程中的福利待遇、培训机会、收入上涨机会、良好的工作气氛以及相应报酬。发展前景是指在工作中能够不断学习到新的知识、有新的挑战、有较好的发展、有待实现的想法及发展机会等。环境驾驭的内容主要包括掌握工作状况、工作顺利、环境有利、时机有利、烦扰少等。自我接受包括的内容有对现状满意、对工作能力的肯定、对成绩满意、建议被采纳和功大于过，通过测量自我接受来代表个人内心的情感正负性。人际关系包含同事的关心和帮助、良性竞争与合作、被认为开朗、和睦相处、团结。自主性的内容包括不被人左右、不事事干涉、不依赖他人决定、坚持自己观点、行事坚决。

工作幸福感对于员工和组织双方都有着重要的意义。对于员工而言，工作幸福感本身就意味着一种积极、舒适的心理体验，而且能够促进员工个人身体健康发展，并进一步强化导致幸福感的因素，进而增加幸福感，从而形成良性循环。员工的工作幸福感也能够推动员工工作绩效的改进，增加员工在组织中的组织公民行为，强化员工的组织承诺和组织认同，降低员工离职倾向和离职率，从而有助于实现组织的目标。

2.5.2 工作幸福感的影响因素

工作幸福感是员工对于在组织中工作的各个领域的一种评价，因此员工个人因素、工作相关因素乃至组织方面的因素都会影响到员工个体的工作幸福感。影响员工个体工作幸福感的因素大体可以分为人格特质因素、工作特性因素和组织因素三类。

1）人格特质因素

面对同样的外部环境，有些人会有幸福感，而有些人却没有幸福感，甚至会觉得痛苦。人格特质经过多数学者的研究证明确实会影响幸福感。科斯塔（Costa）和麦克雷（McCrae）总结了人格与幸福感的关系，认为幸福感主要依赖人格特质，不同的人格特质会导致不同的正性、负性情感及生活满意感。某些特质（如社会性、社会活动、充满活力等）产生积极情感，而另一些特质（如焦虑、担心、对身体的关注等）则产生消极情感。与积极情感联系的是外向性，而与消极情感联系的是神经质。

此外，布朗斯坦（Brunstein）认为，当一个人能以内在价值和自主选择的方式追求目标并达到自己期望的程度时，幸福感才会增加，即目标必须与人的内在动机或需要相适宜，幸福感才会提高。人具有某些意识或未被意识到的动机或需要，满足这些需要，幸福感水平升高；与个人需要不一致的目标，即使达成也不能增加幸福感。沃特曼（Waterman）也提出了类似的观点，如果个体追求人格展现的幸福，那么当个人全心全意地投入活动中，并意识到自己的潜能得以充分发挥，进而有助于达成自我实现体验时，其会更容易获得幸福感；而如果个体追求尽情享乐的幸福，那么当在活动中体验到自己的生活或心理需要得到了满足时其更容易感到幸福。

2）工作特性因素

研究者发现，工作的类型、内容、时间和工作-家庭冲突对幸福感产生重要影响。

弗兰切斯科尼（Francesconi）发现，失业和临时性工作对幸福感有负面影响。神经心理学家赫布（Hebb）、费斯克（Fiske）等提出大脑唤醒水平随着信息总量的增加而提高，并且大脑具有最优唤醒水平。在这个水平上从事工作，人会感觉愉悦，超过这个水平则会出现焦虑、烦躁、恐惧等消极情绪；而低于这个最优水平，人们则会出现无聊等消极情绪。虽然劳动分工能够提高劳动效率，但同时也降低了工作过程中需要处理信息的总量，因此会导致员工产生单调、无聊等消极情绪。

在工作时间上，梅尔（Meier）发现生活满意度与工作时间之间存在倒U形曲线关系，即在到达临界值前幸福感随着工作时间的增长而增长，而一旦超过临界值，随着工作时间过度增长，幸福感开始下降。

另外，许多研究表明，工作-家庭冲突会降低工作和生活满意度及工作意义感，增加不幸福感。相反，当员工感知到两种角色相互和谐时，会感到更多的家庭支持，获得高自尊，减少感受到的压力并增强工作信心和幸福感。

3）组织因素

组织方面影响员工工作幸福感的因素包括收入、人际关系、学习和发展机会及公平感等。

收入与幸福感之间的关系十分复杂。有研究表明，收入与幸福感之间并不是单纯的线性关系。收入对幸福感的解释和预测力并非持久不变，当收入增加到一定水平后，幸福感将不随收入增加而增加。卡尼曼（Kahneman）在研究中发现，收入低于75 000美元时，人们的幸福感和生活满意度都会随着收入增长而增长，低收入还与不幸福感相关；但是当收入高于75 000美元时，虽然个人的生活满意度会持续随着收入增长呈现增加趋势，但所感受到的幸福感却不会随着收入增加而增长，高收入也无法缓解不幸福感和压力。此外，伊斯特林（Easterlin）指出，相对收入对幸福感的影响比绝对收入对幸福感的影响更大。英国学者克拉克（Clark）等发现，其他可供比较的同事工资的增长会抵消人们工资同幅度增长所带来的工作满意度，即社会比较会影响幸福感。

科恩（Cohen）和威尔斯（Wills）提出，人际关系对于维持一般状态下的良好情绪具有重要作用，不论个体是否处于应激状态，良好的社会支持网络都会增加幸福感。组织中下属与领导的沟通质量也对工作幸福感产生影响。与领导坦诚开放的沟通、相互信任的关系可以增进下属的幸福感；反之，员工真实情绪得不到表达，引起情绪体验失调，会导致幸福感水平下降。

迪纳（Diener）发现个人对自身学习和发展机会的积极感知可为工作提供内在的奖赏，并由此产生幸福感。赫巴赫（Herrbach）和米尼奥纳克（Mignonac）认为组织为员工提供学习和发展机会，能够帮助员工自我成长，提高自我效能，为员工提供内在目标，增加工作意义感，提升工作幸福感。

此外，不公平感也会影响个体的幸福感知。泰铂（Tepper）指出公平感可预测抑郁和情绪耗竭（emotional exhaustion），不公平感会损害员工的自我价值和自我效能感，导致他们感到缺乏心理应对资源（psychological coping resources），而这类资源是员工面对幸福的威胁时维持希望和解决问题所必需的。

2.5.3 工作幸福感的培养

如何能“工作，并幸福着”是每一位职场人士苦苦追索的目标。中国人力资源开发网曾在全国范围内启动“工作幸福指数调查”，最高值为5，最低值为0。根据统计分析，此次调查的中国在职人士总体“工作幸福指数”为2.57，处于中等偏下状态。所幸工作幸福感是一种状态类的、具有伸展性的积极心理能力，是能够开发和提高的。

第一，组织方面应通过建设幸福的组织环境，影响员工幸福心理氛围。

第二，提升工作幸福感应以组织与员工关系为抓手。例如，为员工提供学习和个人发展机会，上下级之间诚实和坦白地进行交流，提倡团队合作并促进员工之间的相互交流，实施公平的奖惩和晋升政策等，使员工从工作环境中感知到信任、尊重、支持、心理安全感。

第三，尽量减少员工加班时间及员工非工作时间的任务，而增加员工和家庭的互动时间，这样有助于员工和家庭成员之间的沟通、交流，增进感情互动，增加员工的家庭幸福感。这种工作安排能够照顾到员工的家的情结，能够帮助员工更好地实现工作-家庭平衡。

第四，工作安排上遵循人-岗匹配的原则。根据员工的个人特质、员工的动机，结合岗位的特点和工作要求尽量实现人与岗位的匹配。

第五，增加自我效能感。成功的体验会使人们更加相信自己的能力，建立起强大的自我效能，从而提高幸福感。面对新的工作目标时，组织应给员工提供相关工作任务信息，如任务特征、复杂程度、任务环境等，并通过指导使其更好地控制这些因素，提高员工的工作能力并恰当地运用能力去完成工作。

正如加文（Gavin）和梅森（Mason）所说，当工作为员工创造了工作意义，员工会更健康和幸福；幸福和健康的员工会在长期内有更高的效率，健康、幸福和生产效率是良好社会的基本组成部分。各类企业不应只强调效率的提高，还应关注员工的幸福，而管理者应该使人类不可剥夺的权利——生命、自由和幸福的追求，不受到侵害和腐蚀。

2.6 个体决策与管理

诺贝尔经济学奖的获得者西蒙（H.Simon）认为，管理就是决策，可见决策的重要性。在人们的生活和工作中，天天都面临决策，如何符合逻辑、科学地进行决策，意义十分重大。

1）理性决策

理论上，决策最好是理性的（rational）、科学的，即能在一定的限制条件下，做出前后一致的、价值最大化的决策。理性决策有六个步骤：

第一，确认问题。比如你决定换个单位工作，即到底换什么样的地区、什么单位、具体做什么工作，比较困惑，这就是问题。

第二，确定决策标准。针对换工作这件事，你需要思考一个问题：什么样的工作是我理想的工作？不同的地区，意味着不同的发展机会和工作条件；不同的单位，有不同的得失；不同的岗位，有不同的工作要求和回报。是以发展机会为核心，以安稳为重点，还是以个人兴趣为中心，抑或是以名利回报为标准？需要明确。

第三，给尚不能确定的决策标准分配权重。由于人的需要具有多样性，很难用单一的标准进行决策，这时就需要在多个决策标准之间寻求平衡和妥协，以获得利益最大化。

第四，设计可能的解决问题的备选方案。可以选择沿海或内地，可以选择大城市和中小城市，可以选择国企或民企、外企，也可以选择市场岗位、专业技术岗位或行政管理岗位。总之，可以罗列有可能的机会。

第五，评估备选方案。运用第二步设定的标准、第三步设定的权重，对不同的备选方案进行评估，了解每个备选方案的优点和不足。

第六，挑选最佳方案。根据权重标准，给每个备选方案打分，依照计算，得分最高的方案是最优方案，进行选择即可。

理性决策虽然有很多优点，但是也存在许多疑问或先决条件。比如，首先，决策要求问题都是清楚的，然而很多情况下，问题是未知或模糊的。其次，决策要求备选方案已知，但有时这个条件或假设也不具备。再次，决策要求偏好明确、稳定，但是人们的偏好有时是模糊甚至是矛盾的、暂时的。有时人们看重收入，有时看重稳定，有时又看重舒适。最后，理性决策是没有时间或成本限制的，这就更难了，很多情况下，人们没有太多的时间决策，还需要考虑收集信息的成本。

2）有限理性决策

可以说，尽管人们试图通过科学决策，优化自己的行为，实现效益最大化，然而在现实生活和工作中，人们受到信息不对称、信息不全面、思维加工的偏差等影响，常常在决策时体现出科学性不足的问题。这在行为经济学领域被称为有限理性(bounded theory)。

举例来说，如果你需要买一双皮鞋，理想的办法是将自己购置皮鞋的款式、价格、品牌质量标准等初步确定，然后将所有的皮鞋按照这些标准进行评价，选择最优的皮鞋。但人们很少这样解决问题，通常是在逛几家商场后，就做出购买决策，也许这个决策不是最优的，却是令人满意的。西蒙的决策思想就是如此，他提出了算法式决策和启发式决策。算法式决策比较优化，但未必现实；而启发式决策快捷，但未必最优。

按照这种思路，算法式决策虽然科学，但当许多需要满足的前提假设不能满足时，人们如何进行判断和决策呢？阿莫斯·特沃斯基（Amos Tversky）和丹尼尔·卡尼曼就沿着这条道路进行他们的研究，并于2002年获得了诺贝尔经济学奖。根据他们的研究以及后来的扩展研究，人们在决策时遵守以下规则：

1）代表性直觉

特沃斯基和卡尼曼（1982）的研究运用了如下材料：

琳达，31岁，单身，坦率直言，性格开朗。她所学的专业是哲学。当她还是一个学生的时候，她就非常关注歧视和社会公正问题，同时参加了反对核武器的活动。请从以下选项中选出可能性更高的选项：

A.琳达是一个银行出纳

B.琳达是一个银行出纳，同时是一个活跃的女权主义者

结果表明：绝大多数人认为琳达是一个女权主义的银行出纳，而不仅仅是一个银行出纳。显然，这个答案的选择违背了概率原则，两个独立事件同时发生的概率不可能高于单个事件发生的概率。他们将这种现象称为代表性直觉(representativeness heuristic)。篮球运动员特别关心“手热现象”。所谓手热，是指一个篮球运动员投中一个或者几个球以后，再次投篮时命中的概率大于其投失一个球以后再次尝试的概率。统计结果表明：投中下一个球的可能性与该队员总体的投篮命中率并没有显著的差异。结果发现：手热现象仅仅是一种错觉。人们往往将少数很细节性的事物放大，作为对事物的总体进行判断的依据。

2）易得性直觉

所谓易得性直觉（availability heuristic），是指决策者常常会依据一些容易想起来的事例来判断一种类别出现的频率或事件发生的概率。不是因为这件事发生的概率更高，而是因为相对于其他事件，这件事更容易想到或者更容易被记忆提取出来。

问题：在美国，下面两种情况中哪一种更容易导致人死亡：

被飞机上掉下来的零件砸死或被鲨鱼咬死？

人们认为被鲨鱼咬死的概率更大一些。通常，被掉下的飞机零件砸死的案例得到的社会关注没有被鲨鱼咬死的案例多，因此，人们更容易提取被鲨鱼咬死的事件，最终做出了错误的判断。事实上，在美国，被掉下来的飞机零件砸死的个案是被鲨鱼咬死的个案的30倍。

现在有一家商店正在清仓大甩卖，你看到一套餐具，有8个菜碟、8个汤碗和8个点心碟，共24件，每件都是完好无损的，那么你愿意支付多少钱买这套餐具？如果你看到另外一套餐具有40件，其中24件和刚刚提到的完全相同，而且完好无损；另外这套餐具中还有8个杯子和8个茶托，其中2个杯子和7个茶托都已经破损了。你又愿意为这套餐具付多少钱？结果表明：在只知道其中一套餐具的情况下，人们愿意为第一套餐具支付33美元，却只愿意为第二套餐具支付24美元。

虽然第二套餐具比第一套多出了6个好杯子和1个好茶托，但人们愿意支付的钱反而少了。因为到底24件和31件谁多谁少，如果不相互比较是很难引起注意的，但是整套餐具到底完好无损还是已经破损，却是很容易判断的。人们是根据比较容易判断的线索做出判断的，即使不合算也无所谓。这一结论也得到以下实验的验证。

一杯冰激凌A有7盎司，装在5盎司的杯子里面，看上去快要溢出来了；另一杯冰激凌B是8盎司，但是装在了10盎司的杯子里，所以看上去还没有装满，你愿意为哪一份冰激凌付更多的钱？

实验结果表明：在分别判断的情况下，人们反而愿意为分量少的冰激凌支付更多的钱。平均结果表明，人们愿意花2.26美元买7盎司的冰激凌，却只愿意用1.66美元买8盎司的冰激凌。

3）概率估计偏差

在许多情况下，人们都高估事件发生的概率。研究发现：当彩票涉及多个阶段，并有多个结果同时存在的时候，人们的估计会犯很大的错误。例如，当每次中奖的概率只有20%的时候，一个两阶段彩票中奖的概率只有4%，但人们的判断却是30%；当要求人们判断一个8个阶段的彩票时，问题更大。这8个阶段中，每一个阶段中奖的概率是1/8，人们却认为最终中奖的概率是1/20，比实际的中奖概率相差很多倍。

在许多情况下，人们往往会高估渴望事件发生的概率，低估自己不希望的事件发生的概率。这就需要人们适当地进行概率运算，尽量不要落入错误决策的陷阱。

4）锚定和调整

在许多情况下，人们对一些事物根本没有知识或信息。如果这时让人们进行判断和决策，就会发生偏差。那么人们是如何进行判断和决策的？

让你估计一张纸折叠100次以后的厚度，只有很少人给出的答案大于几英尺或几米，但是正确的答案远远大于此。假定一张纸的原始厚度是0.1毫米，折叠100次后的厚度大约是1.27×10^{23}公里，是地球和太阳之间距离的800 000 000 000 000多倍!因为人们想象的都是来自刚开始几次的折叠，这个折叠是一个非常低的锚定值。正确答案是这样得来的，折叠100次以后纸张的层数是2^{100}，假定每一张纸的厚度是0.1毫米，则总厚度为1.27×10^{29}毫米，相当于1.27×10^{23}公里。

特沃斯基和卡尼曼（1974）进行了另外一项研究，要求一组学生估计8×7×6×5×4×3×2×1这个题的答案时，得到的平均数是2 250，而当他们要求另外一组学生估计1×2×3×4×5×6×7×8的答案时，得到的平均数只有512。很显然，计算降序列的学生锚定的是8、7、6、5的乘积；而计算升序列的学生锚定的是1、2、3、4的乘积。但事实上，这两组学生的答案都远远低于这个题目的正确答案：40 320。

在商业谈判中，如果谈判方信息不对称，很可能刚开始锚定的价格就成为未来谈判成交价格的参照值，这个锚定值的高低直接决定了其未来利润的大小。

5）框架效应

1981年特沃斯基和卡尼曼进行的亚洲疾病问题的研究充分展示了框架效应的效果。

假设美国正在为亚洲即将爆发的一场非比寻常的疾病做准备，这场疾病可能会导致600多人丧生。如何与这场疾病做斗争，这里有两套方案：如果实施方案A，能够挽救200人的性命。如果实施方案B，有1/3的概率可以挽救600人的性命，有2/3的概率无法挽救任何人。

你支持哪一个方案？

他们发现：在这一个框架下回答问题的人中，有72%的人属于风险规避型，他们选择肯定能够挽救200人生命的方案，而不是以如此多人的性命做赌注。

但如果改变问题的框架，他们得到了完全不同的答案。他们给另外一组调查对象同样的问题，只是改变了对方案结果的描述：如果实施方案C，400人会死亡。如果实施方案D，有1/3的概率没有人死亡，有2/3的概率600人都会死亡。

虽然这种框架下的方案C和D与前面框架下的A和B从数字上来说是等同的，但却有78%的回答者变得更愿意冒风险了；他们更愿意赌一赌，而不愿意接受400条生命的丧失。

此外，人在面临获得时，往往小心翼翼，不愿意冒风险；而在面对损失时，人人都成了冒险家。人们对损失和获得的敏感程度是不同的，损失的痛苦要远远大于获得的快乐。

有两个选择：A是肯定能赢1 000元；B是有50%的可能性赢2 000元，也可能什么也得不到。你会选择哪个？大部分人都选择A，这说明人是风险厌恶的。

换一种情况：A是肯定损失1 000元，B是有50%的可能性损失2 000元，有50%的可能性什么都不损失。结果大部分人选择B，这说明人是风险偏好的。

萨勒（Richard H.Thaler）提出了一个问题：假设你得了一种病，有万分之一的可能你会突然死亡，现在有一种药吃了以后可以把死亡的可能性降到零，你愿意花多少钱来买这种药？请你再想一下，假设你身体很健康，如果说现在医药公司想找一些人测试它们新研制的一种药品，这种药服用后会使你有万分之一的可能性突然死亡，那么你要求医药公司花多少钱来补偿你？

结果表明：在实验中，很多人会说愿意出几百块钱来买药，但是即使医药公司花几万块钱，他们也不愿意参加药物实验。原因是：得病后治好病是一种相对不敏感的获得；而本身健康的情况下增加死亡的概率对人们来说却是难以接受的损失。人们对损失要求的补偿要远远高于他们愿意为治病所支付的钱。

在面临获得或损失时，人们的行为是不同的。大多数人在面临获得时是风险厌恶的；大多数人在面临损失时是风险偏好的，人们对损失比对获得更敏感。为此，萨勒提出了四个原则：

如果你有几个好的消息要发布，应该把它们分开发布，人们可以开心多次；多次开心的程度有累积效应。

如果你有几个坏消息，应该一起发布。根据前景理论，两个损失结合起来所带来的痛苦要小于分别经历两次损失所带来的痛苦之和。

如果你有一个大大的好消息和一个小小的坏消息，应该把这两个消息一起告诉别人，这样坏消息会被好消息的快乐冲淡。

如果你有一个大大的坏消息和一个小小的好消息，应该分别发布。这样，好消息不会被坏消息带来的痛苦所冲淡，负面效应小一些。

6）心理账户（mental accounting）

对同样的事物，人们可能有不同的反应。心理账户就是区别于客观账户的一种表现行为。下面是一个比较经典的实验材料。

问题1：假设你想看一场戏剧，门票是10美元。当你走到戏院门口时，发现自己掉了10美元。你还会花10美元看戏吗？

问题2：假设你想看一场戏剧，并花了10美元买票。当你走到戏院门口时，发现自己把门票丢了。座位并没有被标记出来，门票也不可能再找到。你会再花10美元买一张票吗？

在他们的研究中，对于问题1，在他们调查的183名对象中，有88%的人表示他们仍然愿意花10美元看戏。大多数人没有将这10美元的损失与买票联系起来，而是将这个损失划分到一个单独的账户上。对于问题2，在所调查的200名对象中，只有46%的人表示他们愿意再买一张票。虽然丢一张票的损失与丢10美元的损失从金钱上来说一样，但大多数的回答者显然将买第二张票的成本与买第一张票的成本加在了一起。

1980年，芝加哥大学行为经济学家萨勒首次提出“心理账户”（psychological accounting）的概念，用来解释人们在做消费决策时为什么会受到沉没成本的影响。1981年，卡尼曼和特沃斯基在Science杂志发表论文，使用了心理账户的概念来解释他们经典的看戏实验。1984年，卡尼曼和特沃斯基提出使用“mental accounting”更贴切地表达心理账户的核心意义。1985年，萨勒发表了《心理账户与消费者行为选择》一文，正式提出了心理账户理论。他系统地分析了心理账户现象，以及心理账户如何导致个体违背最简单的理性经济规律。萨勒认为，小到个体、家庭，大到企业集团，都有或明确或潜在的心理账户系统。在做经济决策时，这种心理账户系统常常遵循一种与经济学的运算规律相矛盾的潜在心理运算规则，其心理记账方式与经济学和数学的运算方式都不相同。他进一步提出心理账户的非替代性特征，解释心理账户影响人们决策的内在心理机制。

心理账户有其特定的运算规则。首先是非替代性。按照经济规则，金钱不会被贴上标签，它具有替代性（fungibility）。但是，在心理账户中，由于财富来源不同，人们会将钱划入不同类别的心理账户，不同类别的账户不能互相替代。在支出时，由于金钱记在不同的心理账户，人们往往做出违背理性假设的行为。比如，赌博赢得的钱人们往往花得更快。其次是得与失的编码规则。萨勒借用卡尼曼和特沃斯基前景理论的中值函数理论，研究了损失和获得时人们的心理估价方式，结果发现有独特的编码规则，如前文所述，萨勒将其总结为四条：收益分离；损失合并；小损失和大收益整合；小收益和大损失分离。

钱就是钱，同样是100元，是工作挣来的，还是路上捡来的，或是买彩票赢来的，应该一样。但事实不是如此，人们把工作挣来的辛苦钱看得很重，舍不得花，而一笔意外之财则很快花光。又比如，今天晚上你打算去听一场音乐会，票价是200元，在你马上要出发的时候，你发现你把最近买的价值200元的电话卡弄丢了。你是否会去听这场音乐会？实验表明：大部分人都会去听音乐会。可是，将情况变一下，假设你昨天花了200元买了一张今天的音乐会票，在你马上出发的时候，突然发现你把票弄丢了，你是否会再花200元钱买张票去听音乐会呢？结果却是大部分人回答说不去了。

不管丢的是电话卡还是音乐会票，总之是丢失了价值200元的东西，从损失上来看没有区别，所以没有道理丢电话卡后仍去听音乐会，而丢失音乐会票后就不去了。原因是人们将电话卡和音乐会票放在不同的账户中，所以丢失电话卡不会影响音乐会票所在的账户的预算和支出，因此大部分人仍然选择去听音乐会。但是音乐会票是在同一个账户，如果丢了音乐会票再买音乐会票就相当于400元听一场音乐会，这样就很不划算了。

赌徒口袋里没有钱的道理也是一样的。输了钱自然没有钱，但赢了钱，属于不劳而获的收入，不会存在银行，会很快消费掉。同时人们发现，工资用银行卡发放，人们作为固定储蓄；奖金用现金发放，用于日常开销；节假日奖金和季度奖金用于购买保险，外快用来旅游休闲。这似乎是一个潜在的消费习惯。

心理账户理论在消费决策、营销、金融等领域有着广泛的应用。比如，心理账户可以用来解释人们很多不理性的消费行为，进而可以设计更有效的营销方案。李爱梅和凌文铨等（2007）提出，尽管心理账户的概念可以解释人们的非理性行为，但对于普遍存在的心理账户的内隐结构，国外的研究结果之间存在诸多分歧，对中国人心理账户的普遍结构更不清楚。他们用访谈、问卷等方法，建构和检验了中国人心理账户的3-4-2结构。在收入方面，存在三个子账户：工作相关的常规收入、非常规的额外收入和经营收入；在支出方面有四个子账户：生活必需开支、家庭建设与个人发展开支、情感维系开支和享乐休闲开支；在存储开支方面则有安全型保障和风险型存储两个子账户。

对于企业组织而言，不管什么样的薪酬形式，按照价格不同，最终可以加总为一个总的人力成本支出，具有绝对的等量可加性。对于员工而言，组织给予的回报是否满意，是否有激励效果则主要取决于自己感知的收入。由于分配形式多样，对有些支出形式员工不会产生感知偏差，比如工资、奖金，那么其心理计量权重就显得很重要；有的组织的支出员工没有感知到，比如节日礼物；或者只有经过提醒才能感知到，比如午餐补贴、电话费津贴，那么其心理计量的权重很可能为0；有的组织支出员工即使感知到了，也可能将其打折，比如国家希望企业给员工提供养老保险金，有些收入较低的员工不喜欢，希望打折贴现；甚至有些员工对单位的股票期权也不感兴趣，希望打折贴现，那么其心理计量权重可能在0到1.0之间。

2.7 自我概念的形成与管理

在人们完成任务的过程中，也会逐步形成对自身的认识，这种认识的形成又可能左右人们的行为选择。

如果一个人完成任务的结果总是受到上级和同事的称赞，这个人就会形成对自己能力的较高估计，而且由于自身比较成功，获得了比较积极的情感体验，进而更愿意努力地钻研相关领域的知识和技能，并将自己的职业发展方向定位在这个领域。

如果缺乏比较正确的自我概念，就可能出现自身发展定位的错误，或者他人评价与自我评价的差异，影响工作的顺利进行。

自我概念即个体自身对自我的认识和评价。根据著名心理学家詹姆士（James）

的研究，自我概念由三个部分组成，即物质我（material self）、社会我（social self）和精神我（spiritual self）。所谓物质我，主要是指关于个人的长相、仪表、身体状况方面的认识；所谓社会我，是指对个人的社会地位和社会关系的认识，个人的社会地位与经济、教育、职业类型、职位高低等直接相关；所谓精神我，是指对自己的智慧、能力、道德水平的认识。

每个人的自我概念由这三个部分组成，但是，每个人在这三个方面的发展水平是不同的，这种不同既有客观水平的不同，也有主观自我评价的不同。可能有的人长相较好，常常成为人们羡慕的对象，但由于能力一般，社会地位不高，社会我和精神我的水平均不高，因此整个自我评价一般；而有的人，可能长相不好，但能力强、以德服人，获得了较高的社会声望，具有较好的自我概念。在知识经济的今天，内在素养逐步成为市场竞争的焦点，生理条件固然重要，但内在的品德、能力、敬业精神更受推崇。在文艺界、政坛、科学界等领域，许多人的外表都很一般甚至偏低，但获得了人们的尊重，得到了很高的社会赞誉，这些人的自我评价也较高。

自我概念是随着个人认识能力的提高和经验的积累而逐步形成的。婴儿刚生下来是没有自我的，他们经常吃自己的手指头，不能将自己和外界分离开来。只有当小孩能够说“我”的时候，才表明他们开始区分自己和外部。

自我概念形成的途径有多种方式。首先，在个人社会化（socialization）过程中，父母、老师、朋友、亲戚的评价就像一面镜子，折射着我们在长相、能力、品行等方面的各种表现。如果某个方面经常表现好，就会得到较多的表扬，这些肯定最终转化为自己对自己的评价。当然，如果有些方面表现差，可能会受到周围人们的批评和指责，这种评价就会导致人们自我属性评价的降低。其次，随着个人认识水平的提高，自我反省的能力提高，个人也能归纳和整理自己的兴趣、爱好、发展状况等。比如自己经常能够让沉闷的气氛活跃起来，能够消除人与人之间的误会，经常有人遇到麻烦总是找自己倾诉，可能自己就会得出结论，自己的人际关系不错，沟通能力较强，值得信赖等。最后，社会比较，即通过选择社会上的各种层次的人物进行比较，从而确定自己在人群中的相对发展水平。如果作为行政管理人员，一般人在30岁提升为科长，如果这时你已经是副处长，你就会觉得自己很不错；如果还是一个科员，你就会贬损或否定自己，认为自己自我形象较平庸。

李白有诗云：“天生我才必有用。”如果不按照社会标准进行自我评估，肆意地夸大自己，总是承诺的比完成的漂亮，在面对激烈的市场竞争时就会露出马脚，最终会受到社会成员的惩罚；如果过于严格地要求自己，否定自己，把自己的一点点缺点无限放大，最终把自己否定得一无是处，也会出现自我发展障碍，即严重自卑，缺乏动力，做事没有信心。自我认识偏差严重时个人很痛苦，对他人也不利。

许多年轻女性对身材、长相非常看重，有些人甚至觉得没有美丽的外表，其他的诸如才艺、品行等均没有价值，自我评价水平极低，自卑感强烈。她们要么通过美容予以矫正，要么自暴自弃，出现了比较严重的心理问题。与人交往时疑心重，过于敏感，这些都可能严重影响工作和个人生活。在与这类员工交往时，需要慎重，否则会产生意想不到的尴尬经历。

自我概念是个人对自己主观的认识，既然是主观的认识，就可能出现偏差。如果偏差不是很严重，通常不会对生活和工作产生很大的负面影响。比如，有人对自己比较苛刻，因此自我评价比事实上的情况低一些，但也没有把自己看得一无是处，这种人可能为了提高自我形象，努力拼搏，往往会取得较高的社会成就，最终获得满意的自我概念。由于这类人员将自己看得较低，符合中国人“谦虚谨慎”的美德，也可能因此受到人们的信任和尊重。有人对自己比较宽容，自我评价偏高一点，但没有给人以自吹自擂的印象，这种人的烦恼较少，自我感觉良好，生活质量较高。如果对自己有信心，做事情能放开手脚，反而能取得意想不到的好成绩。

严格地说，真正客观、准确地评价自己，难度非常大。对自己苛刻的人，千万不能把自己说得一无是处，产生严重的自卑感；对自己宽容的人，也不能骄傲自大，目空一切，否则容易受到他人的攻击和鄙视。

2.8 归因理论与管理

（1）基本归因。海德（Fritz Heider，1958）认为，人就像一个业余的科学家，尝试着拼凑各种信息以了解他人的行为，直到找到一个合理的解释或理由为止。对行为产生的原因可以从两方面分析，即内部原因和外部原因，寻找合理解释或原因的归因也相应地分成内部归因和外部归因。所谓内部归因，是指一个人之所以出现这样的行为，主要是与自己有关，如自己的能力、性格、努力等；所谓外部归因，是指一个人之所以出现这样的行为，主要是与其所处的情境有关，并假设大多数人在同样的情境下会做出同样的反应。其实，科学在很多情况下是寻求客观的因果关系解释的，如果因果关系解释合理，就能够增强人的行为动力；否则就会妨碍人们的判断，导致矛盾和冲突。通常来说，管理者希望个人对事物或活动结果负责，喜欢从行为者内部寻找原因，这样有利于个人工作的改进；而下属则希望从外部寻找原因，由外部提供更好的条件，以改进活动结果。客观、正确地进行归因分析，有利于管理目标的实现。许多归因训练活动就是设计一些活动情境，在找出行动者的归因立场后，进行归因训练，将外在情境归因为主转变成内在个人性格归因为主，进而达到改善行为表现的目标。

【理论应用2-3】　　不为失败找借口，要从自身找原因

李迪是邮政储蓄银行的一名老员工，业务水平很高，人品也是忠诚可靠，但是一直让他搞不懂的是，自己在银行呆了许多年却依旧没有得到重用。开始的时候他并没有觉得怎么难过，直到王晓海的出现。

王晓海是一个刚毕业的大学生，为人热情开朗，在他的面前总是前辈前辈地叫着，没事儿总是喜欢围着上司转，业绩也很好。就这样没过多久他开始升职，跟李迪的职位相当，甚至两年不到的时间就成为李迪的顶头上司。

这让李迪觉得很恼火。因为论资历，王晓海不如他；论技术水平，他们俩是半斤八两。“不就是会溜须拍马么……”李迪的心里恨恨的。这个时候办公室又有传言说王晓海是上司的亲戚，这让李迪更郁闷，整天萎靡不振，不断向别人抱怨自己的不幸，到处说王晓海和上司的坏话。

我们试分析李迪不得升迁的原因。李迪是抱着恶意归因的想法，将原因推诿于新员工的溜须拍马或者上司做了不公平的分配上，结果不仅难以与新员工和上司沟通融洽，对他的升迁更没有好处。如果此时他能够抱着善意归因的想法，将原因归纳在自己身上，是否因为自己的沟通水平不高，是否因为新员工的创新能力比自己强，经过努力后，很多问题也就迎刃而解了。

由上面的事例可以看出，抱着恶意归因想法的人，会将目光放到别人的身上，十分容易产生仇视、嫉妒、报复心理，但对解决眼下的困境是没有任何帮助的。而抱着善意归因想法的人，则会将目光集中到自己身上，寻找到自身欠缺的因素，更容易得到上司的认可。

资料来源　南极的小熊. 归因偏差——从自身寻找相通的原因，或许你才能真正的找到原因！[EB/OL]. [2018-03-16]. https://baijiahao.baidu.com/s? id=1595091028887355671&wfr=spider&for=pc.

（2）归因自利偏向（self-serving bias）。所谓归因自利偏向，是指在归因时，人们愿意把积极的结果归因于自己，把消极的结果归因于情境的倾向。比如对业绩考核结果的成败归因时，个人喜欢将所取得的好成绩归因于自己的努力、自己的能力，而将较差的业绩结果归因于单位指定的任务标准太高，或者竞争太激烈，单位提供的支持不够，或者领导无方等外部原因，以保护自己的自尊心和面子，求得自身的心安理得。

（3）基本归因错误（fundamental attribution error）。作为观察者或评价者，在对别人活动结果进行归因分析时，常常喜欢从他人内部寻找原因，其实影响他人行为结果的因素既有被观察者内部的原因，也有其他外部的原因。如果将别人的行为表现都归因于内在因素，显然是不公平、不合理的，然而人们就是倾向于这种不合理的归因方式。心理学家罗斯（L.Ross，1977）将这种解释别人行为原因时高估个人内因作用、低估情境作用的现象称为基本归因错误。这很好解释：为什么管理者倾向于把销售业绩差归因为其懒惰，而不是由于竞争对手更新了生产线。

（4）行动者和观察者归因分歧（actor-observer difference），行动者倾向于做外部情境归因，而观察者倾向于进行个人内部性格因素归因，两者很容易产生矛盾和冲突。在面对不满意的结果时，在上级和下级的矛盾中，这种分歧和冲突比较明显。

本章小结

心理活动主要包括需要、动机、兴趣等动力系统，满足心理活动目的的过程，长期活动中凝聚而成的稳定的特征。

心理活动过程主要包括认知过程、意志行为和情感过程。认知过程可以进一步细分，包括获得信息的感觉和知觉、存储信息的记忆、处理信息的思维和想象。意志行动主要是根据个人行为目标，依据认知过程的帮助，采取行动实现目标的过程。情感过程是人们从认识和行为结果中获得的体验或感受（也包含行动过程中的感受）。空间知觉和时间知觉对心理过程有很大的影响。

态度是人们对某一事物所持有的评价和行为倾向。态度的成分包括认知成分、情感成分和行为意向成分。社会因素、群体因素、宣传等都是改变态度的重要因素。

情绪是指对人或事物的一种心理感受。在当今的组织环境中，工作中的情绪管理越来越受到重视，主要包括情绪劳动和情绪感染等。

压力是指个体对超出自身正常承受水平的生理、心理、社会刺激的应激反应。压力的来源主要可归结为环境因素、组织因素和个人因素三个方面。压力通常会给个体的生理、心理和工作造成积极或消极影响，个体及组织都需要注意加强对压力的管理。

工作幸福感是幸福感在工作领域中的反映，它是员工对具体工作领域中的各个方面产生的感知、评价、动机和情感，是一种可延展的积极心理能力。影响员工个体工作幸福感的因素大体可以分为个人因素、工作特性因素和组织因素三类。工作幸福感能够促进员工个人身体健康发展，也能够推动员工工作绩效的改进，增加员工在组织中的公民行为，强化员工的组织承诺和组织认同，降低员工离职倾向和离职率，从而有助于实现组织的目标。

在现实的生活和工作中，人们受到信息不对称、信息不全面、思维加工的偏差等影响，常常在决策时体现出科学性不足的问题。代表性直觉、易得性直觉、概率估计偏差、锚定和调整、框架效应、心理账户等都对决策的科学性产生影响。

自我概念是个体自身对自我的认识和评价。自我概念由三部分组成，即物质我、社会我和精神我。

对行为产生的原因可以从两方面分析，即内部原因和外部原因，寻找合理解释或原因的归因也相应地分成内部归因和外部归因。

关键概念

心理过程　时间知觉　空间知觉　态度　工作满意度　组织承诺　情绪压力　工作幸福感代　表性直觉　易得性直觉　概率估计偏差　锚定和调整　框架效应　心理账户　自我概念　归因自利偏向　基本归因错误　归因分歧

单项选择题

2.1　以下不属于空间知觉的是（　　）。

A.相似法则　B.接近法则　C.闭合法则　D.近因法则

2.2　换位思考和（　　）使社会知觉更加准确。

A.第一印象　B.首因效应　C.晕轮效应　D.投射效应

2.3　首次提出“心理账户”的学者是（　　）。

A.萨勒　B.卡尼曼　C.特沃斯基　D.凌文辁

2.4　“新官上任三把火”实际上要说明（　　）的重要性。

A.晕轮效应　B.刻板印象　C.首因效应　D.投射效应

思考题

2.1　如何避免时间知觉和空间知觉对人们认识的影响？

2.2　生活中有哪些情景经常会产生晕轮效应？

2.3　影响态度的因素有哪些？如何去改变个体的态度？

2.4　如何根据有限理性规律引导人的行为？

案例分析题

高萌的抉择

高萌大学毕业已经两年了，在公司的表现属于中上等。他平时不太爱说话，大部分时间是在看书。到目前为止，还没有和其他同事因为职位提升等事情发生过不愉快，和他同一车间的人都称他“闲云野鹤”。

前几天厂里正式张榜招贤，宣布谁能解决三车间工艺上那个老大难的技术问题，就发给谁奖金8 000元，绝不食言。

高萌看了，在心里琢磨：这问题正巧是我在大学里写毕业论文时选的题目，来厂后自己对它又很感兴趣，私下收集了一些数据，查过一些参考文献，对解决它有一些朦胧的想法。当然把握并不太大，别人已干了好几年没解决，人家就是“废物”？所以只能说有一半把握吧!可是，就算我解决了又怎么样呢？不错，既然出了告示，这8 000元奖金大概跑不了，可是自己并不缺钱用，不稀罕这奖金。去钻研这个问题，要费一番脑筋，倒是有点吸引力的，还能接受锻炼、长知识。不过，估计这方面的收获也不会太大。

对了，最要紧的是这事的成功与否，对我跟车间里同事的关系会有什么影响，这一点高萌是十分关心的。真要搞成了，那人家会不会说我“好出风头”“财迷心窍”？坏了，多半会有人妒忌我、讥讽我、暗自给我一下子，那就得不偿失了。不过，我真攻下了这一关，全厂闻名，又有啥了不起呢？切不可图虚名而招实祸呵！何况，若失败了，多么丢脸，人家会笑话我不自量力的。高萌反复推敲斟酌，拿不定主意：去揭榜，还是不揭？

因为晚上要参加大学同学的聚会，高萌就没有多想。晚上六点多来到同学们订好的饭店，很久没有见到老同学了，他很高兴。两年来同学的变化真大，有的已经身居中层，有的已经成为技术骨干，而他依然只是个技术员。这些老同学在高谈阔论，自己只能在一边看着。实际上这两年确实没有什么可以拿来炫耀的。同寝室的另外三个人都已小有成就。想当初在学校里，他是他们寝室里拿奖学金最多的人。这心里还真有点不平衡。喝了几杯下去，突然就想到了厂里那个招贤榜，一个念头一闪而过，明天上班第一件事情就是去揭榜。

问题：

1.高萌这个人有什么特点？他的最大需求是什么？

2.高萌同事的看法在他的决策过程中起了推动作用还是阻碍作用？

3.如果你是高萌你会去揭榜吗？为什么？

4.为什么高萌一开始很犹豫揭榜，后来又决定去揭榜？

推荐阅读资料

[1] 刘永芳. 归因理论与人力资源管理 [M]. 上海：上海教育出版社，2007.

[2] 李爱梅. 心理账户与非理性经济决策行为研究 [M]. 北京：经济科学出版社，2007.

[3] 郭永玉，王伟. 心理学导引 [M]. 武汉：华中师范大学出版社，2007.

[4] 卢桑斯，等. 心理资本 [M]. 李超平，译. 北京：中国轻工业出版社，2008.

[5] 格里格 R，津巴多 P.心理学与生活 [M]. 王垒，等，译. 北京：人民邮电出版社，2003.

[6] 普劳斯 S. 决策与判断 [M]. 施俊琦，王星，译. 北京：人民邮电出版社，2004.

[7] 迈尔斯 D. 社会心理学 [M]. 侯玉波，乐国安，张智勇，等，译. 11版. 北京：人民邮电出版社，2016.

网上资源

http: //sub.cssn.cn/jjx/201401/t20140107_937680.shtml

http: //www.devpsy.com.cn

http: //www.cssn.cn/glx/glx_glll/201310/t20131022_447936.shtml

http: //www.ghrlib.com/leadership/8482

第3章 个体差异与管理

学习目标

理解个体差异，特别是个性心理特征（包括能力、人格）和价值观的基本概念；重点掌握个性心理特征和价值观的分类以及测量方法；了解胜任力特征模型的构建方法；能在组织管理中自觉运用这些理论和方法有效进行人力资源的配置和使用，提高组织绩效和员工的工作积极性。

引例

用人的基本方略

在一次工商界的聚会中，几个老板大谈自己的经营心得。

其中一个说："我手下有三个不成才的员工，现正准备找机会将他们炒掉。""为什么要这样做呢？他们为何不成才？"另一位老板问道。

"一个整天嫌这嫌那，吹毛求疵；另一个杞人忧天，老是害怕工厂有事；还有一个浑水摸鱼，整天在外面闲荡鬼混。"第二个老板听后想了想，就说："既然这样，你就把这三个人让给我吧！"

第二天这三个人到新公司报到。老板开始分配工作：喜欢吹毛求疵的人，负责管理品质；害怕出事的人，让他负责安全保卫及保安系统的管理；喜欢浑水摸鱼的人，让他负责商品宣传，整天在外面跑来跑去。三个人一听，职务的分配和自己的个性相符，不禁大为兴奋，兴冲冲地走上新岗位。

过了一段时间，由于这三个人的卖力工作，公司的经营绩效直线上升，生意蒸蒸日上。

扬长避短是用人的基本方略。然而，在现实生活中，人的长处和短处并不是绝对的，没有静止不变的长处，也没有一成不变的短处。在不同的情景和条件下，长处与短处都会向自己的对立面转化。用人的关键有时候并不在于用这个人而不用那个人，而是要根据每个员工的个性和能力的差异合理地分配工作，使每一位员工都能在最适当的位置上发挥最大的潜能。

个体差异是整个管理工作的一大难题，因为涉及识人和用人问题，从管理的效率看，如果能够把合适的人放在合适的岗位上，管理就成功了一半。个体做的是自己能干的事情，本身就是一种激励，而且是内在的激励。试想：如果每个人没有显著的差异，真的像过去人们所说的，“我是一块砖，哪里需要哪里搬”，那么管理工作的难度就降低了许多。因为管理者不用在工作岗位与人的匹配上浪费时间，就能将工作的重心放在激励和约束机制的研究上，调兵遣将的事自然就简单了。

由于人的差异性很大，不同的工作岗位需要有不同特点的人员，这就需要研究，具备特定个体特征的人适合从事哪些工作岗位，不适合从事哪些工作岗位，尽可能不错位，让每个人少走弯路，这样将每一个人的长处和优势充分发挥出来，就可以实现组织和个人的双赢。组织的每一个岗位都有称职的、优秀的员工，对于组织来说，它的工作任务就是保证员工出色、如期地完成工作，组织的效率高了，企业的竞争力就强了；而对于一个员工来说，如果他能够出色地完成工作，就会产生愉快的成就感，觉得自己有能力、有价值，工作的愿望进一步得到加强和巩固。

当然，并非各岗位之间对人的要求都有很大的差异性，比如学习机械工程、机械自动化、化学工程等专业，甚至生物工程、医疗工程、核工业等，差异没有想象的大，相似性较高，还是有相似的素质，这也是客观事实。但是如果从事机械工程类的管理，适合岗位的人的差异性可能就大了。

在这一点上，美国人的精细化、人性化的用人策略可资借鉴。美国3亿多人（2006年统计数据）能够在世界经济、军事活动中具有如此重要的影响，是与他们善于按照人的才能精细用人、充分发掘每一个人的优势和潜力分不开的。美国人早在第一次世界大战和第二次世界大战中，就运用了心理测验的方法对人员进行分类和选拔，比如，拉大炮的人需要体力好的，通信兵则需要智力相对高的，特种兵则需要体力和智力的结合，而太神经质的人则不适合到前线作战，放在后方支援更有效，由于优化用人，产生了积极的效果，即用最少的人员牺牲换取最大的战争胜利。受这种科学人员分类和选拔的启发，在飞行员选拔中又成功地尝试了这类方法，使飞行员选拔的成功率极大提高，即培训成本极大降低（在飞行设备操作自动化水平提高之前，非常依赖飞行员自身的素质）。后来这种方法逐步普及到普通的人员选拔和任用中，产生了积极的社会和经济效应。姚明正是通过美国NBA联盟姚明经纪公司的运作，在福布斯中国2006年度个人收入排行榜上以2.6亿元人民币连续第四年高居榜首。如果不是其经纪公司充分展示了姚明的潜力和价值，其真实价值就会被市场埋没，中国有很多人因为潜力没有得到充分发挥而被埋没了。

然而，在我国的传统教育中，过分宣传勤奋、努力的作用，似乎只要勤奋努力，就一定能够取得优异的成绩，因此“头悬梁，锥刺股”，“只要功夫深，铁杵磨成针”被视为至理名言。然而应该看到，不论从事什么工作或职业，努力都是必需的，是取得优良业绩必不可少的因素。但是，要埋头拉车，更要抬头看路，要看清自己的方向，要看到市场的价值。人的擅长领域不仅受后天制约，更有先天的影响。有的人在音乐和艺术领域很有潜质，只需付出很小的努力，就能取得他人经过十倍的努力才能达到的高度，为什么不能换一个思维方式，挑选有潜质的人从事相应的工作呢？受传统文化的熏陶，在当今管理者心目中，多数人更愿意突出人的可塑性和共同性，过于强调个人努力，认为只要努力，干什么都可以成功，这种观点多少有一些偏狭。的确，努力是成功的必要条件，然而，如果选错了努力方向，结果不仅不是最佳的，而且还可能付出身体健康的代价，个人努力获得的贡献和回报被医疗的支出、误工的成本所抵消。

“资本”概念最早出现于经济学领域，是经济学的核心术语。自亚当·斯密以来的古典主义和新古典主义经济学家，均将资本定义为一种能够生产产品的要素，和“土地”“劳动”并列为最基本的生产要素。这时人们理解的资本概念仅仅局限于“物质资本”。

20世纪60年代，美国经济学家舒尔茨和贝克尔率先突破物质资本的局限，将个人对教育、培训、保健等的投入视为一种投资，并最终形成个人的“人力资本”（human capital）。人力资本决定了生产要素的利用率，对个人和社会发展有着巨大的推动作用。

20世纪70年代以来，经济学和社会学领域都出现了一种试图将制度与文化因素纳入人的行为分析框架的趋向。在“人力资本”概念的启发下，一些尝试与经济学建立联系的社会学家们将人与人之间的社会互动与联系也归入了资本的范畴，提出了“社会资本”（social capital）的概念。

社会资本概念颠覆了自斯密以来在科学主义笼罩下的社会科学主流范式——理性选择范式，肯定了人的丰富的社会需求，以及各种社会文化因素对理性选择及人的行为的制约作用。这一概念具有极强的适用性、现实性和解释力，使非正式组织、非正式关系、信任、合作、规范、文化、社会支持、社会交换、社会资源、嵌入、关系契约、社会网络和企业间网络等概念都可以正式收归于社会资本的分析框架，由其统驭。

正如资本源于物质并提供有形的产品一样，人力资本源于个体知识技能并维持人们的创造力，而社会资本则源于非正式的人际关系并便利人们的工具性行动。美国社会学家科尔曼（James Coleman，1990）在《社会理论的结构》一书中将社会资本界定为个人所拥有的表现为社会结构资源的资本财产，它们由构成社会结构的各种要素组成，主要存在于人际关系和结构之中，并为结构内部的个人行动提供了便利。科尔曼认为社会资本有两个特性：一是不可转让性；二是经济学上的“公共物品”的特性。

人的个体差异受到多个方面的影响，也体现在不同的领域。按照市场的交换法则，按照作者的思考，如果将个人的属性进行分类，可以分成身体资本、人力资本、社会资本、心理资本。其中，身体资本和社会资本相对比较容易衡量，而人力资本和心理资本相对难以准确评价，所谓“知人知面不知心”就是这个意思。因此，这里先简单介绍身体资本和社会资本，后面再主要介绍人力资本和心理资本。

身体资本主要是指个人的外表、生理状况、生理素质等情况，外表可以根据时代的特点，进行审美评价；生理状况可以通过医学办法进行检测；生理素质则可以通过体育的标准评价来衡量，比如耐力、速度、柔韧性、协调性等。具体说：动态力量（在一段时间内重复或持续运用肌肉力量的能力），躯干力量（运用躯干部肌肉尤其是腹肌达到一定肌肉强度的能力），爆发力（在一项或一系列爆发活动中产生最大能量的能力），动态灵活性（进行快速、重复的关节活动的能力），广度灵活性（尽可能远地移动躯干和背部肌肉的能力），躯体协调性（躯体不同部分同时进行活动时相互协调的能力），平稳性（受到外力威胁时，依然保持躯体平衡的能力），耐力（当需要延长努力时间时，保持最高持续性的能力）。外表对就业有影响，外貌好看的人，至少在同等情况下，被录用的概率更大；空姐就是总体颜值较高的群体，而且其相对收入也比较高。然而，40岁以前外表的作用影响较大，到40岁之后，可能就要拼心理、内在素质了。

根据布朗（Brown，2000）的观点，可以把社会资本的研究分为三个层次：一是微观层次的社会资本，称为嵌入自我的观点，社会资本被理解为个人联系，是个体获取社会资源的人际关系网络。二是中观层次的社会资本，也称结构的观点，强调社会资本的公共产品性质，研究的是特定社会网络的结构化，网络形成的过程和途径，以及资源分配的结果。科尔曼（James Coleman，1990）为这一层次上的研究提供了理论基础和贡献。三是宏观层次的社会资本，这一层次将社会资本与集体行动和公共政策联系起来，极大地拓展了社会资本的解释力和研究领域，其政策实践意义也大为增强。宏观层次上以普坦南（Putnam，1993）对意大利和美国社会的研究最具代表性。

这里关注个体差异，主要关注个体如何在其社会关系中投资、摄取和使用社会资源，以产生工具性的行动和情感性的回报。代表性的学者有格兰诺维特（Granovetter）、伯特（Burt）、林南（Lin）等。其中，格兰诺维特提出了弱关系理论，伯特提出了结构空洞理论，林南提出了社会资源理论。

格兰诺维特认为，某一特定社会群体成员间的关系模式一般是“强关系”（strong ties），群体内成员间关系较紧密，任一成员所掌握的信息能较快地被其他成员共享，因而群体内重复冗余的信息较多；而群体内成员延伸至群体外部的关系一般是“弱关系”（weak ties），此种弱关系成为不同社会群体间沟通的桥梁，并且是有价值的、非重复性信息和资源的重要来源。比如：格兰诺维特（1973）在对个人求职行为和结果进行研究时发现一个有趣的现象：当一个人在求职时，对他获得新职业的真正有价值的信息不是通过与他关系密切的亲戚或朋友（强关系）而获得的，而是通过他的一般亲戚朋友（弱关系）获得的，而且通过弱关系往往可以流动到一个地位较高、收入较丰的职位，通过强关系向上流动的机会则大大减少了，这与一般人的想象似乎正好相反。格兰诺维特将这一现象称为“弱关系的力量”(strength of weak ties)。其价值表明：人们需要扩展陌生人网络，获取更多的人际资源信息。

伯特（1992）的结构空洞理论不仅关注个体与他人关系的特征，且更为关注被个体联系的他人之间的关系特征。所谓结构空洞（structural hole）便存在于没有直接联系的他人之间。个体通过占据社会关系网络中未联结点的中间位置，恰如“坐收渔翁之利者”。显然，结构空洞使个体从社会资本中获得了更大的回报，这主要表现在三个方面：一是更多直接、及时地获取各种信息的机会；二是拥有更强大的在其他各方之间“交易”信息的能力，因而能更好地控制资源和行动的结果；三是能保持清晰全面的人际网络视角，由此获得更多的机会。伯特批评弱关系理论，他认为最重要的不是关系的强弱，而是它们在已经建立的关系网络中是重复的还是不重复的。伯特看到，社会网络中的结构空洞不仅有更大的非重复性获取资源的机会，而且为人们如何在网络的一组组节点之间控制资源流动进行策略选择提供了路径。其理论价值表明：人际网络节点的社会价值、开发空间更大。

美籍华裔著名社会学家林南（Lin，1981）在发展和修正格兰诺维特的“弱关系力量假设”时，提出了社会资源理论（social resources theory）。他认为，真正有意义的不是弱关系本身，而是弱关系所连接的社会资源，那些嵌入个人社会网络中的社会资源——权力、财富和声望，并不为个人所直接占有，而是通过个人的直接或间接的社会关系来获取。在一个分层的类似于金字塔的社会结构体系中，地位越高，人数越少，但是个人所拥有的权力、社会地位或声望也越高，由强关系连接的往往是那些拥有相同或类似资源的人，它在相同阶层中的意义并不重要；相反，弱关系却大多是联系不同阶层间的纽带，因而它在不同阶层间交换资源的作用不可小觑。当行动者采取工具性行动时，如果弱关系的对象处于比行动者更高的地位，弱关系将比强关系为行动者带来更多的社会资源。个体社会网络的异质性、网络成员的社会地位、个体与网络成员的关系力量，决定着个体所拥有的社会资源的数量和质量。

在林南的社会资源理论中，弱关系的作用超出了格兰诺维特所说的信息沟通的作用。由于弱关系连接着不同阶层、拥有不同资源的人们，所以资源的交换、借用和摄取，往往通过弱关系纽带来完成。而强关系连接着阶层相同、资源相似的人们，因此，类似资源的交换既不十分必要，也不具有工具性的意义。为此，林南提出了社会资源理论的三大命题：（1）社会资源命题——人们的社会资源越丰富，工具性行动的结果越理想；（2）地位强度命题——人们的社会地位越高，摄取社会资源的机会越多；（3）关系强度命题——一个人的社会网络的异质性越大，通过弱关系摄取社会资源的几率越高，弱关系对社会资源的作用比强关系更重要（Lin，1981、1982、1990）。

因为社会资本的重要性，在一个十分重视人际关系、人情的国度，社会资本的利用和开发自然十分重要。由于每个人的社会关系不同、社会网络大小各异，社会资本属性差异较大。可以根据林南的理论予以测试。例如，大家熟知的马云，他广交朋友，和海内外政界、演艺界、文化宗教界以及商界的知名人士交往频繁，为其扩大市场、寻找投资机会奠定了良好的人脉基础。

【理论应用3-1】 **社会资本测量方法**

社会资本理论与社会网络分析之间存在着非常紧密的联系，在经验研究中，对个体层次社会资本的测量几乎都集中于对个人社会网络状况的测量。社会网络分析是一套分析社会结构的理论和方法，其基本观点是将个人或组织之间的社会联系所构成的系统视为一个个"网络"，并认为整个社会就是由这些网络所构成的大系统。目前测量个体层次社会资本时，研究者主要运用了"个体中心网络"（ego centered network）分析方法，个体网络可以视为整体社会网络中的一个局部，它考察的是以每一个被研究者为中心延伸出去的网络情况。

在经验研究中，对个体层次社会资本的测量方法基本集中于两个方面：一方面是对嵌入个人社会网络之中、可以为个人所调用（accessible）的资源总体的测量，这种方法重在考察个人对社会资本的拥有情况；另一方面则是考察个人在工具性行动之中所实际动用（mobilized）的社会资本情况，这种测量法侧重于个人对社会资本的使用情况。企业高管个人社会资本测量表如表3-1所示。

表3-1 **企业高管个人社会资本测量表**

人物职业描述	是否认识		如果认识，此人与您关系亲密程度		
	是	否	认识而已	有点交往	很熟悉
地市级以上政府官员	□	□	□	□	□
市级以上两会代表	□	□	□	□	□
支行行长以上银行行长	□	□	□	□	□
企业总经理或董事长	□	□	□	□	□
文化名流（如大学教授、艺术家、明星演员等）	□	□	□	□	□
医生/律师	□	□	□	□	□
一般政府公务员	□	□	□	□	□
企业普通职工与工人	□	□	□	□	□
农民	□	□	□	□	□

考虑到人力资本和心理资本的重要性和衡量的难度，本书将此作为重点介绍的内容。当然，不同的概念，包含的属性和特征不同，理论上，人力资本更多地包含了知识、技能和能力类的属性；而心理资本则更多地包含了人格和心理动力类的属性。为了理解的方便，加上心理资本的概念刚刚兴起，其内涵与传统组织行为学中的人格类概念还没有严格区分开来，为此本书还是按照心理学对个人的稳定心理属性差异性进行划分，主要包括三个方面的内容，即能力差异，人格差异，需要、价值观和兴趣差异等，心理资本放在人格差异中予以介绍。

3.1 能力差异与管理

3.1.1 能力概述

能力是指直接影响活动效率方面的个人心理特征。这里主要强调影响活动效率的直接性，因为导致活动效率变化的因素有很多，比如心理状态、动机水平、工作条件、激励方式和方法等，而这些间接因素不叫能力。

能力客观地说是在人们解决问题过程中培养和积淀起来的。能力通常可以分成如下几类：一般能力、特殊能力、创造力。一般能力又可以分成智力和情绪智力。

1）智力

智力是人们分析问题和解决问题的能力，主要包括观察力、注意力、记忆力、思维力和想象力等。智力基本上是认识过程的几个重要环节的能力属性的表现。有人把人脑比成电脑，显然，衡量一个电脑的配置好坏，储存器和CPU是重要指标。

智力主要与认识客观事物的规律有关，是学习能力的重要指标，也是研究较多的领域。在知识经济时代，知识更新变化的速度加快，人们为了适应外部变化的世界，需要不断地学习、更新自己的知识和技能，为此智力在知识经济时代具有特殊的意义。智力的高低决定了个人的成长和发展潜力，加上智力具有较强的先天制约属性，使其成为人才招考、选拔、培养的重要内容。不论是高考，还是留学考试，内容都少不了智力测试。当今社会，学习型社会、学习型组织、终身学习的理念十分盛行，更加彰显了智力和学习能力的价值。

智力是在人们解决问题的过程中经常表现出来的属性，这些属性的高低与具体解决问题的过程密切相关，人们要观察事物，要记住新事物、回忆已有的知识和经验，要分析和解决问题，要有想象力。衡量智力的指标叫作智商（intelligence quotient，IQ）。

2）情绪智力

与智力不同，情绪智力主要是关于社会认知和情绪控制方面的能力表现。根据丹尼尔·戈尔曼（Daniel Goleman）的分类，情绪智力包括对自己和他人的情绪的认知和调节控制。一方面要了解自己的情绪，并善于控制；另一方面要了解他人的情绪，并能够调节和控制。情绪智力的结构和要素见表3-2。

表3-2 **情绪智力的结构和要素**

	自我个人能力	外界社会能力
	自我意识	社会意识
鉴别力	情绪的自我意识 准确的自我评价 自信	移情 服务意识 组织意识
	自我管理	关系管理
管理调节	情绪自我控制 值得信赖 有责任心 适应性 乐观主义 成就动机 主动性	发展他人 领导能力 影响力 沟通能力 变革能力 解决冲突能力 拓展能力 团队协作

情绪智力大概是在20世纪60年代提出的，但由于种种原因并没有引起重视，在20世纪80年代有人称其为非智力因素。后来萨洛维和梅耶（Peter Salovey 和 John Mayer，1990）第一次公开对情绪智力进行了定义，他们认为情绪智力是指："这样的一种能力，即监督自己和他人的感觉和情绪，获得相关的信息，以指导个体思维和行动。"1997年这两位学者进一步对情绪智力的概念进行了补充，认为情绪智力包括四个分支：（1）情绪知觉（自我和他人）；（2）情绪同化；（3）理解情绪；（4）管理自己和他人的情绪。情绪智力真正进入大众的视野很大程度上是因为戈尔曼在1995年出版的一本畅销书《为什么情绪智力比智商重要》。戈尔曼（1995）引用萨洛维和梅耶关于情绪智力的定义，认为个体情绪智力包括自我意识（self-awareness）、管理情绪（managing emotion）、激励自我（self-motivation）、移情（empathy）和处理人际关系（dealing with relationship）等几个方面。情绪智力简称为情商（emotional quotient，EQ）。

关于智力与情绪智力的关系，人力资源管理专家和组织管理专家们经常会这样表述，即IQ决定一个人是否会被雇用，但EQ却决定一个人是否会被提升。我们还经常听到诸如这样的描述，"某个人情商很高，所以他/她很适合做领导，而且发展得很好"。大量相关研究已经证明情商是一个多维度变量，包含着个人情绪管理的多个方面。情商与情绪智力都是用来评价人的情绪管理有效性的，管理实践中使用更多的是情商。

由于智力更多与遗传相联系，而情商更多与后天的社会实践相联系，对于个体来说，智商的发展速度比情商更快。而且智商随着年龄增长而增长，达到一定的年龄后，呈现下降的趋势；而情商在某种意义上，伴随着个人阅历的丰富终身成长，所谓“姜是老的辣”就是这个意思。

3）特殊能力

特殊能力有各种不同的分类，现在的发展趋势是越来越具体，越分越细。人们试图将不同岗位的能力专门化，以便人力资源开发更加深入。

受心理测验在第一次世界大战和第二次世界大战中挑选、培训士兵所发挥的积极作用鼓舞，人们将这种用于军事活动中的科学方法民用化，认为组织完成管理的目标与军队完成战斗任务有相似之处，也需要根据个人的心理特点选配合适的工作或职业，不能随便地“拉郎配”。在战争中，用人不当就意味着付出血的代价；在企业管理中，用人不当可能意味着低下的服务质量和效率。由于个人的心理特征的发展和稳定主要集中在中学阶段，而且中学阶段后期（升大学或进入职业技术学院）正好面临职业化教育，尽早发现每个人的能力特点，确定其适合从事的职业或工作领域以及不适合的职业或工作领域，具有未雨绸缪的功效。为此，美国劳工部组织专家学者开发了著名的职业能力倾向成套测验（General Aptitude Test Battery，GATB），该测验后来被翻译成多种文字在不同的国家和地区使用，为成人选择工作提供参考，也为青少年的职业发展定位做出了贡献。GATB包含的职业能力倾向包括语言能力（V）、数学能力（N）、空间判断能力（S）、文书能力（Q）、形状知觉（P）、手指灵巧性（F）、手腕灵巧性（M）、运动协调能力（K）等，这些能力在许多白领、蓝领的具体职业中都有体现。

GATB的测验结果告诉人们，某一个人希望进入某一种职业领域所必须具备的职业能力水平。为了便于评估，该测验制定了具体的标准，其中平均数为100，超过100表示所需要的能力高于平均数，低于100则表示该能力低于平均数。一般来说，必需的能力都制定了具体的标准，亦即门槛标准，便于人们进行判断和决策。一些典型职业群的能力倾向最低基准如表3-3所示。

除了与组织密切相关的特殊能力分类外，还有一些更加细致的分类办法，比如机械能力、运动能力、音乐能力、美术能力等。

现在对特殊能力的测验呈现职业专门化的趋势，特别是组织中一些比较重要的职位，比如管理人员、营销人员、研究开发人员、人力资源管理人员等，由于这些岗位创造的市场价值较高，对组织的经营管理影响力较大，因而受到了特别系统的研究，最后制定了这些重要岗位的胜任力特征。当然，这种细分有一个问题，即不同的职业之间是否真的有如此巨大的差异，以至于很难从中提炼出一些共同的特殊能力要素？GATB就是运用科学的方法，就像化学中提炼元素周期表中的元素一样，跨职业地提炼了一些基本要素，用这些要素的差异化构成来区分职业能力倾向。精细化的能力研究是概括性研究的深入，但如果不注重提炼，就失去了科学性。

表 3-3 **一些典型职业群的能力倾向最低基准表**

职业能力群	各种能力倾向的最低分								
	G	V	N	Q	S	P	K	F	M
1.人文系统的专业，如历史、哲学等	125	125	100						
2.特别需要言语能力的事务性职业，如文秘	125	110		100					
3.自然科学系统的专门职业	125		125		100				
4.需要数学能力的一般事务性职业，如会计类	125		110	100					
5.机械事务职业，如电工、钳工等	90			90			90		
6.机械装置的操作、运转及警备、保安等	75			90					75
7.需要一般性判断和注意力的职业	90			90					
8.美术作业的职业	90				90	90			
9.设计、制图、电气职业			110		110				90
10.制版、描图的职业				90		90		75	
11.检查分类职业，如信件分栋员				90		90			
12.造型、手指作业的职业					90	90		90	
13.造型、手臂作业的职业					90	90			75
14.手臂作业的职业						90			75
15.看视作业、身体性作业的职业							75	75	75

注：上述的分数是测验转化后的分数，其平均数是100，超过100为比一般人好，低于100为比一般人差。其中：G代表一般能力，也就是智力（general intelligence）；V代表语言能力（verbal aptitude）；N代表数学能力（numerical aptitude）；Q代表文书能力（clerical perception）；S代表空间判断能力（spatial aptitude）；P代表形状知觉（form perception）；K代表运动协调性（motor coordination）；F代表手指灵巧性（finger dexterity）；M代表手腕灵巧性（manual dexterity）。

4）创造力

创造力是指人们不按照现成的办法，产生有用的新思想、新观念、新产品的能力。其主要包括产生新思想、新观念的流畅性（fluency）、变通性（flexibility）和独特性（originality）。流畅性是指提出的新思想和观念的数量多少；变通性则是指数量背后的视角改变量，是关于创造力质量的指标；而独特性则要求更高，除了变化视角和立场，还要是他人没有或很少提到的，具有原创性。在当今全球化经济时代，发达国家、发展中国家、欠发达国家同台竞技，如果相对落后的国家的企业希望解决生存和发展问题，就需要不断地创新，用更好的技术、管理、服务去赢得机会和市场的认可。简单复制、跟随强势企业可以生存，但很难长期地生存，更难做强做大。

创造力是先天更重要还是后天更重要？如果是先天更重要，创造力的提升就靠遗传的机会；如果是后天更重要，则培养的价值就非常大。仁尼柯福、多米诺、百瑞景和哈尼莫（Merton Rennikoff，George Domino，Carolyn Bridges，Merton Honeymon）曾经运用双生子开展研究，其研究非常有影响力。他们研究的117对

15岁至22岁的同卵和异卵双生子的创造力。经过10个创造力测试，研究人员发现，这些双胞胎在测试中的表现只有30%是由遗传因素决定的。与之形成对比的是：在一般性智力因素测试（IQ）中，80%～85%的表现都是由遗传因素决定的。因此，一般性智力（IQ）基本上是先天的禀赋，但是创造力则不是。对创造力而言，后天教育比先天的禀赋重要。另外6个针对同卵双生子的创造力测试也证实了他们的研究结论：人的创造性行为只有25%～40%是由遗传因素决定的。

假设你有一个同卵双胞胎兄弟或姐妹，和你有相同的大脑构造以及天赋。现在，给你们每人一周时间想出一个创新的商业想法。如果这一周内，你足不出户地思索，而你的双胞胎兄弟或姐妹则：（1）和10个人谈了他（她）的生意，包括工程师、音乐家、居家主妇和设计师；（2）访问了3家新成立的公司，观察对方的运营情况；（3）抽取了5个“新打入市场”的产品作为样本，并拆解分析；（4）给5个人展示了他组装的产品模型；（5）在这些交际、观察和实验活动中，每天至少问10次：“试试这样能不能成功？”和“什么因素会导致这样的做法失败？”你认为，谁会想出更为创新的想法？

资料来源：戴尔J，葛瑞格森H，克里斯坦森C. 创新者的基因［M］. 北京：中信出版社，2013：9，14.

蓝海战略是区别于红海战略提出的新思路，区别于以往的阵地战。红海是明确的、有边界的，而蓝海则是不确定的、无边无际的。人们可以跳出过去的经验局限，即所谓规模经营、差异化、市场细分等，用新的策略开拓新的疆土，赢得利润。

【理论应用3-2】　　美第奇效应与场景建设

在文艺复兴时期，美第奇家族是意大利佛罗伦萨的银行世家，曾出资帮助各种学科、众多领域里锐意创造的人。由于这个家庭以及几个有着相似背景的其他家族的鼎力资助，雕塑家、科学家、诗人、哲学家、金融家、画家、建筑家齐聚于佛罗伦萨。居住在这所城市里面，他们得以互相了解对方，彼此相互学习，从而打破了不同学科、不同文化之间的壁垒。他们一同用新的思想，开创了人类历史上的一个新的思想纪元，这便是后来被称为“文艺复兴”的时代。这种情况使得该城成为创造力爆发的中心，这一时期也是最具有创造力的历史时期之一。后来人们得到启发，把各个领域和学科的交叉点上出现的创新发明或发现，称为“美第奇效应”。

作为一般人或者一个团队、一个组织中的一员，我们同样也可以创造“美第奇效应”。我们也能够点燃智慧的火花，让伟大的思想之火熊熊燃烧。我们可以把不同的学科、不同的文化汇集在一起，找到它们之间的联系，进而创造出“美第奇效应”来。

在这个世界上，实际上将海胆与棒棒糖、摇滚乐与竖琴曲、音乐唱片与航空公司联系起来不是毫无意义的。在我们这个世界上，让蜘蛛和山羊奶发生一些关系，或者一个人今天创办一家太阳能电池公司，明天又开办一家生产甜饼的公司，都是合理的，就像15世纪佛罗伦萨的那些创造大师们一样，这些是我们实现突破、开创一方新天地的方法，是我们进行创新的方法。

5）能力与知识技能的关系

这里顺便提及能力与知识技能的关系。能力与知识技能的关系不是对立的，但也不是等同的，两者既有联系也有区别。能力是在知识技能获得的过程中培养和形成的，能力的形成速度比较慢，而相对来说，知识技能获得的速度较快；知识技能是能力形成的基础，而良好的能力反过来又促进知识和技能的获得。知识技能的获得是能力形成和发展的重要载体，能力的形成可以让人们获得更多的知识和技能，解决工作和生活中的各种问题。

人们之所以将两者对立起来，是因为在教育和评价时，人们只能借助于知识和技能来衡量和推断能力，没有知识和技能支撑的能力是抽象的、不存在的，而知识和技能发展水平只能是能力发展的必要条件，而非充分条件。能力和知识技能可以同步发展，也可以不同步发展。比如用更多的课时死记硬背，可以记住更多的知识；如果有足够多的练习量，技能可能更加稳定。要真正衡量能力，只有将学习和训练的时间固定下来，考查同等的学习时间条件下，人们分析问题、解决问题、学习新知识和技能的差异，但这种假设在现实条件下是很难实现的。只要有考试，就会有应试，由于应试的条件不同，每个竞争者为了获得自身的优势，所选择的策略也就不同。素质高、教学条件好的地方可能选择靠能力竞争，而教育条件差、学生能力弱的地方就可能选择用更多的课时。只要有一个地方增加课时成功，就能带动一批跟进者，除非改进考试的办法，规范考试的程序，增加考试的成本。现在许多教育机构规定不许补课，事实上也就是停留在文件上，实际落实比较困难。

在知识经济时代，面对千变万化的时代需求，仅仅有知识是不够的。然而，由于衡量知识和技能相对容易，而且强化训练后其增长比较迅速，纸笔考试起来比较方便、快捷，节省时间和成本，效率高，因而造成了人们将过多的精力投入到知识和技能的获得中，明知知识和技能的培养与能力形成不是一回事，但因为考试不考能力，主要考知识和技能，故人们过分重视知识和技能的获得，而忽视了能力的培养。其结果是，获得了知识和技能，但许多促进知识和技能获得、创造所必须具备的思维方式、方法却没有相应地形成。客观地分析，所获得的这些知识和技能都是僵死的，而活生生的、具有生产和创造能力的思维方式、方法则是无穷无尽的动力。中国学生与外国学生相比，中国学生长于用现存的、通用的方式解决问题，但不善于提出问题，不习惯探索新的解决问题的办法。从幼儿园到大学教育，中国的教育都是填鸭式的，老师讲解和传授无穷无尽的知识和解决问题的办法，无暇顾及问题的来源，根本来不及思考有没有更好的解决问题的办法。

【理论应用3-3】 教育的“剧场效应”（theatre effect）

一个剧场，大家都在看戏。每个人都有座位，大家都能看到演员的演出。忽然，有一个观众站起来看戏（可能是为了看得更清楚，也可能因为身材较矮），周围的人劝他坐下，没有效果，求助剧场管理员，管理员却不在岗。于是，周围的人为了看得更清楚，也被迫站起来看戏。结果是：全场的观众都从坐着看戏变成了站着看戏。

剧场效应的效果是：先站起来看戏的人在短时间内看得更清楚了，等到大家都站起来了，所有人看的效果和原来几乎相同。但是，所有人都成了站着看戏，所有人都更累了。所有人，比原来付出了更多的体力成本，得到了和原来一样的（甚至更差）观剧效果。更悲剧的是，虽然大家都更累了，但不会有任何人选择坐下来看戏。因为谁选择坐下来，谁就什么也看不到。

更有甚者还会有人开始站在椅子上看戏，引发更多的人也站在椅子上看戏。于是，奇观出现了，所有人都站在椅子上看戏。

最终，破坏秩序的人没有得到持久的收益，而遵守秩序的人则是受害者。表面上，要怪那个破坏秩序，先站起来的观众，是他，首先破坏了秩序。实际上，真正的责任人，应该是剧场的管理员，毕竟他是秩序维护者。

"剧场效应"正在中国教育界泛滥成灾。中国教育被恶性失序绑架，补课、忽视素质教育、忽视体育和艺术教育。更可怕的是：由于过早的应试教育，伤害了学生的内在动机，学生把学习当成了工具，而不再是好奇心的驱动，也不再进行创造性的思考。

知识和技能在管理实践中也是非常重要的，知识和技能的现实状况决定了是否能够帮助组织解决实际问题。这里之所以适当地淡化知识和技能，并非知识和技能不重要，而是相对而言，知识和技能的测试难度较小。人们常说："是骡子是马，拉出来遛遛。"知识和技能是比较外显的东西，可以通过纸笔测试，也可以通过实际动手操作来检验，各类专业知识和技能都有专门的考试办法，这里就不多说了。

3.1.2 能力的形成

能力是人们出色地完成各种任务的前提和保证，能力常常受到特别的关注。那么能力到底是如何形成和发展的？其影响因素有哪些？如何塑造和发现能力强的人才？

能力的影响因素探讨由来已久，既有注重遗传的遗传决定论，也有注重环境的环境决定论。然而，问题远没有这样简单。经过研究发现，能力的形成既有遗传的因素，也有环境的作用，两者各自占多大的比例，目前还没有明确的答案。从表3-4的结果可知，如果遗传因素完全不同，教育环境也不同，人与人之间智力的相似性最低；而遗传因素相同，并且在一起抚养的同卵双生子智力的相似性最高。强调遗传的作用，应该突出优生；注重环境的力量，应该关心优育，因此我国的生育和养育策略还是"优生优育"，二者不可偏废。与前面介绍的创造力的研究结果不同，相比之下，智商与遗传关系更大，而创造力则与环境的关系更大。在强调科技、管理创新的时代，我们的确需要检讨我们的家庭教育、学校教育和管理问题，改变抑制和阻碍人们创新的环境因素，提升和释放国人的创新能力，促进我国整体社会经济发展质量的提升，实现中华民族的伟大复兴。

表 3-4 血缘关系、环境与智力发展

类别			智力测验分数的相关系数 0 0.10 0.20 0.30 0.40 0.50 0.60 0.70 0.80 0.90	研究所用被试组数
遗传上没有关系的人	分开抚养			4
遗传上没有关系的人	一起抚养			5
遗传上没有关系的人	养父母——孩子			3
父母——孩子				
同胞兄弟姐妹	分开抚养			2
同胞兄弟姐妹	一起抚养			35
双生子	异卵	异性		9
双生子	异卵	同性		11
双生子	同卵	分开抚养		1
双生子	同卵	一起抚养		14

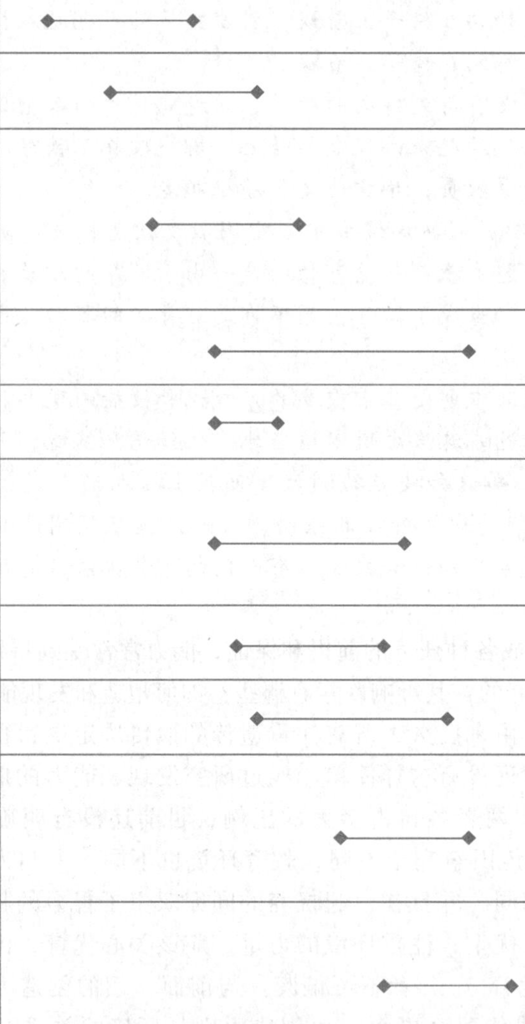

注：表上的线段代表相关系数的分布范围。相关系数表示两个事物之间的一致性水平，如果相关系数越高，则表示二者越一致或相似；相关系数越低，则表示二者越不一致，越没有关系。

客观地说，遗传素质提供了个人能力发展的可能性和方向，而后天的环境（包括家庭、学校和社会教育）则为能力的发展提供了现实可能性。一个有遗传天分的人，如果在其能力成长的关键时期没有被人发现并接受相应的熏陶，这种天分就可能被埋没。过去，受家庭经济条件的制约，我国偏远地区、经济欠发达地区许多有遗传禀赋的人，由于没有环境的引导和开发，错过了能力发展的关键时期。没有马俊仁的慧眼，可能就没有王军霞这个被称为“东方神鹿”的中长跑世界冠军。是马俊仁发现了她，并运用科学的训练方法，使她多次获得5 000米、10 000米和马拉松世界冠军，为国家争得了荣誉，也成就了自己。随着教育水平的普遍提高，人才价值观的普及，父母文化水平的提高，这些被埋没的人才的数量就可能逐步减少。近年来，我国各类人才数量迅速增加，除了培训经费和教育训练方法有改进外，人才机制也发挥了重要作用。

发现了人才苗子，并非意味着这些苗子一定能够充分地释放所拥有的潜力，特别是文化和市场价值。教育条件、教育方式和方法、教师素质等都影响学生的成长。我国实行计划生育政策以后，独生子女数量急剧增加，再加上物质生活条件极大改善，应试教育中唯分数论的盛行，家庭教育和学校教育都在考试科目的竞争上花费了非常多的心血。为了让刚性的考试分数有竞争力，不惜牺牲学生的成长愿望、学生自身的兴趣，让他们用更多的时间死记硬背，这样不但没有培养好学习和思维能力，却让学生早早地感到了学习的乏味和无聊，并进而失去了学习兴趣。更糟糕的是，由于学生在成长时期精力大多投放到知识的学习和积累中，忽视了人的社会性的培养和学习，以自我为中心，不能理解他人、宽容他人，不能与他人合作，缺乏吃苦耐劳的精神等，成为人才成长的极大阻力。

有些家长片面地认为，只要能成才，成人的问题自然而然地会得到解决。其实不然，这两者之间不完全是一致的。心理健康调查表明，我国大学生心理问题人口比例为20%左右，由于社会交往能力较差，自我控制和调节能力较差，大学生遇到心理问题往往不能自己解决，严重地影响了他们的成长，目前自杀情况也时有发生，生命结束了，自然也无法回报社会了。

能力培养的复杂性警示我们，一定要尊重遗传规律，为孩子未来的发展奠定良好的物质基础和发展的可能性。既不能只重视后天的教育力量，忽视优生问题；也不能过分宣扬遗传的作用，对子女教育采取放任自流的态度，而要尽可能结合市场经济的特点，精心地选择有市场竞争力的、符合子女发展潜力的方向，进行科学的教育，做到人尽其才。

【理论应用3-4】　　以色列的创新教育

犹太人在世界上共有1 700多万人，占世界人口总数不到3%，但是自诺贝尔奖设立以来，犹太裔的诺贝尔奖得主占22%。包括我们熟知的毕加索、爱因斯坦等在内的许多艺术家、科学家、思想家、商界领袖都是犹太裔。作为犹太人的主要居住地，以色列更是人才辈出，以色列创新教育的秘诀是什么？

玩中学，通过游戏了解和制定规则。以色列的许多课程都是通过游戏来实现的，游戏激发了年轻人的兴趣和爱好，以及对卓越的追求。每种游戏的方式和方法都不一样，但通过比赛、演讲等方法，创造竞争的氛围。游戏过程中的技巧就包括基础知识的支撑，年轻人为了在游戏中获胜，必须一步一步地掌握这些技巧和知识，必须一关一关扎扎实实地打通游戏，在游戏的过程中，弥补平日学习的缺项和漏洞。

带着问题学，不鼓励崇拜权威。犹太人把问题的提出和带着问题去学习作为教育的根本方向。首先要提出好问题；其次通过课程解决问题；最后寻找解决问题的方法和技巧，把知识结构作为教育的主要内容。

以色列人在教育过程中从来不鼓励学生去崇拜权威，他们崇尚独立性和创造性，极力鼓励学生在学习过程中敢于对传统知识进行挑战。在课程开始之前，首先让每个孩子对某一项知识提出问题，学生有了兴趣点之后，带着兴趣去学习知识。

在争辩中学习，在互动中创造思想。以色列人注重在怀疑和争论中获得新知识。课堂中的讨论、表达、推理以及不同课程的安排，让不同的学生进行不同类型的组织，通过这种课程设置使每个人都具备领导力。通过争论激发了逻辑思维，通过争论带动了口才，通过争论结交了一批朋友，通过争论获得了一些他个人学习所得不到的知识。以色列人确定一个无界定的思想库，他们也希望这种互动式学习能创造思想，营销思想，把创意转化为现实。

以色列人这种营销思想的能力、转化思想为现实的能力令人称叹。以色列反对“硬盘式”教育，他们既重视陈述性知识，也重视程序性知识，也就是逻辑推理。

通过怀疑、解析再创新。以色列人认为模仿很重要，但是创新更重要。他们激励年轻人，教育过程中要使每一个年轻人在接受教育的过程中就设立人生目标，一生的努力就是要使设立的人生目标变成现实。

以色列非常重视教育过程中学生每一次怀疑性的提问，他们认为这可能是年轻人萌发一个创新的动机。从怀疑到解析，从解析到创新，这就是他们培养人才的过程。最初让学生喜欢，然后让其怀疑，怀疑后分析，分析后有所创新。做别人做不到的事情，这就是从模仿到创新。

重视读书，从知识加工中获得新知。以色列人特别重视读书，犹太人是世界上读书最多的民族。他们认为读书能弥补信息的不对称，同时，读书也是知识加工的过程。在海量数据和大数据中，能够抽取有用的知识，然后为你所用，在旧知识基础上提炼出新知识，这就是一种创造。

以色列教育理念的四大原则：第一，培养卓越与创新。教育就要培养优秀人才，没有优秀人才就没有未来的主动权。第二，给受教育者更多的自由。让受教育者随时都能得到受教育的机会，人在任何年龄段都可以接受教育，给所有年龄段的人或不同领域的需求提供教育机会。第三，允许学校百花齐放。在以色列，课程基本是由学校自选，学校可以根据老师的特长，根据学生群体的背景来选择最合适的课程；第四，让学生学会掌控能力而不是简单的服从和管理能力。以色列人认为，一个国家需要劳动力，但更重要的是需要一批能够担当重要角色的引领者，能够掌握和引领潮流。

3.1.3　能力的差异性

能力的差异性表现在三个方面，即能力类型的差异性、能力水平高低的差异性，以及能力表现早晚的差异性。

1）能力类型差异

能力类型差异有多种情况：第一，智力和情绪智力发展配合的不平衡性；第二，智力与特殊能力发展配合的不平衡性；第三，智力与创造力发展配合的不平衡性；第四，智力本身内部要素发展的不平衡性。如果将智力、情绪智力、特殊能力、创造力作为横坐标，各种能力构成作为纵坐标，每个人的能力折线图是有差异的，如图3-1所示。

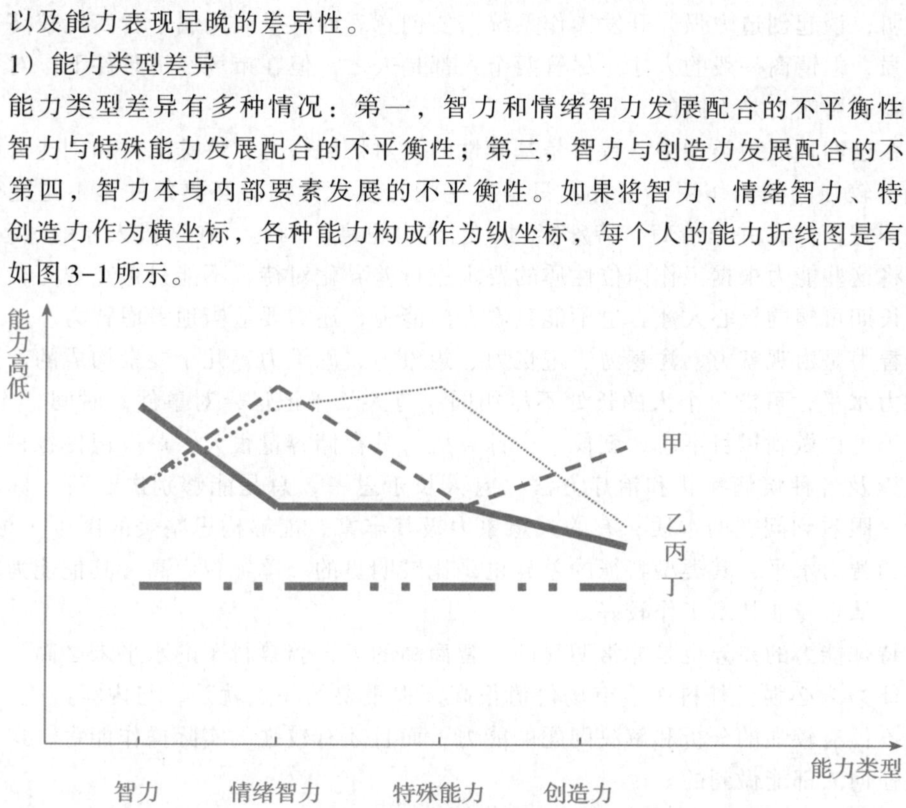

图3-1　能力的类型差异示意图

从能力的组合情况看，通常一个人可能有一到两个高点，即能力相对比较突出的人（如甲、乙、丙），但也有许多人没有特别突出的地方，都不是很突出，但比较均衡（如丁）。还有的人在自己身上有相对高点，但整个高点的相对水平和他人相比却比较低。如果一个人能力各个方面比较突出，那就属于市场价值很高的一族，但是这一族人出现的概率是比较低的。

比如，有些人在音乐、美术、体育的某个方面能力特别突出，而在智力、文化知识的学习方面较弱，则这些人适合的领域非常明显，成长过程也很容易预料。如果一个人在专业知识和技能方面非常突出，而且社会知识和经验丰富，擅长与人交往，那么这个人的职业适应面就会非常宽，既能够在专业领域中取得较高的成就，也能统领他人，进行创业、经营。

智力高可以体现为分析问题和解决客观问题时高人一筹，可以让人信赖；而情绪智力高，表明其可以带领很多人进行协作活动，完成有一定规模的任务，成就更大的事业。比尔·盖茨属于智商高、情商高和创造力强的人才，说他智商高，能上哈佛大学可以佐证；论其情商高，能够统领微软这么大的跨国公司并能持续发展就是证明；谈起创造力强，开发操作系统需要创意。而陈景润则属于智商比较高、创造力强，但情商一般的人才。尽管两个人都是人才，但在市场经济条件下，对社会的贡献和影响力是不同的。

在这四种能力类型中，智力是基础性的，对情绪智力、特殊能力和创造力的发挥都有较强的制约作用，但智力只是这些能力发挥作用的必要条件，不是充分条件，即智商高，并非情商、特殊能力、创造力也高。因此，在选拔人才的过程中，应该将这些能力根据工作岗位性质的要求进行差异化对待，不能只考查智力，如果需要长期可塑的核心人才，也不能只看专门能力，还需要适当地考虑智力。

智力是由观察力、注意力、记忆力、想象力、思维力等几个要素构成的。同样的智力水平，可能每个人的长处不尽相同。有人长于记忆，对事件、时间、人物、数字等可以做到过目不忘，就像一个计算机，其存储容量很大，可以记住各种法律条文以及各种疾病症状和治疗方法；有人长于思考，总是能够别出心裁、标新立异，一眼看到问题的本质；有的人想象力极其丰富，能够构思精美的图画。可见，相同的智力水平，其类型特征的差异也是比较明显的。单纯智商高，其他能力较低的人，从事专业技术工作较好。

特殊能力的差异也是非常明显的。智商高的人，骑自行车的水平未必高，手工操作能力未必强。外科医生市场价值很高，很重要的一点就是，与内科医生一样，他们不仅有较强的分析和解决问题的能力，而且还有较强的实际操作能力，这一点不是任何人都能做到的。

2）能力水平高低差异

能力水平高低差异是与能力类型差异紧密相联的。其实，能力的结构组合特征就是各种能力强弱搭配的结果。

所谓能力强，就是指个人在某一个领域或方面比一般人水平高；所谓能力弱，就是个人在某一个或几个领域都比一般人差。从智力水平看，有超常、较高、一般、较差和很差几个等级，应该说情绪智力、创造力也如此。特殊能力要复杂一些，GATB属于抽象程度比较高的特殊能力要素划分办法，其注重将职业领域共有的能力要素抽取出来，进行适当的组合，以确定个人适合的职业领域或职业优势领域。现在，以职业或岗位为中心的特殊能力结构更加全面，还涉及一般能力倾向测验（GATB）所概括的特殊能力要素之外的能力成分，如情绪智力等内容。比如，管理能力就包括计划能力、组织协调能力、激励能力、领导能力、沟通能力等要素，而这些特殊能力都没有很好地涵盖在GATB中。

3）能力表现早晚差异

能力表现早晚差异主要是指有些能力到达顶峰值比较早，而有些能力则到达顶峰值比较晚。对于那些到达顶峰值较早的能力，需要进行早期开发，否则就可能被贻误。比如，音乐和体育项目中技巧性比较强的项目，如果早期不开发，等到错过了发展的关键期，就需要花费成倍的时间和精力，有时还不能达到预期的标准。相对于音乐和体育中的技能和技巧，智力活动中的抽象逻辑思维发展相对晚一些，通常在中学到大学时期到达顶峰，记忆力到达顶峰的时间要早于抽象逻辑思维能力。情绪智力的发展比智力还要晚一些，情绪智力的发展，需要有较多的社会经验积累，在处理人与人关系的过程中学习和成长。俗话说“姜是老的辣”，说的就是情绪智力问题，是人们在面对复杂的社会关系和环境中的应变能力。

美国心理学家卡特尔（Raymond Cattell，1963）提出了一个智力理论，将智力形象地分成晶态和液态两种类型。晶态智力主要是指通过掌握社会文化经验而获得的智力要素，如词汇概念、言语理解和常识等。液态智力主要是与速度、计算等相联系的智力要素，如知觉速度、机械记忆、识别图形关系等。这些要素起初成长快，在达到一定发展高度后，慢慢开始降低，所以常常听见年长的人说，记不住了，忘记了，脑子不好用了（如图3-2所示）。已经存在于大脑中的东西回忆起来还不是很困难，但要将一些新东西存储在大脑中就比较困难了，而且速度非常慢，对于机械记忆，如外文单词、机械操作程序尤其如此。人对自然的认识能力受到自然的限制，但情绪智力却不降反升，对于那些知识技能更新很快的岗位或职业的从业人员，需要适当地调整方向，适当重视自己情绪智力的开发，以区别于年轻的竞争者，这有利于保持自己在职场的竞争力。

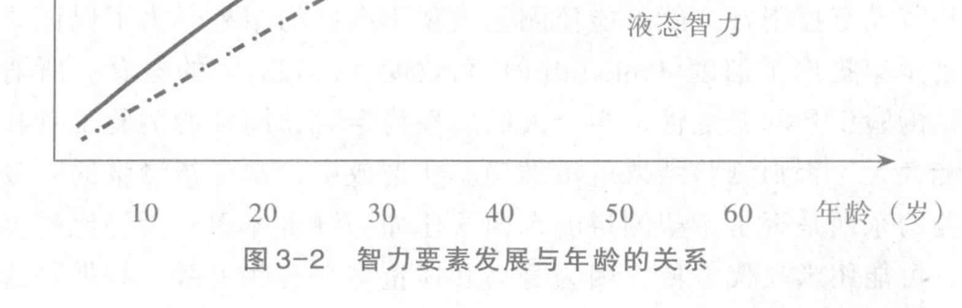

图3-2 智力要素发展与年龄的关系

智力和情绪智力的发展与变化轨迹，可能也遵循不同的规律。中国有句老话说“姜是老的辣”，其实恰好可以看成是情绪智力的发展规律，即情绪智力可能随着年龄的增加而不断增加。但智力则不同，从总体上看，随着年龄的增长，不论是新知识的积累和学习，还是记忆能力都呈现一定程度的下降。这种比较不是基于个人之间的，而是与每个人的成长历程相对应，如图3-3所示。

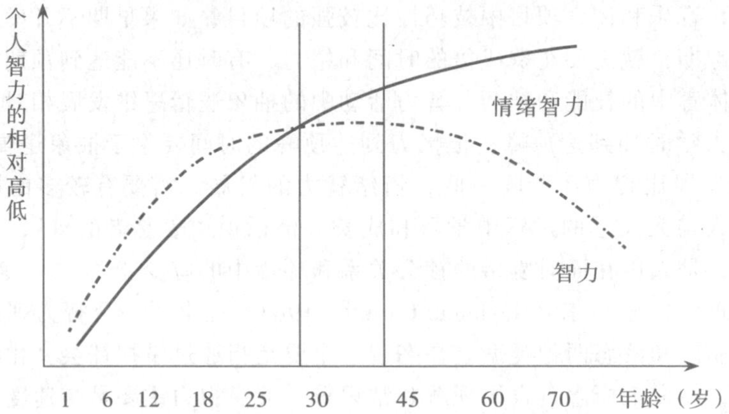

图3-3 智力和情绪智力的发展趋势比较

3.1.4 能力的检测

1）能力测验

能力测验按照标准化程度高低可以分成两类：标准化程度较高的测验，以及标准化程度较低的测验。现在的能力测验，由于题目保密性低，往往需要考虑特定组织的需求，经过适当裁减，形成标准化程度较低的、适应能力较强的经验式测验。

严格地说，能力的检测工具需要有一定的质量标准。由于心理测量大多是间接测量，而不是直接测量，而且心理属性比较复杂，测量的准确性经常会出现偏差，如果不能控制这些偏差，就会犯错。比如，经常出现的智力测试题，树上有10只鸟，打死了1只鸟，还剩下几只鸟？可以说有许多个答案：如1只没有，因为其余的鸟都吓飞了；其他答案，如鸟可能本身就是死的，或者有几只是死的。

所谓直接测量，是对事物属性本身的测试；而间接测量则是通过测量A事物，来推断B事物的属性。要了解学习能力，学习能力不好衡量，就简化为学习成绩，学习成绩又通过考试成绩来反映，考试成绩的高低与考试题目本身、阅卷人有关，如果一个环节没有控制好，就可能使测量出现不准确的结果。为了保证测验工具的质量，心理学家提出了信度（reliability）和效度（validity）的概念。所谓信度，简单地说就是测验工具的稳定性，当个人的属性稳定时，同样的测验工具和对象，结果波动不能太大，否则测验结果就不准确。所谓效度，则是指测量的有效性，即测验工具所测的东西是否是希望测量的东西。比如，测量体重，用秤比较合适；有时候没有秤，可能用米尺代替秤，因为身高和体重多少有些关系。如果是这样，用米尺测量的误差就会很大，有效性就比秤差多了。

也许读者觉得怎么会出现这么大的差误呢？原因是有些社会心理属性的概念不像物理学、化学、生物学那么严格和精确，像智力、创造力、情绪智力等概念至今没有形成统一的认识。在对事物的本质没有认识清楚的情况下，通过间接测量，出现较大的误差就不足为奇了。高考题目有时难度偏大，有时难度偏小，就可能导致对人的知识和技能估计不准确；如果对这么大规模的考生逐个进行各种能力测试，又缺乏现实可行性，这就是高考的两难选择。

传统的能力测验主要包括智力测验、特殊能力测验、创造能力测验等。这些测验都是规范化程度比较高的测试，各个测验都依据自己的测验理论，建立了标准化的题目，测试、统计、结果比较规范，并且有较好的信度和效度指标。然而，由于种种原因，这些题目会出现过时或泄漏等情况，需要定期地修订和调整。受知识产权保护和经费等的限制，我国早期引进和修订的这些测验都没有重新修订，这就使测试效果的准确性缺乏保障，最终这些测验的使用也越来越少，但是这套测验的理论和思想对认识测验仍然有较大的指导意义。这里主要简单介绍智力和创造力测验。

标准参照测验和常模参照测验。标准参照测验是指对照一定的标准，考查人们与特定标准的距离。这里，标准的制定非常重要。比如，五星级服务的标准、教授资格评定的标准、运动员的等级标准、英语水平的等级标准等。只要达到或超过了该标准，就可以认为合格。当然，分数越高就越好，这里基本合格分数最重要。而常模参照测验则不同，该标准是水涨船高的，是相对低位标准的。比如高考，在确定招收的人数后，从高分往低分录取，如果大家分数都很高，可能录取分数线很高；如果大家考试分数都偏低，录取分数线自然降低。

在人才选拔过程中，有时运用一个标准，有时可能同时运用两个标准。比如候选的人才整体素质较高，挑选空间较大，可能采用常模参照标准；而候选人数量少，而且素质不理想的情况下，可能采用宁缺毋滥的策略，将相对分数与绝对的标准结合起来考虑，即招收高分、基本合乎要求的人员，而对素质较低、达不到基本要求者，即使有足够的名额，也拒之门外。

按照测验的介质方式可以分成纸笔测验和数字化测验。纸笔测验是传统的测验方式，优点是成本低，容易操作；缺点是测试题目信息均由文字构成，没有视觉和听觉等多媒体信息，统计结果麻烦。而数字化（包括网络化）测验则能够保证信息的多元化以及测试结果的数字化记录，但开发和维护、使用的成本相对纸笔测验较高。

2）智力测验

最早的心理测验是1905年由法国心理学家比纳（Binet）和西蒙（Simon）编制的儿童智力测验，用来诊断和筛选智力落后儿童，为他们开展专门化的教育。后来这种测验被美国心理学家介绍到美国，在美国斯坦福大学率先开发。这就是著名的斯坦福-比纳智力测验。心理测验经过第一次世界大战和第二次世界大战的运用，在社会上和学术界得到了越来越多的青睐，后来形成了很多智力理论和智力测验，如韦克斯勒智力测验、瑞文标准推理测验。

智力的评价标准。最初，衡量智力水平仅限于儿童，提出了智力年龄的办法，如果一个儿童的实际年龄5岁，智力年龄是7岁，就表示该儿童智力较高，低于5岁则表示智力水平低于平均水平。后来，斯坦福-比纳智力测验运用了智商的概念，用智力年龄除以实际年龄后，再乘以100，来表示智商。

$$智商=\frac{智力年龄}{实际年龄}\times 100$$

随着智力测验的推广，人们发现智力并非总是随着年龄的增长而不断增长，而是到了一定年龄后有所下降，如果智力到达顶点后不再增长，而实际年龄还在增长，这就会导致智力分数越来越差的情况，这样的指标就失去了意义。为了克服这种不足，又提出了一个新的智力计算办法，即将比较对象更换成同年龄的人，看某个人在同年龄人中的位置高低，用平均数100表示中等智力，通过100上下的波动范围定义智力的高低。

在理解测验分数时，学会用相对和比较的概念就很容易理解数字的含义。比如考试成绩通常是100分，为了缩小差距，可以变成5分；为了扩大差距，使结果更精确一些，可以扩大到150分；还可以是10分、50分等，其基本含义是一样的，主要考虑参照对象，与参照对象比较其得分的高低。

韦克斯勒智力测验是比较知名的智力测验量表，其测量的内容包括两个方面，即言语能力和操作能力。为了进一步测量言语能力和操作能力，他将言语能力分成常识、词汇、算术、理解、回忆、发现相似性等子测验；将操作能力分成图片补缺、图片排列、搭积木、拼图、编码、走迷宫等。言语部分以纸笔为主，后面的内容以实际操作为主，测验结果最终可以形成三个评价，即言语智商、操作智商和整体智商，见表3-5。

表3-5　**韦克斯勒智力测验量表部分举例**

言语智商	
（1）常识：自然、生活常识	一年有多少个月？
（2）词汇：不同难度词语的含义	伟大是什么意思？
（3）算术：简单的四则混合运算	
（4）理解：解释一些自然或社会现象	结婚为什么要登记？
（5）类同：寻找事物的共同点	老虎和大象的共同点是什么？
（6）记忆广度：短时记忆的容量	倒背和顺背数字

续表

操作智商	
（1）图画补缺：观察力	动物的某个器官没有，需要找出来
（2）图片排列：按事情的时间先后顺序组织材料	
（3）搭积木：用积木拼成一定的形状	
（4）拼图：将某个物品不规则拆分，需要回位	
（5）编码：将无意义的符号翻译成数字，或相反	
（6）走迷宫	

3）创造力测验

（1）创造力是指独立自主地创造出前所未有的新事物的能力。这通常是心理学从能力的视角提出的定义。持这种观点的学者，更加看重的是能力本身，认为创造能力呈现出个别差异。

按照心理学的定义，衡量创造力的指标有：流畅性、变通性、独特性。所谓流畅性，是指在一定时间内，个人表达出较多的观念。所谓变通性，是指思考灵活多变，可举一反三，触类旁通，较少受某种固定思维模式的影响，能从各种不同的角度看问题。比如在回答砖的用途时，如果只是回答"盖房子、修粮仓、铺路、筑围墙、砌烟囱、垒锅台"等，将砖的用途局限于建筑材料上，则变化范围较小；如果反应是"做门槛、压纸、打狗、支书架、当板凳、钉钉子、磨红粉"等，则变化范围大，变通性强。所谓独特性，是指对事物表现出不一般的独特见解，提出不同凡俗的新观念。

例如，回形针的用途，砖的用途，下水道盖为什么是圆的，报纸的用途等。在回答回形针的用途时，可能有如下反应：可以把纸别在一起，可挖出耳垢，烧红了可在软木塞上穿孔，拉直了可用作织针，可抠出地板缝间或指甲间的脏东西，可作保险丝，作磁铁用，作安全别针，作发卡，作牙签，当一支可在蜡版上和黏土中画道道的尖笔，当鱼钩，穿上一条线当一种挂钩，作项圈或小手镯上的小装饰，作小老鼠的项圈或拴在鸟脚上的圈，可用来固定标签，拉直了可把小圆洞剔干净，可以把某种东西穿在一起，做连接用的铁丝，做鞋带，做扎针，做交换物，做纸牌游戏里的筹码，做一根弹簧，用来破坏时钟，可制成链条。这些思想异常活跃的回答，表明其创造力较强，在计分上，应该是流畅性、变通性、独特性都比较高的。

比较有名的创造力测验主要是南加利福尼亚大学测验和托兰斯创造性思维测验。这里简单介绍一下南加利福尼亚大学测验中常见的测验方法。该测验主要测量如下内容：

词语流畅：迅速写出包括一个指定字母的词，如包含“o”的词，load，over，pot等。

观念流畅：迅速列举属于某一种类的事物的名称，如圆的东西，地球、乒乓球、篮球、水珠、车轮、杯子口、齿轮等。

联想流畅：列举近义词，如艰苦的近义词，艰难、困难、困苦等。

表达流畅：写出每个词都以指定字母开头的四词句子，如“K-U-Y-I”，则应写出Keep up your interest，Kill useless yellow insects等合乎要求的句子。

非常用途：列举出一个指定物体的各种可能的非同寻常的用途，如报纸用于点火，用作包装箱子的填充物，用来挡光线，用作垫子，用来写字，用作剪纸材料等。

解释比喻：以几种不同方式完成包括比喻的句子，如“一个女人的美丽就像秋天，她——”。后半句可以反应为“在还没来得及被慢慢欣赏时就消逝了”，“高雅、空旷、明洁”等。

效用测验：尽可能多地列举每一件东西的用途。

故事命题：为短故事情节命题，如“为准备冬令营商品，一个百货商店的新职员订购了10打手套，但忘记了指定手套要成对。现在店里有100只左手套。”可为这个故事取题目为“新员工”“10打手套”“只有左手的人”等。

推断结果：列举一个假设事件的不同结果，如“假若人们不再需要食物或睡眠，会出现什么情况”，回答如“干更多的工作”“不再需要闹钟”“食品工厂停工”“没有农民了”“污染减少了”等。

组成对象：给定一组图形，如圆、三角形、梯形、正方形、长方形等，让人们运用这些材料组成各种有意义的图形。

略图：把一个简单的图形复杂化，组成尽可能多的可辨认的物体的略图。

火柴问题：移动指定数量的火柴杆，保留一定数目的正方形或三角形。

（2）组织行为学视角的创造力，即个体所产生的新颖且有用的创意、过程或程序（Amabile，1988），包括产品、服务、商业模式、工作方法、问题解决方案和管理过程等。比较经典的问卷包括周京和乔治（Zhou & George，2001）的个体创造力问卷，如表3-6所示。

还有一个与之不同的概念即创新（innovation），其不仅包括产生新颖和有用的想法，还强调把这些想法付诸实施以产生效果。苹果的iPhone手机，就是乔布斯看到了互联网发展的趋势，使手机从普通的通话、发短信功能向移动互联网方向发展，即将原来手机的通信功能与互联网结合在一起，构成了移动互联网工具，形成了智能手机，颠覆了传统的个人电脑连接互联网的格局，获得了创新的巨大成功。创新技能可以通过表3-7进行快速测试。

表3-6 个体创造力问卷

	题目	非常不同意	不同意	有点不同意	居中	有点同意	同意	非常同意
1	向他人推广和倡导新想法	1	2	3	4	5	6	7
2	提出新颖实际的想法来提高绩效	1	2	3	4	5	6	7
3	搜索新技术、过程、方法或产品想法	1	2	3	4	5	6	7
4	提出完成工作的新想法	1	2	3	4	5	6	7
5	为新想法的实施作适当的计划和安排	1	2	3	4	5	6	7
6	提出如何改善工作质量的新想法	1	2	3	4	5	6	7
7	经常有很多有创意的看法	1	2	3	4	5	6	7
8	不怕承担风险	1	2	3	4	5	6	7
9	抓住机会在工作中有所创新	1	2	3	4	5	6	7
10	经常有很多创新思维	1	2	3	4	5	6	7
11	提出一些有创造性的办法来解决问题	1	2	3	4	5	6	7
12	经常能找到解决问题的新办法	1	2	3	4	5	6	7
13	经常会提出完成工作的新办法	1	2	3	4	5	6	7

表3-7 创新技能测试

1=非常反对，2=有点反对；3=居中；4=有点同意，5=非常同意。请根据你的实际行为选择，不要根据你的思维倾向选择。

	项目	非常反对	有点反对	居中	有点同意	非常同意
1	我的想法或看问题的角度总是和他人背道而驰	1	2	3	4	5
2	工作中，我总是小心翼翼，避免犯哪怕一个错误	1	2	3	4	5
3	我总是会提出一些挑战现状的问题	1	2	3	4	5
4	工作中，我极为有条理	1	2	3	4	5
5	直接观察人们和产品或服务互动时，我经常会有新的想法	1	2	3	4	5

续表

	项　目	非常反对	有点反对	居中	有点同意	非常同意
6	完成工作任务时，我必须保证每件事都“做对”了	1	2	3	4	5
7	我常常通过借鉴别的行业、领域或学科的解决办法或想法，找到问题的解决办法	1	2	3	4	5
8	在没有深思熟虑、考虑周全之前，我绝对不会贸然展开新项目或新事业	1	2	3	4	5
9	我经常实验创造做事的新方法	1	2	3	4	5
10	无论有何阻碍，我总是会有始有终地完成任务	1	2	3	4	5
11	我经常和各界人士谈话（如来自不同业务板块、组织、行业、地区的人士），以期找到并完善新想法	1	2	3	4	5
12	我很善于将一项目标或计划精分成许多小任务来完成	1	2	3	4	5
13	我会参加一些会议（包括我的专业领域会议和其他领域会议，以结识新的人，了解他们所面临的问题）	1	2	3	4	5
14	我十分密切地关注工作细节，以保证不忽视任何环节	1	2	3	4	5
15	通过阅读书籍、文章、杂志、博客等，我积极努力地保持与时代同步	1	2	3	4	5
16	我要求自己和他人对结果负责	1	2	3	4	5
17	我经常问“假如某事如何，会如何”这样的假设问题，以激发新的可能性和领域的探索	1	2	3	4	5
18	我长久以来都会信守所有承诺，做事有始有终	1	2	3	4	5
19	我经常观察顾客、供应商和其他机构的行为，以获得新的想法	1	2	3	4	5
20	我一直以来都会制订详细的计划以完成工作	1	2	3	4	5

计分办法

把奇数题的得分加起来。若总分大于等于45分，则表示你的发现技能得分十分高；若在40~45分之间，则表示你的发现技能得分高；若总分在35~40分之间，则表示你的发现技能中等偏高；若总分在29~34分之间，则表示你的发现技能中等偏低；若总分小于等于28分，则表示你的发现技能较低。

把偶数题目的得分加起来。若总分大于等于45分，则表示你的执行技能得分十分高；若在40～45分之间，则表示你的执行技能得分高；若总分在35～40分之间，则表示你的执行技能中等偏高；若总分在29～34分之间，则表示你的执行技能中等偏低；若总分小于等于28分，则表示你的执行技能较低。

资料来源 戴尔J，葛瑞格森H，克里斯坦森C．创新者的基因［M］．北京：中信出版社，2013：22-24.

4）特殊能力测验

通常对于企业组织来说，一方面要承担培养人的工作，另一方面要招聘合适的人。随着世界经济的一体化，人力资源配置的市场化格局已经初步形成，更多的组织将精力放在了招聘合适的员工上面。由于国家对劳动力资源个人权益保护逐步加强，劳动力的退出成本也逐渐上升，为此，对员工的招聘更加严格、审慎。

一般能力倾向测验（GATB）主要衡量个人发展的潜力和方向，面向各个层次的人才，而且以解决认识和技术问题为主，对与人、与社会交往方面的能力涉及较少。此外，由于该测验属于指导性工具，区分能力比较低，不宜用来进行具体的人才选拔。根据需要，有些学者专门开发了特定领域的能力测验，如机械能力测验、文书能力测验、美术能力测验和音乐能力测验等，由于这些测验涉及面窄，在企业招聘中不常见，这里不作专门介绍。

5）情境化能力测验

能力测验有两个难点：第一，测量能力潜质；第二，测量现实的、包含了实际经验的能力。如果两者很好地统一，只需要测量其中一个即可，否则就需要增加测验的工作量。应届大学毕业生，更多的优势是潜质，而工作多年的大学生，则实现了两者的结合。能力潜质测验通常是固定题目的，有些能力潜质测验由于泄漏了题目，可能产生测量不准的问题。为了更加深入地印证人的潜力，了解人的现实能力，往往除了基本的智力测试、知识和专业技能考查外，还需要了解与个人经验相关的、在实际工作情境中表现出来的能力。

情境化能力测验有两个特点：第一，情境性；第二，相对性。所谓情境性是指测验结果的评价受到测验问题或情境本身的影响，概括性没有标准化的测验水平高，含有较多的经验成分；所谓相对性是指与标准化的测验的控制水平相比较，这类测验的控制水平差一些，而且评分标准主要取决于应聘者候选人群体的优劣。

考查这些具体的行业、专业领域的经验和能力，就需要通过设置与工作和生活密切相关的情境和任务，考查在模拟现实的情况下（有时也包括现实的情境），人们的反应倾向和能力，通过这些方式和方法全面考查候选人的素质，尽量避免招聘失误。其中的案例分析法、文件筐法、演讲法、辩论法，常常用来考查个体的某些特定的、与工作相关的知识和技能。

（1）文件筐测验（in-basket test），也称公文处理练习或公文处理测验（official document processing test），它是通过对被评价者未来的管理工作进行模拟从而对其潜在能力进行评定的一种有效方法，也就是人们常说的："是骡子是马，拉出来遛遛。"

在该测验中，被评价者将扮演某一管理者的角色，他将面对一堆待处理的文稿。这些文稿包含通知、报告、客户的来信、下级反映情况的信件、电话记录、关于人事或财务等方面的一些信息以及办公室的备忘录等。它们或来自上级或来自下级，有组织内部各种典型问题和指示，有日常琐事，也有重要事项，有打印稿也有手写稿。所有的这一切都要求被评价者在一个规定的时间内，在没有其他人的帮助下采取措施或做出决定，比如写出处理意见、安排会议或将任务分配给其他人，通常还要让被评价者书面说明采取这些措施或做出这些决定的原因。当然，也可以在被评价者完成任务后，由评价者根据被评价者的作答，针对某些特定的问题要求被评价者予以解释。评价者通过对被评价者在该模拟测验中的表现，来考查被评价者的组织、计划、分析、判断、决策和分派任务的能力，以及对待客观事物和外在环境的主动性与敏感程度等。

文件筐测验的题目形式通常大同小异，一般是首先给被评价者呈现一段背景材料，介绍某个公司的背景信息，被评价者一般会被假定为一个新上任的管理者，他需要在非常有限的时间内处理大量文件，而且没有人可以帮他，他必须自己处理这些文件。被评价者在作答时，有的文件筐测验要求被评价者在每个文件上给出处理意见，有的文件筐测验会根据文件提出一些问题，由被评价者回答。

【理论应用3-5】　　文件筐测验

思锐软件公司的主要业务是为客户量身定做电脑软件，主要服务的客户包括下列行业：金融业、航空业、汽车制造业、医疗卫生行业、消费品制造、电子和政府部门。该公司提供的软件产品能够很好地与客户自身的管理信息系统整合起来。

思锐软件公司近年来发展迅速，业绩在同行业中处于领先地位，利润持续上升。公司现有100多名员工。现在，你的身份是主管运营的代理副总裁，你的名字叫张杰思，原来的副总裁顾同到国外去参加一个重要的会议，还有一些重要的业务要洽谈，一个月以后才能回来，在这一个月中，你要全权履行他的职责。你原来的职位是一个主要业务单元的经理。

你一直忙于处理原职位未了事宜，直到今天才坐在副总裁的办公室里做你的新职位要求你必须做的事。今天是7月28日，星期日，现在是晚上8点，不巧的是由于今晚检修大楼的电路，你必须在9点钟离开，因为在这个时间以后将会全部停电。明天早上你还必须赶往机场，到外地出差，一直到8月2日才能回到你的新办公室。

在文件筐里有很多文件，另外还有一些电子邮件和电话语音留言（已经打印在纸上），你要对这些文件给出自己的意见。

文件一（电子邮件）

发件人：罗明伟（CEO）

收件人：各部门经理

抄送：全体员工

主题：欢迎张杰思代理业务副总裁职务

时间：7月26日

各位：

从7月29日开始，原大客户业务经理张杰思先生将代理业务副总裁顾同的职务，时间为4周。张先生将全面负责软件设计、开发、整合、维护、客户服务等工作，并对相关的财务和人事有管理权限，张先生还将亲自负责三家大型医疗服务机构合并的软件支持项目。

请大家共同支持张杰思先生的工作。

罗明伟

文件二（邀请函）

顾先生：

我真诚地邀请你于7月31日晚在“e时代的信息技术变革”主题研讨会上发表演讲。晚餐7时开始，您可以8时开始演讲。演讲的题目为我们上次商定的——“软件产业的新思维”。我们希望在7月29日前得到您的答复。会议将在中国大饭店举行。

徐克

7月25日

文件三

尊敬的顾先生：

我是FR2项目组的组长。我犹豫了半天终于下定决心给您写这封信。我不得不抱歉地告诉您，我们项目组可能很难在计划期限之内完成该项目。在项目进行的几个星期内，我们遇到了很多事先没有估计到的问题。最近项目组的一个重要成员陈立生病请假，导致一些工作拖延，而且我当初就一直坚持不要把赵红玲安排到我们项目组，现在我非常头疼。但无论如何，我们会尽量完成项目，哪怕加班加得再晚也在所不惜。

高峻涛

7月26日

文件四（电子邮件）

发件人：叶培（消费品行业市场部）

收件人：顾同

主题：无

时间：7月25日

顾总：

我请求将我调离FR2项目组。我实在无法忍受赵红玲的霸道，连高峻涛都要对她低声下气。我们累死累活加班不说，赵红玲自己不干活还对别人指手画脚。这样的工作没法做！我不怕工作的辛苦，但不愿受气。

您忠诚的员工

叶培

文件五（电话留言）

留言一（7月25日18：30）：顾先生，您好！我是航空仪器公司的付建波，我想跟您谈一下有关质量控制系统项目的问题。在这个项目刚刚开始的时候，我就深深为你们的项目负责人王洪亮的友好和精湛的专业技能所吸引。但是后来，他似乎总是不能按照时间表完成工作。今天我想找他，打了一天电话也没找到。不知发生了什么事，请给我回电话：68569922-3107。

留言二（7月26日9：43）：顾总，您好！我是金融客户部的赵新新，我们给华龙基金管理公司提交的项目建议书已经通过电子邮件给您发过去了，不知您是否收到，我们已经初步定好8月2日与他们公司讨论这个项目的建议书，请您提出宝贵意见。

留言三（7月26日11：01）：顾总，您好！我是威鹏汽车公司的小潘，我们领导对你们帮助实施的采购管理系统非常满意，希望找个时间与您共进晚餐，一方面表示谢意，另一方面也讨论一下后续的合作问题。

文件六（电子邮件）

发件人：牛红（客户服务部）

收件人：顾同

主题：请求领导帮助

时间：7月25日19：00

顾总：

您好！由于公司业务的飞速发展，客户服务部越来越忙，现在有几个问题亟待解决：1.客户服务热线的中继线严重不足，很多客户抱怨热线总是占线；2.我们的客服人员太辛苦了，他们已经很长时间经常加班又无法安排倒休，建议适当给他们发一些补助；3.新来的热线话务员一直没有接受正式的培训，应该尽快安排她们参加培训。

还请领导提出宝贵的意见，帮助我们解决这些问题。我们觉得，客户服务质量对公司的声誉非常重要。

牛红

资料来源 吴志明. 员工招聘和选拔实务手册［M］. 北京：机械工业出版社，2002：363-368.

（2）演讲法，主要考查个人的语言表达能力和逻辑思维能力。通常采用抽签的办法，从几个事先确定的演讲主题中抽选一个，进行几分钟的准备后，在规定时间内完成任务。从演讲的感染力、语言流畅性、逻辑严密性、幽默感等方面对被评价者的各种能力进行评分。

（3）案例分析法. 即提供与测试能力相关的具体案例，通过个体对特定案例的分析和诊断，了解个体的相关知识技能、分析和解决特定问题的能力。

（4）无领导小组讨论。为了考查被测试人员的领导潜能，在不明确安排领导的情况下，让被测试人员自由表现，通过其带领小组完成某一特定困难任务过程中的表现，来判断被测试人员的领导潜力，作为人员能力评估、晋升、培养及选拔的依据。

通常在测试过程中，被测试的人员在5～7人之间，人太少，无法进行充分的讨论，不能产生太多的矛盾，也就很难体现领导能力；人太多，管理难度太大，专家观察比较困难，评分也很难准确。由于需要考查被测试者的领导能力，通常需要讨论的问题有一定的难度，并且有较大的发挥空间；最好专业性不要太强，否则可能无法进行讨论，因为专业知识太多会限制人们的认识。作为测试评价的专家，通常需要熟悉评价的标准和程序，使评价的结果稳定可靠，见表3-8。

表3-8 **无领导小组讨论的评价要素**

应聘者编号	考号	仪表举止	表达能力	逻辑分析能力	决策能力	沟通能力	组织协调能力	应变能力	自信心

由于被评价和测试的候选人很多，如果不能很好地把握标准，就可能出现不同的小组用不同的标准的问题，导致评价结果不准确。为了更好地把握评价标准，需要做到以下几点：

第一，要制定比较明确的评价标准，对表达能力、逻辑分析能力、决策能力等进行定义。

第二，让评价专家学习评价标准，并尝试进行评价。发现问题，解决问题，逐步形成共识。

第三，制定比较详细的专家评分过程。比如，评分的时间、评分的过程和方法、如何进行分数调整等。有些人刚开始就打分，不利于整体的把握，容易出现晕轮效应和首因效应；有些人觉得被观察的人太多，记录比较困难，信息量太大；有些人不知道是以每项能力评分好，还是以每个人整体评分好。这些都要按照测评的原则进行适当的规范。

第四，评分的宽严度把握适当。不能一会儿严格，一会儿宽松，这样对每个小组、每个成员会产生不公平的评价结果。

【理论应用3-6】 无领导小组讨论

一天上午，你们乘坐的一架小型客机，由我国西北边疆飞向东南部的一个城市。就在飞临北疆某严寒地区的一个没有人烟的雪野时，飞机遇到大风雪不幸失事，跌到山里。此时正是1月份，气温低达零下15度。飞机可乘坐10人，机身已经撞毁并起火。飞机驾驶员及1名乘客死亡，其他人则没有受到严重伤害。

驾驶员还没有来得及告诉大家飞机的正确位置就死去了。就在失事之前，你曾注意到飞机上的高度显示：飞机是在3 000米左右。失事地点的地面崎岖不平，树林茂密。乘客们穿着秋装，并且每个人都有一件外套。

问题：在飞机爆炸以前，这群乘客从机舱中抢救出15件物品。现在请你们将这15件物品按照对生存的重要性从1至15按顺序排列出来。请在最重要的物品旁边写上（1），第二重要的旁边写上（2），最不重要的旁边写上（15），见表3-9。

表3-9 物品表

（ ）该地区的航空地图	（ ）四副太阳镜
（ ）大型手电筒	（ ）三盒火柴
（ ）四条羊毛毯	（ ）一个军用水壶
（ ）一支手枪和10发子弹	（ ）急救箱
（ ）一只雪橇	（ ）12小包花生米
（ ）两小瓶白酒	（ ）一张塑料防水布
（ ）一面化妆用小镜子	（ ）一只大蜡烛
（ ）一把小刀	

经过40分钟讨论，每个小组必须推举一个代表发言，陈述该小组讨论的过程、结果及理由，陈述时间不超过5分钟。

（5）角色扮演法。角色事件的脚本，角色问题处理能力。比如，作为一个销售人员，可能经常会与潜在的客户交往，在交往中可能面对不礼貌的客户、挑剔的客户、愤怒的客户、不守时间的客户、吝啬的客户等，将这些事件集中成一个故事，由一个招聘方的人扮演客户，由被招聘的人扮演销售人员，考查在各种情境下销售人员的能力素质。

角色扮演一般采用一对一的模式进行。在测评过程中，要求角色扮演主试人和候选人（被测评对象）按照事先设计好的“故事”情节，围绕某一模拟情境及任务主题展开双向互动，互动主要通过对话的形式进行。评委通过观察候选人在对话进行过程中的行为表现，对预先设计好的某些资质进行评价。

为了保证角色扮演测评的有效实施，一般要求事先精心设计好模拟情境，该情境要求与目标岗位具有高度的关联性，包含简单的故事情节，并对情节发展过程中的两位“主角”即角色扮演主试人和候选人的对话内容进行初步设计，同时对角色扮演主试人和候选人的角色定位有清楚的说明与介绍，为测评过程中对话的展开提供背景。

在角色扮演测评中，角色扮演主试人的作用至关重要，测评活动的成功与否（能不能测评到期望的资质）很大程度上依赖于角色扮演主试人的表现。因为在测评过程中，我们只能够通过控制角色扮演主试人来控制情节的发展，而被测者如何表现则正是评委所要观察和评价的，所以对角色扮演主试人的挑选和培训非常重要（关于角色扮演主试人的作用和资质要求可参考文件“角色扮演主试人要求说明”）。

角色扮演主试人的主要作用。在一对一的角色扮演测评中，要求角色扮演主试人和候选人（被测评对象），按照事先设计好的“故事”情节，围绕某一模拟情境及任务主题展开双向互动，互动主要通过对话的形式进行。在测评过程中，情节的发展与控制主要靠角色扮演主试人才能实现，因为我们能够控制的只有角色扮演主试人，而被试人如何表现则正是评委所要观察和评价的，所以在角色扮演测评中，角色扮演主试人起到至关重要的作用，测评活动的成功与否（能不能测评到期望的资质）很大程度上依赖于角色扮演主试人的表现。

角色扮演主试人的辅助作用。角色扮演主试人参与评委的评价讨论过程，为评委的评分提供信息。因为角色扮演主试人对候选人的行为表现及情感反应有最直接的感受与体验，因此建议角色扮演主试人参与评委的评价讨论过程，在讨论过程中尽可能多地提供有关的评价信息。

角色扮演主试人的资格要求。首先是资质要求。希望角色扮演主试人具有较强的人际交往技巧，能够与各种各样的人进行有效的沟通（语言表达能力、沟通能力）；具有较强的应变能力，思维反应敏捷；推理判断能力强；客观公正，无个人偏见，对个体差异有较高的包容性；尊重他人，情绪稳定；性格不能过于内向或过于外向。其次是非常熟悉角色扮演测评的原理与操作方法。角色扮演主试人要有2年以上的工作经历，必须接受专门培训。

3.1.5 能力与管理

智力与职业或岗位适应面。智力是分析问题、解决问题的能力的核心体现，每个人在生活和工作中都要用到这种能力，因此，智力水平高的人，岗位适应面比较宽。通过每年高等学校招生数量可以发现，对智力体现比较充分的理工科专业招生数量最大，就业时需求量也最大。智力可以通过专门的智力测验完成，也可以参考高考的成绩，因为高考分数与智力高低相关性比较高。

情绪智力与职业或岗位适应面。情绪智力的优势是在认识社会、认识人方面，相对于智力，情绪智力与社会活动关系更紧密。文科类的专业更多的是人文社会科学，尽管现在有一些交叉学科，但人文社会科学的内容还是相当丰富的。相对于智力，情绪智力适应的岗位数量相对较少，主要与管理、服务、销售、法律、经济、教育、行政管理等联系。

智力和情绪智力对于社会活动中的人，是两个不可或缺的核心能力。如果这两个方面的能力比较强，再辅之以个人的特殊能力，就可能形成比较强的职业竞争力。现实生活中，这种完美的组合不是很常见，更多的人属于专门性的人才，比如姚明的篮球中锋位置，丁俊晖的斯诺克台球技术，刘翔的110米跨栏，郭晶晶的3米板跳水等。

从管理人才能力结构的角度看，不同层次的管理者对其能力素质要求是有差异的。对于基层班组的管理者来说，专业技术能力是主要的，因为基层主要解决具体的问题，没有专业知识技能的支撑，个人无法出色地完成组织分配的任务，而对管理的能力要求相对较低；对于中层管理者而言，专业技术能力和管理能力平分秋色，各占一半，因为下属越来越多，任务的领域也就加宽，仅仅靠专业技术特长很难完成多种复杂的任务，所以需要协调不同的任务群体或班组，靠集体的配合优质地完成任务，这就需要计划、组织、协调、激励等综合能力的运用；对于高层管理者来说，任务更加复杂，矛盾和冲突更多，协调的难度更大，因此，个人的技术专长能力基本不可能胜任工作需要，这时，要完成复杂的任务，唯有依靠管理的力量，将各个部门经理和成员的主动性和创造性充分地挖掘出来，让这些下属心甘情愿地为组织奉献，这种能力就主要依靠管理能力了。

在具体的管理过程中，用人一定要考虑能力，胜任工作的综合能力是基础，缺乏能力是很难保证工作任务完成的。在具体的实践中，许多组织没有开展工作能力摸底和调查，管理者的任用仍然采用论资排辈的办法，因此很多不能胜任的管理者占据了管理者的岗位，结果自然是效率低下，缺乏凝聚力，人心涣散，严重削弱了组织的活力以及竞争力。管理常常和跳高一样，挑战人的极限，将人拔高到无法胜任岗位的程度，是需要我们警惕的。

根据能力如何用人？用人一定要与岗位的职责要求相联系。因此，人才的评价标准往往是通过职责完成好坏来体现的。每个人由于先天的因素、后天的教育、环境的不同，形成的能力结构高低不同，用人者要根据自己的需求，根据岗位的特征，选择不同的人去填充这些岗位。为了达到这个目标，在能力的管理方面，应该做到以下几点：

第一，人尽其才、扬长避短原则。不同的人，能力高低不同，充分发挥每个人的长处，既能满足个人的社会成就感，又能保证组织任务的出色完成。

第二，人岗匹配原则。岗位的职责不同，所需要的人才类型是有差异的，管理者需要根据岗位的需求，精心地挑选合适的人才。

第三，能力互补原则。从群体任务的角度考虑，为了完成部门、群体的任务，需要保证人才的能力异质性，从整体上进行优化组合，以完成任务。

岗位需要的人是多种类型的，个人适合的岗位也是多样化的。需要在岗位和适合岗位的人之间寻求交集，两者重叠越多，效果越好；两者重叠越少，效果越差。在岗位的选择过程中，最容易犯的错误是追风，即市场价值高的岗位，许多人不顾自身的基本条件和能力潜质，怀着“人有多大胆，地有多高产”，“没有做不到，只有想不到”的道德理念，刻意地去追求，殊不知，“三百六十行，行行出状元”才是真道理。

个人适合的岗位，可以增强个人的主观幸福感和成就感，也能长期地坚持下去；别人适合、自己不适合的岗位，听起来很好，干起来不顺，挫折感大，生活质量差，就是“死要面子活受罪”，完全为他人活着。

3.2 人格差异与管理

3.2.1 人格的含义

人格非常复杂，学者们提出的人格定义有50多种。人格和能力一样，也是在长期的学习、生活和工作中逐步培养和形成的比较稳定的心理属性。这些心理属性对个人的工作和生活都产生了重要影响。与人格这个概念相关的一个术语叫作个性。尽管表述不同，但基本内涵相似，这里统一用人格。

人格主要涉及能力以外的，在与工作、个人、社会事物互动过程中所形成的工作方式和行为特点。比如，对工作的态度，是积极主动还是消极被动；对他人的态度是热情、友好、慷慨，还是冷淡、敌意、吝啬；对自己的态度是严格、谦逊，还是放纵、自大；对单位是忠心耿耿，还是见异思迁等。

从人格的研究历史看，也有一些学者将人格与能力重叠，但这种重叠是基于不同的方面，有的表现为能力在整个人的活动中显示的特点，比如人是从感知出发收集信息，还是从观念和理论出发形成信息；有的是相对于情感、意志过程而言的。

3.2.2 人格的分类

按照认知、情感、意志在人的行为特征中所占的比例大小分，可以将人分成理智型、情感型和意志型三种类型。理智型的人比较理性，做事讲究规范、程序；情感型的人比较感性，多愁善感，喜怒哀乐表露无遗；意志型的人办事有毅力、有耐心，不达目标誓不罢休。其实，这些都是相对的，只是每个人的典型特征有差异罢了。作为成功人士，毅力显得非常重要。褚时健（1928—2019）作为一个励志故事的主人翁，人生十分坎坷，早期家里贫穷，曾经辍学务农，帮母亲养家；后来加入共产党，参加了解放战争；在文革期间，由于被错划为右派，罚配到山区的农村劳动改造；在非常困难的条件下，在偏远的云南玉溪，打造了香烟品牌红塔山并成立了红塔集团，从1979年到1996年的17年间，为国家创造了900多亿元的利税；因为贪污而在1999年1月被判处无期徒刑，剥夺政治权利终身。2002年，保外就医，74岁开始种植橙子，橙子一般要5~6年挂果，但褚时健以非同寻常的毅力和勇气，再次实现了人生的辉煌，褚橙在褚时健的努力和各界的帮助下，形成了新的品牌。

按照人的心理能量的释放方向分，可以将人分成内向型和外向型。内向型的人心理能量指向自身，喜欢思考、严谨，善于反省自己，不喜欢与人交往，喜欢有规律的生活；而外向型的人则相反，心理能量指向外部，喜欢与人交往，热情，精力充沛，但不仔细，粗心。

在心理学中有个概念叫气质（emperament），不是指日常生活中所说的风度、魅力，而是指与生俱来的心理和行为特征，也就是那些由遗传和生理决定的能力和行为特征。气质实际上是指人格中最稳定的、在早年就表现出来的、受遗传和生理影响较大而受文化和教养影响较小的那部分个性。按照巴甫洛夫的神经类型理论，可将人的气质（人格的一个部分）分成胆汁质、多血质、黏液质和抑郁质。古希腊名医希波克拉底（Hippocrates）根据其体液说，将人的气质分成四种类型。体液是指人体中的各种液体，在他看来，气质与体液的构成有关。后来，巴甫洛夫否定了体液解释气质的观点，用神经类型来解释这四种气质类型，但仍然保留了希波克拉底对气质的分类和描述。

胆汁质的人具有高度的兴奋性，能量充足，肝火比较旺。这种人为人直率，精力旺盛，兴奋居于主导，情绪容易冲动，心情变化剧烈，容易发脾气。多血质的人能量也很充沛，但比较平衡，灵活多变，给人活泼好动、善于交际、反应灵活、动作敏捷的印象，但也容易给人轻浮的感觉。黏液质的人则沉着安静，思维、言语、动作较慢，内心不外露，情绪稳定，待人真诚，交际适度，控制感情，比较沉默，有惰性。抑郁质的人敏感、细致，处事谨慎，感情细腻丰富，但孤僻羞怯、优柔寡断，容易受到伤害。上述四种典型类型的人，对同一种事物往往持截然不同的行为和心理反应，比如对他人的挑衅行为，胆汁质的人立即暴跳如雷，摩拳擦掌；多血质的人则察言观色，恃机而动，有很大的回旋余地；黏液质的人则可能默默忍受，实在逼急了就将自己豁出去了，应对挑衅；抑郁质的人则胆小怕事，可内心极其压抑，觉得是奇耻大辱，痛不欲生。

3.2.3 人格的理论和人格检测

人们总是希望能够对复杂的人格进行一些梳理，发现人格中最重要的因素。受西方自然科学精神的影响，对人格要素的探讨在很长一段时间也是按照这种模式进行的，形成了比较著名的人格特质理论（personality trait）。

1）大五人格理论与测验

近来，人们为了进一步探讨人格的构成要素，将一些经典的人格测验的项目进行汇总、分类、统计，发现有比较稳定的五种人格因素，被称为大五人格因素，并进而提出了人格的五因素模型（five factors model，FFM）。大五人格特征的具体含义见表3-10。

表3-10 **大五人格特征**

因　素	低分特征	高分特征
神经质型（N）	焦虑、不安全感、自怜	平静、安全感、自足
外向型（E）	退缩、寡言、冷淡	好交际、多话、热情
开放型（O）	实际、刻板、固执、世俗	想象、喜欢变化、独创
随和型（A）	硬心肠、多疑、不合作	软心肠、信任、乐于助人
尽责型（C）	杂乱无章、粗心、意志薄弱	井井有条、细心、自律

大五人格测验目前还在研究阶段，结果发现五个特质与工作岗位、业绩有一定的关系。在我国，王登峰教授提出了符合中国人特点的“七因素模型”，该理论还处于检验阶段。

2）人格类型理论与测验

Meyor和Briggs根据荣格（Jung）的精神分析理论，将人格分成16种类型，其透视人格的四个维度是：外向与内向，感觉与直觉，理性与感性，判断与知觉。每一个维度进行二分，构成16种组合的人格类型，并编制了相应的测验，即MBTI（Meyor-Briggs Type Indicator）。该测验在国外应用较广泛，每年约有150万人接受这项测验。通过该测验，员工可以更加充分地了解自己，管理者也可以了解员工的行为倾向，促进上下级的相互了解和适应，减少矛盾，也可以为员工安置合适的工作岗位提供一些信息。近年来，随着我国大学生就业问题日益突出，也有公司将国外的MBTI测验引入我国加以修订，并在企业和高等学校进行推广。

具体来说，荣格从四个角度来描述人格类型：首先是驱动力的来源，其次是接受信息的方式，再次是决策的方式，最后是对待不确定性的态度。所谓外向型是指喜欢人际交往，表情丰富、外露，合群，不怕打扰，喜欢自由沟通，先讲然后再思考，容易受他人的影响；而内向型是指喜欢安静、冥思，谨慎、感情不外露，独立、负责、细致周到，怕打扰，常常想好了再说。感觉型是指通过五官感受世界，注重真实的存在，实际，喜欢具体明确，重视细节，重视实际的结果，不喜欢憧憬和展望；直觉型则是指通过第六感观察世界，比较笼统，喜欢抽象的理论，喜欢新问题，讨厌细节，凭爱好做事，对事物的态度变化快，喜欢提出新见解，匆忙下结论。理性型是指喜欢分析，用逻辑决策，坚信自己正确，有较强的批判能力和鉴别力，工作中较少表现出感情用事，也不喜欢他人感情用事；感性型是指主观和综合地考虑问题，注重和谐、宽容，喜欢调解，不按照逻辑思考，从赞美中得到享受，也希望得到他人的赞美。判断型是指做事以时间为导向，喜欢命令、控制，喜欢规范化和程序化，不善于适应；知觉型是指做事喜欢弹性和自发化，喜欢观望，同时开始许多新项目，但完成不了。

该测验结果不仅为进行人格和职业岗位匹配提供了帮助，还为各种类型的人喜欢的沟通方式提供了建议；该测验可分析各种类型的人压力的主要来源，为缓解压力提供依据。正因为这些功能，所以该测验为企业或教育组织广泛采用。

【理论应用3-7】　　MBTI的测验

测试部分：请就下列题目进行单项选择，选择更能体现自身特点的项目。

1.我宁愿（　　）。

A.解决一个新的、复杂的问题　　B.做我以前做过的事

2.我喜欢（　　）。

A.独自在一个安静的环境中工作　　B.处于活动现场

3.我希望有个老板（　　）。

A.在决策时建立标准并遵照标准行事　　B.考虑下属的特殊需要

4.当我在做一个项目时，我（　　）。

A.喜欢完成和了结这一项目

B.常常将它悬在那儿，等待可能出现的变化

5.做决策时，最重要的考虑因素是（　　）。

A.合理的思考、想法和各种资料　　B.情感和价值观因素

6.对于某一事项，我倾向于（　　）。

A.在决定如何做之前一遍又一遍地仔细思考

B.马上着手开始工作，边做边思考

7.在做一个项目时，我喜欢（　　）。

A.尽可能地按照管理要求去做　　B.尝试各种可能的选择

8.在我的工作中，我喜欢（　　）。

A.在同一时间内做多项工作，对每项工作都尽可能多地学习

B.选择一项有挑战性并且可以使我很忙碌的工作

9.我经常（　　）。

A.列表格、做计划，明确何时做何事，尽量不改变原定计划

B.避免做计划，让事项边进行、边工作

10.在与同事讨论问题时，我常常很容易就（　　）。

A.看到“全貌”　　B.抓住细节

11.当电话或手机铃响起来时，我通常（　　）。

A.认为是一次干扰　　B.不觉得麻烦

12.下面哪个词更适合你？（　　）

A.分析的　　B.情感主导的

13.在工作时，我倾向于（　　）。

A.稳定而连续地工作　　B.突击性地、时有间断地工作

14.当听到别人谈论某个话题时，我通常试图（　　）。

A.把它套在自己的工作上，看看是否适合于自己

B.评价和分析这一信息

15.有了新想法时，我一般（　　）。

A.马上开始行动　　B.喜欢再对这一想法多一些思考

16.做一个项目时，我喜欢（　　）。

A.缩小范围，以便给出含义明确、界限清晰的定义

B.扩大范围，把相关问题也一并考虑进去

17.阅读时，我通常（　　）。

A.将思路集中在所读的内容上面　　B.读出言外之意，并产生其他联想

18.当必须马上做决策时，我经常（　　）。

A.觉得不舒服，希望自己能掌握更多的信息

B.可能根据已掌握的信息做出决策

19.参加会议时，我倾向于（　　）。

A.一边发言，一边组织自己的思想　　B.对问题通盘考虑之后才发言

20.在工作中，我一般把大量时间花在下列（　　）问题上。

A.想法　　B.人员

21.在会议中，我最容易被下列哪些人惹恼？（　　）

A.提出许多含糊粗略的想法

B.提出许多实际操作细节，因而导致会议时间延长

22.我是一个（　　）。

A.早起的人　　B.夜猫子

23.在准备一个会议时，我是哪种风格的人？（　　）

A.我乐意加入，并喜欢做出积极反应

B.我喜欢充分准备，且通常先针对会议内容列出提纲

24.在会议中，我喜欢（　　）。

A.显示出更丰富的情绪　　　　B.集中于会议任务

25.我更喜欢在这样的企业工作：（　　）。

A.我的工作可以激发智慧　　　　B.我认可它的目标和使命

26.在周末，我通常（　　）。

A.计划一下该做什么

B.一边过日子，一边决策，看看会发生什么

27.我更加（　　）。

A.喜交往　　　　B.爱沉思

28.我更喜欢为这样的老板工作（　　）。

A.充满新想法　　　　B.现实的

29.下面（　　）是对我更有吸引力的词。

A.社交的　　　　B.理论的

30.下面（　　）是对我更有吸引力的词。

A.独创性　　　　B.实践性

31.下面（　　）是对我更有吸引力的词。

A.有组织的　　　　B.能适应的

32.下面（　　）是对我更有吸引力的词。

A.活跃的　　　　B.专心的

评分办法：每题计1分，按照下列表中的计分标准计分后，分别在以下四组中圈出得分较高的那一项，最后合成自己的MBTI类型（见表3-11）。

表3-11　**MBTI的计分办法**

I类型计分标准	E类型计分标准	S类型计分标准	N类型计分标准
2A	2B	1B	1A
6A	6B	10B	10A
11A	11B	13A	13B
15B	15A	16A	16B
19B	19A	17A	17B
22A	22B	21A	21B
27B	27A	28B	28A
32B	32A	30B	30A

续表

T类型计分标准	F类型计分标准	J类型计分标准	P类型计分标准
3A	3B	4A	4B
5A	5B	7A	7B
12A	12B	8B	8A
14B	14A	9A	9B
20A	20B	18B	18A
24B	24A	23B	23A
25A	25B	26A	26B
29B	29A	31A	31B

资料来源　陈春花，杨忠，曹洲涛. 组织行为学［M］. 2版. 北京：机械工业出版社，2013：40-42.

3）AB型人格特质理论与测验

AB型人格是美国著名心脏病学家弗里德曼（Friedman，M.）和罗森曼（Roseman，R.H.）于20世纪50年代首次提出的概念。他们发现许多冠心病人都表现出一些典型而共同的特点，如雄心勃勃、争强好胜、醉心于工作但是缺乏耐心、容易产生敌意情绪、常有时间紧迫感等。他们把这类人的行为表现特点称为A型行为类型（TABP），而相对缺乏这类特点的行为称为B型行为类型（TBBP）。

（1）A型人格

A型人格者具有进取心、侵略性、自信心和成就感，并且容易紧张，愿意从事高强度的竞争活动，不断驱动自己在最短的时间里干最多的事，并对阻碍自己努力的其他人或其他事进行攻击。A型人格的人有以下特征（见表3-12）：

表3-12　A型人格特征

1.向自己拟定的目标迈进	9.不知如何欣赏大自然与鸟语花香
2.渴望得到别人的肯定	10.现实主义者
3.声音破裂爆炸型	11.永远感到时间紧迫
4.急速地移动、走路及饮食的习惯	12.工作讲求效率
5.竞争心强	13.习惯性之动作或局部痉挛
6.从事许多事情，关心的范围很广泛	14.相信成功之道为比别人工作效率高
7.自大、垄断	15.将生命以数字计算
8.休息时自感不安或有罪恶感	16.更强的时间感

（2）B型人格

B型人格者与A型人格者相对应，B型人格者较松散，与世无争，对任何事皆处之泰然，很少因为要从事不断增多的工作或要无休止地提高工作效率而感到焦虑。B型人格者有以下特征（见表3-13）：

表3-13 B型人格特征

1.从未感到被时间所迫，亦不会因时间不够用而感到烦恼	5.消遣时，即身心松弛，心旷神怡，与世无争
2.除非万不得已，不在别人面前自夸	6.休息而无罪恶感
3.万事逆来顺受，不对别人产生敌意	7.不易为外界事物所困扰
4.消遣时，尽兴而返	8.不了了之，很容易放下未完成之事而稍作休息或另觅生活之情趣

（3）AB型人格

AB型人格有相应的问卷测量方法，通过简单的测试和评分，大致可以判断自己是A型性格还是B型性格。一般来说，A型性格的优点是成就欲望高、目标明确，时间观念强，缺点是急躁、容易得心脏病；相对而言，B型性格则随遇而安，平和，心态好，身体健康，但是过于拖拉、成就欲望较弱，不利于工作的迅速推进。AB型人格行为类型评定量表见表3-14。

表3-14 AB型人格行为类型评定量表

1.我常常力图说服别人同意我的观点	是/否
2.即使没有什么要紧事，我走路也很快	是/否
3.我经常感到应该做的事情很多，有压力	是/否
4.即使是决定了的事别人也很容易使我改变主意	是/否
5.我常常因为一些事大发脾气或和人争吵	是/否
6.遇到买东西排长队时，我宁愿不买	是/否
7.有些工作我根本安排不下，只是临时挤时间去做	是/否
8.我上班或赴约会时，从来不迟到	是/否
9.当我正在做事，谁要是打扰我，不管有意无意，我都非常恼火	是/否
10.我总看不惯那些慢条斯理、不紧不慢的人	是/否
11.有时我简直忙得透不过气来，因为该做的事情太多了	是/否

续表

12.即使跟别人合作，我也总想单独完成一些更重要的部分	是/否
13.有时我真想骂人	是/否
14.我做事喜欢慢慢来，而且总是思前想后	是/否
15.排队买东西，要是有人加塞，我就忍不住指责他或出来干涉	是/否
16.我觉得自己是一个无忧无虑、逍遥自在的人	是/否
17.有时连我自己都觉得，我所操心的事远远超过我应该操心的范围	是/否
18.无论做什么事，即使比别人差，我也无所谓	是/否
19.我总不能像有些人那样，做事不紧不慢	是/否
20.我从来没想过要按照自己的想法办事	是/否
21.每天的事都使我的神经高度紧张	是/否
22.在公园里赏花、观鱼等，我总是先看完，等着同来的人	是/否
23.对别人的缺点和毛病，我常常不能宽容	是/否
24.在我所认识的人里，个个我都喜欢	是/否
25.听到别人发表不正确见解，我总想立即纠正他	是/否
26.无论做什么事，我都比别人快一些	是/否
27.当别人对我无礼时，我会立即以牙还牙	是/否
28.我觉得我有能力把一切事情办好	是/否
29.聊天时，我也总是急于说出自己的想法，甚至打断别人的话	是/否
30.人们认为我是一个相当安静、沉着的人	是/否
31.我觉得世界上值得我信任的人实在不多	是/否
32.对未来我有许多想法，并总想一下子都能实现	是/否
33.有时我也会说人家的闲话	是/否
34.尽管时间很宽裕，我吃饭也快	是/否
35.听人讲话或报告时我常替讲话人着急，我想还不如我来讲	是/否
36.即使有人冤枉了我，我也能够忍受	是/否

续表

37.我有时会把今天该做的事拖到明天去做	是/否
38.人们认为我是一个干脆、利落、高效率的人	是/否
39.有人对我或我的工作吹毛求疵时，很容易挫伤我的积极性	是/否
40.我常常感到时间晚了，可一看表还早呢	是/否
41.我觉得我是一个非常敏感的人	是/否
42.我做事总是匆匆忙忙的，力图用最少的时间做尽量多的事情	是/否
43.如果犯有错误，我每次全都愿意承认	是/否
44.坐公共汽车时，我总觉得司机开车太慢	是/否
45.无论做什么事，即使看着别人做不好我也不想拿来替他做	是/否
46.我常常为工作没做完，一天又过去了而忧虑	是/否
47.很多事如果由我来负责，情况要比现在好得多	是/否
48.有时我会想到一些坏得说不出口的事	是/否
49.即使受工作能力和水平很差的人所领导，我也无所谓	是/否
50.必须等待什么的时候，我总是心急如焚，“像热锅上的蚂蚁”	是/否
51.当事情不顺利时我就想放弃，因为我觉得自己能力不够	是/否
52.假如我可以不买票白看电影，而且不会被发现，我可能会这样做	是/否
53.别人托我办的事，只要答应了，我从不拖延	是/否
54.人们认为我做事很有耐性，干什么都不会着急	是/否
55.约会或乘车、船，我从不迟到，如果对方耽误了，我就恼火	是/否
56.我每天看电影，不然心里就不舒服	是/否
57.许多事本来可以大家分担，可我喜欢一个人去干	是/否
58.我觉得别人对我的话理解太慢，甚至理解不了我的意思似的	是/否
59.人家说我是个厉害的暴性子的人	是/否
60.我常常比较容易看到别人的缺点而不容易看到别人的优点	是/否

量表由60个条目组成，分为3个部分：第一部分25题，称为“TH” （time hurry)，反映时间匆忙感、时间紧迫感和做事快等特征；第二部分25题，称为“CH”（competitive，hostility)，反映争强好胜、敌意和缺乏耐性等特征；第三部分10题，称为“L”（lie)，为回答真实性检测题。

实施方法如下：

由受检查者根据自己的实际情况填写问卷。在每个问题后，符合时答“是”，不符合时回答“否”。

计分标准如下：

第一部分TH的25个问题中，第2、3、6、7、10、11、19、21、22、26、29、34、38、40、42、44、46、50、53、55、58题回答为“是”和第14、16、30、54题回答为“否”的每题记1分。

第二部分CH的25个问题中，第1、5、9、12、15、17、23、25、27、28、31、32、35、39、41、47、57、59、60题回答为“是”和第4、18、36、45、49、51题回答为“否”的每题记1分。

第三部分L的10个问题中，第8、20、24、43、56题回答为“是”和第13、33、37、48、52题回答为“否”的每题记1分。

评分指标及其意义：

L分：将第三部分的10题评分累加即得L分。若L分过高（大于或等于7)，反映回答不真实，答卷无效。

TH分：将第一部分的25题评分累加即得TH分。

CH分：将第二部分的25题评分累加即得CH分。

行为总分：将TH分与CH分相加，即得行为总分。

行为总分高于36分时视为具有A型行为特征。

行为总分在28~35分之间时，视为中间偏A型行为特征；行为总分低于18分时视为具有B型行为特征。

行为总分在19~26分之间时，视为中间偏B型行为特征；行为总分为27分时视为极端中间型。

TH：时间匆忙感

高分者：惜时如金，生活和工作节奏快，总有一种匆匆忙忙、感到时间不够用的感觉。渴望在最短的时间内完成最多的事情，对于节奏缓慢和浪费时间的工作或事会不耐烦、不适应。容易粗心大意，急躁。

低分者：时间利用率不高，生活、工作节奏不快，悠闲自得，心态平和，喜欢休闲和娱乐，做事有耐心，四平八稳，容易给人一种慢条斯理的感觉。

CH：争强好胜

高分者：生活及工作压力大，渴望事业有所成就，竞争意识强烈，争强好胜，希望能出人头地，并对阻碍自己发展的人或事表现出激烈的反感或攻击意识。 低分者：与世无争，容易与人平和相处，生活和工作压力不大，也可能生活标准要求不高，随遇而安，也可能是过于现实。

L：掩饰分

高分者：未能真实回答，可能由于认识不清或理解能力不足造成的。

4）内外控人格特质理论与测验

朱利安·罗特（Rotter）是内外控人格特质理论的早期代表，他将人格分为两种类型：外控型人格和内控型人格。

外控型人格的人认为个人生活中的主导力量是外力，常常将许多事情归结为外部的原因。外控型人格的人认为决定性的力量不在自身，而在外部，所以他们对自身价值的判断和自己行动的选择很大程度上依赖于别人的看法，认为人的快乐和痛苦是无法控制的，一切都在他人或是命运的主宰下。外控型人格的人经常会这样说："命运不是自己说了算的，我对发生在我身上的事无能为力。我的快乐和痛苦也不是我能决定的，这取决于别人或命运。"

内控型人格的人认为在生活中发生的事件根源在自身，成功是个人努力的结果。内控型的人认为许多事情是因为自己的原因而引发事情的结果，认为自己的付出和努力可以改变许多事情，而即便无法改变，也可以通过其他方式来达到目的。内控型的人常常这样描述自己："我身上发生的事很大程度上决定于我自己所做的决定和我付出的努力，我相信我总是能够找到办法解决我的问题。我相信，我所做的与所得到的两者之间，我付出的努力与所得到的回报两者之间有关系。同时，当我不能影响发生的事情的时候，我仍然可以决定让周围的环境以何种方式来影响我。"

通常而言，内控的人往往从自身找原因，有利于自我发展和完善，提升能力，寻找新的方法，实现个人进步和工作绩效的改善，问题是一旦自我发展和问题解决受挫、不顺利时，就可能产生自卑和心理压力。而外控者则相反，过于相信外部的力量，不从自身找原因，不利于自我完善。但是这类人心态好，不会否定自己（见表3-15）。

表3-15 内外控人格量表

题号	描述	完全不同意	比较不同意	一般	比较同意	完全同意
1	我能胜任自己所从事的工作	1	2	3	4	5
2	对于大多数工作，只要我着手去做，就能很好地完成	1	2	3	4	5
3	我有能力找到一份自己喜欢的工作	1	2	3	4	5
4	如果我对上司做出的决定感到不满，就会提出异议	1	2	3	4	5
5	只要我努力工作，就能获得应有的报酬	1	2	3	4	5
6	我能够被上级提拔，主要是靠自己在工作上的出色表现	1	2	3	4	5

续表

题号	描　述	完全不同意	比较不同意	一般	比较同意	完全同意
7	只要我努力，就能做好自己的工作	1	2	3	4	5
8	我认为自己对上司来说非常重要	1	2	3	4	5
9	我能够找到自己想要的工作，主要是靠运气	1	2	3	4	5
10	我能够得到现有的工资或报酬，主要是靠运气	1	2	3	4	5
11	我能够找到一份好工作，主要是靠亲朋关系	1	2	3	4	5
12	我能被上级提拔，主要是靠运气	1	2	3	4	5
13	我能够找到一份好的工作，主要是靠我认识的人	1	2	3	4	5
14	我能够得到现有的工资或报酬，主要是靠别人	1	2	3	4	5
15	我能成为一名出色的员工，主要是靠运气	1	2	3	4	5
16	我认为工资或报酬的多少，主要是靠个人的运气	1	2	3	4	5

量表由16道题目组成，该量表采用利克特5级量度进行测量，答案由“完全不同意”到“完全同意”分别赋值1~5分。其中从第9题到第16题采用反向计分（即选了1分档的记5分，2分档的记4分，3分档的记3分，4分档的记2分，5分档的记1分），总体得分从16到80分，分值越高，越倾向于内控型，越低则越倾向于外控型。

5）心理资本理论与测验

美国著名学者卢桑斯（Luthans，2004）提出心理资本概念并延伸到人力资源管理领域。所谓心理资本，是指个体在成长和发展过程中表现出来的一种积极心理状态，是超越人力资本和社会资本的一种核心心理要素，是促进个人成长和绩效提升的心理资源。

2007年，卢桑斯等（Luthans，Youssef & Avolio）又对心理资本的定义进行了修订，认为心理资本是指“个体的积极心理发展状态，其特点是：（1）拥有表现和付出必要努力、成功完成具有挑战性的任务的自信；（2）坚持目标，为了取得成功，在必要时能够重新选择实现目标的路线；（3）对当前和将来的成功做积极归因；（4）当遇到问题和困境时，能够坚持、很快恢复和采取迂回途径来取得成功”。具体见表3-16。

表3-16 心理资本的结构和内涵

结构	内涵	导向性	对心理资本的贡献
自信（confidence）	对自己运用自身能力完成某项任务的相信程度	着眼于现在与未来	敢于面对挑战，愿意为实现目标付出更大的努力
希望（hope）	支撑个体在困境中坚持美好的信念的特定情绪	着眼于未来	与积极结果和良好的个人品德相联系
乐观（optimism）	将积极实践归因于内在的、持久的、普遍原因的解释风格	着眼于过去与现在	身处逆境时能支撑个体坚持美好的信念的特定情绪
坚韧（resiliency）	在极端变化环境中迅速恢复的能力	着眼于未来与现在	面对不利形势能坚持对未来的渴望

心理资本比较权威的测验量表如表3-17所示。该问卷共计24个项目，心理资本的4个维度即自信、希望、乐观、坚韧各6个调查项目，根据得分的高低进行评估。其中非常不同意=1，不同意=2，有点不同意=3，有点同意=4，同意=5，非常同意=6。反向计分的题目与上述计分标准相反，先反过来，再相加。

表3-17 心理资本测验量表

题号	描述	非常不同意	不同意	有点不同意	有点同意	同意	非常同意
1	我相信自己能分析长远的问题，并找到解决方案	1	2	3	4	5	6
2	与管理层开会时，在陈述自己工作范围内的事情方面我很自信	1	2	3	4	5	6
3	我相信自己对公司战略的讨论有贡献	1	2	3	4	5	6
4	在我的工作范围内，我相信自己可以主动设定目标、目的	1	2	3	4	5	6
5	我相信自己能够与公司外部的人联系，并讨论问题	1	2	3	4	5	6
6	我相信自己能够向一群同事陈述信息	1	2	3	4	5	6
7	如果我发现自己在工作中陷入了困境，我能想出很多方法摆脱出来	1	2	3	4	5	6
8	目前，我在精神饱满地完成自己的工作目标	1	2	3	4	5	6
9	任何问题都有很多解决办法	1	2	3	4	5	6
10	目前我认为自己在工作上相当成功	1	2	3	4	5	6
11	我能想出很多办法来实现我目前的工作目标	1	2	3	4	5	6

续表

题号	描 述	非常不同意	不同意	有点不同意	有点同意	同意	非常同意
12	目前，我在实现我为自己设定的工作目标	1	2	3	4	5	6
13	在工作中遇到挫折时，我很难从中恢复过来，并继续前进（R）	1	2	3	4	5	6
14	在工作中，我无论如何都会去解决遇到的难题	1	2	3	4	5	6
15	在工作中如果不得不去做，可以说，我也能独立应战	1	2	3	4	5	6
16	我通常对工作中的压力能泰然处之	1	2	3	4	5	6
17	因为以前经历过很多磨难，所以我现在能挺过工作上的困难时期	1	2	3	4	5	6
18	在我目前的工作中，我感觉自己能处理很多事情	1	2	3	4	5	6
19	在工作中，当遇到不确定的事情时，我通常期盼最好的结果	1	2	3	4	5	6
20	如果事情会出错，即使我明智地工作，它也会出错（R）	1	2	3	4	5	6
21	对自己的工作，我总是看到事情光明的一面	1	2	3	4	5	6
22	对于我的工作未来会发生什么，我是乐观的	1	2	3	4	5	6
23	在我目前的工作中，事情从来没有像我希望的那样发展（R）	1	2	3	4	5	6
24	工作时，我总相信“黑暗的背后就是光明，不用悲观”	1	2	3	4	5	6

注：R代表反向计分。1～6题测自信，7~12题测希望，13~18题测坚韧，19~24题测乐观。得分越高，表示某个方面的心理资本越好。

资料来源　卢桑斯F，等. 心理资本［M］. 李超平，译. 北京：中国轻工业出版社，2008.

6）投射测验

投射测验原来主要用来对精神疾病患者进行检测，后来这种思想也扩展到正常人。按照精神分析理论，人们的行为都是无意识力量的体现。没有这种无意识的推动，很难解释人的行为的规律性。尽管精神分析理论对行为的解释有特殊的含义，但现代人一般认为，行为反应不是没有原因的，人们在不知不觉中产生的反应更加真实，去掉了社会规范约束的伪装，是人本质的流露。可以设想，一个很少替别人着想的人，在一个生存竞争非常残酷的场合，会放弃自己的利益。一般出现口误，大多是没有能及时遮掩自己原形的本能反应。在正常人的人格检测中，主题统觉测验（简称TAT）和句子完成测验是运用较广泛的两种测验形式。

所谓主题统觉测验，就是给被测试者几张图片，这些画是经过筛选和精心加工过的，通常有4~6张，每张图片上分别显示一个或几个人物，但从这些人物的行为（或沉思、或交谈、或工作）及其背景，很难确定这是一个什么人，在什么环境下，从事着什么工作，过去发生了什么，现在是什么状态，将来会发生什么。测试正是从这些模糊出发，期望投射出被测试者的内心所思所想。因为在明确的背景下，人们很容易受外部期待的制约，扭曲真实的自我，投人所好。被测试者被告知是为了测试他们的想象力，在他们观察图片8~10秒钟后，让他们以自己所理解的含义，在5~8分钟时间内，编写一篇200字以内的故事。其他几幅画也按照这种程序完成，如图3-4所示。

图3-4　主题统觉测验图片举例

其实，测试本身就是为了测试被测者的成就动机、权力动机和亲和动机，其早期的研究者是美国心理学家麦克里兰（McClelland）。最终，测试者可以根据评分标准，对照被测试者编写的故事，从中找出这些内容在成就动机、权力动机和亲和动机上的强弱。

句子完成测验的投射方法与主题统觉测验相似，也是呈现一些不明确的背景，引导被测试者按照心中所想到的东西进行回答或反应，通过这些反应，推断被测试者的内心活动特点。这类测试工具有几十个词或引导句根，被测试的人要在一定的时间内完成句子。比如，我希望________；我的老师________；我的未来________。

现在，许多招聘面试常常隐藏招聘活动过程本身，在招聘前或招聘后人们脱离伪装时，开展记录和评价活动，效果比较显著。比如，为了了解招聘对象的公德心、爱心，一位招聘者让被测试者在某指定地点集中，然后乘公司的客车到达公司，招聘公司老总就是一位老太太，她最后上车，观察是否有应聘者帮助她，给她让座位。有时，公司在确定初步接受应聘者后，请“受聘”人员进餐，通过所谓受聘解除应聘者的伪装，通过进餐活动进一步考查应聘者的行为表现，也属于这种方式。

3.2.4 人格与管理

人格是比较稳定的心理特征，所谓稳定就是改变相对比较困难的行为特征。不同的行为习惯和特征与用人、管理人是有关系的。

第一，根据人格特点合理用人。一个人所从事的工作与他所具备的人格特点相符合，则这个人工作起来就更自然、顺心，否则就需要调整自己的人格特点，这在某一个时间点可以解决，但从长时间看则犯错误的概率会增加。比如，要一个胆汁质的人不发脾气很难；而要一个多血质的人经常发脾气也很难。外向型的人，喜欢与人交往，如果让他成天看守仪器和设备，他就会度日如年，擅离职守就会很常见；如果让一个内向的人从事公共关系工作，也是很累的事，他会为会见不同的陌生人感到尴尬、手足无措，有时还会很害羞。

第二，根据人格特点合理搭配群体成员，特别是领导班子。在进行工作群体的组成和配置时，也应该适当考虑让不同人格特点的人组合在一起，有的人粗心，但有细心的人弥补；有的人太理性，简直不近人情，可以通过比较注重感情和人际关系的人协调，缓和人际矛盾和冲突；有的人敢于接担子，但做事没有秩序和章法，需要安排执行力比较强的人扶助。如果一个群体人格类型过于单一，大家一起冒险，大家一起争吵，那么很可能无法完成任务。格力电器的发展中有两个里程碑似的人物，一个是格力电器的重要创始人朱江洪，在市场的敏锐性、技术精湛性以及管理的宽容性、自身的正直性等方面都可圈可点。在格力空调发展的早期，他不仅仅重视市场的拉动作用，更加重视技术创新和质量的提升。但是，当时的格力空调过于跟着市场走，相对忽视技术人员的感受，导致许多技术人员希望转岗，从事回报更高的市场销售。在高提成、高回报的当时，专业技术人员的回报相当低。朱江洪开始变革，降低市场销售人员的待遇，提高专业技术人员的待遇，结果一大批销售人员离职，跳槽到竞争对手公司，给格力的销售形成了巨大的压力。在这种情况下，朱江洪重用了在安徽市场、江苏市场做销售的销售明星董明珠。董明珠性格刚毅、率直、果断，讲原则，很容易得罪人，造成人际冲突，但朱江洪以柔克刚、宽容大度，二者形成了很好的配合。朱江洪退休后，推荐董明珠任格力电器的董事长。可以说，没有朱江洪就没有董明珠；没有董明珠，格力的市场影响力可能也会受到制约。

第三，根据人格特点采取不同的管理方法。人格特点有先天的生物制约，也有后天长期的学习和生活环境塑造，固然可以改变，但难度还是很大的。在管理上，与其对立，不如顺应更容易。对于粗心的人，办事前需要多提醒；对于容易冲动、爱发脾气的人，先躲过其情绪高峰期，然后后发制人，效果往往较好，否则双方都很难下台阶；对于敏感多虑的人，说话要注意分寸和场合，批评措辞不宜过于激烈；对于重感情的人，多拉家常很有效。

在管理用人方面有一个问题，当考虑能力和人格特点与职业选择的关系时，可能与人格特点符合的职业或岗位，能力特点不支持；而与能力特点符合的岗位，人格特征不支持。比如，语言能力很强，但性格比较内向，从事记者工作可能不适合，可能更适合当编辑；性格比较外向，但冒险性较差，专业能力较强，可能从事经营管理不合适，但做专业技术岗位比较好。

一般来说，用人的弹性就在于岗位需求和个人素质的综合匹配。一个人适合的岗位通常不止一个，而是一批，需要从中挑选、发现，找到最合适的。

3.3 价值观差异与管理

3.3.1 价值观概述

价值观是指在工作情境中，指导人们行动和决策判断的总体信念。人们的价值观影响到人的行为的方方面面，比如工作态度、求职行为、对金钱和名望的看法等。

价值观是后天形成的，但一旦形成和稳定，就难以改变。与态度不同，态度比较具体，容易改变；价值观比较抽象，形成后难以改变。

人的价值观是在生活、工作环境中学习和经历的产物。在改革开放初期，受我国传统思想的影响，人们对物质和金钱羞于启齿，对社会价值和精神价值比较看重；随着市场经济的深入发展，许多事物都用经济指标来衡量，比如住房、荣誉等级、职位等级、成果等级等，强化了物质激励的作用，谈论经济待遇成为人们的习惯。找工作要问待遇，调动工作要考虑待遇，人们觉得这是理所当然的，这就是社会文化对人们价值观改造的现实写照。

3.3.2 价值观分类

关于价值观的分类，有多种理论，比较有影响的是心理学家罗克奇（Rokeach）的分类。他将价值观分成两大类，即终极价值观和工具价值观。终极价值观反映人们有关最终想要达到目标的信念，而工具价值观反映了人们对实现既定目标手段的看法，见表3-18。

表3-18 罗克奇的价值观分类

终极价值观		工具价值观	
舒适的生活	令人兴奋的生活	雄心大志	心胸开阔
成就感	世界和平	能干	乐观
世界美丽	平等	清洁	坚持信念
家庭安全	独立自由	原谅	助人
幸福	内心和谐	诚实	有想象力
成熟的爱	国家安全	独立	聪明
愉快	节俭	有逻辑性	热爱
自尊	社会认可	顺从	谦恭
真正友谊	智慧	负责	自我控制

此外，奥尔伯特（Gordon Allport）还提出了有关价值观的另一种分类办法，即价值观的六种类型理论：理论型、经济型、审美型、社会型、政治型和宗教型。

理论型价值观主导的人以发现真理为主要乐趣，为了达到这一目标，他们会采取实验、批判、推理以及智力的方法。他们渴望整齐有序、系统化的知识与思想。

经济型价值观主导的人更看重事物是否有用以及是否实际，他们非常赞同商业社会的价值观，通过生产、销售、服务，积累有形的财富，他们希望自己在财富方面超过他人。

审美型价值观主导的人重视外形与和谐，他们从优雅、对称、恰当的立场来判断每一个经历。生活被看成是各种事件的发展过程以及感受，人们应该感受生活的过程并享受它。

社会型价值观主导的人注重给予和关照他人，是具有亲社会精神和博爱精神的人。他们热情，富有人情味。

政治型价值观主导的人看重权力、个人影响力和名誉，他们活跃在各个领域里，他们生活的大部分时间花在竞争与奋斗，具有很高的权力欲望。

宗教型价值观主导的人关注神秘的事物，渴望将世界理解为一个统一体。有些人积极地参与生活并肯定生活的方式，以实现自己的宗教信仰；有些人则通过回避生活、自我克制和自我反省来实现信仰。

舒伯（Donald Super）对工作价值观进行了分类，提出了15种工作价值观，包括：

智力激发，从事独立思考、了解事物如何运行和作用的工作；

利他主义，即为了他人的福利做出贡献，对社会服务方面感兴趣；

成就，喜欢能给人以现实可见的结果的工作；

独立，能让人以自己的方式去做事的工作；

多样性，感受工作的变化并有机会尝试；

声望，能让人在别人眼里有地位、受尊重的工作；

审美，通过制作美丽的物品将美带给世界；

同事，能与个人喜欢的人交往和共事；

保障，即使在经济困难的时候也不大可能失业的工作；

生活方式，让人按照自己所选择的生活方式生活，成为自己所希望成为的人；

上下级关系，与上司相处融洽，制度比较公平；

环境，工作环境比较舒适，没有嘈杂、高温、危险、有害物质的工作；

管理，让自己能够控制和安排他人任务的工作；

创造力，发明新事物、设计新产品或产生新思想的工作；

经济回报，拥有较高的经济回报的工作。

3.3.3 价值观的测试

由于价值观具有很强的动机性成分，与社会的主流观念和评价有关系，而且涉及生活本身的舒适与愉快度，因此，凡是能够给自己带来快乐的东西人们都不愿意放弃，“鱼和熊掌”都想要，这就给价值观评估带来了很大的麻烦。在我国，运用价值观问卷进行调查研究，常常会发现人们对各种价值观的重视程度都比较高，特别是工作价值观，很难区分出个人主导的价值观。

【理论应用3-8】　　工作价值观问卷

下面的陈述是一些人们认为重要的关于工作的价值观。它决定了人们能从工作中或工作的结果中获得什么样的满意感。因此，对于不同的人，下列陈述的重要性可能不一样：同样的工作对一些人来说非常重要，但对另一些人来说却不太重要。仔细阅读下列每一项陈述，并指出它对你有多重要。

1.代表“不重要”

2.代表“有一点重要”

3.代表“比较重要”

4.代表“重要”

5.代表“非常重要”

(根据你的选择，在每项陈述后相应的数字上作标记)

在工作中，你……

1.需要不断解决新问题	1 2 3 4 5
2.能帮助他人	1 2 3 4 5
3.可以得到晋升	1 2 3 4 5
4.期望能有新变化	1 2 3 4 5
5.在你负责的方面享有自由	1 2 3 4 5
6.在你的领域中享有声望	1 2 3 4 5
7.需要有艺术才能	1 2 3 4 5
8.是团队的一分子	1 2 3 4 5
9.对你工作的稳定性有把握	1 2 3 4 5
10.可以成为你理想中的人	1 2 3 4 5

在工作中，你……

1.有一个能公正待你的老板	1 2 3 4 5
2.喜欢你工作的环境	1 2 3 4 5
3.在做完一天工作后，有一份好心情	1 2 3 4 5
4.拥有权力	1 2 3 4 5
5.能实施新想法或新建议	1 2 3 4 5

6.能创新 1 2 3 4 5
7.能从工作成果中看出你干得很出色 1 2 3 4 5
8.有一个通情达理的老板 1 2 3 4 5
9.不担心失去工作 1 2 3 4 5
10.能为社会贡献一份力量 1 2 3 4 5

在工作中，你……

1.能自己做决定 1 2 3 4 5
2.逐步增加的薪水可以支付日益增长的消费 1 2 3 4 5
3.能感到工作是一种挑战 1 2 3 4 5
4.要运用领导能力 1 2 3 4 5
5.有很好的休息室、卫生间等设施 1 2 3 4 5
6.能拥有自己喜欢的闲暇生活方式 1 2 3 4 5
7.与同事成为朋友 1 2 3 4 5
8.工作得到别人的肯定 1 2 3 4 5
9.不总是做同样的事 1 2 3 4 5
10.感觉到自己帮助了他人 1 2 3 4 5

在工作中，你……

1.使他人增加幸福感 1 2 3 4 5
2.要做很多不同的事 1 2 3 4 5
3.被他人尊重 1 2 3 4 5
4.与同事关系不错 1 2 3 4 5
5.过着一种非常愉快的生活 1 2 3 4 5
6.有良好的工作条件（光线充足、安静、干净、有足够的空间等） 1 2 3 4 5
7.计划、组织他人的工作 1 2 3 4 5
8.需要精神高度集中 1 2 3 4 5
8.有足以让你生活得不错的报酬 1 2 3 4 5
9.自己是老板 1 2 3 4 5
10.生产有吸引力的产品 1 2 3 4 5
11.确信在目前这份工作结束后，能在公司里得到另一份工作 1 2 3 4 5
12.有一个能为他人着想的上司 1 2 3 4 5
13.能看到自己努力的结果 1 2 3 4 5
14.能提出新的想法 1 2 3 4 5

在现实生活中，人们能够满足的价值观是有限的，而人们追求的价值观却是无限的，一份工作能够满足个人某一方面的需要，但也许不能满足另一方面的需要，因此必须学会放弃。如何很好地评估价值观，需要采取一些特殊的措施和办法，强迫选择和对偶比较选择是经常采用的技术，如图 3-5 所示。

独立												
	家庭生活											
		钱充足										
			关心别人									
				个人影响								
					与人接触							
						工作保障						
							成就					
								道德宗教				
									身体健康			
										被认可		
											工作挑战	
1	2	3	4	5	6	7	8	9	10	11	12	
												获胜次数
												最终排序

图 3-5　价值观评价的对偶比较方法

将个人看重的价值要素进行相互比较，将每个要素和其他要素比较后，所获得的更加看重的要素频次的多少作为重要性的指标，最终排出各个价值要素的先后顺序。

还有一些方法，将所有对人们产生影响的价值观要素列举出来，限定被测试者从中挑选 3~5 项重要的，作为个人的价值观。这种方法比较简单，但精细性不足。

3.4 胜任力模型与管理

管理水平的不断提高，使得人力资源管理日益精细化。假如过去人与职位合适与否的测量精度是以米为单位，现在则开始以厘米为单位了。以往只要一项任务能够完成即可，现在不仅要完成，还需要人持久地完成以及心甘情愿地完成。受制于外部的需求，而非发自内心的愿望，即使能力适当，人们短时间内动力强，效率高，但未必能长期坚持下来。在改革开放的初期，由于人力资源价格相对较低，管理者通常不是非常重视对人员的综合衡量，现在，大学毕业生的入职薪酬迅速上升；技术工人的薪酬也随着生活成本的提升而迅速攀升，导致许多劳动密集型的外资企业和国内企业转移到东南亚一些劳动力成本相对比较低的国家。此外，国家的劳动用工制度越来越规范，过去许多可以逃避的人工成本现在也不得不支付，也是增加企业成本的重要方面。可以说，随着我国经济结构的转型升级，管理水平的不断提升，市场竞争的白热化，作为管理目标实现的决定性因素，找到合适的人越来越重要。粗放的用人时代过去了。

西方发达国家市场经济建设时间长、管理水平高，他们更早地遇到了用人成本增加的问题。即使现在，发达国家的人工成本仍然远远高于发展中国家，也大大高于我国。美国心理学家麦克里兰在进行成就动机研究的基础上，将其理论运用到人才的选拔与激励过程中，提出了胜任力模型（competency model）。胜任力是那些可以达成高绩效的技巧、知识、价值观，自我形象及动机等的组合。麦克里兰把人的素质模型形象地描绘成一座冰山，如图3-6所示，冰山水下的部分是我们所指的潜在的特征，从上到下的深度不同表示被挖掘与感知的难易程度不同，向下越深越不容易被挖掘与感知。冰山水上的部分是表象部分，即人的知识与技能，容易被感知。这样，人的素质就从上到下分为不同的层面。

第一，技能，指结构化地运用知识完成某项具体工作的能力，即对某一特定领域所需技术与知识的掌握情况。

第二，知识，指个人在某一特定领域拥有的事实型与经验型信息。

第三，社会角色，指一个人留给大家的形象。

第四，自我形象，指一个人对自己的看法，即内在自己认同的本我。

第五，品质，指个性、身体特征对环境与各种信息所表现出来的持续而稳定的行为特征。品质与动机可以预测个人长期无人监督情况下的工作状态。

第六，动机，指在一个特定领域的自然而持续的想法和偏好（如成就、亲和、影响力），它们将驱动、引导和决定一个人的外在行动。

个人在工作中的绩效水平由素质模型冰山上的和冰山下的综合因素决定，既有易于感知的知识、技能与行为，又有难以被挖掘与感知的潜能。更进一步地说，“水面之上”知识与技能等仅仅是冰山的一个小角，“水面之下”的更宏大的潜在素

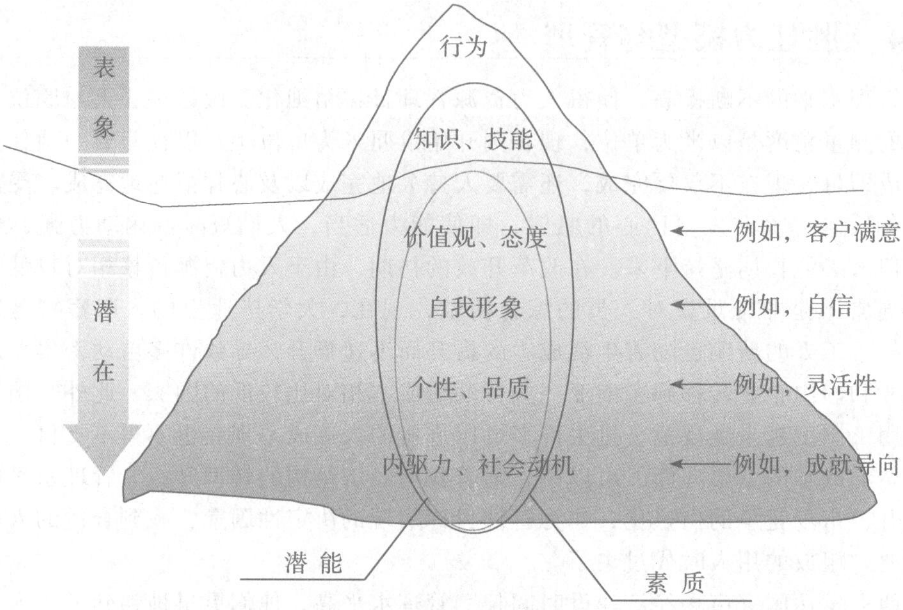

图3-6 冰山模型

质，对绩效起到更大的决定作用。这个冰山模型应验了“性格决定命运”的俗语，也挑战了当今管理者选人、用人的理念，具有很强的理论价值和现实指导意义。首先，在我国的管理者心目中，包括在我国的高考制度、公务员考试制度中，过于看重专业学科的考试分数，看重知识和技能，相对忽视价值观、忽视人格特质的评价，结果，招到的人员不好用、很难顶大梁。其次，胜任力模型是一次方法的革命。中国人习惯于模糊思维、模糊判断，缺乏定量思维的能力，而胜任能力模型则给出了具体的胜任力特质和评估办法。

心理学家们经过大量的研究，根据组织中现有的各种重要岗位的分析和研究，得出了权威的公认的素质词典，在这个词典中，心理学家们把人的素质分为6大类，20个具体要素。这20个素质要素，对人类的知识、技能、社会角色、自我概念、性格、动机作了全面的概括，形成了企业任职者完整的素质模型。

①成就与行动族，具体包括4个素质要素：成就动机，主动性，对品质、次序和精确的重视，信息收集意识和能力。

②帮助与服务族，具体包括2个要素：人际理解能力、客户服务导向。

③冲击与影响族，具体包括3个要素：影响力、关系建立能力、组织认知能力。

④管理族，具体包括4个要素：培养他人的意识与能力、团队合作精神、团队领导能力，命令/果断性。

⑤认知族，具体包括3个要素：分析式思考能力，概念式思考能力，技术、职

业、管理专业知识。

⑥个人效能族，具体包括4个要素：自我控制、自信、弹性、组织承诺。

组织的职位很多，但有一些共同的素质元素，就像元素周期表中的元素可以构成复杂的世界一样，职业素质元素组合可以构成不同的职位素质模型。

胜任力模型构建的基本原理是辨别优秀员工与一般员工在知识、技能、社会角色、自我认知、特质、动机等方面的差异，通过收集和分析数据，对数据进行科学的整合，来建立某岗位工作胜任特征模型的构架，从而产生具有相应可操作性的人力资源管理体系。

胜任力模型是具有行业特色的。它应该反映某类行业内对人员的整体素质要求，包括知识和技能的范围，对所服务客户的认识程度等。胜任力模型还是有企业特色的。它反映某个企业对特定人员的要求，并且细化到行为方式的程度。即使两个企业在人员要求的胜任能力条目上是一致的，也很少有两个企业在胜任能力的行为方式要求上是完全一致的。

（1）根据企业战略，在明确战略目标的基础上定义绩效标准

绩效标准一般采用工作分析和专家小组讨论的办法来确定，即采用工作分析的各种工具与方法明确工作的具体要求，提炼出鉴别工作优秀的员工与工作一般的员工的标准（专家小组是指由优秀的领导者、人力资源管理层和研究人员组成的专家小组）。

（2）选取分析效标样本

根据岗位要求，在从事该岗位工作的员工中，分别从绩效优秀和绩效普通的员工中随机抽取一定数量的员工进行调查。

（3）获取效标样本有关胜任能力的数据资料

可以采用行为事件访谈法、专家小组法、问卷调查法、全方位评价法、专家系统数据库和观察法等获取效标样本有关胜任能力的数据，但一般以行为事件访谈为主。行为事件访谈是一种开放式的行为回顾式调查技术，类似于绩效考核中的关键事件法。它要求被访谈者列出他们在管理工作中发生的关键事例，包括成功事件、不成功事件和负面事件各三件。在行为事件访谈结束时最好让被访谈者自己总结一下事件成功或不成功的原因。

（4）建立胜任力模型

通过行为访谈报告提炼胜任特征，对行为事件访谈报告进行内容分析，记录各种胜任特征在报告中出现的频次。然后对优秀组和普通组的要素指标发生频次和相关的程度统计指标进行比较，找出两组的共性与差异特征。根据不同的主题进行特征归类，并根据频次的集中程度，估计各类特征组的大致权重，同时从企业使命、愿景、战略以及价值观中推导出特定员工群体所需的核心胜任能力，与行为事件访谈法结果相结合，得出最终的胜任能力模型。

（5）验证胜任力模型

验证胜任力模型可以采用回归法或其他相关的验证方法，采用已有的优秀与一般的有关标准或数据进行检验，关键在于企业选取什么样的绩效标准来作验证，见表3-19。

表3-19 **销售人员通用胜任力模型**

权 重	胜任特征
★★★★★ ★★★★★	冲击与影响力（IMP） 建立可信度；处理客户关心的问题；间接影响；预测自己的语言和行动有何影响力
★★★★★	成就导向（ACH） 设立具有挑战性但可以达到的目标；有效地运用时间；改善客户经营；集中注意力，关注潜在的获利机会
★★★★★	主动积极（INT） 坚持不轻易放弃；把握机会；针对竞争性的威胁做出反应
★★★	人际EQ（IU） 理解非语言的行为；理解他人的态度和含义；预测他人的反应
★★★	客户服务导向（CSO） 做出更大的努力来满足客户的需求；发掘客户需求并满足他们；追踪与客户联系的情况，处理客户抱怨；成为客户信任的顾问
★★★	自信心（SCF） 对自己的能力有信心；乐于接受挑战；保持乐观
★★	关系建立（RB） 经营与工作相关的友谊；拥有人际网络并很好地利用
★★	分析式思考（AT） 预测障碍做好准备；思考不同的解释或计划
★★	概念式思考（CT） 使用通用的法则；注意到现在与过去的相似之处
★★	信息收集（INFO） 有很多获得信息的来源
★★	组织认知（OA） 了解客户组织的运作模式
门槛	技术上的专业知识（EXP） 拥有相关的技术或产品知识
权重指区别于杰出与一般表现者能力的相对频率	

注：★的数量表示该因素的重要性程度。

【理论应用3-9】 **资历与能力的区别**

两个女员工，事后一个升职，另一个却在晚上收到领导一条短信……

王芸是个很漂亮的女孩儿，她到单位工作快三年了，比她来的晚的同事陆续得到了升职的机会，她却原地不动，心里颇不是滋味。

终于有一天，她冒着被解雇的危险，找到领导理论。“领导，我有过迟到，早退或乱章违纪的现象吗?”领导干脆地回答“没有。”

“那是单位对我有偏见吗?”领导先是一怔，继而说“当然没有。”

“为什么比我资历浅的人都可以得到重用，而我却一直在微不足道的岗位上?”

领导一时语塞，然后笑笑说：“你的事咱们等会再说，我手头上有个急事，要不你先帮我处理一下?”

“一家客户准备到单位来考察产品状况，你联系一下他们，问问何时过来。”领导说。

“这真是个重要的任务。”临出门前，她还不忘调侃一句。

一刻钟后，她回到领导办公室。

“联系到了吗?”领导问。

“联系到了，他们说可能下周过来。”

“具体是下周几?”领导问。

“这个我没细问。”

“他们一行多少人。”

“啊！您没问我这个啊!”

“那他们是坐火车还是飞机?”

“这个您也没叫我问呀!”

领导不再说什么了，他打电话叫张怡过来。张怡比她晚到单位一年，现在已是一个部门的负责人了。

张怡接到了与她刚才相同的任务。一会儿，张怡回来了。

“哦，是这样的……”张怡答道：“他们是乘下周五下午3点的飞机，大约晚上6点钟到，他们一行5人，由王秘书带队，我跟他们说了，我单位会派人到机场迎接。”

“另外，他们计划考察两天时间，具体行程到了以后双方再商量。为了方便工作，我建议把他们安置在附近的国际酒店，如果您同意，明天我就提前预订房间。”

“还有，下周天气预报有雨，我会随时和他们保持联系，一旦情况有变，我将随时向您汇报。”

王芸在一边看着，脸不禁发红，不好意思再说什么就退出了办公室。

当晚她收到领导发来的一条信息：王芸，不管你在哪里上班，请记住以下黄金定律!

第一则：工作不养闲人，团队不养懒人。

第二则：入一行，先别惦记着能赚钱，先学着让自己值钱。

第三则：没有哪个行业的钱是好赚的。

第四则：干工作，没有哪个是顺利的，受点气是正常的。

第五则：赚不到钱，赚知识；赚不到知识，赚经历；赚不到经历，赚阅历。以上都赚到了 就不可能赚不到钱。

第六则：只有先改变自己的态度，才能改变人生的高度。只有先改变自己的工作态度，才能有职业高度。

第七则：让人迷茫的原因只有一个——那就是本该拼搏的年纪，却想得太多，做得太少！送君一个字：干！

她突然间明白，没有谁生来就能担当大任，都是从简单、平凡的小事做起，今天你为自己贴上什么样的标签，或许就决定了明天你是否会被委以重任。

操心的程度直接影响到办事的效率，任何一个单位都迫切需要那些工作积极主动负责的员工。

优秀的员工往往不是被动地等待别人安排工作，而是主动去了解自己应该做什么，然后全力以赴地去完成。

本章小结

能力是一种内在的心理品质，是直接影响活动效率的个人心理特征。能力通常是在人们解决问题的活动过程中培养和积淀起来的，可以分成如下几类：一般能力、特殊能力、创造力。其中，一般能力又可以分为智力和情绪智力。传统的能力测验主要包括智力测验、特殊能力测验、创造能力测验等。

人格是指人们所具有的个体独特的、稳定的对待现实的态度和习惯了的行为方式，它是一个人不同于其他人的稳定的心理特征，是由先天的和后天的心理特征交互作用而形成的。主要的人格理论和人格测验有：人格特质理论与16种人格因素测验、大五人格理论与测验、人格类型理论与测验、AB型人格特质、内外控人格特质、心理资本理论与测验，以及情景测验等。

价值观是指在工作情境中，指导人们行动和决策判断的总体信念。价值观是后天形成的，一旦形成即比较稳定，难以发生改变。罗克奇将价值观分成终极价值观和工具价值观两大类，而奥尔伯特把价值观划分为六种类型理论：理论型、经济型、审美型、社会型、政治型和宗教型。

胜任能力是那些可以达成高绩效的技巧、知识、价值观，自我形象及动机等的组合。如果把人的素质模型描绘成一座冰山，那么冰山上的部分（知识与技能）是表象部分，容易测试，而冰山下的部分（社会形象、自我想象、品质和动机）则是对绩效起到更大的决定作用的潜在素质，不易测试。

关键概念

能力　能力差异　能力测验　人格　人格特质理论　人格测验　心理资本　价值观　胜任力模型

单项选择题

3.1　指导人们行为比较核心和直接的准则是（　　）。

A.世界观　B.人生观　C.价值观　D.态度

3.2　一个人经常出现的、比较稳定的心理特征的总和是（　　）。

A.气质　B.个性　C.能力　D.性格

3.3　主要由遗传决定的并影响人的心理活动的动力特征的是（　　）。

A.气质　B.能力　C.动机　D.性格

3.4　把人格划分成内向型和外向型，是依据下列标准中（　　）划分的。

A.按人的行为模式　B.按思想行为的独立性

C.按何种心理机能占优势　D.按照人的心理能量的释放方向

3.5　活泼好动、动作敏捷、兴趣广泛、外向、喜爱交际、情感丰富，但转移快的气质特征属于（　　）。

A.胆汁质　B.多血质　C.黏液质　D.抑郁质

3.6　明确目的、自觉支配行动的性格属于（　　）。

A.理智型　B.情绪型　C.意志型　D.中间型

思考题

3.1　什么是情绪智力？包括哪些方面？如何培养自己良好的情绪智力？

3.2　不同层次的管理者在能力结构上有哪些差异？如何根据能力差异合理配置员工岗位？

3.3　能力测试的理论依据是什么？各有哪几种方法？对企业管理实践有什么作用？

3.4　试分析一下自己的性格特点，是否需要改进？如何改进？

3.5　人格测验与职业选择有什么关系？

3.6　怎样根据人的气质、性格差异实施有效管理？

3.7　什么是价值观？对组织行为有怎样的影响？

3.8　改革开放30多年来，社会整体的价值观发生了哪些变化？

3.9　如何构建胜任力模型？企业在哪些方面可以使用胜任力模型？

案例分析题

诸葛亮识人七法

原文：夫知人之性，莫难察焉。美恶既殊，情貌不一，有温良而为诈者，有外恭而内欺者，有外勇而内怯者，有尽力而不忠者。然知人之道有七焉：一曰，间之以是非而观其志；二曰，穷之以辞辩而观其变；三曰，咨之以计谋而观其识；四曰，告之以祸难而观其勇；五曰，醉之以酒而观其性；六曰，临之以利而观其廉；七曰，期之以事而观其信。

译文：世界上没有比真正地了解一个人的本性还要困难的事情。每个人的善、恶程度不同，本性与外表也是不统一的。有的人外貌温良却行为奸诈，有的人情态恭谦却心怀欺骗，有的人看上去很勇敢而实际上却很怯懦，有的人似乎已竭尽全力但实际上却另有图谋。

然而，了解一个人的本性还是有七个办法的：用离间的办法询问他对某事的看法，以考查他的志向、立场；用激烈的言辞故意激怒他，以考查他的气度、应变的能力；就某个计划向他咨询，征求他的意见，以考查他的学识；告诉他大祸临头，以考查他的胆识、勇气；利用喝酒的机会，使他大醉，以考查他的本性、修养；用利益对他进行引诱，以考查他是否清廉；把某件事情交付给他去办，以考查他是否有信用，值得信任。

问题：

识别一个人的能力，诸葛亮用了哪些方法，还有哪些方法？

识别一个人的人格，诸葛亮用了哪些方法，除了诸葛亮的办法，还有哪些方法？

推荐阅读资料

[1] 彭聘，张必隐. 认知心理学 [M]. 杭州：浙江教育出版社，2004.

[2] 格里格 R，津巴多 P.心理学与生活 [M]. 王垒，王苏，译. 北京：人民邮电出版社，2003.

[3] BURGER J M.人格心理学 [M]. 陈会昌，等，译. 北京：中国轻工业出版社，2004.

[4] 戴尔 J，葛瑞格森 H，克里斯坦森 C.创新者的基因 [M]. 北京：中信出版社，2013.

[5] ZHOU J，GEORGE J M. When job dissatisfaction leads to creativity: Encouraging the expression of voice [J]. Academy of Management Journal，2001：44 (4)，682-696.

[6] 韩笑. 董明珠：营销女皇的倔强人生 [M]. 武汉：华中科技大学出版社，

2017.

网络视频资料

董明珠. 成功的人需要对自己狠一点，腾讯视频，2017年12月28日.

刘永好. 中国农业未来的趋势，腾讯视频，2016年6月15日.

网络阅读资料

一点号. 孙宏斌“愿赌服输”：救完贾跃亭又救王健林，抹着眼泪竟笑到最后[EB/OL].[2019-07-02]. www.yidianzixun.com，http：//www.yidianzixun.com/article/0MT8i5iv.

百家号. 创业故事：张忠谋与台积电 [EB/OL].[2018-10-02]. https：//baijiahao.baidu.com/s? id=1613195102415716343&wfr=spider&for=pc.

网上资源

http：//www.apesk.com/bigfive/

http：//www.apesk.com/mbti/dati.asp

http：//www.ghrlib.com/talent/6995

http：//www.cssn.cn/glx/glx_rlzygl/201310/t20131022_450493.shtml

http：//www.cssn.cn/glx/glx_gldt/201403/t20140320_1037649.shtml

第4章 激 励

学习目标

学完本章后，首先要对激励的概念和源动力有个基本的了解，然后理解并掌握内容型激励、目标设置理论、过程型激励以及综合激励模式各自的特点和相互联系，最后能运用所学理论诊断所在组织中存在的激励问题，进而提出合理的激励建议。

引 例

合理的激励

有一家家具企业，创立时有三个股东，老大占股40%，老二占股40%，老三占股20%。三个股东共同出资，公司注资资金100万元，老大出资40万元占40%，老二出资40万元占40%，老三出资20万元占20%。老大和老二不参与公司的管理，这个公司由老三任总经理。

老三干了三年以后，把企业的产值做到上亿元，慢慢地他的心理就不平衡了。他认为老大老二什么都没有管过，然而俩人股份最多。老三找老大老二谈这件事，要求增加自己的股份。

当时老大老二俩人不同意，理由是当初创业时有契约，并说道："假如公司今天亏了上百万元，你会不会说两位老哥我多亏一些，你们少亏一些呢？既然你承担了20%的责任，就分20%的分红，我们承担了80%的责任，就享受80%的分红。"

随后，老大老二经过商量，决定一个月给老三涨1万元工资，年底再给老三奖金20万元。

老三没同意，心里不是滋味：多给我点股我什么都有了，用得着施舍我吗？十分郁闷的老三，回家把前因后果跟妻子讲了一遍。妻子一番话让老三茅塞顿开："这还不简单吗？你干了这么多年是不是有经验了？是不是也有资源了？你跟我弟弟在旁边开个厂……"

刚开始老三没有同意，多年的兄弟感情，自己要走的话大哥和二哥怎么办呢？后来，在妻子的软磨硬泡下，老三另起炉灶。结果，干了一年时间企业产值就做到了8 000万元：资源是原公司的，员工也是原公司的，原公司被掏空了。大哥和二哥又是气愤又是后悔……

这个案例说明，一个企业要实施股权激励，必须有核心股东，必须拥有明确、合理的合伙规则。然而即使做到这样，规则分明，还有一个重点，即考虑人的需求以及需求的合理性和公平性；此外，还要考虑法制环境。再进一步，需要考虑人的心理诉求或诉求的合理性。否则，即使有制度，可能形同虚设；如果打官司，则可能是三方皆输。

人类作为生物的精灵，其行为和心理活动其实是最复杂的。作为社会的人，为了维护社会的和谐与正常运转，人们制定了许多诸如伦理道德的行为规范，并通过社会声望、社会赞许、社会舆论、群体压力、惩罚等机制，以有形和无形的方式和方法引导、制约人的行为；而作为生物的人，又有许多作为生物个体本身的需求，如衣、食、住、行等，这些需求也许满足了个人的愿望，但很可能违背了社会的游戏规则。人正是在这种双重制约中生活着、幸福着、痛苦着。

弗洛伊德将人的自我分成三个层次：第一层是本我，服从快乐原则；第三层是超我，服从社会伦理原则；而中间的第二层则是自我，服从现实原则，最为痛苦，既要照顾生物本能的愿望，又要服从社会的规则，有时候可能两边都得罪了，因此痛苦不堪，常常感到困扰，处理不好就会患精神疾病。

如何在不影响社会、组织和谐的情况下，满足个人的需求，引导和促进人的行为，就是激励理论和技术需要解决的问题。

作为生物人，首先需要解决生存问题；作为社会人，还要服从社会规范；作为人，还有人的精神追求（如图4-1所示）。而作为复杂的人，这三个境界之间的矛盾如何解决？先解决哪一个？再解决哪一个？如果同时解决，各自的比例占多大？

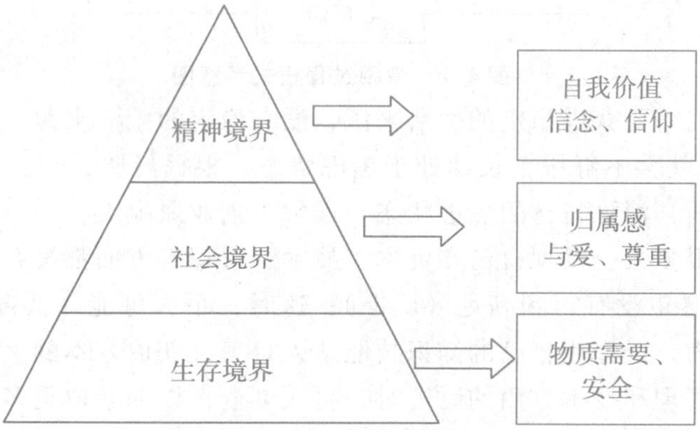

图4-1 人生追求的境界

在我国计划经济时代，相对忽视经济建设，突出政治、精神的地位和作用，过于注重人的社会性，强调精神的价值在预测和控制人的行为中的作用，将三角形中的主次颠倒了，精神主导法结果偏离了和平年代人们正常的需求顺序，违背了人的需求规律，导致了人民物质生活极度贫困，经济发展水平很低，文化生活单调的格局，使我国与世界先进的文化科技发展水平相距甚远。1978年我国实行改革开放政策，建立市场经济新秩序后，个人的物质生活逐步繁荣，人民生活水平不断提高，我国在世界政治、经济、文化中的影响越来越大，但又面临新的问题，即人的社会、精神生活的困扰。市场经济在看重物质、金钱的同时，暴露了很多人性中自私的东西，社会的基本规范失灵了，人们高尚的精神追求世俗化了，生活亦非常痛苦。

人之所以为人，就是物质生活和社会、精神生活的和谐统一。而现代人总是在物质和精神的对立中生活，没有物质基础，精神生活虚幻脱离实际；而沉湎于物质生活，可能又失去了精神的家园。也许这是社会问题，但组织也是一个小社会，这些社会的价值观无疑会渗透到组织中来，影响和支配人们的行为和思维。其实，每个组织也是社会的细胞，如果能够通过组织的引导和激励，鼓励正确的行为方向，也能支撑起一片正义的蓝天。

激励的源动力是人的内在需求，如果这种需求得不到满足，人就会产生不舒服、不平衡甚至焦虑的感觉。为了满足人的需求，首先，人们通过认识活动可以确定消除内部不平衡状态的目标物；其次，人们需要从事指向目标的行为，试图猎取目标物；最后，人们会进行判断，目标物是否满足了其需求，产生积极或消极的情绪体验，并调整过去的需求，这种调整有提高或降低标准之分，如图4-2所示。

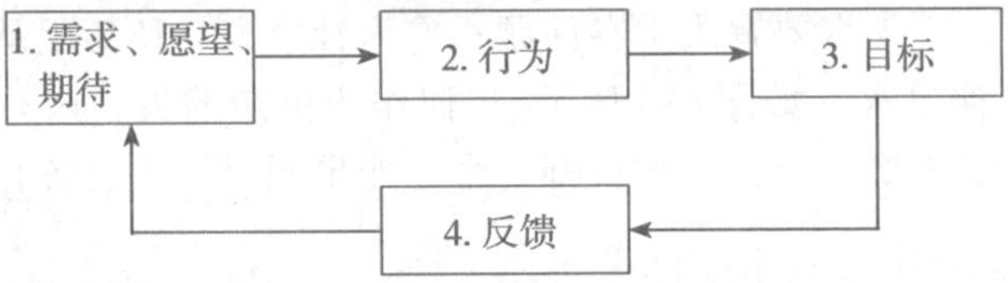

图4-2 激励过程模式示意图

比如，人们需要获得稳定的生活来源，没有稳定的生活来源（如衣食住行的条件或金钱），人就会不舒服，长期处于焦虑状态。根据经验，自己创业、帮他人打工可以获取金钱，消除自己的焦虑状态。通常，创业风险大，回报高，但在尝试创业的过程中，很多人会发现自己在资本、技术、管理等方面都没有优势，经营效果较差，个人的愿望没有得到满足（反馈）；这时，个人可能降低自己的需求水平，调整自己的行为，选择用自己的知识技能帮人打工，获取基本的生活来源，等自己积累了资本、管理和技术方面的财富时，再次创业，以期获取更多的经济回报。

这只是简单地描述了人们行为的激励过程，事实上，人们的行为远比上述模型复杂。根据社会交换理论，个人进入组织后，实际上是在与组织进行一种劳动交换，个人为组织承担一定的责任，完成一定的任务和目标；而组织在个人完成特定的任务和目标后，给予个人一定的经济和社会经济补偿，以满足个人的需要。双方就是在这种交换中共生、互惠。组织如何了解人的行为规律，推动人的行为，以达到组织的目标，是组织行为学的重要内容。

广义地说，每个人根据自己的能力、性格、兴趣选择职业，做自己能干的事情，做适合自己性格的事情，做自己喜欢的事情，本身就是一种激励，而且是发自内在的激励措施和手段。当然，这种个人与职业岗位的一致性还会受到其他因素的影响，因为作为生物和社会的人，个人付出劳动的前提就是要换取基本的物质回报，没有这些外在的回报，精神的追求动力可能受到限制。当然，如果两者能够统一，无疑会让人们释放出巨大的潜力，促进组织任务的出色完成。

经过多年的探索和研究，组织行为学形成了许多激励理论，这些激励理论初步可以概括成三个方面，即三种力量：内部力量、外部力量、过程性力量。所谓内部力量是指人作为一个生物、社会性的有机体、精神性的生灵，为了维持其基本的生存、发展、精神的需要，推动人行为的动力。研究内部力量的理论包括以马斯洛为代表的理论，这类理论也称为内容型激励理论。

外部力量给人设置一个有一定压力的挑战性的目标，也可以推动人行动，特别是该目标大多数人都能够实现，如果不达到设定目标，个人可能承担物质和精神上的损失时，效果非常明显，这类理论主要是目标设置理论。

还有一类则是行为过程理论，即人们在满足需要的过程中，决定是否采取行动达到组织期望或规定的目标时的内部心理或活动过程规律，主要包括公平理论、期望理论和强化理论。这类理论也称为过程型激励理论。本书的激励理论围绕这三个方面展开（如图4-3所示）。

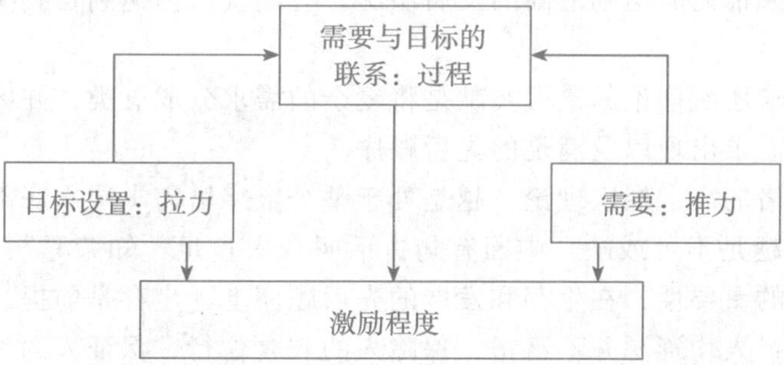

图4-3 激励理论的基本框架

4.1 内容型激励理论

人的行为是有动力的，这些动力有些是先天的，有些则是后天经过社会教化而逐步形成的。到底有哪些需要，如何分类？如何激励？

4.1.1 马斯洛的需求层次理论

马斯洛是一个著名的人本主义心理学家，从历史上看，马斯洛是在反对弗洛伊德的人性恶、反对行为主义将人动物化等基础上，提出以需求层次理论为特色的人性本善学术观的。

马斯洛的需求层次理论的特色是综合了人的发展动力，将人类的需求进行分类，并将这些需求按照一定的规律进行层次性的排列，构成了著名的需求层次理论（如图4-4所示）。

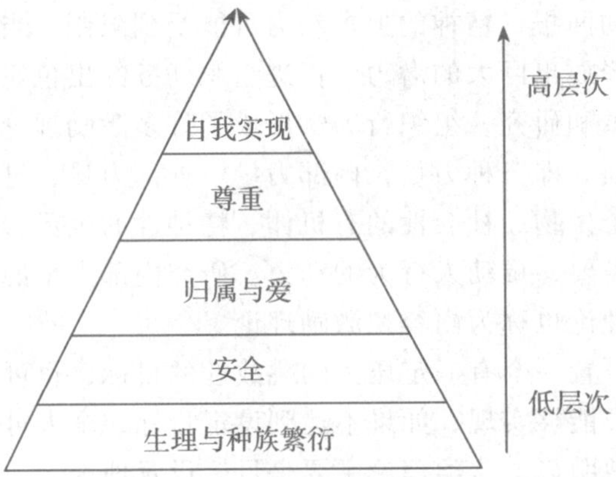

图4-4 马斯洛的需求层次理论

马斯洛的需求层次理论认为，由低一级需求向高一级需求发展的过程中，低一级的需求相对满足后，就不再成为人的主导需求或主要动力，邻近的高一级需求则变成主导需求和动力，整个需求的出现和转换都是逐步由低级向高级发展的。当然，并非每个人都能够达到最高的发展层次，有调查认为达到自我实现需求的人只占人口的1%。

马斯洛需求层次理论的最大贡献是将复杂的需求分成五类，并区分了等级、结构以及这五类需求出现以及满足的先后顺序。

按照马斯洛的需求层次理论，越是处于整个金字塔需求层次底部的需求，其基础作用越大，越是不可或缺。中国有句古话叫“衣食足，知荣辱”，也突出强调了基本生活需求的重要性，在生存和发展的先后顺序上，生存是前提。我国是人口大国、农业大国，人均资源并不富裕，保障人的衣食住行，保证人的生命和财产安全具有基础性和战略性的地位。其次是安全需求，一个人除了要满足基本的生存需求，还需要持久地生存，安全是保证人们持久生存的重要前提。其中包括两个方面的安全：一是生命安全，避免意外伤害；二是换取生活来源的岗位的安全性，没有了岗位，就失去了生活资源、社会价值和精神价值回报的平台，让人们焦虑不安。

归属与爱、尊重更加突出人的社会性需求。人的社会性，体现在加入一定的群体，并在群体中得到关心、爱护、友谊和爱情，在群体中享有一定的地位、权力、尊严。最终这四个层次的需求都基本得到满足，人们还会产生一种追求，即自我实现需求，将自己的潜能充分释放出来，有所发明、有所创造、有所成就。

将这些思想运用到管理中，管理者应该顺应人的需求发展规律，在了解和判断员工基本需求的基础上，采取种种管理政策和措施，调动人的积极性，将员工的需求和愿望转变成对个人、对组织有利的行为，实现组织和员工的双赢。为了充分地鼓励人，发掘人的潜力，管理学家在将马斯洛的需求层次理论作实际运用时，对自我实现需求的可能性进行了放大，降低了自我实现的标准，因此扩大了能够自我实现的人的比例，以贯彻人人都能成功的思想和理念，为企业的发展服务。

人之所以成为人，就是因为人具有共同性，就如马斯洛的需求层次理论所描述的五个基本的需求层次。然而，这五个不同的需求层次在具体的个人身上，会体现出差异性。不同能力的人，所能达到的需求层次是不同的；不同社会背景的人，需求层次的起点也是不同的；不同年龄阶段的人，需求的重心也可能不同。年轻人或刚刚毕业的大学生，迫切需要积累经验，寻找自己事业发展的领域和平台，这段时期通常称为人生的探索时期，他们探索的事物有两个：一个是自己事业发展的领域，是从事技术工作，还是管理工作、销售工作；另一个则是事业发展的平台，在哪个组织、通过哪种方式发挥自己的特长，展示自己的潜力。在这个阶段，由于刚刚踏入社会，一切重新开始，对经济基础、事业发展、家庭建立都有需求，而自身的能力和经验又不足以支撑这些需求的满足，特别需要忍耐和坚持，这个阶段以事业和家庭为中心，事业是打拼的前方，家庭则是打拼的后方保障，两者应良性互动，否则就会产生压力和烦恼。往往事业有成的中年人，经济回报固然重要，但事业本身的价值更重要，因为给这些人打拼事业的时间不多了，而这段时间经验相对丰富、精力也比较旺盛。而到了接近退休的年龄，人们关注的主要是退休后的生活和健康问题，自我实现已经成为过去的故事，这个年龄的人最需要的是尊重，是在回味过去的过程中感受自我实现的价值。

马斯洛的需求层次理论与激励措施见表4-1。

表4-1 **马斯洛的需求层次理论与激励措施**

需 求	需求的具体表现	组织激励措施举例
生理与种族繁衍的需求	空气、食物、住房、交通、性	工作环境、条件（照明和空调），食堂（提供工作餐），交通补贴，住房补贴，提供临时住所，劳保用品
安全的需求	工作保障、安全保障、稳定	终生雇用、职业安全、工伤保险、医疗保险、失业保险
归属与爱的需求	友谊、和谐的人际关系、对组织或群体的认同、相互关爱、爱情	提供沟通和交流的机会、互助金制度、娱乐制度、教育培训制度

续表

需　求	需求的具体表现	组织激励措施举例
尊重的需求	地位、名誉、认可、权力	公平的晋升制度、奖励和表彰制度、工作职称、头衔、与岗位配套的职权和待遇、责任、参与组织事务、组织劳资会议
自我实现的需求	晋升、成就感、有挑战性的工作、发明和创造	营造自我实现的工作条件、长期利润分配制度、提供挑战性工作的机会、个人影响力的扩大

4.1.2 阿尔德福的生存关系成长理论

美国耶鲁大学阿尔德福（Clayton Alderfer）于1969年提出了生存、关系、成长理论（existence，relatedness，growth，ERG），这是对马斯洛需求层次理论的一个修正。

从某种意义上说，马斯洛的生理需求、种族繁衍的需求、安全的需求可以看成生存的需求；马斯洛关于爱与归属的需求、尊重的需求均属于关系需求；而马斯洛的自我实现的需求则属于成长的需求。在ERG理论看来，人们的需求未必像马斯洛所说的，区分得这般严格，呈现出五个层次（其实马斯洛早期分得更细致，有七个层次，即生理需求、安全需求、归属与爱的需求、尊重需求、求知需求、求美需求和自我实现需求）。同时，这些需求也呈现出先后顺序和等级，生存需求属于低层次需求，关系需求属于中层次需求，而成长需求属于高层次需求。ERG理论与马斯洛需求层次理论的比较见表4-2。

表4-2　　马斯洛需求层次理论与ERG理论的联系和区别

	马斯洛需求层次理论	ERG理论
相似之处	人的需求可分成五种	人的需求只分成三类
	五种需求由低到高上升	三种需求由低到高上升
不同之处	人的需求严格地按照需求层次的顺序上升，不会越级	人的需求不一定严格地按照需求层次的顺序上升，可以越级
	五种需求只有上升和停顿，不会下降和倒退	三种需求通常是由低到高发展，但遇到挫折也可能下降

ERG理论不仅仅是将马斯洛理论简单地压缩，而且还有自己的特色：

第一，愿望加强律。每个层次的需求满足得越少，人们的需求就越强。比如，难于养家糊口的人，对金钱的需求比较强烈；地位低下的人，对歧视异常敏感，越发需要尊重。这一规律在管理中需要注意，对于收入较低的员工，相对于管理者而言，收入微小的改变就可以发挥很大的激励效果；对他们社会需求的满足，也许是微笑、表扬，都能收到意想不到的激励作用。霍桑工厂实验发现的霍桑效应就是最好的证明，员工在获得基本的生活保障之后，对于关心和尊重异常地敏感。如果管理者一味地通过物质方式去引导和激励，比如改善工作条件，增加物质生活待遇，效果还不如让人参与、尊重人好。人的能力有高低之分，但作为社会人，对尊重和尊严的维护亦不可少。

第二，满足前进律。就像马斯洛所说的，低一个层次的需求满足后，就出现向高层次需求前进的可能性。比如生存需求得以满足，人们对社会交往、相互尊重、和谐的人际关系的追求就会处于主导；而当关系需求得到满足，又可能出现更高层次的需求时，人们则希望自己能够充分展示自身的潜力、在事业上有所成就。

第三，挫折倒退律。马斯洛认为人总是处于一个主导的需求层次，只有前进，没有倒退。与马斯洛的需求层次理论不同，阿尔德福认为，当高层次需求的满足受到挫折时，人们会将重心向下投放，使低层次需求得到更好的满足，以补偿心理的挫折感受。

满足前进律和挫折倒退律对于组织管理意义尤其重大。随着我国物质生活水平的极大改善，人们的需求趋向逐步定位于成长的需求，希望接受挑战性的工作，希望通过组织学习、锻炼得到快速的成长，希望有所作为。但组织管理者往往满足于生存条件、人际关系的改善，认为在社会主义初级阶段，物质需求是占主导的，不注意关心和引导高层次需求的满足，结果往往将工作的价值定位于相互的物质回报的比较，如收入的多寡、房子的大小、汽车的档次、消费的环境等经济性需求上，不能从工作本身发掘价值，反而使员工之间、上下级之间关系不和谐。由于物质利益的分配是很难真正公平、公正的，结果最终导致优秀员工的消极怠工或流失。

4.1.3 赫兹伯格的双因素理论

赫兹伯格（Frederick Herzberg）通过对企业员工的调查和分类，概括出自己的双因素理论。20世纪50年代后期，赫兹伯格和他的同事在匹兹堡地区对11个工商业机构中的200位工程师和会计师进行了一次大规模的调查研究。他们设计了许多问题，如“什么时候你对工作特别满意”，“什么时候你对工作特别不满意”，“满意和不满意的原因是什么”等，调查对象为会计师、工程师。他们的调查获得了1 844个与不满意有关的具体事件，而导致不满意的因素往往是由外界的工作环境引起的；1 753个与满意有关的具体事件，导致满意的因素主要由工作本身产生，如图4-5所示。由于导致员工感到满意和不满意的因素是不同的，赫兹伯格1959年将导致满意和不满意的原因分成两个方面，导致满意的因素称为激励因素（motivation factor）；导致不满意的因素称为保健因素（hygiene factor），即双因素理论。

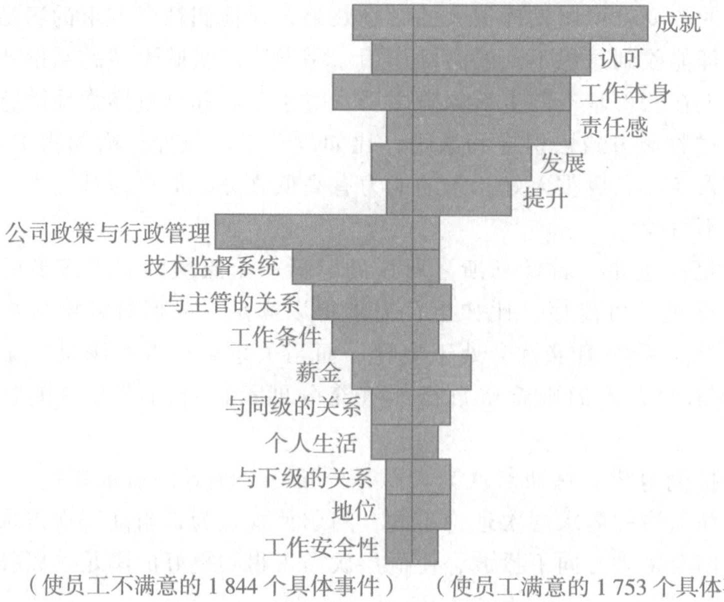

图 4-5　满意与不满意因素的调查结果

赫兹伯格的双因素理论主要是通过调查的结果进行理论概括，虽说该理论抽象程度较高，比较粗糙，比如将许多因素（如薪酬待遇、工作条件、人际关系、社会地位、公司的政策等）都归成一类，但的确非常简洁。

该理论的特色是，认为人们过去将满意和不满意看成一个事物的观点是有问题的，按照常理，人们的满意度高，就等于说其不满意度低；反之亦然。如果把事物看成一个连续体，人们要么满意，要么不满意，一个人不可能同时产生满意和不满意感，就像一个人不可能同时跳进两条河一样。

但赫兹伯格否认了这个传统观点，认为人们可以同时产生满意、不满意感，因为在他看来，满意和不满意不是一个事物，而是两个不同的事物。满意仅仅与工作本身及所取得的成就、认可等相联系，即所谓激励性因素；不满意则更多地与公司政策、监督系统、与主管的关系、工作条件、与下级的关系、地位等方面运作的好坏相关，这些内容不属于工作本身，但直接或间接影响到工作成就的高低、工作质量等，不可缺少，但不等于工作，故称为保健因素，如图 4-6 所示。

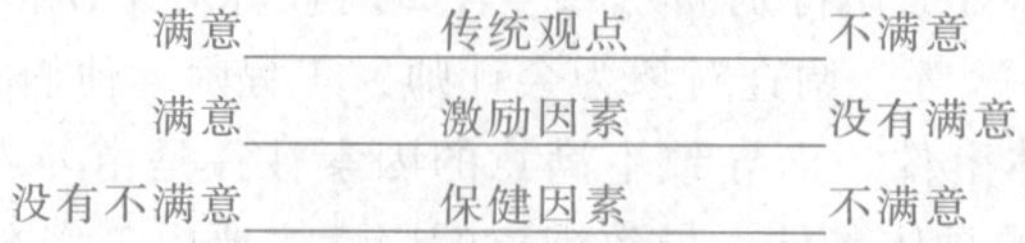

图 4-6　激励因素和保健因素的激励效果与传统激励观的比较

要提高员工的积极性，仅仅依靠人际关系的营造、薪酬物质待遇的提高、工作环境的改善、督促和监督等办法，效果不一定好，人们可能对现状不抱怨，但总觉得心中若有所失，在满足了人基本的生活需求、社会性需求后，人们对精神、自我价值感的追求越来越强烈，类似于马斯洛理论的自我实现和尊重的需求。

当物质文明达到一定的程度时，社会精神文明也相对健康，人就完成了作为人的基本目标，但是如果没有更高的价值引导，人就会觉得生活单调乏味，没有办法激动。人们往往是对得到的东西淡化其效用价值，而对得不到的东西充满憧憬和希望，放大其心理价值。比如，人们在没有私家车的时候，对于拥有一部自己的车非常感兴趣，而真正开上了自己的车，就会觉得不过如此，是代步的工具罢了。赫兹伯格的激励因素的提出正是顺应了这种时代潮，泰勒时代人们求生存，梅奥时代人们求尊严和社会性满足，再后来的就是个人精神价值的弘扬，希望通过工作，除了换取基本的生活条件、谋求人际交往的群体外，找到自我的价值所在，让工作本身充满意义、让工作得到认可、让自己有所创造、让自己名垂青史。

在管理工作中，需要正确处理激励与保健因素的关系，让员工积极主动地为组织利益和个人利益的平衡做出积极的贡献。

第一，不能忽视人的保健因素，但也要引导员工，不停留在保健因素上。人是生物性和社会性、精神性的统一体，满足人基本的生物性和社会性需求是管理的基础，人加入到某个组织一定是带着目的的，这种目的首先是作为人最根本的需求的满足；然而仅仅停留在这些因素上，无论对于个人还是组织都是不利的。人们常常说精神无价，不便于比较；而物质的待遇、职位的高低、奖励的次数都是可以比较的。将人的注意力或兴奋点集中到工作本身，有利于转移人们的注意力，减少矛盾和冲突，对工作的关心多了，自然而然地对待遇、人际关系的关心就少了，矛盾越少，满意度就会越高。

第二，将保健因素与激励因素结合起来。比如，将事业的成就与奖励、补充养老保险金的发放、晋升、旅游机会等待遇结合起来，有利于拉动人们奋发向上，追求事业的成就感。

激励因素和保健因素的具体细分指标见表4-3。

表4-3 激励因素和保健因素的细分指标

	因素类型	具体指标
激励因素	成长、成就	授权，自由行动权，业绩提高，自由决策权，分享利润，公司的成长，晋升，调动，工作轮换，受教育成员资格
	职责、赏识	参与管理，目标设置，计划，成绩评估，有关问题解决，发明，出版

续表

	因素类型	具体指标
保健因素	物质的	工作场所布置，工作要求，工作规章制度，设备，场地，停车位，膳食设施，噪音，温度，通风，照明，休息室等
	经济的	工资和奖金，利润分成，社会安全，失业补助，假日补贴，基本医疗保险，婚丧补贴，通信/交通补贴，子女入学费补贴，退休金，住房补贴等
	安全的	年资，权力，申诉程序，商业医疗保险，补充养老保险，友谊，企业信心等
	社会环境的	工作制度，小组会议，车间商谈会，新闻，公报，信件，公告栏，非正式信息来源
	社会性的	工作群体，午餐小组，交际小组，办公室小组，观光，运动，游戏，同业工会利益小组
	地位的	工作分类，职称，特权，相互关系，公司地位，家具档次

资料来源 俞文钊. 管理心理学［M］. 3版. 上海：东方出版中心，2002：276.

【理论应用4-1】 “阿里式”合伙人制度的核心内容

阿里巴巴从1999年公司成立，到现在的发展规模，跻身世界500强企业，在“让世界没有难做的生意”的愿景和使命驱动下，从“18罗汉”的艰苦创业，到现在如日中天，成为互联网时代的巨擘，典型的平台型企业。其如何凝聚人心，所向披靡，应该说成功的因素非常多，比如马云的财商和情商，互联网的发展，国家政策的导向等，但是，合伙人激励制度设计也功不可没。在互联网时代的竞争，既需要英雄的个人魅力，也需要同事的鼎力合作，所谓“胜则举杯相庆，败则拼死相救”，众志成城。在实现英雄梦想的同时，也成就了合作者团队。

双重股权结构的诞生，得益于现代资本市场的发展，是投资人与企业创始人相互博弈的结果。公司所有权与控制权之争，历来都是公司治理中最关键的命题。在公司不断扩张、引入外来资本时，创始人和原始股东面临着股份被稀释的风险。在这种背景下，原始股东与投资人之间的控制权之争，便成为众多公司发展过程中不得不面临的问题。双层股权结构，是指公司针对公众股东和创始人及管理层发行两种具有不同表决权的股份，从而实现创始人及管理层对公司的有效控制的股权结构。万科的股权之争恰恰是没有解决好该问题的结果或漏洞，导致了公司创始人和管理层的失控。而阿里巴巴从设计上市制度时，就很好地解决了该问题，这既是管理制度设计的成功，更是知识经济时代，凸显人才价值、利益共享观念战胜资本权力的杰出范例。所以，阿里巴巴的“18罗汉”成功的故事，一直在管理界盛传，这里对其核心制度简要介绍如下：

（1）合伙人的资格要求

①合伙人必须在阿里服务满5年；

②合伙人必须持有公司股份，且有限售要求；

③由在任合伙人向合伙人委员会提名推荐，并由合伙人委员会审核同意其参加选举；

④在一人一票的基础上，超过75%的合伙人投票同意其加入，合伙人的选举和罢免无须经过股东大会审议或通过。

此外，成为合伙人还要符合两个弹性标准：对公司发展有积极贡献；高度认同公司文化，愿意为公司使命、愿景和价值观竭尽全力。

（2）合伙人的提名权和任命权

①合伙人拥有提名董事的权利；

②合伙人提名的董事占董事会人数一半以上，因任何原因董事会成员中由合伙人提名或任命的董事不足半数时，合伙人有权任命额外的董事以确保其半数以上董事控制权；

③如果股东不同意选举合伙人提名的董事，合伙人可以任命新的临时董事，直至下一年度股东大会；

④如果董事因任何原因离职，合伙人有权任命临时董事以填补空缺，直至下一年度股东大会。

阿里巴巴合伙人的提名权和任命权，可视作阿里巴创始人及管理层与大股东协商的结果。通过这一机制的设定，阿里巴巴合伙人拥有了超越其他股东的董事提名权和任免权，控制了董事人选，进而决定了公司的经营运作。

（3）合伙人的奖金分配权

阿里巴巴每年会向包括公司合伙人在内的公司管理层发放奖金。其在招股书中强调，该奖金属于税前列支事项。这意味着，合伙人的奖金分配权将区别于股东分红权，股东分红是从税后利润中予以分配，而合伙人的奖金分配将作为管理费用处理。

（4）合伙人委员会的构成和职权

合伙人委员会共5名委员，负责审核新合伙人的提名并安排其选举事宜；推荐并提名董事人选；将薪酬委员会分配给合伙人的年度现金红利分配给非执行职务的合伙人。

合伙人委员会委员实施差额选举，任期3年，可连选连任。合伙人委员会是阿里巴巴合伙人架构中最核心的部门，把握着合伙人的审核及选举事宜。

（5）阿里巴巴合伙人制度的长期性和稳定性

从规则上增加了合伙人制度变更的难度

阿里巴巴合伙人制度变更，需通过董事批注和股东表决两重批准：从董事层面看，任何对于阿里巴巴合伙协议中关于合伙人关系的宗旨及阿里巴巴合伙人董事提名权的修订，必须经过多数董事的批准，且该董事应为纽交所公司管理规则303A中规定的独立董事，对于合伙协议中有关提名董事程序的修改，则须取得独立董事的一致同意；从股东层面看，根据上市后修订的公司章程，修改阿里巴巴合伙人的提名权和公司章程中的相关条款，必须获得出席股东大会的股东所持表决票数95%以上同意方可通过。

大股东的协议巩固了合伙人控制权

阿里巴巴合伙人与软银、雅虎达成了一整套表决权拘束协议，以进一步巩固合伙人对公司的控制权。根据阿里巴巴的招股书，上市公司董事会共9名成员，合伙人有权提名简单多数（即5人），如软银有权提名1名董事，其余的3名董事由董事会提名委员会提名，前述提名董事将在股东大会上由简单多数选举产生。根据前述表决权拘束协议，阿里合伙人、软银和雅虎将在股东大会上以投票互相支持的方式，确保阿里合伙人不仅能够控制董事会，而且能够基本控制股东大会的投票结果。

附：阿里与软银和雅虎的协议约定

A.软银承诺在股东大会上投票支持阿里合伙人提名的董事当选，未经马云及蔡崇信同意，软银不会投票反对阿里合伙人的董事提名。

B.软银将其持有的不低于阿里30%的普通股投票权置于投票信托管理之下，并受马云和蔡崇信支配。鉴于软银有1名董事的提名权，因此马云和蔡崇信将在股东大会上用其所拥有和支配的投票权支持软银提名的董事当选。

C.雅虎将动用其投票权支持阿里合伙人和软银提名的董事当选。

资料来源　张诗信，王学敏. 合伙人制度：顶层设计［M］. 北京：企业管理出版社，2018：144-146.

4.1.4 麦克里兰的成就动机理论

美国哈佛大学麦克里兰根据自己的研究，也对需要进行了分类，不过他注重高层需要的研究和分类，提出了三种需要：权力需要、亲和需要和成就需要。其中，影响最大、研究最深入的属于成就需要。

所谓权力需要是指影响和控制他人的欲望。这种需要比较强的人，很喜欢抛头露面，对领导岗位表现出特别的兴趣。

所谓亲和需要是指与他人建立友好和亲密的人际关系的欲望。亲和需要比较强烈的人，喜欢人与人之间和睦相处、不喜欢过度竞争。

所谓成就需要是指追求卓越、实现高水平目标的内部欲望。成就需要比较高的人，喜欢有一定挑战的工作，注重工作的成功与否，对成功比较执着。成就需要比较高的人，通常具有以下行为特征：

第一，事业心强，敢于负责，喜欢寻求解决问题的办法。他们喜欢工作，希望做出成就，把出色地完成工作本身看得比完成工作后所得到的外在奖励更重要。

第二，有进取心，但不会冒太大的、不能控制的风险，比较现实。为了满足成就欲，他们不大愿意从事难度太大的工作，而更偏爱中等难度的任务或工作，中等难度的工作既有一定的挑战性，又可以通过努力而实现，并从中获得成就感。即使这种中等难度的工作没有完成，他们也愿意承担责任，而不是回避问题或从外部寻找理由或原因。他们对于太容易或太困难的任务都不喜欢，因为太容易的任务没有挑战性，不能反映其成就；对太困难的任务，他们缺乏耐心，影响其成就感。理想的状态是，当高成就动机的人认为一项任务成功的期望值为0.5时，也就是他们估计具有50%的成功机会时，他们的业绩最好。

第三，对反馈信息非常在意，希望通过反馈了解目标的实现情况，便于调整和应对，以尽快接近目标。反馈本身就是告诉行为者目标完成的情况。由于他们选择的多半是能力范围内经过努力可以实现的目标，在大多数情况下，反馈都是积极的结果，即赞扬，这种积极的评价是谁都喜欢的。

第四，将成就看成比金钱更重要的事物，生活需要有物质和经济利益作保证，但这些不是最重要的。物质报酬仅仅是衡量成就的工具，不是目的。

成就动机的衡量办法有多种，其中一种是投射测验，即在不告诉被测试者目标的情况下，让被测试者进行看图作文，通过图片所呈现的模糊背景资料，让被测试者撰写一篇完整的故事，讲述故事的人物、时间、地点，发生了什么事情，过程如何，为什么。由于事先没有介绍测验的意图，许多人就会按照自己的心态、愿望，将自己的想法表现在故事作文中，然后专家通过对故事的分析，提炼出与成就动机联系紧密的素材，从而对个体的成就动机进行推测。

当然，还有一些更加直接的办法测量人的成就动机，比如句子完成测验，与成就愿望相关的句子列举如下：

我希望____。

我的未来____。

我满意的经历是______________________________________。

你最崇拜的人物是____________________________________（三个）。

理由____。

同样，需要专家根据自己的理解，对这些被测试者进行评估，以获得比较客观的评价结果。

成就动机理论提出后，受到了管理者的青睐，成就动机测试方法主要用来进行内部、外部人才选拔，另外还用来对员工进行培训。

值得注意的是，有研究表明：高成就动机的人，不一定是优秀的管理者。因为他们关心的是个人的成就，而不是影响其他人。相反，高权力需要和低亲和需要的人更可能成为优秀的管理者。这两种人都注重与他人的关系，权力需要高的人希望控制和影响他人，低亲和需要的人以控制为导向，不是为了简单地搞好关系而牺牲目标任务。

高成就需要者喜欢能独立负责、可以获得信息反馈和中度冒险的工作环境。他们会从这种环境中获得高度的激励。麦克里兰发现，在小企业的经理人员和在企业中独立负责一个部门的管理者中，高成就需要者往往会取得成功。

在大型企业或其他组织中，高成就需要者并不一定就是一个优秀的管理者，原因是高成就需要者往往只对自己的工作绩效感兴趣，并不关心如何影响别人去做好工作。因此，在创业者的职业生涯中，可能要实现需要转换：在创业初期，可能因为专业成就或技术专利而启动创业，需要在产品开发、销售过程中，投入较多的精力来确保生存；如果企业发展顺利，逐步进入稳定发展时期，则可能需要将更多的精力投入到经营管理过程中来，就像任正非、比尔·盖茨等专业出身的人，后期只有将重心更多地放到管理上来，才可能与企业一起成长。否则，极有可能保住了自己的成就或专业的成功，而失去了组织的成功。

亲和需要与权力需要和管理的成功密切相关。麦克里兰发现，最优秀的管理者往往是权力需要很高而亲和需要很低的人。如果一个大企业的经理的权力需要与责任感和自我控制相结合，那么他就很有可能成功。似乎成功的管理者就不是和稀泥的，而是让志同道合者开心、有激情，让懒惰者不舒服，难受。

前面比较全面地介绍了内容型激励理论，这些理论从不同的视角剖析了人的内在需要，为激励人的行为、达到管理的目标提供了理论和技术基础。其实，内容型激励理论之间有着许多相似性或联系，这些相互关系的描述如图4-7所示。

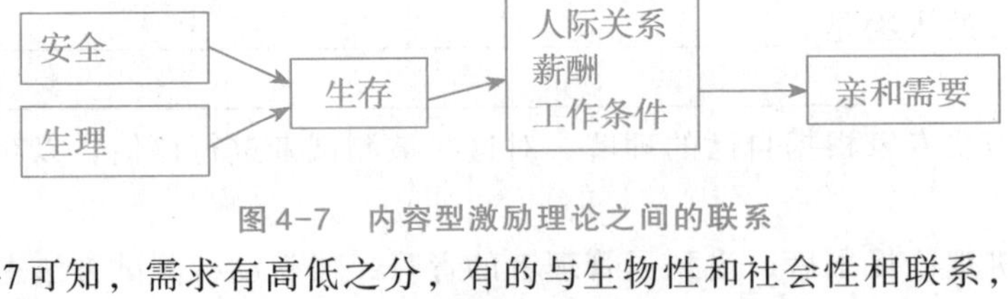

图4-7 内容型激励理论之间的联系

从图4-7可知，需求有高低之分，有的与生物性和社会性相联系，有的则与精神价值相联系，如自我实现、成长、工作成就和权力等。此外，人的高层次需求与低层次需求不是对立的，而是相互联系的。如果低层次需求不能得到相对满足，以作为高层次需求追求的保障，那么高层次需求的出现和稳定是不可能的。随着社会经济发展水平的提高，劳动生产率达到了空前的高度，人们的基本物质生活条件丰富了，因此其愿望就进一步增多了，希望活出自我价值来，为这个世界留下点什么，而不是像大多数先辈一样简单地在世上走一回。

4.2 目标设置理论

在动机的构成中，有两个核心要素：一个是需要，一个是目标（或诱因），目标是满足需要的因素，有时候需要与目标有直接联系，比如人饿了，目标指向食物；有时，需要和目标是间接联系的，比如需要得到社会认可，而一份好工作可以满足这个需要，但获得硕士文凭可能是找到好工作的工具，这时读硕士与找到好工作之间是直接联系的，但与社会认可之间可能是间接联系的。

同样一个目标，可能背后希望满足的需要不一样，因此有表面动机和真实动机的区别。比如，攻读硕士学位，客观上可以取得更强的服务社会的能力。有些人的真实需求是自我取向的，如获得更好的工作、得到更多的尊重；还有些人的真实需求则是社会取向的，的确希望通过掌握更多的本领，更好地服务社会，为单位、集体、国家做出贡献。目标是客观存在的，而目标背后的心理过程只有当事人自己最清楚，有时甚至当事人也是模糊的，因为人生是动态的、发展变化的，不同的时间点可能有不同的愿望。

对于组织来说，不论需要与满足需要的目标是否一致，目标都是一个重要的拉力，牵引人的行为。为了完成组织的目标，组织将整个目标分解到部门和个人，成为部门和个人的目标。进入组织中的个人，为了保住岗位、获得报酬、得到人们的认可，都需要完成或超额完成组织规定的目标。这样，个人目标和组织目标的共同实现就找到了一个结合点。

人的行为大多是有目的的，有目的的行为与无目的的行为结果大不相同。心理学的研究表明，漫不经心的练习没有什么效果，一旦目标确定，练习效果才极大地提高。只要人们主动确定一个奋斗目标，就可能被该目标牵引，努力奋斗，尽快地接近目标。

激励理论不仅要考虑需要的推动力，也要考虑如何通过目标设计和分解，使需要成为外部拉力，拉动人的行为，达到激励个人完成组织目标的目的。洛克（Edwin Locke）的目标设置理论（goal setting theory）强调目标在激励个人实现目标的行为中的作用。该理论系统地探讨了目标的具体性、挑战性和绩效反馈的作用。

目标设置理论的运用，即目标管理（management by objective，MBO）。目标管理是指通过设定目标，并运用这些目标来衡量组织和个人目标的完成情况。目标管理的创始人是美国著名管理学家彼得·德鲁克（Peter F.Drucker），他在《管理的实践》（1954）一书中首次提出了目标管理的概念，把重点放在各级管理人员中。后来，沃迪因（G.Ordiorne）把参与目标管理的人员扩大到整个企业范围，主张将上下级结合在一起来确定共同的目标，强调员工的参与性，使员工从中受到激励。

目前许多组织开展绩效管理，基本上都包含了目标管理的部分思想，通过这种管理，可以将组织的总体目标通过组织所包含的部门、部门中的个人层层分解下去，一旦哪个环节出现问题，管理者很容易进行判断，并提出改进措施，如图4-8所示。这些改进可能是组织管理流程的改变，也可能是员工激励措施的调整。

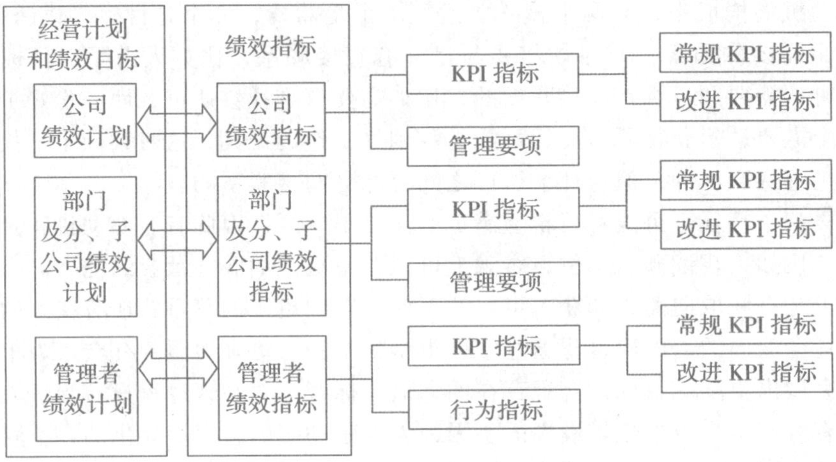

图4-8 公司各层次KPI绩效管理体系

注：这里的KPI即关键绩效指标（key performance indicators）；所谓管理要项主要指管理活动方面的指标。

目标管理的具体做法可分成三个阶段，即目标设定、过程管理、效果评估和奖励。

根据目标管理的理论与实际，合理而科学的目标设定是保证目标管理成功的关键，至于如何进行目标设定，总结的基本规律有SMART法则（specific，measurable，accepted，realistic，time-bounded）。

第一，目标的明确性（specific）。许多研究表明，制定比较明确的目标容易调动人的积极性。比如，好好学习，就不是很明确，到底学什么？要学到什么程度？怎么学？没有清楚的界定，让人不明确。

第二，目标可测量（measurable）效果比较好。比如考试成绩平均分达到90分比尽量取得好成绩测量得更清楚，效果更好，而尽量取得好成绩是模糊的、不可测量的，对人的行为控制不够明确。

父母在激励孩子时，不能说你学习成绩好，我就给你买玩具，或你喜欢的衣服和你喜欢的食物，而是需要根据孩子的实际情况，更加具体化。比如孩子过去的考试成绩通常是75分，好成绩意味着80分以上，如果要求更高一些，85分以上。笼统地说，可能双方都不是很清楚目标，激励效果有限。

第三，个人接受了（accepted）目标。在设计目标时，员工积极主动地参与，可使其感受到自己的价值和责任，而且人们对目标做出承诺后，就形成了无形的压力，迫使其更加坚守目标，完成目标的可能性也就更大。当然，不能绝对保证员工参与了目标的设计，就一定能够表现得更好，这与员工所接受的目标难度有关。如果难度适合，参与目标制定可以提高目标业绩；如果难度偏高，尽管个人努力程度提高，但目标业绩也可能无法实现。

第四，目标的现实性（realistic）。根据目标设置理论的研究结果，挑战性非常重要，但挑战的难度其实需要把握，如果难度太大，根据期望理论的研究结果，可能导致期望值偏低，成为阻碍人们行为的因素。许多管理者制定了非常动听的目标口号，而且发誓要实现，但如果将目标定得脱离实际，目标就往往变成空话，无法兑现。目标的现实性要求将过去的业绩、现在的工作条件综合考虑，统筹规划，做到经过努力可以实现，不是“心有多高，我们就能飞多远”，也不是“人有多大胆，地有多大产”，而是“跳一跳能够摸得着”。如果目标难度太大，人们会产生畏难情绪，感到可望而不可及，反而会削弱斗志。这一点是管理者在给下属制定目标时下属意见最大或最容易失误的。担心员工工作不积极，许多高层管理者在制定年度目标时，很少考虑科学的办法，而是根据自己的愿望下达奋斗指标，让下属们非常为难。

其实，如果目标定得太高，可能大多数员工都无法实现，在这种情况下，员工对目标完成与否反而不是非常重视，因为大多数人都完成不了的目标，在兑现奖惩措施时就无所谓了；相反，如果大多数人都能实现目标，只有少数人无法完成目标，员工反而非常担心害怕，因为在这种形势下，对少数人的惩罚一定可以实行。

第五，目标的时间性限制（time-bounded）。再好的目标，如果缺乏时间限制，就会失去意义。组织的任务、个人完成任务的时间都是有限制的，因此，制定目标时也应该考虑这个因素，有了明确的时间表，检查目标实现状况也有依据。

在信息化的今天，“快鱼吃慢鱼”非常明显，任务完成得再好，过了时间点也要打折，要受到市场的惩罚。

过程管理，即通过对照目标的经常反馈，激励个人的努力；或者采取竞争的方式，告诉他人的进展情况，相互沟通经验和教训等，从过程上保证个人、部门、分公司按期、保质、保量地完成计划的目标，最终保证企业总目标的实现。

当人们获得了目标活动中活动结果的反馈时，人们就可能认清目标结果与现实结果之间的差距，这种对目标和现实差距的了解，为人们改进方法、明确努力目标提供了动力。

效果评估和奖励，即定期对目标的落实情况进行总结和评估，分析和总结成功的经验及失败的教训，为下一个阶段或周期的目标实现积累经验和创造条件。对于目标完成好的，可适当进行奖励，激发人们更好地完成目标。不论对目标的考核方式和方法公平、科学与否，兑现是最关键的。如果目标完成的奖励不兑现，人们就会怀疑目标管理本身的执行力，对制度和管理层产生怀疑。

目标管理的优点和不足：

目标管理的优点很清楚，就是将复杂的任务目标化，将总体任务目标数量化，将复杂的目标最终分解到公司、部门、个人，层层进行过程管理，狠抓落实，这样有利于总体目标的最终实现。

目标管理的不足是：第一，有些部门的目标不是很清楚，或者分解比较困难；而有的部门目标比较清楚，操作比较容易，这就给目标制定造成困难。比如，销售部、生产部的目标容易量化；而行政部门的目标难以量化。销售、生产和研发部门的目标难于实现，而行政部门的目标比较容易实现。第二，有些长期目标和短期目标冲突，协调比较困难。比如，员工的成长、研发产品的创新等目标，对于组织的长期可持续发展比较重要，但标准制定比较难，而且周期比较长，不容易考核评价。第三，目标分解的具体化非常烦琐，操作起来也比较麻烦，管理运行成本较高。

【理论应用4-2】　　绩效主义毁了索尼?

2006年SONY公司迎来了创立60年。过去它像钻石一样晶莹璀璨，而今却变得满身污垢、暗淡无光。因笔记本计算机锂电池着火事故，世界上使用SONY产锂电池的约960万台笔记本计算机被召回，估计更换电池的费用将达510亿日元。

PS3游戏机曾被视为SONY的“救星”，在上市当天就销售一空。但因为关键部件批量生产的速度跟不上，SONY被迫控制整机的生产数量。PS3是尖端产品，生产成本也很高，据说卖一台SONY就亏3.5万日元。SONY的销售部门预计，2007年3月进行年度结算时，游戏机部门的经营亏损达2 000亿日元。

多数人觉察到SONY不正常恐怕是在2003年春天。当时据SONY公布，一个季度就出现约1 000亿日元的亏损。市场上甚至出现了“SONY冲击”，SONY公司股票连续两天跌停，但回过头来仔细想想，从发生“SONY冲击”的两年前开始，公司内的气氛就已经不正常了。坦率地说，作为SONY的老员工，我当时也感到震惊。身心疲惫的职工急剧增加。回想起来，SONY是在长期内不知不觉慢慢退化的。

“激情集团”消失了

我是1964年以设计人员的身分进入SONY的。因晶体收音机和录音机的普及，SONY那时实现了奇迹般的发展。当时企业的规模还不是很大，但是“SONY神话”受到了社会的普遍关注。从进入公司到2006年离开公司，我在SONY愉快地走过了40年的岁月。

我46岁就当上了SONY公司的董事，后来成为常务董事。因此，对SONY近年来发生的事情，我感到自己也有很大的责任。伟大的创业者井深大的影响为什么如今在SONY荡然无存了呢？SONY的辉煌时代与今天有什么区别呢？

首先，“激情集团”不存在了。所谓“激情集团”，是指我参与开发CD技术时期，公司那些不知疲倦、全身心投入开发的集体。在创业初期，这样的“激情集团”接连开发出了具有独创性的产品。SONY当初之所以能做到这一点，是因为有井深大的领导。

井深大最让人佩服的一点是，他能点燃技术开发人员心中之火，让他们变成为技术献身的“狂人”。在刚刚进入公司时，我曾和井深大进行过激烈争论。井深大对新人并不是采取高压态度，他尊重我的意见。

为了不辜负他对我的信任，我当年也同样潜心于研发工作。比我进公司更早，也受到井深大影响的那些人，在井深大退出一线后的很长一段时间，仍以井深大的作风影响着全公司。当这些人不在了，SONY也就开始逐渐衰败。

从事技术开发的团队进入开发的忘我状态时，就成了“激情集团”。要进入这种状态，其中最重要的条件就是“基于自发的动机”的行动。比如“想透过自己的努力开发机器人”，就是一种发自自身的冲动。

与此相反就是“外部的动机”，比如想赚钱、升职或出名，即想得到来自外部回报的心理状态。如果没有发自内心的热情，而是出于“想赚钱或升职”的世俗动机，那是无法成为“开发狂人”的。

“挑战精神”消失了

今天的SONY职工好像没有了自发的动机。为什么呢？我认为是因为实行了绩效主义。绩效主义就是：“业务成果和金钱报酬直接挂钩，职工是为了拿到更多报酬而努力工作。”如果外在的动机增强，那么自发的动机就会受到抑制。

如果总是说“你努力干我就给你加工资”，那么以工作为乐趣这种内在的意识就会受到抑制。从1995年左右开始，SONY公司逐渐实行绩效主义，成立了专门机构，制定非常详细的评价标准，并根据对每个人的评价确定报酬。

但是井深大的想法与绩效主义恰恰相反，他有一句口头禅：“工作的报酬是工作。”如果你干了件受到好评的工作，下次你还可以再干更好的工作。在井深大的时代，许多人为追求工作的乐趣而埋头苦干。

但是，因实行绩效主义，职工逐渐失去工作热情。在这种情况下是无法产生“激情集团”的。为衡量业绩，首先必须把各种工作要素量化。但是工作是无法简单量化的。公司为统计业绩，花费了大量的精力和时间，而在真正的工作上却敷衍了事，出现了本末倒置的倾向。

因为要考核业绩，几乎所有人都提出容易实现的低目标，可以说SONY精神的核心即“挑战精神”消失了。因实行绩效主义，SONY公司内追求眼前利益的风气蔓延。这样一来，短期内难见效益的工作，比如产品质量检验以及“老化处理”工序都受到轻视。

“老化处理”是保证电池质量的工序之一。电池制造出来之后不能立刻出厂，需要放置一段时间，再通过检查剔除不合格产品，这就是“老化处理”。至于“老化处理”程序上的问题是否是上面提到的锂电池着火事故的直接原因，现在尚无法下结论。但我想指出的是，不管是什么样的企业，只要实行绩效主义，一些扎实细致的工作就容易被忽视。

SONY公司不仅对每个人进行考核，还对每个业务部门进行经济考核，由此决定整个业务部门的报酬。最后导致的结果是，业务部门相互拆台，都想方设法从公司的整体利益中为本部门多捞取好处。

团队精神消失了

2004年2月底，我在美国见到了“涌流理论”的代表人物奇凯岑特米哈伊芳教授，并聆听了他的讲演。讲演一开始，大屏幕上放映的一段话是我自进入SONY公司以来多次读过的，只不过被译成了英文。

“建立公司的目的：建设理想的工厂，在这个工厂里，应该有自由、豁达、愉快的气氛，让每个认真工作的技术人员最大限度地发挥技能。”这正是SONY公司创立的宗旨。SONY公司失去活力，就是因为实行了绩效主义。

没有想到，我是在绩效主义的发源地美国，聆听用SONY的创建宗旨来否定绩效主义的“涌流理论”。这使我深受触动。绩效主义企图把人的能力量化，以此做出客观、公正的评价。但我认为事实上做不到。它的最大弊端是搞坏了公司内的气氛。上司不把部下当有感情的人看待，而是一切都看指标、用“评价的目光”审视部下。

不久前我在整理藏书时翻出一封信，那是我为开发天线到东北大学进修时，给上司写信打的草稿。有一次我逃学跑去滑雪，刚好赶上SONY公司的部长来学校视察。我写那封信是为了向部长道歉。

实际上，在我身上不止一次发生过那类事情，但我从来没有受到上司的斥责。上司相信，虽然我贪玩，但对研究工作非常认真。当时我的上司不是用“评价的眼光”看我，而是把我当成自己的孩子。对企业员工来说，需要的就是这种温情和信任。

过去在一些日本企业，一方面，即便部下做得有点出格，上司也不那么苛刻，工作失败了也敢于为部下承担责任。另一方面，尽管部下在喝酒的时候说上司的坏话，但在实际工作中仍非常支持上司。后来强化了管理，实行了看上去很合理的评价制度，于是大家都极力逃避责任。这样一来就不可能有团队精神。

创新先锋沦为落伍者

不仅仅是SONY，现下许多公司都花费大量人力、物力引进评价体制。但这些企业的业绩似乎都在下滑。

SONY公司是最早引进美国式合理主义经营理论的企业之一。而公司创始人井深大的经营理念谈不上所谓“合理”。1968年10月上市的单枪三束彩色显像管电视机的开发，就是最有代表性的例子。

当时SONY在电视机的市场竞争中处于劣势，几乎到了破产的边缘。即便如此，井深大仍坚持独自开发单枪三束彩色显像管电视机。这种彩色电视机画质好，一上市就大受好评。其后30年，这种电视机的销售一直是SONY公司的主要收入来源。

但是，“干别人不干的事情”这种追求独自开发的精神，恐怕不符合今天只看收益的企业管理理论。SONY当时如果采用和其他公司一样的技术，立刻就可以在市场上销售自己的产品，当初也许就不会有破产的担心了。

投入巨额费用和很多时间进行的技术开发取得成功后，为了制造产品，还需要有更大规模的设备投资，亦需要招募新员工。但是，从长期角度看，SONY公司累积了技术，培养了技术人员。此外，人们都认为“SONY是追求独特技术的公司”，这大大提升了SONY的品牌形象。

更重要的是，这种独自开发能给SONY员工带来荣誉感，他们都为自己是“最尖端企业的一员”而感到骄傲。单枪三束彩色显像管电视机之所以能长期成为SONY公司的收入来源，是因为技术开发人员怀着荣誉感和极大的热情，不断对技术进行改良。

具有讽刺意味的是，因单枪三束彩色显像管电视机获得成功而沾沾自喜的SONY，却在液晶和等离子薄型电视机的开发方面落后了。实际上，井深大曾说过：“我们必须自己开发出让单枪三束彩色显像管成为落伍产品的新技术。”包括我自己在内的SONY公司高管没有铭记井深大的话。

如今，SONY采取了极为“合理的”经营方针。不是自己开发新技术，而是同三星公司合作，建立了液晶显示屏制造公司。由这家合资公司提供零部件生产的液晶电视机“BRAVIA”非常畅销，从而使SONY公司暂时摆脱了困境。但对于我这个熟悉SONY成长史的人来说，总不免有一种怀旧感，因为SONY现下在基础开发能力方面，与井深大时代相比存在很大差距。今天的SONY为避免危机采取了临时抱佛脚的做法。

高层主管是关键

今天的SONY与井深大时代的最大区别是什么呢？那就是在“自豪感”方面的差别。当年创始人井深大和公司员工都有一种自信心：努力争先，创造历史。

当时SONY并不在意其他公司在开发什么产品。某大家电公司的产品曾被嘲讽为“照猫画虎”，今天SONY也开始照猫画虎了。一味地左顾右盼，无法走在时代的前头。

在我开发“爱宝”机器狗的时候，SONY的实力已经开始衰落了，公司不得不采取冒险一搏的做法，但是出现亏损后，又遭到公司内部的批评，结果不得不后退。

今天的SONY已经没有了向新目标挑战的“体力”，同时也失去了把新技术拿出来让社会检验的胆识。在导致SONY受挫的几个元素中，公司最高领导人的态度是其中最根本的原因。

在SONY充满活力、蓬勃发展的时期，公司内部流行这样的说法：“如果你真的有了新点子，做出来。”也就是说那就背着上司把它搞出来，与其口头上说说，不如拿出真东西来更直接。但是如果上司总是以冷漠的、“评价的眼光”来看自己，恐怕没有人愿意背着上司干事情，那是自找麻烦。如果人们没有自己被信任的意识，也就不会向新的更高的目标发起挑战了。在过去，有些SONY员工根本不畏惧上司的威权，上司也欣赏和信任这样的部下。

所以，能否让职工焕发热情，关键要看最高领导人的姿态。SONY当年之所以取得被视为“神话”的业绩，也正是因为有井深大。但是，井深大的经营理念没有系统化，也没有被继承下来。也许是因为井深大当时并没有意识到自己经营理念的重要性。

我尝试着把井深大等前辈的经营理念系统化、文字化，出版了《经营革命》一书。在这本书中，我把井深大等人的经营称为“长老型经营”。所谓“长老”是指德高望重的人。德高望重者为公司的最高领导人，整个集团会拧成一股绳，充满斗志地向目标迈进。

在今天的日本企业中，患抑郁症等疾病的人越来越多。这是因为公司内有不称职的上司，推行的是不负责任的合理主义经营模式，给职工带来了苦恼。

不论在什么时代，也不论在哪个国家，企业都应该注重员工的主观能动性，这也正是SONY在创立公司的宗旨中强调的“自由，豁达，愉快”。

过去人们都把SONY称为“21世纪型企业”。具有讽刺意味的是，进入21世纪后，SONY反而退化成了“20世纪型企业”。我殷切希望SONY能重现往日辉煌。

问题：

(1) 绩效考核与管理到底好不好？取消绩效考核与管理在我国能行吗？

(2) 绩效考核产生效率的前提是什么？

(3) 如何处理好绩效考核与工作激情、团队建设、创新管理的矛盾？

4.3 过程型激励理论

的确，人们是受需要驱使而行动的。然而，在行为前、行为过程中、行为后，人们不仅仅会考虑原来推动人行为的需求，还会产生一些其他的想法和愿望，而这些过程中发生的思想和认识活动，也会影响到人们行为的积极性和主动性。

首先，人们在行为前会对是否能够满足其需求进行判断。期望理论就是从行为前的心理活动过程来提出自己的理论的。比如，我是否具有满足需求的能力？即使我能实现目标，组织给我希望的回报的概率有多大？如果实现目标的可能性很小，人们会放弃努力。如果在个人完成组织目标后，组织不能兑现承诺，给个人效价很小的回报，个人的动力也会打折。

其次，人们在行为后会进一步反思，我付出的努力和回报与他人比较是否合理？我的付出与过去比较是否合理？如果不合理，我就可能不会再尽全力。从这个角度形成的理论即公平理论。

最后，行为后的结果是得到及时的鼓励还是惩罚？如果行为后总是能够得到积极的鼓励或回报，或者消除个人的不愉快感受，个人就会努力；如果行为后没有什么反馈，个人的积极性就会下降。这个方面的理论称为强化理论。

总之，人们的需求和愿望不是单一的，而且在不同的时间点、人生的不同发展阶段是不一样的，需要进行更加全面的认识和把握，为全面、科学地制定激励政策打下基础。

4.3.1 期望理论

弗罗姆（V.H.Vroom）1964年提出了期望理论（expectancy theory）。期望理论的基本思想认为，人的行为受两个重要的因素制约，这两个因素是期望值和效价。期望值是达到所期望的目标的可能性，效价则是目标对个人的价值大小。对人的激励程度可用如下公式表示：

$$M=f(E\times V) \tag{4-1}$$

其中：M表示激励力量（motivation），E表示期望值（expectancy），V表示效价（valence）。

期望值与主观和客观的因素有关，如果个人能力强，过去有较好的成绩，可以提高期望值。此外，如果外部条件较好，也可能很好地实现目标，期望值也可能提高。期望值的变化范围在0~1之间。如果一个学生制定考试目标，其过去的成绩经常在85分上下，将目标值定在80分，期望值可能为1；如果将目标值定在90分，期望值可能为0.8，如果将目标值定在100分，期望值可能进一步减小到0.5。

效价则是目标在个人心目中的价值，这种价值是受个人主观感受影响的，对一个人有价值的东西未必对另一个人也具有同样的价值。比如，iPhone手机对于有些同学可能很有吸引力；而对于其他人可能没有多大价值。从激励要素上看，期望理论与需求理论应紧密地联系起来，从某种意义上说，期望理论是对需求理论的进一步发展和完善，对于人们的行为，需求是很重要的部分，但要考虑到完成任务的期望值或可能性。

如果只是期望值高，但效价较低，激励的效果就较差；如果期望值低，效价高，激励效果也不一定高；只有期望值和效价都比较高，激励效果才比较高。期望值和效价的不同组合，会产生不同的激励效果，具体情况有以下几种：

E高×V高=M高

E中×V中=M中

E 低×V 低=M 低

E 高×V 很低=M 低

E 很低×V 高=M 低

不同的人对成为歌星、影星、体育明星追求的动力是不同的。根据期望理论，这种动力大小受两方面因素的制约：第一，我的个人条件如何，是否支持我成为歌星、影星或体育明星？如果支持，我就可能努力。第二，我是否看重做明星的生活、回报？如果看重，动力就足，否则则缺乏动力。

对于个人所追求的目标，效价是自己认定的，只要达到了目标，就可以获得满足。如果将个人所追求的目标看成达成更高目标的工具或手段，即达到的不是直接目标，而是间接目标，则还需要考虑两个目标之间的关联性。如果学习成绩本身不是追求的最终目标，而是换取就业机会、攻读研究生的手段，一旦人们不看重考试成绩，更看重实际学习能力和研究能力，为考试分数而努力的动力就会下降。

本质上，期望理论是将目标和需求结合起来考虑的理论（如图 4-9 所示）。所谓目标也就是自己或组织设定的任务或奋斗目标，这个目标的实现本身是一种有激励价值的事，是人们换取个人所需要的东西的前提或交换品，人们希望在完成某一目标后，得到自己想要的、看重的事物。因此，目标能否达到，就成为人行为前需要考虑的重要属性，此外还需要衡量实现目标后所能带来的回报或效价。如果能够实现目标，但目标实现后所带来的回报不是个人看重的，这种激励价值就会打折。

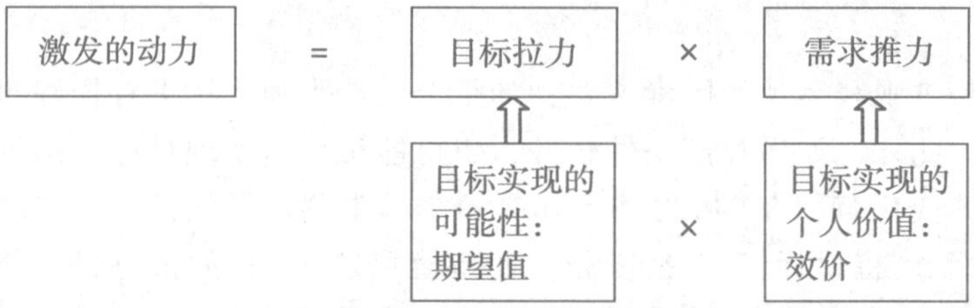

图 4-9 期望理论与目标设定和需求理论的联系示意图

在组织背景下，这种情况更加显著。有些目标通过努力达成的期望值很高，目标实现的效价也很高，但达成目标后，组织提供的回报，可能并非个人期望的回报，如果这两者差异太大，就会制约人们是否努力行为的判断。比如，对于经济回报，组织经常提供工资、奖金，为了长期地激励人、留住人，将相当一部分经济收入变成不能马上兑现的股份，或者养老保险金。对于事业有成、正在考虑退休后生活的人来说，这种经济回报效价很大；但对于刚刚参加工作的年轻人来说，需要添置住房、需要继续学习，这些都需要以现金形式支付，而股票不能马上兑现，养老金太遥远没有感觉，这时，组织和职工的愿望就形成了心理距离，就达不到应有的激励效果。

其实，组织目标的实现，本身具有双重意义：对于组织来说，意味着组织目标的达成；对于个人来说，则是进一步换取个人目标的手段或工具，组织目标达成并不是个人的终极目标。考虑到这种情况，弗罗姆对其早期的理论进行了修正，增加了一个工具性指标。具体如公式（4-2）、图4-10所示。

$$M=f(E\times I\times V) \tag{4-2}$$

激励力量（努力）=概率×工具目标×效价目标

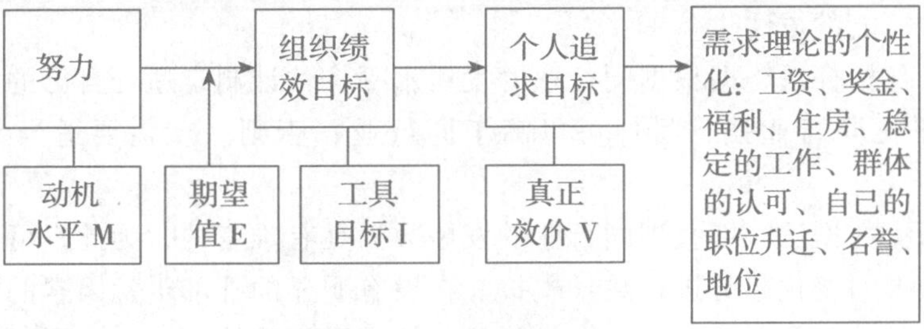

图4-10 期望理论模式图

【理论应用4-3】 皮格马利翁效应

美国心理学家罗森塔尔考察某校，随意从每班抽3名学生共18人写在一张表格上，交给校长，极为认真地说："这18名学生经过科学测定全都是智商型人才。"事过半年，罗森又来到该校，发现这18名学生的确超过一般，长进很大，再后来这18人全都在不同的岗位上干出了非凡的成绩，这就是皮格马利翁效应。它是指人们基于对某种情境的知觉而形成的期望或预言，会使该情境产生适应这一期望或预言的效应。你期望什么，你就会得到什么，你得到的不是你想要的，而是你期待的。"皮格马利翁效应"留给我们这样一个启示：赞美、信任和期待具有一种能量，它能改变人的行为，当一个人获得另一个人的信任、赞美时，他便感觉获得了社会支持，从而增强了自我价值，变得自信、自尊，获得一种积极向上的动力，并尽力达到对方的期待，以避免对方失望，从而维持这种社会支持的连续性。

有"经营之神"美誉的松下幸之助也是一个善用皮格马利翁效应的高手。他首创了电话管理术，经常给下属，包括新招进来的员工打电话。每次他也没有什么特别的事，只是问一下员工的近况如何。当下属回答说还算顺利时，松下又会说：很好，希望你好好加油。这样使接到电话的下属每每感到总裁对自己的信任和看重，精神为之一振。许多人在皮格马利翁效应的作用下，勤奋工作，逐步成长为独当一面的人才，毕竟人有70%的潜能是沉睡的。

期望理论对管理工作的启示可陈述如下：

第一，确定适宜的目标，提高期望值。设定适当的目标，是提高个人行为的基础。许多组织为了实现组织的目标，脱离实际地制定很多不可能实现的目标，以为"人有多大胆，地有多大产""人定胜天"，结果可想而知。在这种情况下，人人都不能实现的目标，不可能对每个人产生压力，因为法不责众。相反，如果所制定的目标合理，大多数人都能实现，少数不能实现目标的人压力最大，倒有可能充分挖掘潜力，达成目标。

制定适宜的目标，对组织、部门、个人三个层次都有挑战性，尤其是组织的总体目标不宜过高。但是组织根据外部竞争的需要，又不能将目标定得太低，如何在理想和现实之间找到平衡点，即如何鼓励人们努力工作，又不让员工望而却步？下面推荐几种可能的方法供参考：

（1）外部标杆法，即根据同行业的发展水平，估计制定适合自己的目标。如果自身的水平比同行业强，目标可以高于同行业；否则，就需要适当考虑降低目标值。

（2）历史数据法，即找到同行业的发展数据是有难度的，为此，可以将企业发展的历史数据的变化趋势进行数学模拟。在没有明显的外部干扰因素的情况下，这种方法是比较合理的，如果遇到金融危机、技术升级等特殊情况，可以适当地降低或提高目标值。

（3）增长率法，即以社会经济发展指数为基础，与社会经济发展同步为合格，两倍于社会经济发展速度为优秀，落后于社会经济发展速度为不合格。当然，这也需要考虑企业的特殊性和增长能力。

（4）回归分析法。如果一个企业积累了历史数据，可以找到制约企业目标实现的一些核心指标，以企业经营目标为因变量，以预测企业目标实现的影响和制约因素为自变量，建立预测方程。只要知道了影响因素（即自变量）的值，就可以模拟出目标变量（即因变量）的值。

一个人业绩的体现，一方面靠目标拉动，另一方面靠内部的需求推动，但在整个业绩的取得过程中，还有其他因素的贡献。影响人的绩效的因素是多方面的，除了个人的能力因素、动机激发水平外，工作流程的优化和改进、仪器设备更新、新方法的运用等也能发挥重要的作用。因此，适当地开展培训，提高人的工作能力；添置更加先进的设施，提高工作效率；引入先进的管理流程，学习先进的管理办法，也是组织可以提高期望值的有效方法（如图4-11所示）。

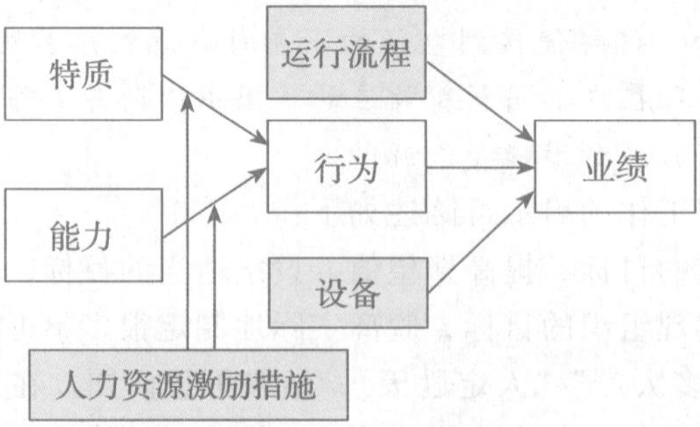

图4-11　影响个人业绩的因素

第二，提高组织绩效目标与效价的关联性。凡是通过个人努力，达到组织规定的目标，就应该按照组织的承诺，给予员工应得的回报，树立组织良好的信用和雇主品牌，在员工心目中建立起优秀的口碑。

然而，有些组织由于不了解企业的实际情况，或没有很好地考虑市场的情况，在制定目标时，过低估计了员工的能力或市场的潜力，制定了较低的目标标准和较高的奖励标准，当员工兑现了自己的目标任务时，组织后悔、不履行承诺，给员工造成了较大的伤害，也给企业的信用造成了损害。

第三，提高效价在员工心中的价值。人性化的管理往往是差异化的管理，有人文关怀就是要按照个人的需求进行激励，不可对所有的人都用一种固定的模式，焦大不可能和林妹妹的需求一样。同时，企业需要通过组织社会化的途径，建立企业自身的价值观体系，比如通过表扬好人好事，树立积极的榜样，改变员工心目中不合理的思想和观念。

在过分注重物质价值的社会背景下，迫切需要提升员工的精神追求，使企业发展到一定阶段后，人们不再沉湎于物质世界的快乐，将主导的追求提升到精神层次，为了事业，人们看重合作和创新，不断地生产出有技术含量的产品，使企业的价值链得到提升。

4.3.2　公平理论

最早提出公平理论（equity theory）的是亚当斯（J.S.Adams）。在亚当斯看来，人是在比较中生活的，人们经常会和周围的人，或者自己的过去比较，比较的内容是自己的投入和回报的比率，简单地说可以用公式（4-3）表示：

$$\frac{回报_{自己}}{投入_{自己}}=\frac{回报_{他人}}{投入_{他人}} \tag{4-3}$$

如果把个人回报与投入之比与比较对象（他人）的回报和投入之比进行比较，自己的比值小于比较对象（他人），个人就会产生不公平感。当然，自己的比值大于比较对象（他人），个人也会产生不公平感，但是前一种情况和后一种情况的行为反应方式是不同的，前一种常常导致消极的情绪和行为。

如果自己的回报和投入之比小于参照对象（他人），为了使方程两边相等，可以采取以下反应方式：

第一，减少自己的投入。这种反应显然是组织不期望出现的。

第二，增加自己的回报。比如向负责工资的相关部门和人员反映，希望增加自己的回报。

第三，增加比较对象的投入。比如，将一些原来属于自己的工作推脱给比较对象。我的回报少，我应该少干，回报多的人应该多干。

第四，设法减少比较对象的回报。这是一种损人不利己的行为，人们通常不会直接做这种事，而是通过投诉达到目的。

第五，更换比较对象，获得主观上的歪曲。比上不足、比下有余就是这种心态的反映。

第六，用阿Q方法故意地歪曲，认为自己和他人比较，所得一样，以求得心理的平衡。比如，假想比较对象实际上没有那么高的收入或回报。

第七，如果不能从客观上或者主观上改变现状，就会积淤心中的怨气，发泄对组织的不满，甚至出现攻击性行为。

第八，如果不能改变现状，个人也可能采取逃避行为，如更换单位、离职。

根据亚当斯的观点，如果个人的回报和投入大于比较对象，个人也会感到不公平，通常的行为不是退回所得的回报，而是选择增加投入，这种投入不再增加产量，而是提高质量，默默地为组织贡献，获得相对的公平和心理的安宁。

严格地说，亚当斯的公平理论不过是一个美好的愿望。因为在实际操作中，投入和回报都是比较复杂的事物，由于评价的复杂性，分配公平只是相对合理。比如回报，工资、绩效工资、奖金、住房公积金、股票期权肯定是回报，但个人的成长、接受的培训、得到的尊重、享受的特殊待遇如何计算？再说投入，工作的时间肯定是投入，所受的教育、承担风险时的精神压力、恶劣环境、不规律生活、过度占用休息时间算不算投入？这些内容如何精确地计量？还有，参照对象如何选择：是组织内部的，还是组织外部的？是工作性质相同或相似的，还是完全不同的？因此，在实际操作中，客观的公平是很难实现的，具体见公式（4-4）。

$$\frac{\text{A回报:工资、奖金福利、尊重、成就感、名誉、培训、考察}}{\text{A投入:知识和经验智力、责任、风险时间、身体健康、教育}}=\frac{\text{B回报:工资、奖金福利、尊重、成就感、名誉、培训、考察}}{\text{B投入:知识和经验智力、责任、风险时间、身体健康、教育}} \qquad (4\text{-}4)$$

考虑到亚当斯公平理论的不足，瑟宝和沃克尔（Thibaut，Walker，1975）提出了另一种公平，即程序公平。程序公平更强调分配资源时使用的程序、过程的公平性。他们发现，当人们得到了不理想的结果时，如果认为过程是公平的，也能接受这个结果，因此过程控制（process control）和决策控制（decision control）是关键。只要当事人在过程阶段具有一定的控制权，他们就愿意放弃对决策阶段的控制。换句话说，假如公平争执者认为他们能控制做决策的过程（如可以提出自己的证据、有机会表述自己的意见），他们的公平感就会提高。这种现象被称为“公平过程效应”或“发言权（voice）效应”。

莱温瑟尔（Leventhal，1980）等进一步提出了程序公平的6个标准。他也非常关注程序对结果的影响，认为控制了导致结果的程序的公平性，就可能使分配结果更公平。这6个标准是：第一，一致性法则（consistency rule），即分配程序对不同的人员或在不同的时间应该维持一致性，不宜变化太频繁，以免给人以随意可变的印象；第二，避免偏见法则（bias suppression rule），即在分配过程中应该摒弃个人的私利和偏见，避免对从事相同工作的人，以亲疏关系来制定分配政策；第三，准确性法则（accuracy rule），即分配决策应该依据正确的信息，用来导致分配的结果应该具有客观性，而且这些信息必须正确可靠；第四，可修正法则（correctability rule），即分配决策应该有可修正的机会，允许犯错误，也应该有机会改正错误，不能将错就错，一错到底；第五，代表性法则（representative rule），即分配程序能代表反映所有相关人员的利益；第六，道德与伦理法则（moral and ethical rule），即分配程序必须符合一般能够接受的道德与伦理标准。事实上，如果能够充分体现过程控制权，或者对分配程序有发言权，上述6个公平法则就有可能实现，要避免偏见、保持准确性、要能够改正错误、要体现代表性，都需要有发言权。

人们是带着需求到组织中来的，根据社会交换理论，个人希望通过付出换取自己想要的回报，这些回报除了物质利益外，还有精神价值，比如尊重和尊严。为此，比斯和牟格（Robert Bies，Moag，1986）通过研究，提出互动公平。他们主要关注的是实施分配程序时，人际处理（interpersonal treatment）方式的重要性。互动公平有两种：一种是“人际公平”（interpersonal justice），反映了在执行程序或决定结果时，权威或上司对待下属是否有礼貌、是否考虑到对方的尊严、是否尊重对方等；另一种是“信息公平”（informational justice），主要指是否给当事人传达了应有的信息，即给当事人提供一些解释，如为什么要用某种形式的程序或为什么要用特定的方式分配。结果发现，即使分配结果不公平，程序有问题，但只要互动公平，人们整个的公平感也会提高。

从三种公平的效果看，分配公平的作用最大，程序公平次之，互动公平居后。它们产生效果的领域也有一些不同，分配公平对组织和个人都有巨大的影响，主要影响员工对组织的信任度、忠诚度、工作积极性、奉献精神；程序公平主要指对组织的影响，影响员工对单位的忠诚度、归属感、奉献精神；而互动公平主要指向管理者，影响管理者的威信和信用。

公平理论对管理工作的启示如下：

第一，薪酬政策的制定必须考虑合适的参照对象。亚当斯的公平理论认为人是在比较中生活的，人们习惯于将自己的收获与投入之比同内部和外部相比较，同个人历史相比较。再加上中国人没有薪酬保密的文化传统，薪酬信息很容易了解。由于薪酬分配的项目、时间、总量没有确定的值，严格而准确地比较不太可能。

人们选择比较对象，典型的有两类：即内部比较对象和外部比较对象。和内部对象比较的结果称为内部公平感；和外部对象比较的结果称为外部公平感。

人们在进行社会比较时，首先关注组织内部的比较，为此内部的公平性显得更加关键。在内部公平比较中，有两个重要的比较指标，即相同部门和相同岗位的不同个人之间的比较，以及不同部门、不同级别岗位的比较。通常来说，相同岗位的不同个人之间的比较容易实现公平，因为可比性比较强；而不同部门的不同级别岗位间的比较相对困难，公平感的提升也很困难。内部比较受各种不同分配价值观的影响，有时甚至可能不公平。举例来说：销售人员内部、研发人员内部、生产人员内部、行政人员内部的比较相对容易公平，因为劳动的质量和数量比较好评判；而研发人员和销售人员的比较则比较困难，两者的工作性质不同，市场价值不同，工作数量不宜比较（如图4-13所示）。

为实现组织内部的公平性，在人力资源管理措施方面主要通过两个控制办法：一是建立岗位评价标准和工资体系；二是建立绩效考核标准和工资体系。通过共同认可的岗位评价体系，梳理不同岗位对组织贡献的大小，形成不同部门、不同岗位级别的可比性和公平性。然后在岗位体系的基础上，建立与岗位工作要求相适应的绩效考核体系，保证干好干坏不一样，体现多劳多得的理念，形成分配公平感。具体如图4-12所示。

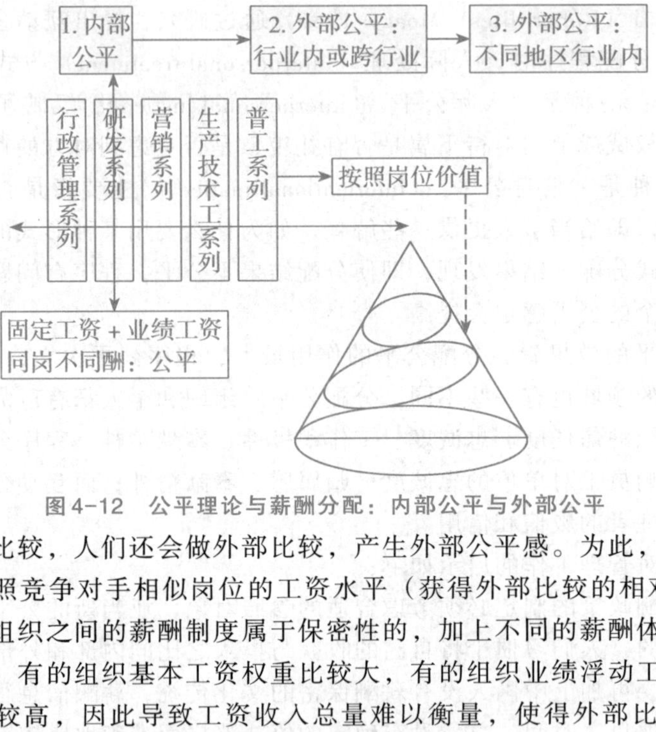

图4-12　公平理论与薪酬分配：内部公平与外部公平

除了内部比较，人们还会做外部比较，产生外部公平感。为此，在制定薪酬制度时，需要参照竞争对手相似岗位的工资水平（获得外部比较的相对公平）。在我国，由于各个组织之间的薪酬制度属于保密性的，加上不同的薪酬体系其基本的结构可能有差异，有的组织基本工资权重比较大，有的组织业绩浮动工资比较高，有的组织奖金比较高，因此导致工资收入总量难以衡量，使得外部比较实际上很困难。在进行外部比较时，有行业内差异、行业间差异、地区差异，在能够基本满足个人生活标准的前提下，人们会淡化行业间差异和地区差异，强调行业内部的比较，因为这种比较相似性高、可比性强。比如，电信企业往往和通信企业做同类行业比较，虽然也可能与电力行业、金融行业做行业间比较，但岗位不同，许多要素不易比较。

值得一提的是，员工的层级不同，比较的倾向性也不同，在制定薪酬制度时的策略也不同。普通的基层员工，由于竞争力相对低、外部信息不对称，更倾向于内部比较，即更注重内部公平；中高层员工，由于在组织内部有相对的地位优势，已经实现了内部公平，加上他们对外联系多，信息对称性高，因此更加重视外部比较和外部公平。按照二八法则，组织应该更加关注这些中高层人才的薪酬公平，让他们有竞争力、安心工作，实现组织的价值和可持续发展。

由于薪酬对于提升人们的社会地位、尊严、尊重、成就感均有一定的影响，因此，不能仅仅将薪酬看成物质性的激励，也应含有社会激励和精神激励的成分。在某种程度上，金钱不是万能的，但没有钱是万万不能的。人们进行社会比较时，常常不愿意和比自己差的人比较，除非不得已。为了平衡人们的心理，需要引导员工选择合适的比较对象，不能盲目攀比，产生太多的负面情绪，影响工作和生活。比如，外资企业的员工经常与外派员工比较，但忽视了外派员工家属、自身在本国的生活水平，以及外派给员工及其家庭生活造成的压力和损失、心理上的不平衡；还有不同区域的比较，欠发达地区与发达地区整体生活指数不同，比如房产、日常消费等，薪酬水平存在差异也属于正常。

第二，合理评估投入和产出，并给予相应的回报。从前面的介绍可知，投入很复杂，但不能因为复杂而不予评估。任何事情都是相对的，以前认为科研成果难以评估，经过多年的研究，逐步建立了学术杂志的等级分类办法，相信今后会更加完善。复杂的知识性成果可以客观地评估，简单的流水线生产、销售业绩更好评估，教育性活动、研发产品、常规事务都可以找到相对合理的评估标准，只要有相对合理的投入量的客观评估指标，就为程序公平奠定了良好的操作基础。

人有自利（self-interest）的倾向，如果缺乏客观标准（特别是对实现组织目标有利的标准），就可能引发“公说公有理，婆说婆有理”的局面。每个人都可以找到对自己有利的投入，年龄大的说自己的历史贡献；年轻人谈自己的能力和业绩；弱势群体谈自己的需要和社会的伦理；学历高的人谈自己的教育水平。这些东西都重要，但必须统一到组织的发展目标上来才有意义。此外，同等的付出，人们还倾向于高估自己的贡献。比如，个人的知觉期望常常以自利的方式发生偏差。向个体呈现同样的信息，个体会根据自己在情境中所担任的角色，先以自身的利益性来对公正的偏好加以合理化（Diekmann K.A.，Samuels S.M.，Ross L.，Bazerman M.H.，1997；Babcock L.，Loewenstein G.，1997；Bazerman，2006）。泰勒（Taylor，1989）经研究发现了沽名钓誉现象（overclaiming credit），比如合著者经常过分要求享有著作的荣誉。如果两个合著者以100%评估自己的贡献，那么两个百分比之和很有可能超过100%。此外，夫妻均会高估自己对家务事的贡献（Ross & Sicoly，1979）。

现在，人力资源管理的科学化，使得许多组织引入了业绩评估，用业绩带动工资、奖金和部分企业福利的发放，可以逐步在业绩中突出组织看重的指标，引导员工成长和进步的方向。

第三，注重程序公平。根据过程控制理论，分配制度的制定，需要通过民主集中制的原则体现。体现民主原则，既符合梅奥社会人假设的理论，也能保证分配制度体现代表性、准确性、可修正性。一个合理的制度的制定和执行，需要各种利益群体和当事人参与，在充分民主的基础上进行集中，既体现员工意志，也体现领导艺术，这项工作需要耐心地引导和推进。

第四，注重互动公平。不管分配的结果是否对当事人有利，都需要管理者进行事前和事后的沟通。制度无情，操作有情，既要保证制度的公平、公开，也要体现人情味。再合理的制度，有时也可能因为情境因素的制约而变得不合理，这时就需要管理者进行引导和沟通，通过适当的管理措施消除矛盾和对立，达到激励人的目的。在许多情况下，资源有限，而符合条件的人较多，为避免误会，就需要与当事人进行沟通，以求得当事人的理解和支持。

4.3.3 强化理论

斯金纳（B.F.Skinner）提出了操作性条件反射理论。在该理论中，他系统阐述了强化（reinforcement）的思想。操作性条件反射在心理学中属于行为主义流派，主张达尔文的进化论，反对心理学研究中的主观性取向，主张通过对导致行为的客观影响因素进行研究来控制行为，而不管中间经历了什么心理历程，因为中间过程是不可靠的、主观的。为此，行为主义的研究对象为动物，把从动物身上得到的结论推广到人的行为上。

因为不知道动物的需要，该学派将需要称为内驱力，以避免主观色彩，从本质上看，内驱力也就是需要。可以肯定，如果不是因为强化物或强化规律满足了人的需要，强化就很难发挥激励作用。所谓强化，就是当行为的结果有利于个人时，行为就会重复出现，如果行为结果对个人不利，这一行为就会削弱或消失。这里的有利，自然是对需要或内驱力的满足。

根据强化理论，对人的某种行为给予肯定和奖赏，使这个行为巩固、保持、加强，就是强化；对于某种行为给予否定和惩罚，使之减弱、消退，就是惩罚。比如，可以对健康者给以强化，这样可以提高员工对健康的重视，最终减少医疗成本和误工成本；给予生病者以适度关心可以，但不能过分照顾，否则许多人就会形成小病大养的习惯。组织中的钻营者如果成功的可能性很大，就会造就一批钻营者，太多的钻营者则可能对组织形成很大的杀伤力，惩罚组织中踏实肯干的员工，出现劣币驱逐良币的现象。个人都是趋利避害的，人们对于有利的事物比较敏感，只要发现有人的行为获得较高的回报，就会纷纷效仿和学习。在日常生活中，只要有人在交通路口不管红绿灯横穿马路成功，不仅没有受到惩罚，反而节省了时间，其他人就会学习、模仿，无视红绿灯的存在；同样，有些出租车司机不遵守交通规则，认为只要速度快就能够挣到更多的钱，其他司机也会学习，最终许多出租车司机都形成了不遵守交通规则的坏习惯。

【案例4-1】 中国禁酒驾令：高晓松判例

一直以来，醉酒驾驶都是引发道路交通事故的重要因素，各类因醉驾而引发的车祸致人死亡事件频繁发生，人们怨声载道，从某种意义上来说，醉驾就是对生命的亵渎和不负责任，无数鲜活的生命瞬间在醉驾面前嘎然而止，无数美好的家庭因醉驾而崩解。生命，在醉驾面前是那么脆弱，呼唤对生命的关爱。随着车辆的普及，醉驾对行车人的安全危害越来越大。

2011年4月22日，第十一届全国人民代表大会常务委员会第二十次会议通过，决定对《中华人民共和国道路交通安全法》作如下修改：

第九十一条修改为：饮酒后驾驶机动车的，处暂扣6个月机动车驾驶证，并处1 000元以上2 000元以下罚款。因饮酒后驾驶机动车被处罚，再次饮酒后驾驶机动车的，处10日以下拘留，并处1 000元以上2 000元以下罚款，吊销机动车驾驶证。

醉酒驾驶机动车的，由公安机关交通管理部门约束至酒醒，吊销机动车驾驶证，依法追究刑事责任；5年内不得重新取得机动车驾驶证。

饮酒后驾驶营运机动车的，处15日拘留，并处5 000元罚款，吊销机动车驾驶证，5年内不得重新取得机动车驾驶证。

醉酒驾驶营运机动车的，由公安机关交通管理部门约束至酒醒，吊销机动车驾驶证，依法追究刑事责任；10年内不得重新取得机动车驾驶证，重新取得机动车驾驶证后，不得驾驶营运机动车。

饮酒后或者醉酒驾驶机动车发生重大交通事故，构成犯罪的，依法追究刑事责任，并由公安机关交通管理部门吊销机动车驾驶证，终生不得重新取得机动车驾驶证。

著名音乐人高晓松，大家并不陌生。20世纪90年代初，一首《同桌的你》让他成为莘莘学子顶礼膜拜的民谣偶像；新千年后，各地方台的选秀节目风起云涌，高晓松又作为娱评人在《超级女声》《达人秀》等娱乐节目中担任评委；而后开始涉足电影导演领域。

高晓松醉驾事件回溯：2011年5月9日22时30分许，高晓松驾驶一辆北京牌照的白色英菲尼迪越野车与前方三辆车发生追尾事故，造成4人受轻伤。当天前数小时，肇事者高晓松刚刚完成了个人首部商业电影《大武生》的全国新闻发布。

北京市东城区人民法院2011年8月17日对高晓松醉驾案做出一审判决，以危险驾驶罪判处高晓松拘役6个月，并处罚金4 000元。对于公诉机关的指控，高晓松没有异议，并当庭表示认罪。在自行辩护阶段，高晓松说："我没有任何想为自己辩护的，我有的全部都是忏悔……我的行为是自我膨胀的表现，我会吸取教训，我愿意以最大的程度赔偿这次事故造成的损失，我愿意做任何的义工工作，我希望我的事能警示所有喝酒的朋友，对我的家人以及社会致以我最诚挚的歉意。"自我陈述后，他当庭举起了一张写有"酒令智昏，以我为戒"的纸条。据悉，自5月1

日《中华人民共和国刑法修正案（八）》出台以来，高晓松案作为北京市已经审理并宣判的醉驾案件的第三例，高晓松被判得最重，量刑属“顶格判”。

名人犯法，照样处罚，贵在严格执行。正因为如此，2011年5月1日《中华人民共和国刑法修正案（八）》出台以来，由于高压态势明显，人们的酒后驾驶行为受到遏制，相互之间理解度增加，酒后驾驶者减少。看来，治理重大的恶习，还是需要重典，贵在坚持。

根据强化理论，要进行强化，首先要判断哪些行为是需要鼓励的，哪些行为是需要控制的，对于不同类型的行为应该选择不同的强化办法。对于积极的、组织希望的行为，应该采取积极的正强化办法，比如吃苦耐劳的人，应该予以奖励，要通过各种方法发现这些人；而对那些只会宣传自己、不见行动的人则需要进行惩罚，改变他们华而不实的作风。对于希望出现的行为，可以用什么样的途径或办法，取得更好的效果？即在实施不同的强化程序时，到底哪种强化程序效果好，以便于操作和管理？

按照强化的连续性，可将强化分成连续强化和间隔强化。所谓连续强化是指只要出现希望的行为都予以强化；而间隔强化则是在行为发生过一段时间之后（不是每次）才给以强化。

连续强化的使用。连续强化的特点是行为出现得快，消除也快。比如，有一群小朋友，在中午聚集在一起，吵吵闹闹的，影响了人们的休息，大人干预越厉害，小朋友劲头越大。为了消除小朋友的午间吵闹，人们根据连续强化的思想，鼓励小朋友吵闹，对吵闹声音最大的，分发糖果（强化），结果是，小孩很快地将吵闹与糖果联系起来，不仅仅是为了引起成人的关注，几天后，对吵闹行为不再实施强化，小朋友的吵闹很快消失。连续强化的不足是强化过于频繁，可能导致成本高昂。但是，为了调动人的短期行为积极性，及时的、连续的强化效果比较好。

间隔强化可以按照时间或行为次数比率，按照固定或可变的形式组合成不同的类型。比如，固定时间间隔，或者固定行为次数比率；变化时间间隔，或者改变行为次数比率。这样就形成了四种不同的间隔强化办法，简称为固定间隔、固定比率、可变间隔、可变比率。

固定间隔，以时间间隔为主进行奖励，比如计时工资，只要达到一定的时间间隔，就会出现个人想要的奖励。时间间隔可以是周、月、季度、半年、一年等不同的选择。

固定比率，当所希望的行为发生规定的次数后，可以获得强化。比如，计件工资制，就是完成一定数量的工作后，在特定的时间进行结算，按照数量标准发放一定的工资和奖金。

可变间隔，表示在两个强化物间的时间量是变化的。比如，麻将和牌、抽奖中彩，不是按照比率变化，也没有固定的时间间隔，缺乏规律性和可控性，以不规律和不稳定为特征。又如，没有通知的检查和表扬，随机抽查到课率；公司的审计人员对各部门进行一系列随机、突然的审查；封建时代皇帝的微服私访等。人们发现，如果有规律地检查，人们就会发现规律，有计划地进行准备，专门在特定的时间进行表现；如果没有规律，人们就不得不采取最可靠的措施和办法，保证任何时间都处于最佳状态，避免因为偶然发现的问题而受到惩罚。为了保证课堂点名时随机抽查的有效性，需要变化人物的抽查顺序，并且重复抽查，规定抽查不合格的惩罚措施等，效果非常好，效率也相当高。

可变比率在不同的阶段，强化提供的比率是不同的。比如，销售额与奖励提成的关系，销售额小，提成比率高；销售额大到一定程度，提成比率反而降低，见表4-4。

表4-4 **强化类型与效果比较**

强化类型	强化事例	行为业绩	行为的稳定性
连续性强化	只要希望的行为出现就强化，如对发言的表扬	快速学会新行为	形成速度快，取消强化后消退也快
固定间隔	固定间隔时间的强化，如计时工资	一般的业绩，消退速度快	行为形成快，消除也快
固定比率	与一定数量的行为结果联系，如计件工资	迅速导致高而稳定的绩效	行为形成快，消除也快
可变间隔	无规律的强化，如抽查考勤，抽奖，抽查式测验	导致高而稳定的绩效	行为消除缓慢
可变比率	与一定数量的行为结果联系，如销售业绩与不同提成比率的联系	导致非常高的绩效	行为消除非常缓慢

人的行为有许多是人类尚未清楚解释的，比如为什么变化时间间隔能够产生如此大的效果。但是，纵然不知道这些原因和机制，只要是规律，就可以帮助我们用来调控人们的行为。从前述研究结果可知：相比其他的激励方式，固定间隔的激励是效率比较低的，在激励活动中，应该尽量避免使用这种方法进行激励。月薪制往往是激励中没有办法的办法。

在任何一个组织中，管理的措施和办法都不是单一的，往往需要综合考虑各种行为规律，使人们的行为朝着有利于组织目标实现的方向行动。

【理论应用4-4】 习惯成当然，感激如何变抱怨

在国内某开发区一栋大楼前，来了一个乞丐行乞，虽然他饥寒交迫，但在忙碌的开发区中却没有人理会他。下班时间过去十分钟了，依然无人理会乞丐。而就在乞丐拖着疲惫的身躯要离开大楼的时候，一个年轻的小伙子在他面前放下了一张五元的人民币。虽然那五元钱看起来有点破旧，但在乞丐的眼里却无疑是进入天堂的门票。感激万分的乞丐连连向小伙子鞠躬、哆哆嗦嗦地道谢。

接下来的几天，每天下班十分钟左右，小伙子总会递给乞丐五元纸币，乞丐则每次都以鞠躬、"好人一生平安"的祝福向其道谢。一个月后，小伙子依然每天在乞丐面前如往常一样放下五元钱，而乞丐也依然在道谢，只是乞丐已经不再鞠躬了，只是向小伙子重复着"谢谢"。三个月过去了，乞丐每次只是窝在那里，看着五元钱放在地上后点点头，脸上已经没有了丝毫的感激。终于，有天晚上下班十分钟后，小伙子来了，乞丐一如既往地等待着眼前出现五元的纸币。然而，纸币不再，在乞丐的面前出现了两枚亮闪闪的一元硬币。乞丐久违地抬起头看向了熟悉而陌生的小伙子，质问道："不是一直是五块吗？为什么今天只给这么一点？"小伙子有点不好意思地答道："我找到女朋友了，要准备攒钱结婚。"话音刚落，乞丐勃然大怒，一巴掌甩在了小伙子脸上："他妈的，你竟然拿我的钱养老婆！"

故事到此停止，许多人可能会对这个乞丐嗤之以鼻，认为乞丐太不讲道理。然而事实上我们也经常有着如这个乞丐一样的行为。刚进入某些组织中时，拿着一项项福利、享受着一个个组织制定的优惠政策，我们心里干劲儿十足。一段时间后，似乎这些福利和政策支持是恒定的、长期的、一直都有的，心里那份激动在渐渐地消散，已经没有当初那么强的动力了。久而久之，认为这些福利和政策支持就是应该给自己的，拿自己的东西是理所当然的，甚至为福利的多少、有无进行攀比。张瑞敏在收购美国GE的电器部分后，也深有感触：据说GE公司为员工设计了100多项福利政策，有了这么多的保障以及大家都有的享受，还有动力追求事业的成就吗？过度福利化是否阻碍了人们的奋斗？当这些福利或政策稍稍减弱的时候，我们就会深深感到自己合理的利益被侵蚀，于是怨气冲天、勃然大怒，别说保持工作动力，没有搞破坏已经不错了。长期不变的激励会被逐渐习惯而成为自然、成为当然，即使是真正的激励因素在这种情况下也可能转变为保健因素，失去了增强满意度的正面效果，而一旦激励减弱，不仅没有正面效果，甚至会造成负面的破坏。组织领导与管理者们需要以此为警示，恰当实施激励政策。

4.4 激励理论的综合运用

1968年，波特（L.Porter）和劳勒（E.Lawler）提出了新的综合激励模型图。20世纪70年代，这一模型图得到了进一步的完善，如图4-13所示。

该综合模型以弗罗姆的期望理论为基础，综合考虑到赫兹伯格的双因素激励理论，以及亚当斯的公平理论，构建了一个比较完整的激励体系。该体系在具体的实际操作过程中意义较大。

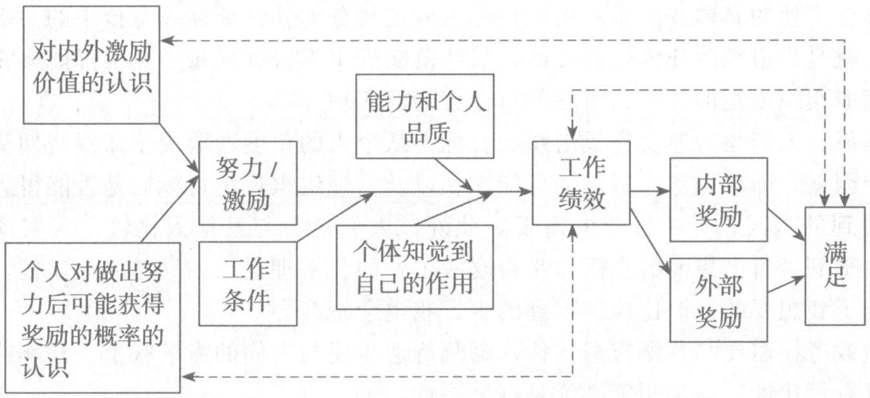

图4-13 综合激励模型图

根据期望理论，对内外部效价的认识和努力工作后可能获得奖励的机会是激励的基础，个人的努力与个人的能力、外在的条件等综合影响到工作的结果或业绩，对工作业绩进行内部和外部的奖励，可使人们获得满足感。

特别值得一提的是，综合激励模型在奖励和满意度之间有一个对奖励公正性的感知，融合了公平理论的观点。

人的需求是多方面的、复杂的，在整个激励方案的设计过程中，忽视一些重要的内容很可能导致激励的失败。综合考虑这些激励因素，组织在进行人力资源管理的过程中，通常会将这些激励要素结合在一起，进行综合激励。

根据社会交换理论，组织和个人能够走到一起，就应该按照社会交换的法则约束双方，即组织需要员工完成任务，员工需要在满足组织需求的同时，获得组织给予的回报，如图4-14所示。

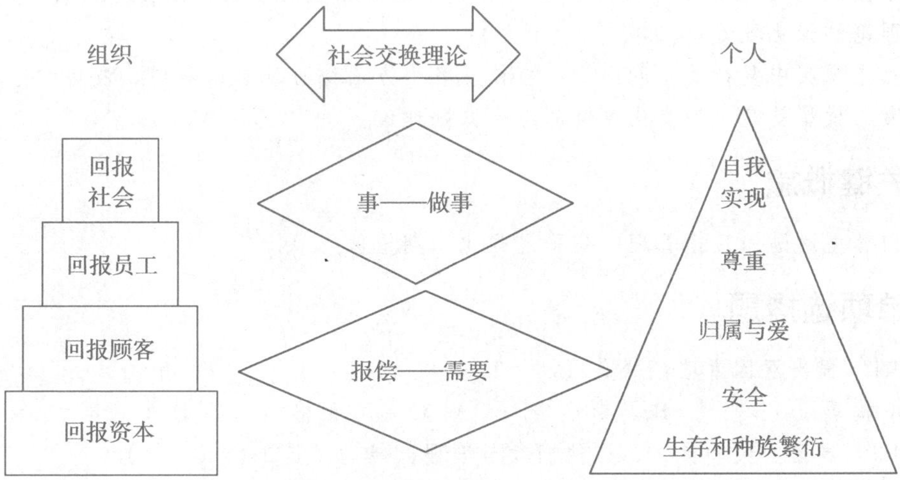

图4-14 社会交换理论与激励

社会交换的具体方法是：组织目标的制定和分解，比如绩效考核中的关键绩效指标，就是将组织的任务进行分解，最终落实到个人，如果每个员工都能够完成或超额完成组织规定的任务，组织的目标就能够实现。

然而，人们是否愿意完成组织的目标，从个人的角度看取决于弗罗姆期望理论的两个因素，即事先考虑目标的可能性，以及实现组织规定目标后是否能得到自己希望得到的东西，即个性化的需要。此外，人们还会与其他人比较，我实现了目标，也得到了自己想要的东西，是否吃亏了？即公平理论。如果与他人比较，虽然我得到了我想要的，但比应该得到的少，我也会不开心。

绩效考核需要与薪酬待遇挂钩，薪酬待遇需要与人们的需求联系，薪酬待遇还必须具有可比性，薪酬制度必须具有公平性。

本章小结

激励是组织行为管理中的关键所在，想要达到一个好的激励效果，往往需要三个方面的力量来推动，即内部力量、外部力量、过程性力量。

内部力量来自于人的内在需求，而内容型激励理论正是围绕着人们的各种需要展开的。其中主要理论有：马斯洛的需求层次理论、阿尔德福的生存关系成长理论(ERG)、赫兹伯格的双因素理论和麦克里兰的成就动机理论。

目标的设置产生外在的推力，通过目标管理，能更好地牵引人的行为。目前，企业在绩效管理中常用的关键绩效指标法（KPI）就是很好地运用了目标设置理论。

行为过程型激励理论是研究人们在满足需要的过程中，决定是否采取行动达到组织期望或规定的目标时的内部心理或活动过程规律的理论，主要包括公平理论、期望理论和强化理论。

对于现实中复杂的激励问题，应该从各个方面综合地加以考虑。波特和劳勒的综合激励模型就是一种有代表性的综合激励理论。

关键概念

内容型激励　目标管理　公平　强化　期望值

单项选择题

4.1　提出双因素理论的是（　　）。

A.梅奥　　B.马斯洛　　C.赫兹伯格　　D.麦克里兰

4.2　表扬、奖励员工，让他们参与管理，能满足员工的（　　）。

A.尊重需要　　B.交往需要　　C.安全需要　　D.生理需要

4.3　以下各项表述正确的是（　　）。

A.保健因素和激励因素通常与工作条件和工作环境有关

B.保健因素和激励因素通常与工作内容和工作本身有关

C.保健因素通常与工作条件和工作环境有关，而激励因素与工作内容和工作本身有关

D.保健因素通常与工作内容和工作本身有关，而激励因素与工作条件和工作环境有关

4.4 赫兹伯格认为，激励员工的关键在于（ ）。

A.提供给员工更高的工作报酬

B.加强对员工的监督和控制

C.设计出一种能让员工感到工作本身就是激励的工作任务

D.创造良好的工作条件

4.5 个体行为目标具有多种特性，其中，对个体行为积极性影响最突出的是（ ）。

A.目标的效价 B.目标实现的概率 C.目标的远近 D.目标的清晰度

思考题

4.1 何谓激励？内容型激励理论主要包括哪些内容？试比较分析其差异和联系。

4.2 为什么给员工设置目标会对其有激励作用？目标设置有哪些基本原则？

4.3 是否只要业绩目标能实现就能产生很好的激励效果？为什么？

4.4 公平感和不公平感分别是如何产生的？当不公平感产生时，员工会有什么样的反应？

4.5 强化的类型有哪些？如何根据企业的实际情况合理地使用各种强化手段？

4.6 实践中如何综合运用波特和劳勒的综合激励模型？

案例分析题

张瑞敏的用人之道

在市场竞争如此激烈的今天，开发新产品是企业生死存亡的大事。无疑，市场开发首先要做的就是产品开发，让企业中从事高技术开发的人先出效率，这就是海尔集团总裁用人的高明之处。

海尔集团空调技术开发部部长王正太介绍说，开发部实行分级管理，他只管部里的几个研究所。这项改革之初，从研究所所长开始，全部实行项目承包制。月薪被取消了，开发人员的收入只能与产品的销售挂钩。生活费可提前支取，年终根据开发人员所开发产品的市场效益决定分配。此法实行起来要做很细的工作。

原来海尔公司的质量开发部是这样运作的：首先，要设计时间指标和质量指

标。前者考核是否按时完成设计任务；后者主要考察某项开发项目在开发过程、生产过程中有无不良反馈，是否符合标准化、通用化要求。其次，看市场上对产品质量的反馈，产品上市以后产生的效益。按一定的比例，为从事该项目开发的技术人员计提报酬。

这个办法运行一段时间后，集团总裁张瑞敏感到，由于项目设计之初并没有销售目标，投产后卖多少就算多少，收入只不过是多一点和少一点而已，工作压力并不太大，还得给开发人员加压。

改革又向前进了一步。海尔公司对技术人员（包括项目开发人员和项目组织人员）实行“负债开发”政策，即根据公司给你的资源，你要创造出相应的价值。你必须按时开发出产品，这个产品要有质量保证和销售额保证。有关计算方法如下：

例如，A项目的“负债开发额”为10万元，产量目标为年产5万台。项目开发成功之后，若达到了这个产量目标，按规定该项目开发人员应得到3万元；若投产后，一年超出了5万台，就等于超出了“负债开发额”，应得额可在3万元的基数上递增。若产量达到了10万台，开发人员可得到6万元。假如该项目投产仅3万台，差额2万台，就要按比例倒扣所得额，就只能获得1万元，并且项目负责人尚欠“负债开发额”4万元（该项“负债开发额”总值之2/5），该项目负责人必须用开发其他项目来填补差额。

这项改革措施的出台，真正把产品开发人员推向了市场，他们的收入只能“由市场说了算”。因此，迫使技术人员在开发产品时，一定要想着市场需要，时刻关注着市场的销售状况。他们不再只坐在办公室里写写画画，市场上反馈了什么技术问题、难题，马上要去帮助解决处理，显然，他们非常怕销售业绩受到影响。

这一招真灵，自从开发人员都“负上债”以后，产品开发的速度大大加快，开发周期缩短了30天左右，而且新产品上市一个成功一个。1998年海尔负氧离子健康空调先于日本同类产品一年面世，带动了整个空调市场向绿色环保产品转型，它的绿色产品不断升级。

王正太肯定地说，他的下属中，有的人大幅度提高了收入，但也有的人在负债。而这种“亏损”达到了一定的程度，这样的人就要离开了。

资料来源　龚敏．组织行为学［M］．上海：上海财经大学出版社，2002：164-165.

问题：

1.海尔的“负债开发”政策可能是人单合一的雏形，该办法是如何产生激励作用的？

2.运用期望理论、目标设置理论分析这种激励政策的优缺点。如何改善？

推荐阅读资料

[1] 拉丰 R J，马赫蒂摩 D.激励理论［M］. 陈志俊，译，北京：中国人民大学出版社，2004.

[2] 拉丰 R J.激励理论的应用［M］. 胡汉辉，等，译. 北京：北京大学出版社，2001.

[3] 张诗信，王学敏. 合伙人制度顶层设计［M］. 北京：企业管理出版社，2018.

网络视频资料

张瑞敏. 物联网时代的商业模式：人单合一，腾讯视频.

华为颁奖大会：致敬探索者，厚爱科学家，网易视频.

网络阅读资料

观察者网. 21世纪以来日本年均1个诺贝尔奖，得奖的都是谁？

中国国际金融发展论坛. 黄奇帆：激发知识分子，根本原因是我们缺少一部《拜杜法案》.

百度文库. 给员工加薪的18种方式.

网上资源

http：//www.maslow.com/index.html

http：//www.cssn.cn/glx/glx_glsb/201312/t20131223_921383.shtml

http：//www.cssn.cn/glx/glx_glds/201312/t20131202_891553.shtml

http：//www.ghrlib.com/？ s=%E6%BF%80%E5%8A%B1

第5章 群 体

学习目标

掌握群体的概念和类型；了解群体发展的五阶段模型及各阶段特征；理解群体活动的规律及解决方法；了解群体形成与发展的阶段；掌握群体凝聚力形成的影响因素；了解群体决策的优势与弊端，掌握有效的群体决策方法；掌握团队的概念与特征，了解影响团队凝聚力的因素。

引 例

湖人队为何兵败活塞队

2004年6月，拥有NBA历史上最豪华阵容的湖人队在总决赛中的对手是14年来第一次闯入总决赛的东部球队活塞队。赛前，很少有人会相信活塞队能够坚持到第七场。从球队的人员结构来看，科比、奥尼尔、马龙、佩顿，湖人队是一个由巨星组成的"超级团队"，每一个位置上的队员几乎都是全联盟最优秀的，再加上由传奇教练菲尔·杰克逊对其的整合，这是堪称20年来NBA历史上最强大的一支球队；而活塞队则是由卡洛斯、罗纳德、阿米尔等年轻新进球员组成，完全没有明星球员。在许多人看来，湖人队要在总决赛中战胜对手夺得桂冠理论上存在着相当大的可能性，更何况对手是一支缺乏大牌明星的平民球队。

然而，最终的结果却出乎所有人的意料，湖人几乎没有做多少抵抗便以1∶4败下阵来。湖人的失败有其理由：OK组合相互争风吃醋，都觉得自己才是球队的领袖，在比赛中单打独斗，全然没有配合；而马龙和佩顿只是冲着总冠军戒指来的，根本就无法融入整个团队，也无法完全发挥其作用，缺乏凝聚力的团队如同一盘散沙，其战斗力自然也就大打折扣。

明星员工的内耗和冲突往往会使整个团队变得平庸，在这种情况下，1+1不仅不会大于或等于2，甚至还会小于2。在工作团队的组建过程中，管理层往往竭力在每一个工作岗位上都安排最优秀的员工，期望能够通过团队的整合使其实现个人能力简单叠加所无法达到的成就。然而，在实际的操作过程中，众多的精英分子共处一个团队之中反而会产生太多的冲突和内耗，最终的效果还不如个人的单打独斗。

一个组织要完成复杂的任务，比如生产、销售、研究开发、某一特定的服务等，通常需要许多人。然而，由于人们工作习惯和性格不同、专业知识和技能不同、工作态度和需求不同，往往做事的风格和效果也可能不同。构成群体的成员之所以能够走到一起，有两点是肯定的，即群体的大目标是共同的，且大目标的实现能满足这些群体成员各自的需要和利益。

群体是介于组织和个人之间的人群的结合，它的主要作用是承上启下，上面是组织，下面是个人。其目的是贯彻执行组织的任务，组织群体开展生产和社会活动，协调人与人之间的关系，满足成员的合理需求。

在我国，人们经常会发现，有的群体凝聚力强，目标明确，相互之间能够合作共事，相互配合、相互帮助、相互促进，促使群体目标高效地实现；而更多的群体则因为种种原因，忘记了群体的总体目标，仅仅根据自己小目标的实现与否来决定行为，更有甚者，甚至不能尽心尽责、保质保量地完成自身的小目标，结果导致群体目标受损，最终致使组织目标受损。最为严重的是群体的内耗，相互之间不是配合，而是拆台、冲突，损害组织的形象和利益。

【案例5-1】 蔡崇信和马云的合作

一、蔡崇信的近况和家世

1999年，蔡崇信自荐加入阿里巴巴，放弃了580万元年薪，拿月薪500元跟马云创业，并于当年作为先遣部队成立阿里巴巴集团香港总部。2013年5月，成为阿里巴巴副主席，2015年7月兼任口碑网董事长。2015年8月，福布斯发布《2015福布斯全球科技界100富豪榜》，蔡崇信以个人净值53亿美元排行第三十九位。

蔡崇信家三代都是律师，他的父亲蔡中曾、祖父蔡六乘，是以国际法律事务见长的“常在法律事务所”创办人，早期在台湾律师界，“常在法律事务所”与“理律法律事务所”可说是台湾独占鳌头的两大律师楼。

蔡家政商实力深厚，“常在”早期的合伙人、现任华通律师事务所所长刘振玮表示，蔡崇信的祖父当年还曾经接受过上海黑帮教父杜月笙的法律咨询，地位可见一斑；去台湾后，也经常承接大型法律案件的委托；父亲蔡中曾则是台湾地区取得耶鲁大学法学博士的第一人，还担任耶鲁大学的校董。后来蔡崇信和父亲一样取得耶鲁法学博士学位，父子同样出自耶鲁名门，曾经是台湾法律界的一则佳话。

二、马云的近况和家世

马云，1999年创办阿里巴巴。2015年6月30日，马云当选全球互联网治理联盟理事会联合主席。2018年2月28日，胡润研究院发布《2018胡润全球富豪榜》，马云及其家族财富以2 000亿元位列大中华区第四。

1964年9月10日马云出生于浙江省杭州市。12岁时，马云买了台袖珍收音机，从此每天听英文广播，对英语很感兴趣。13岁起，马云因为打架记过太多，曾被迫转学到杭州八中。1982年，马云第一次参加高考，首次落榜，数学只得了1分。

马云充满了挫败感，之后他跟表弟到一家酒店应聘服务生，结果表弟被录用，自己惨遭淘汰，老板给出的理由是马云又瘦又矮，长相不好。后来马云做过秘书、搬运工人。马云高考落榜，父亲马来法见他意志消沉，让他蹬三轮车给杂志社送书。1983年，马云第二次参加高考，再次落榜，数学提高到了19分。马云的父母劝他死了上大学的心，好好学门手艺，之后马云又开始骑着那辆破旧的自行车，穿梭于杭州的大街小巷。

1984年，马云不顾家人的极力反对第三次参加高考，这次数学考了89分，但总分离本科线还差5分。由于英语专业招生指标未满，部分英语优异者获得升本机会，马云被杭州师范学院破格升入外语本科专业。进入大学后，马云成了品学兼优的好学生，凭借出色的英语成绩稳坐外语系前五名。之后马云当选学生会主席，后来还担任了两届杭州市学联主席。

三、合作

1999年，蔡崇信提出想加入阿里时，一向开朗民主、尊重孩子自由发展的父亲蔡中曾也摇头反对，当时的阿里还是一家前途茫茫，"钱"景不知在哪的网络公司。蔡中曾问身边几位经常进出中国大陆市场的好友，据说每位好友都投下"反对票"。

但蔡崇信有一套做选择的逻辑：从投资的角度看，互联网下行风险小，而上行收益很大，这事儿可以干。投资一是投项目，二是投项目团队。刚开始的创业团队，许多都是马云的学生和合作伙伴，各个精神抖擞，蔡崇信感到很兴奋；另一件让他感动的事情是，蔡崇信让马云把股东名单发给自己，要注册公司，结果，马云发去了传真，18个创始人的名单全部在上面，这在创始人中非常少见，意味着马云非常有格局，有共享、合作精神。

然而，马云虽然有愿景、有干劲，但是，阿里巴巴风险和挑战并存；而且马云和蔡崇信二人出身和背景、乃至性格差异非常大。马云出生平凡人家，毕业于杭州师范学院，而且三次高考才考取大学，爱表现；而蔡崇信家世显赫、毕业于国际名校，较深沉。合作一时有可能，长期合作、共事不容易。按照中国的文化传统，所谓"一山不容二虎"是也。

蔡崇信加入到阿里巴巴团队，而且长期默默无闻地在背后支持马云和阿里巴巴，最后创造了人生的辉煌和奇迹，二人联手，加上其余的16个创始人的努力，把一个名不见经传的诞生于1999年的公司，做成了中国乃至世界知名的企业。试想：没有蔡崇信，阿里巴巴关键时刻是否能从孙正义的软银成功融资？没有蔡崇信，股权设计能否形成合伙人特色？没有蔡崇信，是否能有后来的余额宝、蚂蚁金服？

你能做蔡崇信，在如日中天的马云背后默默无闻地战斗？

我国有一个经典的故事——三个和尚没水喝。如何能够保证三个和尚有更多的配合，在其中一个生病或缺勤的时候三个人也有水喝，是对我国管理工作的一个挑战。个人在群体活动的情况下有哪些规律？如何根据人的群体行为规律制定相应的管理制度，保证群体或组织目标的实现，是本章的关键。

毋庸置疑，人与人之间没有道德的支撑、没有相互的信任，群体很难和谐相处；但是在有些情况下，即使是高尚和信任的人际环境，由于事物本身的复杂性，人也会无意识地采取非理性的行动，做出错误的判断，即好心办坏事。比如，人们总是想，三个臭皮匠赛过诸葛亮，过于相信群体的判断，事实上真理有时候掌握在少数人手里，群体决策有时风险过高，有时又会拖延、贻误时机，导致组织利益受损。

的确，好群体的形成需要付出多方面的努力。第一，需要对责任进行界定，鼓励合作式竞争；第二，需要在挑选群体成员时，选择那些能够合作共事、有奉献精神的人；第三，需要增加人际信任，减少相互猜疑，降低信任成本；第四，需要进行文化熏陶和培训，改变员工的价值观、思维和行为习惯，塑造合作性强的员工。

5.1 群体概述

5.1.1 群体的含义

群体是指两个人以上、有共同目标或需要，在行为上相互影响的人群。通常，在办公室共事的人是一个群体；研究开发小组是一个群体；班级是一个群体。而在马路上聚集的围观者是人群而不是群体，因为他们之间没有共同的目标，相互不认识，也没有相互影响或互动。

5.1.2 群体的种类

1）正式与非正式群体

根据群体是否为组织设立，可将组织分成正式群体和非正式群体。正式群体是为了完成组织所规定的特定任务而组成的官方组织机构。正式群体在组织中处于主导地位，占绝大多数。企业组织中的部门、科室、小组都属于正式群体，负责组织局部任务和目标的完成，比如，销售部、生产部、研发部、物流部、财务部、行政办公室、人力资源部等。非正式群体则不是组织规定，而是自然形成的一种组织。非正式群体主要是根据群体成员的兴趣、爱好、价值观，以及共同利益而形成的群体，不以工作为主要纽带。比如，因为都喜欢旅游、摄影、运动、棋牌、唱歌、写作、烹饪、自驾旅游等而形成一个群体。

早期的非正式群体研究更多地关注其消极作用，即组织中的一些人，为了保护工人的利益，共同抗拒资本家或管理者不断提高生产任务标准而自发联合成小群体，让大家达成共识，将生产量维持在一个相对固定的范围。不遵守这个规则的人，就会受到非正式群体的排斥。可见，非正式群体的行为目标可能与组织目标一致，也可能与组织目标不一致，需要组织关注非正式群体的存在及活动，积极地利用非正式群体的优势为组织服务，减少非正式群体的消极作用，比如麻将群体、赌博群体、酗酒群体和传销活动群体给社会带来的不良影响等。

非正式的利益群体，是组织中因为一些利益关系而形成的群体。比如，在组织裁员的过程中，属于被裁减对象的相同命运的人可能结合在一起；在薪酬制度变革中，不同部门的劳务派遣人员（相对于正式合同用工）集结在一起。在组织变革时期，可利用非正式组织领导的影响力，化解一些利益群体的对立情绪。如果不能得到非正式群体的支持，有些利益群体可能会阻扰，影响组织变革措施的推进和落实。

2）内群体和外群体

根据群体成员之间的信任程度，可以将群体分成内群体和外群体。在人们的交往群体中，有的群体成员的内部关系较好，人与人之间有较高的信任度，因此沟通起来比较容易，人们称其为内群体；也有的群体人与人之间关系较差或一般，人们常称其为外人或外群体，即不敢或缺乏信任的人。内群体中的成员，由于相互之间信任程度较高，往往会受到特殊的待遇，比如提供更多的工作机会、学习提高的机会，涉及高风险的责任或任务时可以委以重任，更容易成为困难时期的倾诉对象等；外群体的人则很难得到这些利益。在有的社会条件下，信任成本和风险非常高昂，如何让自己成为组织核心领导层的内群体成员，非常重要。

3）实属群体和参照群体

所谓实属群体是指个人实际归属的群体，比如大学的某个系、中学的某个班级、企业的某个科室等。参照群体也称为标准群体或榜样群体，这种群体的标准、目标和规范会成为人们行动的指南和努力达到的标准，如教师、职业经理人、军人等群体。

实属群体中个人的行为受到现实的群体规章制度、行为习惯的制约；参照群体相对来说则更加宽松，是个人认识到的群体规则和制度，由于个人对这些规则和制度的理解不同，行为表现差异会大一些。

4）同质群体和异质群体

同质群体是指专业知识、技能比较相似的成员构成的群体；而异质群体则指专业知识和技能差异较大的成员构成的群体。同质群体的成员间具有较强的相互可替代性；而异质群体则相反，相互间的可替代性较低，由于任务的完成需要不同的专业知识和技能，只有相互配合，才能很好地完成任务。同质群体如一个班的同学，学习的专业知识和技能比较相似；异质群体如一个房地产工地，可能由不同类型的人员构成，如设计、施工、财务、监理、采购等不同专业的人员构成。同质性的群体，使用的语言和知识比较相似，沟通起来比较容易，但是容易出现竞争、攀比；异质性的群体则相反，沟通困难，但也不容易形成攀比。

5）假设群体和实际群体

所谓假设群体是理论上存在的群体，实际上可能不存在。比如，按职业分有工人群体、农民群体、商人群体；按年龄分有儿童群体、少年群体、青年群体、中年群体和老年群体等。工人有很多种，分布在很多地区、国家，理论上存在，实际上差距很大，而且还有时代差异，很难具体化。

实际群体则是指现实生活中实际存在的群体，这类群体的成员有着直接或间接的联系和作用。比如，某个企业的研发人员、文职人员、营销人员，这些群体是真实的，发生相互作用的。

5.1.3 群体的作用

人是社会性的动物，当人们集合在一起时，个人的行为会发生一些变化。人多了，相互之间自然就有了来往，由此可以获得爱、尊重和自我实现的感觉。当然，人多了，由于习惯、经历、成长环境不一样，相互理解和接纳会比较困难，也可能出现相互诽谤、攻击的现象，导致群体成员不合作，整体受损。群体对个人行为的影响可以概括为以下几个方面：

1）社会助长作用

社会助长作用是指在群体活动中，个人活动的效率因为群体其他成员的影响而出现提高的现象。比如，对运动员来说，周围的积极气氛可能引发运动员的超水平发挥，打破纪录；有些情况下，教师可能很疲惫，身心状态不好，但是受到学生积极反应的支持和鼓舞，有时也会忘记疲惫，表现出比平时更好的教学效果。社会助长的原因是个人希望得到他人的称赞、表扬。此外，有时能够得到他人在工作上或心理上的支持也是不可忽视的因素。

心理学家特里普里特（Triplett）研究发现：他人在场，会明显地促进人们的行为效率。他让被测试者（简称被试，即研究对象）在三种情境下骑车完成25英里路程：第一种情况是单独骑车；第二种情况是骑车过程中让一个人跑步陪伴；第三种情况是与其他骑车人竞赛。结果显示：单独骑车平均速度为24英里/小时；有人跑步陪伴时，时速达到31英里；而竞争情境下改善不大，时速为32.5英里。

2）社会抑制现象

与社会助长相反，个体活动的效率有时会因为群体其他成员的影响而减弱。在有些情况下，由于个人的愿望过于强烈，可能阻碍了能力的充分发挥，导致心气越高，效果越差。

由于周围的气氛过于热烈，人们过分希望取得优异成绩，如果个人心理素质不佳，动力就可能变成一种阻力。比如，求职面试时过分紧张，在众目睽睽下谨小慎微，在高考等利益得失较大的考验面前焦虑导致睡眠不足等。在一般情况下，人们行为动机强弱与活动效果的关系如图5-1所示。动机强度太弱效果不好；而动机强度过强，效果同样不好，需要采取一些措施调整心态，取得最佳的效果。有些教师总结的学习和减压规律值得借鉴：大考大玩（降低动机），小考小玩（降低动机），不考不玩（提高动机）。

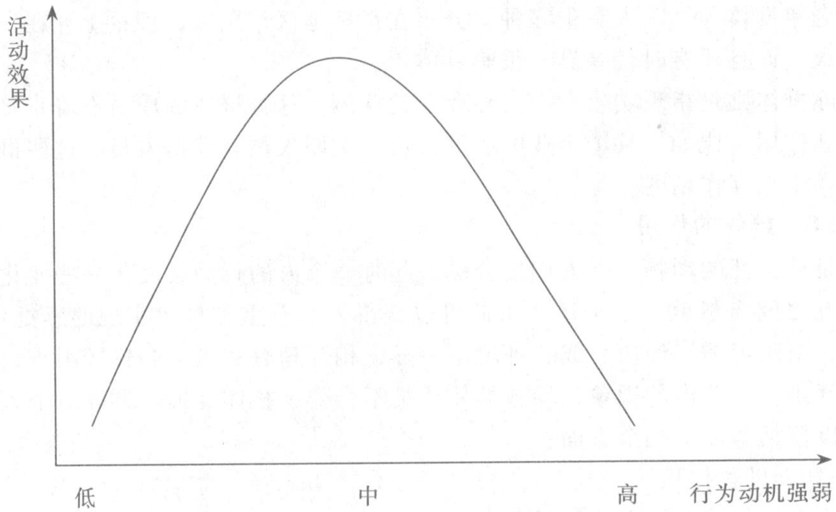

图5-1 行为动机强弱与活动效果的关系示意图

此外，有些活动本身需要环境安静，过于热闹可能产生副作用。比如，体育比赛中的台球、围棋等比赛需要安静，科学家的实验、医生的手术需要安静。

3）社会懒惰行为（social loafing）

有人做了研究，发现在拔河比赛中，3个人一起拉的力量只能达到一个人平均力量的1.5~2倍。8个人一起拉的力量则不到一个人的4倍。导致社会懒惰行为的主要原因是分配上的平均主义，即如果在一个群体中，付出多少回报都一样，人们就可能出现偷懒行为。此外，个人对群体缺乏责任心也是一个因素，一个责任心很强的人，不会因为职责没有具体到个人而出现工作懈怠，做出损害群体利益的事情。

但在有些情况下，社会懒惰行为会受到抑制，不会出现浑水摸鱼的现象。比如，群体成员之间关系密切，不希望占他人的便宜；工作本身具有挑战性，能够将人们的积极性释放出来；将群体的整体成功作为奖励的目标；群体有鼓励个人积极投入的团队精神等。

【案例5-2】 **浑水摸鱼**

有这样一个寓言：大酋长要求每一家捐出一壶自己酿的酒，在大庆典结束的时候大家共享。于是由几个人抬大桶经过各家，每家都往桶里倒入自己家酿的酒。到共享的时候，酋长从大桶中给每人都盛满了一大杯酒，但大伙喝的时候却发现杯子里盛的都是清水。

同样的情况，很多人在一艘船上划船。有人会想到，我不用承担自己行为的全部后果，那我就少出一点力；而本来想尽全力的人，由于不能得到全部好处，他也会少用一点力。这样，会造成划船的速度低于正常，导致“1+1<2”，多个个体力量相加，并不等于每个“1”所相加的数学之和。

5.2 群体活动规律

5.2.1 从众现象

从众行为（social conformity）是指群体成员希望自己的行为与群体一致的倾向。人是社会的人，人的行为往往受他人的影响。从众一方面是由人的社会性决定的，标新立异往往不能得到他人的理解，俗话说：出头的椽子先烂，枪打出头鸟；另一方面与人的认识能力的局限性也有关系，人们在自己不能判断事物正确与否的情况下，可能相信大家的观点和行为。

群体意识比较强的人，往往会考虑群体的行为规范和习惯，与大家保持一致。因此，组织可以通过制定合适的行为规范守则，引导和约束群体的行为，即确定什么样的行为是好的，什么样的行为是不合适的；一旦大多数人都如此行为，少数不自觉的人由于受到群体的压力可能调整和改变自己的行为习惯，与大家一致。由于从众的压力，可以通过营造有利于组织目标实现的制度和文化氛围，使那些不按照组织期望方向行为的人改变自己的行为，形成组织期待的行为。当然，如果组织风气不好，好员工也会受到压力，向大多数人看齐。

【理论应用5-1】　　羊群效应

在一群羊前面横放一根木棍，第一只羊跳了过去，第二只、第三只也会跟着跳过去；这时，把棍子撤走，后面的羊走到这里，仍然像前面的羊一样，向上跳一下，尽管拦路的棍子已经不在了，这就是所谓的“羊群效应”，也称“从众心理”。“羊群效应”也指管理学上一些企业市场行为的一种常见现象，它是指由于对信息不充分的掌握和缺乏了解，投资者很难对市场未来的不确定性做出合理的预期，往往是通过观察周围人群的行为而提取信息，在这种信息的不断传递中，许多人的信息大致相同且彼此强化，从而产生从众行为。“羊群效应”是由个人理性行为导致集体的非理性行为的一种非线性机制。理性地利用和引导羊群行为，可以创建区域品牌，并形成规模效应，从而获得利大于弊的较佳效果，寻找好领头羊是利用羊群效应的关键。

20世纪50年代，社会心理学家阿希（S.E.Asch）做了一个著名的实验，验证了人们从众行为倾向的存在。他以大学生为研究对象并分成不同的实验组，每组成员为7~9人，其中只有一个是不知道事实真相的被试，而其他人都是实验研究人员事先安排好，而且按照固定的程序行为或表现的人员。阿希让所有小组成员围桌子而坐，并让不知道情况的被试坐在靠后的位置，即让他产生从众的生活或实验条件。实验开始，同时让人们看两张卡片（如图5-2所示）：其中左边的卡片只画有一条线段，而右边的卡片则有三条长度不同的线段，其中有一条线的长度与左边卡片所画相同，这样的卡片共有12对。

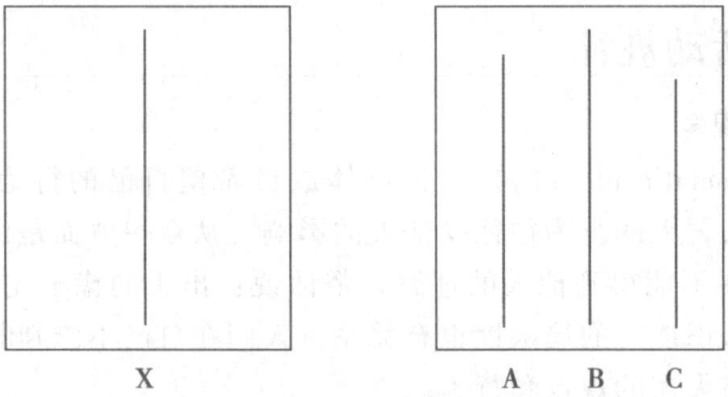

图5-2 从众行为的实验研究材料卡片

如图5-3所示，由于围着桌子而坐，靠前面的、与实验人员合伙的人先反应，不知情的被试后反应，这样可以了解人们的从众倾向，即不知情的被试是否会受到前面合作者或合伙人的反应的影响。按照程序，小组中的合伙人经常故意一致地选择一些显然错误的线段。实验结果表明：那些不知情的被试有37%以上，为了使自己与群体一致，也跟着多数人做出错误的判断；而在没有他人干扰的情况下，即被试单独一人进行测试判断时，错误判断率小于1%。

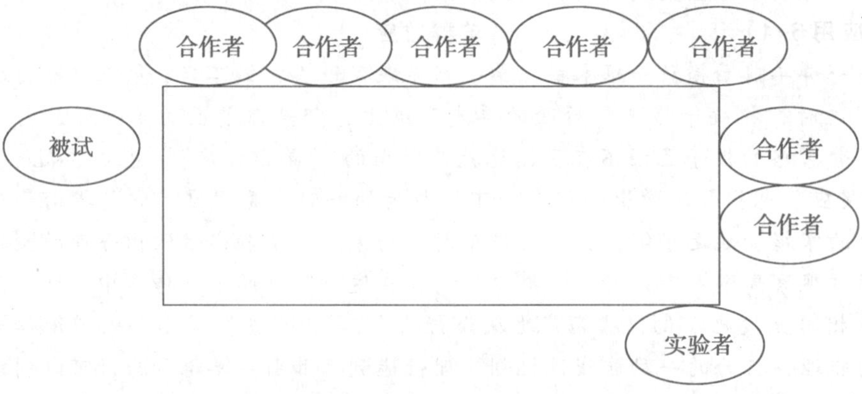

图5-3 实验的环境示意图

阿希还发现，当群体内只有一个成员做出不正确的回答时，被试往往能坚持自己的正确判断，错误判断很少；但当群体内做出错误回答的人增加到两个时，被试接受错误答案的次数统计上升到13.6%；当群体成员有三人以上做出错误回答时，被试错误回答的比率提高到了31.8%。可以想象，如此简单而明确的事实判断，在他人在场的情况下，都如此容易受到别人的影响，一旦个人对事情本身缺乏判断力，而周围的人又朝着相同的方向行为，如果个人不与他人的行为保持一致，感受到的压力该有多大？因此，一旦很多错误的事情成为一种人们通用的行为规则，就可能让很多人跟进和模仿。比如，人们都知道基础教育中的应试教育不好，但落实到自己（不论是教育行政部门、教师、教育管理者还是家长）身上和实际行动中，大都不得不采取应试的策略和行为；大家都知道巴结上司虚伪，但只要有较多的人如此行为，脱俗的人也不多。在《皇帝的新装》里，人们大都看到皇帝没有穿衣服，然而，人们却都在说皇帝的衣服好看，只有不懂从众压力的小孩，才不懂“规矩”，能看出皇帝的真实情况。

从众行为产生的表现形式在生活和工作中有多种，可以从两个角度分类：一种是口头或表面从众，一种是内心从众，如表5-1所示。

表5-1 **从众类型**

	内心不从众	内心从众
口头从众	口服心不服	口服心服
口头不从众	不从众	心服口不服

有人平时不是很认真，随大流，经常会出现心服口服的状况，因为他相信集体的智慧，而可能不相信自己；有的人则口服心不服，虽然不认同他人的行为，但考虑到和他人的关系、考虑到与众不同的危险和代价，担心自己被孤立时也会出现从众行为；还有的是赌气式的，心里同意大家的观点，但为了展示自己的特点和个性，表面上与众不同，这是心服口不服。

从众行为有积极的一面，也有消极的一面，需要根据具体情况合理地利用和把握。家长将自己的孩子送到学习风气浓郁、管理规范的好学校，同学和教师的良好行为会使得不思进取的学生不得不努力，进而改善学习态度和学习习惯，变成好学生。“择校”行为是理性的选择，因为从众的压力，可能让少数不爱学习的学生，到了爱学习、守纪律的学校，变得爱学习，习惯优良了。

霍桑工厂的实验研究发现了非正式群体。这些非正式群体有一个不成文的规定：个人的生产数量不能偏离群体水平太远，否则就会受到群体的惩罚。因为这个非正式群体担心，如果有人的表现太好，产量太高，工厂就会制定更高的生产标准，使得员工的工作负荷日益加重，损害工人的利益。如何克服非正式群体的消极作用，需要管理者采取有效的管理措施和办法。

5.2.2 责任扩散现象

在许多人在场的情况下，由于责任主体不明确，最终导致没有人对事件承担责任。出现责任扩散，既有主观原因，也有客观原因。主观上，缺乏责任心；客观上，如果承担责任，可能代价太高。如果责任主体本身不值得信任，责任扩散发生的可能性就更大。

【案例5-3】 小悦悦事件

2011年10月13日下午5时30分，一出惨剧发生在佛山南海黄岐广佛五金城：

年仅两岁的女童小悦悦走在巷子里，被一辆面包车两次碾压，几分钟后又被一小货柜车碾过。让人难以理解的是，出事后7分钟内在女童身边有18个路人经过，这18个人既没有控制场面，救助小悦悦，也没有人顺手打110和120。最后，一位拾荒的阿姨陈贤妹把小悦悦抱到路边并找到她的妈妈。小悦悦被送到广州军区陆军总医院重症监护室时，脑干反射消失，已接近脑死亡。2011年10月21日，遭受2次碾轧、失去18次救助机会的小悦悦经医院全力抢救无效，在零时32分离世。

影响群体援助行为的因素有很多，实施援助也有很多顾虑。比如，歹徒是否携带凶器？受伤后怎么办？是否有人愿意提供额外的帮助？然而，仅仅是举手之劳，居然无人报警，让人费解。

可能人们会从道德的角度去判断人们文明水平和道德素养的高下，然而事实上这种事情经常发生。在市场经济条件下，面对凶恶的歹徒，人们有许多后顾之忧，口头的说教固然重要，但没有行为的表现，这些道德认识层面的"应该"多少显得苍白无力。如何发现问题的实质，预测人们的行为倾向，找到解决问题的办法就显得更加迫切。为此，国外对此现象进行了研究，发现了人们在群体行为下的帮助行为规律。

1964年，纽约发生了吉蒂被杀事件，在持续35分钟的搏斗中，有38名目击者，却无一人做出有效的反应，包括报警。一般认为，在场的人越多，个人采取行动的可能性越大，但实际情况并非如此，往往是观望的人越多，行动的人越少，甚至无人相助。有学者认为，其他人在场减少了人们干预的可能性，因为他人在场可能导致责任扩散。

拉塔奈（B.Latane）和达利（J.M.Darley）1970年的研究支持了这一观点。他们进行了一系列模拟实验，其中一项称为房间冒烟的实验。实验中，将一些大学生被试带进实验室，让他们参加讨论有关城市生活中存在的一些问题。在等待实验开始的时候，要求被试填写一张"预备问卷"。当他们填完两页纸的时候，实验室开始通过墙上的通风孔向被试的"等待室"释放无害的但很恐怖的白色烟雾。在整个6分钟的实验中，一直释放这种烟雾。

这个实验分成三种实验条件：第一，等待室只有1个被试；第二，等待室里有3个被试，这3个被试互不相识；第三，等待室里有3个被试，但其中两个是研究者的助手装扮的，他们表现出消极的态度，即看到烟雾什么也不说。研究结果表明：在第一种情况下，24个被试有18人（占75%）在2～6分钟内走出实验室，报告发生的烟雾；在第二种情况下，只有38%的人报告；在第三种情况下，只有10%的人报告。

可见，人多并不能直接促使人们对事情更加负责，特别是有消极态度的人在场时，情况更加严重。

根据责任扩散的规律，在多个员工完成某一种或类型的工作时，为了保证组织的员工不出现责任推诿情况，迫切需要组织制定明确的岗位责任书，明确规定每个岗位中每个人的责任和义务，并且规定在工作中出现人员交接或空白区时，群体成员相互帮助的责任和权力限制，以保证正常的工作不受到影响；否则，可能出现责任扩散的情况，影响组织的效率和质量。

5.2.3 角色期待

人在社会化（socialization）的过程中，在获得科学知识的同时，也在模仿和学习角色责任。比如，通过教师和家长、社会媒体的宣传，树立模范典型，人们知道什么样的学生是好学生，什么样的护士是好护士，什么样的警察是好警察，什么样的经理是好经理。作为教师应该如何行为，作为下属应该如何行为等。

正是因为这个社会化的过程，人们学会了许多角色图式或行为规范集。如果让你想象一个好医生，你就能将专业、救死扶伤、无私等特点赋予医生。如果让你想象一个好教师，有爱心、可靠、耐心、循循善诱、知识丰富、善于表达等就会出现在你的脑海里。

美国斯坦福大学的心理学家菲利普·津巴多（Philip Zimbardo）和同事进行了一项牢房模拟实验，地点在斯坦福大学心理系办公大楼地下室。他们招募了24个情绪稳定、身体健康、遵纪守法、人格测试正常的大学生来参加实验，每位大学生得到15美元的收入。这些参加实验的人随机地被分配了不同的角色：一部分人是"看守"，另一部分人是"罪犯"。在实验开始前，被分配做"看守"或"罪犯"的大学生之间没有显著的行为差别。为了更真实地模拟牢房的生活，"罪犯"可以像在真正的牢房一样接受亲戚和朋友的探视，他们除了出来吃饭、锻炼、上厕所、办一些必要的其他事情外，要日夜待在牢房里；模拟"看守"8小时换一次班，以维持牢房的秩序。

结果"罪犯"没过多长时间就开始承认"看守"的权威地位，模拟"看守"也自然很快就进入了权威角色中。"罪犯"开始调整自己，适应唯命是从的被动地位，他们相信自己低人一等，并无法改变现状；"看守"则开始下命令，歧视、虐待"罪犯"。

由于参加实验的大学生的病态表现，在实验进行了6天后，研究人员就不得不中止了实验，原计划两个星期的模拟实验不得不提前结束。

从这个实验可以推断出，人们虽然没有经历过一些具体的新职业或新角色，但事实上，经过社会化过程，在人们的头脑中已经形成了一些对这些职业或角色的概念，一旦这种机会出现，人们就会很快地表现出来。就像没有人在当父母之前真正知道如何当父母、如何爱孩子、如何关心和教育孩子，但成为父母后，许多父母的行为就开始出现一样，应该说，在真正成为父母之前，通过观察和学习，已经形成了一些父母的知识和行为规范。

当然，每个人的学习能力不同，对各个职位角色的理解和期待不同；不同的人，自我约束的能力不同，对角色行为的表现也就不同。此外，受现实情境中潜规则的制约，有些人学会了一些合乎时代处事标准但违背职业角色和道德的行为，而有些人还能出污泥而不染，保持自己对职业角色的理解和行为方式。

当然，不是理解了角色就一定能够按照正确的角色期待行为，但是如果连正确的角色期待都没有，很难想象人们能够做出期待的行为。为此，需要企业制定明确的岗位说明书，并通过组织的媒体、交流活动、表彰大会等，树立楷模形象，引导人们的行为。许多管理者往往站在自己的立场考虑问题，认为自己明白的道理和处事、行为规则，下属和员工都能够理解，并按照自己的意愿执行，其实这个假设本身就是错误的。比如，我们都会接听电话、拨打电话，但接听和拨打电话的礼仪、行为规范是什么？如何接听或拨打电话才能让人心情舒畅、树立良好的企业形象？在接听或拨打电话中经常犯哪些错误，如何修正？这些其实是需要管理者观察和了解，并通过管理培训和企业制度、文化建设予以完善的。

在组织工作活动中，由于个人承担的工作复杂，需要多个方面的配合和支持，往往承担着多个角色。比如，一个人既是上级，也是下级，还是同级；有时归属于一个利益群体，有时又归属于另一个利益群体。处于不同的角色时，行为规范要求、立场和态度是不一样的，这时候，人们会出现角色冲突。

角色冲突有多种原因，有的是因为角色行为规范不一致，有的是因为角色负担过重。比如，在企业中，可能会计希望按照会计守则行事，而企业领导考虑企业的利益，希望违规操作，这时员工就处于角色冲突状况。此外，有时一个员工可能有几个上司，不同的上司观点不同，也会导致员工的角色冲突，感到无所适从。为了生存，个人要承担企业的角色；而作为家庭的一员，还需要承担起家庭的角色，有时也会出现进退两难的情况，比如公司要求出差，而孩子生病住院需要亲人照顾等。

解决角色冲突的问题，需要组织进行很好的组织结构设计和工作分析，从结构上尽量减少多头领导；即使需要多人合作，也要多沟通和协商，达成共识后再行动，尽可能避免因为角色冲突所导致的内部矛盾。

至于角色负担过重的问题，是当今世界普遍关注的问题。竞争的全球化、白热化使得生活的节奏越来越快，一个人要同时承担许多角色的事务。每个人其实都有许多角色，如管理者、专业技术人员、丈夫（妻子）、同事、父（母）、子女、同学、老乡等，每个角色都需要承担相应的责任和义务。如何将组织和个人的角色负担合理地分摊和化解，直接影响组织的效率和竞争力，影响员工的心态和忠诚度，迫切需要解决。

5.2.4 竞争与合作

竞争与合作是人类遇到的重大挑战。为了提高效率，克服个人的惰性，需要竞争，通过竞争充分挖掘人的潜力，使人类生活更美好。然而合作也非常重要，如果只有竞争，没有合作，竞争者之间可能会产生恶性竞争，最终伤害大家共同的利益。

美国不执行《京都议定书》，不参加全球氟利昂的控制，作为全球最大的温室气体排放国，可能进一步导致温室气体排放，破坏臭氧层，最终破坏人类生存的环境。从国际层面考虑，发达国家、发展中国家、贫穷落后的国家之间，如何求同存异，相互合作，而不是简单地竞争，也是一个十分棘手的问题。

所谓合作是指不同的个体为了共同的目标而协同活动，促使某种既有利于自己又有利于他人的结果得以实现的行为或意向。竞争则是指不同的个体为同一个目标展开争夺，促使某种只有利于自己的结果获得实现的行为或意向。

从某种意义上说，竞争是人的天性，人们希望通过竞争，在获得胜利的同时，得到自己的物质和精神的利益。只要允许竞争，人们就会释放出前所未有的潜能，促进效率的极大提高。竞争是把双刃剑：一方面可以促进组织和个人的潜力释放，另一方面过度竞争又可能伤害组织和个人的利益。早在中世纪时期，英国某些地区的农村曾允许人们在公共的草场放牧，结果人们选择的方式是尽可能增加自己牲畜的存栏数，使自己的利益最大化，最终牲畜的大量增加很快使草场失去了再生能力，后果是大家都不能得到利益，这就是“公地悲剧”。我国在鼓励市场竞争时，由于忽视了环境污染成本的监控，企业为了降低成本，常常将未经处理的污水、废弃物、垃圾堆放到自然中，比如河流、公共用地、垃圾掩埋场、空气中，导致我国生态环境急剧恶化。例如，我国舟山渔场滥捕导致黄鱼资源枯竭。

闵茨（Mints）等人在1951年进行了一系列经典性研究，证明了竞争愿望的存在。他们设计了一个非常巧妙的实验，在一个非常狭小的瓶口里放几个圆锥体，每个圆锥体有一根细线通到瓶口外面，这个瓶口一次只能拉出一只圆锥体。在瓶子的底部，有一个可与水管相连的细管，用来往瓶子里注水。

由于圆锥体距离注水的水面有一定的距离，因此给每个人将圆锥体从瓶口拉出预留了足够的时间。实验一开始就往瓶底注水，测试者告诉这些参加实验的人，谁在圆锥体沾水之前拉出圆锥体，就将获得金钱奖励；谁没有拉出，则要受一点小惩罚。结果表明：实验一开始，被试就争先恐后地试图最先将自己的圆锥体拉出瓶口，结果大家的圆锥体都堵在瓶口，谁也不能通过，最终大家都遭到了失败。

然而，人类社会之所以出现，又恰恰是因为人类初期在和动物界竞争时相对弱小，需要合作而形成的；同样，组织之间的竞争，正因为个人无法完成组织赋予的所有工作，才需要他人的帮助与合作，在组织内部进行一定的合作，才能参与外部群体间的竞争。这里显然有一个矛盾：个人在竞争的情况下，动力比较足，而组织内部过度的竞争、组织间过度的竞争，又可能违背个人利益、群体利益最大化的追求目标。

【理论应用5-2】　　天堂与地狱的差别

有一个人想知道天堂和地狱究竟有什么区别，于是他找到了上帝，请求他带自己去看看。上帝欣然答应了。他们首先来到了地狱，看到的是这样一幅景象：一群饥饿不堪的人正拿着一双十几尺长的筷子拼命往自己嘴巴里送东西，但是那双筷子实在太长了，比他们自己的手臂还要长，所以他们无法弯曲自己的手臂把食物送进自己的嘴巴里去，有的人的手臂甚至弯曲变形了，但还是没有吃到任何食物。地狱果然是一幅活生生的惨象。

他们又来到了天堂，到了天堂，同样的情景，同样的满桌佳肴，每个人同样用一双长十几尺长的筷子。不同的是，围着餐桌吃饭的是一群洋溢欢笑、长得白白胖胖的可爱的人。他们同样用筷子夹菜，不同的是，他们喂对面的人吃菜，而对方也喂他们吃。因此每个人都吃得很愉快。

看完这个小故事，我们都不禁感慨天堂和地狱区别如此之大！是地狱硬件设施不好吗？显然不是，而是天堂的人们比地狱的人们更懂得团队合作。助人就是助己，生存就是共存。社会分工越细，每个人对他人的依存度就越高，不会与别人合作，就相当于把自己送入地狱。

为了避免过度竞争，需要促进适度的合作，人们提出了合作式竞争，既能保证群体利益最大化，也能兼顾个人利益最大化。

如何才能实现合作式竞争？

第一，保证组织和群体目标的实现，然后再考虑个人的利益。因为合作才能提升群体的整体利益，整体利益是个人获得利益的前提，就如皮与毛的关系，没有了皮，毛就失去了基础。一方面，需要考虑整个组织、部门、小群体的整体利益实现；另一方面，在这个前提下，鼓励内部适度的竞争，形成差异化的激励。如果忽视组织和群体的目标，简单地鼓励个体竞争，就可能出现个体目标与组织目标偏离的状况。在大学里，科学研究和教书育人是主要的目标，通过教研室教师的分工与合作，实现学术创新、培养英才的目标。为了达到这些目标，需要相关的教师进行交流、研讨，设定主要的工作任务以及人员配置办法，鼓励相互合作；在实现目标的过程中，不可避免地涉及利益的竞争，也需要适当地采取公平的制度和原则。然而，在现实的高校管理实践中，为了简化管理，很少有院系的学科发展计划和目标，更没有让教师们理解目标，结果是：教师根据个人利益最大化的原则，按照绩效考核的要求行为。为了获得竞争优势，教师之间没有沟通，同行之间设置了许多壁垒，每个教师都担心自己的思想、观点被竞争对手模仿和学习而最终使自己处于不利境地。最终，因为相互猜忌、相互封闭，每个人都朝着自己设定的方向努力，而不是学科发展真正应该走的方向。每个人都很迷茫、都在抱怨，但没有人指点这些迷茫的人走正确的路。

第二，工作的互依性高低可能也影响合作式竞争。所谓互依性高低是指要完成某个任务，不同成员之间的相互依赖性大小。篮球、足球、排球都是互依性相对比较高的项目；而乒乓球团体赛表面上是团队，实际上相互依赖性比较小。团队之间的竞争加剧了内部合作。

第三，员工的性格喜好很重要。喜欢群体合作的人，群体目标明确，采用合作的方式较好；喜欢个人单独活动，对工作本身缺乏内在兴趣，采取竞争的方式效率较高。

第四，群体之间的竞争可以提高群体内部的凝聚力；而群体内部的竞争则导致群体内部成员的不团结。

5.3 群体的形成、发展与凝聚力

5.3.1 群体形成与发展的阶段

群体的形成与发展往往要经历几个不同的阶段，才会逐步地成熟起来。在有些情况下，由于没有很好地处理各个阶段发生的矛盾和冲突，群体很难发展到下一个阶段，最终群体还是处于一个松散的状态，不能成长，更不能成熟。具体地说，群体发展需要经历以下几个阶段：组成、震荡期、规范期、执行任务期和解散。

起初，为了完成某个特定的目标，组织根据需要，组成一个群体。由于这个群体的成员过去都带有自己的价值观、工作习惯、工作能力、性格特点、交往风格，在没有指定领导或权威的情况下，人们会询问几个问题：谁是这个群体的领导或权威？群体的目标是什么？如何制定大家都能够接受的制度和规范来约束人们的行为，以达到和谐相处的目的？这个阶段往往是矛盾和冲突比较严重的阶段，因此称为震荡期（storming）。为了形成权威，人与人之间会产生竞争和辩论；每个人都会考虑自身的利益，因而群体成员之间会发生冲突和争执。可以说，这是一个需要权威的时期，也是考验权威能力的时期，如果能够找到一个大家都接受的领导和权威，并制定出行为约束的纪律，震荡期就结束了，并进入了规范期。

这种情况在新大学生宿舍行为规范建立以及大学新生班级活动规则的建立阶段非常明显。以新大学生宿舍行为规范的建立为例，同学们来自五湖四海，大家具有不同的家庭背景、不同的生活习惯、不同的学习方式、不同的交友特点，而大学生宿舍既是一个休息和生活的地方，同时也是一个辅助学习的地方。作为休息和生活的地方，需要大家讲究公共卫生、制定共同遵守的作息制度、共同维护宿舍的安全、生活上相互帮助。由于每个人的生活习惯不同，作息时间也可能不一样，有的人属于夜猫子，休息的时间比较晚，起得也比较晚；而有的人属于早起的鸟儿，睡得早起得也早，因为时间不合拍就会相互影响而发生矛盾。另外，有的同学比较注意公共卫生，有的同学则不讲究，这时就容易发生对立。再者，宿舍是生活和休息的地方，但也可以作为学习的地方，学习的地方需要安静，不受他人影响；但休息和生活的地方应该允许自由活动。总之，新大学生宿舍成员刚刚入住，成员之间有许多需要协商解决的矛盾，如果没有人提出合理的解决办法，大家都各行其是，这个群体就无法安宁，无法形成秩序，最终很难让宿舍充分发挥休息、生活、学习乐园的功能。大学阶段有许多宿舍没有很好地解决这些问题，最终大学四年之后，同学之间不是难舍难分，而是如释重负。

一旦一个群体通过对话、交流讨论形成了大家都接受的群体行为规范，这个群体就发展进步了，就可能产生凝聚力。每个人按照自己的角色定位，根据群体的规范进行活动，朝向群体共同的目标，这个时期就是执行任务期（performing）。还以大学宿舍为例，如果同宿舍的同学制定了大家都能接受的规范，明确了宿舍的功能，并按照规范行事，就能够发挥宿舍学习、休息、交友的功能，很好地支持学习活动，最终为大学四年的宝贵学习时光充分发挥作用奠定基础。如此一来，大家相互提醒，相互交流和沟通，相互帮助和提携，就会形成深厚的友谊。

随着群体任务的完成，最终群体就到了解散阶段。

当然，群体也不一定都经历这几个完整的阶段，很可能群体直到解散也没有进入规范期；也许进入规范期的群体由于利益的冲突等重新回到震荡期。但组织通常希望群体尽快进入规范期，以便更好地履行组织赋予的职责。

5.3.2 群体的凝聚力

1）群体凝聚力的含义

群体凝聚力（cohesiveness）是指群体成员彼此吸引、愿意留在群体内，以及愿意分担群体目标的程度。群体成员之间相互吸引力越大，个人目标与群体目标一致性越强，群体的凝聚力就越强。

2）群体凝聚力强的效果

群体凝聚力与生产率的关系比较复杂，关键是群体的目标与组织目标的一致性强弱。如果群体目标与组织目标一致，凝聚力强，效率就高；如果群体目标与组织目标不一致，凝聚力强，效率反倒比较低，因为两者用力的方向不同；如果群体目标与组织目标不一致，群体凝聚力本身也不强，则其与效率的关系不显著。表5-2为凝聚力与组织效率的关系示意图。

表5-2 凝聚力与组织效率的关系

	凝聚力强	凝聚力弱
群体目标与组织目标一致	效率高	效率较高
群体目标与组织目标不一致	效率低	不影响效率

由此可见，群体凝聚力发挥作用的关键是群体目标与组织目标的一致性高低。

在许多情况下，群体内部为了自身的局部利益，可能与组织的利益发生冲突，最终可能为了保护群体的利益而伤害组织的整体利益。比如，市场部为了降低组织的目标，大家集体降低销售额度，以阻止组织提高销售目标。

3）群体凝聚力形成的影响因素

群体凝聚力形成的影响因素包括群体的价值观、群体的规模、外部的威胁、进入群体的难易程度、群体地位的高低和进入限制、个人对群体的依赖、信息的沟通、群体绩效考核的方法、领导的要求和压力等。

第一，群体的价值观。“物以类聚，人以群分”，志同道合，都反映了人与人之间的相似性容易形成凝聚力的规律。一个乐善好施的人与一个斤斤计较的人是很难成为好朋友的；同样，一个以事业和社会责任为重的人，与一个一切以自己利益和地位为中心的人也是很难走到一起的。相似的价值观，决定了人们分析和处理问题、付诸行为的标准的一致性。正因为如此，企业在招聘员工时，非常强调个人与组织的匹配（person-organizational fit），这种匹配不仅仅是与岗位的匹配，而且更多的是与组织价值观的匹配。相同的价值观能够增加人与人之间的吸引力，减少误会，增加沟通的和谐性。在一个群体中，有一两个价值观不同的人还可以通过从众的压力予以调节，如果有多个不同价值观的人，其资历和影响力越大，破坏性就会越强，群体凝聚力就很难得到提升。

影响群体凝聚力的因素有很多，但价值观所处的地位最重要。价值观是长期形成的，一旦形成后可塑性比较低，需要获得认同才能凝聚人心。

第二，群体的规模。俗话说：人多嘴杂，众口难调，人上一百形形色色。规模越大，人心越杂，因此，要形成统一的目标、行为规范，进行充分沟通就很困难，很难形成凝聚力；群体规模小，上述问题就可以得到一定的控制，消除隔膜、误会，克服责任分散的可能性更大，凝聚力形成更容易。据统计，7～14人的班组获得先进称号的比例为82.3%，超过了15人以上的班组获得先进称号的比例。

第三，外部的威胁。如果一个群体与另一个群体有竞争关系，群体内部很容易形成较强的凝聚力。由于群体竞争的出现，群体的成败相当于个人的成败，个人很容易服从群体的意志。在日本侵华时期，整个中华民族这个巨型群体也能形成非常强的凝聚力一致抗日，正是这种凝聚力保证了抗日战争的胜利。拓展训练常常采用小组竞赛形式，大家为了获得集体荣誉，愿意放弃个人的局部利益，为了群体的利益而努力。

在组织管理活动中，可以适当地引入一些相似部门，比如营销团队进行团队竞赛，这种竞赛很容易凝聚团队内部的人心。如果在部门之间开展竞赛，有可能形成部门之间的壁垒，阻碍沟通和协作，造成不必要的麻烦。

第四，进入群体的难易程度以及群体地位的高低和进入限制。群体的地位越高，为了维护群体的尊严，个人求同的可能性就越大。如果群体地位很高，进入门槛也很高，人们就会更加愿意服从群体的规范和目标的要求。

第五，个人对群体的依赖。如果个人离开群体损失太大，个人为了群体的利益调整自己的价值观、工作态度和行为的可能性就会比较大，通过这种让步，可以获得群体所提供的平台的帮助，保护自身的利益。许多年长的员工对组织有感情，舍不得放弃组织正是这种心态的反映，因为年纪大了，学习能力和适应能力有限，失去现在的群体会面临无限的烦恼。

第六，信息的沟通。人与人之间需要就群体的目标、实现目标的办法达成共识。此外，需要通过沟通交流感受和心情，消除误会。如果没有顺畅的沟通渠道，许多问题不能相互理解和支持，不能形成彼此之间的信任，许多误会就无法澄清，最终会影响凝聚力。

第七，群体绩效考核的方法。为了提升业绩，一般情况下，人们愿意选择以竞争为主的模式。然而，竞争并非包治百病的万能方法，特别是当一个部门的工作需要相互之间较多的合作时。在个人业绩与他人业绩区分比较困难的情况下，需要在制订绩效考核方案时，兼顾合作与竞争。

要实现组织的目标和追求，往往需要将这些大目标分解成部门、小群体和个人的目标。可以说，部门、工作团队的目标实现了，组织的目标就实现了。为此，可以采取抓大放小的措施，在进行绩效考核时，优先考核组织、部门目标的实现情况，将这些大目标的实现与否作为个人利益分配的先决条件，然后再将这些宏观利益、中观利益与个人目标考核的结果放在一起考虑，让每个人既关注组织、部门的目标，也关注自己的业绩。

完全只考虑组织和部门的业绩，不考查个人的表现，可能导致社会懒惰现象的出现，这种现象表现为“鞭打快牛，鞭打勤牛”，这些“快牛”“勤牛”短期内可能不会抱怨，但长期持续下去，就会失去积极性。

第八，领导的要求和压力。组织领导的要求和压力，也可以转化成凝聚力。特别是组织领导通过文化建设和制度建设，在思想上、激励和晋升措施上积极倡导和鼓励员工之间、部门之间的合作，有利于群体凝聚力的提升；与之相关，对于缺乏凝聚力的部门、群体采取一定的惩罚措施，同样也能够强制员工采用合作行为。从长计议，这种领导的要求和压力必须转化成可操作的制度，并通过长期的贯彻执行，沉淀为组织的文化；否则，这种办法很快就会失效，因为这种办法不是利诱，而是高压所致。

5.4 群体决策

个人决策和群体决策孰优孰劣？应该如何看待并合理处理两者的关系？有人说，真理往往掌握在少数人手里，也有人说“三个臭皮匠赛过诸葛亮”“集体的智慧是无穷的”。到底如何判断个人决策和群体决策的优劣？如何在具体的情况下，保证决策的科学性，是一个优秀的管理者需要考虑的问题。

首先看看个人决策和群体决策的特点，然后根据决策需要来选择适合的决策类型。决策通常的评价标准无外乎三个方面：(1) 决策的速度。在有些情况下，时间非常紧迫，需要迅速做出判断和决策，再好的决策，如果错过了时间和机会点，都是无效的。比如，2003年发生在我国的“非典”，时不我待，需要快速做出决策，争取时间就能拯救生命。(2) 决策的质量。决策的质量可以从决策的正确性和创造性两个方面考查，正确性是评价决策的好坏，而创造性是判断决策是否具有新颖性。有的决策是按部就班，可能不是解决问题最好的办法；而有的决策则同样解决问题，方法更好。比如，对于中国香港回归问题的解决，一国两制就是非常有政治创新性的，不是回归就一定要按照社会主义制度管理，而是要保持香港的特区地位，使其政治和经济相对稳定。(3) 决策结果的可接受性，即决策的结果是否为大家认可，并变成执行力。邓小平同志当初倡导“实践是检验真理的唯一标准”的观点，就是通过学习和讨论，让大家逐步接受这个观点，以改变人们传统的领袖人物观。一旦人们理解了、接受了，执行起来就更有动力，也能做得更好。从上述三个方面看，个人决策和群体决策各有千秋。从速度看，一般是个人决策更快；从质量和接受性看，群体决策更有优势；从创造性看，个人决策更有新意。个人决策与群体决策的比较见表5-3。

表5-3 **个人决策与群体决策的比较**

项目	群体决策	个人决策
速度	慢	快
正确性	高	低
创造性	低	高
可接受性	高	低

从总体上看，群体决策除了时间因素的不足外，决策的质量和可接受性较高，所谓“三个臭皮匠赛过诸葛亮”是也。之所以其决策质量高，主要因为有以下几个优势：

第一，人多，信息来源广泛，具有多样性。这样就可以尽量避免由于个人信息的单一性而导致的认识偏差。比如，三峡大坝的建设，涉及许多学科领域，既有地质、土木建筑、机电、地理、地球学方面的知识，也有人文、社会、经济、军事方面的知识，仅仅靠个人的智慧来决策容易出问题，需要多方面征求意见，依靠集体的智慧来决策。只有这样，决策才能更加科学、可靠。

第二，决策结果容易被接受。因为参加决策的人，经过反复的讨论，更加明白决策的过程和各种决策方案的优劣，可能没有最好，只有相对合适的决策。人们在观念上达成了共识，宣传、执行起来就更加有动力和信心。

第三，从组织活动的程序看，群体决策更加合法。实施群体决策，反映了大家的智慧，体现了民主意志，更加合法。

当然，从一个具体的群体决策过程考虑，如果不能进行很好的过程控制，也可能比个人决策更差。群体决策的致命弱点是速度慢，如果不能通过决策质量取胜，优势便荡然无存。由于在群体活动过程中，每个成员的地位不一样，如果少数有影响的人物控制了发言权，煽动一群人附和，就可能压制和打击一些不同思想和观点的人，其结果是用民主决策的形式行个人决策的实质，而不能发挥群体信息、认知差异化的优势。此外，由于个人在群体活动中的社会压力，也可能导致个人丧失自我，不愿意或根本不想表达自己的观点和态度。最后，群体决策时，正确的决策是大家的功劳，错误的决策是大家的责任。既然是大家的，就可能与具体的个人关系不大，出现责任扩散现象，不能认真对待。群体决策的优势和弊端见表5-4。

表5-4 群体决策的利弊

优　势	弊　端
信息来源广	浪费时间
信息具有多样性	少数人控制局面
决策结果容易被接受	群体从众压力大
决策过程更为合法	责任不清

从上述描述可以发现：个人决策和群体决策也未必是对立的，有时可以综合使用。联想创始人柳传志曾经在总结决策的规律时说：听多数人的意见，和少数人商量，自己拍板，这就是个人决策和群体决策的综合使用。

具体的群体决策往往受决策群体成员的构成和气氛的影响，可能出现两个不利的心理现象：

第一，群体决策风险转移（group shift），即群体决策往往比个人决策具有更大的冒险倾向。其发生的主要原因是：（1）风险共担。共担风险等于每个人都没有具体的责任，因此警觉性相对更差，冒险性更大。（2）领袖人物的影响。领袖人物的影响力比较大，在出现分歧的情况下，人们更愿意跟着领袖人物走，而领袖人物进取心强，冒险精神也强。

第二，群体思维（group think），是指决策中群体在不知不觉的状况下做出愚蠢决策，导致消极的乃至灾难性的后果。群体思维产生的基本条件是群体本身的凝聚力很强，而且与外界隔绝，这样决策群体的成员很容易受到来自他人的压力，特别是威信较高、作风专断、不善于纳谏的成员，往往左右群体的思维，让人们接纳已有的、偏爱的既定方案。纵使各个成员自己觉得有不同的想法和意见，考虑到大家都不表达不同的心声，这样每个成员会形成一种错觉，别人都同意已有的观点，只是我不同意而已，谁知道我的观点对不对，担心他人笑话，结果自然是没有人有不同的意见。就像《皇帝的新装》一样，只有天真无邪的小孩才敢于说真话，大家都不相信自己的判断了。

为了充分展示群体决策的优势，即集群体智慧、增加决策的可接受性，就需要尽量控制群体决策过程中可能出现的压制群体智慧产生的因素，让每个人的不同观点和声音都有机会表达出来，避免群体思维和群体决策风险转移。考虑到群体活动的特点，经过总结，形成了三种比较有效的群体决策方法，即头脑风暴法（brain storming）、德尔菲法（Delphi technique）和名义群体法（nominal group technique）。

1）头脑风暴法

头脑风暴法也称脑力激荡法。其基本出发点很清楚，即创造一种条件和制度，有利于不同的智慧和创新观念迸发出来。具体做法是，组成一个3~7人的小组，说明有待解决的问题或题目，然后让每个人围绕该问题或题目，尽量发挥想象力，提出尽可能多的解决方案。为了释放人们在群体活动中的压力，在活动之前，通常需要制定严格的规定：如对每个小组成员提出的各种想法不许批评、不许评价，不论这些想法在人们看来有多么荒谬、多么可笑、多么不合情理，都应该让人们说出来；在这种氛围下，就不至于约束人们的积极性和创造性，充分发挥群体的智慧和想象力。头脑风暴法的不足之处是适用于比较简单的问题，对于复杂的问题，如果要提出不同的解决办法可能比较困难，实施难度很大。

2）德尔菲法

这种方法的核心依然是集合多数专家的集体智慧，取得更高质量的决策。同样，为了避免人们在群体讨论情况下的社会压力，即被少数人操纵或担心被他人嘲笑而缺乏独立分析和批判能力，将一些复杂问题决策的意义、必要性、可行性等问题通过调查问卷的形式邮寄给相关领域的各个专家，让这些专家分别独立地就与决策相关的问题充分发表自己的意见，这样，经过几轮求同存异的讨论，各抒己见，最终形成相对合理的决策方案。

具体做法是首先找出与问题相关的各个领域，并列举出这些相关领域的著名专家的名单以及通信地址，然后设计一份调查问卷，问卷中列举出特定决策任务的意义和价值，并说明所需资源、所受到的制约，可能出现的问题及可能的解决方案、解决问题的时机等，通过邮件将问卷邮寄给各个专家，各个专家对相关的问题、解决方案等提出自己的意见和建议，说明理由，寄回。在问卷收回后，对调查问卷的结果进行分类和统计，将结果整理成书面材料，看看在第一轮调查中，哪些问题达成了共识，哪些问题还存在分歧，特别需要指出分歧观点的专家的百分数和主要理由，以及有关专家的工作领域和学术地位，再附上同一份问卷或修改的问卷及回函信封，将问卷发给同一批专家再次进行讨论。

经过几轮的调查和反馈，专家的分歧将会越来越少，共同点则越来越多，最终达成的共识即为专家的集体智慧。

这种方法的优点是控制了不同的专家之间的相互影响，避免个人受他人压力影响而创新不足的状况，同时节约了差旅成本。该方法的不足之处是由于没有面对面的交流和思想碰撞，可能缺乏灵感和创见。

3）名义群体法

该方法也是为发挥群体智慧而设计的一种决策方法。同样，这种方法也需要将众人的智慧展示出来，而尽量避免碍于情面、压力、他人操纵所导致的人云亦云现象。具体过程如下：

预先通知决策小组成员开会的时间、地点，但是不告知会议的议题。一般情况下，每次只讨论一个议题，且不超过两个小时。在小组成员到齐后，主持人宣布决策议题，并指定一段时间用于每个人就议题进行独立思考，尽量多地提出自己的解决办法，时间通常是15~20分钟。在此期间，不允许成员之间商量，也不允许有一些分心的活动，如看报纸、文件。

接下来是轮流发言，陈述己见。按照一定的顺序（也可以是随机的），每个人将自己的观点呈现出来，每次只允许报告一个观点，如果与他人重复，就省略；这样经过几轮下来，直到所有的观点都陈述完毕。指定专门的人记录小组成员的观点，写在黑板或白纸上，并让每个人都能看见。对已经陈述的观点和意见有不明白的地方，可以要求澄清或解释，在这个阶段，既反对鼓吹，也反对批评，只能就事论事，客观说明观点和事实，让参加讨论的人形成自己对各个观点的看法。

最后，主持人要求每人从记录在黑板或白纸上的意见或方案中，按照有效性，以书面的方式列举出一定数量的较好的方案来。通过唱票和统计，由主持人确定筛选标准（如支持率超过90%），从中获得一定数量的观点或方案，作为群体决策的结果。

表5-5为传统方法、头脑风暴法、德尔菲法和名义群体法的比较。

表5-5 **不同群体决策效果的评价**

项目	传统方法	头脑风暴法	德尔菲法	名义群体法
观点的质量	低	中等	高	高
观点的数量	少	中等	多	多
社会压力	大	小	小	中等
决策速度	中等	中等	低	中等
可能的人际冲突	高	低	低	中等
成就感	从高到低	高	中等	高
对决策结果的认同	高	不适用	低	中等
群体凝聚力	高	高	低	中等

资料来源 罗宾斯S. 组织行为学［M］. 孙健敏，译. 北京：中国人民大学出版社，2002：255.

5.5 团队与团队建设

群体是为了完成群体的目标、由两个以上的个人组成的相互作用的人群。由于群体的目标与成员个人的利益没有紧密地结合在一起，加上成员之间可能缺乏沟通或信任，成员之间的互动范围受到限制，互动频率较低，因此，工作群体的绩效可能小于或等于每个个人贡献的总和。而工作团队（work team）则不同，它通过强化团队的目标，促使团队成员共同努力，产生积极的协同作用，使团队的绩效水平远远大于个人贡献之和。图5-4为群体与团队的区别示意图。

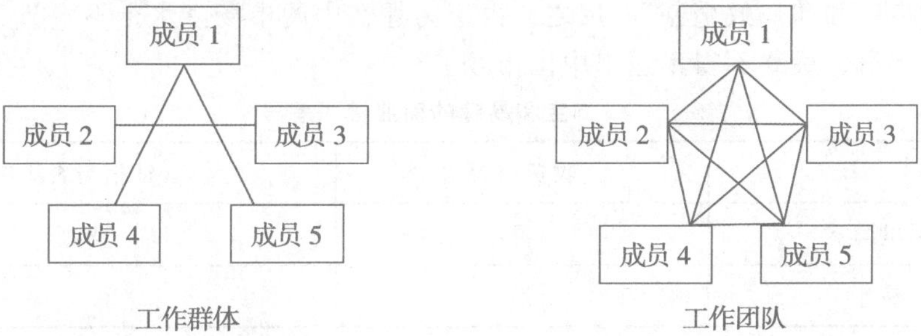

图5-4　群体与团队的区别示意图

1）团队的条件

从本质上看，团队只是群体的一种特殊表现形式，群体可能是多个人的松散联盟，而团队则是多个人关注目标、齐心协力、步调一致、求同存异、相互信任的紧密联盟。如果一个群体具备了如下特征，就可以将该群体称为团队。

第一，有清晰的目标。团队的成员明确团队的目标，坚信团队目标所包含的意义和价值，并且将个人目标与团队目标紧密结合起来，明确自己的目标在团队目标中的地位和作用。

第二，相互的信任。团队成员之间对彼此的能力、人品比较有把握和信心，即使其中某个成员为了团队的目标和利益，对其他成员进行了批评，对方也能够从大局出发，从善意的理解出发，彼此包容和原谅，而不是打击报复，相互怀疑对方行为的动机。有了相互的信任，就不至于浪费太多的精力相互猜忌和防范，增加团队运行的成本，影响团队运行的效率。这对于实现1+1>2非常有帮助。

增强彼此的信任，实行自我约束，可以减少监督和控制成本，提高对人际关系的心理满意度。

马云的商业模式成功，其实就是很好地解决了商业贸易之间的不信任问题。根据哈佛案例中心的研究，阿里巴巴的商业模式与美国易趣（E-Bay）的差异主要体现在两个方面，即收费与否和征信与否，见表5-6。美国是个高商业信任的国家，违信的成本非常高昂，所以，易趣的商业模式里是不征信的，在美国的商场和超市，有无理由退货的规定；由于存在商业服务，为了改善和提升服务质量，肯定要收费，世上没有免费的午餐。而阿里巴巴早期，其商业模式与易趣迥异，采取了征信的模式，以及免费的模式。因为征收信用，阿里巴巴作为信用的化身，保障电子商务消费的信用安全性，在交易双方达成满意的消费之前，把钱押在阿里巴巴的支付宝里，当购买者收到货品，而且感到满意，同意支付时，支付宝才把费用支付给卖家。由于设置了该环节，加上免费的诱惑，导致网络交易的快速发展和攀升。也因为规模效益，改变了人们的消费观念，让阿里巴巴成为巨型的、有影响的平台型公司。后来，不仅淘宝挤压了易趣在中国的市场份额，形成了一股独大的格局；而且，由于有支付的时间差，形成了"余额现金库"，这个资金的存在，催生了后来的"余额宝"和"蚂蚁金服"。反之，由于易趣在中国市场"水土不服"，导致市场份额急剧下滑，最终不得不退出中国市场。

表5-6 **淘宝和易趣的商业模式差异**

	收费与否	征信与否
阿里淘宝	否	是
易趣	是	否

【理论应用5-3】 人际信任

人际信任（interpersonal trust）是人际关系中最重要的元素之一，大到企业之间的生意往来，小到在日常生活中与他人交往，都需要有人际信任的存在。如果人与人之间彼此缺乏信任，则势必要花费额外的时间去揣测对方的真实意图，如此一来，不但生意很难赚钱，而且个人随时都活在恐惧之中。罗素（Denise M.Rousseau等，1998）总结了前人的研究，认为人际信任是基于对对方意图和行为的积极预期，愿意向对方暴露自己的弱点并且不担心被利用的一种心理状态。

人际信任有以下一些特征：

（1）相互依赖性。人际信任产生于人与人之间，并且彼此需要某种程度的相互依赖，双方只有靠与对方的合作才能达到某些目的，如果彼此不必依靠就表示双方没有任何关联，也就不需要担心任何损失，从而也就不需要发展人际信任。

（2）风险性。信任他人是有风险的。信任关系的风险主要来自于彼此关系的不确定。因为我们无法控制对方的行为，而又必须依靠对方的帮助才能获得相应的利益，万一对方选择背叛，我们就很容易受到伤害。当然，风险的存在也为信任创造了机会，而信任令人敢于承担风险。如果绝对没有风险，信任也就不必要了。

（3）积极的预期。人际信任是基于对对方的积极预期产生的。也就是说，我们相信对方的行为会符合我们的利益。相反，如果我们觉得对方只有自私的企图，信任就不会产生。例如，主管虽然对下属的能力非常有信心，但是如果他对下属的企图持怀疑态度，他可能不会把任务交给下属，就算他把任务交给下属，他也会秘密地监控下属的表现。

根据人际信任产生基础的不同，可以把人际信任分为认知信任（cognition-based trust）、情感信任（affect-based trust）和制度信任（institutional trust）。认知信任是指当我们了解了有关某个人的可信性与可靠性证据之后，而产生的信任对方的意愿。这是根据经验进行理性判断的结果，依据一定的理由相信对方的能力、正直、诚实、公正和可靠等个人特征。在我们刚刚开始与某个人交往时，因为对他不了解，所以此时最主要的证据是来自于他人的口碑；而在交往一段时间以后，我们逐渐了解了对方，渐渐知道了他的能力高低，诚实与否等可靠性的证据，这些亲身经历会增强或减弱对对方的信任程度。

情感信任是基于对某个人的情感依附而形成的信任对方的意愿。情感信任基于相互的关心与照顾，反映信任双方之间特定的情感联系。信任者认为信任对象真正关心自己的利益，从而产生情感的依恋与投入。情感付出常常是没有所谓正当理由的，情感信任更多的是一种感性的表现。当人际信任关系发展到一定程度才会产生情感的交流，这种情感的交流会加深双方的信任关系。但是双方的情感需要一段时间的培养，所以情感信任不太可能出现在人际关系发展的初期。

制度信任是在法律法规以及社会规范的基础上形成的。制度信任是指在法律法规以及社会规范等因素的制约下，我们相信对方会表现出令人信任的行为。所以，组织的规章制度等是替代个人信息和交往经验的又一信息来源，在组织的正式制度和非正式规则中都蕴含着某种不言而明的知识。制度信任不是由人们理性的计算结果推断出来的，也不是一种明确的契约。它是组织成员对制度或规则所达成的共识，依赖于成员对制度和规则认同和内化的程度。我国是社会主义国家，国家的法律法规与道德规范都会促进人际信任的产生，在这些法律法规与道德规范的约束下，我们相信他人的行为是值得信任的。

刘易齐等（Roy J.Lewicki和Barara Benedict.Bunker，1995）把人际信任的发展阶段分为谋算型信任（calculus-based trust）、知识型信任（knowledge-based trust）和认同型信任（identification-based trust）。

谋算型信任在人际交往的初期形成。因为在交往的初期，彼此不是很了解，盲目信任对方存在很大的风险，所以在这一阶段存在一个计算的过程。如果对方从某一行为中获得的利益大于付出的代价，那么我们就会认为对方将会表现出这种行为。由此可见，在谋算型信任阶段，双方的人际互动过程以动机过程为主。随着交往的加深，彼此逐渐了解了，并且能够准确预测对方的信任行为，以至于有些信任关系发展成为知识型信任，因此，在知识型信任阶段，双方的人际互动过程以认知过程为主。随着关系的进一步加深，双方开始认同彼此的价值观，并将对方的价值观内化，以至于彼此可以完全信任，甚至可以代表彼此的利益。因此，在认同型信任发展阶段，双方的人际互动过程以情感过程为主。Roy J.Lewicki和Barara Benedict Bunker提出的人际信任发展阶段的特征见图5-5。

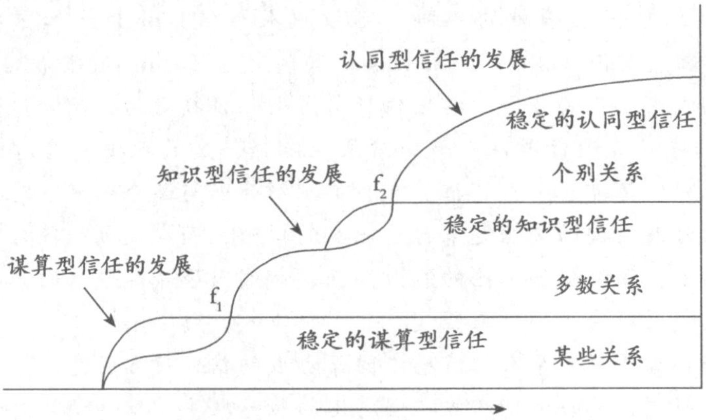

图5-5 信任发展阶段的特征

注：在点f_1上，一些谋算型信任关系转变为知识型信任关系；在点f_2上，为数不多的呈现积极效果的知识型信任发展为认同型信任关系。

人际信任的发展阶段并不完全遵循上述三个阶段，因为每个阶段都有可能存在三种信任类型，并且不是所有的信任关系都会经历这三个阶段。信任关系可能只经历第一个或第二个阶段，而没有达到第三个阶段，也有可能不经历第二个阶段而直接达到第三个阶段。

第三，相关的技能。团队目标的实现，需要团队成员具有完成团队目标的基本能力和技能，对各自所承担的工作负责。在团队内部，相互之间能力的差异性和互补性很重要，一方面，这种互补性使整个团队的智慧全面，应对能力增强；另一方面，成员之间相互竞争的可能性减小，"同行成为冤家"的可能性减小。

第四，良好的沟通。沟通渠道的畅通，一方面可以增强彼此的信任感，消除误会，提升人气和凝聚力，另一方面还可以相互启发、督促，提高工作效率。沟通是互通有无、交流工作心得、了解工作进展、解决存在的问题的重要途径。通过沟通，团队成员对团队的总体进展更加清楚，对团队工作与目标的差距更加明确，有利于团队任务的高水平、如期完成。

第五，一致的承诺。团队成员彼此之间关系融洽，对团队表现出较高的忠诚度，愿意为了团队做更多的事情，不计较细小的利益得失。

第六，恰当的领导。有效的领导者能为团队建立愿景，指明方向，鼓舞团队成员的信心，使团队成员充分挖掘自己的潜力。

2）异质团队建设

团队有许多种。这里主要介绍跨部门团队，即异质团队。跨部门团队是为了完成某一个任务而组成的临时团队。随着市场竞争的白热化，顾客对服务的要求比以往任何时候都高，为了更好地面对顾客、提供及时和优质的服务，各种跨部门任务团队、项目团队日益普及，如变电站的建设和安装、汽车的一站式维修和保养、新产品的研究开发。这种团队目标明确，但需要不同部门员工的相互合作，而每个成员都可能在不同的项目中承担许多其他的任务。图5-6为跨部门团队组成示意图。

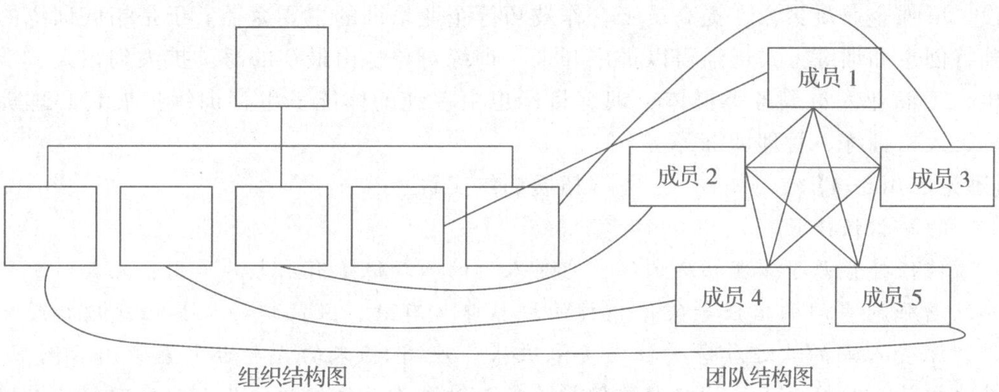

图5-6 跨部门团队组成示意图

美国属于个人主义价值观比较强势的国家，为了应对知识经济时代的市场竞争，也在大力弘扬团队精神，并且根据团队精神营造的原理，开发了一系列的培训活动，以提升团队成员的思想意识和行为作风。

我国加入WTO后，国门进一步开放，面对日益激烈的竞争，如果不能增强组织内部的凝聚力，则很难与资本、技术、管理都明显更胜一筹的外资企业竞争。为此，许多企业寄希望于团队精神训练，使不大团结的人心能够凝聚在一起，只有众志成城才能所向披靡。许多国内知名品牌公司都进行了相关的培训。通过培训，员工普遍认识到合作的力量、信任的力量、沟通的力量。然而，一旦员工回到原来的单位，老毛病又犯了，该合作的时候谁也不愿意吃亏，该信任的时候相互猜忌，该沟通的时候回避问题的实质，结果不能拧成一股绳，整个组织缺乏应有的合力和凝聚力。部门之间相互不合作，计较得失；内部成员之间不合作，缺乏信任，担心自己的利益受到损害。可以肯定，如果每一个团队成员都过分计较得失，不能像拓展训练时那样记住团队的目标、忘记小我，就不可能达到拓展训练所追求的效果。

拓展训练的英文为outward development，意为一艘小船驶离平静的港湾，义无反顾地投向未知的旅程，去迎接一次次挑战，去战胜一个个困难。这种训练起源于第二次世界大战期间的英国。当时大西洋商务船队屡遭德国人袭击，许多年轻海员葬身海底。人们从生还者身上发现，他们并不一定都是体能最好的人，但却都是求生意志最顽强的人。一些研究管理和组织行为的专家从这些事件中得到启发，因为他们认为，在当时工业化的社会里，很多管理者、企业家也有着和那些年轻海员同样的境遇，但由于他们的心理素质不够好，结果造成他们不能坦然面对来自竞争、生活和工作的挑战和压力。当这些挑战和压力较大时，就导致他们工作和生活行为的错位和变异。因此，英国就很快出现了一所叫作Outward Bound的训练学校，这所学校利用户外活动的形式，对管理者和企业家进行心理和管理两方面的培训。近年来，拓展训练逐步走入外企和其他现代化企业的培训日程，成为这些企业团队建设、增强企业凝聚力、提高员工合作技巧等企业培训的主要途径。于是拓展训练的独特创意和训练方式逐渐得以推广开来，训练对象也由最初的海员扩大到军人、学生、工商业人员等各类群体；训练目标也由单纯的体能、生存训练扩展到心理训练、人格训练、管理训练等。

【理论应用5-4】 拓展训练实践

（1）信任摔背。

信任摔背源于心理拓展训练，它对人们的心理锻炼有很大的作用，尤其对责任感及增强同事间的信任等集体精神的培养非常有效，且此练习极具挑战性和趣味性，深受人们的欢迎。每一位学员依次从一座高1.5米的背摔台上直身向后倒下，其他学员在背摔台下平伸双臂作保护，从而对自己无法控制的局面，靠理智及对同伴的信任战胜恐惧，切身体验什么是“充分信任、相互依赖”。

具体的操作方法如下：

第一步，体验原地直体后倒身体着垫的感受。教师讲解直体后倒的要领“身体直立两腿并，臂部（肌肉）夹紧（两）肩后张，自然后倒不蹬地”，并进行示范。然后各小组分别在跳高用海绵包处进行练习，体验原地直体后倒身体着垫的感受。

第二步，高位直体后倒，战胜自我，消除恐惧感。让学员从1米的高度和2米的高度练习直体后倒，倒在两层大约80厘米厚的海绵包上，要领同第一步，使练习者体验从克服极度恐惧到战胜自我的成功喜悦。同组学员在垫子的三面进行保护并观察练习者的动作。

第三步，完整练习，增强责任心和信任感。练习者从2米的高度（由课桌搭成）直体后倒，小组其他成员均分两队，面对面站立后手拉手形成保护网，接住练习者，防止练习者有任何不适。要求保护者对同伴的安全有高度的责任感，练习者对同伴的保护绝对信任。练习时，为了安全，在手拉手形成的保护网下仍保留一块跳高用的厚海绵垫。

（2）时代列车。

项目简述：全体队员双手提绳，双脚分别踏在两块木板上，大家一起开动列车。

分享要点：懂得只有齐心协力、步调一致才可取得最终胜利。

活动奖品：参与人员每人一份，获胜队队员可多得1份。

从根本上讲，团队或群体价值观的一致性是形成团队的基础。每个人都试图坚持自己的利益或价值取向，就像朝不同方向用力的马，难以形成合力，也就难以完成团队的目标。在市场经济条件下，同一个组织的不同部门，同一部门的不同岗位尽管都重要，但重要性有大小之分，就像一个人的各个器官，从头、皮肤、眼睛、鼻子、耳朵、四肢、心脏、大脑等，对于人的生存和发展都是有作用的，经过漫长的进化，没有作用的东西差不多都消失了，存在就是合理，存在就有价值，但是这些器官对于人的生存和发展的作用是不同的。没有了头发，不会危及人的生存和发展问题；没有了四肢，行动不方便了，就业机会减少了，生存能力下降了，但不会危及生命；心脏和大脑出问题了，人的生命就会受到威胁。一方面，组织应该追求和谐相处，缺少了哪个部门和个人，对组织的正常运转都会造成或大或小的危害；另一方面，各个部门和岗位的重要性的确又不相同，需要每个人的理解和支持，简单地追求平均主义，认为缺少了自己组织就不运转了的想法是错误的，要看你在组织中的作用是否如人的大脑、心脏、肝脏那般重要，否则只要市场化程度高，就可以找到替代的员工。

其实，每个人只要发挥了应有的作用，体现了自身的价值，组织能够和谐、高速运转，组织就充满竞争力和活力，就能获得更大的利益。有了源头的利益保证，就如大河源头有水了，下游也就可能有水了。

图5-7列示了持久的团队精神的支柱所包含的因素。组织员工的思想统一了，还需要组织建立与价值观一致的管理制度，特别是分配和晋升制度。因为员工进入组织是带着利益追求来的，而分配和晋升代表了个人利益追求的两个重要的方面，如果不能制定符合企业价值观的制度，就不能统一员工的思想，员工就不能像拔河那样心往一处想，劲往一处使，而是你走你的阳关道，我走我的独木桥，成为一盘散沙。其实，在我国的团队建设中，通常忽视了一个潜在的、容易被忘记的假设：团队成员共享的、认同的价值观，特别是工作价值观和分配价值观。否则，即使短期内团队成员表面和谐了，但很难长久合作。这也如冰山模型一样，共享的价值观尽管看不见，但并非不存在，并且作用非凡。

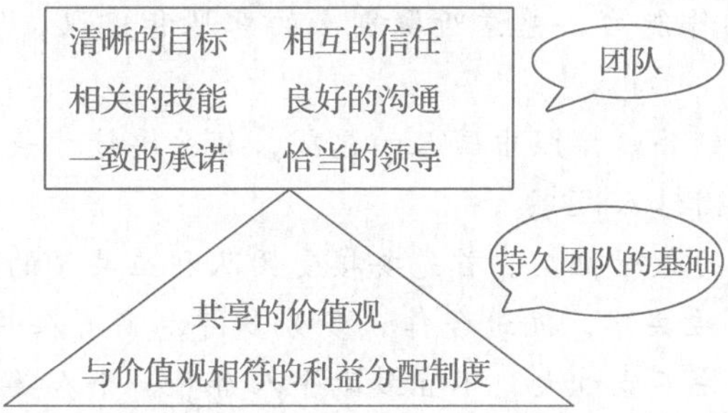

图5-7 持久的团队精神的支柱

【理论应用5-5】 高效团队的建设

第一种团队是足球队型团队。足球队中的队员都有固定的位置。但是，在足球队中，队员是作为一个团队来踢球的。医院的医疗部门集合在一起抢救一名早上3点钟陷入休克的病人，他们是“足球队型团队”。日本汽车制造企业的设计团队就是足球队型团队，底特律的汽车制造企业与宝洁公司匆忙效仿的也是日本人的模式。按工程师的话说，设计、工程、制造和市场营销等部门的人在工作关系上是“平行的”。这是典型的异质团队，每个成员分工不同，但目标一样，相互信任与合作。

第二种团队是网球双打型团队。在网球双打型团队中，成员有主要工作，但位置不是固定的。人们希望他们能“弥补”队友的“漏洞”，根据队友的优缺点和不断变化的“比赛”需要进行调整。这种团队既是小型爵士乐队采取的团队形式，也是大公司采取的团队形式，其中的成员包括高级管理者，他们是“总裁办公室”的成员。这种同质性团队需要团队成员有较强和较全面的能力以及合作精神。

高效团队的建设需要从以下几个方面着手：

第一，要有共享的、明确的目标。团队成员在一起工作，就是朝着共同的目标努力，目标清晰，且为团队成员所认同，大家就找到了行动的方向和灯塔，不至于迷失方向。

第二，要限定适当的规模。规模越大，人心越杂，人的理想和价值观就越难合到一起去；而且，规模大了之后，人与人之间沟通也很困难，利益分配也容易出现不公平的问题。一般来说，团队成员不要超过12人，其实5~7人可能更好。

第三，挑选合适的成员。合适的成员有几个含义：①有共享的价值观和追求，这是人们走到一起、避免误会的重要基础；②能力、性格合理搭配，不同的人能力不同，性格互补，内向和外向结合、细心和粗心结合、感性和理性结合；③有一定的沟通和协作能力，愿意听取别人的意见和建议，宽容，主动与人合作和沟通。

第四，有合适的领导。按照中国人的愿望，领导要德才兼备，有才，能够做正确的事，有德，能够团结人做事。

第五，建立合理的激励机制。首先要接受团队利益共享的分配理念，其次要适当考虑多劳多得。利益共享，促进合作；多劳多得，满足人的竞争心。一般来说，团队分配时，人际差异不宜过大，不宜鼓励个人奋斗、个人英雄主义，否则容易产生离散心。

3）中国人的团队建设

中国人在西方人看来属于集体主义的，比较团结、合群；看重集体活动。对于注重团队合作竞争的今天，团队建设的价值无疑意义重大。然而仔细分析下来，中国人的团队建设有以下几个难点：

第一，人与人之间较低的信任。在我国传统农业社会时期，由于流动性较低，违背信任的成本较高；再加上传统文化重视信任，相对而言，违信行为较少。改革开放后，我国处于市场经济初期，物质生活条件不是十分丰富，为了谋生和过好日子，人的流动性很高；加之失信的成本很低，违信行为普遍。部分人相信“有钱能使鬼推磨”，利益让人为所欲为。

当今社会的信任成了各个行业最大的危机，坊间流传的段子就是失信的最好写照：为获得医疗事故赔偿，患者成了医疗专家；为拿到拖欠工资，农民工成了劳资专家；为避免买到假货，消费者成了识假专家；为逃避城管，小商贩成了游击专家；为讨回公道，上访者成了法律专家。

在熟人之间，中国人喜欢模糊，加上爱面子，很多涉及名利的事情事先没有明晰；而一旦事业有成、开始分配名利时，相互的猜疑就出现了，所谓“可以共苦，不可以同甘”。经常看到的是：每个人都站在自己的立场上思考，不能换位思考，从合作的角度、长期利益的角度思考。处于权力高层的人认为自己付出多、能力强，自然制定有利于自身利益的分配模式；处于中层的人则认为自己得到的少，付出的多，被上级克扣了，不和谐；同级之间也是矛盾重重，原来没有名利可分倒相安无事，现在要论功行赏了，相互都不买账，都觉得自己能干，排斥他人。

第二，每个人都想出人头地，过度竞争，而位置、名利资源有限，这就必然会导致相互攻击、拆台，合作困难。所谓“一山不容二虎”，而山头有限，欲望无限，每个人都认为自己是最好的、最能耐的，最终无法妥协。这种过度竞争所导致的问题酿成了很多悲剧。国美电器的董事长黄光裕与职业经理人总经理陈晓的斗争，就是经典案例。

第三，价值观不同的人组合在一起容易产生冲突。理论上“志不同，道不合”；在现实生活中，由于种种原因，比如相互的利益需要，历史机遇造就的现实，经常会出现不同志向的人走在一起了。短期内，在没有明显利益冲突的情况下，大家还能同舟共济，一旦产生利益冲突，分歧就可能放大，最后团队走向斗争和瓦解。

总结下来，中国特色的团队模式可分成三种类型：军队式的团队、儒家文化团队和西方式团队。

军队式团队的特点是军事化纪律，军人以服从为天职，为了明确的奋斗目标，求大同，存小异。在军事化团队中，利益分配格局是既定的，不能因为个人意见而改变。控制个人欲望的办法就是纪律和服从，最后的结果是：大家为了共同的目标，放弃小我，成就大我（团队目标），如航天团队、军事化救援队、华为团队、万达团队、万科团队就具有这个特点。

儒家文化团队的特点是强调团队领袖的个人魅力，这些团队领袖德才兼备，能够服人。首先，团队领袖有才能，能解决他人不能解决的问题，勾画事业发展蓝图；其次，团队领袖能够牺牲短期的自我利益，关心团队成员的利益；再次，团队领袖有一定的管理才能，敢于扬善抑恶，主持公道，营造良好的团队气氛。

西方式团队强调以团队任务为目标，分工沟通和协作，在利益分配上，以市场化的方式运作，并接受市场化的分配观。这类契约式的团队可能是未来发展的方向，其前提是人们的契约观念增强，大家都按照约定俗成的契约行事，把更多的心思和精力放在任务的完成上，减少人际、利益冲突导致的破坏力和内耗，提高团队的效率和凝聚力。

上述三种典型模式在我国都有，但更多的是混合模式。到底哪种模式更加适合我国的团队，还需要不断地探索和总结。

本章小结

群体是两个人以上、有共同目标或需要，在行为上相互影响的人群。群体的种类从不同角度划分，可分为正式群体与非正式群体；内群体与外群体；实属群体与参照群体。群体对个人行为的影响主要有社会助长作用、社会抑制作用和社会懒惰行为。

群体活动的规律主要包括从众现象、责任扩散现象、角色期待以及竞争与合作。群体形成与发展主要经历以下几个阶段：组成、震荡期、规范期、执行任务期和解散。

群体决策较个人决策在正确性、创造性及可接受性上有明显的优势，但也存在一些弊端，如群体决策风险转移、群体思维。在群体决策中应利用头脑风暴法、德尔菲法和名义群体法，尽量控制可能出现的压制群体智慧产生的因素，充分发挥群体决策的优势。

群体凝聚力是指群体成员彼此吸引、愿意留在群体内，以及愿意分担群体目标的程度。群体凝聚力对生产率是否有促进作用，关键取决于群体的目标与组织目标是否一致。群体凝聚力形成的影响因素主要包括：群体的价值观、群体的规模、外部的威胁、进入群体的难易程度、群体地位的高低和进入限制、群体成员间的信任、群体的考核方法等。

团队是群体的一种特殊表现形式，团队的特征主要有：有清晰的目标、相互的信任、相关的技能、良好的沟通、一致的承诺和恰当的领导。持久的团队精神不能仅仅寄希望于团队精神训练，而要依靠建立一致的价值观及与价值观相符的利益分配制度。

关键概念

群体　从众现象　角色冲突　群体决策　德尔菲法　头脑风暴法　名义群体法　群体凝聚力　团队

单项选择题

5.1　由组织正式文件明文规定的、群体成员有固定的编制，有规定的权利和义务，有明确的职责和分工的群体属于（　　）。

A.非正式群体　　B.正式群体　　C.小群体　　D.参照群体

5.2　当群体目标和组织目标一致时，凝聚力与生产率的关系就会出现（　　）。

A.高生产率低凝聚力　　B.低生产率高凝聚力

C.高生产率高凝聚力　　D.低生产率低凝聚力

5.3　下列属于团体决策的优点是（　　）。

A.可供选择的余地小　　B.可以增加群体的压力

C.增加决策的合法性　　D.可以明确成员的责任

5.4　头脑风暴的基础原则是（　　）。

A.不许批评　　B.不安排团体成员见面讨论

C.匿名方式　　D.量变酝酿质变

5.5　采用名义群体法进行决策的优点主要有（　　）。

A.成员的机会均等　　B.决策时间有严格的控制

C.决策程序灵活多变　　D.成员决策时可以从别人那儿获得灵感

5.6　为增强群体凝聚力，应该（　　）。

A.扩大群体规模　　B.提高进入群体的门槛

C.放松业绩压力　　D.吸收价值观不同的成员

思考题

5.1　非正式群体有哪些积极作用和消极作用？

5.2　举例描述群体发展的阶段及各阶段特征。

5.3　分析从众现象、责任扩散现象产生的原因是什么，以及如何避免这些现象的产生。

5.4　影响群体凝聚力的因素有哪些？

5.5　举例说明群体决策风险转移、群体思维，以及它们对群体决策产生的影响。

5.6　比较群体决策与个体决策的优缺点。

5.7　试对比团队与群体的异同。

5.8 请设计一个提高团队凝聚力的游戏。

案例分析题

俞敏洪的创业团队

随着电影《中国合伙人》的热播，新东方总裁俞敏洪的创业故事进一步为大家熟知。事实上，俞敏洪和他的团队一直是大家茶余饭后的话题，从一个简陋的培训班到今天的新东方教育集团，俞敏洪带领的新东方团队功不可没。

1993年，俞敏洪创办了新东方培训学校。在创业伊始，整个新东方只有俞敏洪一个人，工作地点是一个不足10平方米的漏风的办公室。在寒冷的冬天，他还要自己拎着浆糊桶到大街上贴广告，招揽学员。

俞敏洪喜欢教书，他曾经说过："我这辈子什么都可以离开，就是不可以离开讲台。"困难对俞敏洪来说真算不了什么，正如他自己常对学生们说的那样："绝望中寻找希望，人生终将辉煌！"在这样的逆境中，俞敏洪凭着毅力和智慧使新东方不断发展，到1994年，新东方已经有几千名学员，在北京也是小有名气。

由于新东方规模的扩大，俞敏洪感到仅凭自己一个人不能有效管理这家规模逐渐扩大的公司，于是他开始打造自己的新东方教育团队。

一、招揽人才

在当时，有一股出国热，并且人们在工作、学习、晋升等方面对英语有着多样化要求，国内掀起了学习英语的热潮，许多优秀教师都加入到英语培训这个行业。俞敏洪认识到要想取得自己的竞争优势，把新东方做大做强，必须具备一流的师资。在这种情况下，俞敏洪需要找到更多的合作伙伴来帮他管理公司，这样的人，不仅要有过硬的专业知识和能力，更要和俞敏洪本人有共同的办学理念。

这时他想到了北大时候的同学王强和同事徐小平等人。这些人不仅符合业务扩展的要求，专业基础扎实，更重要的是这些人作为自己在北大时期的同学、好友，在思维上有着一定的共性，肯定比其他人能更好地理解并认同自己的办学理念，合作也会更坚固和长久。

1995年，俞敏洪亲自去国外找到在北大时的朋友徐小平和王强。俞敏洪讲述了新东方的创业和发展、未来的构想、自己的理想、对人才的渴望，并希望徐小平和王强回国帮忙，这使徐小平和王强重新回到国内加盟了新东方。后来，杜子华、胡敏、何庆权、包凡一等人陆续加入新东方，新东方就像一个磁场，这一批从海外归来的精英迅速聚集在新东方，这群年轻人身上积蓄的需要爆发的能量在新东方充分得到了释放。

二、团队建设

在新东方团队组建的过程中，俞敏洪一直在考虑如何让这支高精尖的队伍最大程度地发挥作用。新东方团队这么多年能够不断发展壮大，一靠新东方优秀的企业文化；二靠新东方独特的利益分配方式。

1.鼓舞一代人——新东方精神

俞敏洪常对学生说："绝望是大山，希望是石头。但是，只要你能从绝望的大山上砍下一块希望的石头，你就有了希望。"这句话就是新东方精神的写照，在新东方最困难的时候，是新东方精神一直鼓励着俞敏洪把学校办下去；而后，这一精神逐渐发展成为新东方的企业文化，一直鼓励着每一个在这里学习和工作的人。优秀的管理理念，切实的让利行为又让每一个新东方人找到了自己的价值，踏实工作。从新东方的身上，可以看得到文化的力量，看到企业精神对企业的深远影响。

2.制胜的法宝——让利

俞敏洪曾经说过："公司发展时期的三大内涵，第一是治理结构，公司发展的时候一定要有良好的治理结构；第二是要进行品牌建设，品牌建设不到位的话，公司是不可能持续发展的；第三是利益分配机制一定要弄清楚，到第三步不进行分配是不可能的，人才越聚越多，怎么可能不分配呢。"在一个团队的建设过程中，利益分配是重中之重，俞敏洪深知这一点。新东方创业之初，为了提高团队成员的斗志和凝聚力，俞敏洪提出了他的利益分配方式：让利。"让利于学生，让利于教师，让利于管理者，让利于社会。"这个浅显的道理却是取胜的真谛，是俞敏洪成功的基础，也是新东方管理文化的精髓。

副校长徐小平曾经说过："一个人能创造多大的价值？所以我们需要合作，合作的基础当然不能仅仅基于友情，更重要的是利益的协调，智慧的相互完善，还有人格的魅力和必要的妥协。"在新东方，你能有足够的舞台展示自己，个人的才能可以得到最大的发挥，个人的报酬也能得到充分的体现。在新东方，只要你有实力，到处都是机会。

对管理者的让利使得俞敏洪周围形成了新东方强大的管理团队，也使新东方能够迅速发展。这个团队在全中国都是数一数二的，他们之间的矛盾绝不少，但从没有过"散伙"或"集体辞职"之类的事情发生，这样的团队才能保障新东方事业的未来。

同时，俞敏洪秉承"比别人多做一点，比别人做得好一点"的朴素的创新思维，合理架构自己的团队，寻找和抓住英语培训市场上别人不能提供或者忽略的服务，使新东方的业务体系得以不断完善。

其中，徐小平开设的"美国签证哲学"课，把出国留学过程中一个大家关心的重要程序问题，上升到一种人生哲学的高度，让学员在会心大笑中思路大开；王强开创的"美语思维"训练法，突破了一对一的口语训练模式；杜子华的"电影视听培训法"已经成为国内外语教学培训极有影响力的教学方法。很多新东方的老师都形成了自身独有的特色，并根据自己教学中的经验和心得著书立说。新东方成了一个有思想、有创造力的地方。

俞敏洪的成功之处是为新东方组建了一支年轻而又充满激情和智慧的团队，这群年轻人鲜明的个性让新东方总是处在一种不甘平庸的氛围当中。

三、团队的领导者——俞敏洪

俞敏洪作为新东方团队的领头人，中国英语考试的“教父”，对新东方团队发展的作用是毋庸置疑的。

“没有俞敏洪就没有新东方”，这话一点也不夸张。从东方大学的外语培训部到那个简陋的临时办公室，再到眼前这个屡创辉煌、全国闻名的新东方学校，无一不渗透着这位传奇校长坚韧的个性、闪光的智慧、执著的追求和脚踏实地的奋斗精神。拎着浆糊桶到处贴广告已经成为一段佳话，它已成为一部在逆境中勇于实现自我的绝好教材。在课上或演讲时，他总会将这些亲身感受说给大家听，最吸引人的绝不仅是学习英语的技巧和方法，更重要的是在他的身上能感受到的那一股来自灵魂的力量，这股力量注入每一个学员，注入整个新东方！

俞敏洪自己也承认：论学问，王强出自书香门第，家里藏书超过5万册；论思想，包凡一擅长冷笑话；论特长，徐小平梦想用他沙哑的嗓音做校园民谣。他们都比俞敏洪厉害。但是俞敏洪自身的包容和坚韧的性格让他能够包容管理这群高精尖的队伍。他从来不搞个人英雄主义，把新东方的成功归纳为团队的力量。直到现在，新东方上上下下都称俞敏洪为“俞老师”，没有人喊他老板。俞敏洪说过：“我唯一能做到的是不管会议上大家讨论得多么激烈，不管意见多么不一致，但是最后我都能够把大家的意见综合起来，采纳其中最好的东西，再重新整合成新东方的战略、文化和发展前景，继续带着大家往前走。”这恰恰是一个优秀的领导者必须具备的素质。

四、团队中的“孙悟空”

在一次活动中，牛根生客串主持人，向马云和俞敏洪提出了这样一个问题：《西游记》中由唐僧率领的取经团队被公认为是一支“黄金组合”的创业团队。四个人的性格各不相同，却又同时有着不可替代的优势，如果只能从这四个人中挑选出两个人作为创业成员的话，你会挑选哪两位？

马云选择了沙僧和猪八戒，俞敏洪不赞同马云的选择，他认为猪八戒不适合当一个创业伙伴，猪八戒是很能搞活气氛，让周围的人轻松起来，但是缺点也很突出，就是不坚定，需要领袖带着才能往前走。而且猪八戒也没信念，哪好就会去哪，哪有好吃的就往哪去，很容易在创业过程中发生偏移，而孙悟空就不会这样，他是一个很理想的创业成员。

俞敏洪列举了他选择孙悟空的理由：第一，有信念，知道取经就是使命，不管受多少委屈都要坚持下去。第二，忠诚，不管唐僧怎么折磨他都会帮助他一路走下去。第三，有头脑，在许多艰难中会不断想办法解决。第四，有眼光，能看到别人看不到的机会和磨难。

当然，孙悟空也有很多个人的小毛病，会闹情绪、撂担子，所以需要唐僧必要时念念紧箍咒。但是，在取经路上，孙悟空所起到的作用是至关重要的。如果将西天取经比喻成一次创业过程，孙悟空就是其中不可或缺的创业成员。

新东方的创业团队就有些类似于唐僧的取经团队。徐小平、王强、包凡一这些人个个都是能人、牛人，所以，新东方最初的创业成员，个个都是“孙悟空”，每个人都很有才华，而个性却都很独立。俞敏洪曾坦承：“新东方大量的人才在这个领域中的思想要比我先进，比如（陈）向东老师是经济学博士毕业的，所以在经济领域、宏观领域中我根本就没法跟他比。像徐小平、王强他们在国外待过好多年，所以在中西文化的理解方面，尤其是西方文化的理解方面我永远都没法跟他们比。”俞敏洪敢于选择这帮牛人作为创业伙伴，并且真的在一起做成了大事，成就了一个新东方传奇，从这一点来说，他是一个成功的创业团队领导者。他知道新东方人多是性情中人，从来不掩饰自己的情绪，也不愿迎合他人的想法，打交道都是直来直去，有话直说。因此，新东方形成了一种批判和宽容相结合的文化氛围，批判使新东方人敢于互相指责，纠正错误；宽容使新东方人在批判之后能够互相谅解、互相合作。这就是新东方人的特点：大家互相之间不记仇、不记恨，只计较到底谁对谁错谁公正。

这种源自北大精神的自由文化，是俞敏洪敢用“孙悟空”，而且是多个“孙悟空”的前提条件，这是新东方成功的关键因素之一。而另一个关键因素就是俞敏洪本人所具备的包容性，帮助他带领着一帮比他厉害的“牛人”，不仅将新东方从小做大，还完成了让局外人都为之捏了一把汗的股权改制。最令人意料不到的是，俞敏洪居然还将新东方带到了美国的资本市场，成为中国第一个在海外成功上市的民营教育机构。

资料来源　优米网. 俞敏洪口述：在痛苦的世界中尽力而为［M］. 北京：当代中国出版社，2012.

问题：

1.根据团队建设理论，你认为俞敏洪在打造团队时做了些什么？

2.假如你要创建一个团队，并在《西游记》里面师徒四人中选择一个作为你的创业伙伴，你会选择谁？为什么？

推荐阅读资料

［1］余世维. 职业化团队（基业长青的源动力）［M］. 北京：机械工业出版社，2004.

［2］陈忠卫. 团队管理理论述评［J］. 经济学动态，1999（8）.

［3］胡毓达，胡的的. 群体决策——多数规则与投票悖论［M］. 上海：上海科学技术出版社，2004.

[4] 拉姆斯登 G，拉姆斯登 D. 群体与团队沟通 [M]. 冯云霞，是文如，等，译. 北京：机械工业出版社，2001.

[5] 优米网. 俞敏洪口述：在痛苦的世界中尽力而为 [M]. 北京：当代中国出版社，2012.

网络视频资料

电影：《中国合伙人》.

电视剧：《三国演义 桃园三结义》.

网络阅读资料

周鸿祎. 一个好的创始团队不能超过三个人.

俞敏洪. 人品衡量指标——合伙人，合的不是钱，而是人品与规则.

网上资源

http：//info.ceo.hc360.com/zt/ztqygl_tuandui

http：//www.cssn.cn/glx/glx_glsb/201408/t20140801_1275811.shtml

http：//www.cssn.cn/glx/glx_rlzygl/201310/t20131022_450849.shtml

http：//www.ghrlib.com/？ s=%E5%9B%A2%E9%98%9F

第6章　沟　通

学习目标

掌握沟通的含义与过程；掌握正式沟通与非正式沟通的主要形式与特点；了解向上、向下、同级沟通的过程；了解面对面沟通的环境布置及一对一、面对面沟通的技巧；了解电话沟通、网络沟通的特点与技巧。

引　例

腾飞公司年终奖一波三折

腾飞公司是一家从事电信运营的企业，临近年底时，公司总经理在盘点公司全年的盈利水平时发现，由于行业竞争的加剧，公司今年的盈利水平比去年下降了10%，也就是说年终员工奖励与分红必然比去年要少。

由于公司所处行业是竞争非常激烈的行业，所以一旦激励不到位，必然造成人才的离职和流失。同时，在过去的一年中，员工们都非常努力地工作，他们对年终激励也有较高的预期。如果员工们知道今年的年终奖励比去年更少时，必然会非常不满，很多骨干人才很快就会流失，军心涣散的局面将一发不可收拾。但是腾飞公司不将公司实际运营情况告知员工的话，又如何稳住军心呢？所以，如何进行年终激励成为腾飞公司左右为难的事情。

在总经理的秘密"暗示"下，就在离预定发放年终工资与年终奖金的3个星期前，公司财务总监有意无意地向个别员工透露：今年由于公司受行业激烈竞争的影响，业务发展受到不少影响，公司账面几乎没有盈余，所以今年所有员工没有年终奖，而且员工最后一个月工资要推迟发放，并可能实施裁员计划。消息一传出，公司员工几乎炸开了锅，每个人都心情沉重，在私下里议论纷纷，士气几乎降到了最低点。

第二个星期，当所有的员工都觉得发展无望时，财务总监又"无意"向外透露，由于上次计算错误，公司的盈余还不是很糟糕，员工最后一个月的工资还可以准时发放，虽然没有年终奖，裁员计划可能被推迟实施。这个消息一传出，许多原本失望到极点的员工又燃起了一丝希望，员工的士气恢复了不少，许多人在心存庆幸的同时，开始接受这个现实。

到了发放工资和年终奖金的那天，财务总监正式宣布，虽然公司去年现金盈利不算好，但公司在全体员工的共同努力下，取得了不少发展，特别是公司的知名度与市场占有率正在不断提高，预期一年内将会取得更加迅速的发展。企业基于全体员工在过去一年的努力工作，不仅会准时发放工资，而且还将发放年终奖励（总数比上年少10%），同时决定取消裁员计划，与所有员工共同渡过目前的难关，迎接胜利的明天。

这个消息一公布，员工全部欢呼起来，对腾飞公司与总经理的“慷慨”感恩戴德，士气前所未有地高涨起来，同时也化解了潜在的人才流动危机。

沟通是人与人心灵的对话，每个被沟通者是有心理诉求的，管理者如何根据员工的心理诉求状态，给予一定的沟通干预，从而达到沟通的目的，的确有很多技巧和学问。纵然“朝三暮四、朝四暮三”总的付出一样，但可能感受不同。沟通就是要让被沟通者接受沟通者的想法，把自己的想法放在他人的脑子里的过程。

“苟富贵，勿相忘”说的是元末有三个乞丐，两天都没有东西吃了，这一天讨得一点蚕豆，三人就在城外的柳树下用几块砖垒了一个灶，又找来砂罐装上蚕豆放在灶上煮。豆子快熟时，突然一只羊冲过来把砂罐踢破了，豆子散落到柴灰中。三个乞丐顾不了许多，拿起小刀和小棍子扒开柴灰，戳着一颗颗豆子往嘴里送，很快，蚕豆被他们吃光了。吃完后，其中一个叫朱元璋的乞丐说道：“没想到我们会落魄成这个样子，将来我们中间有哪个富贵了，一定不要忘记今天的事，要记得提携另外两位兄弟。”

后来，朱元璋从军，当了皇帝。另外两个仍然是乞丐，生活无着落，听说朱元璋当了皇帝，前来拜见。结果到了宫廷外，守门的不让他们进。两个乞丐求见用了两种不同的方式：一种方式是不考虑朱元璋当时的地位和心理需求，将过去做乞丐的经历如实禀报；另一种则是给朱元璋面子，将做乞丐的经历用故事包装一下。结果完全两样。更改的“台词”如表6-1所示。

人的心情会受到许多因素的影响，如果根据人的需求规律进行沟通，可以事半功倍；否则，就可能事倍功半。行为经济学家萨勒（Thaler）根据前景理论（prospect theory）提出了四个沟通原则，对人们的日常沟通很有启发性。

（1）如果你有几个好消息要发布，应该把它们分开发布，人们可以开心多次；多次开心的程度有累积效应。

（2）如果你有几个坏消息，应该一起发布；根据前景理论，两个损失结合起来所带来的痛苦要小于分别经历两次损失所带来的痛苦之和。

（3）如果你有一个大大的好消息和一个小小的坏消息，应该把这两个消息一起告诉别人，这样坏消息所带来的痛苦会被好消息的快乐冲淡。

（4）如果你有一个大大的坏消息和一个小小的好消息，应该分别发布。这样，好消息不会因为坏消息带来的痛苦所冲淡，负面效应小一些。

表6-1 沟通中表达方式的效果

实话实说	改变表达方式
我是朱元璋的兄弟，请你带话进去	我是当今皇上的兄弟，带话给他
饿了两天，讨了点豆子	想当初，在柳州城扎营
在柳树下，用砂罐煮	与豆将军决战
羊踢翻了	羊大人先行打破砂罐寨
用棍子戳着把豆子吃完了	你我心急直捣灰州府，刀枪剑戟，杀得豆将军片甲不留
结　果	
守门的去通报，回来后，带了一帮人，拿着棍子一顿乱打，乞丐夺路而逃	守门的带他进皇宫，皇上对官员们说：这是我原来手下的一个将军，打仗时失散了，今日重逢，应该加官晋爵

6.1 沟通概述

6.1.1 沟通的定义

沟通是一种双边的、影响行为的过程。在这个过程中，一方（信息源）有意向地将信息通过一定的渠道传递给意向所指的另一方（接受者），以期唤起特定的反应或行为。

完整的沟通必须包括信息的传递和反馈。信息的传递指信息从发送者到达接受者；信息的反馈则指信息接受者将结果再传递给发送者。前者是沟通发生的必要条件，后者是沟通有效的必要条件。

6.1.2 沟通的作用

1）传递信息的作用

在组织活动中，人与人之间需要配合，沟通就成为不可或缺的重要手段。上级指示传递到下级，下级将进展和困难汇总到上级，都需要靠沟通来完成。沟通的人越多，沟通过程就越复杂，信息发生歪曲或衰减的可能性也越大。因为每个人对信息的理解和加工是不同的。

2）交流感情的作用

人是社会人，人与人之间需要交流感情。沟通是一种不可缺少的重要途径，将人们的喜怒哀乐传递出去，让人们相互理解对方，帮助对方。有人认为：21世纪互联网发达了，可以通过互联网把世界上的名师的教案在网络播放，因此，相当一部分的教师会失业。然而，尽管许多名师把教学录像放在网络上播放，但教师并没有出现失业问题，其中最主要的原因就是录像的认知互动多，而情感联络少，人不能没有情感的交流。甚至有人预测：随着人工智能（AI）越来越发达，许多简单的体力劳动被智能机器取代，许多复杂的、重复性的工作比如医生诊断、律师审判材料整理等都将消失，而能够根据人的需求进行情感沟通的工作将有好的发展。

3）激励作用

沟通同时还是激励的重要手段和途径，激励包括上级对下级的肯定，下级对上级的尊重，以及人与人之间的相互激励。

6.1.3 沟通与组织结构

在组织管理过程中存在着各种信息流，通过这些信息流，将组织的目标、使命、任务指派下去；通过各种信息流，组织的运作情况、人员的心态情况得以向上流动；还有各种横向部门间的协作也需要有信息的流动，以保证合作成功。

由于组织结构不同，因此信息流动所经历的路径长短也不同。因为信息流动会产生衰减和变异，组织应该根据这些规律，采取适当的措施，选择适当的方法，保证信息真实、高效地传送。组织内部的信息沟通如图6-1所示。

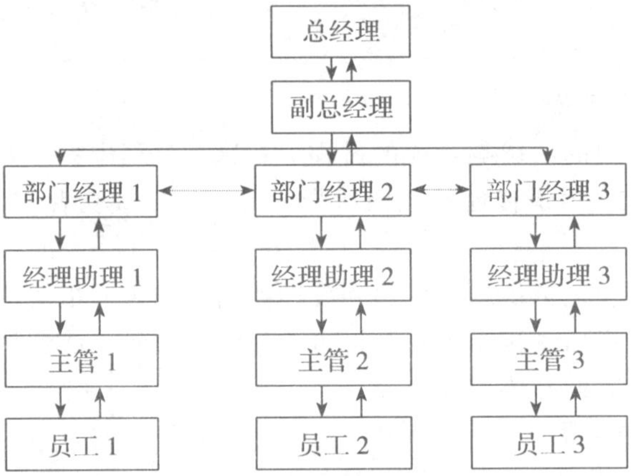

图6-1 信息流与组织结构

通常来说，金字塔式的高耸的组织结构信息传导的路径比较长，需要的时间较长，而且产生信息失真、衰减的可能性较大。而扁平化的组织由于层次较少，信息传递快捷，信息失真或歪曲的可能性较小。此外，如果组织横向设置的部门较多，横向互动的机会就会减少，缺乏横向的互动，各个部门很容易各自为政，缺乏合作，影响工作效率。为了解决部门之间沟通不畅所可能导致的问题，需要在设计组织的运行制度时加以考虑，让这些部门的负责人定期进行信息交流，互通有无，增进相互的理解。在国外，矩阵式的组织比较流行，即某一个项目团队面对一个服务对象，可能涉及公司的一整套服务，这时就非常考验群体的沟通能力，没有团队成员之间的沟通与合作，各自为政，服务效率、效果就可能非常差。借助于互联网的平台，及时沟通信息、进展、有无，就能让矩阵化组织的项目方和职能方更好地配合，保障速度和质量的平衡。

有时，还需要组织专门设置一个临时的机构，将这些人员召集起来，通过沟通和互动解决一些棘手的问题。

从图6-1可以看到，在这种组织中，基层员工之间由于缺乏正式的互动机制，更多的交往属于非正式的沟通，可能由于某一次合作、某一次活动彼此认识，产生互动。正因为缺乏互动，有时不同的部门成员之间也缺乏理解，很难合作。集体活动、工会组织的活动有时可以帮助基层员工相互沟通。

6.2 沟通过程

6.2.1 沟通的过程

沟通过程是信息发送者将自己希望表达的信息，选择一定的媒体传递给信息接受者，信息接受者将所获得的信息再反馈给信息发送者的循环过程。在信息传递过程中，只要其中一个环节出现问题，就可能使信息失真，出现沟通错误。具体的沟通过程如图6-2所示。

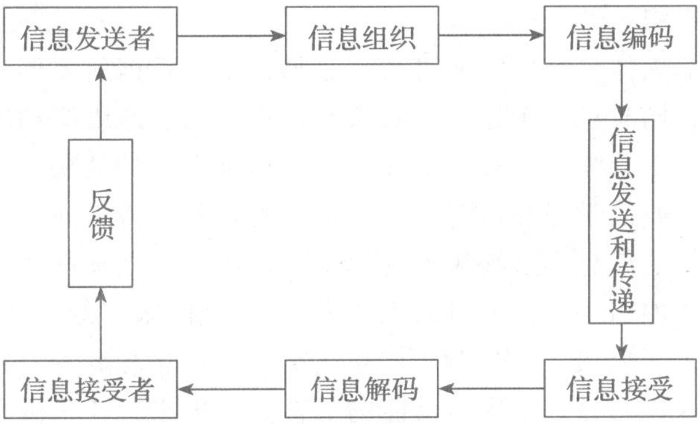

图6-2 沟通过程示意图

信息发送者将所要传送的思想、意见、消息等通过编码变成信息接受者所能理解的信息（语言、文字或其他符号）传送出去，经过一定的媒体或通道让信息接受者接受，信息接受者通过信息解码将编码变成自己的信息，最后反馈给信息发送者。

6.2.2 沟通的环节

1）信息发送者

信息发送者非常重要，如果不考虑信息接受者，不考虑信息组织和编码方式，不考虑信息的传递方式，就可能导致信息发送出去后达不到应有的效果。就像和朱元璋一起行乞的朋友一样。

【理论应用6-1】 沟通技巧与沟通结果的幽默段子

年终了，集团董事长召集五个分公司的总经理开会说：“今年亏损，奖金不发了。”

A公司总经理回公司说：“今年亏损，奖金不发了。”

众员工破口大骂A总经理。

B公司总经理回公司说：“今年亏损，奖金不发，上面还说要裁人，由于我力争，人是不裁了。”

众员工感激B总经理。

C公司总经理回公司说：“今年亏损，奖金不发，上面还说要裁人……”说完即离去。

晚上C总经理家门口送礼的员工排成长队。

D公司总经理回公司说：“今年亏损，奖金不发，上头还说要裁人，具体裁谁呢？由集团董事长定夺。”

晚上董事长家门口……

然后董事长给D总经理打电话：“你小子会办事，决定推荐你为集团总经理！”

（1）信息的组织

信息的组织应该像一个好的演讲者或教师，既能根据所要传递的信息的逻辑结构，把问题厘清，同时也要考虑沟通对象的特点，精心地组织和编排，还应该顾及沟通对象的需求和接受能力，唯有如此，才能达到理想的效果。有几类人的信息组织能力很强，值得我们学习和借鉴。一类是电视台的主持人或者脱口秀主持人，他们需要将各种各样的信息经过编排汇总，不仅让所有的受众都能够接受，而且还特别吸引人注意，比如discovery节目的主持人、《财经郎眼》的主持人王牧笛、《吴晓波频道》的主持人吴晓波、《冬吴同学会》节目的主持人梁冬、吴伯凡等，这些人能将许多复杂、深奥的道理用通俗易懂的语言表达出来，让稍微有点常识的人都能理解，可见其功夫了得；另一类是教师，一些好教师总能将复杂的知识深入浅出地传递给学生，幼儿园教师和小学教师的这种能力尤其强；第三类是科普作家，他们的形象思维很好，总是能把深奥的道理讲得浅显易懂。信息的组织有以下几个应注意的问题：

第一，存疑。人们喜欢质疑，如果从某一个生活中常见的问题产生疑问开始，往往能够收到意想不到的效果。比如，是早一点学习外语好还是晚一点学习外语好？有什么证据支持自己的观点？很多人都有一些感性的认识，认为外语学习越早越好，因为语言学习越早，口音越纯正，可能效果越好。殊不知，发音只是外语学习的一个局部，而不是外语学习的全部目的。中国香港中文大学心理学家陈煊之教授进行了一项研究，将香港最优秀的一批学生的英文水平和中文水平分别与美国和中国内地的普通学生的英文和中文水平进行对比，结果发现，这些香港优秀学生的英文水平不如美国普通学生好，中文水平不如中国普通学生强。如果学习外语主要是为了口头交流，可能早一些较好；如果是为了书面阅读、文字表达，则未必学习晚一点就不好。陈煊之教授由此展开的自己对于语言学习的一系列研究报告，令听者陶醉。

第二，有趣。为了突出合作的价值，有人扮演跛足者、有人扮演盲人和聋子，观察他们的行为，进行讨论：为什么他们的行动如此艰难？

尽管是一个游戏，却让人们感受到了一些平时在我们的身体上没有显示重要价值的器官，原来对于人们的正常生活和工作有着如此重要的影响。由此，扩展到组织，尽管有些部门，如销售、生产、研发、财务，对于组织的高效运行很重要，但是，没有保安、后勤、工会、综合部的工作，组织运行也会受阻。

第三，抓好开头和结尾。根据信息加工的原理，人们对于信息的理解和记忆最佳的时间段是开头和结尾，如图6-3所示。

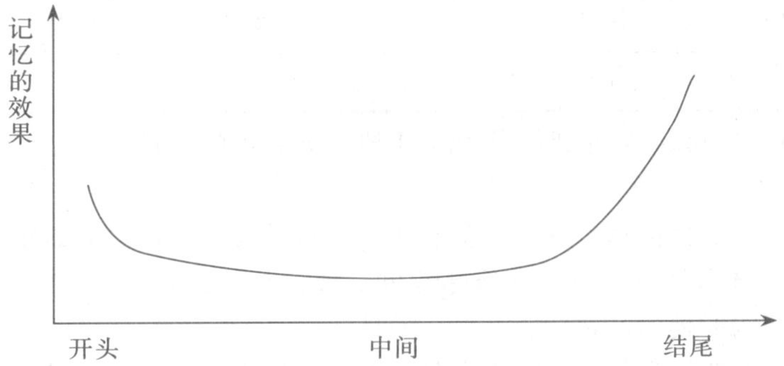

图6-3 学习和记忆的系列位置效应

开头要精彩、突出重点，结尾要概括、耐人寻味，往往能够产生沟通的奇效。

与成年人的沟通，一定要注意：他们有着非常丰富的经验，但是他们的机械记忆能力已经开始衰退，需要的是结合实际的理解，需要在反思中学习，不喜欢简单的基本知识灌输和死记硬背。在一些理论知识的学习上，他们似乎回到了幼儿园和小学时代，更愿意在游戏、讨论、参与中去感悟和理解，这样也更有成效。

【理论应用6-2】 晦涩的阅读理解材料

如果气球炸裂了，那么声音便不能传那么远，因为一切距离那栋楼太远了。关闭的窗户也能阻止声音传入，因为多数建筑物都有很好的隔音效果。由于整个操作都依赖于稳定的电流，因此，电线中断也会引起问题。当然，小伙子可以喊叫，但人声的强度不足以传那么远。另外一个问题是乐器上的弦可能断。如果断了，就不能伴奏了。显然，最好的情形是距离短。这样，潜在的问题就少一些。如果能面对面接触，则问题最少。

要求：请介绍自己对这段话的理解，并用自己的语言复述这段话。

对比：提供一定的额外视觉信息，原来无法理解的语句就好理解了。

资料来源 张必隐. 阅读心理学［M］. 北京：北京师范大学出版社，2004.

（2）信息的编码

信息有多种编码方式，有文字的、视觉的、听觉的、情绪的，还有抽象逻辑的公式、符号等。不同的编码方式，其传递的效果有很大的差异。需要根据实际情况，选择合适的方法，以达到理想的沟通效果。下面推荐一些效果较好的编码方法。

第一，电影或录像法。有研究表明，人们获得外部世界信息最多的感官是视觉，然后是听觉，其他的包括嗅觉、味觉、触觉等。其中，通过视觉和听觉获得的信息占据信息量的94%以上。表6-2为五种人体感官所传递的信息量占比。

表6-2 **五种人体感官所传递的信息量**

感官类别	嗅觉	触觉	味觉	听觉	视觉
所传递的信息量	1%	1.5%	3.5%	11%	83%

在培训中，应该尽可能地利用视觉手段，如彩色的资料、笔记、实物、图示及各种视听教材等。

人们整天在获得信息，其中视觉和听觉是最重要的。正因为如此，人们在视觉和听觉领域的技术创新相对于其他感觉更丰富，电影、电视、计算机多媒体技术、移动电话等成为时代的宠物。

如何利用视听技术帮助我们提高信息的编码能力，非常值得思考。许多科学类电视节目能够把非常高深的道理，通过视觉和听觉的渠道形象、生动、浅显地表达出来，让普通受众明白，这应该能够给我们许多启示。

有人做过直观材料、词语的视觉材料和词语的听觉材料学习效果的对比实验，结果表明：直观材料优于词语的视觉材料，而词语的视觉材料又好于词语的听觉材料，所谓“百闻不如一见”是也。实验结果见表6-3。

表6-3 **学习方法与效果**

学习方法	材料数量（个）	当天回忆（个）	三天后回忆（个）
直观材料	10	8	6
词语的视觉	10	7	2
词语的听觉	10	6	1

也有研究表明，将视觉和听觉学习结合起来效果更好，结果如表6-4所示。

表6-4 **视听结合学习方法与效果**

学习方法	学习效果（回忆的百分数）（%）
视觉学习	70
听觉学习	60
视听结合学习	86.3

第二，图片或挂图法。影像包含太多的非重要信息细节，而图片法可以去掉这些多余的信息，让人们的思维集中于一些重要的地方。苏联心理学家曾经进行过一项研究，即运用什么方法能够让学生很快地获得关于心脏的基本知识。呈现关于心脏的知识有三种途径：第一是心脏的挂图，第二是心脏的模型，第三是实物心脏。结果发现，对于刚接触心脏知识的学生，心脏挂图的效果最佳。

究其原因，心脏挂图（如图6-4所示）对于心脏的心房、心室、瓣膜的呈现最清楚，而且血液的流动方向在挂图上也能清晰地画出，剥离了许多无关信息的干扰，如心脏外的血管、薄膜、心肌等。模型虽然也比较清楚，但是三维的立体模型可能会掩盖血液流动的方向和规律；而实体心脏的问题主要是无关细节太多，干扰了人们的信息加工，使新学习者分不清哪些是主要的，哪些是次要的，最终注意力可能会集中在一些不太重要的问题上，从而影响了学习的效果。因此，心脏知识的学习顺序是先看挂图，再看模型，最后看实体。

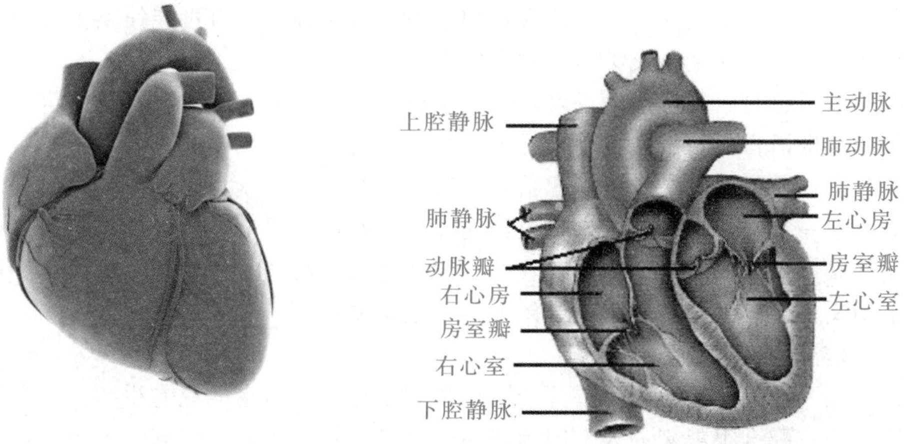

图6-4 心脏挂图

相信绝大多数人对核电站都很陌生，其工作原理和技术也晦涩难懂，而2011年3月12日日本的9级大地震，加上由此引发的海啸导致日本福岛核电站发生了一系列的爆炸事故，核电站爆炸可能引发的核泄漏、核辐射让全球瞩目和担忧。为了让受众理解和知情，中央电视台就结合现场图片和挂图进行讲解，使许多人都明白了核电站的运行框架。

第三，数字法。将复杂的问题简单化。为了说明身体的重要性，有人将身体看成1，而将票子（钱）、房子、车子、孩子、妻子、名誉、地位等看成1后面的0，没有了1，后面的0也就只能是0，变得毫无意义了。这个比喻既形象又生动地说明了问题。

第四，形象比喻法，如竞争中的“鲶鱼效应”、管理中的“木桶理论”等。有这样一则故事：挪威人爱吃沙丁鱼，渔民们如能将活的沙丁鱼带回市场，不仅能吸引人们争相购买，而且还可以卖出高价来。为此渔民们虽然想尽办法但总不成功。然而有一艘渔船却让沙丁鱼成功地活了下来，由于该船船长将其视为秘密，不准外泄，所以外人一直不知道其做法，待他去世后，秘密才被揭开。原来他在鱼槽里放了鲶鱼，沙丁鱼被放入鱼槽后发现了鲶鱼变得非常紧张，于是左冲右突，跳跃不停，这样一来沙丁鱼就活蹦乱跳地被运回渔港。将“鲶鱼效应”运用到管理中，表达的是竞争的意识和观念，没有了威胁，人们就会像沙丁鱼一样形成惰性，这种惰性最终导致企业或个体因缺乏活力而死亡。

所谓“木桶理论”也即“木桶定律”，其基本含义是：一个木桶盛水的多少，并不取决于桶壁上最长的那块木板，而恰恰取决于桶壁上最短的那块。根据这一核心内容，“木桶理论”还有两个推论：第一，只有桶壁上的所有木板都足够长，木桶才能盛满水。第二，只要这个木桶有一块木板不够长，木桶里的水就不可能是满的。在管理活动中，为了达到一定的管理高度或水平，需要不断地发现管理的短板或问题，只有经过不断的努力，使现在的短板变成长板，才有可能使整个管理水平达到长板的高度，使企业充满活力和竞争力。

专业术语也是阻碍沟通的重要障碍，可以想象，如果将股票市场的语言全部换成规范的金融语言，相信理解起来难度会很大，使股民感到一头雾水，不知所云。

经常有一些信息发送者不考虑信息接受者的知识、经验背景，以为自己理解的东西他人也一定能够理解，结果导致沟通障碍，影响效果。一般来说，设备操作手册是比较难以理解的，考虑到消费者的差异性以及理解的难度，现在的操作手册均采用了图文并茂的方式和方法，结果人们会很容易理解。

（3）信息的完整性

如果发一个通知：明天下午开会。可能真正理解该信息的只有少数“心有灵犀一点通”的、配合很默契的人，因为该通知并没有指明人物、时间、地点、目的等重要内容。常常有人沟通时语言过于简练，没有将应该表达的信息清楚表达出来，结果导致误事。

2）信息接受者

信息接受者不是复读或复印机器，不一定能够原样复制信息发送者的意思。同样是一份文件，不同的人理解不同；一部《红楼梦》，不同的读者理解不同；同样一个教师的教学，不同的同学理解也不相同。导致这些差异的因素有很多，首先可能是人的理解力的差异；其次是人们知识经验和背景、经历的差异，比如中华人民共和国成立后出生的人很难理解战争的痛苦，而改革开放后出生的人很难理解饥饿的痛苦；最后是人们的愿望、心态也有差异。

【案例6-1】 秀才请客

古代有个秀才请客，看看时间过了，还有一大半的客人没来。主人心里很着急，便说："怎么搞的，该来的客人还不来。"敏感的客人听到了，心想："该来的没来，那我们是不该来的了。"于是悄悄地走了。主人一看又走了几位客人，越发急了，便说："怎么这些不该走的客人，反倒走了。"剩下的客人一听，又想："走了的是不该走的，那我们这些没走的倒是该走的了！"于是又走了大半。最后只剩下一个与主人比较要好的朋友，看了这种尴尬场面，就劝说道："你说话前应该先考虑一下，否则说错了，就不容易收回来了。"主人大叫冤枉，急忙解释说："我并不是叫他们走啊！"朋友听了大为光火，说："不是叫他们走，那就是叫我走了。"说完，头也不回地离开了。

3）信息传递媒体

在日常生活中，人们习惯了共同的语言，很难发现沟通语言本身的作用。一旦环境改变，比如到国外旅行，或者到方言比较重的地方旅行，人们就会发现沟通媒介的重要性。如果人们失去了视觉和听觉信息通道，获得信息的能力衰减则更加明显。盲人主要通过听觉获得信息，尽管听觉的能力很强，但其捕捉信息的能力显然低于正常人；聋哑人主要通过视觉获得信息与外界沟通，缺少了听觉也影响学习和交流。

【理论应用6-3】 身体语言vs语言表达的准确性

写下一个词语，比如万马奔腾或青云直上等。让一个人看了词语后，不许用语言，只能用身体语言表达，并让观众来破解其身体语言的含义，就会发现语言的重要性和准确性以及身体语言在表达抽象的内涵时的局限性。

人对信息传递媒体的敏感性是不同的。通常，视觉通道传递的信息量大，而且容易理解，需要很好地开发和利用。目前，与视觉通道相联系的媒体市场回报较高，而以听觉为主的媒体的市场占有率持续下降，这反映了视觉和听觉的重要性差异。比如，电视、网络比较受欢迎，而广播电台的生存则比以前艰难。同样是语言文字的传递方式，如果辅之以图片，效果就截然不同，可以减少人们理解的难度，提高信息理解力。沟通媒体的特征比较见表6-5。

4）反馈

没有反馈，效果不好把握。在一个课堂上，缺乏反馈，教师就不知道学生是否理解了所传授的内容，这就需要通过观察学生的表情、教学秩序、提问、小测验来检验；在面对面的沟通中，如果一个人总是沉默，信息传递者就会觉得沟通对象对沟通话题不感兴趣，需要转换话题或表达方式；如果沟通对象通过点头、微笑、提问来回应，信息传递者才能将沟通延续下去。

表6-5 沟通媒体的特征比较

口头	易获得	低成本	高速度	直接性	受关注
面谈	+	+	+	+	+
电话	+	+	+	+	+
开会	+		+	+	
演讲	+		+	+	
有线电视			+	+	+
书面	易获得	低成本	高速度	直接性	受关注
布告	+	+			
互联网络	+	+	+	+	+
信函	+				
电子邮件	+	+	+	+	+
传真			+	+	

资料来源 余凯成. 组织行为学［M］. 大连：大连理工大学出版社，2001：293.有修改。

【理论应用6-4】 撕纸游戏

撕纸游戏的具体要求如下：（1）大家都闭上眼睛；（2）全过程不许问问题。游戏活动的指导语是：把纸对折；再对折；把右上角撕下来；转180度；把左上角也撕下来；睁开眼睛，把纸打开。

由于整个过程控制了反馈（闭上眼睛、不许问问题），因此，人们的疑惑没有机会得到化解，最后的结果自然就表现出很大差异了。

6.2.3 沟通过程的控制

1）编码阶段

在编码阶段，编码语言的选择、非言语沟通手段、发信者的表达能力、双方知识经验的局限、了解对方价值观和信仰的程度都制约了沟通的质量。

在全球化的时代，不同文化背景的沟通日益普遍，文化价值观和信仰是需要特别关注的问题。根据知名学者霍夫斯泰德（Hofstede）的跨文化价值观研究，可以从多个角度来衡量不同文化背景下价值观的差异，主要包括个人主义和集体主义，高权力距离水平和低权力距离水平，男性度和女性度，不确定性避免。其中，前面两种价值观与沟通关系密切，西方国家大多奉行个人主义，而中国人则集体主义观念较强；西方国家人与人之间权力距离水平较低，而我国属于高权力距离水平，地位和等级观念比较强。

由于西方人奉行个人主义，相对来说，个人空间和时间比较重要，这里的个人空间包括身体距离和心理空间。具体地说，西方人在进行沟通时，人与人之间的空间距离较远，如果过近，对方可能感到有压力或不自在，因此，在与西方人沟通时，应该注意。所谓心理空间则是指西方人许多内心的领域是不能碰的，比如个人的家庭生活，个人的烦恼和隐私，不要随便打听。此外，西方人生活有自己的规律，他们都有自己的安排和计划，不喜欢他人打扰，我们不能因为自己的工作需要或生活需要，武断地要求安排一些活动，而占用对方太多的时间，让对方感到不舒服。

作为群体性活动为主导的中国人，私人的空间和时间则少很多，在中国人看来，如果不关注对方的私人生活，可能表示两个人之间关系很一般、联系不够密切，如果够朋友，不管什么事都应该让彼此知道才是，包括家庭、恋人、家庭经济收入等。中国人私人的时间观念也比较差，在工作之余，只要我有兴趣、我有时间，就可以临时要求对方配合我的活动和兴趣，很少考虑他人是否有自己的安排和活动计划。

西方人权力距离更是明确，上下级相对比较平等，人与人之间比较随和。儿子可以直呼父亲乃至前辈的名字，这在我国就比较忌讳，因为这样做没有体现长幼有序的文化理念。在我国，上下级之间等级、权力差别越大，行为举止差别就会越大，包括入座的位置、发言的先后顺序、出场的先后顺序等，处处体现出职位高的人的特权和地位。如果不注意，可能就会引起误会和猜疑，遭到批评和否定性的评价。纵然是改革开放40年后，有些人过洋节的热情超过了传统节日，对美国文化的了解甚至超过了对自己国家的历史和文化的了解，但是，许多传统的行为习惯仍然坚强地延续着，也许这正是文化传承的表现。不过，如果现在的状况不予以有选择地干预，许多传统文化将慢慢衰减，现在人们感觉年的味道淡了，各种传统仪式简化了或消失了，这也许更加符合现代化节奏，但是总觉得少了点什么。

另外，西方人表达比较直率，中国人说话则比较委婉。如果不能增进了解，则西方人不能忍受中国人的模棱两可，中国人可能不能理解西方人的过分坦率。比如，在中国人家里做客，不论客人是否渴、饿，主人都要备茶水、点心，甚至正餐，以示热情、礼貌；相反，到西方人家里做客，主人会询问客人是否要喝东西，不论接受或拒绝，主人都会按照客人的回答行动。如果中国人还是秉持自己文化中的礼貌原则，可能结果就大不一样了，比如你想喝点东西，但是如果出于客气给以否定回答，就没有喝的了！

西方人简单且直接，中国人含蓄而模糊。西方发达的经济促成了人们快节奏的生活方式，他们时间观念很强，再加上本身直爽、果断的文化特性，使西方人在语言表达方面喜欢采用“开门见山”的方式。中国因历史上长期受封建思想的统治和束缚，另外受儒家思想的影响，反映在语言表达方面就是“谦虚、谨慎”。举个例子来说，若有人赞扬：“你工作做得很好！” 西方人的反应必定是：“Thank you very much。”（非常感谢！）而中国人的反应就是：“哪里！哪里！”西方人希望自己的个性得到社会的承认，而中国人即使对别人的称赞心里美滋滋的，但是口头上却不敢流露，生怕被冠以自满的帽子。

再比如，在外企，主动要求给予提升是受鼓励的，是有能力、勇于承担责任的表现，这不同于国企的“伸手要官”。因为外企认为，你要求担当一定职务，就意味着你有更大的潜力，愿意承担更多的责任，体现了你有信心和追求上进的勇气。一位普通员工在外企汽车公司工作半年后，向老板自荐，希望能有提升机会。老板让他去监管新厂机器设备的安装。这位员工未受过关于这方面的任何专业训练，连图纸都看不懂，但他雇来技术人员圆满完成了工作。结果，老板不但提升了他，还将他的薪水翻倍。后来，老板告诉他：“你不懂图纸我知道，但如果你因此而推掉这个工作，我也许会把你辞退。”正是勇于承担责任的魄力使这位员工获得了发展机会。在外企工作就是这样，你要了解它的企业文化，才知道该怎么做最合适。在外企的圈子里崇尚张扬个性，自我表现，你就不能过于谦虚。如果你打了一个“漂亮仗”，应该让周围所有的人都知道，这并不是炫耀，而是推销自己。许多中国人羞于为自己向老板提条件，特别是在钱的方面，中国人极难启齿。许多中国人从没向自己的老板提过加薪，尽管他们心里很清楚自己的薪水远低于实际付出，但他们还是努力地工作着。对于这种情况，一般美国老板都不会给你加薪的，他们认为你不提，表明你在这里工作得很愉快。因此，在年终总结时，如果你是最出色的，那么告诉他们你的价值，然后提出加薪。

还有一些涉及民俗、信仰的东西也是需要在沟通之前注意了解的，否则会产生很大的误会，影响沟通的成效。

【案例6-2】　《触龙说赵太后》译文

赵太后刚刚掌权，秦国就加紧进攻赵国。赵国向齐国求救。齐国说：“一定要用长安君作为人质，才出兵。”赵太后不同意。大臣们极力劝谏。太后明确地对左右侍臣说：“有再说让长安君为人质的，我老太婆一定朝他脸上吐口水！”

左帅触龙（对侍臣）说，希望拜见太后。太后气冲冲地等着他。（触龙）走入殿内就用快走的姿势慢慢地走着小步，（到太后面前）谢罪，说：“老臣的脚有毛病，竟不能快跑，不能拜见您有很长时间了，我私下原谅了自己，但是又怕太后的福体有什么毛病，所以还是想来拜见太后。”太后说：“我（也是脚有毛病）要靠手推车行动。”（触龙）说：“您每天的饮食该不会减少吧？”（太后）说：“就靠喝点粥罢了。”（触龙）说：“老臣近来特别不想吃饭，于是强迫自己散步，每天走三四里，稍微增加了喜欢吃的食物，身体也舒适些了。”太后说：“我不能（像您那样散步）。”太后的脸色稍微缓和了些。

左帅公说：“老臣的犬子舒祺，年龄最小，不成器，可是臣已衰老，私下里又疼爱他，希望（您）让他补充黑衣卫士的人数，来保卫王宫。我冒着死罪来求您！”太后说：“答应你！年龄多大了？”（触龙）回答：“十五岁了。虽然还小，但想趁我未死之前来托付给您。”太后说：“男人也疼爱他小儿子吗？”（触龙）回答：“比女人爱得厉害些。”太后笑着说：“女人爱得特别厉害。”（触龙）回答：“老臣认为老太太爱燕后超过爱长安君。”（太后）说：“你错了，不像爱长安君那样厉害。”左帅公说：“父母爱子女，就要为他们考虑得长远些。老太太送燕后（出嫁）时，（她上了车）还握着她的脚后跟为她哭泣，惦念、伤心她的远嫁，这也够伤心的了。送走以后，不是不想念她了，每逢祭祀您一定为她祈祷，祈祷说：‘一定别让她回来啊。’这难道不是从长远考虑，（希望她）有子孙相继为王吗？”太后说：“是这样。”

左帅公说：“从现在算起往上推三代，一直到赵氏建立赵国的时候，赵王的子孙凡被封侯的，他们的继承人还有在侯位的吗？”（太后）说：“没有。”（触龙又）问：“不仅是赵国（没有），其他诸侯国子孙被封侯的，其继承人有在侯位的吗？”（太后）说：“我没有听说过。”（触龙）说：“这是这些被封侯的近的灾祸及于自身，远的灾祸及其子孙。难道是国君的子孙就一定不好吗？（根本的原因是他们）地位高贵却没有功，俸禄优厚却没有劳，而且拥有的贵重宝器多了。现在老太太让长安君的地位高贵，并且把肥沃的土地封给他，还给他很多贵重的宝器，却不趁现在（您健在时）让他有功于国，一旦您驾崩了，长安君凭什么在赵国立身呢？老臣认为老太太为长安君考虑得太短浅，所以认为您（对长安君）的爱不如燕后。”太后说：“（你说得）对。任凭你怎样支使他吧！”

于是为长安君备车一百乘，到齐国去作人质，齐国才出兵。

子义听到这事说：“国君的孩子，可算是国君的亲骨肉了，尚且还不能凭靠无功的尊位、没有劳绩的俸禄来守住金玉宝器，更何况是人臣呢！”

解析：

赵君新亡，秦兵犯赵，赵求齐助，齐要赵国长安君作人质，爱子心切的赵太后不肯让儿子去冒这个风险，严词拒绝了大臣们的强谏，《触龙说赵太后》一文开篇就描绘了一个气氛极为紧张的局面。自古忠言逆耳，而伴君如伴虎，如何在“国难”与“君威”的夹缝中游刃有余？触龙一句“父母之爱子，则为之计深远”拨动了太后的心弦，而其前铺后续也使整个劝谏有惊无险、顺利达成目的。

在争取到面见太后的机会后，触龙先用缓冲法关切地询问太后的起居饮食，并絮絮叨叨地与她谈论养生之道，使本来“盛气而揖之”、戒备心极强的太后“色少解”。这样，就从感情上消除了太后的逆反心理和敌对情绪，为进谏的成功拆除了第一道屏障。接着，触龙用引诱法恳切地为自己的幼子舒祺请托，以期让太后产生共鸣，从而引出她的心事。果然很快就勾起了太后的爱子之情。在她看来，触龙简直可以算得上是同病相怜的“知己”了。她不仅“笑曰”，而且饶有趣味地与触龙争论谁更疼爱幼子的问题，开始毫不掩饰地向触龙袒露心迹了。这就为下一步谈论如何爱子的话题奠定了基础。

触龙抓住契机，用旁敲侧击的激将法说太后疼爱燕后胜过长安君。这一招果然奏效，立即引发了太后的反驳“君过矣，不若长安君之甚。”触龙千回百转，终于得到了他最想要太后说的一句话。此时，他才可以正儿八经地谈论他的爱子观了。他于是从容回顾往事曰：“媪之送燕后，持其踵为之泣，念悲其远也，亦哀之矣。已行，非弗思也，祭祀必祝之，祝曰‘必勿使反’。”极力夸赞太后爱燕后而为之“计久长”的明智之举，以反衬出她爱长安君的“计短”。由于触龙没有像其他大臣那样指责太后不该溺爱幼子，而是批评她还爱得不够，应像疼爱燕后那样疼爱长安君，才算爱得深远，所以太后听着十分顺耳，在不知不觉中已完全入了触龙彀中。一声爽朗的“然”，就说明她已经完全接受了“父母之爱子，则为之计深远”的道理。至此，触龙的谏说已初见成效。他又不失时机地进一步剖析历代诸侯子孙未能继世为侯的教训，其原因就在于“位尊”“奉厚”“挟重器多”，却“无功”“无劳”，并以此作类比，一针见血地指出“今媪尊长安君之位，而封之以膏腴之地，多予之重器，而不及今令有功于国，一旦山陵崩，长安君何以自托于赵”，真是既痛快淋漓而又字字力重千钧，一针见血地指出了太后宠溺爱子。始终顺着太后爱子的心理，从为长安君的根本利益着想出发，层层深入地启发引导，寓情于理，融情于景，终于使太后深受感动，心悦诚服，慷慨应“诺”。

概括地说，沟通障碍在信息编码阶段主要有如下问题：

第一，缺乏共同的经验。不同时代的人，经验不同，理解不同，比如同样是吃苦，年轻人认为读书最苦，而老人认为体力劳动最苦，饥饿最苦；年龄不同，人生所经历的事不同，相互理解有困难，比如，已婚有子女的人对于父母心情的理解肯定比未婚者容易，出国生活过的人对文化差异的了解更加深入；不同地区的人，生活风俗和习惯不同，相互理解也有障碍；不同宗教、文化传统，差异更大，相互理解更难。

第二，对术语的理解不同，造成沟通困难。学过心理学的人，对气质的理解、个性的理解就会与没有学过心理学的人不同，因为气质在心理学中与神经类型活动的特点、与人的体液特点相联系，而不仅仅是“风度”；个性在心理学中也不是特色、差异性，而是反映人与人之间差异的各个方面特征的集合。

中国台湾与大陆对“窝心”的理解截然相反，台湾同胞认为窝心是暖心的意思，而在大陆则认为窝心是烦心的意思。

第三，思维习惯不同，造成沟通障碍。我们常常觉得外语难以理解，其实，思维习惯是一个重要原因。中国人讲外语，哪怕其出国多年，理解起来也比外国人说的外语容易得多，本质上，除了发音外，思维习惯、用词是根本。

2）传递阶段

在信息传递阶段，媒介选择、信息量及沟通负载、漏失、干扰成为主要的控制因素。要求综合考虑沟通时间的长短，选择合适的信息量，不能产生信息超载的情况。一般来说，如果在信息量大、时间短的情况下，尤其需要沟通者精心准备，利用多媒体技术，合理地组织视觉、听觉信息，通过先概括、再具体、再概括的思路，画出“枝干”，尽量少加“树叶”。视觉信息形象生动，表现力强，辅之以一定的听觉解说，效果常常非常好。

信息的漏失、干扰也是需要考虑的因素。尤其是在远距离沟通信息时，该问题比较严重，比如电视电话会议、网络会议等。需要事先进行调试，选择合适的时间、频道，尽量降低干扰的发生概率。

3）解码阶段

在解码阶段，倾听的愿望、知觉的选择性、信息接受者的理解差异是主要的影响因素。需要根据信息接受者的特点，明确要求、激发动机，保证信息接受者处于注意力集中状态。由于每个人的经验背景不同、理解能力不同，需要尽量考虑到这些因素，避免形成错误的印象。比如，某个企业开会，领导人宣布要开展绩效考核，实行多劳多得，而没有讲明绩效考核结果如何运用，绩效考核是让大多数员工做得更好，主要鞭策少数表现不佳的员工，许多员工误以为是整人、扣奖金，结果人心惶惶，抵制改革的心态很明显。

在许多情况下，由于出现语意歧义，会导致说者与听者理解的差异。比如，女人没有了男人不知道该怎么过，就可以有两种截然不同的理解：一是女人没有了，男人不知道该怎么过；二是女人没有了男人，不知道该怎么过。

【理论应用6-5】 理解小测试

如果你晚上8：00上床睡觉，设定闹钟时间9：00将你叫醒，你能睡几个小时？（9点钟其实有两种含义，有早上9点和晚上9点之分）

在我国，每年都庆祝10月1日国庆节，在英国，是否也有10月1日？（有人将10月1日简单等同于国庆节了）

如果你只有一根火柴，当你走进一间冰冷的房间时，发现里面有一盏灯，一个燃油取暖器，一个火炉，你会先点燃哪一个来获得最多的热量？（其实点燃火炉很难，需要先点燃容易点燃的东西，人们常常忽略这个环节，只关注能量最多）

平均一个男子一生可以有几次生日？平均一个女子一生可以有几次生日？（对生日的理解不同，答案则不一样）

一位考古学家声称发现了一枚标有公元前48年的钱币，这可能吗？（人们会简单地认为，既然有公元前48年，就会有该钱币。其实，那个时候的计年办法尚没有统一）

在解码阶段，人们出现沟通障碍主要有以下几个原因：

第一，选择性注意，即关注自己感兴趣的内容，可能对信息发布者的信息进行筛选或过滤，导致原来的含义被删节，产生信息不对称。

第二，信息超载，即由于信息发布者不考虑信息接受者的接受能力，发布过多的信息量，导致“消化不良”。人不是机器，每天都有海量的信息刺激人的感官，但是人们往往选择吸收其中与自己有关、与兴趣有关的东西。每次单位时间信息的传递不能太多，否则就会出现沟通困难。小学生的学习内容是非常有限的，信息量也是很小的；大学生信息量可大些；但是成人，特别是40岁以后，吸收能力有限，一定要适当控制信息量，避免超载。

第三，对信息来源缺乏信任。由于人们的情感原因，对不信任的信息，往往采取抵制或故意歪曲的反映，结果产生沟通障碍。

4）反馈阶段

一个完整的沟通，尽管可能出现前面三个阶段的问题，但是，如果有反馈环节，仍然能够避免一些错误的信息传递。为了保证沟通的有效性，需要从程序上、制度上建立保障反馈的机制，以减少信息的衰减或失真。

高层颁布一个文件，以为下属和员工的理解与高层是一样的，可以肯定地说，这个假设是有问题的。在很多情况下，字面上的意思与实际希望表达的意思是有差距的，如果不设置反馈机制，就可能出现下级误读上级、上级抱怨下级的误会状况，无法达到上下同心、令行禁止的目的。

6.3 沟通形式和种类

6.3.1 沟通的人数

按照沟通的人数多少，可以将沟通分成个人沟通和群体沟通。个人沟通主要指两个人之间的沟通，相对比较简单。群体沟通则是一个人与多个人的沟通，这种沟通需要沟通活动的主持人有较强的组织和协调能力，既不能让少数人独占发言时间、搞成一言堂，无法达到群体沟通的目的；也不能让大家保持沉默，丧失群体活动的智慧；还需要使整个沟通活动围绕一定的逻辑主题，按照顺序展开。群体沟通是一种比较常见的沟通形式，但这种形式对沟通主持人的素质要求比较高，否则群体沟通要么死气沉沉，要么争吵激烈，无法达成共识，不能达到沟通的目的。

6.3.2 正式沟通与非正式沟通

1）正式沟通

正式沟通是按组织规章制度所规定的对内沟通方式，由组织结构而形成的沟通。正式沟通强调组织成员作为一定的角色来进行沟通，组织系统是正式沟通的主要渠道。其沟通内容主要围绕组织的目标、组织的决策、组织的经营管理困难及解决办法等展开。

（1）Y式沟通。如图6-5所示，一个部门受制于两个领导，信息向下传递；也可能是倒Y型，即上面层次的领导向下沟通，如基层领导与多个员工沟通。在前面一种情况下，由于受制于两个上级，往往导致下属难以与上级相处，因为两个上级

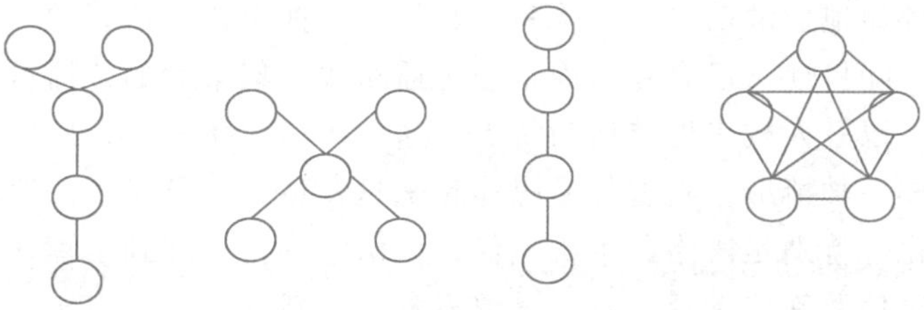

图6-5　沟通的形式示意图

的观点、性格可能不同。当然，处于这两个上级的连接点的这个下属，由于地位特殊，两人之下，多人之上，一旦权力在握，则可能过滤上级和下级的信息，制约真实信息的流动和传递，这是需要特别注意的。

（2）轮式沟通。如图6-5所示，一个主管与多个部属联系，该主管则处于信息的中心位置，成为信息的集散地。这种沟通方式的优点是速度快、效率高。

（3）链式沟通。链式沟通（如图6-5所示）常见于组织结构层次呈金字塔式的组织，比如集团公司的财务部对子公司的财务以及部门的财务室。这种沟通方式的优点是有层次性，权力的流动性较强，容易实施，但由于沟通的路线太长，速度较慢，而且由于每一个沟通对象的沟通能力有局限性，容易出现信息失真或扭曲。在移动互联网时代，如果能够辅之以文字、图片类规范性信息，交流和扩散的准确性可以得到保证。

（4）全渠道式沟通。通常沟通对象处于同样的地位和层次，没有权力中心和信息中心，相互之间平等和民主地进行沟通。团队组织就属于这种类型的组织。这种沟通形式的优点是平等，沟通比较深入、全面，但可能相互之间过于平等而导致沟通缺乏主从关系，难以达成共识。此外，无人主导沟通过程还会导致沟通的效率低下。互联网时代，微信群内的沟通，就是具有全渠道的特点，速度快，交流广泛，不容易失真。但是，沟通仍然需要有一个主导者，把控任务完成与沟通的关系，否则，可能仅仅关注沟通本身，而忘记了沟通的任务性和目标性，影响沟通的成效。

2）非正式沟通

非正式沟通中较多的是“小道消息”。而“小道消息”可能是真实的，也可能是杜撰的。由于这些消息可能对组织有利，也可能对组织有害，特别应该注意有害信息的传播与控制，否则可能对组织的运行产生消极影响，因为消息传播的渠道广泛，难以控制。

非正式沟通的传播方式有以下几种：第一是单线型；第二是辐射型；第三是随机型；第四是集束型。所谓单线型，是指一个人只对下一个人单独传播，信息扩散规模较小。辐射型则不同，可能信息传播者找到了一个人员集中的场合发布信息，这样一个人就对多个人发送信息，呈辐射状，速度较快。随机型则没有固定的传递对象，只是无规律地扩散信息，你传我，我传他，他再传给认识的、偶然遇到的其他人，其特点是随机性，没有专门固定的传播路线。集束型的传播可形象地比喻为葡萄藤式传播，以一人成串地传播为特点，这种传播效率较高，所谓“一传十，十传百”就是这样一种情形。随着传播媒体越来越发达，信息传播的速度、方式都发生了很大的变化，特别是网络、手机短信，为信息的传递起到了加速作用。如何管理网络、手机短信等现代传媒工具，是急需解决的新问题。

由于非正式沟通延续的主要动力是人们感兴趣的、与生活和社会密切相关的话题，如腐败、利益分配、物价变动、污染、健康、传染疾病、桃色新闻等，有些可以利用，有些则需要及时制止。比如，为了实施一些涨价的措施和政策，但又担心伤害部分人的利益而让这些人无法接受，可以事先把消息传出去，但没有白纸黑字的文件，没法从事实上确认。时间长了，大家慢慢淡漠了，再慢慢地涨价，也就没有人不习惯了。而发生在海南的传闻，香蕉可能致癌，最终导致蕉农的香蕉积压、腐烂，给蕉农造成巨大经济损失的谣言则需要严肃控制和处理。原来，海南的香蕉得了一种病，很难根治，被称为香蕉的癌症，后来被误传成了病香蕉可能致癌的谣言。

【理论应用6-6】　　互联网时代的意见领袖

意见领袖是在团队中构成信息和影响的重要来源，并能左右多数人态度倾向的少数人。尽管不一定是团体正式领袖，但其往往消息灵通、精通时事；或足智多谋，在某方面有出色才干；或有一定人际关系能力而获得大家认可从而成为群众或公众的意见领袖。在消费行为学中，特指为他人过滤、解释或提供信息的人，这种人因为持续关注程度高而对某类产品或服务有更多的知识和经验。家庭成员、朋友或媒体、虚拟社区消息灵通的权威人士常常充当意见领袖。

在互联网时代，强调人人平等，但实际上，人与人还是不平等的。有领袖和粉丝（追随者）之别，而意见领袖具有时代性特点：

1. 与被影响者一般处于平等关系而非上下级关系。意见领袖未必都是大人物，相反，他们是我们生活中所熟悉的人，如亲友、邻居、同事等。正因为他们是人们所了解和信赖的人，他们的意见和观点也就更有说服力。

2. 意见领袖并不集中于特定的群体或阶层，而是均匀地分布于社会上任何群体和阶层中。

3. 意见领袖的影响力一般分为“单一型”和“综合型”。在现代都市社会意见领袖中，意见领袖以“单一型”为主，即一个人只要在某个特定领域很精通或在周围人中享有一定声望，他们在这个领域便可扮演意见领袖角色，而在其他不熟悉的领域，他们则可能是一般的被影响者。如一个对时事政治拥有广博知识的人可以在时政问题上给予他人指导，而在流行或时尚方面则接受其他行家的影响。在传统社会或农村社会中，意见领袖一般以“综合型”为主，例如有声望的家族对当地社会往往有普遍的影响。

4.意见领袖社交范围广，拥有较多的信息渠道，对大众传播的接触频度高、接触量大。

5.意见领袖常常关注那些身边的事件和新闻，并适时发表自己的观点。

意见领袖由于影响力大、信息传播广泛，具有如下功能：

1.加工与解释的功能。对意见领袖行为的研究表明，他们不仅发出信息和影响，而且自己也积极摄入信息和影响。但是，意见领袖的首要任务是对先行接收到的大量信息进行加工与解释，而后以微型传播（如面对面的交谈）的方式传达给其他受众或追随者。他们经常运用的加工与解释的方法有：（1）生发引申；（2）添枝加叶；（3）客观复述；（4）裁减回避；（5）歪曲攻击。对信息如何解释？加工到什么程度？选用何种方法？这取决于外在信息与意见领袖的认知结构、价值观念，个人利益和文化模式相贴近或相背离的程度，取决于意见领袖的选择性注意、选择性理解、选择性记忆这三道防卫圈的严密程度。

2.扩散与传播的功能。大众传播的信息，并非能全数直达阅听人之处，有时候它只能到达它所欲传播对象的一部分，再由一部分人把信息传给他们周围最普通的大众。意见领袖就是对信息加工后予以再传播和再扩散的这一部分人。当然，他们不仅对传播中的有意义的信息予以再传播，对人际传播中的小道消息和流言蜚语往往也有兴趣给予再扩散。意见领袖对信息的再扩散和再传播是无报酬的义务性的，有时甚至是令人厌恶的，但是他们自己十分乐意这样做。

3.支配与引导的功能。意见领袖对自己先期接收到的信息进行加工与阐释、扩散与传播，正是为了释放其对追随者或被影响者的态度和行为起支配、引导的功能。传播学认为，具有不同威望的意见领袖发挥支配、引导功能的情形也不同：威望程度中等的意见领袖旨在引导人们形成和谐的人际关系；而威望程度极高的意见领袖旨在引导人们解决信息传播中的重要问题。但是，意见领袖最主要的效能，乃是对面临信息轰炸、思想灌输的无主见、存依赖的受传者在表明态度、采取行动、解决矛盾时予以指点和调节。有时，意见领袖的意见不仅影响这些人说什么、看什么、做什么和想什么，而且还支配他们怎么说、怎么看、怎么做和怎么想。意见领袖的追随者或被影响者的社会地位愈低、面临的信息愈多、处理信息的能力愈差，就愈加没有主见和自信心，也就愈容易当然接受意见领袖的咨询和参谋，他们甚至希望凡遇事都能有人主动上门来帮他们出谋划策，权衡利害，拿定主意。

4.协调或干扰的功能。意见领袖对传播者的传播还具有协调或干扰的作用。如果传播者传递的是符合意见领袖及其团体成员需要的或者是可以为其接受的观点和主张，那么意见领袖就会俯首听命，协调操作，成为大众传播中引起良好效果的动力。相反，如果传播者输出的信息违背或损害了意见领袖及其团体的利益，观点不能为其所接受，那么他就可能设障阻滞或进行干扰，也可能对信息只做出合意的加工和解释，或者干脆进行指责和攻击。

资料来源 百度百科. https://baike.so.com/doc/3921917-4116059.html，有改编.

此外，由于人们对非正式沟通信息的兴趣与人们的心理需求、不满、愤怒等有关系，如果能够将这些信息收集起来，可能有利于组织及早发现员工关心的问题，采取相应的管理对策，防患于未然。

在非正式沟通中，对缺乏真凭实据的“小道消息”的传播，即为谣言传播。谣言的传播与谣言本身的特点有关，与信息接受者的需求有关，也与传播渠道有关。

通常来说，谣言具有信息的模糊性，比如言论是谁讲的，在什么地方讲的，对什么对象讲的，为什么要讲等都是比较模糊的。由于缺乏白纸黑字的证据，因而给谣言的传播留下了极大的想象空间。谣言的传播属于非正式渠道传播，为什么能够快速传播呢？这恰恰是因为谣言能够满足人们心中的某些愿望或潜在的心理需求。比如，大众对明星的隐私很感兴趣，因此，只要有一些“小道消息”发布，就可能被广泛传播，即使没有证据，也丝毫没有关系，并不影响传播的速度和范围大小。还有股票信息的传播很快，因为这些信息可能与个人的物质经济利益紧密联系在一起，有些是猜测的，有些是人为编造的，都可以广泛传播。

谣言传播需要借助于渠道，在早期信息传播手段不是很先进的情况下，口耳传播是最广泛的方式，而当今社会传播渠道非常丰富，智能手机的微信朋友圈、微博、各种媒体网络平台等，已经成为新的强势媒体，相比之下，过去的电视、报纸、电台等都甘拜下风，处于日渐衰落的状态。

6.3.3 组织沟通

1）单向沟通和双向沟通

根据信息发送者和信息接受者在沟通中是否交换地位，可将沟通分为单向沟通和双向沟通。如果信息发送者始终是发送者，即为单向沟通；如果二者经常转换角色，则为双向沟通。

单向沟通时，沟通者处于主导地位，不管信息接受者是否感兴趣、理解，有没有不同的意见，权威性较强。适合于要求速度快、工作简单的情况。而双向沟通则显得更加民主、平等，相互之间角色经常转换，信息交流形成了回路，有反馈，沟通的准确性高。但信息传递速度慢，信息的完整性容易被破坏。

领导讲话、传达会议精神、培训教师的教学，都是以单向沟通为主导的沟通形式，而讨论、商讨、谈话、对话则属于双向沟通的形式。

2）向上沟通、向下沟通和同级沟通

前面介绍的沟通中，没有考虑信息发送者和信息接受者之间存在的地位差异。在现实的沟通情境下，参与沟通的双方常常有主动和被动、地位高低之分。比如，在教学过程中，教师通常是主动的沟通者，而且教师处于主动控制地位；在企业中，经常有下级向上级汇报工作，上级向下级分配任务，同级同事之间合作探讨等。在上下级沟通中，上级通常处于主导地位。

在不同的情况下，除了基本的沟通规律外，还应该特别注意在不同的沟通条件下影响沟通成效的因素，使得沟通更加顺畅，更有效率。

（1）向上沟通

向上沟通的目的通常有以下几种：第一，向上级描述自己的工作结果；第二，通过工作汇报得到上级的指导和建议；第三，获得说明自己和部门工作好坏的机会；第四，得到领导积极的工作评价。

为了实现组织和个人的目标，下级与上级的沟通必不可少。然而，在现实工作中经常出现的问题是：下级不理解上级的工作规律和心理期望，不能在完成汇报任务的同时，按照上级期望的模式、要求汇报，引起上级的不满。

通常而言，上级期望的沟通是：第一，工作的进度和结果；第二，通过听取工作汇报，给予下级新的信息和工作指示；第三，从原来设定的工作目标角度来审视工作的进度和结果，进行工作评价。

为了提高向上沟通的质量，沟通双方都需要做一些努力。作为下级，需要了解上级的工作风格，尽量寻求与上级的工作风格一致的沟通方式。比如，上级希望简明扼要，用电子版PPT形式呈现，这样形象生动，那么下级可以调整自己的沟通方式。此外，上级也应该告诉下级自己喜欢的沟通模式，让下级提前做好准备。由于下级没有主持复杂工作的经历，有时候难以理解上级的需求以及工作风格，为了有利于工作的开展，需要上级根据工作情况适当地进行点拨和教育，使得双方更加和谐。

如何保证下级愿意和上级沟通，并进行比较充分、真实的信息交换，需要组织有一定的制度作保证。在很多情况下，由于上级不允许下级犯错误，或者不喜欢下级讲述工作进展不顺利的实情，可能导致下级对上级只讲好的、不讲坏的，或者进行虚假汇报，不实事求是地汇报，结果导致上级不知道实际情况，做出错误的指导和决策，最终伤害组织的利益。

上行沟通的形式有很多，可以是定期的汇报制度，可以是上级召集员工座谈，可以设立意见箱等，组织应根据沟通的性质和需要灵活地使用。上级如果希望听到真实的声音，最为重要的是重视来自下级的意见或建议，并专门落实，事后还可以大张旗鼓地宣传。

向上沟通注意事项：

第一，上级比较忙，简洁明了非常重要。有些人总是觉得上级比较清闲，下级把事情都做了；殊不知，上级关注更高层面的工作，理论上压力更大。因此，如果要与上级沟通，最好准备几个繁简不同的版本，尽量用最简单的版本沟通；如果上级有兴趣了，再用复杂的版本。沟通时，尽量用选择题的方式陈述，不是用论述题的方式汇报，否则影响上级对你工作能力的评价。

第二，上级关注结果和进展，不宜过多涉及过程。每个部门都有自己的关键任务和时间节点，理论上，一个有效率的上级更加关注你的任务完成进展情况，如果工作超计划完成，越简洁越好；如果进展不顺利，也要先汇报状况，然后寻求帮助和支持。

第三，上级也不是万能的，要适当考虑专业差异。隔行如隔山，有时候上级也未必熟悉下属的全部工作，尤其在专业化程度比较高的领域。不宜假设你懂的上级一定懂，因此，适当考虑上级的专业知识面，进行简单的铺垫，还是很有必要的。

第四，关注上级的情绪。如果上级情绪好，可以适当介绍工作的难处，请求上级指点和帮助；如果上级领导本身焦头烂额，则换个时间交流。人非草木，情绪好的时候能听进逆耳的忠言；情绪差的时候，可能造成认知狭窄，形成错误决定。

（2）向下沟通

向下沟通是上级传递指令、激励和关心下级的重要途径。向下沟通的具体功能如下：第一，传达工作程序的具体任务指令；第二，提供组织程序和实践办法的信息；第三，提供工作分配理由的信息；第四，告诉下级他们的工作表现，激励员工；第五，提供意识形态的信息，如企业文化、使命和价值观等，以简化目标的贯彻执行。

然而，在沟通双方地位不平等的情况下，如果上级不能很好地根据下级的特点选择有效的沟通方式，适当听取下级的反馈和意见，则要么下级唯唯诺诺，要么下级表面接受命令和指示，实际忽视上级指令。

在组织层级比较多的情况下，还应该考虑信息的过滤和失真。对于重要的内容，应该有书面的材料，保证信息的可靠性。向下沟通的途径如下：第一，书面媒体：组织手册、指南、杂志、报纸和信件；公告板、海报、信息陈列板；标准报告、程序说明和备忘录。第二，口头沟通：直接指令和指示、演讲、会议、闭路电视方案、电话和个人计算机。第三，电子媒体。智能手机时代，通过一些网络媒体，可以传播录像、文字、图片、语音等各种资料，传递各类信息，加上其随身携带方便，几乎能够代替所有传统的媒体功能。

当然，媒体本身只是一个工具，关键是内容的编排和组织，如何才能根据工作的需要、诉求，给下属不同的影响。因此，也并非什么都要靠智能手机本身，还是要与传统的渠道结合，发挥各自的优势。比如，要鼓励下属，可能还是需要通过手机预约时间、地点和对象，而表达方式可能是面对面的沟通，可能是大会的表扬，可能是现场的参观加上点评，在点评中表扬先进，鞭策后进等。

沟通有多种形式，这些形式各自呈现出不同的特点。从整个沟通的信息、语言、个性化以及反馈的及时性来看，可以用图6-6描述。

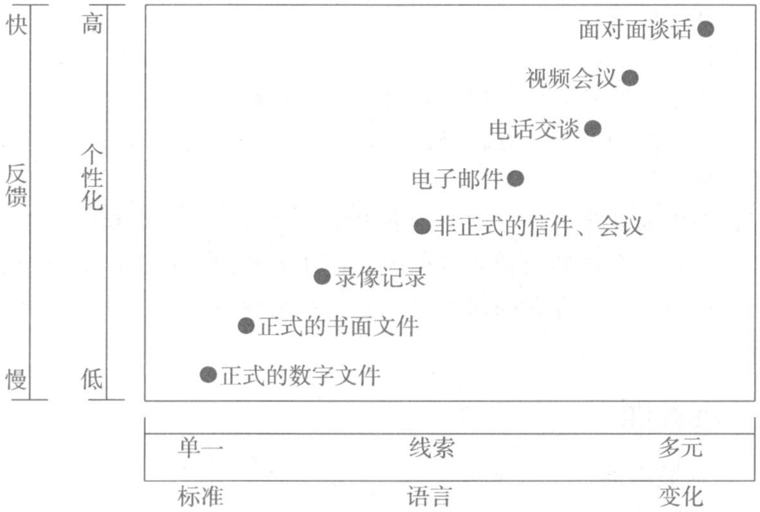

图6-6 沟通形式的特点比较

正式的数字文件相对来说是形式最单一、语言最标准、没有个性、没有反馈的沟通方式，其优点是标准化程度高，信息的保真性强；缺点是呆板、单调。与该方法形成鲜明对比的则是面对面交谈，信息传递线索既有口头语言，也有身体语言，还有交谈情境的信息，不同的人交流方式不同，具有很强的个人色彩，面对面交谈，反馈最直接、迅速。该方法的优点是信息传递全面、丰富、易接受；缺点是标准化程度低、主观性强，而且占用时间较长、效率低。其他的方式和方法则居于这两种极端的方式之间。

向下沟通注意事项：

第一，多做准备，了解下属的业务，尽量少说外行话。向下沟通通常难度较小，毕竟有地位优势；但是，如果不了解下属的业务，不能指导下属，可能上司的威信就难以建立和维护。如果能够给下属以业务指导、点拨，沟通的效果更好。

第二，先听后说，增加下属的参与感。首先，先听有个好处，了解下属的工作和诉求、进展，做到信息相对对称，不造成误判；其次，下属也希望借助机会表现、展示自己，拉近和上司的距离，给人说话和表现的机会，能够增进上下级关系，有利于提高沟通的情感和效果。

第三，少说大话，少说空话。上级本身也是有责权利限制的，如果上级的意见和建议、奖惩措施超过了自己的权力范围，做出的承诺无法兑现，必然影响上司的威望。

第四，为了感动下属，适当了解下属的家庭相关信息。中国人个人心理空间比较小、隐私比较少，上级除了给下级指导、下命令和分配任务外，温暖和感动下属也是必不可少的。因此，为了命令和任务得以执行，关心下属本人和家庭也非常重要，是激发下属积极性的重要因素。

（3）同级沟通

同级沟通由于沟通者与信息接受者没有明显的地位差异，因此相互之间比较平等。然而，由于不同的部门都有自身的利益，在合作时很容易站在自己的立场考虑问题，导致出现分歧。

为了保证合作的顺利进行，需要沟通者换位思考，双方或多方当事人让步，保证双赢或多赢。在一个良性运转的组织中，迫切需要建立跨部门沟通机制，大家定期聚在一起，商讨合作中存在的问题，并及时提出解决办法，这样有利于组织整体目标的实现。

6.4 沟通管理

6.4.1 面对面沟通

1）面对面沟通的优劣

面对面沟通是管理沟通中经常使用的方法。面对面沟通的优势表现如下：

第一，亲切。面对面的沟通，对方的音容笑貌、身体语言等都显示出来，给人以亲切感，即使有些话语不中听，当面也比较好化解，毕竟就像中国一句老话说的："伸手不打笑脸人！"

第二，双向性，交流充分。在面对面的场合，如果一个人讲话，往往比较尴尬，如果有另外一个人配合，就能比较顺畅。双方可以根据对方的话头，进行针对性强的交流，如果观察到沟通对象发生误会、有不明白的地方，还可以及时地补救。

第三，避免书面沟通障碍。书面沟通受到文字的制约，许多文化水平较低的人，书写能力较差，不适宜进行书面沟通，但言语对话是没有问题的，这样就减少了沟通的困难。

【理论应用 6-7】　　俞敏洪上市前找 CFO

新东方起初是一个家族企业，教师和营销人员都是俞敏洪，其余涉及教学、财务、教材、后勤等工作，都是靠其夫人、姨姐夫妇、姐姐姐夫和老母亲打理。为了扩大影响力，做大新东方，俞敏洪不满足于小富即安，开始出国招揽人才，请来了同学王强、同事徐小平等一批人才。为了优化公司治理结构，经过一年多的沟通，他还解除了公司的家族人员。后来，引入管理咨询公司，强化公司治理结构的规范化；再后来就是引进国际资本，准备上市。

起初，俞敏洪对上市是有点犹豫的，主要是担心资本的进入，可能导致扩张速度加快，绑架了自己，加速了股东创业者一夜暴富后的惰性离开，忘记了新东方的初心。然而，国际资本的进入加上内部股东的力量，最后的结果是，一致同意上市。俞敏洪 45% 的股份已经反对不了那 55% 的决定权了。当时俞敏洪自己对上市也还是有新鲜感的，觉得自己能把新东方做成一个海外上市公司也是挺自豪的事，圆了一个成功成名之梦。要上市，前期就要引进审计、财务管理，规范公司治理结构。他必须找一个合格的CFO。

千军易得，一将难求。当时三个应聘的CFO都在美国，他就飞到美国面试他们，从中挑选一个最合适的。他对应聘者的要求就是，每人跟他住一天，跟他住一个房间。他试着从各方面了解应聘者，跟他们聊，天南海北地聊。他们住在一起聊天的时候，话题很丰富，什么都聊到了。他要考察的不仅仅是应聘者的能力，主要是应聘者的人品，通过聊天他就可以知道应聘者对各种事情的态度和立场。最后他挑选了一个特别优秀的，也是他最满意的人。

俞敏洪是怎么看上这个人的呢？第一，他请应聘者跟他的家人一起吃饭，应聘者吃饭时第一个菜就是夹给他的孩子，他觉得这个人很爱孩子，而且知道轻重。第二，跟应聘者聊天，知道应聘者对中国很熟悉，了解中国的国情。应聘者的背景特别好，斯坦福本科毕业，到哈佛大学读了MBA，还是伯克利大学法学博士，华人。应聘者一岁就到美国去了。第三，凭直觉。他们两个在一起不到半天的时间，就开始互相说黄色笑话给对方听，俞敏洪就知道这个气场对上了，不熟悉到一定程度，中国人一定很忌讳这样谈话的。尽管应聘者一句国语都不会讲，但是会讲闽南话，应聘者的父母是闽南的，不会讲普通话。不过这不影响工作，因为CFO本身就是用英文工作的。

结果，这个应聘者在新东方的CFO职位上呆了6年多，超过了当时只答应跟着他干两年的协约，他们合作得非常愉快。

俞敏洪就是这样通过面对面地沟通、观察，发现许多通过书面交流无法获得的准确信息的。

资料来源 优米网. 俞敏洪口述：在痛苦的世界中尽力而为［M］. 北京：当代中国出版社，2012：141-142.

面对面沟通的劣势体现为：

第一，有时面对面成本较高。特别是沟通的双方距离遥远，如果需要面对面地沟通，经济代价、时间成本可能都比较高，有时甚至让沟通变成不可能的事情，特别是跨国界、跨地区的面对面沟通。当然，像俞敏洪找上市公司的CFO，则可能不惜代价了。

第二，有些沟通当面不宜。对于一些可能引发羞愧、激烈冲突、让人伤心的事情，越是见面，越不容易开口。

2）沟通环境的布置

沟通环境其实在沟通活动中非常重要，然而，人们常常忽视其作用，因而影响了沟通的成效。比尔·盖茨有句名言：能站着说的就不要坐着说，能在办公室说的就不要在会议上说。这里面包含沟通的效率问题，人们站着说话更累，更节省时间，效率更高；一旦坐下来，节奏就慢了，效率就低了。在会议室开会，互动更加频繁，立场差异更大，时间花费也就更多了。除了沟通的效率因素，沟通的其他心理因素也需要考虑。

在群体沟通时，不同的环境布局对于沟通时心态的影响是不同的。比如图6-7中的（a）就给人一种非常类似上课的氛围，在这种情况下，主导沟通的人非常明确，人们的沟通心态就倾向于只是听，而不是平等的交流、对话、提问。而图6-7中的（b）、（c）、（d）情境相对于（a）情境来说，多了一些平等的氛围，相互之间面对面的机会比较多，可以进行讨论、交流，主次感淡化了，参与感提高了。

（a）正式的教学沟通形式

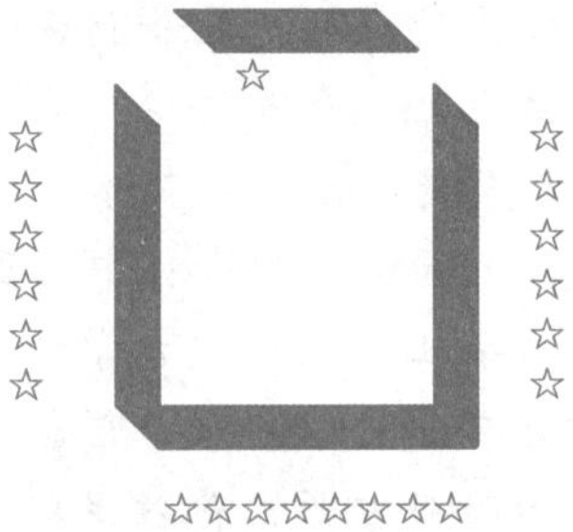

（b）正规的U形布置

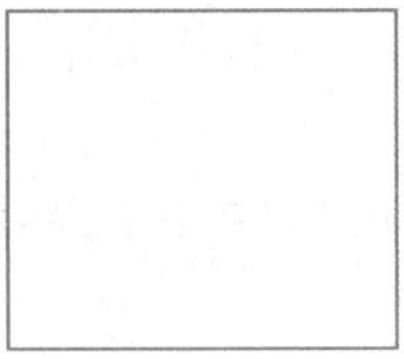

（c）正方形或矩形

（d）圆形

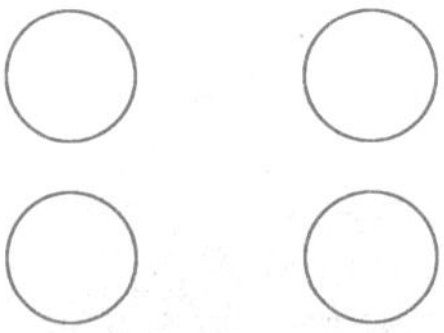

（e）圆形组合

图6-7　群体沟通的环境设计形式

哈佛商学院以案例教学特色著称，其教室设计的特点就是鼓励学员积极参与案例讨论，教师只是起穿针引线的作用，真正促进学习发生的是学员的参与、思考、讨论和总结，学员正是在相互的交流和探讨中学习和成长的。其设计类似于图6-7的（b）情境。这种学习方式与我国的以教师为中心、灌输式、填鸭式教学截然不同，值得我国教育界借鉴和学习。

对于图6-7中的（e）而言，小组都已经划分好了，显然在这种情况下，没有哪个人是沟通的主宰者，圆桌的设计就是体现平等，没有高低，没有主次，重点在于充分地发表意见，进行比较深入的问题探讨和交流。

个体的面对面沟通环境仍然对沟通行为有影响（如图6-8所示）。面对面、无遮挡的沟通环境，沟通双方都完全暴露在对方的视野里，彼此的面部、身体细节都尽收眼底。因此，整个沟通过程压力比较大，效率比较高。只要其中一方停止发言交流，就会显得紧张。这种设计对于提高沟通效率非常有帮助，但对于想通过沟通获得新的、高质量的想法和创意，可能没有益处。如果在两个人中间增加一个遮挡，则双方的压力就会小很多。

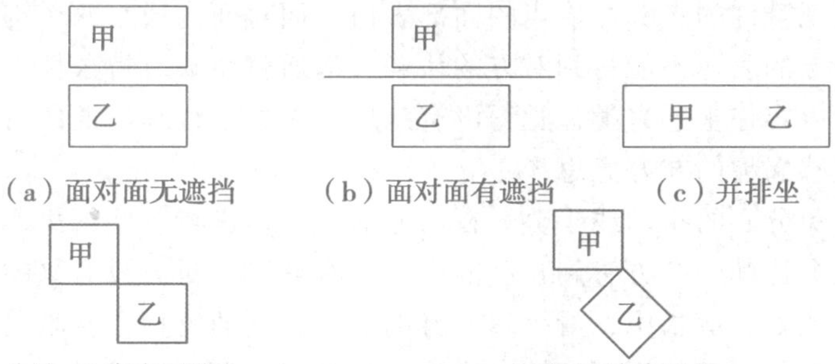

（a）面对面无遮挡　（b）面对面有遮挡　（c）并排坐

（d）90度交叉坐　（e）45度交叉坐

图6-8 个体面对面沟通的环境设计

并排坐进行沟通的情况是很常见的。然而，由于面对面沟通需要关注对方的面部，显然并排坐不利于这种行为的落实，因此，沟通双方一般会侧身进行沟通，这个侧身活动在短时间内不会感到别扭和疲劳，但长时间地扭曲，一定使双方感到不舒服。为了延长沟通的时间，增加人的舒适度很重要。

最为舒适、心理压力较小、有利于长时间沟通的环境是45度交叉坐方式。这种情况既满足了面对面沟通中观察对方面部的需要，也不至于时时刻刻看着沟通对象，让对方觉得难受，而且这种方式的舒适度较高，有利于较长时间地探讨问题，产生新的思想和灵感。

沟通场所的温度、电话等应该随着沟通问题的重要性、严肃性而变化。如果要和一个员工谈转岗、下岗、惩罚等不好的事情，一定要选择相对舒适的环境，以免让人燥热、情绪激动，还要注意安静、避免干扰、避免他人进出等。让人感到沟通者非常重视这件事情，将别的工作都停下来，专门交流看法，如果一边谈话，一边接电话，或者有他人在场，让人觉得没有尊严和面子，可能会激化矛盾，达不到应有的效果。飞机上非常忌讳人们的躁动情绪，因此，飞机的内部环境设计非常讲究，比如温度合适，空气清新，辅之以电视娱乐和音乐设施以及点心小吃等，尽可能地让人们处于一种愉快、放松的状态，以减少冲突或由冲突引发的危险行为。

如果涉及保密内容，沟通环境也需要选择。另外，沟通对象的性别也是需要考虑的因素。如果是同性别沟通，可以关门；如果是异性沟通，则需要半开门，以让双方有安全感。

3）一对一、面对面沟通的技巧

面对面的沟通涉及许多技巧，合理地运用这些技巧，可以使沟通顺利地进行，否则就会使双方感觉别扭，影响沟通的正常开展。这里主要介绍几个：

第一，使用目光接触。没有目光接触的沟通就失去了面对面的意义和价值，与电话沟通或网络QQ没有差别。如果长时间不关注沟通对象，会给人以不礼貌、轻蔑的感觉；但如果长时间地盯着对方，同样也会给人以敌意、不礼貌的感觉。因此，需要不定期地关注对方，但每次时间不宜太长。

第二，展现赞许的点头和恰当的面部表情。面对面沟通是两个沟通对象的互动过程，如果一方的表达不能得到对方的认可，沟通就会缺乏持久性。可能对方会认为自己表达的内容你不感兴趣，觉得没有意思，失去了继续沟通的意愿。点头是对对方的认可或感兴趣的友好意思。

第三，避免分心的举动或手势。在沟通活动中，进行一些偏离沟通主题的活动或动作，可能会让其中一方感到自己的谈话没有意思，对方没有兴趣，因此希望中断沟通活动。比如，剪指甲，看手表，打电话，看别的书籍，打哈欠，伸懒腰等。

第四，提问。为了使沟通延续，将沟通活动引向深入，通过提问可以引出沟通的新问题，或者对没有理解的问题进行澄清。提问有利于双方的良性互动。

第五，复述。复述是将自己所理解的观点与谈话方进行交流，看看自己是否完全理解了对方表达的意思。复述有两个功能：一方面对陈述方的观点进行梳理、澄清，概括出沟通的逻辑和观点；另一方面可以借助这个机会，控制沟通的主动权，比如转换话题的中心，引入新的沟通问题，也可以借机会发表自己的看法和观点。特别是当对方偏离了沟通的主题时，这个方法比较委婉，比较自然地过渡到正题。

第六，避免中间打断说话者。有时候，有的人表达能力不是很强，可能表达不是很清楚；有的人比较啰唆，喋喋不休；有的人偏离主题，自己还不知道，耽误沟通的时间，影响效率。为此，沟通一方不耐烦，比较主动地让对方停止讲话，或者中途打断对方的发言，这种做法很容易引起表达方的反感，使沟通的局面比较难堪。遇到这种情况，可以借题发挥，比如通过给对方加水等方式，转移对方的注意力，然后趁机改变话题。

【理论应用6-8】 **模拟活动**

两个人交谈，没有目光接触，没有面部表情和手势等。

6.4.2 非言语沟通

语言是人类特有的现象，是人类思维的最高形式。正是因为语言的概括性和抽象性，使人类的思维具有严密性和完整性，使人类从动物界中进化出来。应该说，使用语言的言语沟通是沟通最重要的形式，具有表达严谨、清晰的特点。

然而，除了言语沟通外，非言语的沟通也可以作为言语沟通的重要补充或辅助手段，帮助传递信息。有时候，言语和非言语沟通传递的信息是一致的，非言语信息使得言语信息更加生动、更好理解；有时非言语信息与言语信息不一致，由于非言语信息更多受到无意识的左右，传递的信息更加符合沟通者的真实心理内容。如果沟通的对方能够把握非言语信息中的真谛，就能更好地控制自己的行为，达到沟通的目的。

非言语沟通包括几个方面：（1）副言语，即语音、语调、语气；（2）面部表情，即目光、面部的变化所传递的信息；（3）身段言语，包括静态姿势、动态姿势、双方接触姿势等传递的信息；（4）身体距离。

1）副言语

副言语是用语言表达人的思想的重要组成部分，体现了交流中言语的音调强度、节奏快慢形成的抑扬顿挫的声音效果。人们通过副言语，比如断句、停顿、节奏、重音、语调、语气、拖腔，有助于加深理解对方的种种信息。具体有以下几个方面的信息：

第一，从副言语可以判断对方的情感。热情还是冷淡，友好还是敌对，诚恳还是虚伪，谦恭还是傲慢，同情还是讥笑，急躁还是稳重，耐心还是不耐心，细心还是粗心等等，都可以从中发现。

第二，从副言语可以判断对方的性格、兴趣、能力等。性格外向还是内向，健谈还是沉默寡言，知识面宽还是窄。有的人说话节奏快，逻辑性强，说明思维敏捷；有的人说话节奏慢，语无伦次，吞吞吐吐，则说明思维迟钝。

第三，从副言语能够分辨方言，知道对方是哪里人。东北、山东、北京、上海、江浙、广东、广西、四川、陕西和山西等地，方言比较重，辨别出个人的出生和成长地，有利于认识人的地方性格，为沟通提供了内容。

2）面部表情

面部有几个关键部位传递信息，即眼睛、眉毛、嘴。

人们说，眼睛是心灵的窗户。心理学家研究表明，双方交谈时，平均有41%的时间会注视对方。目光交流的作用有：（1）接收对方的非言语反应，收集表情、体态姿势等信息；（2）发送自己的表情信息；（3）协调双方的沟通，如表达关注或不感兴趣；（4）强化对方的言语和行为，表示对对方的某种言语和行为的赞赏、肯定、疑惑、否定、惊奇、恐惧、敌意等。

瞳孔是兴趣、偏好、态度、情感等心理活动的高灵敏度的显示屏：瞳孔放大，表示爱、喜欢、兴奋和惊恐；瞳孔缩小，表示消极、戒备、愤怒。瞳孔的变化是无法用意志来控制的，具有真实性。

眼睛常常和眉毛一起活动，构成一个整体，传递信息。比如，愁的时候双眉紧锁，喜的时候眉开眼笑，怒的时候眼睛瞪大、眉毛上挑等。

面部常常整体活动，眉眼、嘴部、脸盘一起行动，表达某种信息。笑常常是传递信息的重要方式，但笑的含义非常丰富，如狂笑、大笑、微笑、暗笑，还有强笑、苦笑、欢笑、傻笑、假笑、冷笑、奸笑、嘲笑。

在沟通过程中，需要积累对这些符号的识别能力，以便正确地了解对方传递的信号，进行合理的反应。

3）身段言语

人的身段或体姿也是重要的沟通信息渠道，包括静态姿势、动态姿势和双方接触姿势。

静态姿势有半坐、微坐和满坐。微坐表示谦恭、谨慎；满坐表示自信或傲气；身体向对方前倾代表热情和倾听；身体后仰表示若无其事、双腿并拢代表谦虚；跷二郎腿代表满不在乎、大大咧咧；站姿端正代表尊敬；站姿歪斜代表心不在焉；侧转身表示嫌弃和轻蔑；背朝人表示不屑理睬。

动态姿势通过手、头、身体的摆动为言语交流服务。

动态手势：鼓掌表示欢迎和赞同，招手表示迎送，摇摆手可加强说话力度。动态手势中有两种相反的手势：即命令性手势和请求性手势。命令性手势，伸出食指指向对方，掌心向下，就是典型的命令性手势，如交通警察对司机、教师对学生、老板对雇员、家长对孩子、上级对下级。请求性手势与命令性相反，掌心向上而不是向下，意味着抬高对方、压低自己。

动态头势：摆头表示否认，点头表示赞许，摇头表示无可奈何等。

动态身势：耸肩表示无能为力，身体不停晃动代表情绪激昂，身体缺少动作代表说话平静、情绪平和。

双方接触姿势包括握手、拍肩、挽臂、拥抱、亲吻、抚摸、拉手等，每一种接触都有特点和丰富的交际内容，这里不多介绍。

4）身体距离

沟通双方的身体距离，可以反映人们之间的关系，哪些人处于密切的关系中，哪些人处于更为正式的关系中。一般来说，普通沟通者之间的距离不宜太远，也不宜太近，有一个合适的区间，否则两个人的关系要么很近，要么很远。具体可以分成四种区域：

（1）亲密区（0~0.5米）。在这个区域内，除了配偶、父母、孩子等最亲密的人之外，其他人进入这一区域，人们就会感到很不舒服。在这个亲密区中，视觉、听觉、嗅觉乃至触觉一起起作用，构成综合信息。两个关系不是很亲密的人，沟通中要保持一定的距离，这样双方才会比较轻松和舒服，否则，有一方身体会不由自主地向后倾，力图保持合理的距离。除非一些过于拥挤的公共场所，没有选择，可以突破这一区域，比如公共汽车和地铁等场所。另外，职业需要如护士与病人的距离也是允许的。

（2）个人区（0.5~1.25米）。在一般社交场合，特别是朋友间，人们都保持这一距离。其中，0.5~0.8米是亲密朋友交往的距离；0.8~1.25米则是普通朋友交往的合适距离。在这个范围内，一方面可以有较少的身体接触，另一方面也能体现出两者熟悉而友好的气氛。

（3）社会区（1.25~3.50米）。在与陌生人或关系一般的人打交道时，一般会保持这个距离。双方大多本着公事公办、应酬或初步了解的态度，谈话内容不怕被人知道，说话声音较大。

（4）公众区（3.50米之外）。当我们对一大群人讲话时，往往会选择这样一个距离。例如，庆典、演讲时的主持者与听众、交警与行人之间的距离。

总之，你可以按照这个规则与人交往和沟通；通过人们之间的身体距离，你也可以识别双方的关系亲近程度。

6.4.3 电话沟通

1）电话沟通的适合条件

电话是信息时代人与人之间方便、快捷的沟通手段。特别是移动电话的迅速发展，为电话沟通提供了便利和更好的通话质量。比较适合电话沟通的情况有以下几种：

第一，距离远，一时无法面对面沟通。由于电话具有跨越地域限制的优势，如果无法面对面地沟通，可以通过电话实现远距离的实时沟通和交流。

第二，见面不好开口沟通的问题。有些时候，有些话当面反而不好沟通，如果借助电话，可以避免一些尴尬。在某种情况下，为了避免冲突和激化矛盾，采用有距离的电话沟通也是一种选择。

第三，暂时不能见面，或不宜打扰。还有一些情况下，因为不便于长时间的打扰，也可以选择这种方法。

2）电话沟通的好习惯

其实，打电话也是能够反映出人的涵养和素质的。由于没有经过正规的训练，许多人的电话沟通让人感到不礼貌或不舒服，既没有体现电话沟通的文明，也没有表现电话沟通的经济性和效率。要体现文明打电话，以下四点是基本的：

第一，养成良好的电话礼貌。你的嘴离话筒保持一拳左右（5~6厘米）的距离时，你发出的声音是最美妙、动听的。

第二，当我们拿起话筒说话时，带着笑意的声音、得体、机智敏捷是在良好的电话沟通中必需的主要素质。

第三，尽量使用“请、请稍等、谢谢、对不起、再见”，避免使用方言、非正式的或草率的语言。

第四，要努力养成一次通话在3分钟之内结束的习惯，并要对私人电话加以节制。一次电话的平均通话时间，是衡量整个国家国民教养水平的尺度之一。

主动打电话和被动接听电话是有差别的，需要区别对待。在打电话时，要注意以下几点：

第一，事先列出要点，以免匆忙中有所遗漏。比如，确认对方的电话号码、单位及姓名，以减少时间和金钱的浪费，并准确无误地与对方通话；记下要办事情的次序，以使通话简明扼要，而不至于遗漏要点；备好必要的文件和材料。

第二，说明自己是谁，让对方充分了解电话沟通的对象。电话打通后，要确认对方身份后再通话；如果是自己打错电话，礼貌的做法是发自内心地道歉，可以说："噢，电话打错了，对不起！"在给身份地位高的人士打电话时，直呼其名是不礼貌的，应说："您好，我是××公司销售部的×先生，不知是否方便？"将自己的姓名、单位告诉对方。

第三，通话中必须暂时离开，应该向对方说明理由。

第四，对方谈话要点，必要时可以复述一遍，以免错误。要简明扼要，声音柔和，遵守6W原则，即时间、地点、人物、原因、事情、如何处理；需要对重点进行重复，也要听取对方所谈事情。

在接听电话时应注意以下几点：

第一，及时接听。电话铃声响两次时接电话（最多不超过3次）。

第二，礼貌接听。无论对方是谁（职员、好朋友、公司高级经理、公司客户等），你都要让对方感到他得到了友好的接待；如果在与客人谈话中来了电话，应先对客人说声"对不起"，得到谅解后，再拿起电话。拿起电话互致问候后，应真诚地请对方谅解："实在对不起，现在我正有客人，稍后我再给您回电话。"需要使用合适的招呼语，如"早上好"、"下午好"、"晚上好"或"您好"；而"喂"或"什么事"等，都是不恰当的。需要告诉对方自己所属公司、部门和姓名："您好，××公司财务部，我是××。"以免对方是误打，或再次询问而浪费时间。

第三，专心聆听并提供帮助。放下手头任何事情，左手拿听筒，右手做好记录准备，专心致志地听对方讲事情；不要在接听电话的同时，做任何其他事情；如果对方要找的人不在或不能抽身，要告诉对方你想怎样帮助对方，让对方感受到你乐于帮助他的诚意。"对不起，陈先生现在正在接另一个电话，请问我可以帮助他留言吗？"或"我可以让他打电话找您吗？"或"您可以5分钟之后再打来吗"等。

第四，注意技巧。以请求或委婉的语气，不要以要求的方式让对方提供信息，比如不要说："你叫什么名字？"或"你的电话号码是多少？"要说："请问我可以知道您的名字吗？"或"王先生可以留一下您的电话号码吗？"

在电话留言方面，电话机旁时刻准备好记录工具，如记录纸、笔、常用电话号码表等；记录时，一边记录一边重复，尤其涉及数字、日期、时间和资料，或需要转达对方讲话内容时；注意遵循6W原则（when，where，who，why，what，how）；对方讲完后予以确认，并把所讲的内容简略复述一遍。重复和确认是电话沟通中非常重要的技巧之一，它可以避免误会或遗漏重要的信息等。

在整个过程中，克制和耐心是必不可少的。不要受到客人情绪的影响，客人生气，是对所发生的事情生气，不要引申到个人，从而认为对方对你有成见。要培养以下习惯：多赞扬对方；机智，并成为一个好的倾听者。

6.4.4 网络沟通

随着网络技术的发展，基于网络的沟通方式层出不穷。人们可以通过互发电子邮件来代替传统信件；可以通过采用一些即时通信工具代替打电话，如QQ、微信等；若给电脑配上一对价格低廉的摄像头和小话筒，还可以模拟面对面的交流。从某种意义上说，网络可以模拟许多现实生活中的沟通方式。尽管这些方式是模拟的，不是真实的情境，但在许多情况下，可以充分发挥其优势，为我所用。

1）网络沟通的优点

这种新型的沟通形式具有以下明显优点：

（1）不受地域的限制。基于网络的沟通行为比传统的打电话或写信、发电报具有更加广阔的实用范围。手指一点击，世界任何一个有互联网的角落都能联系上，真正成为一个村落。如果沟通者拥有很强的外语能力，还可以留下自己的评论。

（2）沟通范围更大。传统的沟通方式，很难想象在同一时刻与不同地域的数百人一起对话、一起讨论一个问题、分享一篇报告，并且还能立即知道其他人的反应。这在拥有互联网的今天，只要一部智能手机或一台电脑和一根网线或WIFI就解决问题了。

（3）沟通的成本更为低廉。现在，除了购置智能手机、电脑、获得网络支持等一次性投入较大外，网络建成后的每一次信息交流相比其他的传统沟通方式都更为便捷和成本低廉。运用传统媒介和某人沟通，如果进行一次面对面的交谈将包括交通费、来回路上的时间等；打电话包括电话费，要传送资料还有打印和传真费。而利用网络只需连接WIFI，注册登录即时通信工具，就类似于面谈，还可附上一封带资料附件的电子邮件。网络沟通既节省时间，又节省费用，对于宽带包月的用户，上网费用几乎可以忽略不计。

2）网络沟通的缺点

（1）人是社会性的人，除了完成某些任务外，还需要面对面的交流，而网络使人与人之间面对面交流的机会越来越少，沟通行为更多地依赖于虚拟的网络。比如，逢年过节是中国人联络感情的好时机，而现在电子贺卡、视频、语音、文字代替了明信片，连买的礼品也可以网上订购并代为送货上门。沟通方式的单一化损失的不仅仅是情感，还有正义感、良知和公德心。

（2）网络使人们相互之间的信任感降低了。网络先天的虚拟性就决定了其不可避免的虚幻，沟通者可以化装成自己希望变成的人，可以更换姓名、性别、个人经历、特长和爱好等，并且不容易被识别。当沟通缺乏信任这个基石时，交流内容的可信度自然就降低了。

3）网络沟通的形式

在组织的沟通活动中，网络沟通有以下几种常见的方式：

（1）电子邮件。电子邮件打破了时间和空间的限制，让工作时间或工作地点不同的人们能够有效地沟通。电子邮件让人们能够同时给几个人发送信息，并能发送电子文件、图片或文档等附件。因为电子邮件几乎不包含人们的外貌特征和气质形象等方面的信息，也不能传达微妙的手势或者非言语的暗示，它可能被误解或者曲解，导致矛盾产生。而面对面的沟通则没有这些问题。因此，许多研究人员和经理们建议，对有争议或者敏感的问题进行沟通时，应避免使用电子邮件。

（2）即时信息。即时信息简称IM，是一种接近于实时进行的文字信息沟通，它可以在两个或更多用户之间进行。它和普通电子邮件的不同之处在于，它的信息沟通立即就能完成，而且进行“对话沟通”相当简便。因为参与人员是“好友名单”上的，即时信息有一种浓厚的社区气氛。在很多情况下，这种气氛有助于建立有效的沟通区域。可将没有争议的信息发送给一大群人。但它不适合所有的场合或者工作关系。两个工作联系不是很紧密的人对于这种亲密的实时聊天可能会感到尴尬，而两个试图解决难题的人可能会认为即时信息的固有缺陷妨碍了解决问题的进程。

【理论应用6-9】　　微信沟通

微信是腾讯公司2011年推出的一个为智能终端提供即时通信服务的免费应用程序，微信支持跨通信运营商、跨操作系统平台通过网络快速发送免费（需消耗少量网络流量）信息，同时也可以使用通过共享流媒体内容的资料和基于位置的“朋友圈”“语音记事本”等服务。

微信极大地方便了我们的生活，使沟通变得无处不在。微信的沟通方式是立体化的，涵盖了文字、语音、图片、视频。和其他沟通方式相比，满足了人们不同的沟通需求。微信是跨平台操作的软件，微信和QQ好友、腾讯微博、手机通讯录是完全打通的，在群聊的时候甚至可以将通讯录、QQ好友和微博好友聚在一起。除了即时的信息交流之外，微信还提供了“朋友圈”这一平台，可以通过朋友圈发表文字或图片信息，和所有的好友分享身边的事情，传达自己的心情，好友可以进行回复和互动，促进彼此的沟通和交流。除了熟人朋友间的沟通交流外，微信还提供和陌生人交流的平台，通过“摇一摇”“漂流瓶”等功能，可以结识有共同兴趣的陌生人。除了个人的沟通交流外，微信还专门为企业提供公众平台和技术开发平台，企业可以在微信上完成从市场调研到客户管理、客户服务、销售支付、老客户维护、新客户挖掘等的所有工作。

（3）视频会议。视频会议是一种召开现场会议的方法，它为处在两个或者两个以上不同地点的人提供面对面视频的会议。这种技术利用计算机网络把音频和视频数据传输到所有的会议地点。视频会议同样也提供远程共享其他媒介的方法，包括录像带、书写板和幻灯片等。

视频会议提供了面对面沟通的所有独特好处，而不用支付召集异地人员集中到一个会议室的直接和间接成本。在会议中，与会人员可以展示与沟通内容相关的物品，比如器械或者产品，这样就可以发现其他人是否在认真听取会议观点和信息并做出适当的反应。与会人员还可以被分成两个或多个小组，同时对问题展开讨论，推进决策进程。

（4）网络传播（web casting）。网络传播将极具震撼力、内容丰富的信息传输给任何一个拥有电脑和网络浏览器的人。凭借它，人们可以在互联网或者公司内部网上快速传输音频和视频文件，用户不必苦苦等候文件下载就可以看到视频画面或者听到声音。

在一个直播或者实时的信息流中，参与人员被告知在预定的时间访问特定的网址，大家同时观看节目。而在一个存档的或者按需提供的信息流中，事件被转化成数字文件，储存起来供以后查看。这种情形不像现场直播一样直接，用户需要下载后才能观看。最重要的是，信息流本质上是一种从主持人到观众的单向沟通。假如一个议题需要与会人员讨论，或者要求发言人和与会者在预先准备好的提问和回答范围以外对话，信息流就不是最好的沟通方式。

图6-9为视觉信息对理解的影响。

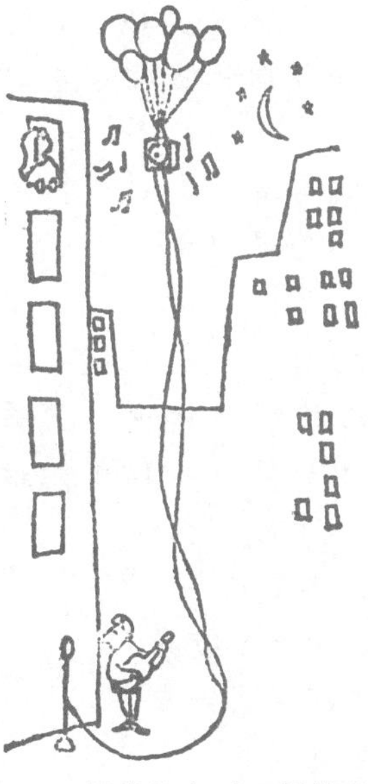

图6-9 视觉信息对理解的影响

本章小结

沟通是一种双边的、影响行为的过程。沟通具有传递信息、交流感情、激励的作用。

沟通过程是信息发送者将自己希望表达的信息，选择一定的媒体传递给信息接受者，信息接受者将所获得的信息再反馈给信息发送者的循环过程。沟通的环节包括信息发送者、信息接受者、信息传递媒体以及反馈。

沟通从不同角度划分，可分为个人沟通与群体沟通、正式沟通与非正式沟通、单向沟通与双向沟通。正式沟通取决于组织结构，主要有Y式沟通、轮式沟通、链式沟通、全渠道式沟通四种类型。非正式沟通中较多的是“小道消息”，因为消息传播的渠道广泛，难以控制，所以应该特别注意有害信息的传播与控制，否则可能对组织的运行产生消极作用。

面对面沟通、电话沟通、网络沟通各有其优劣势，进行沟通管理时，应注意沟通环境、条件与技巧。

关键概念

沟通　反馈　正式沟通　非正式沟通　沟通环境　非言语沟通

单项选择题

6.1　根据沟通理论，属于正式沟通渠道的是（　　）。

A.小道消息　　B.社交场合　　C.食堂的午餐　　D.员工会议

6.2　企业公关部经理代表企业向新闻媒体发布信息，与社会公众沟通。这种沟通是（　　）。

A.正式沟通　　B.非正式沟通　　C.纵向沟通　　D.内部沟通

6.3　权力的支配性较强，但容易出现信息失真或扭曲，常见于金字塔式的组织结构的沟通形式是（　　）。

A.Y式沟通　　B.轮式沟通　　C.链式沟通　　D.全渠道式沟通

6.4　在个体面对面沟通的环境设计中，沟通效率高但不利于获得新的、高质量创意的是（　　），最为舒适、心理压力较小、有利于长时间沟通的环境是（　　）。

A.并列排坐方式，90度交叉坐方式

B.面对面无遮挡方式，45度交叉坐方式

C.面对面有遮挡方式，90度交叉坐方式

D.90度交叉坐方式，并排坐方式

思考题

6.1　举例说明作为信息发布者应如何考虑信息的组织、编码与传递，使沟通达到应有的效果？

6.2 在沟通过程中，应如何根据沟通双方的地位差异，进行有效的沟通？

6.3 正式沟通与非正式沟通网络及其类型有哪些？

6.4 组织中为何会出现“小道消息”，管理者应如何应对组织中的“小道信息”？

案例分析题

架起组织内部员工沟通的金桥——MT公司的做法及启示

MT公司创立于1928年，世界《财富》500强企业之一，是全球芯片制造、电子通信的领导者。1997年，拥有15万名员工的MT公司销售总额达298亿美元，利润额12亿美元，1997年度《财富》排名93位。后来，因为战略投资失误，该公司破产，然而该公司内部员工沟通还是很有代表性的。

MT公司早就认识到意见沟通的重要性，并不断实践和完善沟通制度。公司的沟通系统建立在这样一个基本原则上：自然人或法人一旦购买了公司股票，他就成为关联者，有权得到包括公司财务报告在内的完整资料，甚至涉及某些商业机密的管理资料。

MT公司的管理者注意到不同职位的人需要不同的沟通方式。上级预期下级向他报告，同级希望和同级分享，下级需要上级的指示。配合组织结构，依据信息流通的方向，沟通系统可分为上行沟通、下行沟通和平行沟通。

MT（中国）公司的沟通系统因此分为三部分：一是每月召开的员工协调例会（上行沟通），二是每年举办的主管汇报会（下行沟通），三是每年举办的员工大会（平行沟通）。

1）员工协调例会和意见箱

MT（中国）公司有员工协调例会制度。在会议中，管理人员和员工聚集一堂，商讨彼此关心的问题。在公司的总部、各分部、各基层都会组织协调例会，这看起来有些类似法院，逐层逐级反映上去，以公司总部的首席代表会议为最高机构，员工协调例会是标准的上行沟通途径。公司内共有几百个这样的组织。如果在沟通过程中有些问题不能在基层协调例会上得到解决，则会逐级反映上去，直到有圆满答复。基层协调例会上讨论的可以是很具体、很现实的琐碎小事。但如果有关公司的总政策，那就一定要在首席代表会上才能拍板决定。为保证员工意见能迅速、逐级反映上去，基层员工协调例会应先于高层协调会议召开。

MT（中国）公司员工协调例会上都讨论些什么呢？下面摘编几条会议纪要。

问：公司规定工作满5年后才能有一个月的带薪休假，能否放宽规定将期限缩短？

答：公司在员工福利待遇方面做了很多工作，诸如团体保险、退休金计划、医疗保险制度等。对于员工休假计划，管理层将继续秉承以往精神，仔细考虑这一问题。随后呈报上级，如获批准，将马上实行。

问：公司自助食堂菜价偏高，味道太过辛辣，可否加以改进？

答：食堂菜价偏高是由于近期本地菜农罢工、菜源紧张所致，公司总务部正加紧联系外地新鲜蔬菜，相信菜价会相应调低。另外，食堂将再招聘一名厨师以丰富品种，满足员工不同口味。

2）主管汇报会

MT（中国）公司的下行沟通形式是主管汇报会。它类似于公司管理层的述职报告会，所不同的是，述职报告面对公司董事会，主管汇报会面对全体员工。

主管汇报会每年举办一次，公司管理层经过一年的工作，把经营的成果和当前的问题整理成报告，对广大员工做个交代。报告涉及公司发展状况、经营业绩、财务报表分析、员工福利改善、面临的挑战、公司管理。它由上层传至下层。

在有一年的年度主管汇报会上，当时的董事长通报了以下情况：60%的雇员达不到美国七年级的数学水平，所以管理层下令将工资额的1.5%用于培训，这一比例后来上升到4%。投入大量财力，向每个员工每年提供至少40小时的培训时间，并在大约2000年将培训时间增加4倍。

3）员工大会

MT（中国）公司的员工大会每年一次，也是比较有特色的。它是一种平等沟通方式，是平等阶层之间的沟通，如部门经理与部门经理之间、科员与科员之间，大多是不同部门间地位相当的员工。员工大会时间大约3小时，由总公司委派代表主持会议，各部门均参加，先由主席做报告，然后开始讨论。员工大会不同于员工协调例会，提问一定要有一般性、全局性，有关私人、个人的问题是禁止提出的，对提问一律尽快解答。

下面列举一些会议纪要，从中对大会的内容可见一斑。

问：目前经济滑坡，各大公司纷纷裁减员工，MT（中国）公司是否也有此打算？

答：目前经济不景气是事实，但通信行业蒸蒸日上，海外市场前景看好，本公司在短时间内并无解雇员工的计划，只要员工勤奋工作，公司会给予公正待遇的。

问：现在公司将员工的退休保险基金投资于证券市场，是否太过冒险？如果证券市场行情看跌，员工遭受损失怎么办？

答：公司将退休保险基金投资于证券市场是经过深思熟虑的。我们比较了几种常用的投资方式，还是觉得投资于证券市场较易实现保值增值。为规避证券市场风险，公司专门委托了几位财务专家，挑选了几个收益稳定的证券品种进行投资，避开了价格波动较大的股票，正常情况下是可以维护收益的。另外，公司将讨论设定一个最低年收益率，如7%，来担保员工的利益。

除以上正式沟通渠道外，公司还开辟了其他一些非正式的沟通渠道，如不定期举办野餐会，以了解和熟悉每一个员工。

资料来源 佚名. 架起组织内部员工沟通的金桥［J］. 企业人力资源管理，1999（11）.

问题：

1. 你认为MT（中国）公司的员工沟通有哪些可取之处？

2. 其他知名企业在员工沟通方面有哪些比较好的做法？

推荐阅读资料

曾仕强，刘君政. 人际关系与沟通［M］. 北京：清华大学出版社，2004.

刘必荣. 办公室里的沟通谈判术［M］. 北京：北京大学出版社，2008.

霍有光. 社会交往心理学——人际心理与交往技巧［M］. 西安：西安交通大学出版社，1996.

网络视频资料

雷军在清华大学的演讲，腾讯视频，2019-03-15.

网络阅读资料

百度文库. 牛是怎么死的——谣言的力量.

百度文库. 触龙说赵太后.

新浪财经. 李嘉诚如何请人吃饭：抽号排位置 每桌都坐一坐.

网上资源

http：//www.ghrlib.com/leadership/8635

http：//www.cssn.cn/glx/glx_glll/201405/t20140515_1162084.shtml

http：//blog.ceconlinebbs.com/BLOG_ARTICLE_51154.HTM

第7章 领导

学习目标

了解什么是领导，什么是领导力；理解领导者和管理者的区别；重点掌握领导特质理论、领导行为理论、领导权变理论的具体内容；掌握合格的领导者应该具备的素质；理解领导既是一门科学同时也是一门艺术；认识现代领导理论的发展趋势。

引 例

于东来的领导力

胖东来在于东来的领导下，在许昌创造了许多奇迹：沃尔玛或家乐福等外资企业在其附近开店，都要掂量一下。顾客络绎不绝，交口称赞；员工各个像打了鸡血，热情服务。到底是什么让顾客回头，让员工充满激情？

“老人上电梯的时候会有人主动搀扶”“在商场问路会有人直接带你到目的地”“买多了东西，门口的保安会帮你捆绑固定”……都是点点滴滴的小事，但正是这些小事一件件积累起来打动了顾客的心。

顾客们说得最多的就是“主动、热情、真诚”。在他们眼中，胖东来的员工总是很乐和，他们能发现你的需求，并主动上前帮忙。胖东来的好口碑也正是这些微不足道的小事形成的。

顾客许小姐记忆最深的是，有一次下雪，她从胖东来出来的时候，看车的阿姨正在擦拭一辆辆电动车、自行车上的积雪。她推出自己的车，阿姨立刻帮她擦得干干净净。

许昌县的郭老师有过一次深刻的购物体会。一次，因为购买为母亲配药需要的4两荞麦面，他几乎跑遍了许昌大街小巷的粮油店也没有买到。路过胖东来量贩的时候，他抱着试试的心态进去问问。一问也没有，他沮丧极了。这时服务员拿了一个顾客意见簿让他填写需求，并留下电话。第二天下午，他接到了胖东来的电话，让他报出详细地址，给他送4两荞麦面。这件事让他极为感动，4两荞麦面的生意对于商家来说微不足道，一些小粮油店都不屑给他折腾，何况是一个大商场。但是胖东来却记住了他的需求。

这正是胖东来的服务宗旨：让每一位顾客满意。

胖东来的每个商场都有标牌或电子显示屏，打着代购、急购电话。如果你有需要的物品，在胖东来、许昌买不到，可以让他们代购，原价代购，不加费用。“不要把顾客当上帝，把他们当家人。”胖东来的老板于东来告诉员工。因为你可能不了解上帝的想法，但你一定了解家人的想法。

他常常让员工换位思考：你们是员工，同时也是消费者，你的家人也是消费者，你希望你自己、你的家人在购物时享受什么样的服务，你就应该提供什么样的服务。

让顾客快乐地购物，是胖东来的愿望。胖东来极少做促销。它的理念是“平常把价钱做到合理的低价就好”。于东来认为，搞促销，有些人贪便宜，买了一大堆用不着的东西，实际是一种浪费。平时把价格做到实处，就是帮顾客省钱。

专家学者对商业零售业归纳出了很多理论，在胖东来，一切都很简单：对于普通消费者来说，他们的需求其实很简单，货真价实的物品，良好的服务，只要把这些做到实处，已足以给顾客带来愉快的心情。

一个雨天，一位来自禹州鸠山的顾客在胖东来禹州电器店买了一台彩电，要求当天送货。鸠山一带是山区，煤炭资源丰富，平时由于拉煤车较多，每到雨天满路泥泞。为了让顾客满意，胖东来还是安排车辆当天送货。车行至距顾客家1公里处陷在了泥泞中，再也开不动了。司机硬是背着彩电送到了顾客家。由于该处没有信号，这位司机又走了2.5公里路往公司打了电话汇报情况，等到公司的人员赶到时，看到的是满身泥泞的司机师傅瑟缩在汽车一角。

很多顾客在被胖东来员工发自内心的主动、热情所感染的同时，也在思考它是怎么让员工抛掉工作性的应付，去主动、快乐地服务的?

无论是维修处师傅、保洁员，还是为顾客熨烫衣服剪裤边的服务员、保安，工作不计件，不同岗位的基层员工工资标准差不多，很有些大锅饭的味道。为什么胖东来的员工还有这么高昂的工作热情?

很多人首先想到的是胖东来的高工资、高福利调动了员工的积极性。

在2012年左右，在胖东来，保洁员的工资是2 200元，这也是这个公司的最低工资标准。根据每月的效益情况，他们还能拿到三五百元的奖金，平均下来每月工资两千七八元。这让其他商场感到不可思议。也许这个工资标准在一、二线城市不足为道，甚至属于低收入，但在内陆一个不足百万人口的小城市，这样的工资绝对是高收入。特别是在以工资低闻名的零售业。

所以当胖东来把保洁员、保安的工资提到2 000元以上时，很多人都认为于东来疯了。但他有自己的理解：“在中国，不像国外有最低生活保障，你要是工资开得太少，员工连最基本的生活都没有保障，那么他们会有未来吗?”

这是于东来的想法，但高工资并不是他对员工定位的所有内涵。

“员工工作不仅是为了挣钱养家，也是为了使自己的人生更加快乐。”这才是于东来的深层次的理念。

他的理解很简单：想让员工好好工作，先把他们的生活解决好。如果员工自己都不快乐，又怎么能让顾客快乐？

除了高工资之外，胖东来还有员工体育馆，有自己的员工医疗室，每月发电影票。于东来想让员工最大化地拥有舒适的生活。

于东来总是嫌他的员工“不会玩儿”，常常鼓励他们去旅游，去享受生活。

为了让员工更好地享受生活，胖东来近年来逐步规范上班时间，以做到让员工有更稳定的生活秩序和生活质量。在胖东来，行政人员每天工作8小时，双休日，商场超市等营业人员在半班的基础，保证每周休息一天。同时，胖东来的员工还可以享受带薪年假，工作3年以上者，可享受5天年假，工作7年以上者，可享受10天年假。

其目的是让员工有工作时间，又有休闲玩乐时间，工作更高效，生活更丰富，让员工真正感到快乐！

所以，顾客进入胖东来，总感到他们的员工是那么的快乐。

2011年10月，胖东来又做出了重大决定：所有店每月闭店歇业两天，在正常休息之外，又增加两天休息时间。

春节是中国人最重要的节日，但也是零售业最忙碌的日子。2012年春节，胖东来做出了革命性的创举：所有店闭店歇业5天，员工放假5天。

“让员工在节日之时可以有更多的时间和家人团聚、玩乐，让更多的人感受到幸福和快乐。”于东来解释他的理由。

胖东来的革新是来源于于东来对西欧国家老百姓享受高品质生活的状态的感悟。在那里，他看到周六、周日人家的商场都不开门，甚至一些饭店、酒馆都关门休息。节日假期对他们来说就是休息的时候，就是享受生活的时间。

这种生活方式让于东来极为赞同。零售业的员工也是人，其他行业从业者都在休息，为什么我们要工作，为什么我们不能与他们一样享受生活？

“先每月闭店2天，春节放假5天，通过内部逐步规范和完善，渐渐发展到每月闭店4天，春节放假7天。”这是胖东来的规划。

资料来源　王慧中．胖东来你要怎么学？[M]．北京：龙门书局．2014，有改编．

领导是组织实施管理、完成组织计划、落实组织措施、达到组织目标的核心和关键。

前面在个体差异性、激励等章节介绍过人的本性和需要的多样性，可以肯定的是，每个人都是带着自己的愿望和历史发展痕迹来到组织的，不可能把组织都当成自己的事业和家，何况即使是自己的家，夫妻、子女、兄弟姐妹之间还有矛盾呢。

可以肯定地说，来到组织中的员工就像一个个小碎铁末，在缺乏磁场的情况下，各自朝着自己喜欢的、习惯的方向运动；有了磁场，就如有了一个好的领导，小碎铁末都朝着一个方向运动，这就是领导的力量。当然，好的领导能够像磁铁一样，将所有的力量拧成一股绳，齐心协力朝前走；差的领导则缺乏足够的磁力，可能只能吸引少数的小碎铁末，还有许多不能够统一起来，各自呈现自己的状态。要是能做到求大同、存小异，心平气和地在一起工作，就是好领导了。

经验表明，一个好组织就有一个好领导，一个好领导就能带出一个好组织。比如，柳传志与联想电脑，张瑞敏与海尔集团，任正非与华为，马云和阿里巴巴，王石和万科，李东升与TCL，曹德旺和福耀玻璃，刘永好与新希望集团，朱江洪和格力电器……在人们心目中，领导应该有规律，如果能够找出这些规律，就可以在选拔、培养、任用过程中，将合适的人选安置到合适的岗位上，以求得最佳的管理效果。

学者们正是怀着这种愿望和追求，试图揭示领导的本质，帮助组织乃至社会在先进的管理思想指引下，借助一个好领导的力量，让组织和谐、创新、有可持续发展的能力。

西方学者研究和思考问题的方式强调科学性和简单性，如果有简单解法，他们是不愿意从复杂角度解释的。然而，领导行为的确太复杂，无法得到简单解，因此，西方学者对领导的研究走过了一条曲折的路线，如图7-1所示。简单地看，对领导规律的研究可以分成四个阶段：第一个阶段，从领导特质角度寻找影响领导有效性的指标，形成了领导特质理论，试图发现拥有哪些素质特征的人才适合做领导；第二个阶段，从领导行为寻找领导有效性的指标，形成了领导行为理论，即不考虑领导拥有什么属性，而看领导者在其岗位上如何行为才有效；第三个阶段，综合考虑领导情境和领导行为对领导有效性的影响，形成了领导权变理论，由于领导有效性的特征不是固定不变的，因此，需要根据领导的对象、情境、文化背景、组织特征等而有所改变；第四个阶段，重新探讨领导特质的指标。

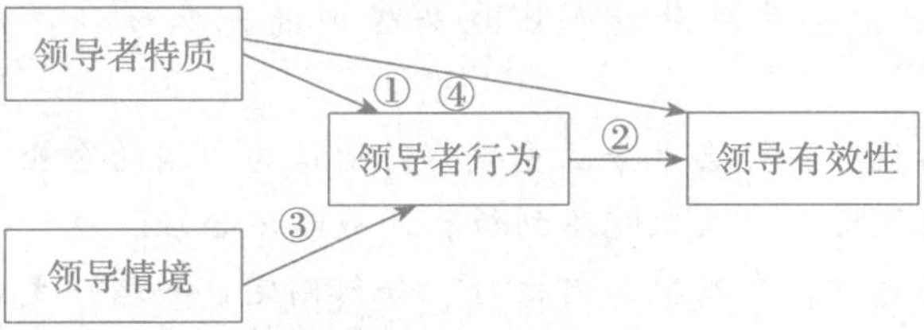

图7-1 西方学者领导研究的路径

【案例7-1】

柳传志与联想

联想集团发展概述。1984年，柳传志带领10名技术人员，以20万元人民币（2.5万美元）的启动资金在北京创建公司，公司命名为中国科学院计算所新技术发展公司。1989年，成立北京联想计算机集团公司，1994年在香港上市，2002财年营业额达到202亿港币，是香港恒生指数成分股。2003年，联想电脑的市场份额达28.99%，从1996年以来连续9年位居国内市场销量第一，至2004年3月底，联想集团已连续16个季度获得亚太市场（除日本外）第一；2003年，联想台式电脑销量全球排名第五。

2003年，联想将其英文标识从Legend更换为Lenovo，其中“Le”取自原标识Legend，代表着秉承其一贯传统，新增加的“novo”取自拉丁词“新”，代表着联想的核心是创新精神。2004年，联想公司正式从Legend更名为Lenovo，为进军国际市场做准备。

联想在国外相对不太知名，但在2004年12月登上各大媒体刊物头条，宣布计划收购IBM PC事业部。联想集团希望借此拓展西方市场，跃升为全球第三大PC厂商。并购前，联想集团已占有亚洲市场的25%，主要原因是联想集团在价格以及品质方面的优势。联想集团向IBM支付12.5亿美元，包括6.5亿美元现金及6亿美元联想集团股份（实际上，新联想还必须承担IBM PC业务带来的5亿美元负债，合计17.5亿美元）。

联想的总部设在美国罗利，在全球66个国家拥有分支机构，在166个国家开展业务，在全球拥有超过25 000名员工，年营业额达146亿美元，并建立了以中国北京、日本东京和美国罗利三大研发基地为支点的全球研发架构。

新联想是一家极富创新性的、国际化的科技公司，由联想及原IBM个人电脑事业部所组成。2005年3月9日，联想集团宣布美国海外投资委员会（Committee on Foreign Investment in the United States）完成交易审查。2005年5月1日，IBM与联想集团完成交易。并购后，联想集团的生产线包括ThinkVision、ThinkPad、ThinkVantage、ThinkCentre、IBM Aptiva及NetVista。据2005年5月1日的分配，公众持有联想集团的35.2%，联想控股有限公司占45.9%，IBM占18.9%。

柳传志在联想的创业、成长、壮大过程中，无疑是一个领袖人物。在人们问及联想成功的经验时，柳传志总结和概括为管理的九字方针：定战略，搭班子，带队伍。

柳传志的战略观：柳传志十分注重战略，他认为中国的企业要向“巨头们”学习战略管理，没有战略，明天就吃不到饭；而战略不合理，也许今天就得饿死。

在制定战略的时候，只有把如何执行，如何制定，一招一式都想明白了，把最好的情况、最坏的情况全都想清楚了，然后才能做到稳妥、可行。

联想收购IBM PC业务就是战略思考。为了加快联想的发展和壮大，柳传志深知含辛茹苦的创业和发展的艰难，以及资本市场的价值，为此，他对投资产生了浓厚的兴趣。2000年，联想分拆成联想集团和神州数码后，卸下一身重担的柳传志开始与联想控股副总裁朱立南筹划进入风险投资领域。

在柳传志做了两年的风险投资之后，中共十六大召开，国有企业要进行股份制改造。嗅觉灵敏的他觉得这又是一个很好的投资机会：国有企业如果改造好了，就会由铜变成金子。于是，联想便成立了做并购投资的直接投资部，并演变成后来的弘毅投资，正是投资公司积累了资本，为后续的IBM PC业务的收购奠定了基础。可以说，2004年并购IBM PC业务的时候，要完全没有联想的投资类业务在后面撑着的话，那风险就太大了，说死真的立刻就死了。现在联想集团的利润只占联想控股利润的25%，正因为如此，才可以支持联想集团冒风险。在并购IBM的PC业务后，短期内业务扩大了，但实际上蕴含着很大的危机，特别是2008年的金融危机后，没有投资类业务的支撑，就很难完成国际化过程中对文化融合的风险控制。

柳传志坚信：没钱赚的事不能干；有钱赚但投不起钱的事不能干；有钱赚也投得起钱但是没有可靠的人去做，这样的事情也不能干。

柳传志的领导观：企业中的“一把手”就像阿拉伯数字1，后面的人就是0，有一个就变成10，两个就变成100，三个就是1 000，没有前面的1，你就什么都不是。单位中领军人物选不好，也就发展不好。“一个进到班子的成员，德是放在第一位的。”

能不能建班子、能不能用好人，这与个人的性格是有很大关系的。有的人智商很高，情商不高，不能容人，只愿意显示自己的能耐。真要想做大事情的话，要能够跟更多的人在一起合作，合作的时候要能够让利——这个“利”不仅是经济利益，而且还包括名誉等各个方面都要替大家考虑，你才能够有做统帅的能力。

不能说主要的“一把手”是发动机，其他的人都是齿轮。一定得要能够做到其他的骨干都能形成一个同步的发动机，才有力量。

柳传志的激励观：柯林斯也强调，企业要办得长久，一定是要留住企业的老员工，他们对企业更有感情。为此，他特别注意产权的改造，企业一定得有主人，一定得有心疼这个企业的人，能力是一回事，首先你得有这个精神。

在创业早期，联想内部人事冲突也曾经相当激烈和尖锐，柳传志的应对之策是让那些人坐更好的轿车，房子住得更宽敞，奖金多多地发。为何如此？柳传志的用意在于，待遇、奖金全都给你了，那我还有什么？还有领导你、激励你的权利。为了使企业更好地、健康地成长，柳传志建立了股票激励机制，以充分调动员工的积极性和创造性。

在柳传志看来，没有责任制的企业从根本上没有激励。没有责任制体制，企业这个大庙可能穷得一文不名，但经营者也许富得流油。只有建立了责任制体制才会一荣俱荣，一损俱损。

联想希望办一个能够长期传下去的企业，希望做成一个没有家族的家族企业。企业是要有主人的，但在联想不会让家族存在，因为家族会妨碍有能力的人的发展，会任人唯亲，要以股权激励和文化传承的方式产生企业的真正主人。有些企业出现了问题，就是因为没有主人，创始人退出后家族企业就变成一个公众企业，从外面聘请职业经理人，短期内业绩还可以，但没有了长期的计划，业绩就会下滑。

柳传志曾经拿一个“房屋”来打比喻，企业管理有三个层面：最上端的“屋顶”部分是运行层面，包括研发策略、销售策略、降低成本策略等诸多方面，在运行层面，不同的行业可能有不同的做法；中间部分是管理流程，包括对物流、信息流、资金流的管理等，在这个层面由于有科学规律可循，好的企业之间虽略有差异却大致相同；最底层的“地基”部分是企业机制和企业文化层面，包括现代法人治理结构、企业诚信形象建立、内部激励机制等，在这个层面，好的企业应该是一样的。联想之所以能够成功，固然与运行层面以及管理流程方面的出色表现分不开，但最重要的原因还是因为“地基”打得好。

柳传志的学习观：作为企业家要有很强的学习能力，柳传志特别强调学习能力和反省能力，即每完成一件事之后，便把当时怎么做的重新想一遍，把边界条件想清楚。事实上，一个人做事情成功了，并不是由于他的高明而成功，而是某种边界条件；换了边界条件以后，这事就未必能成功。保持这种反省能力，就不会被短期的成功冲昏头脑，产生路径依赖。

真正能改造自己的人，就是学习能力很强的人。有些人的性格特点就是不能改造自己，那就真的不适合做企业。企业家是干什么的？他是一条项链之中穿项链的那根线，能不能把研发、市场、营销都穿起来，这其实就是学习能力。有些海归硬要照搬海外成功的经验，往往不合时宜。

1994年，国外品牌纷纷进军中国市场，联想当时只占中国市场的2.7%，到2001年占27.5%，原因之一就是联想把这个行业吃得很透。电脑行业成本是第一要素，当时联想的成本高到26%，剖析成本会发现，元器件部分占了84%。而在摩尔定律的作用下，新的存储器芯片一出现，老的存储器芯片迅速降价，降价时间会非常突然，比例会非常大。1996年，7月份16美元一片的存储器芯片，9月份竟然降到了2美元一片!而且作为一个小企业，要比大企业有更长的订购周期，半年前就要订购，因此，要使供应链更通畅、库存最优，就需要把每个环节都研究透。联想研究了一套小步快跑的土办法，这招非常灵，马上联想的成本大降，一年之内，联想用6次降价的方式，利润大增，市场份额大增，狠狠打击了国际对手。

柳传志的环境观和变革观：柳传志强调变革要符合实际，他采用的是稳健的变革观。大环境改造不了，你就努力去改造小环境。小环境还是改造不了，你就好好去适应环境，等待改造的机会。小环境改变不了，宁可不做也不当改革的牺牲品。

柳传志看来：“鸡孵蛋的最佳温度是39℃，我们创业那时的温度大概是42℃，因此，只有生命力极强的鸡蛋才能孵出小鸡来。”在柳传志的经营理念中，企业发展状况首先取决于市场生存环境，而企业则要不断地创新，在特定的环境中寻求突破。

在股改变革时机的选择上，联想曾反复等待。1987年曾有工作组到中关村进行股份制改造，但那时时机未到，联想并不参与。直到1993年，四通的段永基率先对公司股份制改造后，柳传志才开始出手，而采取的策略是“拐大弯”。因为柳传志觉得：“开汽车到一个地方急拐弯，就很容易翻车，但如果提前知道要拐弯，就能提前做好准备，便很容易拐过去。”拐大弯的第一步是对“员工持股”采取“曲线救国”的方式，让创业者和主要员工在联想国有大股东中科院的蛋糕中得到35%的分红权利。又过了7年，才将分红权转化成直接股权。彻底解决了新一代管理者与创业者的更替后顾之忧。

尽管外界都认为顶着高科技光环的联想在做芯片、做操作系统方面应该有自己的核心技术，但联想没有头脑发热。英特尔、微软一年的投入有多大，与20万元起家的联想完全不是一个重量级，联想真的要做那些事儿，那就是猝死!但联想也不能没有自己的技术，联想从电视行业受到很大启发，走“产品技术”的路线，根据市场需要把成熟技术应用推广，提高毛利率。一键上网天禧电脑就是在这种理论下诞生的，技术并不复杂，但非常本地化，马上又把联想的市场份额提升了9个百分点。

柳传志对搭班子、带队伍的重视，对定战略的重视，以及其审时度势、把握变革时机的智慧、柔性，是值得领导者反思和借鉴的。

7.1 领导概述

领导（leadership）是什么？不同的研究者有不同的观点，现列举如下：

孔茨（Harold Koontz）认为，领导是一门促使其部属充满信心、满怀热情来完成任务的艺术，重心是艺术，强调领导的复杂性，而领导的目标是完成任务，所采取的措施是带领下属。

杜宾（Dubin）认为，领导即行使权威与决定。强调领导的职能，即将组织的任务落实到位。他看重的是权威，目标也是完成组织的任务。

戴维斯（Davis）认为，领导是一种说服他人热心于一定目标的能力。将领导定位于能力，同时强调实现目标，带领人实现目标。

综合上述观点，我们认为，领导是引导和影响他人实现一定目标的行为过程。这里强调两点：一是实现一定目标；二是带领和影响他人实现目标。领导行为通常是与目标相连的，没有目标，领导便失去了意义；目标的实现，不是靠自己，而是靠影响他人，这里的他人可能是某个人、某群人，也可能是许多人。领导的核心是研究如何确定目标，制定实现目标的路径、方法与策略，然后鼓动、激励他人满怀热情、心甘情愿地实现目标。这种打动人心的做法，可以借助权威，这可以说是一种能力，达到一定的境界后还可以称为艺术。

领导的本质是一种影响力，但影响力的发挥总是有一定的主体，因此，领导与领导者（leader）往往紧密联系在一起。领导者是实现领导过程的特定人物。因此，领导应该包括两个要素：第一，具有领导地位的人物，该人物具有一定的地位、身份和使命；第二，实施领导的过程，需要计划、组织、协调、激励。

与领导相关的另一个概念是管理（management）。两者之所以紧密联系，是因为两者都有相似的功能，即都要带领人完成一定的任务或目标。两者的区别主要体现在达到目标凭借的手段和途径。

管理更多的是借助行政授权，通过一些措施和办法，按照一定的规程，达到预期的目标。而领导更突出个人的工作风格和威信，通过影响力、个人魅力来影响他人。哈佛商学院的科特（John Kotter）认为，管理主要处理复杂的问题，优秀的管理者通过制订正式计划、设计规范的组织结构以及监督计划实施的结果来达到有序而一致的状态。相反，领导主要处理变化的问题，领导者通过开发未来前景来确定前进的方向，然后就这种前景与其他人交流，并激励其他人克服障碍，达到这一目标。科特认为，要达到组织的最佳效果，领导和管理具有同等的重要性。

按照领导的含义，领导的影响力有正式和非正式之分，正式的领导者是管理者，非正式的领导者不是管理者，但同样对他人产生影响力。许多有很强影响力的领导者，即使自己不再处于管理岗位，仍然可以发挥较大的影响力，所谓“人走茶未凉”。可见，影响力并非完全通过岗位或行政的权力来发挥作用。但人们更关心的问题是，拥有行政权力的人，如何让人们心甘情愿地接受领导，乐意为实现组织目标而奋斗。同样是达到目标，有时人们是被迫的，有时则是主动的，这两者有着本质的区别：被迫的行为迟早会变得勉强、抗拒；而主动的行为则当事人乐在其中，行动中有快乐、满足、创新，这种行为会长期持续下去，会持久地为组织的发展提供活力和动力。有人将领导者和管理者进行了比较，其差别见表7-1。

表7-1 **领导（者）与管理（者）的区别**

领导（者）	管理（者）
引导下属	控制下属
依靠感召力	依靠职权
沟通使命	交代任务
鼓励新尝试	命令怎么做
找出问题	追究责任
制造信心与热情	制造恐惧与不满
使工作变得有趣	使工作变得单调、乏味

领导通常是引导和教育下属，依靠个人的魅力和感染力，使下属被感动，主动愿意跟随；领导特别善于勾画愿景和使命，指出人们努力的方向和理想，而不仅仅停留在眼前；为了实现愿景和使命，不断尝试新的办法和途径；在人们情绪低落的

时候，不断树立信心，让整个行为过程变得充满希望和快乐。管理更多的是按照一定的规章制度，通过个人的行政权力，对人的行为进行奖惩，约束和控制人的行为朝向既定的方向；由于缺乏前瞻性，任务比较明确和具体，奖惩也容易兑现；由于缺乏愿景和理想，工作就是接受指令，单调重复，长期下来，人们会觉得工作没有意义。

由于现代的市场竞争比较激烈，为了快速、高效地完成工作目标，许多管理者的行为也出现了变形，变得对下属不尊重、不友好，甚至嘲笑、谩骂、讽刺等，为此，学界对这种管理者的行为称为辱虐管理（abusive supervision），并进行了大量的研究。

辱虐管理是指下属对主管持续表现出的语言或非语言性的敌意行为的感知，但并不包含身体接触。辱虐管理的具体表现主要有：嘲笑、公开批评、大声发脾气、粗鲁无礼、对下属冷漠、强迫下属、使用藐视性的语言等。辱虐管理这一概念具有主观性、持续性、敌意性、非身体接触等特征。

辱虐管理是一种压力源，长期的压力状态容易使人情绪耗竭并产生倦怠，甚至离职。当下属遭受主管的辱虐时，作为回应，他们会降低任务绩效，减少角色内行为；值得注意的是，辱虐管理对员工创造性也会产生影响。

根据社会交换理论与互惠性原则，辱虐管理会减少下属的组织公民行为，引起更多的组织偏差行为；辱虐管理对促进性建言和抑制性建言均有影响，但对抑制性建言的影响更大；辱虐管理通过影响下属的人际公正感知，进而对员工沉默行为具有显著的正向预测效果。

辱虐管理使上下级之间、与同事之间的关系紧张，导致偏差行为或攻击行为的增加。研究表明：辱虐管理与以主管为目标的攻击行为成正相关，且下属攻击行为的过往史越多，其攻击主管的行为也会越多；辱虐管理会引发下属的愤怒情绪，进而转化为对其他同事的攻击行为。

为减少辱虐管理的发生，企业所能做的，应努力从制度、文化等多方面着手来建立有效的干预机制，如建立以员工为导向的组织文化（employee-oriented culture）、建立员工意见申诉机制、对可能提拔的领导进行人格测试以防止具有“辱虐倾向”的人晋升到管理岗位上等。

组织中的领导者在被赋予责任和义务的同时，往往也被赋予了一定的权力（power）。为了实现组织的目标，领导者可以主要依靠组织赋予的权力，也可以利用这个机会，将权力变成权威（authority），即权力加威信或威望，使外部的行政权和个人的威望紧密地结合起来，让被领导者既感受到外部的客观压力，也体验到内部的动力，这样人们行动起来自然力量大，心情好。

据研究，领导者产生影响力有多种机制，而这些机制发挥作用的效果是有差异的，有些影响力符合人性，从内部激励人的积极性；有些影响力来自生活的压力，能改变行为，但效果不佳。领导力的构成：合法权（legitimate power）、奖励权（reward power）、强制权（coercive power）、专长权（expert power）、个人影响权（charismatic power）。研究发现，合法权、奖励权和强制权的使用，主要是外在的影响力，是被领导者迫于生活的需要，受制于外部的威慑性，受引导走向目标，因此，一旦人们生活需要的压力降低，或者可以通过其他渠道满足生活需要，个人就会拒绝领导；而专长权和基于个人魅力的个人影响权则是让被领导者发自内心地遵从，心服口服，甘心被领导和工作。

当然，在现实生活中，很难遇到专业能力和人格魅力都很强的领导者，但如果作为领导者，没有这个方面的意识和观念，仅仅依靠行政权去控制下属，强迫下属，一旦个人失去行政职位，这种影响力就会一落千丈，遭到人们的冷落和鄙视。当然，在具体的工作中，他也很难出色地成就一番事业。俞文钊教授从理论上分析了领导影响力的构成、发挥作用的机制和产生的效果，很有启发意义，如图7-2所示。

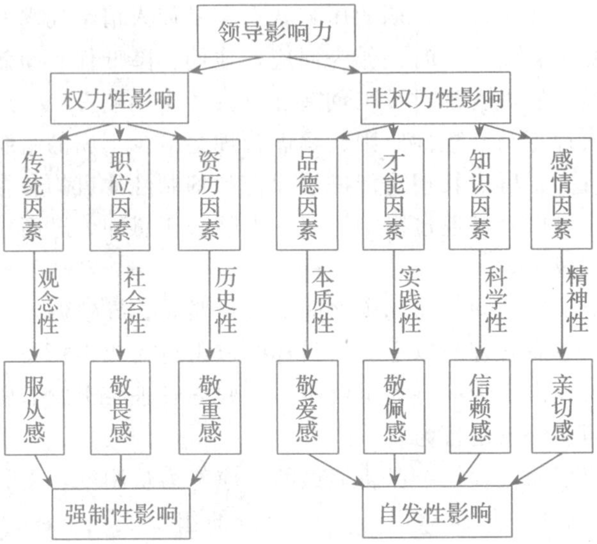

图7-2　领导影响力构成示意图

资料来源　俞文钊.管理心理学（下册）[M].上海：东方出版中心，2003.

来自权力的影响力，产生的是服从感、敬畏感、敬重感，而来自非权力的影响力却是敬爱感、敬佩感、信赖感和亲切感，可见两者的差异有多大。

【理论应用7-1】　　褚时健的励志人生：红塔集团与褚橙

褚时健，云南红塔集团有限公司和玉溪红塔烟草（集团）有限责任公司原董事长，褚橙创始人，先后经历两次成功的创业人生，被誉为中国烟草大王、中国橙王。

褚时健从小在祖传的酿酒厂帮助母亲酿酒；特别是父亲去世后，作为长子，承担了许多家务。在酿酒期间，他爱琢磨，精于计算，练就了经营管理能力。比如：多少高粱，发泡多久；蒸煮需要多少柴火（提前准备），多长时间加一次水（部分水蒸发了），多长时间加柴和水，卖酒的价格浮动（尾酒便宜卖）。

1944年经堂兄褚时俊点拨和提携，褚时健到昆明读初中，高一时（1948年）返乡当小学老师，后参加游击队至云南解放（1950年）。1950年征粮时，褚时健非常讲究沟通技巧：先调查研究各家各户的土地情况，摸底；然后给每家留有余粮。讲格局：解放西藏需要支持。如果有不同的意见，给回家思考的时间，也有私人交流，最后农户都把粮食交了，很好地完成了征粮任务。由于他工作讲方法，有成效，后来得到重用。

1954—1958年褚时健在玉溪地委宣传部和行署人事科工作。因为得罪了行署的专员，被划为右派，于1959年被下放到偏远、贫穷的红光农场劳动改造。1963年5月，35岁的他得到一个机会，到曼蚌糖厂工作，小试牛刀，后来厂子红火了，扭亏为盈。由于曼蚌场地小，无法扩大规模，1966年搬迁到嘎洒糖厂。褚时健负责生产。在这里，他较早地尝试了计件制，按糖量折算工资。一直到1978年，十一届三中全会后，他有机会到省委党校学习。在糖厂工作了16年后，1979年被调离玉溪，当时，有玉溪卷烟厂和塔甸煤矿让他选择，为了孩子教育，为了家人团聚，最后选择了玉溪卷烟厂，开始了他的烟王生涯。

从1979年开始，直到1996年12月被审查和1998年12月宣判，他在玉溪卷烟厂工作了17年，干到68岁。1999年1月，他被宣判无期徒刑，剥夺政治权利终身；2001年因为糖尿病保外就医，然后是减刑到17年，后来假释，2011年刑满。

褚时健开始种橙子是2002年，直到2019年3月去世。起初的橙子叫“云冠”，后来改叫“褚橙”。

在糖厂管理期间，褚时健非常重视几个方面：第一，是技术，给大锅刮掉结垢层，让传热均匀，也提升效率；修旧锅炉，降低成本；挤压甘蔗的棒子从3个增加到9个，提高利用率；用甘蔗渣做燃料，废物利用；让技术员坐飞机到福建学习榨糖技术，提高出糖率；用真空罐降低能耗，提高糖的品质；第二，控制成本。从加水、加挤压次数提高甘蔗挤压的出糖量，到节省煮糖的柴火，到利用甘蔗造纸，充分考虑成本；还利用甘蔗浮层的结晶来喂猪；第三，调动员工的劳动积极性，种菜、养猪；第四，扩大产业链，特别是向上游原料基地扩展，保障供给。

在红塔集团期间，其经营特长再次得到提升和发挥，褚时健的业绩：1979年到1996年，卷烟产量从27.5万箱增长到225万箱，利税共计991亿元；打造了一个全国知名的红塔山品牌。利用余钱开展投资，红塔集团投资了高速公路、水电站、金融（华夏银行第三大股东、光大银行、富滇银行）、证券、保险等。

在红塔集团，他做了如下管理改革：第一，技术狂人。自己有技术悟性，带队修理锅炉（48天变成3.5天）；考察欧洲的设备和工艺；不断学习和琢磨创新；考察美国期间，了解烟草的种植技术，一个月学到了很多东西，用于指导后来的烟农种植。第二，注重品质和效益。在烟厂，十分重视品质，将品质定位于企业发展的根本；而缩小和知名品牌差距的办法，就是购置进口设备，能够算大账、算效益，在20世纪80年代敢于借2300万美元购置欧洲的成套设备；敢于补贴烟农，种植优质、大量的烟叶；敢于把烟草局、烟草公司纳入企业内，谋求共同发展、共同富裕之路。第三，抓管理，充分调动员工的积极性。抓多劳多得和关心员工：在国企较早地实施加班、计件制。经常关心食堂伙食问题，种菜，养猪，盖房子，通过串货（串换：物物交换）来保障员工福利。较早实行定岗定额制度，即使很难的事情，也要坚持做。每箱烟的烟叶用量：由50千克减少到38千克。第四，工作狂。5点钟下车间，发现问题；到烟草地看种植情况。

74岁的褚时健，2002年试水橙子的种植，这个需要多年才能产生效益的项目，居然被他做得风生水起。橙子的产量如下：2005年，400吨；2006年1 000吨；2007年1 800吨（还清了借款）；2008年3 000吨；2009年，4 000吨（开始分红）；2010年，5 500吨；2011年，8 600吨；2012年，10 000吨；2013年1.2万吨；2014年，9 000吨（营业额1亿多元，利润7 071万元，占70%）；2015年，13 000吨。

在冰糖橙的种植过程中，还是他的惯用管理思想：第一，重视科学技术和学习。一方面依靠柑橘研究所的人才，另一方面靠自己琢磨。从土壤、肥料、种植距离、水利灌溉、剪枝、病虫害防治等一一钻研和学习，而且经常有创新想法。比如灌溉的水源要无污染，要常年修芽、松土，果子早期的防晒保护等。第二，重视品质和投入。敢于算大账和投入，深挖洞、科学施肥，施有机肥，树立品牌；引入山泉水；在转型升级的今天，靠品质赢得市场。第三，科学管理，善待农民，调动农民的积极性。第四，励志感动他人，友人无私相助。2012年，一个有情怀、熟知褚时健的人，办了一个“本来生活”的网站，希望进行销售，预定了20吨，写了几篇微博，被王石等转发，并加评价，北京的市场打开了局面，销售量大增。

资料来源　周桦.褚时健传［M］.北京：中信出版集团，2016，有改编.

7.2 领导特质理论

【理论应用7-2】　　领导特质讨论

将班级所有的学生分成5~6个小组，每组7~8人，分组进行讨论，成功的领导者有没有特质，分别是什么。将小组讨论的结果进行总结，得出我们眼中成功的领导者应该具备的特质。

建议将领导的特质按照如下方面小结：身体特质、品行特质、能力特质、个人特质等。

对领导的素质要求越广泛、越高，说明具备领导力越难，好领导的市场价值也就越高。职业经理人的较高的市场价值正是对这种规律的反映。

在20世纪早期，领导特质理论（trait theory of leadership）研究主要是对伟人进行的，当时的研究主要是为了确定什么因素使某些人成为领导者，关注的是在社会、政治、军事方面伟人的天生禀赋与特征，如托马斯·杰弗逊、亚伯拉罕·林肯、穆罕默德·甘地等，主要研究领导者与普通员工的区别。20世纪中期，研究者们对领导者特质的研究产生了怀疑，并对特质研究法提出了挑战。人们开始意识到情境对领导力的影响，即特质可能只是领导者的一个条件，不是全部。

如果认为领导者没有特质，人们都不会甘心，但是领导者特质的研究进展却十分缓慢，得到的结论分歧较大，远远没有形成共识。这才是人们困惑的根本原因。

关于领导者特质的研究非常多，斯托格迪尔（Ralph.M. Stogdill）是集大成者。他在1948年和1974年综合了100多项特质研究，并对这些研究进行提炼和概括，试图勾画出领导者特质的共同规律。1948年，他分析了1904—1947年间的124种特质研究，提炼出8个方面的领导特质，即才智、机敏、洞察力、责任感、主动性、耐力、自信、社交能力。他认为，拥有这些特质并不能保证领导者成功，还需要考虑领导者所处的情境，即某种情境下成功的领导者，并不意味着在另一种情境下也成功。他发表于1974年的研究分析了1948—1970年间完成的163种特质研究，这次他概括了10种领导者特质，即责任感与完成工作的内驱力、追求目标的激情与恒心、解决问题的冒险与创新精神、勇于创新的内驱力、自信和自我认同感、愿意承担决定和行为的后果、有接受人际关系压力的准备、能承受挫折与延迟、能影响他人的行为、能适当处理人际关系。

美国心理学家吉伯（C.A.Gibb）1969年的研究发现，天生的领导者应具备7种特质，即善言辞、外表英俊潇洒、智力过人、具有自信心、心理健康、有支配他人的倾向、外向而敏感。

这些早期的研究有两个方法论上的不足：第一，过分强调领导者特质的先天属性，认为领导力主要是先天遗传的，忽视了后天教育价值；第二，在研究方法上，过于注重领导者特质的罗列，不能指出这些特质之间的重叠关系；第三，不能清楚地说明这些特质对领导力的贡献大小。

后来对领导者特质的研究克服了这些问题，比如美国心理学家吉色利（Edwin E.Chiseli）采用语义差别量表来描述领导的特质，运用因素分析方法处理结果，对年龄在26~42岁的306位中层管理人员进行了调查，这些人员在交通、制造业、财政金融、保险业、公用事业等90个不同的企业中任职。吉色利将领导者特质概括成3大类，13个子类，见表7-2。

表 7-2 **吉色利的领导者特质分类**

能力	个性	激励
管理能力	自我督导	职业成就需要
智力	决策	自我实现需要
创造力	成熟性	行使权利需要
	工作班子的亲和力	高额金钱奖励需要
	男性的刚强/女性的温柔	工作安全需要

吉色利后来发现，这13个子类因素的重要性是不同的。其中，保证领导有效性高的因素为管理能力、职业成就需要、智力、自我实现需要、自我督导、决策。不太重要的特质是工作安全需要、工作班子的亲和力、创造力、高额金钱奖励、行使权利需要、成熟性、男性的刚强和女性的温柔。

然而，受我国现实经济发展水平的制约，许多企业尽管盈利，但并非是管理本身水平高，更多的是因垄断或一些特殊的社会资本所致。由于高级管理者对组织发展和经营的影响力重大，委托外部的职业经理人需要面对诚信的考量，在缺乏诚信保证的社会背景下，职业经理人的生存和发展受到严重的制约。随着市场经济体制的逐步规范，人们对管理人才价值的认识会逐步提升到应有的水平。

经过多年的研究，人们都希望能够找到成功领导者所具备的素质，结果自然是找到了一些属性，然而差异性大于共同性，而且很多结果无法验证。

领导者特质理论的研究最早，分歧也最大，有人概括出6个特质，有人概括出10多个特质，很难统一。关键是，具备这些素质的领导者成功的概率未必大。

影响领导成功的因素有很多，除了领导者自身的素质，还有领导的对象和组织本身的属性，是否存在超越情境的领导素质，即不同的领导情境是否需要不同的素质，或不同的领导风格配合是一个最大的疑问。

领导者特质理论的优势：第一，人们从直觉上坚信领导者与非领导者在品质上有差别，如果能够找到这些品质，很容易对希望从事领导工作或者已经在管理岗位的人进行评估，从而提出改进意见和培养方向；第二，尽管不同的学者没有就领导者特质达成完全的共识，但有一些特质共同性较强，比如才智、自信、决策力、正直和社交能力等。也许这些素质不是领导成功的充分条件，但可能是必要条件。

特质理论解释领导行为不成功有以下几种可能：

第一，忽视了领导对象的需要差异。比如，不同的领导对象，需要不同的领导方式；自我约束能力强、有能力的人，可能帮助他们决策不仅没有效果，反而引起反感，使领导不能产生效果；而对于自身天赋较差、自觉性不高的人，帮助他们决策并命令和监督他们，效果很好。

第二，没有指出各种特质之间的相对重要性，或者权重大小。领导者的特质理论都各自提出了关于领导者特质的分类，但没有排出各种特质的先后顺序，即各种特质在领导有效性中发挥作用的大小。

第三，忽视了情境因素的作用。不同的文化背景、不同的组织发展阶段、不同的行业、不同的员工构成，可能都是制约领导有效性的因素。比如，西方的管理者如果运用西方社会经济体制所适用的办法对中国人进行管理也许效果不佳，因为中国人不完全是个人主义的价值观（常常站在社会和自我的立场上考虑问题），也不完全是集体主义的价值观，比较中庸，有时是以个人为主，有时是以集体为主，更多的时候两者都有。

7.3 领导行为理论

如果不能发现导致领导成功的特定素质，即领导者拥有什么禀赋，那么可以换一个角度，考察领导或管理者在做什么？哪些行为导致领导成功？

1）俄亥俄州立大学的领导行为理论研究

俄亥俄州立大学（Ohio State University）在20世纪40年代末期进行了行为理论的研究。按照行为理论的研究思路，主要调查员工，让员工们描述他们的领导者从事了哪些活动、各种活动的次数，经过总结概括，形成了由150个问题构成的领导者行为描述调查问卷（leader behavior description questionnaire，LBDQ），研究者向教育、军事和工业领域的从业人士进行调查，发现领导者具有一些典型的行为模式。研究最后将这些行为特征归纳为两大类，即结构维度和关怀维度。

结构维度（initiating structure）指领导者界定各个岗位角色，通过设立工作岗位、工作关系和工作目标，达成组织的目标。简单概括就是完成组织的任务和目标，即做事。

关怀（consideration）维度指领导者尊重和关心下属的看法与感受，与下属建立相互信任、尊重的工作关系。

他们将这两个维度看作是截然不同且相互独立的、完全不同的事物。有人在完成组织目标上比较有优势，但可能与员工关系对立；当然也有相反的情况。为此，按照这两个不同的行为属性的高低表现进行二分，可以得到如图7-3所示的四种领导行为类型，并认为高结构和高关心人的组合类型是最佳的领导类型；而其他三种领导类型都存在不足，其中低结构和低关心人的组合类型属于最不理想的领导类型。

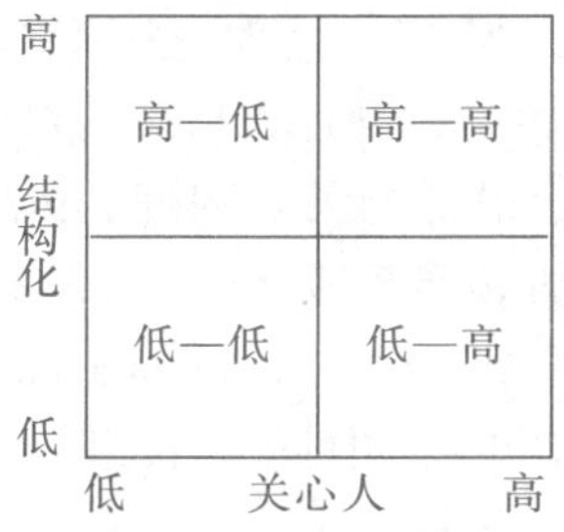

图7-3 俄亥俄州立大学的领导行为理论

2）密歇根大学的领导行为理论研究

密歇根大学（University of Michigan）的社会调查研究中心与俄亥俄州立大学同期也进行了类似的研究，结果发现，领导行为主要可以分成两类，即员工导向（employee orientation）和生产导向（production orientation）的领导者。员工导向是指领导者很重视与员工沟通，关心员工的个性和需求，重视员工的价值。生产导向是指领导者比较注重生产活动，员工被看成完成既定生产任务的工具。与俄亥俄州立大学不同，密歇根大学的研究人员一开始就把员工导向的行为和生产导向的行为看成是一个连续体中对立的两个端点，即具有生产导向特质的领导者，其员工导向属性较弱；同样，具有员工导向特质的领导者，其生产导向属性较弱。

密歇根大学的领导行为研究结果对员工导向的领导行为比较有利，员工导向的领导者与高群体生产率和高工作满意度相关；而生产导向的领导者却与低群体生产率和低工作满意度相关。

客观地说，尽管俄亥俄州立大学和密歇根大学的社会调查研究中心对领导者行为的研究存在一定的分歧，但有一点是相同的，即领导者行为主要包括两方面：一方面是抓生产和任务，另一方面是关心人。可以说，关于行为理论的后期研究成果，大多没有跳出这个框架，只是对这两个行为理论的完善和修正。

3）管理方格理论

管理方格（management grid）理论。布莱克和默顿（Robert R.Blake & Jane S. Mouton）发展了领导风格的两个维度，认为俄亥俄州立大学对上述两个维度的二分过于简单，他们在两个坐标轴上分别划分出9个等级，从而生成了81种不同的领导类型。布莱克和默顿根据自己的研究结果得出结论，（9，9）风格的管理者是最佳的管理者（如图7-4所示）。这一理论主要用于组织的培训和开发活动。

管理方格理论对关心生产和关心员工进行了比较深入和细致的研究，以便为诊断和提升领导力提供详细的信息。关心生产包括对政策制定、新产品开发、相关事务处理、工作量和销售量完成等的关注。关心员工包括建立组织内的责任感和信任、发挥员工的个人价值、提供好的工作环境、维持一个较好的薪酬结构、促进良好的社会关系等。

与俄亥俄州立大学一样，管理方格理论将关心生产和关心员工分成两个维度，呈现在一个坐标轴上，不同的是，管理方格理论对两个维度行为表现的区分更加仔细，分别从1~9变化，1表示最低的关心程度，9表示最高的关心程度。领导方格理论描述了5种比较典型的领导行为模式：任务管理型（authority-compliance）（9，1）、乡村俱乐部型管理（country club management）（1，9）、贫乏型管理（impoverished management）（1，1）、中庸型管理（middle-of-the-road management）（5，5）和团队型管理（team management）（9，9）。

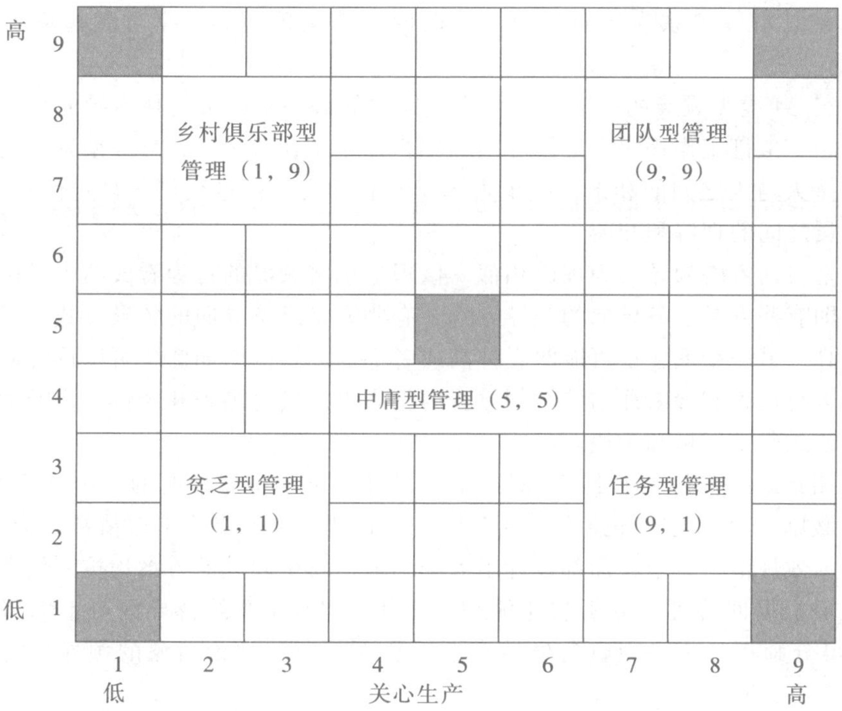

图7-4 管理方格理论示意图

任务型管理的领导行为注重任务和工作要求，忽视员工的作用，将员工看成完成任务的工具。领导者为了完成工作目标会采取严格控制的手段，对员工非常苛刻和严厉。

乡村俱乐部型管理的领导行为则相反，不大关心任务的完成情况，他们特别重视与员工的关系，关注员工的需要、兴趣、感受，让员工感到舒服。

贫乏型管理的领导行为则既不关心任务，也不关心员工。他们很少与下属联系，对工作也漠不关心，任何事情都是听天由命。

中庸型管理的领导行为特点是，他们对任务和执行任务的人都保持一定的关心，既不是强有力地推动生产，也不过分关心员工。组织的生产和员工积极性都处于中等水平。领导者常常是保持中庸、四平八稳的工作方式，弱化争执和冲突。

团队型管理的领导行为则既注重任务完成，也重视人际关系。这种类型的领导者善于激励员工、明确事情的先后顺序、坚持不懈、虚心并热爱工作。

4）日本学者的PM理论

三隅二不二的PM理论。日本大阪大学的三隅二不二在日本研究了领导的行为理论，通过调查研究，他也发现了领导行为的两个维度，称为P和M。所谓P（performance-directed）是指以任务为导向的领导，所谓M（maintenance-directed）

是指以维持群体关系为导向的领导，取两个英文单词的首字母就构成了领导的PM理论。

其实，P类型领导的行为特征是将组织中的每一个成员的精力导向目标，注重工作问题，拟订工作程序，运用专门的知识评定工作成果等；M类型领导的行为特征是维持人与人之间的和谐，减少人际矛盾和冲突，促进成员的自觉性和自主性，增进成员之间的理解和交流。

与来自西方的领导行为理论相似，该理论也将领导的行为看成两个可以分离的维度，即有些人是任务导向的领导方式，有些人是维持导向的领导方式，可能其中的一个高、另一个低，也可能两者都高或者都低。正因为如此，可以设计问卷对领导行为进行调查和诊断评估，对领导者的行为表现进行测查和定位，进而为领导的培训和改进确定目标和手段。

在测量PM领导行为时，三隅二不二设计了关于下属情况的八个方面的内容，即工作激励、对待遇的满意度、企业保健、心理卫生、集体工作精神、会议成效、沟通、绩效规范，每个方面都设计了五个问题，每个问题的答案均按五级评分法计分。最后根据回答可以分析被评价对象在任务导向P和维持导向M上的得分，并将PM得分画在一个平面直角坐标系上，从而判断被评价对象的领导行为属于哪种类型。

PM理论将任务导向高、维持导向高的称为PM型；将任务导向高、维持导向低的称为P型；将维持导向高、任务导向低的称为M型；将任务导向低、维持导向低的称为pm型。图7-5中的被测试者属于P型，即任务导向型的。

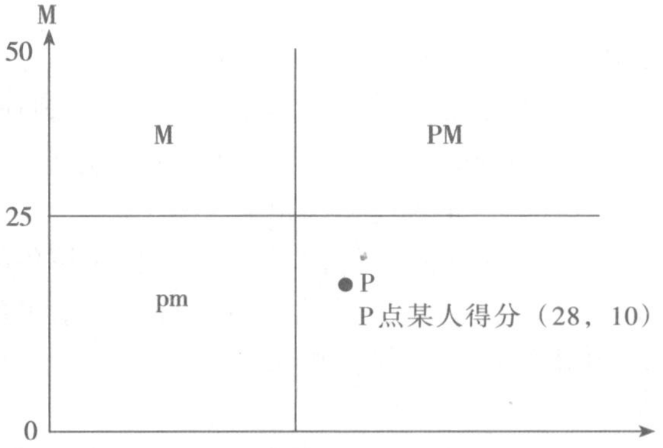

图7-5 PM问卷测试结果示意图

该问卷还可以用来进行360度的考评，即从各个不同的对象收集某个管理者的领导行为表现，从不同角度进行的评价可以用来了解自我感受到的领导行为与他人的差别，有利于改进领导行为。

三隅二不二先后在学生、企业中进行了大量的测试，实测问卷超过15万份，在日本证明了这种评估和诊断的有效性。对象的岗位层次包括一线工人的领导、中层领导和高层领导，行业包括煤炭、电力、钢铁、机械、铁路、公路运输等，以及政府、学校等。结果发现，不同的领导行为类型，领导效果不同，具体见表7-3。

表7-3 **不同领导行为类型的效果比较**

领导行为类型	生产效率	对组织的信赖度	凝聚力
PM	最高	最高	最高
P	中间	第二	第三
M	中间	第三	第二
pm	最低	最低	最低

从表7-3的结果可知，与俄亥俄州立大学的假设一样，PM理论的结果表明，PM型领导最好，pm型领导最差。而P型或M型领导居中，要么抓生产，要么抓员工关系：抓生产，员工对组织有信心，组织的未来不会很差，但员工的凝聚力差一些；而抓员工关系，员工对组织的信赖度低一些，但凝聚力则高一些。后来这些结果在我国也得到了验证。

5）凌文辁的CPM理论

为了建立符合我国国情的领导理论，我国学者凌文辁教授先后开展了一系列相关的研究，首先通过开放式问卷调查获得了我国的普通人对领导的行为描述，经过提炼和归类后，编制问卷进行再次调查研究，因素分析结果表明：我国员工对领导的行为可以概括为三个因素，即模范表率因素（character，C），完成组织的目标（performance，P），维持和强化团体的机能（maintenance，M），该理论是在东方行为理论的基础上发展而来的，简称CPM理论。

这里特别值得一提的是C因素，即模范表率因素，它是在探讨和研究中国领导理论时的新发现。领导是一种影响力，领导者通过拥有的职位和权力以指挥、命令、控制、监督、极力支持、奖惩等手段，影响被领导者，使他们去实现组织目标。P因素和M因素可以看成是领导者执行领导职能过程中的直接影响力，而C因素则是领导者的间接影响力。由于领导者的模范表率行为，一方面可以使被领导者在工作中的不满得到解除，从而获得心理上的平衡和公平感；另一方面领导者的模范表率行为通过角色认同和内化作用，可以激发被领导者的内在工作动机，使其努力地去实现组织目标。所谓榜样的力量是无穷的，领导者的模范表率作用是一种无声的命令，其影响力往往强于命令、指挥、控制和监督。可以说，C因素对P因素和M因素起一种增幅放大的作用。三者的机能和作用如图7-6所示。

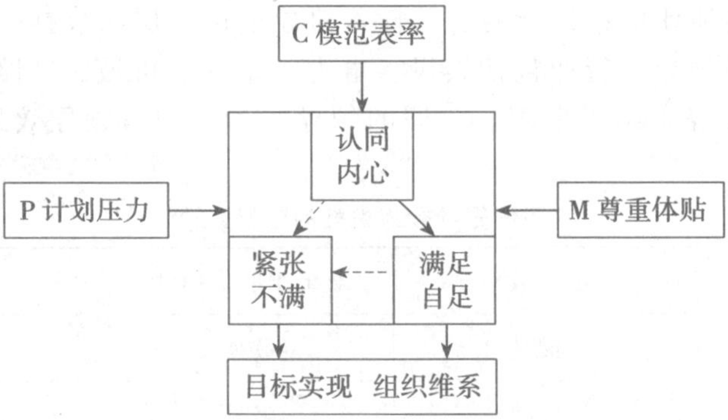

图7-6 CPM领导理论作用机制示意图

该理论认为，M因素的作用不能代替C因素的作用，M因素处理上级与下级的关系，是领导者对被领导者的态度和行为；而C因素是领导者对待自己的问题，是领导者本人的本质特性。M因素对被领导者的作用是直接的，而C因素对被领导者的作用是间接的。因此，C、P、M三个因素分别起着不同的作用，P是对工作，M是对他人，C是对自己。一个领导只有正确地处理好对工作、对他人、对自己的关系，才能最大限度地发挥领导的作用，收到良好的领导效果。

【理论应用7-3】 CPM问卷量表

模范表率作用（C部分）

1.你的领导先人之苦，后人之乐。

2.你的领导给人“穿小鞋”，搞打击报复。

3.你的领导克己奉公，把国家集体利益置于个人利益之上。

4.你的领导对上级阿谀奉承，唯唯诺诺。

5.你的领导任人唯贤，不嫉才妒士。

6.你的领导利用职权搞特殊化。

7.你的领导不把别人的成果和功劳据为己有。

8.你的领导不为个人利益拉关系，走后门，搞不正之风。

9.你的领导不图名图利。

10.你的领导不搞宗派主义小圈子。

完成组织的目标（P部分）

1.你的领导对本单位的长期方针和设想有明确考虑并努力使大家理解。

2.你的领导在工作中能提出独创性的主意和计划。

3.当情况发生变化时，你的领导能灵活地采取应变措施。

4.当需要做出决定时，你的领导敢于拍板。

5.你的领导对整个单位的工作情况是了解的。

6.你的领导具有打开局面的能力。

7.你的领导严格对待完成任务的期限。

8.你的领导在实施工作计划时重点明确。

9.当下级在工作中面临困难时，你的领导能给予有效的指导。

10.你的领导对新事物有一种挑战欲望。

维持和强化团体的机能（M部分）

1.你的领导能客观地评定下级的工作成果。

2.当工作出了问题时，你的领导对下级没有不恰当的责备。

3.你的领导能体谅下级工作中的难处，并在可能的范围内给予考虑。

4.你的领导能公平地对待下级。

5.你的领导对下级的工作能给予支持。

6.你的领导在工作中不感情用事。

7.你的领导对下级在职责范围内做出的决定能给予尊重。

8.你的领导能虚心接受群众的批评，并能做自我批评。

9.你的领导能鼓励大家在工作中知无不言，言无不尽。

10.总的来说，你的领导对下级是信任的。

上述问卷可以用5级计分，非常不同意（1）、不同意（2）、不清楚（3）、同意（4）、非常同意（5）。在三个维度上得分高，意味着领导相应的领导维度表现好。

通过对该问卷的调查和实施，可以起到如下作用：第一，用于管理者的考核；第二，对管理者进行管理行为诊断，为管理者改进领导方式提供一个明确而具体的努力方向；第三，可作为后备领导干部筛选的指标；第四，用于领导班子成员的合理搭配。

领导行为理论针对过去对领导特质研究存在的问题，不仅仅从领导者自身潜在的素质进行研究，而是根据领导者在各种现实情境下外显出来的行为表现进行探讨，结果发现了领导者开展领导活动的行为规律：关心生产和关心员工，尽管各种研究对这两个方面所使用的语言或词汇不同，但概念的含义基本相同。领导的特质理论注重可能性，领导的行为理论注重现实性，应该说，建立领导行为与领导有效性之间的关系相对于特质理论更加直接、有效。同样，如果发现领导行为的不足，也可以用来培养和选拔领导者。

尽管如此，领导行为理论仍然遇到了一些问题：

第一，无法找到一个在各种环境中适用的、通用的领导行为。研究者认为，高生产导向和高员工导向的组合类型是最佳的管理行为，低生产导向和低员工导向的组合类型是最差的管理行为，但有许多研究结果表明不一定。

第二，该理论没有建立生产导向行为和员工导向行为如何与员工的具体表现联系在一起的途径。研究者无法在生产导向、员工导向与员工表现（如生产效率、工作满意度、士气）之间建立有效而持续的联系。很可能，在领导行为和领导效果之间仍然有一些制约因素。

7.4 领导权变理论

领导的行为也有选择性，不都是固定的形式，需要考虑到领导的环境因素，这个环境包括被领导的人员、被领导的组织结构的属性、被领导者的社会文化属性等。

1）费德勒的权变模型（contingency model）

费德勒（Fred E.Fiedler）是领导权变理论的开拓者，较早地提出了领导有效性与环境的关系。在费德勒看来，领导的有效性取决于两个因素的合理匹配：与下属相互作用的领导的行为风格；情境对领导者的控制和影响程度。

为了证实自己理论的有效性，费德勒运用自己开发的问卷，即最难共事者测验问卷（least preferred coworker questionnaire，LPC）确定领导风格，然后确定领导的情境。由于领导的情境非常复杂，费德勒选择了其中的三个关键因素来评判情境。这三个因素是领导者与成员的关系、任务结构和职位权力大小。费德勒将三个情境要素各自进行二分，得到8种领导情境组合。结果发现：不同的情境组合条件下，不同的领导风格最有效，如图7-7所示。

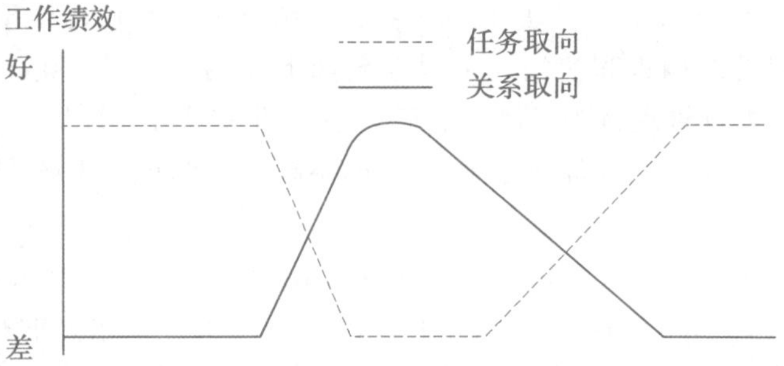

类型	1	2	3	4	5	6	7	8
上下级关系	好	好	好	好	差	差	差	差
任务结构	高	高	低	低	高	高	低	低
职位权力	强	弱	强	弱	强	弱	强	弱

图7-7 费德勒模型的结果示意图

具体地说，领导者与下属的关系，指领导者对下属的信任和尊重的程度。

任务结构指工作任务的程序化、标准化程度。比如，流水线上的工人，工作任务比较明确，很容易评估，而研究开发人员、销售人员、管理人员的工作则结构性比较低，变化大，复杂。

职位权力指领导者所拥有的权力对下属控制的直接性，如对下属的聘用、解雇、指导、晋升、加薪等的决定权大小。在民营企业、外资企业，老板对员工具有生杀大权，而在国有企事业单位，领导的相关权力相对比较小。

不同情境因素对领导行为的有效性产生影响，需要领导者根据具体情况选择性地采取领导行为。费德勒研究了1 200个工作群体，对8种情境类型的每一种，均对比了关系取向和任务取向两种领导风格，结果发现：任务取向的领导者在非常有利的情境和非常不利的情境下工作更有利，即处于1、2、3、7、8类型的情境时，任务取向的领导者干得更好；而关系取向的领导者则在中等有利的情境下，即在4、5、6类型的情境中干得较好。比如，在上下级关系好、任务结构比较高、职位权力很强时，选择多关心生产、少关心员工效果比较好，即以结果导向，凭数据说话；而在上下级关系差、任务结构清晰、职位权力较大的情况下，关心员工效果比较好。

权变理论运用了俄亥俄州立大学和密歇根大学领导行为的研究结论，但将其与具体的领导情境结合，探寻不同对象、岗位特点、组织特性的差异化的领导行为。权变理论的最大特点是，没有通行的、在任何情况下都合适的领导行为，需要领导者审时度势，根据具体的情况选择有利的领导行为，达到引导和激励员工的目的。同时，权变理论也使得领导具有多变性，费德勒只研究了领导对象的3个方面的属性，实际上，对象的属性远远不止3个，那么，在更多组合条件下的领导行为应该是什么样的选择，这就使得领导行为充满了艺术性。费德勒的权变理论缺乏理论解释性，即情境因素影响领导的效果，为什么会产生这样的结果，仍然没有很好的解释。

【理论应用7-4】　　最难共事者测验（LPC问卷）

说明：想想那些你最不愿意与之共事的同事。他或许现在仍和你一起工作，或者曾经和你共事过。他不一定是你最讨厌的人，但你觉得是很难与他合作而顺利完成工作的人。描述一下，在你心目中，他是怎样一个人，见表7-4。

表7-4　　LPC测验项目

序号	项目	分值选择								项目	得分
1	快乐	8	7	6	5	4	3	2	1	不快乐	
2	友好	8	7	6	5	4	3	2	1	不友好	
3	拒绝	1	2	3	4	5	6	7	8	接受	
4	紧张	1	2	3	4	5	6	7	8	轻松	
5	疏远	1	2	3	4	5	6	7	8	亲密	
6	冷淡	1	2	3	4	5	6	7	8	热情	
7	支持	8	7	6	5	4	3	2	1	敌意	
8	烦人	1	2	3	4	5	6	7	8	有趣	
9	易争吵	1	2	3	4	5	6	7	8	和谐	

续表

序号	项目	分值选择								项目	得分
10	悲伤	1	2	3	4	5	6	7	8	欢快	
11	外向	8	7	6	5	4	3	2	1	自闭	
12	背后诽谤	1	2	3	4	5	6	7	8	忠诚	
13	不可信赖	1	2	3	4	5	6	7	8	可信赖	
14	考虑周全	8	7	6	5	4	3	2	1	轻率	
15	凶恶	1	2	3	4	5	6	7	8	和蔼	
16	令人愉快	8	7	6	5	4	3	2	1	令人厌恶	
17	虚伪	1	2	3	4	5	6	7	8	真诚	
18	厚道	8	7	6	5	4	3	2	1	刻薄	
总分											

LPC问卷得高分者，64分以上，表明你是一个人际关系驱动的人。根据费德勒的观点，如果以相对积极的词汇描述最难共事者（LPC得高分），则回答者很乐于与同事形成良好的人际关系。也就是说，如果你把最难共事的同事描述得比较积极，费德勒称这种类型为关系取向型。

LPC问卷得低分者，低于57分，表明你是一个任务驱动型的人。在费德勒看来，如果你对最难共事者看法比较消极（LPC得分低），你可能主要兴趣是生产，因而被称为任务取向型。

LPC问卷中等得分者，58~63分，表明你是一个比较独立的人，既不积极，也不是很消极。这种类型的人占16%，不属于费德勒研究的对象。

资料来源　诺思豪斯.卓越领导力：十种经典领导模式［M］.王力行，等，译.北京：中国轻工业出版社，2003.

2）生命周期理论（life circle theory）

赫西（Paul Hersey）和布兰查德（Kenneth Blanchard）1969年提出了生命周期理论。该理论也属于领导的权变理论，只不过在考虑领导对象时比较关注所领导对象的职业成熟度，认为员工在职业生涯发展的不同阶段，个人的能力发展水平和需求是不同的，不应该机械地使用固定的领导行为。所谓下属员工的成熟度是指个体完成某一具体任务的能力水平和意愿高低程度。完成某一任务，有的人能力强，有的人能力弱；对于完成工作的意愿，有的人动机强烈，有的人则缺乏动机。

针对关心任务和关心员工，领导者主要有两类行为方式，即指导行为和支持行为。指导行为主要是帮助员工解决所遇到的问题，让员工学会如何更好地完成任务；支持行为则主要是关心员工的需要，和员工建立良好的人际关系。基于成熟度的领导理论，如图7-8所示。

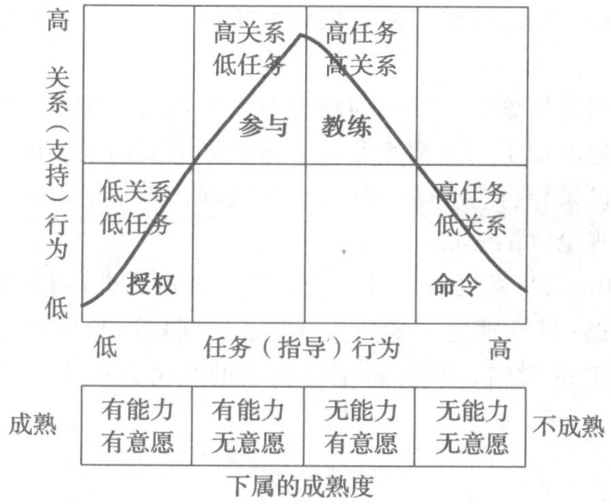

图7-8 基于成熟度的领导理论

根据生命周期理论，领导者的行为不是机械固定的，需要首先判断被领导对象的成熟度，然后因地制宜地选择合适的领导行为。

对于完成任务的能力较差、完成任务的动力不足的对象，领导需要做的就是命令式的。让这些不成熟的员工知道如何工作，很好地完成任务。

对于有完成任务的意愿但能力不足的员工，则应该采取教练式的领导方式。教练的任务不是自己参加比赛，而是教队员比赛，既要通过指导帮助员工提升解决问题的能力，也需要通过关心激励员工，调动其积极性。比如，领导者需要自己决定团队目标，策划达成目标的方案。

对于成长到一定阶段的员工，能够独立地开展工作，只是工作愿望不足，需要充分调动员工的积极性，采取参与的方式比较合适。比如，倾听他们的心声、赞扬他们的良好表现、征求他们的意见、及时给他们提供反馈信息等。

对于职业成熟度很高，既有较强的工作能力，也有很强的工作意愿，则可以采取授权的方式，充分地信任员工，让他们充分地发挥自己的主动性和创造性，感到被信任。

此外，领导对象的发展水平——成熟度，指的是员工对完成任务所具备的能力以及责任心，即个人是否具备了很好地完成工作任务的能力，以及完成任务的积极性和热情。按照这两个标准，将员工发展水平分成四个阶段：即能力水平低，完成任务的意愿低；能力水平低，完成任务的意愿高；能力水平高，但完成任务的意愿低；能力水平高和完成任务的意愿高。前面两种情况成熟度较低，而后面两种情况则成熟度较高。

在知识经济时代，员工可能同时存在成熟、不成熟的状况，特别是新生代，差异和变化非常大，的确需要领导者因地制宜地采取合适的措施和办法，而不是过去单一的胡萝卜加大棒、经济挂帅的简单模式，柔性地、有针对性地采取措施，取得理想的效果。

由此可见，该理论借鉴了领导行为理论对领导行为的描述，与行为领导理论不同的是，成熟度理论增加了一个情境参数，即领导下属的成熟度，不强调哪一种领导行为最好，而是说领导行为在哪一种情境下最好，丰富了领导理论。

3）通路-目标理论（path-goal theory）

豪斯（Robert House）发展出一种权变的领导理论，即通路-目标理论。与上述权变理论相似，通路-目标理论（如图7-9所示）同样以领导行为理论为依托，认同领导行为没有绝对的对错，只有特定情境下的优劣，进而限制领导行为选择的条件。

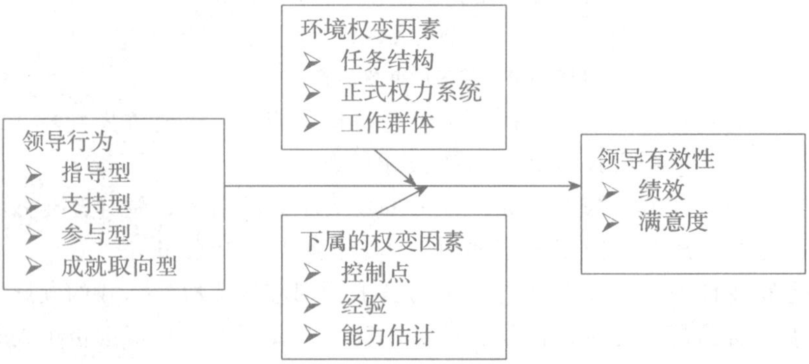

图7-9　通路-目标理论模型

为了达到领导有效性的目标，需要考虑哪些制约因素（情境或权变因素），选择哪种合适的领导行为，是通路-目标理论的关键。通路-目标理论提出了两类情境或权变因素，作为选择有效领导行为的考虑因素：一是环境权变因素，包括任务结构、正式权力系统和工作群体；二是下属的权变因素，包括控制点、经验、能力估计。与费德勒模型中的权变因素相似，任务结构指工作的明确性，流水线的工人、办公室的职员通常任务结构非常清晰，而管理者、研究开发人员、销售人员的任务结构则变化比较大，清晰度比较低；军队和政府的正式权力比较大，服从是天职，而高等教育系统，相对而言，权力小一些；工作群体有的凝聚力很强，人际关系很好，效率高，而有的一盘散沙，向心力弱，矛盾冲突严重。控制点是一个心理学名词，是一个比较重要的人格属性，那些认为自己是自身命运主宰的人，是内控型的，那些认为自己的命运受外界制约，如上帝、运气、机遇等外部条件决定的人，是外控型的。研究结果表明，外控型的人容易对自己的工作不满，出勤率较低，对工作的投入相对较低，原因是他们认为自己对于工作业绩没有什么影响力，是由环境决定的，自己努力没有多大用处；而内控型的人则相反，将工作业绩主要归因于自身的作用和努力，因此投入较大。显然，经验丰富的员工，解决问题能力较强，而新手则需要锻炼和指导。能力强的人，自己能够解决很多问题，可能会创造性地发现和解决问题，不需要有人来指手画脚。

由通路-目标理论可以得出以下假设：

（1）在任务结构化程度低、安排不具体、压力过大时，指导型领导使满意度更高。

（2）在执行高度明确、结构化的任务时，支持型领导效果较好，使绩效和满意度较高。

（3）对于能力强、经验丰富的下属，不大需要指导型领导。

（4）组织中的正式权力关系越明确、越官僚化，领导者越应该选择支持型行为，而不是指导型行为，指导会导致人们反感。

（5）当工作群体内部存在激烈冲突时，指导型领导能提高满意度。

（6）内控型下属对参与型领导满意度更高；外控型下属对指导型领导满意度更高。

（7）当任务结构不清晰时，成就取向型领导将会提高下属的期待水平，使他们坚信努力会导致成功。

4）领导的决策树模型（leader-participation model）

弗罗姆（Victor H.Vroom）、耶顿（Phillip W.Yetton）和贾格（Arthur G.Jago）于1973年从有效地参与决策的角度提出了领导的决策树模型，并于1987年进行了修正。

与领导行为理论不同，有学者认为，在整个管理过程中，决策最重要，因此，领导即决策。一个决策质量好坏，是否被领导对象接纳，其实对于领导过程非常重要，决策质量的好坏决定了领导方向的正确与否，而能否被下属接纳则意味着决策推行的成败。正是从这两点上，领导的决策树模型展示了自己的特色，为领导活动提供了参考价值。

领导的决策需要考虑八种情境或前提条件，而这些情境或前提条件最终影响五种领导决策方式。这八种情境或前提条件是：

QR：质量要求，决策质量的重要性；

CR：承诺要求，即下属对这一决策的承诺有多重要；

LI：领导者的信息，即领导者是否拥有充分的信息，以便据此做出高质量的决策；

ST：问题的结构，即所要决策的问题结构是否清楚；

CP：承诺的可能性，即下属是否认同或接受领导者的决策；

GC：目标一致性，即解决此问题后所达成的组织目标下属是否认可；

CO：下属的冲突，即下属之间对于优选的决策是否会发生冲突；

SI：下属的信息，即下属是否拥有充分的信息，以便据此做出高质量的决策。

后来弗罗姆和贾格又增加了一些条件，如时间限制、地域分散等。至于领导决策的风格或类型也有五种，这五种决策风格都是可行的，如何选择主要根据决策条件或情境而定，现列举如下：

AⅠ：独裁Ⅰ，即领导者运用手头的信息，自己做出决策；

AⅡ：独裁Ⅱ，即领导者从下属那里获得必要的信息，然后独自做出决策；

CⅠ：磋商Ⅰ，即领导者与有关下属个别分享信息，征求其意见或信息，随后由领导者自己做出决策；

CⅡ：磋商Ⅱ，即领导者与下属集体讨论，征求意见和建议，随后由领导者做出决策；

GⅡ：群体决策Ⅱ，即领导者与下属们集体讨论问题，一起提出和评估可行性方案，并试图获得一致的解决办法。

此外，还有两种决策方法，但运用较少，它们是：

DⅠ：即领导者把问题授权给一位下属，并提供所有信息，让下属独立做出决策；

GⅠ：群体决策Ⅰ，即领导者与下属共同讨论、分析问题，在自由、开放的气氛中达成双方满意的决策。

比如，在组织中开展裁员的管理决策，这时就会涉及各种问题。首先，该问题质量要求较高，裁员是否能够从根本上解决组织存在的问题，且如何实施将直接影响企业的成败；其次，员工是否接纳裁员决策，哪些人认同，哪些人反对，如何消除反对声音；领导者的信息可能不充分，需要调查研究；裁员本身是清楚的；而员工接纳的可能性不高；下属的目标一致性也不高；下属对于如何裁员有异议，备选的决策方案是磋商Ⅱ或群体决策Ⅱ，参见图7-10。

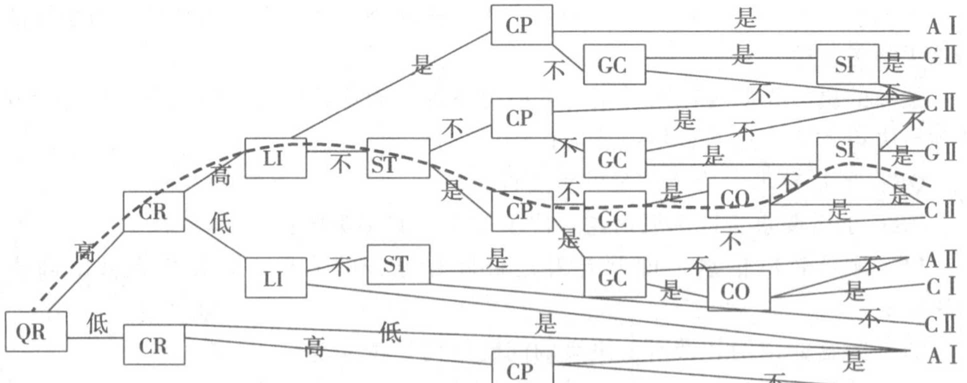

图7-10 领导者参与模型

尽管领导的决策参与模型在对领导的理解上与领导行为理论不一致，没有选择任务导向和员工导向，但仍然将决策的结果与组织的目标和员工的利益结合在一起，只不过这种结合是通过决策的前提或情境来考虑的。

该理论为决策者选择合适的决策办法提供了借鉴。

7.5 领导理论的新进展

经过多年的探索和研究，领导理论遇到了许多坎坷，走了许多弯路，但正是在这种探索的过程中，人们越来越清楚领导本身的复杂性。市场对优秀领导者的高额回报和重视，也正是领导价值的重要体现。

从已有的研究结论看，人们从领导者拥有什么这一角度来思考，提出了特质理论。由于特质理论本身具有特质不统一，领导力效果不显著等缺陷。人们开始从新的视角进行研究，即不管领导者拥有什么，而是看领导者如何从事管理行动，结果发现人们的行为集中体现在两个方面，即抓生产和关心人。再到后来，人们发现，同样是抓生产和关心人的领导，也未必会成功，由此进一步修正和扩展了行为理论，将领导者所领导的对象综合起来考虑，形成了领导的权变理论。有些权变理论建立在行为理论基础之上，比如费德勒模型、生命周期理论等，也有一些是从决策的视角探讨的，远离了领导行为理论。图7-11展示了领导有效性的影响因素。

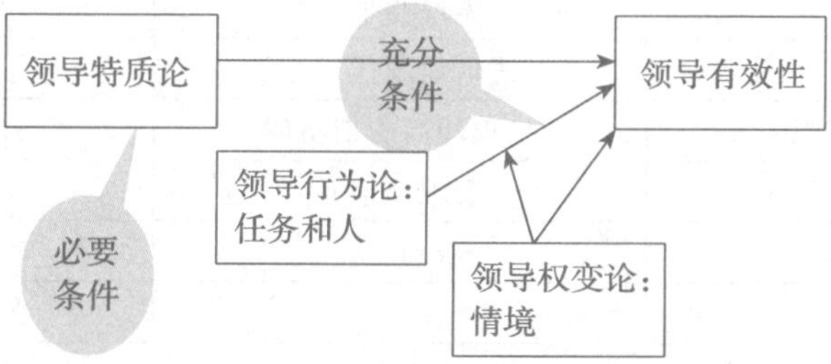

图7-11 领导有效性的影响因素图

总体来看，似乎领导者为领导的目标努力，适当考虑情境差异，采取差异化的办法就能奏效。然而，领导理论的研究者们仍然没有放弃特质论的初衷，总觉得如果没有了特质属性，领导理论仍然存在缺陷。现在人们又重新开始寻找领导特质，比如现代魅力型领导、变革型领导、真诚领导、谦卑型领导、服务型领导、授权型领导、自恋型领导、自我牺牲型领导研究就属于这方面的尝试。很可能，领导的特质是领导有效性的必要条件，没有这些必要条件，一个领导者的影响力范围可能会受到限制，领导魅力的级别也不会很高。事实上，在领导者的选拔活动中，还考虑了许多领导特质的内容，比如领导者的基本素养：智力、口头表达能力、组织协调能力、沟通能力，还有工作经验、管理知识等。关键是如何看待这些特质在领导有效性中的定位，是充分条件，还是必要条件？此外，其作用到底有多大？正因为如此，新的领导特质理论有所抬头，比较有影响力的属领导魅力理论和变革型领导理论。

1）领导魅力理论（charismatic leadership theory）

该理论是伟人领袖研究的现代版本，将领导的成功归功于领袖气质，被认为具有领袖气质的领导人有：富兰克林·罗斯福、约翰·肯尼迪、马丁路德·金、沃尔特·迪斯尼等。

本尼斯（Warren Bennis）研究了90位美国最杰出的、成功的领导者，发现他们具有四项共同的能力：远见和目标意识；能清晰地表述目标，让下属理解；对目标的追求表现出一致性并全身心投入；了解自己的实力，并以此作为资本。

康革（Conger）和凯南格（Kanungo）认为领导魅力有如下特点：明确的理想目标；为此目标全身心地投入和奉献；反传统；非常固执而自信；激进变革的代言人。

霍斯（Horse）认为领导者言行独特，会对员工产生特殊魅力和影响。魅力型领导力包括支配力、影响欲、自信心和坚定的价值观，见表7-5。

表7-5 **魅力型领导的行为和影响力**

魅力型领导的个性特征	行为	对员工的影响
支配力	建立强有力的角色模式	信任领导者的意识形态
影响欲	体现竞争力	上下级之间相互信任
自信心	清晰地阐述目标	毫无异议地接受
坚定的价值观	呈现较高的期望值	受领导者影响
	表现出信心	服从领导
	激励士气	对领导者的认同
		全心全意地投入
		目标的提升
		信心增长

【理论应用7-5】　　马云的魅力二三事

马云论创新

马云不仅是哲学“爱好者”，更是哲学思想的“实践者”。比如马云对“进攻是最好的防守”的实践。当年公司B2B做得不错，但为了预防eBay从C2C全面进入B2B，马云创建了淘宝网，结果很快把eBay挤出了中国。接着为预防PayPal掌握淘宝的支付，马云又创立了支付宝，而支付宝走向世界已是迟早的事。

马云一直强调：“淘宝要不断创新，支付宝更要创新，千万不要把支付宝做成银行的模式。”

有一回我私底下问马云：“银行建立和发展已经这么多年了，该创新的银行早都创新了，我们真的还能再创新吗？”

马云没有正面回答我，说了句：“音符只有7个，而音乐家有千千万，你怀疑过他们还能写出新歌吗?”

从哲学理论的角度，创新是无止境的，只是难易的区别罢了。

马云的语言艺术

(1) 马云很有女人缘。有一回马云在女企业家论坛上发言：“在座的都是女强人，中国历史上最强的女强人有两个，武则天和慈禧。男人和女人是完全不同的动物，看女人强不强，主要看她能不能欣赏男人、用好男人。把男人变得更男人的女人才是女人中的女人。从管理学的角度，那就是‘通过别人拿结果’。”马云接着说：“女强人往往在婚姻上都不顺，我告诉你们原因，男人就好比食堂里的大锅菜，很普通，但去晚了就没有了！女强人就好比是高级餐馆的高档菜，虽然好，但不见得有人会点，而且很快又被新菜取代了……”说得各个女强人笑得花枝乱颤。

(2) 马云在华夏同学会上发言：“前几年我和冯仑等人去那个号称‘空气也是甜的国家’不丹时讨论过想办一所民营企业大学，我觉得这个比较有意思，开导年轻人。我不做CEO了，要做一个CNO，‘首席开导官’，这样也蛮好。之前我做CEO时对员工说，Don’t love me，listen to me；现在不做CEO了，要求相反了，Don’t listen to me，please love me。”

会场掌声不断。

第二天上午在杭州的四季酒店，马云给这次华夏同学会做总结，现摘取思想片段如下：

“老”就是老师，“板”就是规矩，所以老板就是给员工做老师并给他们设定规矩的人。

用人要疑，疑人要用，否则说明你没自信。

信任是两个词，相信人然后任用人。

“将”要有性格，而“帅”要没有性格，胸怀包容万物。

专家和学者是两回事，学者可以是听来的，而专家必须是自己干出来的。

(3) 2013年3月中旬，马云给“风清扬”一班和“风清扬”二班一起上了堂大课，谈到将辞去CEO时，马云说：“现在是我各方面状态最好的时候，所以是安排接班人的时候，这是规律……七八十岁还每天开早会的CEO绝不是我的偶像，那是公司的悲哀。48岁以前工作是我的生活，48岁以后生活是我的工作。我给你们带个好头，希望你们以后也给后面的年轻人带个好头。希望你们45岁就能放下工作，这样阿里的年轻人才会觉得有奔头。以后你们没事可以来找我聊聊，有事请找CEO……”

资料来源 陈伟.这就是马云[M].杭州：浙江人民出版社，2018.

2) 变革型领导（transformational leadership）理论

伯恩斯（James M. Burns）划分了两种领导力类型，即交易型领导（transactional leadership）和变革型领导，其中交易型领导是领导模式的主要部分，关注领导者与员工之间的交易关系。交易型领导在工作中比较普遍，比如，员工努力工作，领导者就给其涨工资、发奖金、提供股票期权等。变革型领导是指个人与他人共事，并在领导者与员工之间创造出一种能提高双方动力和品德水平的过程。变革型领导的特征，就是向员工灌输思想和道德价值观，并激励员工的过程；领导者对员工的需求非常敏感，并尽力帮助员工发挥其最大潜力。

1985年巴斯（B.M.Bass）在伯恩斯等的基础上，提出了一个范围更广、更为全面的变革型领导理论。他认为，变革型领导可以通过以下方式来激励员工达到或超越期望值：第一，提高员工对理想化目标的重要性认识；第二，说服员工团队的利益高于个人利益；第三，推动员工有更高的追求。具体表现为四种能力，即：

（1）魅力（charisma）因素或理想化影响力（idealized influence），是指领导者行为成为员工行为的典范，得到员工的认同和仿效。本质上，魅力因素描绘了那些有特殊魅力，并能使别人跟从他们提出的远景规划的个人属性。

（2）激励（inspiration）因素，是指领导者对员工寄予很高的期望值，激励他们加入团队，并成为团队中共享远景的成员。领导者善于运用团队精神和情感诉求凝聚员工的努力，以实现团队目标。

（3）智力激发（intellectual stimulation），是指激励员工创新，挑战自我及领导者的价值观和信仰的能力。领导者鼓励员工提出新的解决问题的办法，释放潜力。

（4）个性化关怀（individualized consideration），是指领导者认真听取员工的个人需求，帮助员工发展。

为了更好地反映变革型领导的特色，清楚地描述交易型领导有利于反衬出变革型领导的风格。根据巴斯的观点，交易型领导力因素包括奖酬和例外管理。巴斯认为，变革型领导比交易型领导有更大的影响力，交易型领导产生的是预期结果，而变革型领导产生的则是超出预期的惊人结果。当然，也可以利用交易型领导协助领导总体目标的实现。

奖酬（contingent reward），是指领导者与员工交换的过程。不同的任务会有不同的交换砝码。交易型领导尽量用报酬的方法确定绩效期望与目标，向下属提供与任务有关的反馈。

例外管理（management-by-exception），是指对批评意见的反馈和对错误的纠正。例外管理有两种方式，即主动式和被动式。主动式的例外管理，领导者会密切观察员工，然后纠正其错误和违规行为。被动式的例外管理则是在无法达到标准或出现问题时才进行处理。通常，被动式的例外管理更常见。

放任型领导因素，尽管与变革型领导格格不入，但的确存在。放任型领导是指无领导状态。放任型领导采取放任自流、不加管束的方法，逃避责任，延迟决断，不及时反馈，几乎不为满足员工的意愿做出任何努力，也不和员工交流，不帮助他们成长。变革型领导、交易型领导、放任型领导的对比如表7-6所示。

表7-6 变革型领导与其他类型领导对比

变革型领导	交易型领导	放任型领导
因素1：理想化影响力	因素5：后效酬赏	因素7：放任自流的，无交易的
因素2：激励的驱动力	因素6：例外管理	
因素3：智力激发		
因素4：个性化关怀		

当今是一个变革的时代，变革的阻力其实是非常大的，仅仅靠交易关系，很难调动员工的积极性，因此需要诉诸领导者的个人魅力，召唤跟随者接受领袖人物的价值观和对于未来蓝图的勾画，在一种非常宽松、自由、进取的氛围下，充分挖掘人的潜力，创造出单个个体不能实现的宏伟目标。

变革型领导理论除了利用魅力理论的特色外，其实也吸收了行为理论中的关心人、激励人等观点。

【理论应用7-6】 多元领导特质问卷

表7-7所列的内容是多元领导特质问卷MLQ-6S。

表7-7 多元领导特质问卷MLQ-6S

条 目	得 分				
1.我令身边的人感觉良好	0	1	2	3	4
2.我用简洁的语言说明我们能并应该做什么	0	1	2	3	4
3.我使别人能用新方式思考旧问题	0	1	2	3	4
4.我帮助别人发展	0	1	2	3	4
5.当别人想在工作中有所收获时，我告诉他们该怎么做	0	1	2	3	4
6.当别人符合（达到）标准时，我很满意	0	1	2	3	4
7.当别人以往常的方式工作时，我很满意	0	1	2	3	4
8.别人完全信任我	0	1	2	3	4
9.我使任务看起来很诱人	0	1	2	3	4
10.我引导别人从新的角度看待烦人的问题	0	1	2	3	4
11.我让别人知道我对他们所做的事情的看法	0	1	2	3	4
12.当别人达到既定目标时，我给予他们奖励	0	1	2	3	4
13.只要事物还有作用，我就不想改变它	0	1	2	3	4
14.别人想做什么我都同意	0	1	2	3	4
15.别人感到与我合作很荣幸	0	1	2	3	4
16.我帮别人找到工作的意义	0	1	2	3	4
17.我促使别人去重新思考他们从前未曾质疑的事物	0	1	2	3	4

续表

18.我个人同情那些看来被众人排斥的人	0	1	2	3	4
19.我希望别人多关注他们从自己完成的事情中获得的成果	0	1	2	3	4
20.我告知别人开展工作所需要知道的标准	0	1	2	3	4
21.除非绝对必要，否则我对别人没有更多的要求	0	1	2	3	4

注：0=一点也不　1=曾经有一段时间　2=有时　3=常常　4=不经常，但也很频繁。

计分标准

（1）理想化影响（1，8，15）。

（2）激励的驱动力（2，9，16）。

（3）智力激发（3，10，17）。

（4）个性化关怀（4，11，18）。

（5）酬赏（5，12，19，6，13，20）。

（6）自由放任型管理（7，14，21）。

（7）分值：高——9~12分；中——5~8分；低——0~4分。

3）领导与下属交换理论（leader-member exchange theory，LXM）

领导与下属的关系其实可能左右领导者的行为选择，进而影响下属的行为和感受。

受领导特殊喜好的影响，比如下属与领导者个人的个性有相似性，下属的能力很强，下属个人很随和，领导者可能对这些下属更加信任，由于信任而受到更多的关照，并被赋予更多的特权，这些人属于圈内人士。对于另外一些人，则缺乏这种特殊的信任，称为圈外人士。

领导与下属交换理论（见图7-12）认为，领导者与某下属互动的初期，会有意无意地将下属进行圈内或圈外的划分，而且这种划分比较稳定。对于圈内的人，领导者与他们互动相对较多，信任度更高，对他们业绩的评价也更高；作为回报，这些圈内的下属对上级更满意，离职率更低一些。

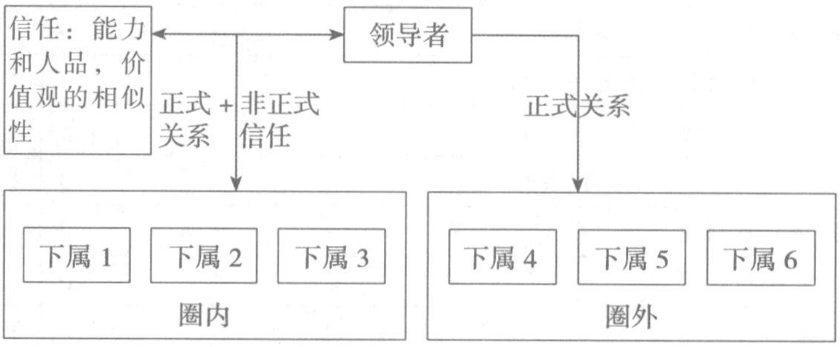

图7-12　领导与下属交换理论示意图

【理论应用7-7】 **领导与下属交换测验**

表7-8为领导与下属交换理论之圈内人和圈外人的测试问卷。

表7-8 **领导与下属交换理论之圈内人和圈外人的测试问卷**

编号	条目	非常不赞同	比较不赞同	不能确定	比较赞同	非常赞同
1	我非常喜欢我主管的为人	1	2	3	4	5
2	和我主管在一起工作非常有意思	1	2	3	4	5
3	我乐意与我的主管交往	1	2	3	4	5
4	我喜欢与我主管一起工作	1	2	3	4	5
5	即使我的主管对事情并没有充分的了解，他/她也会在上级面前为我的工作行为辩护	1	2	3	4	5
6	如果我被人攻击，我的主管会为我辩护	1	2	3	4	5
7	如果我犯了无心之失，我的主管会在公司其他人面前为我辩护	1	2	3	4	5
8	当我与他人发生冲突时，我的主管会站在我这一边	1	2	3	4	5
9	我愿意为我主管的利益而付出超常的努力	1	2	3	4	5
10	为了我的主管，即使是要完成很多额外工作，我也不介意	1	2	3	4	5
11	我愿意为我主管做超出我的职责范畴之外的工作	1	2	3	4	5
12	为了我的主管，我会尽自己最大的努力去做自己份内乃至份外的工作	1	2	3	4	5
13	我的主管所拥有的工作方面的知识是有目共睹的	1	2	3	4	5
14	我主管的专业技能令人羡慕	1	2	3	4	5
15	我主管工作方面的知识以及他/她的工作能力是众所周知的	1	2	3	4	5
16	我主管的技术和能力给我留下了深刻印象	1	2	3	4	5

注：此量表来自于国内学者王辉和牛雄鹰（2004年）对Robert C.Liden和John M.Maslyn（1998年）所开发量表的修订，Robert C.Liden和John M.Maslyn（1998年）所开发的量表包括4个维度12道题目，经修订后的量表包括4个维度16道题目。其中，第1题至第4题属于情感维度，第5题至第8题属于忠诚维度，第9题至第12题属于贡献维度，第13题至第16题属于专业尊敬维度。高分者属于“圈内人”，低分者属于“圈外人”。

4）新近的领导理论

（1）真诚领导（authentic leadership）

在市场经济时代，由于利益的驱使，为了获得高额的利润和回报，很多领导者跨越了社会的道德底线，做假账、使用有害或不环保的原料、以次充好等等，给社会和人类的生活造成了极大的危害。特别是美国安然（Enron）、世界通信公司（Worldcom）等世界知名公司的财务舞弊案曝光，企业高层管理者的真诚问题开始引起学术界和企业界的广泛关注，一些有实际经验的企业家和研究领导的学者开始探讨真诚领导问题。2004年6月，在美国内布拉斯加州（Nebraska）的Nebraska-Lineoln大学召开了第一届盖洛普领导研究所大会，会议的目的就是促进来自不同背景的学者和实际管理者的交流，加速与真诚领导和真诚下属相关的基础理论和原创性观点的产生和发展。

阿唯里奥（Bruce J.Avolio）等（2004）认为真诚领导是这样一类人物，他们深刻了解自己是如何思想、如何行动的，并且在其他人看来，他们能够认识自己和他人的价值观、道德观、知识及优势；他们了解自己所工作的情景；他们自信、满怀希望、乐观、灵活、在个性方面拥有高水平的道德水准。

艾里斯（Remus Ilies）等（2005）则从结构的角度探讨了真诚领导。他们认为真诚领导应包括四个组成部分：自我意识、不偏不倚的信息加工、诚信行为和诚信关系导向。

自我意识是指一个人对自己的性格、价值观、动机、感情及认知等方面的认识和信任程度。

不偏不倚的信息加工是指一个人在处理与个人相关的信息的过程中不否认、不扭曲、不夸大、不忽视私人知识、内在经验及建立在外部评价基础上的评价信息。

诚信行为是指人们的行动是否与他们的真实自我相一致。诚信行为意味着某行为与一个人的价值观、偏好、需要是一致的，该行为不是仅仅为了取悦他人，或获取某种利益，或避免某种惩罚。

诚信关系导向包括在人际关系中重视公开性、信任及竭力去寻求公开性和信任。

（2）家长式领导

近几十年来，华人社会在经济上的崛起和腾飞，使得越来越多的研究者开始研究华人社会与组织，探究其异于西方的文化因素。同时，由于中西方文化差异，领导的风格及效能也有所不同，贸然将西方文化中发展出来的领导理论套用到华人群体中，无异于削足适履，甚至会歪曲事实。在此背景下，我国台湾学者郑伯埙等（2000）基于自己和其他学者的研究，提出了华人领导模式——家长式领导的三维模型。家长式领导是指在中国文化背景和人治氛围下，领导者显示出严明的纪律与权威、父亲般的仁慈及道德廉洁性的领导方式，它包括三个维度，即威权领导、仁慈领导和德行领导。其中，威权领导强调领导者的权威不容挑战，要求员工绝对服从；仁慈领导对员工提供个性化的照顾；德行领导必须展现出更高的个人操守和修养，以赢得部属的敬仰和效法。

为什么家长式领导在当代中国企业中能够继续广泛存在？其中一个重要原因是家长式领导在中国具有深厚的社会文化基础。

首先，一个大的社会基础就是人治，中国几千年来的人治系统和较为薄弱的法治基础为家长式领导提供了实践基础；其次，儒家思想也为家长式领导提供了文化土壤。此外，中国社会的高权力距离文化也为家长式领导在中国的盛行提供了社会基础。

家长式领导根植于中国传统文化中，其有效性在过去20年间得到了研究者的广泛关注。

威权领导的建立主要源于儒家思想熏陶下的中国传统社会结构。在威权领导行为方面，郑伯埙等人认为家长式领导有专制主义、贬损下属、整饬自我形象和教导部属等行为；相应地，部属主要会表现出顺从行为、服从行为、敬畏行为与羞愧行为。威权领导在具有如下四个特征的组织中体现得更为明显：①家族企业；②所有权与经营权不分；③创业性结构；④企业经营环境简单且技术稳定。而在一些制度明晰、成员年轻又有较高文化素质的组织中，威权领导更容易引起员工的反感和抵触，进而影响领导效能。实证研究发现，威权领导通常会产生消极影响，如降低下属对领导的忠诚度和信任度、阻碍组织学习、不利于上下级的沟通和交流等。

仁慈领导的思想根源于儒家文化的"仁"。仁慈领导者从"仁"字出发，为了笼络下属、关心下属，平时嘘寒问暖，下属有急难时也会伸出援手，对下属个人的福祉做个别的、长久而全面的关怀，期望基于"报"的驱动力，可以换来下属的感恩、忠诚以及顺从，营造和谐的上下级氛围。

在中国传统的人治环境中，权力上位者的德行是儒家社会差序结构得以维持的基础。德行领导者以德服人、以德昭人，通过人与人之间美德的相互感染使下属对其加以信任和效仿。他们在工作过程中树立正直、无私、尽责的形象，赋予下属更多的安全感，从而赢得他们的敬仰和顺从。比如说上下级发生冲突时，德行管理者以高风亮节使下属心悦诚服，下属就会自觉将自身行为纳入管理者所期望的轨道，从而与上司之间形成和谐关系。

与威权领导不同，仁慈领导和德行领导往往会带来积极作用。例如，仁慈领导和德行领导都能带来较好的组织公民行为以及对领导的高度忠诚和信任。

虽然迄今的许多研究表明，威权领导对员工、企业效能起到负面的作用，但是在具体情境下，威权领导也能保证企业的快速、有序运行，当威权领导与仁慈领导、德行领导相结合时，家长式领导表现出恩威并济的特点，会对企业员工产生良好的效果。家长式领导类型如表7-9所示。

表7-9 家长式领导类型

名称	特征	领导行为
明主型	高威高仁高德（ABC）	通过同时采用三种类型的心理机制来激励部属，是真正的家长式领导
帮主型	高威高仁低德（ABc）	通过使部属怀有畏惧、感激和回报的心态领导部属
清官型	高威低仁高德（AbC）	该类型领导者较为严格，坚持高绩效标准，并且很少关注部属的个人需要
霸主型	高威低仁低德（Abc）	这类领导者是滥用职权的暴君，部署们不认可也不尊重该类领导者
仁主型	低威高仁高德（aBC）	凭借赢得部属的尊重和感激且不是依靠职位权力来领导
溺爱型	低威高仁低德（aBc）	通过友善影响部属，促使部属产生蒙恩和感激的心理
德范型	低威低仁高德（abC）	通过个人信仰和高尚的品德来影响部属
庸主型	低威低仁低德（abc）	该类型领导者在目前国内应该鲜有存在，不符合领导者基本要求

注：其中A代表高威权领导，a代表低威权领导；B代表高仁慈领导，b代表低仁慈领导；C代表高德行领导，c代表低德行领导。

资料来源 根据Farh等（2008）整理.

（3）虚拟领导

随着经济全球化和网络技术的快速发展，国内外企业面临的竞争环境发生了巨大而深刻的变化，具体表现在以下两方面：①现代化信息技术迅猛发展。计算机通过互联网从单纯的计算工具变为功能强大的信息交流媒介；同时通信技术的进步日新月异，使多媒体的高效传输成为可能。②经济全球化迅速发展。20世纪80年代中期，全球经济一体化使得国际合作与竞争日益加剧，跨组织、跨国家或地域的商务活动越来越多，因而需要各类管理及技术人员在各自所在地利用现代信息技术工作和沟通来解决业务问题。由此，在现代信息技术的支持下，一种新型的领导方式——虚拟领导就产生了。

虚拟领导就是在虚拟环境条件下，通过信息技术等科技手段来实施领导的一种新型领导方式。虚拟领导的特点如下：

①放权与民主化。虚拟领导以放权与民主式管理为领导理念，并且虚拟领导者相信在参与管理中能够实现自我管理、自我控制，并创造条件让组织成员自我实现。另外，随着信息化的到来，领导者和被领导者受教育程度的提高，知识与能力的增长，自主意识的觉醒，自我实现愿望的增强，会导致更多的领导者和被领导者不再像在严格等级制度中的一台机器那样是必须啮合在一起的齿轮牙；现在，他们

是网络中的知识贡献者、决策点或节点。这就需要各层级领导者在对组织资源的控制和分配上适当放权，需要各层级领导者在对组织的控制上适当放权。

②扁平化。当网络逐步融入领导行为之中时，给领导者带来的最大影响是减少管理层级，扩大控制幅度，使领导从金字塔型结构向扁平型发展，以更加具有灵活性和适应性。

③信息的互动性。传统组织按照行政隶属关系进行信息传递，也就是说，传统组织的信息结构与其权力结构相一致。随着网络技术的发展，组织信息的传播方式也在发生改变，即由过去的阶梯型、层级式转换为水平型、矩阵式。在网络结构形态下，各信息点或信息中心的联系既有垂直方向的，即上下级之间的纵向联系，也有水平方向的，即同等级层次之间的横向联系，还有不同等级层次、不同隶属关系的斜向联系，共同组成纵横交错的信息沟通网络，信息呈现交互化。信息传递的多渠道能够克服单一纵向信息传递过程中发生的信息封锁、信息渠道易于堵塞、传递迟缓等弊端。

④自我牺牲型领导。自我牺牲型领导是指自愿放弃或推迟自身利益为下属谋福利的一种领导方式。该类领导者更为关心集体利益而非自身利益，在组织情境下主要表现在劳动力分配、奖励分配、权力行使三个方面：第一，在劳动力分配中自愿去从事高危险性、繁杂沉重的工作任务，为员工或者部下承担工作中的失误和责任；第二，在奖励分配方面自愿放弃或者推迟组织奖励，包括薪酬、分红、晋升等；第三，在权力行使上自愿放弃利用职务之便为自己谋利，并且利用个人关系、资源为组织或者团体的利益付出。管理者自我牺牲行为是为了组织或团队目标的实现，具有自愿性，并且会使管理者个人遭受利益损失。

社会学习理论认为，学习是通过观察他人的行为而发生的，行为楷模则促进或者阻碍特定行为的发生。自我牺牲型领导者通过在员工面前扮演模范角色，会促使员工表现出相似的服务团队的行为，强化员工的组织公民行为，使其主动互助合作，愿意为组织变革而努力。他们能够激励下属超越自我利益、追求集体福利的原因是，自我牺牲型领导者使得下属对组织和目标具有认同感。若员工感知到领导者的付出是为了全体员工的利益而非自身利益，员工本身也会从领导者自我牺牲行为中受惠，通过展现亲社会行为来回报领导者。

7.6 领导力提升的艺术

管理科学与艺术之间是矛盾的吗？有人认为管理是艺术，艺术更多地受制于先天的遗传素质；有人认为管理是科学技能，主要靠后天培养。其实两者并不矛盾，好的管理一定是科学与艺术的完美结合。

艺术的经验性很强，主要是个人见解的集合。但管理有许多规定动作，不能够完全随性而为，比如工作量标准的制定、市场营销的规律、用人的规律、不同组织结构的运行规律等，不能够超越。而对人的激励，对人的鼓舞，则有很多的艺术性，带有很强的个人风格。有的人以智慧、幽默打动人，有的人以细腻、真诚打动人；有的人以果断、勇敢鼓舞人。

管理和MBA（工商管理硕士，master of business administration）教育，更多的是突出管理的规范性，而管理和MBA教育是否能够培养更多的优秀管理者，选拔措施本身也很重要。

1）掌握领导艺术

领导是艺术，突出的是领导的变化性和复杂性。的确，由于领导本身的复杂性，导致优秀领导供给的不足，以及卓越领导人市场价值的居高不下。然而，领导不是天生的，需要在具备一定先天素质的情况下，结合一定的领导情境，在抓生产和关心员工方面选择性地使用一些招数，保证任务完成，而且员工心情舒畅。

领导的艺术体现在以下几个方面：

第一，领导者本身的素质：分析、解决问题的能力，个人魅力，事业心，自信心，道德自律。

第二，领导者管理技能：具备基本的管理技能，比如如何有效地组织生产，如何有效地决策，如何化解冲突和危机，如何充分调动人的积极性，如何识别人、用人，如何转变人的态度，如何沟通等。

第三，领导者对情境的观察力和判断力：分析不同情境下，选择性地运用管理行为的水平，避免机械的、不考虑情境的领导行为。管理经验、阅历，对于管理者的成熟和管理艺术的提升具有很大的作用。

在有些情况下，个人如果具备领导素质中的一部分，就能够带领一个组织取得成功；如果具备各种素质，则可以带领一个更庞大的组织取得成功。领袖人物正是具备了这些要求，才名垂千史。

【理论应用 7-8】　老干妈陶华碧的批评艺术

批评的目的是促使下属进步，所以在批评实施的过程中要注意对员工进行鼓励和指导。成长性是个人在组织中追求的一个目标，这种境界的提高，往往能够消除员工受到批评以后的不良情绪，让他动力更足。

老干妈曾在内部会议上提出，领导者在批评下属时有几个要注意的地方：

第一，不是所有的事情都可以批评。你没有告知或者不曾教给下属做的事情不要批评，和你当下批评的这件事没关系的事情也不要批评。

第二，一次批评只说一件事情，并且时间不要长。下属可能没有办法一次性改正很多问题，所以，一次只批评一件事。等他进步之后表扬他，然后再提新的要求，做好了就表扬他。

第三，不要拿他和别的员工比，只拿他的现在和他的未来比。没有人喜欢被比较，上司的比较会伤害下属的自尊心。

第四，批评要秘密进行。正确的做法是和他单独交谈，让他体会到上级的关怀，进而使他愿意正视自己的问题与错误。但并不是所有的批评都要秘密进行，当一个错误出现，而别人在未来工作中有极大可能出现类似错误时，则需要公开批评，以示警戒。

第五，批评要当面。人后不说闲话，批评也是如此，对下属的批评，一定要当面指出。

第六，批评时要恰当用词。恰当用词表现在两个方面：一是不要使用戏谑词汇，管理者以严肃的态度做出批评时，反而较容易为员工所接受；二是不要冷言冷语地批评，不要讽刺挖苦、污辱人格或骂人，也不能嘲笑对方的生理缺陷，否则批评不仅没有成效，反而会适得其反。

当然，好的领导者不但要敢于“打”，还要善于“揉”，也就是批评之后要做好安抚工作，这是批评中一个不可缺少的重要环节。批评后的安抚工作可以分为三步：

第一步：认可员工的变化。

批评完员工之后，只要他有了改变和进步，不管大小，都要认可他的变化，而且要当面把这种认可说出来。也许他的工作一时达不到满分，但是，取得了多少分，领导者就要承认他多少分的成果。

第二步：在必要的时候提出一些员工需要的建议。

批评下属之后，也需要跟进一些必要的建议。领导者提建议要把握好时机，在下属需要的时候提，在他们不需要的时候就不要乱说，否则只会让他们觉得你管闲事或者不信任他们的能力。

第三步：用鼓励督促他加快进步的速度。

批评后有鼓励，能让下属感受到关注，取得更快速的进步。

实际上，不论是暴风骤雨式的批评还是和风细雨式的引导，都比不上员工积极的自主上进意识。员工“自己哭着喊着要上进”，才是一个企业最好的状态。

资料来源 李琦晨.辣道至简：老干妈陶华碧的经营智慧［M］.广州：新世界出版社，2015：143-144.

2）打造专长力

在个人的成长过程中，首先让自己脱颖而出的是个人在专门领域取得的业绩。这种业绩对于未来从事其他管理工作也许作用不大，但从中可以锻炼自己分析问题和解决问题的能力，特别是学习能力，对于未来发展必然终身受用。

3）提升个人魅力

做人的魅力，品行第一，没有德行做基础，个人的能力都不可靠。有能力的人做好事、做坏事都有本事，而品行则指引方向。工作时间长了，人们的倦怠心理自然而生，如何通过蓝图规划不断激发人的潜力，需要有洞察力。

此外，幽默也是一种魅力。再大的矛盾、冲突，有时遇到一个幽默的领导，就可以化干戈为玉帛。

4）提高时间管理能力

古希腊哲学家泰奥弗拉斯托斯（Theophrastus）曾经说，时间是“我们最昂贵的支出”。在日常工作中必须高效地利用时间去完成必须做的事情，因此，人们有必要提高时间规划和任务统筹的能力。

5）提升会议管理能力

面对繁多的会议，我们期望它们成为满意感和成就感的源泉。会议作为面对面交流完成目标的手段可以满足并服务于一切需求。领导者有必要提高并调动与会者的积极性、集中他们的注意力、促使他们逐步靠近会议目标的能力。

6）提高沟通和激励能力

沟通、激励——与授权一并——或许是最为典型的领导者所必须具备的技能了，这种技能不仅要求领导者创设可供改善的工作环境，而且要求做好激发员工个人内在的兴趣、职责和认识的准备。

哈佛商学院在管理教育中提出了一个三角形的人才培养模型，对于我们进行管理人才培养很有启发意义。这个三角形的一个点是知识（knowing），第二个点是技能（doing），第三个点是价值（being）。管理的知识自然是不可缺少的东西，是管理教育的重要方面，这一点在我国也是十分受重视的；但知和行毕竟不是一回事，著名的教育家陶行知强调知行合一，可见知行合一不是那么容易的事。懂得激励的知识，未必能够很好地、差异化地激励人；知道应该如何做，才是好领导，但自己未必真能做得到。知识和技能为谁服务？到哪里去？就是一个价值问题，有好的知识和技能，可以做好事，也可以做坏事。在市场经济条件下，竞争激烈，大家都希望在竞争中处于优势地位，都希望得到赞许，没有条件，“创造条件”也要上，如果没有坚定的是非观念，就很容易做坏事。美国2008年发生的金融危机，就是源于华尔街的贪婪，丧失了基本的良知判断，一味地追求快、大、利润，脱离了基本的道德底线。

本章小结

领导是引导和影响他人实现一定目标的行为过程，包括两点：一是实现既定的目标；二是带领和影响他人实现目标。

领导与管理，两者之间既有联系，又有区别，两者的区别主要体现在达到目标凭借的手段和途径方面。

关于领导的研究比较多，最早出现的是研究领导者个性与领导力关系的领导特质理论。领导的素质越广泛、要求越高，说明具备领导力越难，好领导的市场价值也就越高。

领导行为理论针对过去对领导特质研究存在的问题，不仅仅从领导者自身潜在的素质进行研究，而且根据领导者在各种现实情境下外显出来的行为表现进行探讨，结果发现了领导者开展领导活动的行为规律。该理论包括管理方格理论、PM理论、CPM理论。

领导权变理论是当今人们广泛接受的一种观点。领导的行为也是有选择性的，不都是固定的形式，需要考虑到领导的环境因素，这个环境包括被领导的人员、被领导的组织结构的属性、被领导者的社会文化属性等。该理论包括费德勒的权变理论、生命周期理论、通路-目标模型、领导的决策树模型。

经过多年的探索和研究，领导理论遇到了许多坎坷，走了许多弯路，但正是在这种探索的过程中，人们越来越清楚领导本身的复杂性。市场对优秀领导者的高额回报和重视，也正是领导价值的重要体现。

有人认为管理是艺术，艺术更多地受制于先天的遗传素质；有人认为管理是科学技能，主要靠后天培养。其实两者并不矛盾，好的管理一定是科学与艺术的完美结合。

关键概念

领导　领导力　领导特质　管理方格理论　PM理论　CPM理论　费德勒的权变模型　生命周期理论　通路-目标理论　领导魅力理论　变革型领导理论　领导与下属交换理论　家长式领导　自我牺牲型领导

单项选择题

7.1　对于能挑150斤的人，领导者既不是只让他挑100斤，也不是硬要他挑200斤，这体现了（　　）。

A.扬长避短，各尽所能　　B.量才用人，职能相称

C.用人不疑，疑人不用　　D.五湖四海，宽以容人

7.2　以下理论属于领导者行为理论的是（　　）。

A.魅力领导　　B.PM理论

C.生命周期理论　　D.通路-目标理论

7.3　以下理论属于领导者权变理论的是（　　）。

A.管理方格理论　　B.CPM理论

C.生命周期理论　　D.管理风格理论

7.4　领导者与管理者的本质区别在于（　　）。

A.地位的区别　　B.行为方式的区别

C.自身特质的区别　　D.达到目标凭借的手段和方法

7.5 对领导绩效起决定作用的因素是（　　）。

A.领导特质　B.领导行为　C.领导情境　D.综合因素

7.6 领导艺术是（　　）。

A.主观存在的　B.客观存在的　C.先天存在的　D.一种经验形态

7.7 领导科学与领导艺术相比表现为（　　）。

A.模式化的知识　B.非模式化的技能

C.科学性的知识　D.经验性的知识

7.8 有一位领导者，与下属关系良好，组织中各项制度健全，任务明确，但他本人资历较浅，固有权力较弱，按照最难共事者模型，你认为应当采取的领导方式是（　　）。

A.低工作高关系的参与式领导模式　B.低工作低关系的授权式领导模式

C.以任务为中心的领导模式　D.以关系为中心的领导模式

7.9 领导的权变理论指出，领导的工作成效取决于三个基本因素，即领导者、被领导者和环境因素。关于三种因素的作用及相互关系有如下几种判断，你认为说法更为确切的是（　　）。

A.三种因素中领导者的素质、能力和工作方法是最关键的因素

B.被领导者的整体素质是关键因素

C.环境的变化是组织成败的关键

D.三种因素在有效的管理中发挥着同等重要的作用

思考题

7.1 回顾和反思你作为一项活动的领导者时所采取的领导方法，学完本章内容之后，你觉得可以采取哪些行动来弥补以前领导行为的不足。

7.2 不同的文化环境是否会对领导行为产生不同的影响？

案例分析题

华为“教父”任正非

1.华为的创业和发展历程

1987年，徘徊在深圳街头的任正非没有想到，好运气即将降临到自己身上。那一年他43岁，从部队以团副的身份转业，来到成为改革试验田的深圳。一个“很偶然”的机会，一个做程控交换机产品的朋友让任正非帮他卖些设备，任正非以2.4万元资本注册了深圳华为公司，成为香港康力公司的HAX模拟交换机的代理。凭借特区一些信息方面的优势，从香港进口产品到内地，以赚取差价——这是最常见的商业模式，对于身处深圳的公司而言，背靠香港就是最大的优势，至于是代理交换机还是代理饲料，都是一样的。更何况任正非本人也是通信技术的

“门外汉”，他爷爷是一个做火腿的，父母是普通教师，他在重庆建筑工程学院的专业是暖供，十几年的军旅生涯可能使他成为中国比较早用上电话的人，却远不足以令他对这个产业有深入了解。

43岁拉起旗帜单干的任正非，在这个时候表现出了他的商业天才。在卖设备的过程中，他看到了中国电信对程控交换机的渴望，同时也看到整个市场被跨国公司所把持。当时国内使用的几乎所有的通信设备都依赖进口，也就是“七国八制”，即美国AT&T、加拿大北电、瑞典爱立信、德国西门子、比利时贝尔、法国阿尔卡特，以及日本NEC和富士通。民族企业在其中完全没有立足之地，任正非决定自己搞研发。

任正非后来解释自己早期的这一次转型的原因时说：“外国人到中国是为赚钱来的，他们不会把核心技术教给中国人，而指望我们引进、引进、再引进，企业始终也没能独立。以市场换技术，市场丢光了，却没有哪样技术被真正掌握了。而企业最核心的竞争力，其实就是技术。”军人出身的任正非似乎天生具有比一般人更加强烈的爱国热情和保卫领土的敏感与决心，他在那个时候认识到“技术是企业的根本”，便从此和“代理商”这个身份告别，踏上了企业家的道路。

1991年9月，华为租下了深圳宝安县蚝业村工业大厦三楼，最初有50多人，开始研制程控交换机。这里既是生产车间、库房，又是厨房和卧室。十几张床挨着墙边排开，床不够，用泡沫板上加床垫代替。所有人吃住都在里面，不管是领导还是员工，做得累了就睡一会儿，醒来再接着干。这是创业公司所常见的景象，后来在华为成了传统，被称为“床垫文化”，直到华为漂洋过海与国外公司直接竞争的时候，华为的员工在欧洲也打起地铺，令外国企业叹为观止。12月，首批3台BH-03交换机包装发货。事后员工获悉，公司已经没有现金，再不出货，即面临破产。可是到1992年，华为的交换机批量进入市场，当年产值即达到1.2亿元，利润则过千万，而当时华为的员工还只有100人而已。这样的成长速度，是属于那个时代的。

从此，华为像一匹来自深圳的狼，扑进了这个正在高歌猛进的行业。事实上，最初抓住交换机机遇的不仅仅是华为，当时通信制造领域势头最好的四家企业，巨龙通信、大唐电信、中兴通讯、深圳华为被并称为“巨大中华”。1998年，华为销售收入89亿元，规模最小的大唐也达到了9亿元。这其中除了华为之外，其他三家全部都是国有企业。

华为能够在跨国企业和国有企业之中异军突起，有人说华为靠的是客户关系和价格优势。有趣的是，1994年任正非在内部讲话中曾经提及：“在当前产品良莠不分的情况下，我们承受了较大的价格压力，但我们真诚为用户服务的心一定会感动上帝，一定会让上帝理解物有所值，逐步地缓解我们的困难。”

任正非首先定下的是国际化策略。在国内市场依靠“从农村包围城市”的传统军事战略而站稳脚跟之后，任正非却很快认识到，将来不会有仅仅依靠区域市场生存的电信设备商，所有的电信设备商都必须是国际标准化的。从1996年起，华为就开始了国际化布局。起初，这是一个无异于痴人说梦的计划，民族通信企业华为拥有什么优势？资金、品牌还是技术？在国内市场还没有谁能够抢下一线城市的山头，又如何去敌人的势力范围抢饭碗？任正非说这是出于一种军人天生对于危险的警惕和危机意识，让他做出了这个决定。他也知道在那个时候，华为在国际市场上就是一个彻头彻尾的无名小卒，一切都要从零开始，而从艰难生活走过来的任正非，在这件事情上愿意大手笔地投入。从1996年到2000年，华为以疯狂参加国际电信展的方式来给自己树品牌和提高知名度。它还推出了“东方丝绸之路”“东方快车”等品牌计划，让国际客户来熟悉陌生的华为。

另一件事是1997年任正非参观美国IBM之后，意识到华为与国际一流企业在管理上的差距，决定要向IBM学习。1998年，华为与IBM合作项目“IT策略与规划”正式启动，内容是规划和设计华为未来3~5年需要开展的业务流程和所需的IT支持系统，包括集成产品开发、集成供应链、IT系统重整和财务四统一等8个项目。为此，仅顾问费一项，华为的投入每年就在5 000万美元，再加上其他费用，据统计华为为业务流程变革所付出的代价高达10亿元。

任正非以高昂的学费请入IBM，就是为了解决这个问题。在企业发展势头极好，一切看起来正昂首阔步走向正轨的时候，让一群穿着背心短裤和片儿鞋跑得飞快的土狼们穿上西装革履迈起整齐划一的步子，是一件让人憋气的事。任正非强大的个人意志力在这件事上发挥了极大的作用，他几乎是用一种不分青红皂白的命令方式将集成化流程变革强推下去。到现在，华为对这一次变革的评价是，因为有了集成产品开发和集成供应链，华为才能够与世界顶级的电信运营商以同一种语言进行沟通。

做了品牌国际化和管理国际化两手准备之后，华为的国际化扩张道路才算真正进入跑道，而这一起跑，就是加速度的。到2008年，华为取得了233亿美元的合同销售额，其中海外销售占比达75%，与此同时，华为2008年全年纳税总额高达120亿元。2004—2008年，华为的合同销售额从56亿美元快速上升至233亿美元，海外销售占比从43%上升至75%，年均增速高于40%。1994年，任正非说了一句志怀高远的话，他说：“将来电信设备市场将会三分天下，西门子、阿尔卡特和华为。”他没有说将来有多远，不过到2009年，华为在爱立信、诺基亚-西门子和阿尔卡特-朗讯之后，名列世界第四大电信设备制造商。而曾经创造辉煌业绩的北电已经申请破产保护，摩托罗拉也岌岌可危，市场份额下滑到只有4%。

随着3G的启动，可以想象这个市场还将继续延续它的繁荣。或许更值得庆幸的是，企业创始人任正非一直像一个军人一样，保持着高度的警惕和对市场的敏锐。尽管他脾气暴躁，对企业实行一种高压式的军事化管理；尽管他个性低调，从内部流传出来的讲话充满了属于上一个时代的军事术语；尽管他被人指责所谓的国际化管理只是深圳总部一小撮人的事，一线员工仍然似饿狼一般，频频以地狱式报价来扰乱市场……是的，任正非是一个充满缺点的企业家，低调平添他的神秘，不爱出镜不妨碍他成为被提及概率最高的企业家。华为或许也是一个充满缺点的企业，因为狼性而树敌众多，因为任正非说自己不是上市公司只需要对政府负责而使得公众对这家企业充满了种种揣测和猜疑。

任正非只占华为1%左右的股份，段永基曾经担心有一天他会不会因此而被人赶下台，而任正非的回答是，如果这一天到来了，说明华为成熟了。

2.华为的精彩事件

（1）狼性文化

华为的狼性。狼有三大特性，一是敏锐的嗅觉，二是不屈不挠、奋不顾身的进攻精神，三是群体奋斗。企业要扩张，必须具备这三要素。

（2）对事负责

华为取得既往成功的关键因素，除了技术、人才、资本，更有管理与服务。人才、资金、技术都不是生死攸关的问题，这些都是可以引进来的，而管理与服务是不可照搬引进的，华为只有依靠全体员工共同努力去掌握先进的管理与服务理论，并与自身的实践紧密结合起来，才能形成华为自己有效的管理与服务体系。管理与服务的进步远远比技术进步重要。没有管理，人才、技术和资金就无法形成合力；没有服务，管理就没有方向。

到底是实行对人负责制，还是对事负责制，这是管理的两个原则。华为确定的是对事负责的流程责任制。为了做好事，华为采取削足适履的办法，向西方学习。任正非认为：华为是一群从青纱帐里出来的“土八路”，还习惯于埋个地雷、端个炮楼的工作方法。还不习惯于职业化、表格化、模板化、规范化的管理。重复劳动、重叠的管理还十分多，这就是效率不高的根源。

任正非说：“在管理上，我不是一个激进主义者，而是一个改良主义者，主张不断地管理进步。现在我们需要脱下草鞋，换上一双美国鞋，但穿新鞋走老路照样不行。换鞋以后，我们要走的是世界上领先企业走过的路。这些企业已经活了很长时间，它们走过的路被证明是一条企业生存之路，这就是我们先僵化和机械引入Hay系统的唯一理由，换句话讲，因为我们要活下去。”

一个企业需要有世界性的战略眼光才能奋发图强；一个民族需要汲取世界性的精髓才能繁荣昌盛；一个公司需要建立世界性的商业生态系统才能生生息息；一个员工需要具备四海为家的胸怀和本领才能收获出类拔萃的职业生涯。

在管理改进和学习西方先进管理方面，华为的方针是“削足适履”，对系统先僵化、后优化，再固化。华为切忌产生中国版本、华为版本的幻想。

（3）规范意识

《华为基本法》是在华为已经初步具有了企业精神之后、试图固化为一个系统的企业纲领的情况下出现的。在《华为基本法》出台之前，包括任正非本人都没有一个对华为企业文化、治企理念和企业精神的系统化思维。对于《华为基本法》应该是一部什么文件，一开始任正非自己也没有想明白，只是觉得这时的华为需要一个类似于法案的东西。

当时吴春波等人正在给华为市场部做考核项目，于是任正非决定让几个中国人民大学的教授试试。为此，任正非第一次敞开心扉，从个人经历等方面与起草者谈了整整三天，最后基本法总算破题而出——华为要走出混沌，必须弄清楚三个问题：第一，华为为什么成功？第二，支撑华为成功的要素是什么？第三，华为要取得更大的成功还需要哪些要素？而这一破题的结果，在无意识中已经接近德鲁克提出的做一个企业的三个命题：我是谁？我从哪里来？我要到哪里去？

起草小组与任正非经过了长时间的沟通，并深入员工层去摸索、总结华为既有的企业文化后得出了几个关键点，如高效益和压强原则等，基本上达到了任正非提出的“总结企业发展过程中能够促进发展的各个要素并使之成为企业发展的促进系统”的提法。

经过两年多的起草、酝酿，八易其稿，1998年，由公司总裁任正非倡议的《华为基本法》（以下简称《基本法》）正式出台。《基本法》分为宗旨（核心价值观、目标、成长、价值分配）、基本经营政策（经营模式、研发、营销、生产、财务）、基本组织政策（组织方针、组织结构、高层组织）、基本人力资源政策（基本原则、员工权利与义务、考核、管理规范）、基本控制政策（管控方针、质管体系、全面预算、成本控制、流程重整、项目管理、审计、事业部、危机管理）、接班人与基本法修改等六个主要方面，采用法律条文的书写方式编写。

在《基本法》中，对基本的价值观和共同的远景作了清晰而系统的演绎。如“华为追求的是在电子信息领域实现顾客的梦想，并依靠点点滴滴，锲而不舍地艰苦追求，使我们成为世界级领先企业。”“决不让雷锋吃亏，奉献者定当得到合理的回报”，“为伟大祖国的繁荣昌盛，为中华民族的振兴，为自己和家人的幸福而不懈努力。用我们卓越的产品自立于世界通讯列强之林；我们不单纯追求规模上的扩展，而是使自己更优秀……”。

华为公司的《基本法》把华为人心底的呼唤明白表达了出来，使之明确化，发挥了强大的作用。正是华为的远大抱负，吸引和凝聚了一大批优秀的、有雄心壮志的人才。

（4）激励与超越

华为2009年发布的年报显示，公司上年的销售收入达1 491亿元人民币（约218亿美元），同比增长19%；净利润为183亿元人民币（约27亿美元），同比增长29.9%。在全球通信设备行业不景气的情况下，华为2009年的年报可圈可点，无论是营收还是净利润，都赫然走在行业前列。

华为还在2009年年报中首次披露了公司的股权状况，令人大为惊讶的是，与其他民营企业创始人动辄占股多达50%相比，截至2008年年底，任正非的持股比例仅为1.42%。2008年，华为员工持股人数为61 457人，持股成员全部由公司员工构成，约占9.5万名员工总数的64.7%。年报公布后，有人给任正非算了一笔账，他的股权“权益”大约为6.15亿元，即使加上每年所得的股票分红，身家也不过7.5亿元左右。

在华为1997年修改的员工持股规定中，华为主张在顾客、员工与合作者之间结成利益共同体，努力探索按生产要素分配的内部动力机制。“决不让雷锋吃亏，奉献者定当得到合理的回报。”任正非对财富的理性认识，正是华为今天能做大做强的原因所在，劳苦功高而不邀功，财源滚滚而不恋财。正如他所说：“世界上一切资源都可能枯竭，只有一种资源可以生生不息，那就是文化。”

很多民营企业的财富多为创始人个人所有或者是少数几个人所有，大部分员工仅是陪衬而已。而华为却不是这样，它是9万多名华为人共同所有，它是一个共苦同甘的团队。在任正非看来，只有员工真正认为自己是企业的主人，分权才有基础。没有这样的基础，权力分下去就会乱。他认为，企业管理层要淡化英雄色彩，实现职业化的流程管理，即使需要一个人去接受鲜花，这个人也仅仅是代表，而不是个人英雄。

华为员工的薪酬按生产、研发、市场销售和客户服务划分为四个体系，其中，研发和市场销售体系的薪金水平明显高过生产和客户服务体系。刚毕业的本科生进入华为的起薪标准为6 000元/月左右，研究生为8 000元/月左右，这种区别随着工作年限加长而越来越小，主要比拼的是工作业绩和能力。

华为员工的收入分为基本工资、奖金和股权激励三部分，其中基本工资是按12个月每月进行发放。员工奖金的支付根据员工个人的工作责任、工作绩效及主要完成项目的情况而定，同时也会考虑总薪酬的情况。在股权激励方面，华为目前有65 000多人持股。2011年1月，华为宣布2010年虚拟受限股每股分红预计人民币2.98元，全部为现金分红，相较2010年每股现金分红1.6元，增值接近1倍。华为的薪酬结构是股金、工资、奖金、福利，具体分配比例为：操作人员的基本工资占月总收入的90%，奖金占10%，无股金；专业人员的基本工资占月总收入的60%，奖金占25%，股金占15%；中层经理的基本工资占月总收入的50%，奖金占30%，股金占20%；高层管理人员的基本工资占月总收入的40%，奖金占20%，股金占40%。

任正非推崇“君子取之以道，小人趋之以利”。他在一篇内部文章中说：“我们今天是利益共同体，明天是命运共同体。当我们建成内耗小、活力大的群体时，抗御风雨的能力就增强了，才可以在国际市场的大风暴中去搏击。”

（5）危机意识

就在华为发展顺利，大家兴高采烈之时，任正非抛出了《华为的冬天》的讲话，阐述了居安思危、谋求百年发展的华为的价值理念。

“华为的危机，以及萎缩、破产是一定会到来的。”

“现在是春天吧，但冬天已经不远了，我们在春天与夏天要念着冬天的问题。我们可否抽一些时间，研讨一下如何迎接危机。IT业的冬天对别的公司来说不一定是冬天，而对华为可能是冬天。华为的冬天可能来得更冷、更冷一些。我们还太嫩，我们公司经过十年的顺利发展没有经历过挫折，不经过挫折，就不知道如何走向正确道路。磨难是一笔财富，而我们没有经过磨难，这是我们最大的弱点。我们完全没有适应不发展的心理准备与技能准备。”

“我们在讨论危机的过程中，最重要的是要结合自身来想一想。我们所有员工的职业化程度都是不够的。我们提拔干部时，首先不能讲技能，要先讲品德，品德是我讲的敬业精神、献身精神、责任心和使命感。危机并不遥远，死亡却是永恒的，这一天一定会到来，你一定要相信。从哲学上，从任何自然规律上来说，我们都不能抗拒，只是如果我们能够清醒认识到我们存在的问题，我们就能延缓这个时候的到来。繁荣的背后就是萧条。玫瑰花很漂亮，但玫瑰花肯定有刺。任何事情都是有两面性的，不可能是绝对的。今年我们还处在快速发展中，员工的收入都会有一定程度的增加，在这个时期来研究冬天的问题，比较潇洒，所以我们提前到繁荣时期来研究这个问题。我们不能居安思危，就必死无疑。”

“危机的到来是不知不觉的，我认为所有的员工都不能站在自己的角度立场想问题。如果说你们没有宽广的胸怀，就不可能正确对待变革。如果你不能正确对待变革，抵制变革，公司就会死亡。在这个过程中，大家一方面要努力地提升自己，一方面要与同志们团结好，提高组织效率，并把自己的好干部送到别的部门去，使自己部下有提升的机会。”

“沉舟侧畔千帆过，病树前头万木春。网络股的暴跌，必将对两三年后的建设预期产生影响，那时制造业就惯性进入了收缩。眼前的繁荣是前几年网络大涨的惯性结果。记住一句话‘物极必反’，这一场网络、设备供应的冬天，也会像它热得人们不理解一样，冷得出奇。没有预见，没有预防，就会冻死。那时，谁有棉衣，谁就活下来了。”

资料来源　田涛，吴春波.下一个倒下的会不会是华为［M］. 北京：中信出版社，2017.

问题：

1.按照特质理论，任正非具有哪些领导才能？

2.按照行为理论，任正非做人、做事和激励人有何特色？

3.后任正非时代，华为能成长为百年老店吗？

推荐阅读资料

[1] 兰茨伯格 M. 领导——麦肯锡高效领导法则 [M]. 卞学光，译. 西安：陕西师范大学出版社，2006.

[2] KOUZES J M，POSNER B Z.The leadership challenge [M]. John Wiley & Sons，2006.

[3] 查兰. 领导梯队：全面打造领导力驱动型公司 [M]. 徐中，等，译. 北京：机械工业出版社，2011.

[4] 郑伯埙. 差序格局与华人组织行为 [J]. 本土心理学研究，1995 (3)：142-219.

[5] 蒿坡，龙立荣，贺伟. 共享型领导如何影响团队产出？信息交换、激情氛围与环境不确定性的作用 [J]. 心理学报，2015，47 (10).

[6] 李晔，张文慧，龙立荣. 自我牺牲型领导对下属工作绩效的影响机制研究——战略定向与领导认同的中介作用 [J]. 心理学报，2015，47 (5)：653-662.

网络视频资料

王石.胜利往往在努力坚持的时间中：坚持与放下，腾讯视频，2018-04-21.

俞敏洪领导力原则，腾讯视频，2017-07-02.

李彦宏在北大毕业典礼上的演讲，腾讯视频.

网络阅读资料

华为人才管理四大核心经验：桃子、绳子、鞭子和筛子，搜狐网.

网上资源

http：//www.fortunechina.com/management

http：//www.ceconline.com/leadership

http：//www.sino-manager.com/ldl

http：//www.huawei.com/cn

第8章 组织结构与设计

学习目标

掌握组织结构的定义；掌握组织结构设计的流程和内容；掌握关键职能、分工形式、专业化程度、管理层次和幅度、集权程度、规范化程度、制度化程度等制约组织设计的影响因素；了解组织结构的六种基本形式及其优缺点；了解组织的主要职能分析和部门设计、部门及岗位职责设计的具体内容；了解管理层次和幅度设计、管理运行制度设计、工作专业化设计的概念。

引　例

海尔的事业部制

20世纪80年代，海尔与其他企业一样，实行的是“工厂制”。集团成立后，1996年开始实行“事业部制”，集团由总部、事业本部、事业部、分厂四个层次组成，分别承担战略决策和投资中心、专业化经营发展中心、利润中心、成本中心职能。事业部——由集权向分权制转化的一种改革。

海尔的事业部制，外面一般认为是学习或模仿日本的体制。实际上，它更多地学习和参考了美国GE的管理体制。海尔在很多方面带有明显的GE痕迹。

20世纪，美国GE的组织机构变迁经历了三个阶段：一是60年代的分权运作，促进了主业的增长和经营的多样化；二是70年代根据公司总财源的分配来安排下属单位的战略需求，让各下属公司建立战略事业单位，使全公司扩大了规模、增加了产品的种类并使利润持续不断地增长；三是到80年代进入战略经营管理时期，对前两个阶段的组织模式不断进行修正。

张瑞敏认为，这种高度分权有助于有效刺激市场销售，但又发现，这种个体户式的拼杀会造成各事业部之间盲目竞争，竞相重复使用内外资源，于大局不利，有可能形成单位销售额上升而集团整体投资回报率不高的局面，不利于集团重点扶持未来有发展前途的产业。因此，海尔对分权的大小，多少有自己战略性的考虑。对“夕阳型”的产业尽可能分权划小经营单位，让其随行就市；而对“朝阳型”的产业，如未来的数字化家电，则要集中人力和财力，做大规模，确保竞争力。

张瑞敏说，海尔的事业本部有些像GE 1978年实行的“超事业部制”，它管了不少事业部，事业部又管了不少项目和经营单位。像GE的5个执行部归副总裁领导一样，海尔的几位副总裁也分别领导着几大事业本部，总裁只管横向的几大中心，如财务中心、规模发展中心、资产运营中心、人力资源中心和企业文化中心等。

在企业的运作方式上，海尔集团采取“联合舰队”的运行机制。集团总部作为“旗舰”以“计划经济”的方式协调下属企业。下属企业在集团内部是事业本部，对外则是独立法人，独立进入市场经营，发展“市场经济”，但在企业文化、人事调配、项目投资、财务预决算、技术开发、质量认证及管理、市场网络及服务等方面须听从集团的统一协调。用海尔人人都熟悉的话说，各公司可以“各自为战”，但不能“各自为政”。张瑞敏说，集团所要求的，你必须执行，有问题我来负责、我来修正。你可以提出建议，但绝不许阳奉阴违。

从本质上说，海尔的组织结构经历了从直线职能式结构到矩阵结构再到市场链结构的三次大变迁。直线职能式结构就像一个金字塔，下面是最普通的员工，最上面是厂长、总经理。它的好处就是比较容易控制到终端。直线职能制在企业小的时候，“一竿子插到底”，反应非常快，但企业大了这样就有弊端了，最大的缺点就是对市场反应太慢。为了克服这一问题，海尔改用矩阵结构。横坐标是职能部门，包括计划、财务、供应、采购；纵坐标就是不同的项目。对职能部门来讲，横纵坐标相互的连接点就是要抓的工作。这种组织形式的企业在发展多元化的阶段可以比较迅速地动员所有的力量来推进新项目。

在论述海尔组织结构的变迁时，张瑞敏再次强调了“有序的非平衡结构”：“整个组织结构的变化源自我们组织创新的观点，就是企业要建立一个有序的非平衡结构。一个企业如果是有序的平衡结构，这个企业就是稳定的结构，是没有活力的。但如果一个企业是无序的非平衡，肯定就是混乱的。我们在建立一个新的平衡时就要打破原来的平衡，在非平衡时再建立一个平衡。就像人的衣服一样，人长大了服装就要改，如果不改肯定要束缚这个人的成长。”

从海尔的组织结构变革中我们可以发现组织结构设计的重要性。

一个组织的结构如何，直接影响到组织与外部需要和内部运行水平的关系，进而影响到组织的运行效率。

一所大学，如果校长将主要的人事、财务、物质资源的分配和决策权集中，校长就可以通过对整个学校全局的把握，根据学校的发展目标实行总体的利益平衡，避免各个院系教师、管理者、实验设备、场地等的重复、无序配置，浪费学校的资源。然而，这种做法可能导致新的问题，由于权力过于集中在高层，一旦各个院系有一些特殊的发展愿望和机遇，这些愿望又会受到整个布局的限制而被压抑，发展机遇可能因官僚组织的缓慢决策程序而被贻误。

如果将权力下放到院系，各个院系之间可能缺乏协调与合作，每个单位所进行的决策都按照自己的局部利益最大化考虑，就可能占用和浪费资源。结果是，麻雀虽小，五脏俱全。比如，每个单位办一个图书资料室、一个机房、一个打字复印室等，重复购置教学设备，造成财力和人员的冗余、浪费。在国外的大学里，院系很少有专门的图书资料室、计算机房和打字复印室，只要是能够共享的资源几乎都是在学校层次整合的，使用效率非常高，成本相对较低。

严格地讲，没有一种组织结构是最优的，相对合理的组织结构常常需要考虑到组织发展的现实情况，进而选择适合组织目标实现的组织架构。

正因为如此，在经营环境发生变化的情况下，组织结构也可能出现变化，以适应外部需要。原来的汽车制造厂，基本上采用核心件、零配件全都自己生产的模式，再加上非核心部门，诸如后勤保障、招待所、学校、医院等机构，结果组织结构非常庞大，许多部门之间差异非常大，整合协调成本高昂。一个改革政策出台，每个局部单位之间要相互比较，如果出现利益相对受损的情况，则各局部单位之间合作性差，士气低，最终导致管理效率低下。

其实，在同一个组织内部，各个部门虽然不可少，但实际上各个部门对组织的贡献是不同的，就像人体的各个器官对于生命的价值一样，有的器官直接决定生命的延续性和存在性，不可或缺，比如心脏、大脑、肝脏等；有的器官部分损伤不至于丧失生命，如肺、胃、四肢等；还有一些甚至去掉后对生命威胁很小，如盲肠、头发等。如果一个组织中，技术含量低、价值回报低的部门，员工要获得相对于市场价值而言过高的回报，就会违背市场的规律，增加组织的成本，降低组织的竞争力。如果将复杂的研发、生产、销售等分成不同的公司，各自独自经营，相互攀比的可能性会下降。根据分配公平感的形成规律，人们在信息获得困难的情况下，往往会找自己熟悉的、能够获得确定信息的内部对象进行比较。为此，大公司变成小公司后，攀比比较困难，原因如下：第一，信息的可获得性低；第二，不同的企业，各自独立核算，相对可比性低。这样，如果不是完全相同的同类企业，人员之间产生矛盾的可能性会下降。

公司外部信息不清楚，不好比；在公司内部，相互比较熟悉，信息比较透明，往往成为攀比的对象。即使事实上不能比，人们还会有意无意地比较。在高校中，有三对分配矛盾：教师和行政管理人员的矛盾；教师和后勤保障人员的矛盾；行政管理人员和后勤保障人员的矛盾。教师希望扩大与行政管理人员和后勤保障人员的差距，而行政管理人员则希望缩小两者的差距。高等学校的后勤社会化改革，就是希望将这些职能、人员从高校本体分离出来，减少矛盾，让后勤系统进入社会化的服务领域，进行合理的比较和激励。

公司越大，这种内部攀比的情况越多，关系也越复杂。中国人没有工资保密的禁忌，很容易获得“收入信息”（也许是歪曲的收入信息），当人们感受到不公平，心里就不舒服，劳动积极性就下降。如果通过高压强迫员工努力工作，就会出现口服心不服的现象，不能从根本上调动员工的积极性，发挥员工的创造性。为了控制这种由于不合理的攀比所导致的矛盾，减少协调难度，将许多非核心生产机构或单位分离出去，采用采购的方式从外部购买（或内部采购，独立核算），反而保证了质量、提高了效率、增加了灵活性、降低了协调难度。

在市场经济比较弱的情况下，客户常常需要看服务单位的眼色行事。比如，一家电脑公司给某个客户建立计算机局域网，电脑公司有设计部门、采购部门、安装和调试部门、财务部门、市场部门，电脑公司本来是个整体，但为了工作专门化分成了一个个部门。要完成对客户的服务，首先是市场部与客户沟通、谈判，与客户达成协议，然后是设计部为客户设计，之后是采购部采购设备，由安装和调试部进行最后的安装和调试。遇到客户不满意的地方，客户方需要与市场部、设计部、采购部、安装和调试部沟通，许多情况下，可能设计部遗留的问题在安装和调试环节浮出水面，而安装和调试过程中发现需要更换设备又牵涉到采购部。

客户通常要和电脑公司的各个部门交往，而由于各个部门分工的不同，因此增加了协调的难度。但是作为客户，对电脑公司的人员、人际关系并不熟悉，对公司的运行特点也不是很清楚，一旦电脑公司部门之间发生利益冲突，就可能导致客户不满。

在这种信息不对称的情况下，需要电脑公司安排一个人去接待客户，只要客户有什么问题，直接找电脑公司的项目负责人，该项目负责人负责电脑公司的内部协调，以提高服务的效率和客户的满意度。这种效率较高的组织结构属于矩阵式组织，如图8-1所示。

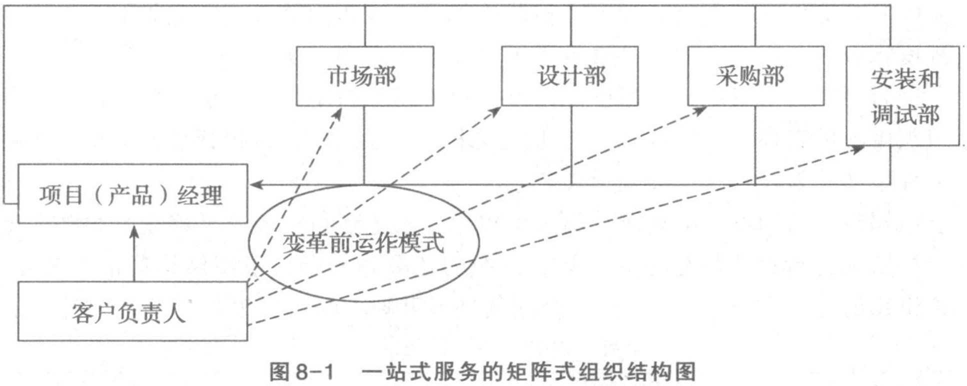

图8-1 一站式服务的矩阵式组织结构图

8.1 组织结构概述

组织结构是组织中全体员工为实现组织目标，在管理中进行分工协作，在职务范围、责任、权力方面所形成的结构体系。职能结构，即完成组织目标所需的各项业务工作及其比例和关系。部门结构，即各管理部门的构成，是组织的横向结构。

层次结构，即各管理层次的构成，是组织的纵向结构。职权结构，即各层次、各部门在权力和责任方面的分工及相互关系。

组织结构设计有许多具体制约因素，现阐述如下：

（1）关键职能。关键职能是在组织结构中处于中心地位、具有较大职责和权限的职能部门。不同的组织可能具有不同的关键职能，以制造为主的企业的关键职能是生产质量管理，IT企业的关键职能是研发和生产，以销售为主的组织的关键职能则可能是市场营销与供应链，学校的关键职能是教学和科研。

（2）分工形式。各部门的横向分工，不仅表现为分工的精细程度，而且表现为采取分工的形式。在企业中，常见的分工形式有职能制（按职能分工）、产品制或事业部制（按产品分工）、地区制（按地区分工）和混合制。

（3）专业化程度（job specialization）。组织结构的专业化程度，指组织各职能工作分工的精细程度。具体表现为部门（如科室）和职务（岗位）数量的多少。同样规模的组织，如果职能科室多，则表明专业化程度高。

（4）管理层次和幅度（span of control）。一个组织的管理层次多少，表明组织结构的纵向复杂程度，大企业从总经理到基层员工可能有5~6个层次；小企业可能只有2~3个层次。管理幅度说明一名上级直接领导的下级人数。管理幅度小则3~4人，大则10多人。一般来说，管理幅度小，则管理层次多一些，反之则少一些。

（5）集权-分权程度（centralization-decentralization）。当组织的经营决策和管理权集中在高层管理者手中，表明这种组织结构的集权程度较高；如果把许多权力分给较低的管理层次，则集权程度较低。

（6）规范化（标准化）程度。规范化程度即以相同的方式完成相似的工作任务的程度，包括生产、管理、日常事务等的标准程序和方法。

（7）制度化（正规化）程度。制度化程度指组织中采用书面文件的数量，既包括组织中各项管理工作的程序、方法、要求等规章制度，也包括传递信息的各种书面文件（如计划、指示、通知、备忘录等）。

根据组织结构设计的要求，为了使组织正常地运行，需要从宏观、中观、微观几个层次来进行严格的思考和设计，组织的任务越复杂，组织结构通常也越复杂。不论组织的任务复杂或简单，有6个问题是不可缺少的，见表8-1。

表8-1 设计组织结构时需要回答的6个问题

关键问题	提供的答案
对工作进行分组的基础是什么？	部门化
把任务分解成各自独立的工作应细化到什么程度？	工作专门化
一个管理者可以有效地指导多少个员工？	管理幅度
员工个人和工作群体向谁汇报工作？	命令链
决策权应该放在哪一级？	集权与分权
应该如何利用规章制度约束人的行为？	正规化和标准化

一个组织为了实现其目标，需要让整个组织的各个组成部分变成像一个人，统一思想、统一行动，达到预定的目标。为了获得食物，需要寻找餐馆，通过大脑设计路线，通过眼睛看清方向，通过双腿实现寻找行为。

从管理学的角度看，组织需要按照统一的部属协同作战，实现组织的目标。在这个过程中，管理者需要组织、发布命令、监督和控制、激励员工。以汽车的生产和销售为例，至少需要如图8-2所示的结构。

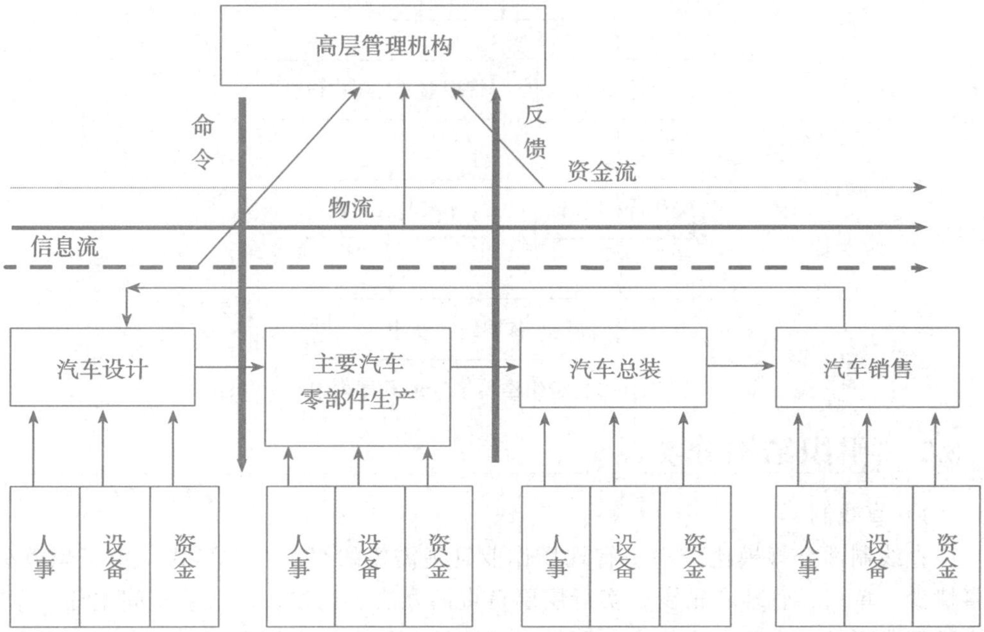

图8-2 组织流程的结构和控制

由于每个部门的工作任务非常复杂，需要将这些复杂的工作细分，因此出现了许多子部门，汽车的零件有很多，公司主要生产发动机、车桥、传动器、紧固件等，每一个零件的生产工艺又很复杂，需要进一步分解，这样就形成了纵向的层次。组织基本上是按照其目标和任务，将任务逐步分解，然后合成在一起，实现组织的总体目标的。

横向的流程和部门设计需要精心考虑，横向部门越多，横向协调难度越大；纵向的层次同样需要考虑到效率，因为层次越多，信息传递速度越慢，而且信息失真也越严重，同样影响组织的运作效率。加上横向和纵向的信息交流，整个活动非常复杂。

组织设计一方面需要考虑任务完成本身的优化工作；另一方面还需要考虑人的因素，因为这些任务的完成均是由人来实施的，人们的心理决定了任务完成的质量和速度。比如，一个组织的纵向层次简单，可能晋升的空间非常有限，在这种情况下，人们的职位升迁竞争的压力就会导致人际矛盾和冲突。此外，员工人数的多少、员工素质的高低，也可能影响到任务的完成效果。人数越多，意见分歧越大，统一意见比较难；而员工的素质越高，工作能力和自觉性越强，制度越合理，效率越高。组织结构设计的具体内容如图 8-3 所示。

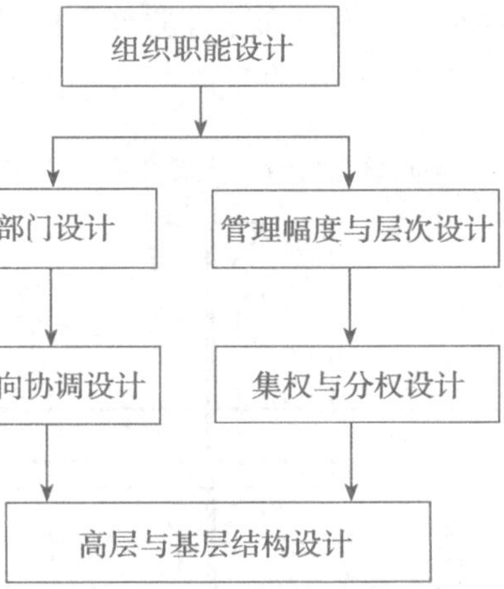

图 8-3 组织结构设计的具体内容

8.2 组织结构分类

1）直线制

直线制适合规模比较小、有现场作业管理需要的组织结构形式。由于规模小，事情少、单一，管理者很少，实行层层负责的办法。比如，厂长管车间主任，车间主任管班组长。由于工作量小，厂长有足够的时间和精力管理下属，车间主任也一样。直线制组织结构如图 8-4 所示。

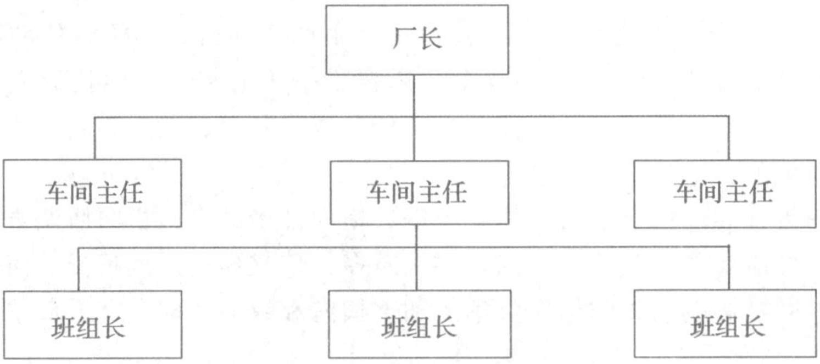

图 8-4 直线制组织结构

2）职能制

随着企业规模扩大、专业化程度提高，可能厂长的精力、能力都不够了。由于组织规模越大，需要处理和决策的事情就越多，在这种情况下，如果还是沿用直线制组织结构，就会占用厂长很多时间和精力。什么问题都由厂长来负责，至少有三个局限性：第一，厂长的任务太重，势必延误决策；第二，由于厂长无法在各个方面都具有专业性，可能导致决策失误；第三，不能发挥职能部门的积极性和主动性。因此，为厂长设计了帮手，即职能部负责人，由他们负责分担厂长的部分职能。从权力分配上看，除了各级主要负责人外，还设立了有权在自己业务范围内向下级下命令和指示的职能机构。职能制组织结构如图 8-5 所示。

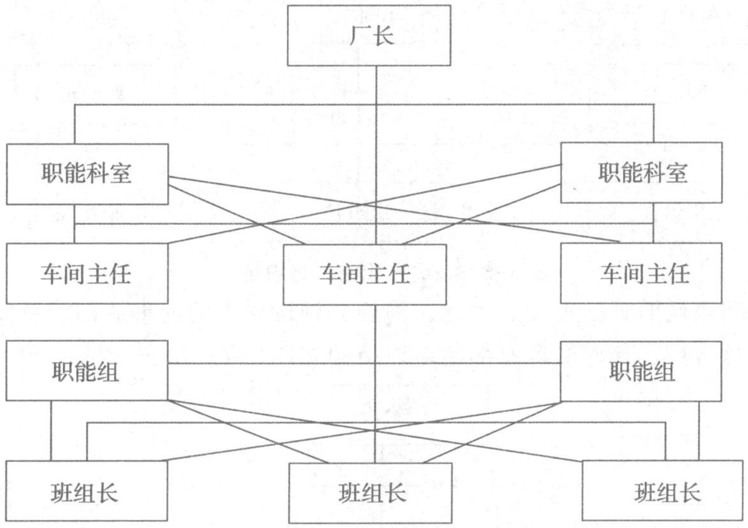

图 8-5　职能制组织结构

职能制组织结构设计的好处是相关职能部门可以分担厂长的责任和职能，但也有问题，即可能造成多头指挥和领导，在有些情况下使下属不知所从。此外，多人领导还会出现相互推诿的现象。

3）直线 - 职能制

直线 - 职能制是对职能制组织结构的修正，可以克服职能制组织结构多头领导、不好统一指挥的问题，然而由于领导精力和技术有限，需要有人参谋和辅助，因此，直线 - 职能制保留了职能机构，但削弱了职能机构的指挥权力，以便于统一领导和指挥。一旦上级（包括职能参谋部门）需要给下级下指示或命令，行使监督权力，需要征求主要行政负责人的同意，形成统一的意志和思想。直线 - 职能制组织结构如图 8-6 所示。

4）分权事业部制

由于组织业务不断扩大，事情越来越多，有的是相同的业务在不同的地区经营，比如跨地区、跨国经营相同的业务；有的是完全不同的业务在不同的地区经营，比如海尔既生产电冰箱、洗衣机，还生产电脑、手机等产品，并在不同的地区生产和销售。不同的产品，研发、生产、销售、服务均有不同的特点，如果统一在

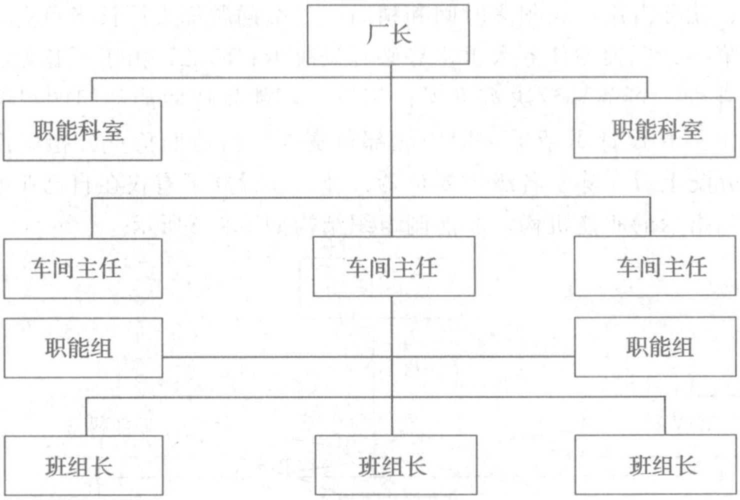

图 8-6 直线 - 职能制组织结构

一起，管理和协调的难度很大。因此，需要分别设立不同的事业部，总部再对不同的事业部进行管理。分权的事业部制组织结构如图 8-7 所示。

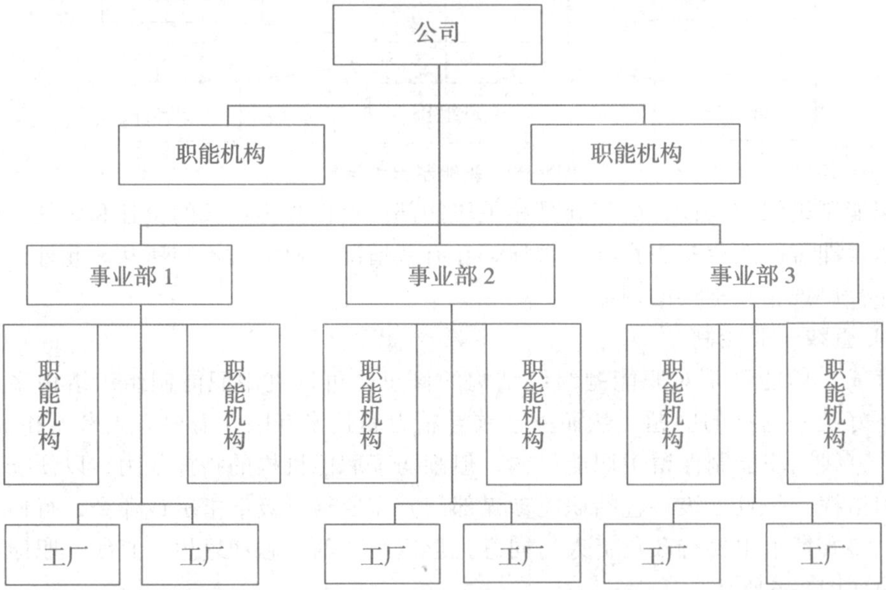

图 8-7 分权的事业部制组织结构

（1）事业部制的优点

第一，每个事业部都有自己的产品和市场，既能够规划其未来发展，也能灵活地处理市场出现的新情况，并迅速地做出反应。

第二，有利于最高层领导摆脱日常行政事务，成为坚强有力的决策机构，同时又能使各事业部发挥各自的主动性和创造性，提高整个组织的效益。

第三，各个事业部之间可以有适当的比较和竞争，从而达到增强企业活力，促进企业发展的目的。

第四，各个事业部自主经营、责任明确，目标管理和自我控制能有效地进行，在这样的条件下，高层领导的管理幅度可以适当扩大。

第五，事业部作为独立的利润核算中心，容易考核各个事业部的业绩，用以指导组织的战略决策。

（2）事业部制的不足

第一，各个事业部都需要设置一套齐全的职能机构，因而用人较多，费用较高。

第二，各事业部自主经营、独立核算，从各事业部自身利益考虑问题较多，忽视整个组织的利益，影响各个事业部之间的合作。

第三，各个事业部如果过分独立，容易造成资源浪费，比如销售部门、采购部门、营销和品牌维护部门的重复设置等。

超事业部制是在事业部制的基础上，再增加一层管理结构的形式，主要是因为企业规模特大，总公司领导的事业部过多，不利于实现有效的管理，为此需要适当的分权，形成更多的管理层次。超事业部制组织结构如图8-8所示。

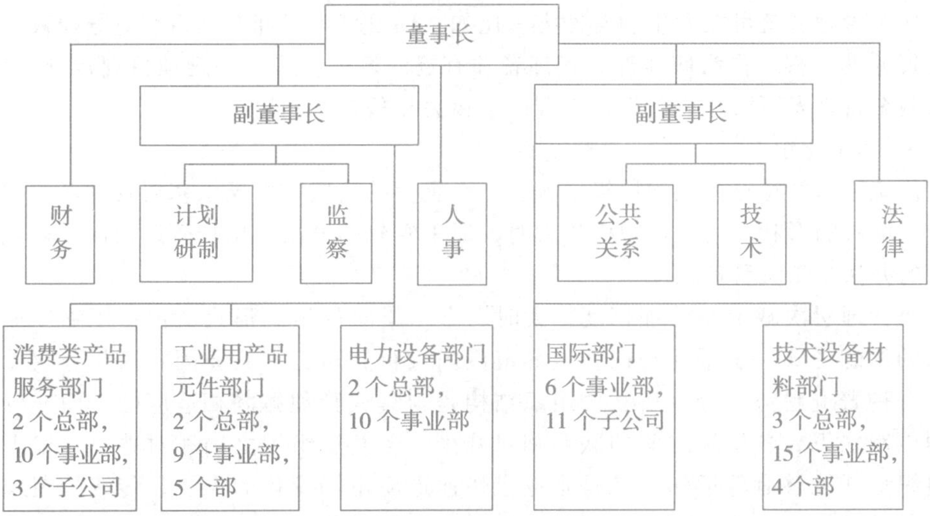

图8-8　超事业部制组织结构

5）矩阵制

矩阵制组织结构不仅适用于项目管理，还适用于许多其他场合。职能系统和产品管理系统的两种职权相互交叉，就形成了矩阵制组织。矩阵制组织现在运用得非常广泛，但是，由于有两个实际的权力中心，协调工作的难度较大，需要职能部门与项目管理者团结协作才能很好地运作，否则容易造成两个指挥声音，让员工处于矛盾和无所适从的状态。矩阵制组织结构如图8-9所示。

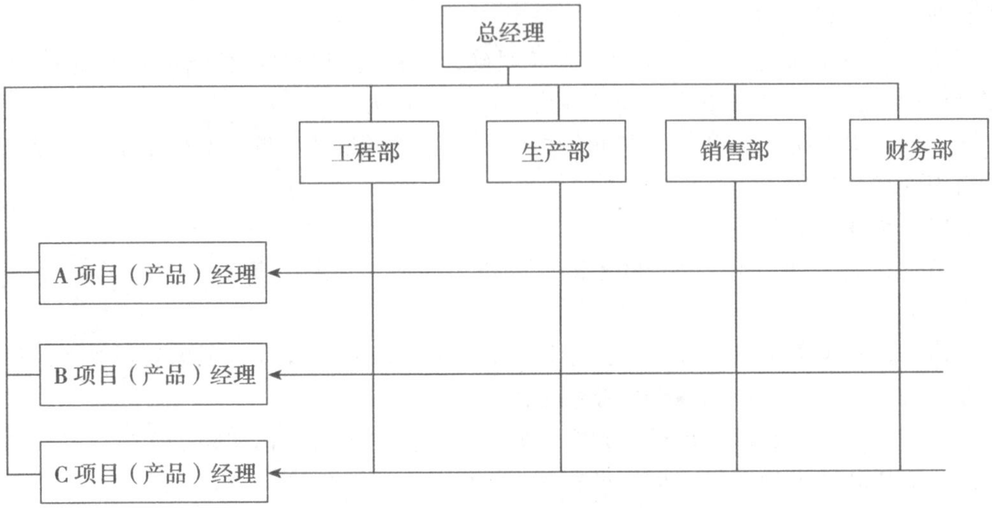

图8-9　矩阵制组织结构

通常，项目负责人或项目经理直接对公司或客户负责，是项目的主要责任人和管理者，而其真正需要调用的资源又掌握在各个职能部门管理者手中，如果处理不好，两个管理者就可能发生利益冲突。比如，项目管理者拥有项目利益分配权，但缺乏资源调配权，作为职能部门管理者却有资源调配权，而缺乏项目利益分配权，如果两个管理者不能达成共识，就会产生权力斗争，影响组织效率。

6）扁平化组织

传统组织的特点表现为层级结构。一个企业的高层、中层、基层管理者组成一个金字塔式的形状。当企业规模扩大时，原来有效的办法是增加管理层次，而现在有效的办法是扩大管理幅度。

当管理层次减少而管理幅度扩大时，金字塔状的组织形式就被“压缩”成扁平状的组织形式。扁平化得以在世界范围内大行其道，究其原因：一是分权管理成为一种普遍趋势，金字塔状的组织结构是与集权管理体制相适应的，而在分权管理体制之下，各层级之间的联系相对减少，各基层组织之间相对独立，扁平化的组织形式能够有效运作。二是企业应快速适应市场变化的需要，传统的组织形式难以适应快速变化的市场，为了不被淘汰，就必须实行扁平化。三是现代信息技术的发展，特别是计算机管理信息系统的出现，使传统的管理幅度理论在某种程度上不再有效。虽然管理幅度增加后信息量呈指数化增长，复杂的人际关系大大地增加了管理的难度，但这些问题在计算机强大的信息处理能力面前往往能迎刃而解。

【理论应用8-1】 创业期小米的扁平化组织架构

小米公司成立于2010年4月，是一家专注于智能产品自主研发的移动互联网公司。小米的产品理念是“为发烧而生”，它首创了用互联网模式开发手机操作系统、发烧友参与开发改进的模式，并且不断刷新中国互联网的成长速度。2014年10月30日，小米公司一跃成为全球第三大智能手机生产商。

每家出色的公司都有和其同样出色的组织架构，小米的成功和它扁平化的组织管理密切相关。

小米公司一直坚信，要想激发大家的积极性和创新思维，就要实行扁平化的组织架构。因此小米研发层级结构基本有三级：一层是员工，一层是核心主管，一层是合伙人，只有这三层。特别是研发部门也不会有经理、副经理，不会搞得非常复杂，晋升的唯一奖励就是涨薪，不需要你考虑太多杂事和杂念，没有什么团队利益，一心扑在做事情上。小米公司没有森严的等级，每一位员工都是平等的，每一位同事都是自己的伙伴。不管你在别的公司做总监还是经理，在小米都是工程师，级别都一样。表现好就加薪，但是没有晋升。雷军说过：“整个公司就是一个项目组，我就是项目组组长，里面有5~6个拿主意的人，1~2天对一次话，有想法就立刻拍板、立即执行。”

对于互联网公司来说，这种扁平化的组织架构减少了层级之间互相汇报浪费的时间，公司成立三年多，七个合伙人只开过三次集体大会，他们把所有的精力都放在产品上；同时，这种扁平化结构使得员工与领导之间权力距离减小，公司同事之间的讨论和分享增加，更有利于创新想法的产生和实施，使得小米系统以及小米手机越来越完善和好用。

小米组织结构扁平化是基于小米相信优秀的人本身就有很强的驱动力和自我管理的能力。雷军说：“我们的员工都有想做最好的东西的冲动，公司有这样的产品信仰，管理就变得简单了。”

在我国，实行扁平化组织结构的需求应该与世界同步，但实际落实上存在几个困难：第一，我国组织的信息化管理水平相对较低，扁平化组织使管理的难度增加；第二，扁平化管理需要员工具有较强的素质，即独立开展工作并乐于工作的愿望；第三，我国员工的官本位思想障碍，因为扁平化意味着员工晋升的机会被压缩了。综合上述原因，实际上在我国使用扁平化组织结构设计的企业较少。

7）虚拟组织

虚拟组织是一种区别于传统组织的以信息技术为支撑的人机一体化组织。

虚拟企业是指当市场出现新机遇时，具有不同资源和优势的企业为了共同开拓市场、共同应对其他竞争者，以外包、合作协议、战略联盟、特许经营、成立合资企业等方式组织并建立在信息网络基础之上的共享技术与信息、分担费用、联合开发的互利动态网络型经济组织。

其特征以现代通信技术、信息存储技术、人工智能产品为依托，实现传统组织结构、职能和目标。在形式上，没有固定的地理空间，也没有时间限制。组织成员通过高度自律和高度的价值共享取向，共同实现团队的目标。

由于现在市场竞争异常激烈，如果企业将产品、服务的各个环节都纳入管理和经营的范畴，势必导致管理的难度加大，而且有些环节处于价值链的低端，与公司的发展战略、品牌定位不符合。在现代化大生产背景下，产业配套比较齐全，所以为外包、合作等提供了机会，在这种虚拟经营情况下，每个企业做自己擅长的，反而更容易产生效率和效益。

房地产公司是比较典型的虚拟组织。房子的销售、后期的物业管理、房子的设计、房子的施工、资本的筹措等，都可以通过外包与合作进行，而房地产公司更多地成为品牌管理、项目经理的角色，协调与政府（获得土地）、设计院（获得图纸）、施工单位（监督进展和质量）、监理单位（质量保证）、银行和信托（资金）、营销等合作单位的关系。

严格地说，许多汽车厂家也是部分虚拟的企业，因为汽车的零配件成千上万，完全靠汽车品牌企业来设计和生产，管理难度巨大。西方的积木式理论在这里可以充分发挥作用，即把不同的核心组件拼成一个功能组件，层层相对独立地研发与生产，而汽车厂就变成了总装厂和销售公司。

实际上，现代的生产企业都是相互合作式的，电脑厂家也是部分生产和组装、销售公司；手机更是如此。随着产业园区的建设成为普及的模式，分工合作更加容易。每个企业做自己擅长的业务，也能获取高额的回报。富士康是世界上有名的代工厂，帮助苹果、华为、小米等代工，由于其生产能力强、合作能力强、管理规范和效率高，尽管单件产品利润低，可是规模大了，利润总体就提升了，形成了独特的竞争优势。

【理论应用8-2】　　耐克公司的虚拟化组织

耐克公司在1972年创建时规模很小，与当时已经具有上百年历史的阿迪达斯、彪马、锐步等品牌相比，是体育用品领域的小字辈。但此后，耐克公司凭借虚拟经营策略，后来居上，成为世界上最畅销的体育用品品牌，缔造了在商界飞速发展的神话。

贴牌生产：耐克公司本身不生产任何产品，公司总部只是将设计图纸交给负责承包的生产厂家，让它们严格按照图纸式样进行生产，然后贴上耐克的牌子，再将产品通过公司的销售网络销售出去。这样，耐克公司不用一台生产设备，却缔造了一个遍及全球的体育用品王国。每双耐克鞋，其生产者获得的收益很少，而凭借全球的营销网络，耐克公司却能从每双鞋中获得几十美元乃至上百美元的收入。

耐克公司没有堆积如山的原材料，也没有庞大的运输车队，甚至没有一间厂房、一条生产线和一个工人，因为这些都不需要。耐克公司所拥有的是非凡的品牌、卓越的设计能力、合理的市场定位，以及广阔的营销网络，有了这些在传统企业中的“虚”的东西，就可以选择市场上最好的制鞋厂家作为供应商，按照自己的设计和要求生产耐克运动鞋。而且，因为没有有形资产的束缚，耐克公司随时可以根据市场环境和公司战略的需求转换生产基地。这种模式充分体现了虚拟经营的优势。

耐克公司自己不做运输，运输环节是由第三方物流公司完成的，运输费用只覆盖从产地到地区性办事处仓库这个环节，仓储是办事处自行管理。仓库的主要功能是，作为总公司直属店的仓库，并不是每一家代理公司的仓库；另一个重要功能是中转仓库，产品从产地运到区域仓库后，代理公司马上会来提货运往自己的仓库，所以是做中转库使用。各个代理公司自备车辆，到耐克公司当地的办事处仓库提货，运往自己的仓库，再运往代理公司的各个店铺。这部分运输、仓储是代理公司自行完成的，运输、仓储费用是代理公司承担的。

耐克公司在生产经营上广泛采取虚拟经营方式，从而使得本部的职能部门和人员相当精简，这使得耐克公司极大地提高了工作效率，降低了管理成本，并使公司始终保持活力。在美国俄勒冈州的比佛顿市，销售渠道遍及世界每个角落的耐克公司总部只有四层楼，而且在这里看不见一双鞋，公司将所有人力、物力、财力都集中投入到了产品的设计和市场营销中，大力培植公司的产品设计和市场营销能力。耐克公司集中精力关注产品设计和市场营销等方面的问题，及时收集市场信息并将其反映到产品设计上，然后再由世界各地的签约厂商生产产品以满足市场的需求。

除了独特的营销，专注于产品设计无疑是耐克公司获胜的法宝。耐克公司1980年成立了研发实验室，在耐克公司的研发实验室里，到处可见生理学研究专家，而这些天才们要设计出令顾客满意的、有利于人体健康的鞋子。

由于耐克公司在生产经营上广泛采取虚拟方式，从而本部人员相当精简而有活力，这样避免了很多生产问题的拖累，使公司能集中精力关注产品设计和市场营销等方面的问题。

在市场竞争日趋激励的社会，对于有些现代企业而言，仅仅关注价值链的一部分，将一些非主要的价值链环节实行外包、虚拟化，比如厂房、设备、物流等，因为这些环节处于价值链的低端，未必是企业的强项，而且这些实物资产容易折旧、过时，成为包袱，管理成本相对较高。

其实，苹果公司也不制造，而是将其外包给富士康公司。

8）平台化组织[①]

互联网化导致了市场的个性化诉求提升，为了满足市场的需求，人们探索、总结出了一些新型的组织结构型态，包括平台化组织、竹林式组织等。所谓平台化组织，是指在需求侧能够灵敏获得用户的动态；在供给侧，能够快速纳入各类资源；

---

① 穆胜.释放潜能——平台型组织的进化路线图［M］.北京：人民邮电出版社，2018：71.

并且能够激活个体，去充当自己的CEO，利用组织的各类资源去满足用户的各种需求。

可见这个定义还是一个粗放的、描述性的说明，不是严谨的定义。这个问题还需要深入研究和探讨，主要有如下理由：第一，这种平台型组织已经存在。腾讯、海尔、韩都衣舍、京东都是范本。第二，这种组织有特殊性，即区别于以往描述的组织类型。过去的组织都是一种从上到下的权力路径，而这种组织似乎是权力的倒三角形组织，是对过去B2C模式的颠覆，朝着C2B的方向发展，即充分地了解市场、用户的需求，然后让“听得见炮声”的前端市场人员来拉动中台和后台，即所谓“指挥战斗”，把权力从原来的上到下，变成了从下到上，或上下结合。第三，这种组织的存在更加依赖信息化、互联网技术。当然，也可以把信息化的传统组织纳入进来，但是，传统组织的信息化、互联网化，仍然没有一个特色，即权力的走向的双重性，而且从下到上似乎更加明显。

这里简单地把组织分成三个部分，即前台（接触市场）、中台（提供决策和支持）、后台（进行常规资源配置和支持），如图8-10所示。具体介绍如下：

（1）前台。前台是直接接触用户的，是以项目负责人或部门为中心的职能集合。这里的职能并非完全的团队，而有很大可能是一个“接口”，负责调用后台的“资源池”。所以，这个团队看起来很小，但能调动的资源很多。这个集合分为内外圈：内圈是合伙（partnership）关系，纳入那些相对重要的职能；而外圈是外包（outsourcing）关系，纳入那些相对不太重要的职能。

这个集合里究竟包括哪些职能呢？没有一个标准的定义，因为，用户需求是变动的，而为了满足用户的需求，装入集合里的职能也会跟着变动。贸易型服务、安装型服务、生产型服务，各自特点不同，需要的核心职能不同。

项目负责人必须是最接近用户的人或部门，而且他或他们的手上一定要掌握强力的考核权。这种设置可能让科层制企业在自我改造时陷入困难，员工无法接受，原来平级的部门之间，居然分出了“上下级关系”，某些部门要听命于另外的部门。从严格意义上说，考核权也不在项目负责人或部门手上，而是在用户手上。项目经理直接服务于用户或客户，如果他手中没有权利，市场驱动或需求侧就会落空。

也有人质疑，怎么又形成金字塔组织的关系了？正如前面提到过，金字塔组织是平台型组织的最小单元。另外，设置一个项目负责人或部门，其意义在于：第一，有一个统一面对用户的界面，更有利于用户体验；第二，必须有一个中心在“发声”，才能够高效组织各类职能进行协作，基于合伙和外包这两类市场化关系，大家利益一致，各个职能也会调动起来。

（2）中台。中台是前台和后台之间的连接器。一方面，承接了来自公司高层对于某个项目的要求；另一方面，将这种要求变成对于项目的要求。值得注意的是，这种对于战略目标的分解，并不是一种单纯的“下目标，做考核”，而是通过一种运作战略投资平台的模式让前台主动“跑起来”，实现后台目标。

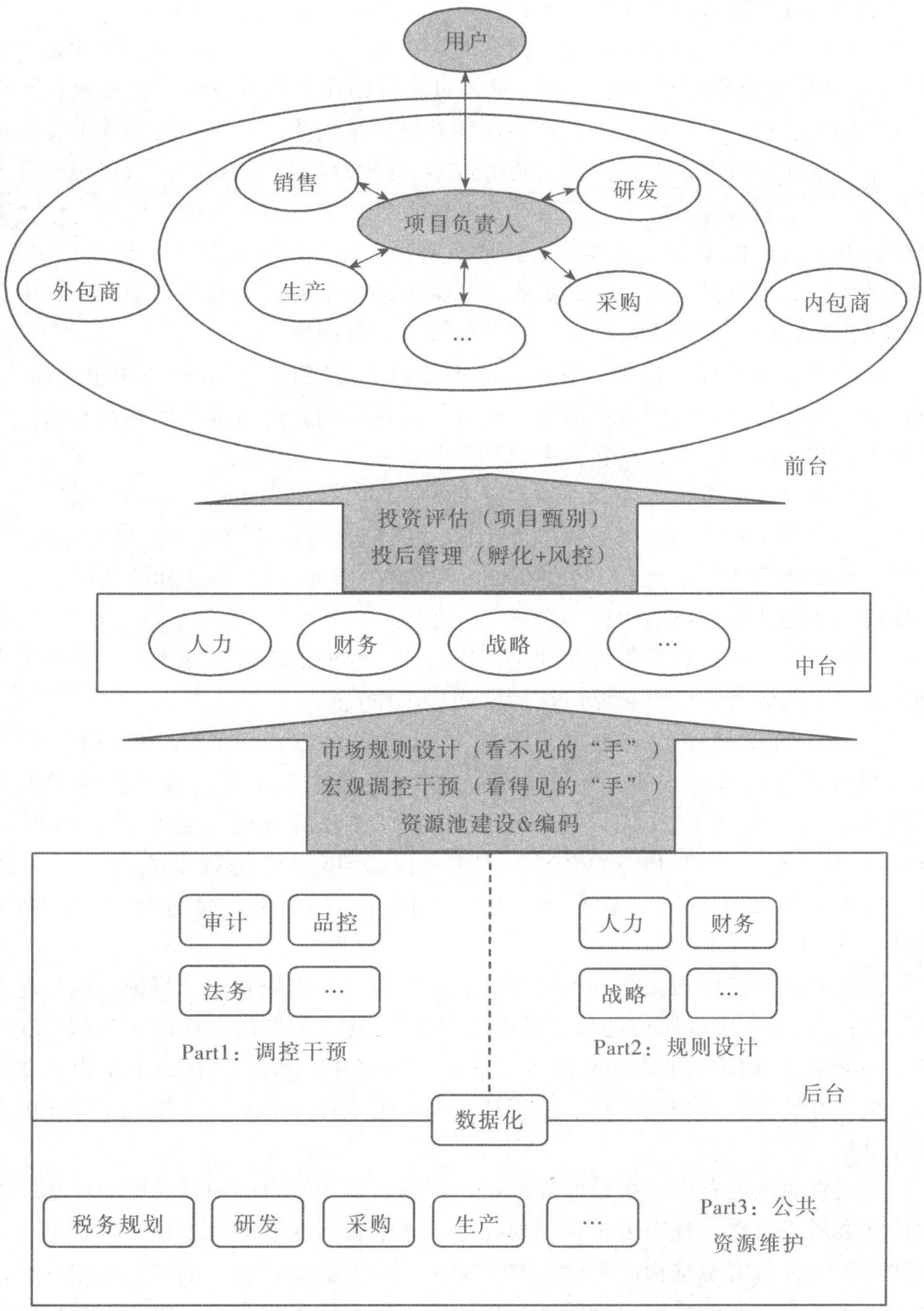

图8-10 平台组织结构示意图

中台实现上述目标的手段如下：

一是投资评估。由于主动权在前台的项目里，中台当然希望更多的项目“冒出来”。但如果企业把三权放到了项目里，再配合创业者的责权利，那么就一定有爱冒险的创客愿意牵头做项目。在众多的项目里，哪些能上马，哪些不能上？如果让一个不合格的项目上，浪费的就是资源成本和机会成本，平台的经营目标也可能无法实现。一个项目能不能上，最终要看其商业计划究竟靠不靠谱。此时，中台部门就应该基于自己的专业知识和平台整体战略，去甄别项目的好坏，确保把“投资”放到最适合的项目里，确保赢面更大。从某种意义上看，前端的力量大了，中台就类似于投资公司，需要进行项目、业务的筛选，控制风险。

二是投资后管理。这是要做项目的孵化和风险控制。一方面调用企业的资源，赋能于前台部门，让它们有“能力”做好；另一方面让前台部门的利益与用户的评价同步，实现用户付薪，让它们有“意愿”做好。

这个部分应该由传统企业中的“总部职能部门”协同组成。必须推动这些部门以“中台”的形式走向业务，并且把其利益绑定到前台部门去，形成利益共同体。当然，前台项目也一定相信“钱在哪里，心就在哪里”，只有这样的共同信念和制度安排，才能让前台相信中台与自己是一条心。

（3）后台。后台是提供资源和机制支持的，它们的厚度从根本上决定了平台能够创造多大的收益。后台主要应该做好四项工作：

一是市场规则设计。市场规则主要包括三个方面，即人的规则、财的规则、战略损益的计量规则。人的规则是人力资源效能规则，投入多少人力和人工成本，要产出多少效益；财的规则是总的资源的规则（也包括人力资源），投入多少资源，要产出多少效益；战略损益是度量经济损益之外的另一种标准，比如在拓展市场时，企业可以选择仅仅对市场的铺货量进行计量，而不管营收、毛利。

二是宏观调控干预。市场规则有失灵的时候，会出现若干“规则边沿的越界行为”，所以，需要宏观调控这只“看得见的手”。比如，有的企业的销售部门利用行贿行为来做大业绩，导致企业陷入了法律风险当中。再如，有的企业为了做大业绩，只让有经验的人进入项目，这就让新人失去了成长的机会，拉低了企业的人才培养效率。

三是资源池的建设。平台的底层是科层制，因为平台必须具备资源洼地，而资源洼地之所以存在，是因为企业规模化地运作了若干的职能。这里，平台型企业应该建立若干公共资源维护的平台，并主动接入内外部的资源。例如，海尔的海达源就是一个拼单采购的平台，能够汇总集团内部所有的采购需求，再与上游供应商去谈判统一的采购价格、交货标准、付款条件等。可以说，海达源的采购优势，是任何一个项目依靠自身的体量都无法企及的。再如，某些企业进行基础性研发，周期长，风险大，投入资源多，这是任何一个项目组都不太可能实现的。于是，企业在后台进行投入和储备，以便前台能够在此基础上进行应用层面的研发。对比前后台的同一职能，你会发现前台是“下单”或“下单+改造/组装”的，而后台是“囤货”的。

四是整体数据化。后台的上述三个部分的工作都应该基于数据化开展，只有这样才能够真正实现资源的“随需调用”，才能高效运转规则，才能高效实施调控。举例来说，基于统一的数据化IT平台，企业内的语言统一了，业务运行的规律都会成为数据，这是萃取和沉淀组织知识最高效的方式。我们将这些组织知识放到云端，供企业平台上所有的人随需调用，这是平台最宝贵的资源。

如果没有做好这个层面的工作，企业也许依然可以成为一个平台，但一定无法成为一个高效的平台。效率最高的平台是“云平台”，资源的流转全部数据化、在线化、透明化，实现最大限度的随需调用。当然，这里的困难是，大型企业都有上百套的系统，系统之间相互没有关联，形成了大量的“数据孤岛”。所以，需要有一个仪表盘来打通这些数据。

【理论应用8-3】 海尔雷神：内部孵化小微企业

2013年，海尔启动了“企业平台化、员工创客化、用户个性化”的“三化”改革，最关键的步骤就是将海尔变身为一个平台型企业。平台上有很多“小微公司”，独立运营，自负盈亏。海尔为这些公司提供资源，倒逼职能单位从管控的心态转变为服务、创造价值的心态。同时，为更进一步鼓励员工内部创业，海尔成立创客平台，协调提供包括创业的资金、供应链上下游的合作资源、引入外部的风险投资等各方面的资源，孵化内部产生的创新企业。

雷神就在这样的背景下成立。2013年7月前后，负责海尔电脑销售的路凯林与内部几位工程师开始谋划游戏笔记本产品，经过分析游戏笔记本重度使用者的痛点，他们于当年年底推出了雷神的第一代产品。

2014年4月，雷神科技公司成立，作为海尔内部的创客小微企业，在物流、供应链等方面使用海尔的资源，而将财务、人事、法务等工作则外包给海尔平台，在财务方面独立核算、自负盈亏。在雷神游戏笔记本刚推出的时候，产品大获好评，在京东众筹上21分钟内就卖出了3 000台。但是令人意外的是，当海尔集团举办项目路演邀请外部风险投资机构进行评估时，当时竟然没有风险投资愿意投资雷神，原因还是顾虑雷神是海尔下属的硬件产品，认为没有真正独立并形成生态圈。于是，2014年11月，雷神所有人员的人事关系正式转到雷神科技公司，2015年1月，所有实际业务都从海尔转移到雷神公司，让其充分独立自主。

公司独立发展以后，股权的分配成为重中之重。雷神的创立属于海尔内部孵化的小微公司，是内部创业的一种。而且，创始人路凯林及团队在创业期间属于海尔员工，所以雷神的知识产权从法律上来讲属于海尔。按照传统的计算方法，创业团队出资40万元占有约1%的股份，这样的计算方法虽然部分符合行业做法，但是无法驱动内部创业者的热情。为了鼓励雷神团队，让张瑞敏提倡的海尔内部创业机制能够畅通，时任海尔创客平台运营主导合伙人的王道民博士考察了风险投资业界的通行做法后，与雷神团队进行了类似于绩效的对赌约定，设定阶段性目标。对赌协议一是约定雷神2014年若有超额利润，可以折算成雷神团队的个人持股（后来实际实现约4%的股权），二是约定如果雷神可以成功引入Pre-A（获得A轮投资的第一期投资）和A轮融资，就可以分两次再分别得到5%的股权，即两次合计共增加持有近10%的股权。这样的协议生效以后，雷神团队能够更积极地参与新创企业，专心发展业务，吸引外部投资。同时，海尔也能够对雷神的发展更为放手，让其更为独立，结合社会资源来孵化海尔新事业。

资料来源 陈威如，王诗一.平台转型：企业再创巅峰的自我革命［M］.北京：中信出版社，2016：284-286.

8.3 组织理论

1）古典组织理论

组织从社会产生后就有各种存在形式，但关于组织的科学化研究历史并不长。比较经典的组织理论研究者之一当属法约尔（Henri Fayol），他在代表作《工业管理与一般管理》（1916）中比较系统地阐述了其组织理论。

首先，该理论提出了管理的五个职能，即计划、组织、指挥、协调、控制，指明了组织职能在整个企业管理中的地位和重要性。他认为，企业的组织职能包括设计组织结构、确定相互关系和行为规范，以及进行员工的招聘评价和训练。

其次，他提出了管理的14条一般原则，对组织结构设计有重要的指导作用。这14条原则是：劳动分工、权限与责任相符、纪律、命令同一性、指挥同一性、雇员利益与整体利益的一致、合理的报酬、集权制、等级链、建立秩序、公平、保持人员稳定、发扬首创精神、团结就是力量。在这些原则中，实行劳动分工、权限与责任相符、命令同一性、指挥同一性、集权制、等级链等都有价值。

此外，德国社会学家马克斯·韦伯1910年提出了古典组织理论，主张组织应该是一个呈金字塔形状的层次结构，具有如下特点：

第一，有明确的职权等级制度。在这种组织中，明确划分各种职务和权力等级。各个下级都处于一个上级的监督和控制之中，职务和权力是明文规定的，但人员可以调换。

第二，专业化强、分工明确。每个人的工作都分成简单的、例行常规的、明确规定的作业。

第三，规章制度明确。用规章制度来保证和巩固组织内各个层次和人们之间的协调一致。

第四，不受个人情感因素的影响。对于人的感情和个性因素都不予考虑，只根据制度实行奖励或惩罚。

第五，职员的选拔和晋升主要靠技术能力。

这种组织结构的不足：

第一，组织中的沟通意见容易被曲解。

第二，组织比较机械，难以适应外部的迅速变化。

第三，容易压制员工的主动性和创造性。

厄威克（Lyngdall F.Urwick）是英国人，长期从事管理咨询工作，其著作有《科学的组织原则》（1938），他系统总结了泰勒、法约尔等古典管理学派的组织理论，总结归纳出古典组织理论的8项原则：

第一，目标原则，即整个组织应当表现出同一个目标。

第二，相符原则，即赋予的权责应该相符。

第三，责任原则，即上级对下级的工作绝对负责。

第四，等级原则，即组织中必须划分若干等级，上级领导下级。

第五，管理幅度原则，即每一个上级所直接领导的下级不应该超过5～6人。

第六，专业化原则，即每个人的工作应限制为一种单一的职能。

第七，协调原则，即组织各层次、各部门应达到协调一致。

第八，明确性原则，即对于每一个职务都要有明确的规定。

客观地说，古典组织理论建构了组织运行的基本框架，如分工、命令链、部门化、管理幅度、制度化等。然而，随着社会的变化加剧，技术进步加快，人们对服务要求的质量提高，完全靠原来的办法可能无法很好地解决所有的问题，如何重新看待组织，学者们又提出了一些新的思想。

2）系统理论学派

霍曼斯（George Casper Homans）认为，组织是由具有相互依存关系的内部系统和外部环境系统组成的，这种社会系统有三个要素，即活动、人们的相互作用、人们之间的不同情感。

组织是一个开放系统，该系统需要和外部实现各种交换，包括信息、物质、财务、人员等。因此，外部世界的变化都会直接或间接地影响到组织，如果组织内部不能做出必要的顺应和改变，就可能变得僵化和不合时宜，最终受到市场的惩罚。

组织的内部和外部的各个子系统组成一个整体，相互联系和影响。这些主要的子系统包括目标价值子系统、技术子系统、社会心理子系统、结构子系统和管理子系统，如图8-11所示。

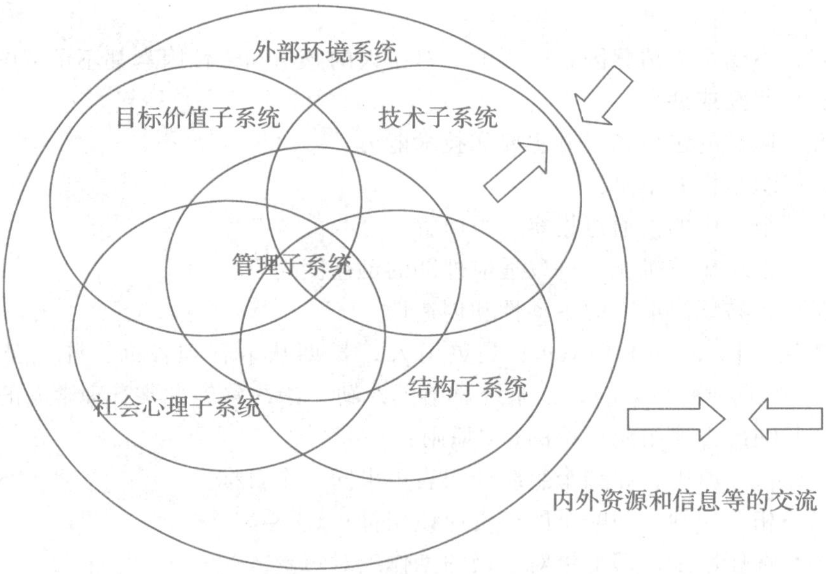

图 8-11 组织的系统理论

在传统经济时代，许多企业的组织结构设计都是直线－职能制的，高耸的层级结构加上集权模式，信息的横向、纵向传递和反馈非常缓慢，难以满足市场经济条件下的速度和质量需求。在以信息技术为主导的知识经济时代，人们需要快捷、优质、价格低廉的产品和服务，如何跟上这个时代的步伐，就需要对整个组织的结构进行调整，以应对这种变化。

联想集团的销售组织，按照特许经营店进行管理，销售公司统一策划市场品牌、销售价格、售后服务，并指导特许经营店的经营行为，将内部的管理要求传递到特许经营店。1998年8月，联想集团造就了一种具有联想特色的特许专卖模式——联想1+1专卖店。经过两年的发展，到2000年，达到遍布36个大中城市近200家的规模。公司把联想1+1的商标授予加盟方，与其共享联想商誉。同时以特许经营合同为纽带，向加盟方传授经营管理经验，建立了一个专门针对家庭和个人客户提供消费信息产品和服务的零售连锁体系。联想1+1专卖店体系以“规范、专业、亲和”为单店特色，而体系遵从六个统一：

（1）统一的产品和价格。专卖店销售指定的联想消费类信息产品及解决方案，顾客不仅可以得到联想1+1家用电脑全线产品，还可以方便地购买到笔记本电脑、软件、外部设备、手持产品。同时专卖店采用统一的销售价格，避免了专卖店之间恶性的价格竞争。

（2）统一的理念。体系外部，联想1+1特许专卖店的服务理念是“专业、规范、亲和”；体系内部，倡导团队合作精神。

（3）统一的布局。依据各城市的电脑购买力，合理规划，保证专卖店体系的合理覆盖，满足顾客购买的便利性需要，同时避免渠道冲突。

（4）统一的形象。统一企业形象策划（corporate image，CI），树立渠道形象。

（5）统一的管理。联想专门成立了一个部门负责所有专卖店的接口和管理工作。通过统一的网络化信息管理系统，管理各地专卖店的进销存和日常运营；撰写了十几本《管理手册》和《开业手册》等管理规定，对专卖店进行统一的资格认证、人员管理、营运政策制定、培训计划、推广计划、奖惩等，使各项管理制度标准化、流程化，保障落实。

（6）统一的服务。所有专卖店岗位遵循统一的服务规范流程，执行统一的服务项目及服务政策。

六个“统一”涵盖了特许经营模式的企业形象系统（CIS）的一致性、产品服务组合的一致性、经营管理方式的一致性和经营理念的一致性四个特征，清晰地描述了联想1+1特许专卖店体系发展的方向。这种管理方式和结构，既化解了经营的部分风险，又规范了管理，达到了一箭双雕的效果。

耐克（Nike）、锐步（Reebok）、戴尔（Dell）等公司发现，没有自己的生产制造设备也可以挣到大钱，因此将公司收缩，只经营价值链中的一部分业务，攫取自己所看重的价值。比如，耐克主要负责设计、品牌营销，生产、采购、物流、仓储完全外包；戴尔计算机公司没有生产工厂，只是从别的公司买来零部件进行组装，自己负责营销、接订单、组装等业务，然而，由于智能手机、iPad的冲击，戴尔的竞争优势也在丧失。还有美孚石油公司，把自己的精炼厂交给别的公司经营，美国国家钢铁公司则把生产部转包给其他公司经营。

这些新的经营管理思想，与传统的思想不一致，而是根据公司的内外部竞争环境，选择自己优势的价值部分，放弃自己职能中可能出现的劣势，扬长避短，通过外包或合伙的方式，达到组织经营利益最大化的目标。

3）权变理论

权变理论强调组织与其环境之间的相互关系，以及各分系统构成要素之间的相互关系对组织结构形态的影响。强调组织的多变性，并试图了解组织在变化的条件下和在特殊环境中的运行情况，最终提出最适合具体情况的组织设计和管理行为。这些影响组织结构设计和运行的因素（如工作的性质、人员的特殊要求），要使任务与人员、组织彼此相适应。其有两类一般性的结论：

（1）采用稳定－机械式组织的情况，在以下条件下比较合适：①环境比较稳定和确定；②目标明确而持久；③技术相对统一而稳定；④按照常规活动，而生产是主要目标；⑤决策程序化。这种组织属于严密的结构等级系统。

（2）采用适应－有机组织形式的情况，在以下条件下比较合适：①环境相对不稳定和不确定；②目标多样化并不断变化；③技术复杂和易变；④有许多非常规的活动，其中创新又很重要；⑤使用探索式决策过程。这种组织系统层次较少，具有较大的灵活性，协调和控制经常需要调整。

西方的工业革命带来了经济规模的扩大，许多现代化的大公司涌现。起初，公司的组织结构比较简单，随着组织规模的扩大，机械的、等级严格的组织日益增多，到20世纪70年代，机械的科层组织结构形式在工业国家企业中占主导地位。在这个时代，经营环境相对稳定，大型公司垄断市场，国际竞争对手少；经济规模化，对手竞争性较弱，公司可以引进常规的技术；公司的主要目标是降低成本，而把创新留给了小公司。

20世纪70年代以后，经营环境发生了很大的变化，石油价格猛涨，通货膨胀加剧，计算机技术突飞猛进，竞争在全球范围内展开。为了加快反应的速度，有的企业增加了团队结构；为了增加灵活性，有的企业选择了矩阵制组织形式；有的企业则通过扁平化和分权，提高了反应的速度和动力。例如，IT企业，由于竞争非常激烈，外部环境变化很快，多使用团队结构、矩阵制组织形式；咨询和服务性行业，则鼓励项目团队精诚合作、创新，快速、高质量地解决客户的问题；而许多生产制造性企业，仍然沿用机械式组织结构，通过技术引进和成本控制来解决生存问题。影响组织设计的权变要素见表8-2。

表8-2 **权变组织设计要素**

环境		组织设计特点						
变化程度	复杂程度	战略	技术	工作专业化	权力分散化	控制幅度	协调需要	组织结构
稳定	简单	保持现存竞争稳定性	大量生产或流水线,投资大,程序性决策	高	低	窄	低:利用规章、程序和等级	机械的或职能型结构
稳定	复杂	发展竞争,市场开发	大量生产或流水线,投资大	中等	低到中等	宽	中等:利用规章、等级制、计划和工作压力	职能型或产品型结构
变动	简单	发展和完善竞争,产品开发或多种经营	连续生产或单件小批生产,处于中间地位	高	高	窄	高:通过综合部门运用规章	有机的或产品型结构
变动	复杂	适应迅速变化的要求,寻找新的竞争者,产品开发、市场开发,兼并	单件小批、连续生产,处于中间地位,有来有往相互交替	低	高	宽	高:通过综合部门来应用规章,协作和相互调节	产品型或矩阵型结构

8.4 组织结构设计

组织结构设计总体上需要考虑组织的发展战略、组织的规模、组织的技术水平和经营环境等因素，选择适合的组织结构形式。然而，无论如何，组织结构设计中总是有一些规范性的内容需要考虑。表8-3提供了组织设计通常的流程和内容。

表8-3 **组织结构设计的流程和内容**

设计程序	设计工作内容
确定设计原则	根据组织的特点,确定组织设计的原则和主要考虑的因素
职能分析和设计	确定经营、管理职能及其结构,层层分解到各项管理业务和工作中,进行管理业务的总体设计
结构框架的设计	设计各个部门、管理层次和幅度、岗位及其责任和权力,确定组织结构图
运作方式设计	控制、信息交流、综合、协调等方式和制度设计
管理规范设计	主要设计管理工作程序、管理工作标准、管理工作方法、管理人员的行为规范
人员配备	根据组织结构图,定质、定量地配备各级各类人员
运行制度设计	设计管理部门和人员绩效考核制度,设计工资和奖金分配制度,设计晋升制度,设计出差管理制度等
反馈和修正	将运行过程中的信息反馈回去,定期或不定期地对上述各项设计进行必要的修正

考虑到组织设计的复杂性，这里主要对组织设计中的几个核心问题进行简单介绍，其中包括组织的主要职能分析和部门设计、管理层次和幅度设计、部门的岗位职责和权力设计、管理运行制度设计等。

8.4.1 组织的主要职能分析和部门设计

不同类型的组织，其核心业务或职能不同，需要在组织结构上有所反映，以突出这些职能的地位和作用，具体见表8-4。

表8-4 **典型组织的主要职能**

典型组织	主要职能
学校	教学、科研、德育、实验室、后勤、行政管理
制造企业	工程技术、生产制造、采购、销售、研究开发、财务、人事
百货公司	商品销售、营销、商店物流、仓储、会计和出纳、人事
供电公司	输电变电设计、建设、运行管理、采购、销售、维修、财务、人事
油品销售公司	油库技工、油品配送、安全员、加油工、会计

明确了组织的主要职能，在组织结构设计时，就可以在组织结构中有意识地加强该职能，与组织的任务保持一致。图8-12是以研发为中心职能的组织结构示意图，图8-13是以营销为关键职能的组织结构示意图，图8-14为高等学校的管理层次示意图。

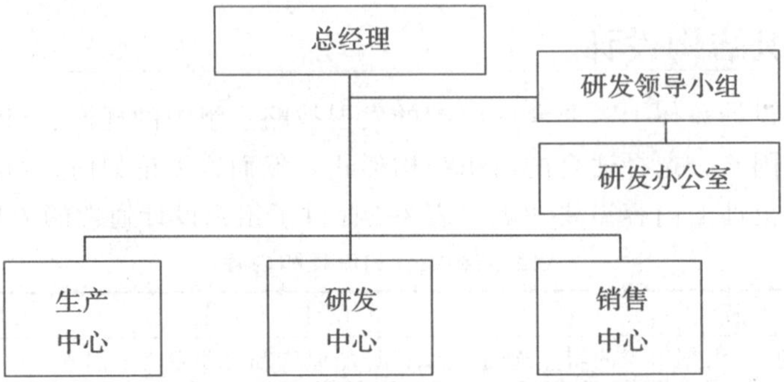

图8-12 以研发为中心职能的组织结构示意图

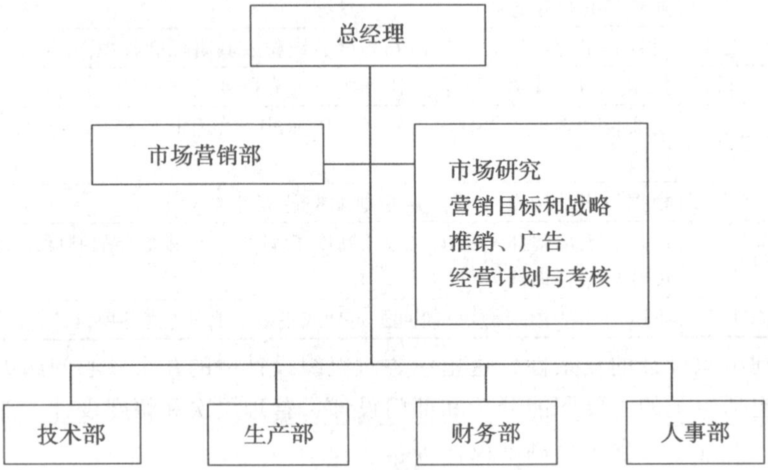

图8-13 以营销为关键职能的组织结构示意图

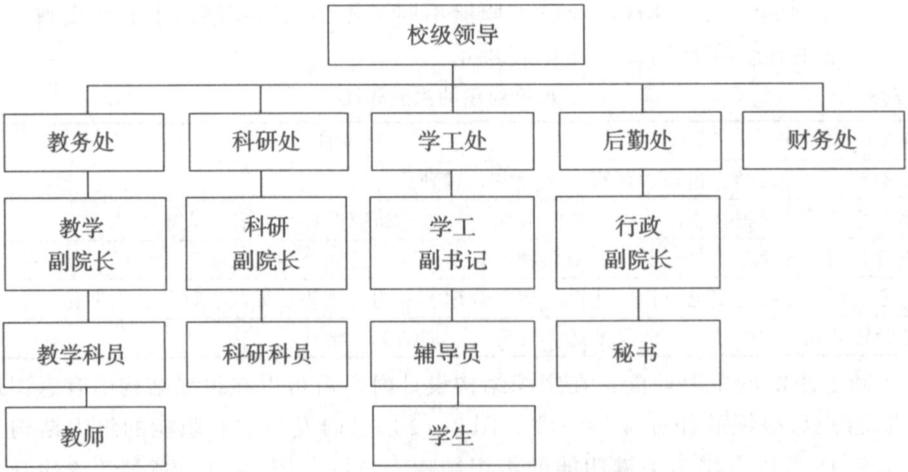

图8-14 高等学校管理层次示意图

8.4.2 管理层次和幅度设计

管理层次有两种极端的情况，即高层结构形式和扁平结构形式。高层结构形式和扁平结构形式的差异及优缺点比较见表8-5。

表8-5 高层结构形式和扁平结构形式的差异及优缺点比较

高层结构形式	扁平结构形式
优点	缺点
管理幅度小,指导具体	管理幅度大,负荷重,精力分散,对下属指导不具体
管理幅度小,不需要设置副手,避免多重领导	管理幅度大,对管理者素质要求高,配备副手,协调难度大
管理幅度小,容易合作和决策	人数多,决策相对困难
管理职位多,晋升机会多	缺乏晋升空间
缺点	优点
层次多,管理人员多,横向协调难度大	管理人数少,费用低
层次多,信息传递慢,容易误解和失真	信息传递快,失真少
计划和控制复杂	计划和控制更容易实现
高层和基层脱节严重	高层和基层联系密切
主管人员与下属构成小群体,专门人才少,难以完成复杂任务	主管人员与下属能够结成较大的集体,有利于完成复杂任务

管理幅度设计的基本原则：第一，管理幅度是有限的，因为人的精力有限，不可能管理过多的人员；第二，有效管理幅度不存在一种普遍适用的固定人数，其大小受具体情境的影响；第三，管理幅度设计主要是找出限制管理幅度的影响因素，然后确定管理的幅度。

制约管理幅度的核心因素是上下级关系的复杂程度。上下级关系越复杂，管理幅度应该小，反之则管理幅度应加大。上下级关系的复杂程度表现在三个方面：第一，上下级关系的数量。上下级关系的数量愈多，发生互动的可能性越大，协调的时间增加。第二，相互接触的频率。在一定的数量关系前提下，互动频率占用较多的时间和精力。第三，相互接触需要花费的时间长短。一般来说，接触时间长短受制于任务的难度，难度越大，通常解决问题花费的时间越多，劳动损耗越大。第四，信息化管理水平。信息化程度高，管理幅度可适当增加。第五，制度化水平和员工素质。如果制度规范，标准可操作，上级的指导就少；如果员工能力强、协作性强、主动性高，上级的管理幅度就可以适当提高。

8.4.3 部门的岗位职责设计

在进行部门的岗位职责设计时，首先要面对的是权力的划分，在分配了权力以后，就可以对部门和岗位职责进行具体的描述和规范。

所谓集权是指把较多和较重要的经营管理职责和权力集中在高层管理者手中；

分权则相反，将较多比较重要的经营管理职责和权力下放到中低层管理者手中。集权体现统一性的要求，使得整个经营有统一的领导和指挥，实现对人、财、物等各种资源的统一调配，保证各个部门围绕组织的统一目标而一致行动。而分权则体现灵活性和适应性的要求。由于各个部门的情况不同，不能使用完全相同的管理办法；也不能仅仅依靠高层决策而贻误时机，分权有利于发挥组织各部门或各单位的主动性和创造性，适应社会化大生产和市场经济对管理提出的要求。组织中的组织文化、信任结构、监督和控制水平是决定采取集权还是分权的重要影响因素。如果上级信任下级，对下级的品行、能力充分信任，并有相关制度的约束，就可以实施授权，使组织保持活力和创造性；否则，组织集权的可能性较大。通常，民营企业、家族企业集权度比较高，合作创业的企业、外企的分权度较高。前者注重风险控制，后者注重员工积极性的发挥。

组织决策有战略决策、管理决策、作业决策之分。战略决策确定组织发展方向；管理决策确定如何通过管理制度实现组织战略目标，包括人事、财务、采购、生产、销售等基本职能的决策权；而作业决策指具体执行操作程序和办法使用的权力。集权常常指高层控制战略决策权，中高层控制管理决策权，低层控制操作决策权；分权则是将部分管理决策权下放到中层和基层。

在全球化、互联网时代，由于顾客要求高，集权还是分权的确有很多艺术空间，但也有许多的制衡因素。在一个相互信任的环境下，授权优势更明显，比如海底捞公司的一线员工有免单权，所以激发了下属，也感动了顾客；但是，非海底捞公司基本无效。在海尔公司，下放了权力，同时也下放了责任，让权力和责任对等，其实是增加了下属的压力，把原来由上级进行的决策和监督、激励权力，下放给原来等待下命令、被动接受命令的人。如果没有技术手段（监督）、没有激励手段（合伙人、股权激励等）、没有能上能下的市场化机制（用人制度）的配合，基本上放权可能也是自杀式的。

具体地说，如果需要调动下属的积极性，可以适当地扩大中层和基层的人事权和财务权；如果组织需要进行宏观层次的调控和把握，就要收回人事权和财务权，集中到高层统一使用。

如果公司高层定位在分权，往往会将自己的职责定位于战略性的活动，包括确定组织的发展战略、投资战略、核心人力资源战略等内容，而将许多战术性的问题留给中低层负责。对于许多集团公司，根据不同的情况，可以采取集权和分权的策略，控制子公司或分公司的运行。具体地说，如果集团公司觉得下属公司管理水平较差，可能采用操作管理模式，通过集团公司的各业务部门对下属公司的相关业务进行对口管理，强调公司经营行为的统一性，这种管控属于集权式的；如果集团公司觉得下属公司内部管理比较成熟，则可以选择财务管控模式，即对下属公司投资的科学性、风险性和投资回报进行管理，对所投资企业的具体业务不进行直接管理，下属公司分权较多，灵活性较大，集团公司主要对下属公司外派高管、财务总监有任免和考核权。

确定了高层管理职责外，其他有些职责则相似性比较高，比如研发部、销售部、生产部、财务部、人力资源部等。当然，不同的组织，需要考虑自身的特点，进行适当的修正，以更加符合企业的实际。

集团公司财务部的主要职责见表8-6，而研发部的主要职责见表8-7。

表8-6 集团公司财务部职责

主要职能	具体职责
财务制度建设	·认真学习和贯彻执行会计法规、企业会计准则、企业会计制度、统计法规和其他财经法令、法规、政策以及集团公司的内部规章制度 ·负责集团各项财务管理制度的制定
会计核算	·编制集团公司年度经营综合计划、财务收支计划、成本计划及财务预算等,并对计划和预算实施监控,促进各项经济指标完成 ·负责集团公司总部会计核算、报表合并和财务分析,并对会计凭证进行审核。同时编制财务分析报告,为公司提供经营决策依据 ·搞好经济活动分析,收集、整理、积累历年各项原始资料,促进集团公司效益逐年提高
内部控制	·协调集团公司内部结算价格,按照市场价格协调和制定集团公司内部之间的结算价格 ·了解各子公司重大经营决策,提出财务风险防范措施,向集团公司提出建议 ·对各子公司财务管理实行财务主管委派制,制定管理规定并负责实施 ·对各子公司财务管理和核算进行指导、监督、考核,负责集团公司授权的经营考核及奖励方案的实施与跟踪,分解并下达各子公司资产增值指标,按期考核;对授权范围内的资产进行清产核资、产权登记、产权界定 ·对各子公司财会业务进行指导、检查、考核,对发现违反财务会计制度有关规定的应予以及时纠正
资金调度	·负责集团公司的资金管理,搞好资金筹措策略,强化资金使用的监督,加速资金周转,提高资金利用率 ·根据集团经营战略,协调各子公司之间的资金分配和资金调拨,根据集团发展需要,策划集团融资方案并实施 ·参与投资项目效益论证,实施过程的财务监督;负责集团公司投资权益的管理,并向集团公司提供投资收益分析报告 ·参与各子公司投资收益分配工作,并针对投资方面的重大决策(如投资、融资、利润分配等)向集团公司决策层提供建议 ·建立健全投资档案,参与集团公司股权性投资项目股权管理
成本控制	·组织制定集团公司生产、消耗等定额,严格控制费用开支,加强成本管理

续表

主要职能	具体职责
销售应收账款	·敦促销售部门严格执行应收账款管理制度,加速资金回笼 ·定期回访客户,督促应收账款的催收工作,监督销售部门上缴销售款情况
银行、税务处理	·负责与财政、税务、金融部门联系,协助总经理处理好与这些部门的关系,及时掌握财政、税务及外汇动向 ·负责办理银行贷款及还贷手续 ·负责企业税务处理工作
其他	·负责资产盘盈、盘亏、报废清理及款项结算和催收的处理等工作 ·负责部门归口资料的收集、保管、保密工作 ·完成领导交办的其他工作

表 8-7　**集团公司研发部职责**

主要职能	具体职责
信息调查、分析	·及时了解国内外本行业技术发展状况 ·收集国内外本行业技术发展信息,并进行专业分析与研究 ·编制国内外本行业技术发展信息调研报告,上报主管副总经理
新产品研发	·根据市场需求情况,组织开发相关新产品,并负责办理开发此项产品的立项、审批等手续 ·组织制订新产品研发项目的实施计划,组织新产品研发工作的实施,并组织对新产品进行鉴定 ·按照客户要求,组织对新产品进行改进 ·负责各类技术性文件的保管,保护自有知识产权 ·编制产品实现过程所需的各类技术文件 ·评估客户来样的技术实现能力
技术支持与监督	·参与合同的评审,对合同中有关技术内容进行确认与协调 ·对产品售后服务提供有关技术支持 ·参与对不合格品的技术评审 ·参与生产部门质量检查报告分析和统计 ·参与工艺流程改良设计方案的制订 ·研发原材料的特性,为生产提供基础性服务
质量控制	·把关各子公司产品质量检验,确保成品合格率 ·做好相关质量检查记录,制作并审核公司有关产品与质量分析报告 ·与子公司和研发部共同检查和追踪问题产品的源头和原因,并共同制定改良措施
技术合作	·与高校、科研院所等相关单位保持联系,争取合作开发项目,争取技术支持、人员支持

8.4.4　管理运行制度设计

当组织结构设计完成，各个部门和岗位的职责明确后，如何使各个部门、岗位真正和谐地运转起来，还有许多技术问题需要解决。其中，保证组织运行的关键是组织的各种制度的制定和协调。一般来说，管理工作主要靠管理制度，但是，在管理制度本身存在问题时，就需要对原有的组织结构进行修正和完善，以保证组织的运行。当然，事在人为，制度是靠人执行的，只要目标一致，通过人际沟通和协调也可以解决问题。

1）制度性方式

不改变原有的组织结构，不增设机构和人员，只改变、完善组织运行的规则与形式，比如通过工作流程、管理工作标准化实现。

在各个部门和岗位职责明确后，还会涉及各个部门职责的履行，以及各个部门之间、各个岗位之间的横向或纵向的互动问题。只有当各个部门和岗位都按章行事，并且在遇到一些矛盾和冲突时，以组织的利益为重，或提出合理化建议，才能保证这些部门和岗位真正有机地朝组织的目标行进，最终实现组织的目标。

常见的有：管理工作标准化制度；例会制度，该方法特别适合于重复发生，但需要根据变化的条件而随机处理的管理问题；工序服从制度，即上道工序服从于下道工序，并为下道工序服务；跨部门的直接沟通；联合办公和现场调度。

不同的部门、不同的岗位都需要标准化的制度，以帮助人们厘清各自的责任和运行程序，形成规范。

2）结构性方式

作为制度性运行方式的重要补充，一旦制度性方式不能发挥作用时，则需要从组织结构方面做出努力，具体措施包括：设置联络员，该联络员负责与一个或几个部门进行业务联系，保持经常沟通，促进彼此间的了解和协调，当然这种联络可以是专职的，也可以是兼职的；组织临时性的任务小组或委员会，以加强部门间的经常性横向联系，促进相互了解与配合；建立永久性的任务小组，当多个部门的活动需要长久的、强有力的协调时，任务小组就应从临时性的变成永久性的机构；建立职能部门，在不增加新的职能科室的前提下，调整领导者的分工和职能科室的隶属关系，将职能部门划归各经理分别管辖，便于工作的协调。

3）人际关系方式

既不改变组织的制度，也不改变组织的结构，而是通过增加各个部门之间的相互联络，促进各个部门之间的相互理解与合作。比如，设立大办公室制度，创造一种良好的氛围，打破大家的门户隔阂，促进相互的支持；举行联谊活动，联谊活动多种多样，有增进友谊的，有专业交流的，有技术切磋的，通过交流联络感情，改善关系。

这三种方式各有特点，理解是基础，需要配合和支持；在靠感情解决不了问题的情况下，需要通过制度、组织结构的改变来保证横向的协调。

8.4.5 工作专业化设计

工作专业化是指让员工从事专门、简单、单一的工作任务，并将这些任务标准化，以提高工作效率。

工作专业化设计有三个优点：第一，把专业化和单一化紧密结合在一起，从而有利于最大限度地提高工作效率；第二，由于把复杂的工作分解成许多简单的、重复性高的操作单元，降低了对员工素质的要求，可以节省大量的培训成本，并且有利于员工在不同岗位之间的轮换，不会因为不同环节的劳动生产力的变化影响整个生产；第三，专业化后对员工素质要求相对降低，可以找到更加廉价的劳动力。过去没有实行流水线生产衣服，主要靠裁缝师傅定制，由于裁缝师傅需要完成从服装设计、裁剪、缝纫到整修等完整而复杂的工序，难度非常大，效率也非常低下。有的裁缝可能擅长裁剪，有的擅长设计，有的擅长加工，但不一定各个方面都很全面，一个环节把握不好，就可能导致生产出问题，影响生产的速度或质量。而同时具备这些能力的人未必愿意从事裁缝工作，人力资源的寻找成本很高，也很不现实。

工作专业化设计的缺点是：只考虑工作任务的完成，忽视了员工的心理感受，比如因为日复一日、年复一年的劳动所产生的倦怠感受（burnout）和不满情绪，最终还是可能影响到生产的质量。

工作轮换（job rotation）是指员工在不同的工作之间调动。工作轮换严格意义上增加了人的学习负荷，要求人有很强的能力和适应性，其作用是消除人对某一项工作的倦怠感，培养多方面的能力。工作轮换可分成两种类型：性质完全不同的两类工作岗位的轮换，如技术岗位、管理岗位、销售岗位等；工作性质相似的两种工作之间的轮换，比如油漆工、地板打磨工、线路安装工等岗位的轮换。

工作轮换的优点是：第一，可以培养多面手，有利于在岗位富余或空缺状态下的人力资源调配。第二，提高不同岗位人员之间的相互理解、支持与合作。人们通过实际的换岗，可以增进相互理解，避免本位主义，提高团队合作精神。第三，可以消除人们的单调感。第四，有利于发现和培养后备人才。不同的员工能力和潜力都有所差别，通过轮岗及工作表现评估，可以发现有潜能的人才。

工作轮换的不足是：轮岗前需要培训，增加了企业的成本；轮岗前需要进行适当的能力评估，避免轮岗的失败给组织带来的损失；多面手人才本身素质的要求较高，增加了人力成本。

工作扩大化（job enlargement）是指一个工作岗位上的员工执行更多不同的任务。通常是相连的几个工序的延伸，或横向扩展，这些任务是相近的、有联系的。比如，印刷厂的折纸与装订，电子仪器厂工人由焊接一个焊点到焊接多个焊点，汽车安装流水线上的工人由安装尾灯到安装尾灯和行李箱。

工作轮换往往涉及工作性质的改变，而工作扩大化则局限在相近或相似工序的扩展，工作性质变化不大。比如，从研发部换岗到销售部，属于工作轮换，而在同一个车间的几个工序环节工作则属于工作扩大化。

与工作轮换相似，工作扩大化也可以降低员工因为单调重复工作而产生的心理疲劳和倦怠，激发员工的新鲜感和积极性；增加对不同工序工作的了解，促进岗位之间的合作。其问题也比较明显，通过工作扩大化，仍然不能彻底解决长期单调工作的厌倦感。此外，相对复杂的工作可能使员工感受到一定的挑战性和压力，有些能力较差的员工会出现不满。

工作丰富化（job enrichment）是指给员工授权，让其对自己工作的计划、组织、执行、控制和评价等承担更多的责任和义务，也称为纵向的工作扩大化。随着社会的不断发展和进步，员工受教育水平越来越高，整体工作能力逐步提高，有些员工有能力对更多的工作进行自主管理，在这种情况下，如果仍然一味地强调监督、指导和控制，效果可能适得其反。为了调动员工的积极性和创造性，可以对部分员工授权，让他们对比较熟悉的领域实施自主管理。

自我管理团队（self-managed work team）通常由10～15人组成，他们承担着以前自己的上司所承担的一些责任。这些责任包括控制工作节奏、决定工作任务的分配、安排工作休息等。彻底的自我管理团队甚至可以从组织内部挑选自己的成员，并让成员之间进行相互的业绩评估。

这种工作团队的建立和形成，与员工素质的逐步提高、高层次需要的出现有关。特别是在西方国家，员工通过劳动可以获得基本的生活保障，更加注重交往价值、尊重和自我实现的感受，不需要外部强加一些压力才开展自己的工作，工作已经成为生活的重要组成部分。应该说，自我管理团队不一定适合所有的组织以及所有的员工。

本章小结

组织结构是组织中全体员工为实现组织目标，在管理中进行分工协作，在职务范围、责任、权力方面所形成的结构体系。

组织结构设计有许多制约因素，包括关键职能、分工形式、专业化程度、管理层次和幅度、集权程度、规范化（标准化）程度、制度化（正规化）程度。

组织结构设计一方面需要考虑任务完成本身的优化工作；另一方面还需要考虑人的因素，因为这些任务的完成均是由人来实施的，人们的心理决定了任务完成的质量和速度。

组织结构按照特定的条件可以分为以下几类：直线制、职能制、直线－职能制、分权事业部制、组织矩阵制、扁平化组织、虚拟化组织、平台型组织。

直线制适合规模比较小、现场作业管理的组织结构形式；职能制组织结构的好处是相关职能部门可以分担厂长的责任和职能；直线-职能制克服了职能制组织结构的多头领导问题，保留了职能机构，削弱了职能机构的指挥权力，便于统一领导和指挥。

在古典组织理论中，法约尔在其代表作《工业管理与一般管理》（1916）中提出了管理的5个职能，即计划、组织、指挥、协调、控制，指明了组织职能在整个企业管理中的地位和重要性。他提出了管理的14条一般原则，对组织结构设计有重要的指导作用。德国社会学家马克斯·韦伯1910年提出了古典组织理论，主张组织应该是一个呈金字塔形状的层次结构。厄威克总结了泰勒、法约尔等古典管理学派的组织理论，总结归纳出古典组织理论的8项原则。

霍曼斯认为，组织是由具有相互依存关系的内部系统和外部环境系统组成的，这种社会系统有3个要素，即活动、人们的相互作用、人们之间的不同情感。

权变理论强调组织与其环境之间的相互关系，以及各分系统构成要素之间的相互关系对组织结构形态的影响。强调组织的多变性，要求在了解组织于变化的条件下和特殊环境中的运行情况后，提出最适合具体情况的组织设计和管理行为。

关键概念

组织结构　组织结构设计　职能结构　部门结构　层次结构　直线制　职能制　直线-职能制　扁平化　虚拟组织　权变理论　管理层次　管理幅度　工作专业化　工作轮换　工作扩大化　工作丰富化

单项选择题

8.1　在传统的管理理念中，认为组织是一部运行的机器，而现代管理理念则扭转了人们的这种看法，认为组织是一个有机的整体，这主要是因为（　　）。

A.组织是开放的系统，既有一定的独立性，又能根据环境的变化而调整其功能与行为

B.组织的基本要素是人，人的行为不能等同于机器

C.现代企业的组织不是僵化的模式，应保持一定的弹性和动态性

D.组织相当于人的躯体：战略是灵魂，生产是躯干，营销是四肢

8.2　很多管理者都认为：处在成长危机中的小企业应当学习如何强化管理的秩序，而面临发展危机的大企业则更要思考如何激发组织变革和革新。对此，你的评价是（　　）。

A.企业管理应当纳入制度化、规范化的轨道

B.企业管理的首要问题在于创新

C.以上看法显示，变革型和事务型管理相辅相成、互相结合的趋势

D.小企业的重点是发展事务型管理，大企业的重点是开展变革型管理

8.3 事业部制组织结构有许多优点，特别是在调动企业中下层管理人员和员工的积极性方面有独特的优势，但是从组织设计的基本原则上分析，它也有着不可避免的缺点，这主要是组织结构形式往往不利于（　　）。

A.统一指挥原则

B.权责对等原则

C.因事设置和因人设置相结合的原则

D.机构精简原则

8.4 现代管理中对组织的职务设计强调职务轮换、职务扩大化和职务丰富化，关于三者的关系和区别，有以下几种说法，你认为提法正确的是（　　）。

A.职务轮换和职务扩大化没有区别，职务丰富化是增加职务深度，例如一线职工可以参加某些管理活动

B.职务轮换指在纵向和水平方向上使员工的业务活动多样化，而职务扩大化是指使员工的职务范围在原有的基础上不断增加

C.职务丰富化意味着允许员工有更大的自主权、独立性、责任感去完成一项完整的活动

D.B项、C项都对

8.5 部门划分是组织设计过程中的一个重要内容。人们力求通过部门组合，兴利除弊，保证组织的高效运转，并且避免组织成员的“隧道视野效应”，培养全局观念。请说明以下划分部门的方法最容易使人产生“隧道视野效应”的是（　　）。

A.按产品划分部门　　B.按地区划分部门

C.按服务对象划分部门　　D.按职能划分部门

8.6 在市场经济条件下出现了许多适应环境的新型组织结构，其中能最方便地将市场竞争机制引入企业内部管理的组织结构是（　　）。

A.直线-职能制　B.事业部制　C.矩阵制　D.网络型

思考题

了解超市的组织结构图，并结合组织设计的理论，分析其合理性和值得改进的地方。

案例分析题

中国电信业的组织结构

当欧美的电信行业盛极而衰继而一蹶不振的时候，中国的电信运营市场依然以约14%的年均增长率成长至4 100亿元人民币（NII，2002）。如果按电话用户总数来计，包括固定用户与移动用户，中国在2002年年底已经达到4亿用户，从而超过

美国跃居世界第一。对于高速发展的中国电信业来说，市场环境的变化无法避免。竞争的日益激烈使得电信公司不得不随时准备调整战略，包括重组自身的组织结构。从20世纪80年代开始，国际电信运营商，如美国电报电话公司（AT&T）、英国电信（British Telecom）、德国电信（Deutsche Telecom）等，都有一段从独家垄断到全面竞争的历程。在这艰难的历程中，这些电信运营商都在不断地进行着组织结构整合和重组。

电信运营商的组织架构在很大程度上取决于电信公司本身的运营模式。大部分国际大型电信公司在从垄断走向竞争的变革中均经历了从职能型到地域型，再到细分市场的转型过程。今天的国际电信运营商大多选择大客户主导型、前后端型或产品主导型的组织结构。

1）大客户主导型组织结构

大客户主导型的组织结构是根据不同的客户群展开的，如总经理之下设大客户部、普通客户部等，每个客户部门都可以拥有并支配自己的资源。大客户主导型的电信企业更为注重客户的需求，尤其是大客户的需求。这将有利于发掘不同客户群的潜力，并加快市场响应速度。但是，其体系、人员及基础结构方面的重复建设可能导致资源利用率的降低。大客户主导型的组织结构适用于与大客户有着长期战略合作关系的电信企业，而这些大客户对企业有着至关重要的意义，如法国电信（France Telecom）从1995年起就采用了大客户主导型的组织结构。

2）前后端型组织结构

前后端型组织结构分为客户端与服务端，客户端为前端，服务端为后端。市场营销的职能集中在前端，面对客户可以统一界面，并根据市场导向统一调度后端资源。网络建设与管理的职能集中在后端，通过流程化的管理模式支持前端业务。这样，业务发展与业务支撑分工明确，有利于提高部门内部决策效率。近年来有很多国际电信运营商实施了前后端型的组织结构再造，包括2000年的日本电信（NTT Docomo）与2002年的芬兰电信（Telia Sonera），都从产品主导型的组织结构转变为前后端型组织结构。

3）产品主导型组织结构

产品主导型组织结构是根据不同的产品线展开的，如总经理之下设固定电话网部、移动部等，每个产品部门都可以拥有并支配自己的资源。产品主导型的电信企业更注重于市场对产品的响应速度，有利于快速发展新业务。但是，在这样的企业中，客户界面往往不统一，容易形成“多头对外”，很难为购买多类产品的客户提供整体解决方案。产品主导型组织结构适用于产品线广泛而产品之间的协同效应或整合性不足的电信企业。美国SBC通信（SBC Communications）在1999年兼并Ameritech、2000年合资Cingular之后采用的就是产品主导型的组织结构。

问题：

1.围绕案例内容，分析和思考国际电信运营商采用的三种组织结构各有何优缺点。

2.结合案例情况，讨论前后端型组织结构在我国电信企业应如何应用。

推荐阅读资料

［1］王吉鹏，邸洁．大型集团组织结构设计［M］．北京：经济管理出版社，2012.

［2］蒋志青．企业组织结构设计与管理［M］．北京：电子工业出版社，2004.

［3］CHILD J，MCGRATH R G.Organizations unfettered：Organizational form in an information-intensive economy［J］．Academy of Management Journal，2001，44(6)：1135-1148.

网上资源

http：//caselib.drcnet.com.cn/c4/l16

http：//wiki.pinggu.org/category-view-184.html

http：//info.ceo.hc360.com/list/qygl-yzgl.shtml

第9章 组织变革与发展

学习目标

掌握组织变革与发展的相关概念；了解当前我国企业组织变革的特点；了解勒温的组织变革及其他相关理论；重点掌握组织变革的策略与方法；掌握阻碍变革的各方面原因及消除方法；重点掌握组织发展在不同层次上的各种方法；掌握学习型组织的特点及构建方法。

引 例

变革成功的关键

在历史的变革和更替中，我们很容易发现变革的难处和挑战。不论社会变革和组织变革，其原因都是由内部和外部原因造成的，本质都是组织不能适应外部或内部的要求，缺乏竞争力，危及生存和发展。然而，由于社会、组织、个人已经形成的顽固的惯性，一旦要启动变革，阻力巨大，比如民国时期要剪下男人的辫子，要把女性的小脚变成大脚，要改变"指腹为婚"而自由恋爱，都是很大的挑战。而且通过历史可以发现：变革者大多没有好下场，如王安石变法。社会变革的不成功，往往是因为弊端积重难返，最后常常是新的势力通过暴力革命的形式推翻既有的政权而实现变革，比较残酷和血腥。当然，也有一些值得称道的成功案例。

古代王朝的变革中，我们会发现，变革乃"兹事体大，需从长计议"。仅仅有变革的愿景、勇气甚至道义的支持都不足以支撑变革的成功，而变革的策略如何设计、步骤如何推进、利益如何协调则是变革成功的关键之处。

赵武灵王，名雍，自称"主父"。他执政赵国公司27年，将一个处于破产边缘的赵国，改造成为国内一流的企业集团。

当赵武灵王登上赵国公司董事长、CEO宝座时，他才知道自己的前任给自己留下多么烂的摊子：首先，赵雍的祖先错误地和战国初期首强魏国公司争夺中原市场，结果不仅没有占到便宜，反而损失了自己的市场份额，连公司总部也被魏国公司攻占了，濒临破产。同时，赵国周边环境也不容乐观：除了老牌财阀楚国公司、燕国公司、齐国公司和魏国公司外，还有一家实力最雄厚并且发展迅速的秦国集团，就连中山国这一小公司也对赵国虎视眈眈，可谓四面楚歌！

天无绝人之路，正当二十岁出头的赵雍为赵国公司的发展早生华发时，秦国集团CEO去世了，集团内部随之发生夺位之争暂时无暇东顾。面对天下大乱，各国无暇干涉赵国内政的天赐良机，赵雍预备在国内大搞变革。

通过研究秦国集团的崛起，赵雍发现，若要赵国富强，必须有强大的军队。他的目光瞄准了胡人的服饰和骑兵的速度制胜的优势，认为只有打破已有的惯例，才能使变革成功。

首先，他召集群臣，进行变革前的动员。他冷着面孔分析了赵国公司面临的外部压力，说："如此强邻环伺，我们已经是俎上之物。"众臣听了，都不作声。

赵雍接着吐出石破天惊的一语："强兵是当务之急，寡人要胡服骑射！"胡服？有没有搞错！让我们去学小公司？群臣心里可着劲地反对，于是全都不吭声，以沉默对抗这位离经叛道的老总。公司元老、赵雍的叔父公子成甚至假称病不上班了。

赵雍亲自去看望公子成，说："公司业务这些年每况愈下，如果我们不能虚心学习优秀公司的业务模式，赵国公司就不复存在了。我们只有先学习它们，然后再不断创新，我们赵国公司才有出路！"说得公子成频频点头。

赵雍趁热打铁，赐给公子成胡服。第二天，公子成便穿着胡服上朝了，上行下效的变革终于开始了。

赵雍没有照搬胡人的骑兵战法而偏废自身的战车战法，而是把骑兵与战车有效组合列阵，完成了步、骑、战车三种兵种的密切协作，将他们的优势效应发挥到最大化。赵人胡服北上，驱胡千里，领土面积不断扩大。在兼并了中山、楼烦等企业后，赵国公司正式改组成立了赵国集团。

赵雍发明的这种业务模式，后来被楚霸王项羽运用得淋漓尽致，史称"闪电战"。2 000多年后，欧洲的一个名叫希特勒的人再次运用这一业务模式横扫欧洲大陆。

如果将中国看成一个巨型组织，中国的改革开放过程就是一个典型的组织变革过程。在这个巨大的变革过程中，涉及社会价值观的变革、产权和所有制的变革、商业模式的变革、组织结构的变革、用人机制的变革、社会保障体制的变革等诸多方面，整个社会逐步由计划经济向市场经济转变。尽管经过1978年到现在的变革，40多年过去了，变革仍然在继续，阻力很大，矛盾很多，步履艰难。

在计划经济时代，人们不敢求富，许多人将追求富裕的生活上升到"姓资"和"姓社"的政治高度，害怕走错道路，害怕成为"修正主义"，邓小平同志为了引导和转变人们的观念，试行"特区经济"的区域发展，一方面通过特区经济，探讨市场经济活动的规律，以引导未来大范围市场经济变革；另一方面通过特区经济，起示范作用，消除人们对市场经济的误会和恐惧心理。事实证明：邓小平同志提出的特区试点是成功的，经过尝试，不仅改变了人们的思想观念，而且逐步在国内得到了推广；不仅取得了阶段性的成功，而且打造了一座市场经济的新城市，成为和北京、上海、广州齐名的巨型城市，并成就了一批国内乃至世界知名的企业，如华为、腾讯、大疆等，成为中国创新创业的乐土和领航者。

变革有成功的，也有失败的，关键在于变革的发起者是否尊重组织变革的规律，一步一步地推进变革以朝向理想的目标。变革是复杂的、渐进的、非一蹴而就的，需要耐心，讲究科学规律，不能仅仅靠热情和勇气。

我国改革开放取得了世界瞩目的成就，其实就是一个温和、持续的变革历程，至今仍然没有彻底完成，还在变革的路上，即由低附加值、规模化、标准化的大工业生产，向高附加值、小批量、创新驱动的个性化柔性生产转型。

回顾改革历程，改革开放的总设计师邓小平一直坚持审时度势、逐步变革，用改革者的勇气、耐心、毅力，配合以科学的方式和方法，摸索、总结、完善，再探索，一步一步推向深处。

中国是个农业大国，农民多，农村穷，如果农村的问题解决了，城市的改革就有了保障。在某种意义上可以说，中国的改革是从农村包围城市，由农村促进城市的改革。让国人能吃饱肚子的改革就是农村联产承包责任制的试点和实施，充分地释放了农民的积极性和创造性，使得农民种田的积极性蓬勃高涨。与此同时，一批乡镇企业家，尝试做工业化的努力，通过乡镇企业充满活力的精神，不断地和城市里的国有大中型企业竞争，促进了国企的改革。在整个乡镇企业历史上，有两个大的飞跃期：第一次是1984年到1988年，第二次是1992年到1995年。到1995年，乡镇企业创造的工业附加值已经占到全国工业附加值的1/3左右，不仅如此，乡镇企业的崛起还解决了大量的农民就业问题，到1988年前后差不多能达到1 700万到1 800万的数量。面朝黄土背朝天、白手起家的农民企业家案例有萧山万向节厂的鲁冠球、福耀玻璃的曹德旺、美的电器的何享健、华西村的吴仁宝、横店集团的徐文荣、温氏集团的温北英等，这些公司至今仍然活跃在市场经济的舞台上，是各个领域的引领者，有很强的市场竞争力。

通过大力引进外资企业，加入世界贸易组织，我们在加快国内经济发展、解决就业问题的同时，增加了面对面学习西方的技术、生产、研发、管理的机会；通过学习、模仿、创新的历程，国内企业管理的水平不断提升，市场占有率不断提高，也诞生了一批有国际影响的知名企业，如联想、华为、阿里巴巴、腾讯、百度、京东。随着国内企业的竞争力逐步提升，许多企业启动了国际化的历程，不断地开疆拓土，发展壮大。

经过40多年的改革开放，我国由一个贫穷的农业大国，逐步向工业制造大国、信息技术大国迈进，而且工业门类齐全，许多技术与国际同行并跑，有的甚至居于领跑的地位，国民生产总值达到世界第二，仅次于美国。人民的生活水平由缺衣少食，到解决了温饱，初步实现了小康，向富裕生活看齐。住房条件大幅改善、交通非常便利、旅游成为热点，人们的生活也在向发达国家看齐。

当然，这中间经历了许多的曲折和痛苦，由单一的计划经济向逐步市场经济过渡的过程中，由于计划价格限制了市场竞争，双轨价格（计划价和市场价）的价差又导致了腐败问题的滋生，一些有权力的人通过价格差开始倒卖计划内的紧缺资源，如钢材、煤炭等，形成了"倒爷"；为了消除倒买倒卖导致的腐败，在形成统一的市场价的过程中，由于供给和需求的失衡，导致了物价上涨，百姓深受其害；在住宅市场化的过程中，由于投机需求旺盛，导致了房地产价格的泡沫剧增，房价的推升抑制了实体经济的发展，因为房地产回报过于丰厚，而实体经济收益微薄，许多企业家放弃了实体经济而追寻获利很高的房地产，即所谓的脱实向虚，使得国家科技创新动力匮乏，在技术发展方面受到发达经济体的打压，2018年中兴通讯、华为就受到美国的限制和打压。

互联网技术的飞速发展，催生了商业模式的变革以及互联网+的快速发展，传统商业模式似乎岌岌可危，会一夜崩塌。较为典型的，受阿里和京东的影响，传统的商业零售业快速下滑，商场里营业员多于顾客，网络消费逐渐代替了商业的消费；传媒业如传统的电视、报纸、电台纷纷转型，以特色求生存和发展，因为移动互联网终端智能手机的出现，改变了人们获取信息的方式，不再看电视、报纸，没有了观众、没有了眼球效应，广告费就急剧下滑，出现了生存危机；旅游业被携程和去哪儿网控制，实体旅行社成为了被网络平台挤压的对象；许多餐厅的业务也出现了下滑，特别是传统的快消食品如方便面等，被美团和饿了么挑战；教育行业也在被MOOC（Massive Open Online Courses）挑战。

当今，人工智能（AI）的出现，无人驾驶、无人工厂、无人零售开始露出端倪，成为未来新的经济增长点。新技术革命催生了无穷无尽的悬念和梦想，可能重构未来的世界、组织和人们的生活方式。

【案例9-1】 芬尼克兹：企业内部创业平台打造

芬尼克兹是一家空气源热泵产销公司，于2000年在广东成立，公司在生产热泵产品的同时，也向用户提供一整套的节能解决方案。

公司初期为海外公司进行代工生产（OEM），出口产品到欧美市场，后逐渐拓展国内市场，成为国内技术领先的热能公司。2014年，芬尼克兹营收约5亿元人民币。

芬尼克兹实行内部创业也是迫不得已。和许多制造型企业一样，在互联网如日中天的时代，传统企业的人才培养由于周期长、回报低，缺少足够的工匠型人才；而且，培养成熟以后一旦流失对公司影响很大。为解决这个问题，公司领导提出了一个大胆的创新，即内部创业，以实现公司和员工的双赢。内部创业是想留住一些有创业想法的员工，公司为其提供资源，助其实现创业理想的同时，公司也能分享收益。

（1）在组织结构方面，成立一家新公司。最早的内部创业项目是以公司向产业链前端整合的方式让员工参与上游零部件公司的创设，由公司几个高管参与投资成立一家新公司，生产的产品是热泵所需要的“换热器”，以替代原来品质不佳的供应商。新公司属集团公司旗下，由集团公司辅助提供启动资金、人才及采购，所谓“扶上马，送一程”。2006年，新公司在当年即收回了投资，迅速的投资回报激起了员工的信心，自2006年后，先后成立了围绕原公司业务的7家新创公司，且均获得良好成效。经过了几年的内部创业历程后，公司也摸索出一套与员工双赢的创业机制，从而将组织变成了连接优秀员工与创业机会的平台。

（2）在机制方面，实现责任与风险共担。公司首先从自身发展需求上引入能与本业产生协同效应的新项目（如为了做品牌开设实体店），然后举办创业大赛邀请员工组成跨职能团队（一般为5～6人），公司提供对于形成商业计划所需战略营销财务规划的培训，最后由公司主管级以上员工投钱来决定哪一个队伍胜出。

由于员工自己掏钱投标，因此在评估时会很谨慎，避免了“人情票”与“随意票”，使得选拔过程公正而有效，最后由获得最多融资的团队胜出。同时，创业团队也必须投入资金，以筛选出具有真实承诺且愿意全心投入新事业的人。

（3）在融资方面，企业扶持一部分。在这种内部创业模式中，公司本身的角色在于提供资源（创业资金与团队）、品牌优势及孵化期的避风港。在芬尼克兹这样的制造型企业，新公司的投资额一般都比较大，创业员工本身的财富积累无法达到新公司的初始投资额，因此新公司的投资一般由三部分组成：创业子公司总经理及团队的投资、芬尼克兹母公司集团管理层的投资和公司其他所有参与投票员工的投资。在运作过程中，集团公司担任制定与执行创业规则的角色，例如，为了降低新创公司领导人只会创业不会管理的风险，芬尼克兹制定了基本法，其中一条即是新创公司的总经理轮岗制。同时，为避免内部创业公司群雄割据，集团公司对新创公司均持有至少50%的股权，虽然掌握着大半股份，但并不介入新公司的运营和管理，只要求新团队独立自主，对自己负责。

芬尼克兹的创业平台模式，与以往的互联网平台公司的显著差别是：集中于内部力量的平台，不是对外部资源利用和整合的平台，是制造型企业的一个变革尝试，其实与海尔的人单合一思想有相似性。这种内部创业平台模式，用机制平衡了员工个人的发展与公司的发展，在将员工、新创公司及原公司的利益紧密结合在一起的同时，也实现了公司走出固有核心业务，不断创新的目的。

资料来源　陈威如，王诗一. 平台转型：企业再创巅峰的自我革命［M］. 北京：中信出版社，2016：280-282.

9.1 组织变革概述

变革是复杂的，唯有善于运用内部力量，适当借助外部力量，才能保证变革的成功。当然，内因是最重要的，外因只是变化的条件。人类在追求中生存，在变革中发展，在创新中飞跃。如何调动人的积极性，不断地将人类的认识能力、生活水平、文化思想推上更高的境界，是人类发展的主旋律。

随着世界经济一体化进程的加快，经济发展不再是一个国家的事，而是世界各个国家的事，正因为如此，人类发展才更加难以阻止。也许一个国家、一个区域、一个组织想停止前进的脚步，但只要其他任何一个不愿意停下来，就会构成一种威胁，就会形成一种压力和挑战，迫使人们反思、清醒、奋进。中国和印度的快速发展，直接影响到发达的经济体，如果创新能力不足、努力不足，就可能在市场竞争中失去掌控力，比如南欧国家希腊、西班牙、意大利等国的主权债务危机，就是这种竞争的重要结果；低端、中端市场被发展中国家挤压，而高端市场被美国、德国、英国、法国和日本挤压，形成了前后受制的状况。日本的经济发展也受到了中国、韩国的影响，特别是电子产业，有韩国的三星、中国的华为等冲击，另外，中国的空调、电视机、电脑等企业崛起，也占领了过去的日本企业索尼、松下、日立的地盘。

新技术革命，也是组织变革的重要促进力量。最为典型和具有代表性的就是信息技术（如互联网、通信体系）、人工智能、生物技术等。从前的通信巨头诺基亚和摩托罗拉走下神坛，代之以智能手机苹果、三星等，这一变革改变了人们的生活方式乃至部分工作方式，因为移动智能终端的出现，人们的眼球聚焦点发生了变化，间接打击了传统的传媒业；人们的购物方式改变了，互联网电商颠覆了传统的商业零售业；滴滴、优步，颠覆了传统的出租车行业的革命。谷歌公司的阿尔法GO，打败了围棋世界冠军李世石，谷歌和百度的无人驾驶汽车进入了试运行阶段；各种各样的智能产品开始进入到工业、商业和家庭场景，如大疆无人机、科大讯飞的语音识别和翻译系统，商业中的智能广告、智能偏好计算，家用的智能扫地机、智能冰箱等。有投资人大胆地推测，以后，新技术的投资将居于主导，简单的商业模式的创新可能江河日下，特别是摩拜单车和OFO共享单车的相继消退、金融P2P的暴雷，人们慢慢认识到，还是真正的技术能够带来稳定和持久的回报。

【案例9-2】　　我消灭你，与你无关

荣获第73届雨果奖最佳长篇科幻小说的《三体》里有句名言："我消灭你，与你无关。"这句嚣张跋扈的话充满了更高发展层次生命体对较低层次生命体的鄙夷和漠视。

的确，这种不在同一数量级、不在同一对话层次、不在同一生命类型之间的对弈或博弈，强大的一方谁会在乎弱势的一方呢？现在的市场竞争，有时候都不知道竞争对手是谁，如果还是用波特五力模型、传统的波士顿矩阵，可能都无法解释。

比如，风靡一时的爱华随身听、松下便携CD机等早已销声匿迹，击溃它们的不是索尼随身听，也不是MP3、MP4，而是智能手机。这并非客户不忠诚，而是更轻、更小、更薄、更强的智能设备才是客户始终的所爱。

又如，康师傅和统一方便面的销量近年来急剧下滑，但它们的对手真不是百家粉丝，也不是今麦郎，更不是三全自热米饭，而是美团、饿了么等外卖平台。方便面本是"懒人食品"，方便客户开水冲泡。但是随着各类即时送餐APP的流行，人民生活水平的提高，现在连烧开水这个环节都可以省略了，谁不愿意"足不出户、饭来张口"呢？

智能手机的出现，还间接地影响了银行自动柜员机行业、银行柜员，因为手机支付使用了电子货币，如微信和和支付宝，导致到银行存款和取款的人减少了，一方面使得工作量减少而导致自然减员；另一方面，对自动柜员机的使用量也大幅下滑，导致其生产商效益下降，甚至要另谋生路。据说，智能手机的使用还打击了口香糖业务，因为人们机不离手，不断地玩游戏或看新闻，在等待过程中没有了烦恼，也就不嚼口香糖了。被打击的还有小偷，人们身上不带现金了，小偷偷不到钱了。

2017年10月30日，日本相机制造企业尼康突然宣布关闭位于无锡的子公司。曾经的尼康因品质过硬，备受市场追捧，品牌地位在众多摄影玩家心中难以替代。2000年后，数码时代悄然而至，2010年至2013年间，相机市场迎来最辉煌时期，尼康年度影像业务收入曾高达7 512亿日元。可好景不长，随着智能时代的来临，数码时代渐行渐远，尼康也难以独善其身。2017财年第三季度，尼康净亏损8.31亿日元，而2016年同期盈利还高达187.1亿日元。2017年恰好是尼康公司的百年华诞，却没想到以这样的方式"谢幕"。

很多人以为尼康是被同行打败，但事实上，尼康最主要的竞争对手佳能也同样身处困境。那么，影像巨头们究竟是被谁打败的呢？

尼康直接在《关于尼康映像事业部的中国子公司停止运营的通知》中宣布了其破产的真相：由于智能手机的崛起，小型数码相机市场正在急速缩小，中国子公司的开工率显著下降，销售额在2012年至2016年间下降了68%。但是，这终究不是压倒巨人的"最后一根稻草"。

2013年，客户在影像设备领域的消费行为已经做出过选择：数码存储几乎彻底替代了胶卷，被消费者"用脚投票"多年的柯达等影像巨头应声倒下。"前事不忘，后事之师"，刚刚成功实现数字转型的尼康在华丽转身之后，紧接着就坠入了深渊。

所以，"最后一根稻草"其实是客户的选择，是客户消费习惯的转变。毕竟，客户更倾向于使用更轻、更小、更薄、更具整合力的智能影像设备。最终"杀死"

百年尼康的，竟是2 000像素万柔光自拍。

环境的巨变并非立竿见影，也经历了比较漫长的过程，恐龙自身的进化则更加缓慢，缓慢到远远落后于环境的改变。于是，这些侏罗纪的霸主们逐渐被其他物种所取代。大趋势其实很残酷，“杀人不眨眼、刺刀不见红”，很多时候并没有近身的肉搏，更类似“温水煮青蛙”。结果非常冷酷，连一声“对不起”“不好意思”都不会有，因为“我根本没关注到你，只是一不小心让你倒霉了”，这就叫“我消灭你，与你无关”!

组织内部变革的需要。其实，只要竞争存在，组织变革就会一直发生，大到社会变革，中到组织整合和兼并，小到组织工资体系变革或技术变革。之所以如此持续、广泛地发生，就是源于市场的力量以及人类发展的愿望。在组织的管理中，人们遇到了不满、困惑就需要解除，如果这些消极状态带有制度性和规律性，就可能诱发组织的变革。比如，IBM原来是计算机行业的老大，当它觉察到个人电脑的利益时，就开始发展个人电脑业务，而且做出了惊人的业绩；随着个人电脑的普及，技术含量逐步降低，利润开始缩水，它又开始考虑新的业务，销售计算机信息化的整体解决方案，将单个的计算机生产和销售业务卖给中国的联想电脑。从这个简单的发展过程看，组织每一次的变革，都会导致组织的震荡：有些业务加强了，有些业务放弃了；有些部门加强了，有些部门削弱了；有些部门扩展了，有些部门消失了。现在的房地产巨头、互联网巨头，纷纷开始设立新的组织机构，瞄准未来的新型经济增长点，进行研发和投资。比如，格力电器投资汽车行业、碧桂园投资人工智能、恒大地产投资新能源汽车，阿里巴巴更是成立了达摩研究院，希望在云计算、大数据、人工智能等领域占领先机。

受到互联网金融的影响，传统的银行业也在发生着变革。过去的许多银行业务都需要到网点的柜台办理，而现在人们生活习惯的改变，手机APP能解决许多问题，包括转账、支付、存款、理财等都可以在网上操作。特别是阿里余额宝的刺激，震撼了传统的银行业，曾经有一段时间，由于余额宝与天弘投资基金组合，其投资收益远远高于银行的利息，结果，银行存款纷纷搬家到余额宝，导致银行业危机四起。总之，哪个企业更能满足人的需求，更加人性化，就会受到市场的追捧。

总之，市场经济鼓励竞争，通过竞争寻找最佳的产品、最优质的服务、最低廉的价格、最小的能耗与污染。当然也应该看到，任何变革都是有代价的。比如，竞争容易导致马太效应，即富有的人越来越富有，而贫穷的人则越来越贫穷，贫富差距加大直接威胁到社会的稳定；竞争容易形成寡头垄断，遏制创新的出现，现在的互联网巨头百度、阿里和腾讯（简称BAT），不断地通过投资、收购等市场行为，向各个未来的领域渗透，形成相对的控制，随着这些巨头的势力扩大，有可能遏制新兴企业的成长。此外，为了获得局部利益最大化，许多组织忘记了社会责任，不愿意付出成本保护公共利益，使得环境污染日益严重，生态体系遭到空前的破坏。

此外，由于知识产权保护不力，许多组织不愿意在知识和技术创新上进行足够的投入，使我国的自主创新能力无法得到实质性的提高。

9.1.1 组织变革的定义

组织变革（organizational change）是为了适应外部竞争或服务的需要，提高组织运行的效率，改善组织运行的功能，管理者以某种方式进行的有目的的改变。

首先，组织变革是为了增强组织的生存和发展能力而进行的。如果组织本身运行得很好，推动变革的动力不会很大，一旦组织受到较多的投诉或突发事件，组织经济效益下降，面临生存危机，变革则势在必行。通常而言，组织变革受到内部因素和外部因素的影响。从内部因素来看，有的管理者忧患意识比较强，善于发现问题，他们通常选择主动地改变，提前防范可能出现的危机；有的管理者则感觉迟钝，无法预知和感受问题，或者就算认识到问题，但由于害怕变革，掩盖矛盾，往往等问题积累到一定程度才采取变革措施，使变革的时机延迟，加大了变革的难度，有人形象地称这种状态为"等死"。从外部因素看，有些竞争者主动采取了变革措施，赢得竞争优势，起到了示范和引导作用，也推动了组织变革。也有些变革者过于超前，或者变革力度过大，缺乏必要的缓冲和社会支持，最终面临失败，有人将这种情况称为"找死"。好的组织变革，既不能等死，也不能找死，即尊重组织变革的规律，采取适当的措施和手段，逐步逼近目标，实现组织的成长和提升。

【案例9-3】　　柯达胶卷的陨落：等死

柯达胶卷是感光界当之无愧的霸主。1964年，柯达自动相机上市，当年销售750万架，创下了照相机销量的世界最高纪录。1966年，柯达海外销售额达21.5亿美元，当时位于感光界第2的爱克发销量仅及它的1/6。1990年、1996年，在品牌顾问公司排名的十大品牌中，柯达位居第4，是感光界当之无愧的霸主。胶卷时代占据全球2/3市场份额。

然而，世事无常，随着数码时代的来临，柯达公司瞻前顾后，懒于变革，结果被时代所淘汰。其实，1975年，美国柯达实验室研发出了世界上第一台数码相机，但由于担心胶卷销量受到影响，柯达一直未敢大力发展数码业务。等到2003年，柯达最终选择了从传统影像业务向数码业务转型，可是为时已晚。高昂的成本、笨重的设备、严重的污染是底片与相纸生产和冲印过程中难以解决的问题，体积大、不能永久保存、查找困难是使用底片和相纸给人们带来的不便。

虽然柯达1998年就开始深感传统胶卷业务萎缩之痛，但柯达的决策者们，由于担心胶卷销量受到影响，一直未敢大力发展数字业务。2000年之后，全球数码市场连续高速增长，上涨了差不多两倍，而全球彩色胶卷的需求开始以每年10%的速度急速下滑。2002年，柯达的数字化率只有25%左右，而竞争对手富士已达到60%。2004年，柯达推出6款姗姗来迟的数码相机，但利润率仅1%，其82亿美元的传统业务的收入则萎缩了17%。2006年，柯达把其全部数码相机制造业务出售给新加坡伟创力公司。2007年，其又将原四大业务之一的医疗成像部门，以25.5亿美元出售给加拿大资产收购公司OneXyi。同年，其持有的乐凯股份也以3 700万美元的低价转让给广州诚信创业投资有限公司。2010年，柯达财报显示，持续经营业务亏损5 800万美元。而且，柯达营收的主要来源竟仍然是专利出售，而像喷墨打印机那样的新产品业务尚未真正打开市场。

2012年1月19日，纽约泛欧交易所宣布，暂停伊士曼-柯达公司的普通股在纽交所的交易。纽交所发布声明指出，交易所确定柯达公司的普通股已不适合继续交易。柯达股票价格连续30个交易日的平均收盘价低于1美元，跌至纽交所持续交易所必须达到的最低股价标准之下。2012年1月19日，柯达提交了破产保护申请，此前该公司筹集新资金进行业务转型的努力宣告失败。

2013年5月，伊士曼-柯达公司正式提交退出破产保护的计划；2013年8月20日，美国联邦破产法院批准美国柯达公司脱离破产保护、重组为一家小型数码影像公司的计划。

其次，从管理的角度看，组织本身的运转可能存在某些不足，需要改进。比如，人力资源部反映，核心员工离职比较多；生产部门反映，产品质量问题较大，且生产数量不能满足客户的需求；销售部门反映，客户对产品的价格和质量、服务不满意，有些重要客户流失；财务部门反映，利润严重下降，资金压力比较大；研发部门反映，新产品开发落后于竞争对手。这些问题都可能成为组织变革的直接原因，需要通过组织变革消除这些现实的问题，从而使组织更有竞争力。

【案例9-4】 海尔的不断自我革命

从1984年创业至今，在张瑞敏的带领下，海尔不断地审时度势、自我革命，走到了今天的辉煌，成为制造业界变革的一面旗帜。海尔集团经过了名牌战略发展阶段、多元化战略发展阶段、国际化战略发展阶段、全球化品牌战略发展阶段，以及网络化战略发展阶段。

（1）名牌战略发展阶段（1984—1991年）

在我国市场经济发展的初期，张瑞敏敏锐地意识到质量的重要性，进行差异化战略，把当时市场紧缺的、质量达不到要求的76台有缺陷的冰箱，亲自用大锤砸毁。这一阶段，海尔专心致志做冰箱，在管理、技术、人才方面下功夫，赢得市场。

（2）多元化战略发展阶段（1991—1998年）

用海尔文化激活“休克鱼”，实现做大的目标。所谓休克鱼，即是说肌体完好，但失去活力的企业，比较容易实行文化激活。死鱼吃了坏肚子，活鱼根本抓不住。运用这套理论，20世纪90年代，借助国家政策鼓励企业兼并重组，一些企业兼并重组后无法持续下去，或认为应做专业化而不应进行多元化的时机，海尔以“海尔文化激活休克鱼”思路先后兼并了国内18家企业，使企业在多元化经营与规模扩张方面，进入了一个更广阔的发展空间。当时，家电市场竞争激烈，质量已经成为用户的基本需求。海尔在国内率先推出星级服务体系，当家电企业纷纷打价格战时，海尔凭借差异化的服务赢得竞争优势。这一阶段，海尔开始实行OEC（Overall Every Control and Clear）管理法，即每人每天对每件事进行全方位的控制和清理，目的是“日事日毕，日清日高”。这一管理法也成为海尔创新的基石。

（3）国际化战略发展阶段（1998—2005年）

有了质量保障和管理的提升，借着中国加入WTO走出国门，出口创牌。许多企业由于没有充分的管理、质量保证，匆忙出海，结果损失惨重。海尔认为走出去不只为创汇，更重要的是创中国自己的品牌。因此海尔提出“走出去、走进去、走上去”的“三步走”战略，以“先难后易”的思路，首先进入发达国家创名牌，再以高屋建瓴之势进入发展中国家，逐渐在海外建立起设计、制造、营销的“三位一体”本土化模式。

（4）全球化品牌战略发展阶段（2005—2012年）

在互联网时代来临后，有些企业仍然没有意识到市场的悄悄变化，还是在以企业为中心卖产品；而海尔意识到了互联网的颠覆性，开始尝试海尔的新办法，即以用户为中心卖服务，并积极探索管理创新，即“人单合一双赢”商业模式。

互联网时代带来营销的碎片化，传统企业的“生产—库存—销售”模式不能满足用户个性化的需求，企业必须从“以企业为中心卖产品”转变为“以用户为中心卖服务”，即用户驱动的“即需即供”模式。互联网也带来全球经济的一体化，国际化和全球化之间是逻辑递进关系。“国际化”是以企业自身的资源去创造国际品牌，而“全球化”是将全球的资源为我所用，创造本土化主流品牌，是质的不同。因此，海尔整合全球的研发、制造、营销资源，创全球化品牌。

这一阶段，海尔探索的互联网时代创造顾客的商业模式就是“人单合一双赢”模式。这一模式受到国际学者加里·哈默的认可，认为海尔推进的自主经营体创新是超前的。

（5）网络化战略发展阶段（2012年至今）

在互联网经济不断深化的今天，封闭式地办企业，可能会制约企业发展的活力和动力，开放式的发展显得比较迫切。一般企业的做法是：以自身为中心的传统型企业，加上互联网的元素；而海尔则启动了互联网时代的平台型企业的尝试。继续探索“人单合一双赢”的商业模式。

在海尔看来，网络化企业发展战略的实施路径主要体现在三个方面：企业无边界、管理无领导、供应链无尺度，即大规模定制、按需设计、按需制造、按需配送。

2018年9月11日，山东省人工智能产业联盟成立大会在烟台召开。该联盟由山东省经信委牵头成立，海尔家电产业集团牵头推进工作，并由人工智能技术研发与应用的120多家企事业单位、科研院所及其他组织共同组建，旨在通过连接政府与企业，推动交流合作，促进人工智能产业健康高效发展。海尔凭借在智慧家庭方面的领先探索成为推进联盟工作的牵头企业，积极协同各企业搭建人工智能产业生态圈，并当选第一届轮值理事长单位。

作为企业家的张瑞敏，不断地根据市场发展的特点，开展组织变革，并辅之以相应的管理创新，一直立于改革的潮头，勇气可嘉。起初，电冰箱供不应求时，海尔追求质量而非数量和利润；在国家鼓励扩大规模时，适时提出了海尔文化激活休克鱼的主张，获得做大的机会；在国家鼓励国际化、走出去的时机，海尔从攻克世界发达地区开始，逐步向欠发达地区扩张，走得非常顺利；在互联网时代到来之际，又启动了B2C到C2B的艰难转型，并提出了创客计划，人单合一的管理模式；在平台时代，海尔又开始打造开放式的海尔企业平台，以与已有的互联网平台公司实施差异化竞争。

最后，管理者需要根据组织面临的问题采取一定的措施，选择合适的时机、方法和策略，减少和解决组织发现的问题。经过第二个环节的诊断，管理者可能已经知道了变革的目标和方向，相当于病人经过诊断找到了病因，下一步就是选择合适的治疗方式和方法，寻找时机采取措施了。

组织变革因问题的严重性和复杂性不同，变革的幅度、经历的时间长短、遇到的阻力大小也不同。比如，同一所大学中的经济学专业与管理学专业的合并或分拆，就属于相对简单的变革，涉及行政人员、管理人员的增减，作为办学主体的教师没有什么实质性变化，学生更没有受到什么实质性的影响，还能够从学科融合或分立中获利。而两个不同特点的学校的整合，工作难度就大多了，既有学校管理者、行政人员的大量冗余，也有不同部门人员的冗余，还有资产、财务、校舍资源的整合和重新布局或处置。特别值得一提的是，学校之间的重组，可能严重伤害到高层管理者自身的利益，这些高层管理人员缺乏变革的动力，甚至可能成为变革的巨大阻力，没有上级部门的指令，变革很难启动，也很难成功。

在变革的时代，我们经常提到改革，改革（reform）本质上也是一种变革，但与变革相比，改革的力度、难度都比较大。从英文表达上看，变革强调变化，更可能是一些步子较小的、连续的变化；但改革是重构，意味着要转变组织的运行机制。我国由于计划经济的理念、价值观、运作模式等与市场经济差异太大，所以用改革更合适。相信再经过一段时间的改革，我国市场经济的主体框架、结构会逐步形成，以后组织的完善会以变革为主。

与组织变革相关的还有组织发展（organizational development）。两者的区别是：组织变革是组织原有的稳定和平衡不能适应新形势变化的要求，需要打破原有的稳定和平衡，建立适应新形势的新的稳定和平衡，变革是破和立的结合，目的是使组织适应新形势下的竞争和发展。组织变革主要涉及组织结构、任务、技术和人员管理措施及制度的变革，组织变革的原因是有些组织的运作不能适应外部竞争形势的需要，是为了提高组织的效率和竞争力，带有一定的紧迫性和必要性。而组织发展则是组织自我更新和挖掘潜力的过程，与组织变革相比，紧迫性较低，预防性较高，而且发展的重点主要是人的观念和行为方式。

在组织管理活动中，为了提高组织运行的效率和成效，用更加合理的组织结构、更加科学的方法和流程做事非常重要，如零库存管理、扁平化组织结构、项目团队管理、做事方式的推行等。然而这些变革都会涉及做事的人，如果一个好的组织变革缺乏人的思想观念、行为方式的支持，变革就不可能成功。因此，组织变革和组织发展是紧密联系的，没有组织发展的组织变革阻力很大，很难奏效；没有组织变革的组织发展让人们迷失方向和缺乏动力。

考虑到组织发展是为了适应组织随时发生的变革需要，为组织变革做准备，因此，组织发展是有计划的、长期的，包括组织的各阶层。工作小组是组织发展的基本单元；组织发展鼓励工作群体的协作。此外，组织发展需要借助于专业人员的参与，并得到高层领导的支持。

9.1.2　组织变革的分类

组织变革有许多类型，不同的组织变革类型的特点、难度、时间可能不同。

（1）激进型变革和渐进性变革。按照变革的程度和性质，可以分成激进型和渐进型。不论是产权，还是公司治理结构，还是组织结构的变革、激励制度的变革等，都可以有不同的变革方式。激进型变革是指根据市场的要求，一次性到位；而渐进性则是为了达到理想的状况，分步走，逐步到位，一边改革一边摸索和调整，看重稳妥性和可行性。国家对于国有中小企业的变革大多采取了管理者买断（management buy-out，MBO）的形式，企业的性质从国企变成了民企或股份制企业，所有者发生了变更；而对于影响国计民生的大型国企或央企，则采取了渐进式的变革，不改变企业性质，而是改变公司的治理结构和管控方式，以便不至于对国家的经济发展造成过大的影响和波动。

【案例9-5】　　苏宁：转型过程中的新旧组织变革

2000年，苏宁电器经过10多年的运营，成为中国实体电器零售的著名连锁企业，当时采用的是典型的三级“总部—大区—分公司”矩阵式组织架构，按照大区对店铺进行管理，并且用14个管理中心支持这些大区和分公司共享采购、物流、营销、售后等综合服务，如图9-1所示。

1.第一次组织变革形成4大管理总部

2006年，苏宁进行了一场声势浩大的组织架构变革，将14个管理中心进行了合并，形成四大管理总部。在地区管理总部方面，把原来的28个大区重新合并为8个大区以及35个地区分公司。在这次调整中，总部管理职能最为突出，四大管理总部分别负责企业发展战略规划、全国连锁网络规划、国际化业务拓展、资本运作四项职能。在采购、物流、营销、售后等方面，苏宁还沿用着共享服务的模式。

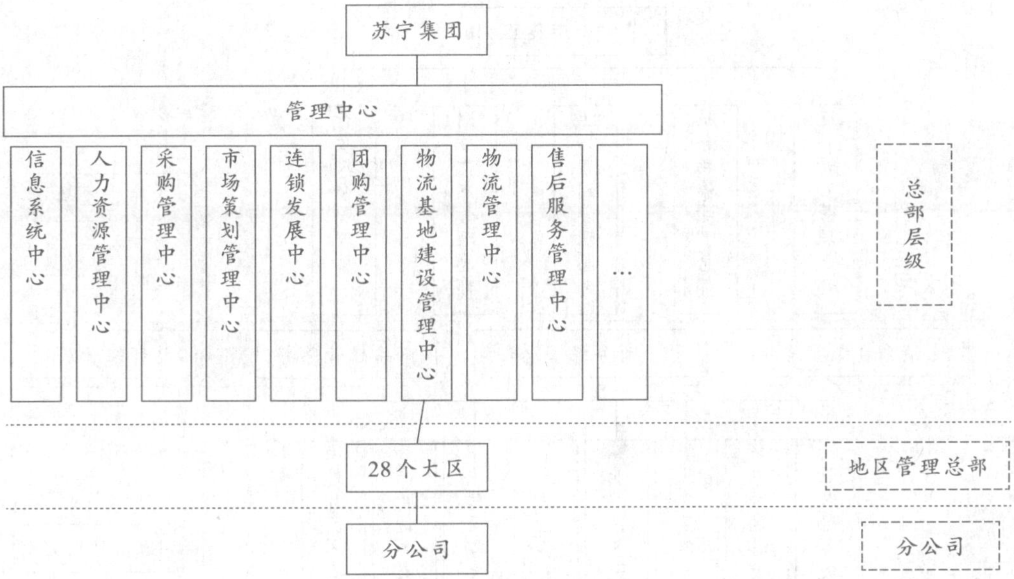

图9-1 苏宁集团组织架构图（2000年）

2.第二次组织变革——互联网转型

2011年，苏宁开始启动互联网方面的转型，发展电子商务，同时要在连锁经营、营销、服务等方面继续提高自身的能力。苏宁在其十年战略规划中，提出了“科技转型、智慧升级”的口号。2013年，在互联网风潮继续席卷中国市场的时候，苏宁更名为“苏宁云商”，彰显了其在互联网方面的雄心。由此，苏宁又一次进行了组织架构调整，通过在原有组织里加入负责互联网的层级和部门，把新旧业务切开，避免冲突。

这一次变革，苏宁在管理总部和大区之间增加了总部经营层，包括连锁平台经营总部、电子商务经营总部、商品经营总部三大部门，由这些部门管理旗下的28个事业部。其中，电子商务经营总部被提升到了和连锁经营、商品经营这些线下零售管理部门一样的高度，从战略层面突出了互联网新业务的重要性，更加尊重了互联网业务的独立发展，由独立的部门对其进行管理。在总部管理层面，苏宁的变化并不大，把原来的四大管理部改为了五大管理部，分别管理连锁经营、市场营销、服务物流、财务信息、行政人事五方面的内容，这五大管理部帮助线上线下协同工作（如图9-2所示）。

3.第三次组织变革——加强协同的同时，保持新业务的独立自主

2014年2月，苏宁在原来的总部管理层和总部经营层之间，又增加了一层经营总部，帮助线上（新业务）和线下（原有业务）进行协同。另外，在8大地区公司之外，还成立了八个类似于事业部的直属公司，如红孩子、满座网等（如图9-3所示）。这些直属公司有更大的自主性，能够独立地为战略决策负责，更加灵活地进行互联网方面的创新，而不必和原有的业务发生冲突。

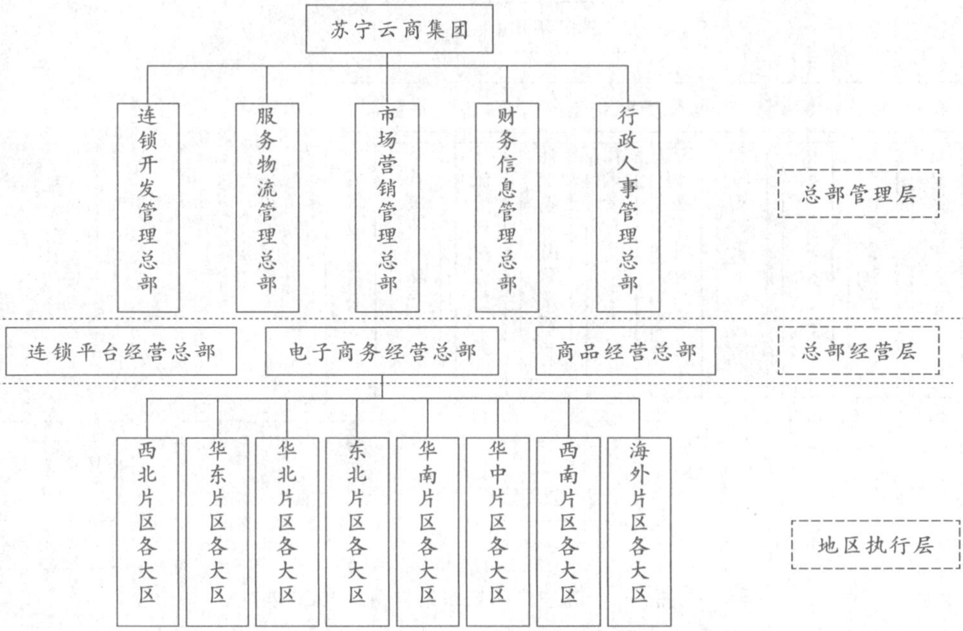

图9-2　苏宁集团组织架构图（2011年）

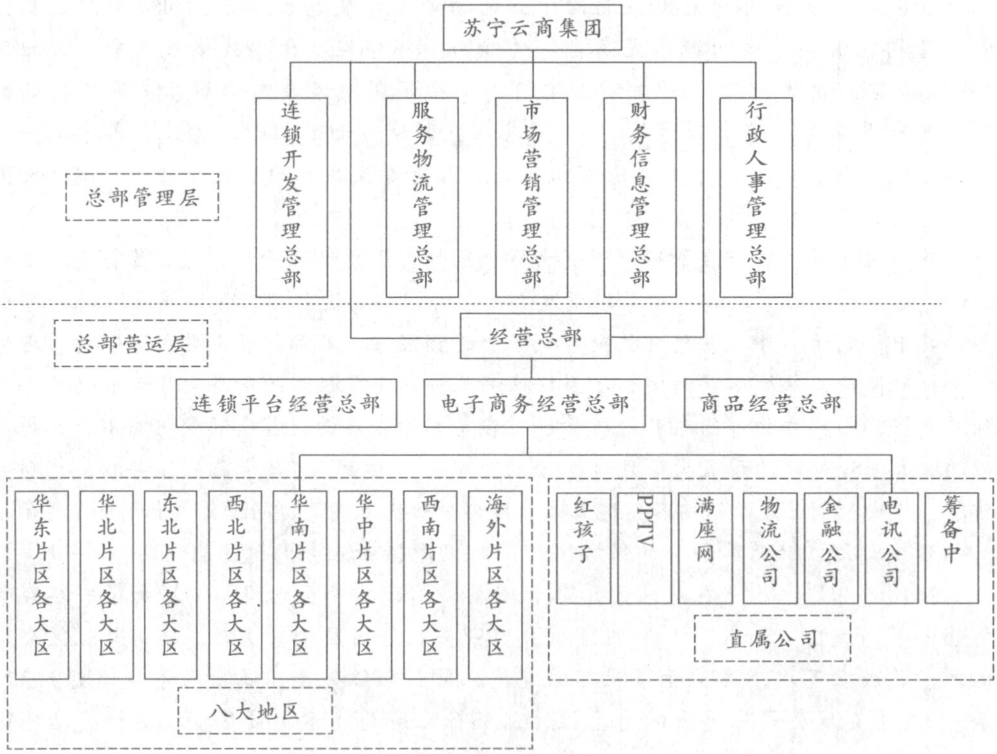

图9-3　苏宁集团组织架构图（2014年）

4.第四次可能的变革——新业务的独立性

2015年年初，苏宁发布当年战略计划，继续向事业部方向进行组织改革——把原有的三大经营总部进行事业部公司化，其中一些重点事业部直接以小团队的形式向COO（首席运营官）报告。这样的举动，我们还是解读为苏宁在不断地努力保持新业务以及互联网转型的独立性，以提升效率，减少苏宁原有业务对这些新业务的羁绊和限制。2015年中，阿里集团斥资283亿元投资苏宁集团，成为苏宁的第二大股东。根据报道，阿里和苏宁的结合可能有意于把阿里的线上资源和苏宁的线下门店资源相结合，并且促进苏宁新的互联网平台业务的发展，实现线上线下更好地融合。

苏宁的几次组织结构变化，都是在配合战略的转移，不断地凸显互联网业务的重要性，尊重管理互联网业务部门的独立性和提升其在组织内部的权力位置，为互联网业务开辟了不受干扰的环境，以更有利于尚不确定的新业务的健康发展。

资料来源　陈威如，王诗一. 平台转型：企业再创巅峰的自我革命［M］. 北京：中信出版社，2016：178-183.

（2）战略性变革和战术性变革。所谓战略性变革，是指组织根据内外部环境发展和变化，实施战略性的调整和改变。比如IBM的去个人电脑业务，转而成为信息化整体解决方案服务商，就是放弃低附加值的个人电脑业务，进行个性化的定制，获取相对高端的业务。随着这一战略的实施，必然导致后续的一系列变革，即整个PC业务被裁掉。所谓战术性的变革，则是指发展的方向不变，仅仅进行一些业务、技术、流程、人员层面的优化。比如银行业受到互联网金融的冲击，适当控制传统经营网点的数量和方式，引入更多的手机移动APP业务，通过互联网化，引导、满足用户的需求，提升组织的效率。然而，银行业的赢利模式、管理手段并没有太多的变化，但是，实体营业网点的地位和作用可能开始下降。

（3）主动型变革和被动型变革。许多企业家由于嗅觉灵敏，往往未雨绸缪，早早地开始酝酿和实施变革，比较主动，变革的阻力比较小。比如海尔，每次都是主动适应未来的发展大趋势，积极参与变革，取得了成功。而有的企业相对比较被动，只有到企业经营发展遇到困难时，才开始变革，比如诺基亚、柯达，国内的许多国有企业。被动变革的好处是员工都意识到组织到了生死存亡的时刻，做工作比较容易；坏处是在这个阶段，用来变革的资源相对比较少，挑战比较大，容易出现群体性事件。

9.2 组织变革的过程理论

既然组织变革不可避免，那么如何进行组织变革才能更加有效？采用哪些手段，运用哪些策略？变革效果如何评估？本节试图介绍国外相关的理论，为科学地实施变革提供理论和技术指导。

9.2.1 勒温的组织变革理论

勒温（Kurt Lewin）是有计划变革理论的创始人，他提出了一个非常简单的三阶段变革模型，即解冻（unfreezing）—变革（changing）—再冻结（refreezing），简洁地描述了组织变革的形态。

1）解冻

解冻即创造一种变革的气氛，让员工感觉到目前的制度、政策、行为等的不合理性，需要改变；突出改变现行制度和政策的紧迫感和必要性；为人们描绘一幅蓝图，让他们感受到变革不会对自己的工作和生活造成太大的震荡，只要努力，大家就可以消除发展和适应的障碍，成功地适应转变。

许多实施转制的企业，员工都知道企业目前运行中由于责任主体不明确的种种弊端，知道转制的必要性和紧迫性，但是人们的顾虑也客观存在。比如，转制后，由谁来承担经营的主体责任？这个经营主体班子有没有能力？有能力的领导班子是保护大多数人的利益，还是仅仅考虑少数经营班子的利益？是否得到大家的拥护？对于不聘任的员工，如何进行合理的补偿？作为转制的上级部门，必须很好地回答这些问题，拿出具体的措施消除人们的顾虑，才能真正为下一个阶段的变革奠定良好的基础。

2）变革

变革须明确目标和方向，通过各种措施，推进和落实各项变革措施，使员工形成新的行为或态度。

在这个阶段，特别需要提供有关变革的信息，鼓励成员参与变革计划的制订，提供对变革问题的咨询，通过谈判或协商解决变革中遇到的各种问题。在具体的运作过程中，可能会遇到种种问题。比如，如何具体将现有的资产分割到每一个人？经营班子如何组建？转制所需资金如何筹集？新的监管体系如何构建和落实？有些需要解聘的人员如何买断工龄？退休人员如何保证其切身利益？这些都需要明确。

在变革过程中，既要保证变革后能够正常地开展经营活动，又要保证新的机制能够更好地发挥作用，长期保证各个群体成员的利益，通过市场化的机制，力争比原来做得更好。因此，在遇到问题时，需要广泛地征求意见，在组织的利益、大多数人的利益之间求得平衡，从长计议。有时会遭到少数人的刁难，这时，如果经营者站在正义一边，就可以通过大群体的力量制约小群体。比如，有少数不讲理的下岗人员，在待岗的一年里拿到了基本工资后，第二年找到领导仍然声称自己没有找到工作，需要继续补偿。经营管理机构的回复是：职代会是公司的最高权力机构，如果这些人的要求合理，可以到职代会申诉，如果职代会同意，公司就同意支付基本工资，结果是正义的力量平息了无理取闹的员工的不合理要求。

当然，在变革的过程中，需要讲究有理、有利、有节。有理走遍天下，只要组织真正站在公司和个人双方的立场考虑问题，将心比心，经过长期、深入、细致的工作，动员各个方面的力量，相信是可以保证变革执行到位的。

3）再冻结

再冻结即稳定变革的成果。比较长远的、艰巨的变革任务有时需要分阶段推进，完成一个阶段的变革目标，需要有一段稳定期，让人们的观念和行为逐步成型和固化。待时机成熟，再启动新的变革目标和措施，从而进入新的变革周期的解冻阶段。

在这个阶段，需要通过宣传、奖励巩固已经出现的符合变革要求的事物，让人们模仿、跟进；对变革后出现的不符合目标的问题，要及时处理，千方百计保证人们的行为不再回复到变革前的状况。

9.2.2 组织变革的其他理论

勒温的三阶段组织变革理论的优点是简单、明了，不足之处则是过于简单。在实际的组织变革过程中，还有许多细节需要澄清，比如为什么要解冻？解冻的根本原因是什么？在变革过程中，有哪些可供选择的变革方式？哪种变革方式最合适？可能有哪些后果？变革成功的指标是什么？为此，有些学者提出了一些比较具体和全面的理论，介绍如下：

卡斯特（E. Kast）提出的组织变革模式如图9-4所示。

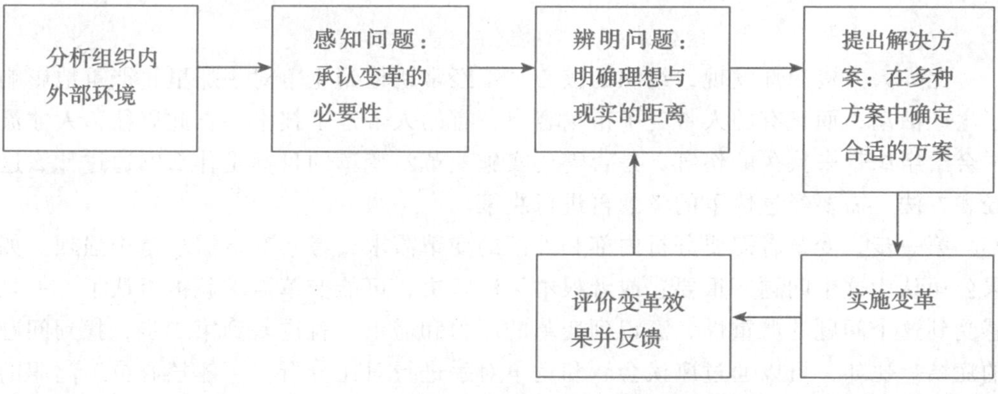

图9-4 卡斯特的组织变革模式示意图

第一，对组织进行回顾、反省、批评，试图通过研究组织内外部环境发现可能存在的问题。

第二，感知问题，即认识到组织的问题及其严重性，确定组织需要进行变革。

第三，辨明问题，即对问题进行更加细致和深入的确认，知道问题所在，并明确理想的状态是什么，理想与现实有多大差别。

第四，提出解决方案，即为了缩小理想与现实的差距，分析可能的解决办法，并从中挑选出合适的方案。

第五，实施变革，即将挑选出来的解决办法落实。

第六，评价变革效果并反馈，一边落实变革方案，并在适当的时候了解变革是否解决了组织存在的问题，对变革方案、措施进行校正。因此，在这个阶段，需要对照组织变革的目标，考察变革是否达到了理想的目标，如果没有达到，还需要进行哪些补救，甚至是采取新的方案和策略进行校正。

吉普森的组织变革模式是比较系统和全面的，如图9-5所示。

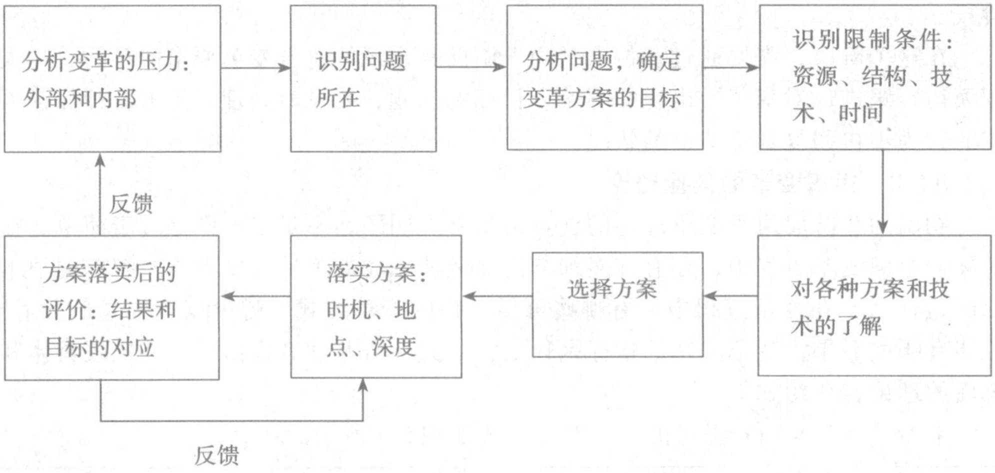

图9-5 吉普森的组织变革模式示意图

比如人力资源部发现，组织的核心员工经常跳槽到竞争对手那里，严重地影响了生产活动，而且有的人带走了市场客户，有的人带走了技术，长此以往，人才流失会给组织带来持久的伤害。是否需要实施变革？变革的目标是什么？通过什么途径和方法？需要经过慎重的考虑再进行决策。

第一步，变革者需要分析内部和外部的变革需求，考察变革需求是否强烈。如果公司认为这个问题不重要，或者根本无法解决，可能变革需求就被否认了。一旦感受到这个问题的严重性，意识到变革的压力和需求，就进入到第二步，找到问题的症结。比如，可以通过座谈会、和竞争对手进行对比分析，了解核心员工离职的原因，到底是待遇问题，还是发展空间问题，还是人际关系问题，为什么这些员工愿意跳槽到竞争对手那里去？第三步，是分析问题，确定变革方案的目标。如果原因分析表明：本公司给核心员工的待遇与竞争对手相比普遍偏低，而且缺乏绩效考核制度，干多干少一个样，干好干坏一个样，挫伤了这些员工的积极性，公司就要通过重新制定工资体系，建立绩效考核制度来达到留人的目标。接下来就是识别限制条件，是自己制订方案，还是请外部的咨询公司制订方案？有没有足够的经费支持？需要多长时间完成？比如，由本单位的人力资源部牵头，可能对情况比较熟悉，但由于各种关系，可能会出现主观性，再加上对于一些市场化信息不熟悉，无法真正实施市场化的操作；而聘请外部的咨询公司，可能需要较多的经费，它们需要花时间来熟悉公司的情况，时间会更长一些。

聘请外部咨询公司的理由是，咨询公司熟悉行业内的工资水平和考核体系流程，了解竞争对手的经营状况，熟悉人力市场的价格，而且聘请外部咨询公司，方案的设计者不是公司员工，不涉及利益，更能保证以公正的立场进行评判，避免了主观的偏向。还有一点，国人喜欢外部权威，"外来的和尚好念经"，这种依靠外部力量解决问题的办法也容易推动变革的实施。

薪酬方案和绩效考核有多种办法，双方可以通过讨论确定一些基本的立场和观点。比如，薪酬差异幅度是大还是小？是采用市场领先的工资政策还是市场跟进式的工资政策？固定工资和浮动工资的比例是多大？有没有股票期权？是实行团体奖励还是个人奖励？是上级考核下级，还是360度考核？考核兑现的周期是月度、季度、半年还是年度？一旦这些基本措施确定，就可以制订具体方案了。

方案确定，并征求员工意见进行修正后，紧接着就是确定方案实施的时间，并定期对方案实施的效果进行评估。比如，核心员工的流动率下降了吗？员工的工作积极性提高了吗？员工的整体满意度改善了吗？

如果达到了期望的效果，解决了公司存在的问题，就可以暂时稳定下来，并小规模地调整变革方案遇到的一些新问题，进一步形成制度。如果变革又导致了新的问题产生，比如普通员工流失率提高，普通员工消极怠工，可能需要重新审查薪酬方案和绩效考核方案对普通员工的利弊，考虑是否需要调整。

9.3 组织变革的策略与方法

一个组织有很多侧面，这些不同的侧面又相互联系，往往牵一发而动全身，不能用局部思维代替整体思维。在构建变革理论时，往往习惯于抓主要矛盾，但实际操作过程中，却只强调某一个方面，突出变革的重点而已。

9.3.1 组织变革的内容或角度

组织变革经常从组织的结构变革、技术和任务变革、人员变革角度进行描述，突出某一条主线，便于人们理解。

组织变革可以从结构开始，也可以从技术开始，还可以从人员变革开始。具体从哪个角度开展变革，需要综合考虑组织的实际。可以肯定的是，这些变革很多时候是相互影响的，特别是结构变革和技术变革都会涉及人员变革的问题，为了适应组织的各种变革需要，组织发展就是比较系统的人员变革程序。

1）组织结构变革

所谓组织结构变革是对组织的现有结构按照一定的理念重新进行组织，以改善组织的职能和效率。具体地说，从横向变革看，其包括部门的重新划分、建立新的组织结构、重新划分部门的责任；从纵向变革看，其包括管理层次的压缩、管理幅度的变化、集权或授权等。

组织结构是组织运作的基础，组织结构的变化不仅仅意味着组织工作流程的改变，而且暗含着人员的变动和权力的变动，通常来说难度是最大的。

比如，为了提高服务的针对性和全面性，项目团队越来越多。通常，项目团队有一个负责人，由该负责人为客户提供整体的服务，也由该负责人负责内部成员的组织、协调和激励。在这种管理理念的推动下，就需要重新分配权力：增加项目团队负责人的权力，适当缩小职能部门负责人的权力。从表面上看，这种工作非常简单，但在实际操作中，由于权力与利益的联系，就可能产生协调的矛盾和阻力，职能部门负责人和项目经理哪个权力大？哪个利益多？这些问题常常困扰着实践一线的人员，如果双方都心平气和，问题好办，否则矛盾重重。

再比如，扁平化组织可以降低管理的层次，减少信息传递的距离，增加反应的灵活性，也可降低协调的难度。然而，这种组织变革有几个重要的前提条件：第一，扁平化增加了管理的幅度，即管理者的责任扩大了，因此需要管理者的能力得到相应的提升；第二，中层管理人员认识到高耸的组织结构对组织的危害，能够放弃自己的管理职位，服从组织的安排和领导。然而，实际工作中，这两个必要条件很难满足。因此，扁平化组织在国际上非常常见，而在我国听起来很好，实施起来很难，阻力很大，特别是看重官本位的文化，使得操作难度更大。

前面的案例中涉及苏宁电器的+互联网过程，采取了循序渐进的模式，起初并非让二者选择其一，而是从做加法开始，在集团公司层面逐步整合共享的业务，支撑线下业务和线上业务的发展；还从线上业务发展一些新型的业态，探索互联网电商的发展规律。至于未来如何协调线上线下，何时整合线上线下，是交叉运作还是长期独立并行的运作，还在探索中。

按照平行发展的模式，应该说给组织的震荡是最小的，因为线下是比较成熟的模式；线上可能是新兴的业态，有可能冲突，也有可能融合，但是短期内分开运作，至少对已有的员工的影响较小，对权力、资源、信息的争夺、矛盾较少，有利于平稳发展。

2）技术和任务变革

以技术和任务变革带动组织变革。技术的改变主要是组织完成任务所用的方法和设备的改变。比如，引进新的生产工艺、新设备、新的测量程序等，提高机械化和自动化程度。任务变革则试图通过对任务重新划分，提高工作的成效。技术和任务的变革有比较密切的联系，技术变革通常导致任务变化，但任务变革不一定伴随技术变革。

SAP或企业资源系统（ERP）是适应当今管理信息化需要而为组织提供的信息化平台，其好处是可以通过对整个组织的运行数字化，便于经营管理者了解组织的整体运行情况和效果，及时发现问题，并采取有效的解决办法，提高组织的竞争力和适应性。然而，这个好的方法未必能够被员工接纳。

其中，SAP是5个前IBM职员于1972年在德国曼海姆建立的公司，它是全球最大的协同商务软件公司和第四大独立软件供应商。SAP的原始理念是为向顾客提供与广泛应用的公共公司数据库交互作用的能力，逐渐地，其应用得到了企业的认可。现在，许多公司，包括IBM和微软，使用SAP产品来开展它们的业务。

SAP的应用程序提供对财务、财产、消耗统计、生产操作以及材料、人力、设备和文档的管理能力。SAP使用综合网络界面完善了其产品，增加了新的电子商务程序，包括客户关系管理（CRM）以及供应链管理（SCM）。

在2001年年初，SAP作为一个上市公司，在50个国家拥有21 500个雇员以及30 000余套设施。SAP正在将其重心转移到中小型企业。

为了提升我国企业的管理水平，许多企业领导看到了SAP等信息系统的优势，纷纷斥巨资将该管理系统引入到组织管理中。然而，运用该系统需要从管理思想、方法、技术等方面进行配套。比如，许多员工不能适应新的系统的要求，整理和输入所需要的数据，熟练地运用计算机完成所需要的操作。

在技术变革方面，越是变化快的领域，比如IT领域，新知识和技能更新越快，员工的适应难度越大，组织变革的负担和成本越高。为此，需要组织根据其所在行业的特点，不断地通过培训，建立学习型组织，促进员工不断地更新知识和技能，以应对不断发生的变化，并跟上和适应这些变化。

随着互联网对企业的影响加大，技术和商业模式变革往往会交织在一起。现在的服装生产和零售企业，也开始引入互联网销售，实现O2O的销售创新。有成功的案例，如韩都衣舍的内部变革模式，也有受挫和重新变革的，如美特斯邦威公司。

【案例9-6】　　美特斯邦威：老牌服装企业转型中的挑战

2013年10月，美特斯邦威服装公司在杭州举办了O2O战略发布仪式与体验会，标志着该公司开始了它的互联网转型，特别是希望提升营销和用户体验。其变革的逻辑是：利用网络、手机应用、公众服务账户等功能和消费者接触，即运用互联网的优势，浏览产品、搭配服装、购买、调换等（线上体验）；如果消费者觉得网上购物不放心，可以在手机上挑选好款式和尺寸，到特定的实体店试试衣服（线下）。总之，消费者在线上购物后，由线下最近的实体门店负责送货，并且可以在线下进行退换、递送。这是企业转型后的改善体验的理想。

在具体的实体店消费过程中，消费者可以在店里喝着咖啡，登录网络平台挑选衣服，通过iPad付款，把选衣服和试衣服的过程变成舒适的享受过程。

然而这个美好的O2O尝试，在2014年年中，即公司进行战略发布不到半年，陷入了困境。由于线上业务和线下业务没有切分，而是完全使用一套体系，导致两者的冲突在同一体系内形成了正面交锋。传统门店转换为互联网体验店，需要增添一系列的软硬件设备，还要重新装修。此外，线上线下所有库存的打通，也会提高商品结构设计和商品流转的成本。加上增加了数字化的体验和互动空间，导致实际的衣服陈列空间缩小，由此引起门店的陈列款式或库存下降，又影响了消费体验。由于经营的流程和模式发生的变化，员工无所适从，相关的设计、研发、采购、生产、物流等部门又没有变革，导致销售前台本身有冲突，后台也有冲突。总之，员工都不适应，最可怕的是销售业绩的急剧下降。

2015年，美特斯邦威再次开始转型，开发了一个名为“有范”的服装电商平台，消费者、设计师、品牌方在平台式互动，消费者不仅可以购买商品，还可以交流服装搭配。在这个平台上，除了有美邦公司自有的品牌，还有大量其他品牌，如阿迪达斯、康威等国际品牌，以及很多小众的设计师品牌。为避免新旧业务的冲突，有范几乎和美特斯邦威原来的业务没有重叠，界限十分清晰。

看来，这个新的变革，切断了和过去美特斯邦威公司的B2C模式的联系，转换成了类似于C2B的模式，希望通过部分国际品牌吸引客户，形成一些新的模式。

面对这样快速的变革，管理者适应吗？普通的员工适应吗？这种模式能够给美邦公司带来商业成功吗？

资料来源　陈威如，王诗一. 平台转型：企业再创巅峰的自我革命［M］. 北京：中信出版社，2016：174-176.

此外，在工业化时代，技术变革有时还需要考虑到人的特点，将技术变革与人的行为规律完美地统一起来。比较早研究这种结合的是社会技术系统（social technical system）学派。社会技术系统学派是由英国的特里斯特（E. L. Trist）及其同事创立的。他们根据对煤矿业采煤法研究的结果认为，要解决管理问题，只分析研究技术系统是不够的，还必须研究技术系统对社会协作系统的影响，以及对每个人心理的影响。他们认为，管理绩效和组织绩效，不仅取决于人们工作所处的技术环境，而且取决于人们的行为态度和相互影响。管理人员的主要任务之一就是确保社会协作系统与技术系统的相互协调。这个学派的大部分著作都集中讨论科学技术对个人、对群体行为方式以及对组织方式和管理方式的影响，因此，特别注重工业工程、人机工程等方面的研究。

以任务为中心的变革，也能够促进员工工作积极性的提高，进而达到提高工作效率的目的，主要包括工作轮换、工作扩大化、工作丰富化。

随着人们受教育时间的延长和学习能力的提高，人们对长期从事一种活动表现出一定的厌倦或疲惫，希望能够有一些变化，一方面提高工作的兴趣，另一方面提升工作能力。工作轮换是设置一种机制，让人们有机会从事不同岗位的工作，变换工作岗位，使人有新鲜感，重新建立自己在新岗位的形象，从而产生较强的工作动力。此外，还有利于员工丰富工作经历、提高能力，其副产品还包括促进对不同岗位之间的相互理解，有利于未来的合作。图9-6为工作轮换示意图。

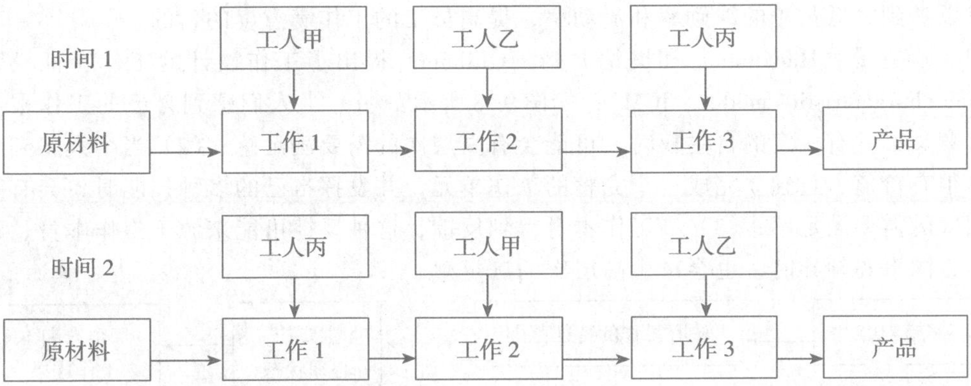

图 9-6　工作轮换示意图

工作扩大化是横向地扩大工人的工作范围，使一个工人所做的工作种类更为多样化。每个人除了从事原来自己所做的工作外，还扩大到上游或下游的工序，以丰富人们的工作内容，达到克服单调乏味的目的。在工作扩大化前，每个人负责一个工序；工作扩大化后，一个人可以完成两道或两道以上的工序，通过增加每个人应掌握的技术种类和扩大操作工序的数量，达到降低人们对原来工作的单调感和厌烦情绪，提高员工的工作满意度。此外，工作扩大化能够拓展员工技能范围，这样管理人员在安排工作、适应变革、填补空缺职位时，更容易、更灵活。当然，培训费用增加、新工作的适应期效率下降是这种方法的不足。图 9-7 为工作扩大化示意图。

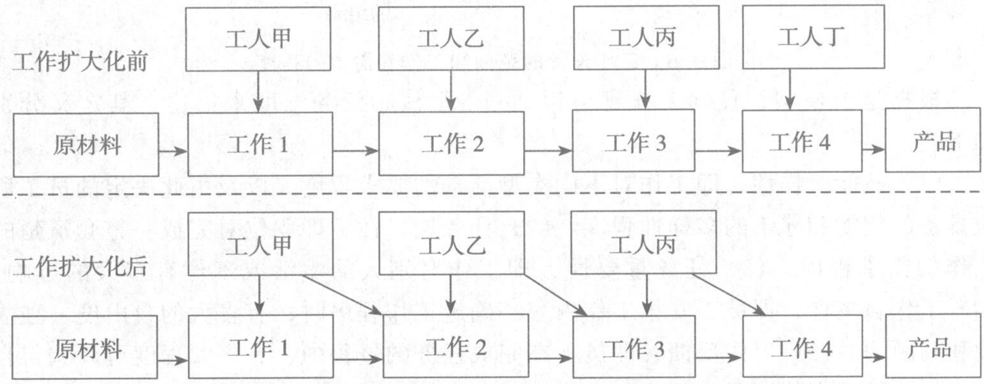

图 9-7　工作扩大化示意图

工作丰富化是一种纵向地扩大工作范围的工作设计方法，主要体现赫兹伯格的激励因素的作用和价值，这种办法可以增加员工对工作计划、执行和评估的控制程度。研究表明：要实现工作向纵深发展，需要保证员工所做的工作具有完整性；需要使员工有一定的自由度和独立性；需要增强员工的责任感；及时提供工作反馈，以便员工了解自己的绩效状况，并加以改进，获得成就感。实践表明：工作丰富化可以达到降低员工的缺勤率和流动率，提高员工的工作满意度的目的。

哈克曼（Hackman）和奥德海姆（Oldham）提出了工作设计的工作特征模型(job characteristics model，JCM)，如图9-8所示。(1) 当人们感到自己的工作本身有意义，并有一定的自主权时，可能会有高层次的需要满足感；(2) 当个人感到工作很有价值，且独立完成一个完整的工作单元，并发挥自己的多种技能时，会有高层次的需要满足感；(3) 当工作本身得到反馈，这种反馈可能来源于工作本身、顾客、同事和领导时，也会产生高层次的满足感。

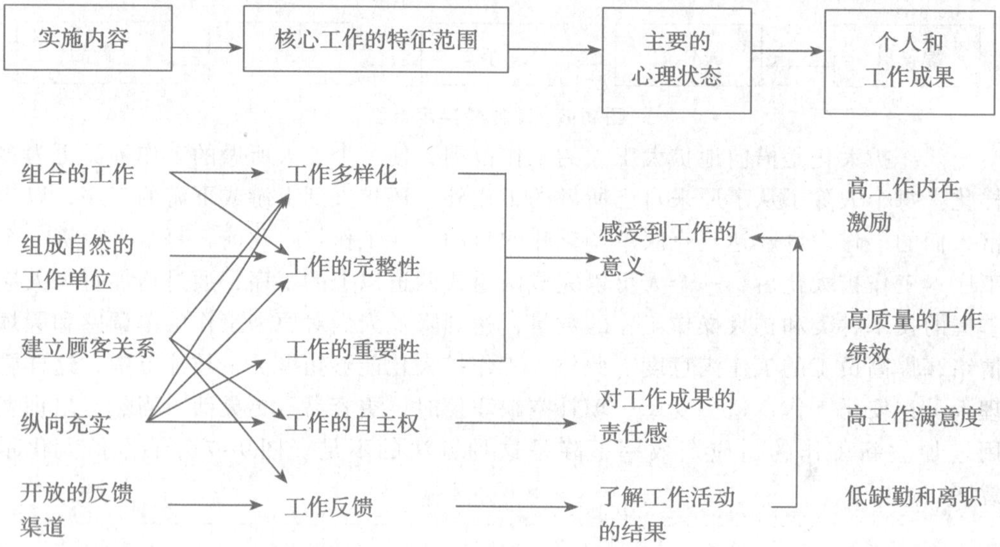

图9-8 工作设计的范围和工作者需要的程度

根据这个模型，任何工作都可以通过5个核心任务维度来描述，其定义分别如下：

(1) 技能多样性，即工作对不同类型活动的要求程度，以及由此决定的员工所应具备的技能和才干的多样性程度。(2) 任务同一性，即职位对完成一整套清楚的工作的需求程度。(3) 任务重要性，即工作对别人的生活或工作有多大的影响。(4) 工作自主性，即员工安排工作内容、确定工作程序时，有多大的自由度、独立性和判断力。(5) 工作反馈，即员工在完成任务的过程中，有多大程度可以获得自己工作业绩的直接而明确的信息。

图9-8是根据工作丰富化的思想而设计的工作特征模型，为了实现工作特征模型的要求，在管理实践中可以采取的一些措施和办法。

根据以上5个核心工作维度，可以计算一项工作的激励潜力分值（motivating potential score，MPS)，计算方法如下：

MPS=（工作多样性+工作完整性+工作重要性）×自主性×反馈÷3

要使得MPS高，工作需要在前三个维度中至少有一个维度得分高，并且在自主性和反馈两个维度得分都高。根据JCM模型，如果工作MPS得分高，员工的绩效和满意度水平会较高，而旷工和离职倾向会降低。

根据赫兹伯格的激励理论，工作本身需要有意义，具体如下：

组合工作，即把高度专业化的各项工作结合在一个大的工作单元中。比如，银行里的出纳员工作实行组合后，就不仅仅是办理一项或几项业务，而是对众多的顾客全面负责，增加了工作的多样性和完整性。

建立自然的工作单位，同样可以使工作构成一个整体，具有独立的意义。比如，将物业管理中的水、电、气等组合在一起，让一个员工全面地帮助房主检查仪器仪表、检修和维护、计量和交费；将银行客户的存款、理财、支付等整合在一起，实行一条龙服务；家用电器的运输和安装组合。现在时兴一站式服务，就是将客户的需求打包在一起，既让员工工作丰富化，又使顾客得到了全面的服务，实现双赢。

建立员工-客户关系则可以获得多方面的工作意义。为客户服务，可以体现工作的价值；为客户服务，需要多种技能；为客户服务，可以用自己的方式和方法，还可以获得客户的反馈。

纵向的工作负荷让工作成为一个整体，从工作的计划、组织到实施责任明确，员工获得了一定的控制权，也承担了更多的责任，自主性更强，工作更有意义。

而开通的反馈渠道，可以让员工了解工作的结果，让员工知道自己努力的方向，达到激励员工、约束员工、引导员工的目的。工作特征与个人需求的关系见表9-1。

表9-1 **工作特征与个人需求的关系**

工作特征	高成长需要者	低成长需要者
工作多样化 工作自主 工作意义 工作完整性 反馈	高内在激励	
	高工作满意度	遇到工作调整困难
	高质量的绩效	不稳定的绩效
	低缺勤和离职	存在缺勤和离职

工业化主导时期，人们更加关心生产过程员工的工作特征，避免因为专业化、单调性、心理疲劳所导致的效率和质量问题。而在知识经济时代，生产过程、服务过程、研发过程可能会出现协调与融合的趋势，特别是注重个性化定制的时代，创客团队、合伙人团队等运作模式逐渐成为主导模式，工作的自主性、完整性、多样性、反馈性都得到迅速的提升。在丰富工作的同时，需要员工更好地具备更加全面的素质，这实际上带来了更多的压力，需要更多地学习相关的知识技能，具备更高

的领导力、沟通能力、商业服务能力等，才能更好地适应新的竞争。

的确，创造力与后天相关，参与创新是每个员工的义务和责任，但是，高领导力、高情商、高创造力是否是每个人都拥有的资质，总是令人将信将疑。当然，不管达到什么水平，只要学习就会提升，可以肯定的是：未来生活一半是海水，一半是火焰。互联网、人工智能解放了人，又加剧了人的成长需求和竞争激烈程度。海尔的自主经营体模式，其核心就是要下放权力给自主经营团队，直面服务用户，通过用户买单获得市场认可和回报，也是组织变革的重大创新实践。

【案例9-7】　海尔的自主经营体：人单合一逻辑与管理实施办法

1）人单合一管理的基本思路

在互联网时代，企业必须从“卖产品”向“卖服务”转型。要完成由制造到服务的转型，员工必须转型，从听命于上级转向听命于用户。为此，海尔集团提出要改变传统的经营模式，搭建一个能够将用户需求、员工价值自我实现和企业发展有效融合的崭新管理模式，即人单合一管理。

在战略层面，要实现从原来的先造产品再找用户，变为先创造出用户价值再制造产品。通过虚网即互联网与用户建立互动平台，挖掘用户需求；通过实网即营销、配送、服务网络，快速满足用户需求。海尔集团努力实现从大规模制造转为大规模定制，从制造型企业转变为服务型企业。

在组织层面，从原来的大事业部制经营组织形式转变为以自主经营体为基本创新单元的三类三级倒三角形经营组织架构，将原来所有部门按照线体、型号、市场以及一级、二级、三级划分为2 000多个自主经营体，建立以自主经营体为单元的快速反应组织架构，使员工通过自主经营体与客户直接对接，由自主经营体直接决策和满足用户需求，彻底改变决策流程链条太长、执行迟缓、员工被动的缺陷。

在核算机制上，改变传统的财务核算体系和薪酬管理体系，设计自主经营体的三张表，即损益表、日清表、人单酬表。第一张表表明创造用户价值的正确方向，第二张表精确到任务完成的流程时效，而第三张表就是员工和自主经营体自我经营的最终结果，直接决定了自主经营体和员工的薪酬。

在流程上，充分利用信息技术，从原来的信息孤岛变为开放的信息化系统。海尔集团通过信息化平台与用户互动，及时把握用户需求，并以最优方案满足用户需求。同时，通过信息化系统及时掌握经营体的绩效和问题，并提供资源和专业服务帮助经营体达成目标。

在文化上，建立开放、公平的文化氛围，以目标为导向，鼓励员工不断创新，不断挑战自我，每个员工都能成为自己的CEO。

2）构建以自主经营体为基本单元的倒三角形组织体系

（1）确定自主经营体特征和类别

自主经营体是海尔集团实施人单合一管理的核心和组织载体，也是基本创新单元。所谓自主经营体，是以创造并满足用户需求为目标，以相互承诺的契约关系为纽带，以共创价值并共享价值为导向的自主经营组织。自主经营体拥有用人权和分配权及自己独立的核算报表，自主经营体都必须面对市场创造用户价值。每个员工都必须进入经营体，包括财务、人力等职能部门都要融合进入自主经营体，要提供资源把自己由后台变为前台。自主经营体实现“自主”，最主要是赋予“两权”：用人权和分配权。团队长可以选成员，成员也可以选团队长。团队成员一起决定可以罢免团队长和决定成员的去留。

自主经营体要具备三个要素：端到端、同一目标和形成倒逼体系。

端到端是指自主经营体要围绕用户需求，从用户难题开始到用户满意为止，从用户端到用户端。一切从用户出发，用最快的时间为用户创造价值，如果不能给用户创造价值，不能让用户从不满意到满意，那么自主经营体就没有价值。

同一目标是指整个自主经营体团队只有一个共同目标，即为所负责的用户群创造价值。自主经营体团队虽然是由以前不同部门的人员所组成，但都是围绕共同的目标从不同的方面来承担分解的工作目标。

倒逼体系是指自主经营体从满足用户需求出发，通过契约的形式倒逼到内部全流程的人员互相承诺，制定预算和预案，保证目标的达成。

自主经营体具有三个典型特征：自创新、自驱动、自运转。

自创新是指自主经营体要根据用户需求的改变不断进行创新，不断满足用户的需求，同时能够不断挑战更高的目标。

自驱动是建立日清预算体系，将工作目标和预案分解到每天，能够自主地按照每天的预算驱动完成目标。

自运转是指流程和机制不断优化升级，即流程化和制度化，形成一个良性的螺旋式上升的闭环优化体系。

海尔集团的自主经营体分为三级，一级一线经营体、二级平台经营体和三级战略经营体。

一线经营体直接面对用户，每个一线自主经营体直接面对市场，为所负责的用户群创造价值。这要求一线经营体缴足企业利润、挣够自己的经营费用，剩余超利分成。一线经营体又划分为三类经营体，包括市场经营体、型号经营体和线体经营体。市场经营体提供差异化的用户解决方案，创造用户需求；型号经营体创造差异化的产品和服务满足用户需求；线体经营体提供即需即供的供应链服务，将差异化、零缺陷的产品快速送达用户。

二级平台经营体为一线经营体提供资源和专业的服务支持。

三级战略经营体，即原来的领导者，主要负责制定战略方向和发现新的市场机会，同时为经营体配置资源，帮助一级和二级经营体达成目标。

根据与用户的距离，从近到远依次为一级、二级和三级，从而构成倒三角经营组织体系。三类经营体之间依靠“包销契约”的方式实现价值协同；三级经营体之间依靠“服务契约”的方式实现资源协同。

(2) 分阶段稳步推进自主经营体建立

在组建自主经营体过程中，海尔集团从试点开始，分三个阶段稳步推进。

第一个阶段树立样板。从一个点（一个区域、一个型号、一条生产线）开始突破，建立样板经营体，总结样板经营体好的做法和经验，固化成手册，成为供其他经营体学习的工作指导。最初的样板是在实际操作过程中自然形成的。

2009年在四川省组建的海尔集团第一个冰箱农村市场自主经营体，是从满足农村用户需求出发、由经营体负责人和企划、研发、物流等平台的13个人共同发起的。在“家电下乡”中，一线员工捕捉到一个市场需求：政策有限价，而农民需要一些高端冰箱。矛盾如何解决？团队倒逼全流程资源，在极短时间内打造出低价位、高性能的三门变温冰箱，备受欢迎，海尔冰箱在农村市场实现了40%的高增长。

第二个阶段做透样板。所谓做透，就是纵横连线打通。

纵向是指自主经营体的三级架构，表现为样板点的一级经营体的优秀做法能够被其在连线上的二级经营体总结成手册，同时二级经营体能够为该一级经营体提供资源使其得到提升。二级经营体和三级经营体之间的连线与之类似。

横向是指三类经营体之间的包销定制关系，表现为市场经营体与型号经营体之间的包销定制，型号经营体与线体经营体之间的包销定制等。通过做三类经营体各自的样板，形成包销定制的相互承诺合同指导。

做透样板还要在端到端全流程闭环优化，将样板经营体的做法制度化、流程化，通过信息系统固化下来。做透样板的最终体现是将样板自主经营体做成一个能够独立核算、自负盈亏的企业内部公司。

第三个阶段复制样板。将样板经营体成功的做法和已经形成的手册指导，通过流程复制到其他经营体以及整个体系，保证全局的目标达成。

通过三个阶段的推进，确保自主经营体步步为营，有序发展，同时保证自主经营体组建的过程中不偏离战略方向，及时将已经取得的成效通过信息系统流程化、制度化，在复制的过程中不断优化提升。

3）以竞争方式建立和淘汰自主经营体

自主经营体的组建是从市场需求出发，由三级经营体长根据集团的战略确定经营体的业务战略定位与战略方向，员工在明确的战略与有效机制驱动下，凭借“三预”（预算、预案、预酬）抢入经营体。经营体的组建过程就是目标确定的过程，员工在机制驱动下为了体现效率、实现增值、获取更高的薪酬，积极主动挑战自我、挑战大目标。在由自主经营体组成的倒三角架构组织中，各经营体自主运行、自负盈亏，是一个个独立的虚拟公司。每个经营体都有自己的损益表与人单酬表，虚拟公司经营不善将会被同级经营体兼并与重组。

在自主经营体的竞聘过程中，先确定经营体长，由业务部门的上一级和人力资源部门根据参加竞聘经营体长的员工“三预”方案可行性来确定最终结果。其中，作为首要参考的为三预中的“预算”，必定是高于第一竞争力目标的预算。如果参加竞聘的员工预算较高而其支持预算实现的“预案”亦具有可行性，则该员工竞聘成功。相应的，也会按照该员工提出的预算所对应的薪酬，即“预酬”最终确定其薪酬。整个过程既明确了最终要完成的目标，又明确了完成该目标之后所对应的薪酬水平，同时也在事前明确了完成目标的路径等。自主经营体内成员的产生与经营体长的竞聘过程相似，也是凭借“三预”。

自主经营体的数量和单个经营体内成员根据市场不断进行调整，包括相邻市场的经营体之间可以相互“兼并”，兼并的必要条件也是“三预”。自主经营体的成员确定后，也可以通过“官兵互选”的方式进行更换，团队长可以选成员，成员也可以选团队长，前提也是“三预”。

同时，经营体成员是动态的，形成“进、上、出”的竞争机制。

“进”就是建立开放平台，能够吸引外部有能力的人才进来，从内部来说能够让员工主动抢入经营体；

“上”就是让经营体能够自觉地挑战有竞争力的市场目标，目标动态优化，完成目标后有相应的升迁和发展平台；

“出”就是退出机制，达不到既定目标，后10位淘汰，在关键岗位设置“鲶鱼”岗，作为该经营体长的后备人才进行培养。

资料来源　海尔集团公司. 海尔的人单合一管理——以自主经营体为基础的人单合一管理[J]. 企业管理，2012（6）.

3）人员变革

人员变革主要是围绕人们价值观念、工作态度转变，以及工作积极性调动而采取的各种人力资源管理措施。在我国计划经济时代，均贫富、铁饭碗思想比较重，结果限制了人的积极性和创造性的充分发挥，使整个组织运行效率低下、人才大量流失。为了改变这种不良状况，许多组织围绕人员开展变革，比如，国有企业的减员增效；重要岗位晋升的内外招聘相结合的制度；制定科学合理的晋升制度；旨在调动人们积极性的绩效考核和薪酬制度的实施等。

这些人员价值观念调整、利益调整的变革，极大地促进了员工的工作积极性，充分地释放了员工的潜力。但是现在也面临着新的问题，即员工的长期应急状态和工作压力所导致的亚健康状况，可能对组织的持久发展构成阻力。另外，由于国有企业的所有者缺位的问题没有得到解决，还是存在能进不能出、能上不能下的问题，不利于人力资源的市场化配置，不利于充分调动国企员工的积极性和创造性。

9.3.2 组织变革的阻力

组织变革的阻力来自两个方面：一是个人，二是群体和组织。

个人阻力主要来自以下几个方面，分别陈述如下：

（1）担心物质和经济利益受损失

在市场经济环境下，变革总是保护有能力、勤勉的人，但是在一个组织中，不可能人人都是强者，在重新制定利益分配办法时，可能弱者的利益相比以前会受到影响，这时，这些利益受到损害的人就可能阻挠、干扰变革。他们一方面担心已有的既得利益受到侵蚀，另一方面担心自己的职位受到威胁。比如，实行竞聘上岗后，有人升职了，有人职位保住了，有人降职了，也有人职位没有了。职位升迁的人名利双收，保住职位者保住了饭碗，而降职、失去职位者则大难临头了。鼓励竞争能够调动人的积极性，但竞争总有胜者和败者，谁来当败者？如果成为竞争的失败者，既伤尊严，又损失经济利益，谁不害怕？

（2）担心学习能力，忧心失去工作保障

随着人年龄的增长，人的有些能力在逐步退化。有研究发现，智力中的机械记忆力、推理速度、运动能力就是如此。这些能力的减退，对需要不断学习新知识的职业或岗位的从业人员来说是一个挑战，这种情况在IT行业、技术领域非常普遍。因为在IT行业，知识需要不断地更新，而这方面的学习能力总体上随着年龄的增长呈下降的趋势；而从事技术工作的人，如果引进新的数字化控制和操作系统，许多年纪大的人需要重新学习，这对他们来说是个挑战，这时，员工会产生害怕和恐惧心理，这种心理会招致人们的怨气和反对。许多从事IT行业的人，到了中年就要开始思考人生的转型问题，避免因为学习能力、适应能力的下降导致被裁员。一般来说，随着年龄的增长，知识技能型学习能力有所下降，但是，已有的知识和经验仍然还在。而且，情绪智力处于增长期，因为随着岁月和经历的丰富，对组织、对人的认识会更加深刻，可以考虑往管理、营销岗位发展和转型，防患于未然。

（3）固有习惯

人的行为是有惯性的，长期形成的思想、观念、行为规范，在短时间内很难改变。比如，许多人形成了抽烟的习惯，而且不分时间、场合，如果公司实行禁烟的制度，短时间内阻力会非常大。此外，习惯了大致估算的人，对于精确的数量统计也会很不习惯，就像中国人做菜常常跟着感觉走，不可能根据菜的重量，精确确定油、盐、酱油、醋、葱、姜、五香粉等佐料的数量一样，但是计算机化的管理，输入数据一定要非常准确，以便计算机统计和汇总，因此，许多信息化管理系统在实施时遇到了很大的阻力，不是做不到，而是中国人不习惯做。同样的道理，过去领导出去检查工作都是单位派车，这样很正式、有级别，现在要打的或坐公交车，感觉没有面子，不舒服，而且还没有人陪同进餐，很不习惯。因此，在我国，公车改革一直阻力很大，既有经济方面的、工作方面的，更有传统习惯、思维方式方面的。

（4）依赖心理

中国人比较保守，喜欢规避风险和不确定性。变革意味着已有的、明确的行为规范和模式可能要打破，过去可以依赖和保护的政策、领导格局需要重新建立，导致变数太多，不确定性太强，因此也会产生抵抗。

此外，组织或群体也会产生阻力，而且这种阻力比个人阻力更大，因为这种阻力是一群人共同作用的结果。

（1）对利益群体的威胁

比如，在高校合并过程中，有些处于弱势的高等学校的领导，明知借助品牌扩张，对于学校、教师、学生未来的整体利益提升有益，但是，一想到合并意味着权力的失去：可能要缩小决策权，可能会降低职位，可能要转换岗位，这些领导就会产生抵触心理。因为领导这一小群体的局部利益，而使学校失去了并入名校的机会，随着市场竞争的白热化，这些高校生源日渐萎缩，面临着经济和社会压力。

为了提高组织的反应速度和协作能力，矩阵式的组织、扁平化的组织能够保证这种目标的实现。然而，在矩阵式组织中，项目管理者和职能部门负责人常常会出现权力争斗，两者都有权力，但项目管理者掌握了更多与利益相关的奖惩实权，更容易调动员工的积极性，常常导致职能部门负责人的不满。

扁平化的组织更加需要协作精神，淡化权力，主动进行自我管理。但是，在金字塔形的组织结构中，人们拥有了一定的职位，如果进行扁平化处理，过去打拼得来的权力失去了，会直接导致人们的抗拒行为。

（2）部门资源的限制

部门资源的限制即原有的资源受到变革的约束，可控制的资源减少，或对资源的控制力下降。

在一个组织中，每个部门的存在都有其价值，但其对于组织经营的重要性却存在客观的差异。一般来说，作为市场经济的龙头，市场部门的资源和权力是比较大的，其次是生产部门和研发部门，而行政部门的资源和权力较小。在一些以技术为主的制造型企业，根据组织的发展历史经验，技术人员长期处于优势地位。随着市场竞争的激烈，可能需要专门成立销售部门，但从事技术工作的人，未必适合从事销售活动。而从事销售工作的人，可能技术一般，但社会活动能力较强，随着销售部门权力和待遇的提升，生产技术人员可能心理不平衡，有意和无意阻挠，甚至诋毁销售部门。

（3）直接经济利益的损失

在组织中，常常有不同的利益群体，比如行政管理人员利益群体、工人利益群体、销售人员利益群体、研发人员利益群体等。这些利益群体面对变革，可能会联合起来，尽释前嫌，共同争取自身的利益最大化。在各种利益群体的博弈中，需要通过市场化的策略化解这些利益纷争。个人利益最大化，是每个人的初衷，但市场有市场的法则，过去合理的不代表现在和将来合理，市场永远是正确的。

9.3.3 变革阻力的消除办法

（1）教育。通过宣传活动，参观先进的企业，了解公司存在的问题与组织可持续发展、个人长期利益的关系，营造一种变革的紧迫性氛围，让员工知晓变革的益处，打消员工的顾虑。

（2）参与。为了保证变革的顺利推进，应积极吸纳员工参与到变革中来，让员工感受到主人翁责任感。面对变革的困难，让他们出主意、想办法，做一些员工的思想工作，有利于克服困难，减少变革的阻力，化解变革的矛盾。

（3）促进与支持。人是带着需要到组织中来的，一旦组织变革可能影响到员工的切身利益，就可能引发其本能的反抗。比如，裁员就是比较敏感的变革活动，被裁的人心里不舒服，没有被裁掉的也担心自己未来可能被裁掉，心中暗生忧虑。对于被裁的人，有现实的困难，能够帮助解决的，一定要解决，不能简单地为了经济利益，不管员工的福祉，引发人们的怨气，积累的怨气可能会形成一股强大的力量，成为变革的极大阻力。

有些公司从员工的利益考虑，对于双职工，至少保留一个人；对于有严重疾病的人，保留基本待遇；对于希望学习技术的下岗人员，给予培训的机会，并提供一定的经费；对于提前退休的人，给予相应的补助。

（4）运用群体压力。一个好的政策，通常能够争取到大多数人的支持，至于少数人，可以通过群体的压力促使其转变。最可怕的不是少数人，而是多数人，如果多数人认为变革对自己不利，工作就难做了。在运用群体压力时，首先需要将个人和组织的利益捆在一起，让员工感到组织的变革是为了大家的利益，而不仅仅是组织管理者自身的利益，这样就消除了员工产生反抗和对立的基础；其次可以利用有威信的个人的影响力，感动和说服他人，形成良好的群众基础。

（5）协商。有时候克服变革阻力需要付出相应的代价，可以通过协商的途径，对阻力源花费一定的成本来换取阻力的降低或消失。当变革阻力主要集中在个别顽固员工身上时，可以通过沟通协商出一种具体的补偿措施或报酬方案来满足其个人需求。当变革的阻力源范围较广时，可以通过工会等组织与这群员工以谈判的方式协商出一些具体的解决方案。

（6）强迫。对于极少数无理取闹的人员，在经过前面的工作没有效果后，如果符合法律程序，可以采取比较强硬的政策。当然，这是下策，但总是有些人，极端自私自利，不讲道理，比较蛮横。首先还是应该讲道理，辅之以适当的利益补偿，如果还行不通，严重地阻碍了变革的进程，伤害了组织以及大多数员工的利益，就需要采取强迫的措施解决问题。

9.4 组织发展与方法

9.4.1 组织发展的含义

前面提到，组织发展（organizational development）是组织变革的重要手段和途径。组织发展与组织文化的营造其实也有着内在的逻辑联系。

组织发展旨在通过预防性的准备和训练，改变组织成员的态度和行为习惯，形成符合市场经济规律的合理的态度、观念和行为习惯，为提高组织的市场竞争力服务。

宽泛地看，市场经济对管理者、员工、群体等各个对象的要求，都可以成为组织发展的问题。组织发展的目的很明确，为了应对组织可能发生的变化，需要了解目前组织的员工素质（态度和价值观）以及与变革相适应的新型员工的差距，尽早培训，实行改变措施，保证组织变革的成功。可以说，凡是有利于缩小员工素质差别的方法都可以运用到组织发展中。

组织变革不是时刻在发生，但组织发展工作却不能等待和停止。一旦外部和内部的经营环境发生了变化，组织就需要应对这种变化。然而，经常见到的情况是，对于人们长期形成的惯性思维和行为，变革者没有尽早诊断和采取措施，等到变革迫在眉睫才开始动手，这时各种利益和矛盾纠结在一起，很难化解，最终阻止变革成功。比如，长期受个人主义文化的熏陶，组织形成了个人主义的价值观和行为方式，突然因为竞争形势的改变，组织需要突出团队精神，注重合作式、双赢式的竞争。对于已经习惯合作的人，要进行相互竞争，人们不习惯；同样，长期以个人为中心的人，时时刻刻需要考虑到他人工作的进展，并无私地帮助他人完成任务，实现齐步走，也不是一件容易的事情。

过去的竞争只需要看准国内市场就可以了，但现在却需要关注国际市场，而且国际市场瞬息万变，汇率的改变、股市的动荡、气候的变化、战争、突发事件等都会影响到经营管理活动。如何才能跟上世界的脚步，保持畅通的信息以及备选的应对策略，需要改变。

局部思维、局部利益是人们最容易考虑的事情，但是，局部利益相加不等于总体利益，生产工作抓得好，如果销售跟不上，或者服务跟不上，生产就变成了无效的劳动。如何让每个员工、每个部门、每个领导者以更加开阔的视野总揽全局，相互配合和策应，实现系统利益的最大化，需要人们转换思维和立场。但是，怎么能够让不同认识能力、不同工作经历的人达成共识，需要尽早训练。

国际化竞争也包含国际化合作，与国际友人交往需要熟悉不同国家、民族的信仰、价值观、风俗和行为习惯，找到双方都能理解和接纳的交汇点，寻求理解与合作，而不是对立和冲突。中国人不守时是外国人没有想到的，外国人不喜欢打听个人的事情也是好客的中国人不能理解的。如果双方都站在自己的立场考虑问题，就只有冲突、没有交集，如果双方各让一步，先理解再影响对方，合作就会顺利，令人愉快。西方人知道中国人缺乏时间观念，可以在事前提醒中国人，慢慢运用自己的影响力改变对方，珍惜时间、尊重他人；而中国人也应该理解西方人的隐私观念，少打听他人的隐私，可以减少许多误解和矛盾，提高工作合作度和效率，当然外国人也应适当让步，尊重中国五千年的文化传统，改变需要时间，打听私人问题并非恶意，而是体现关心的愿望。

要提高工作效率，改变人的思想观念和行为习惯是最根本的。有没有服务意识，有没有市场意识，有没有竞争意识，有没有学习意识，对于组织来说太重要了。

9.4.2 组织发展的方法

根据对以往的组织发展方法的研究和分类，按照组织发展的层次可以分成个体层次、群体层次和组织层次，具体见表9-2。

表9-2 **组织发展的层次和方法**

组织发展的层次	组织发展的方法
个体层次	敏感性训练，技能培训，管理者的领导力培训，相互作用分析，职业生涯规划
群体层次	团队建设活动，群体间关系的开发
组织层次	调查反馈，过程咨询，行动研究，工作再设计

1）敏感性训练

敏感性训练（sensitivity training）也称为训练小组、交友小组，即通过无结构的小组相互作用来改变观念和行为的方法。这个小组的训练，需要营造一个相对平等的、和谐的氛围，参加人员以开放的心态来讨论自己和他人交往的过程，整个过程需要由行为专家引导进行。行为专家为各个成员参与活动创造机会，试图让他们自己表达自己的观点、态度，来学习新的行为和态度。

敏感性训练的目的是让参加者更加明确地意识到自己的行为，以及别人如何看待自己，使自己对人际行为更加敏感，更容易与人相处。具体的目标包括：提高人际换位思考的能力，提高倾听的技能，增加对个人差异的承受力，改进冲突处理技巧等。

许多人自己身体很健康，因此很难理解经常饱受疾病折磨的人的痛苦。如果营造一种环境，让缺乏同情心的健康者经历一些模拟的疾病的烦恼和痛苦，就可以唤醒这些人的换位思考能力。当然，还可以通过到医院去参观、访谈、观察各种病人的生活，获得一些感性的经验，形成同情心。

2）技能培训

它是组织为了适应外部竞争环境的变化，有计划、有组织地向普通员工提供新知识和新技能的培训课程。考虑到成人的特点，培训可以是基本知识的讲授，更重要的是在活动中、实际操作中学习，真正将这些技能稳定下来，成为员工未来发展和提升的基础。

3）管理者的领导力培训

我国的管理者大多是经验型的，即没有受过严格的管理科学培训，更多的是在实践中摸索的一些经验。随着国际竞争的加剧，许多管理者的管理能力迫切需要提升，管理者的领导力培训（leadership training）既包括做事能力的培训，也包括带队伍能力的培训，如战略制定、决策方法、团队领导、领导力、谈判和冲突处理等。

有一位领导者很有胆识和事业心，但性格非常刚烈，脾气暴躁，急性子，批评人不看场合，不顾他人的感受，甚至骂人。尽管有事业心，但缺乏感召力和凝聚力，非常苦恼。由于他自己意识不到自己的问题，好心不得好报，总想弄清到底是什么原因。后来，通过敏感性训练的角色扮演法，进行换位表演，让一个"演员"或训练师通过观察来了解这位管理者的行为风格，担任"管理者"，而真正的管理者扮演其下属，经过了一天的模拟工作和生活，这位人际关系迟钝的管理者终于发现了自己管理工作上的问题。

4）相互作用分析

相互作用分析（interaction analysis）的理论基础是心理学上的自我状态（ego state）分析。根据相互作用分析理论，每个人在心理上有三种自我状态，即父母自我状态（parents ego state）、成人自我状态（adult ego state）和儿童自我状态（child ego state），分别用P、A、C表示。这三种状态是一个人在其成长过程中逐步形成的，并最终成为心理结构的组成部分。

父母自我状态是指一种类似于父母对待其子女的态度和行为方式，父母比较喜欢的方式是将自己的见解和观点告诉子女，强迫子女按照父母所要求的言行和行为方式行为。父母代表着一种权威，有一种优越感。

成人自我状态则是能够站在比较成熟的、理性的立场看待问题和事物，即能实际、冷静、实事求是、合乎情理地分析情况，平等待人，客观对事。

儿童自我状态就是行为没有摆脱儿童的冲动，表现为好奇、冲动，情绪多于理智。具体表现为有时情绪起伏较大，有时招人喜欢，有时招人讨厌，容易服从和受人摆布。

总体来说，父母的自我状态是权威的、喜欢教训人的；成人的自我状态是理智的、逻辑的；儿童的自我状态则是情绪的、感觉的。

根据相互作用的原理，人们在交往中，应该有意识地觉察自己和沟通对象所处的自我状态，做出适当的反应，避免冲突发生。通常来说，父母-父母、儿童-儿童、成人-成人的平行式的沟通是不存在问题的。但是，交叉的沟通就会出现问题，比如父母-儿童、成人-儿童、父母-成人等。

如图9-9（a）所示，如果主管以这种父母对儿童的方式训斥员工，谈话就难以继续下去，这位主管应该以和员工平等的口吻，用一种成人对成人的沟通方式，心平气和地和下属讲明原因。

如图9-9（b）所示，本来上级以父母的口吻安排工作，但下属却以儿童的情绪化方式来回答或反应，抱怨上级不考虑自己的要求，如果双方都采取成人的心态，上级多一些询问和关心，下属多一些理性和逻辑，就可以和平相处了。

如图9-9（c）所示，甲采用了父母的互动方式，指责乙的工作，而乙则采用了儿童的方式，任性、蛮横、不负责任，沟通很难继续。

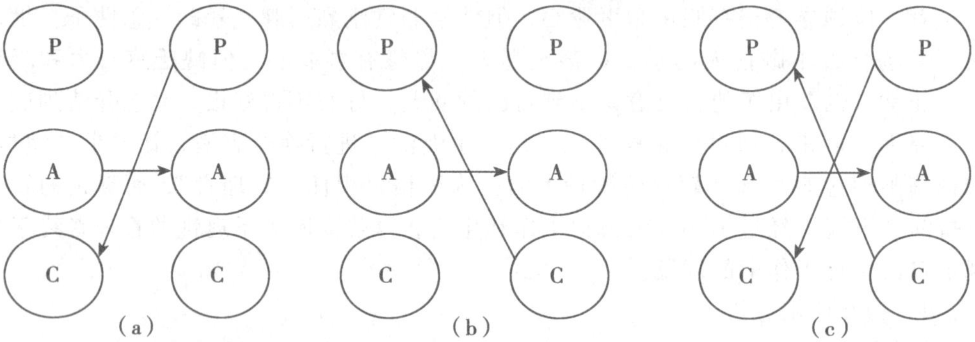

下属：这次我能否加薪？

主管：任务都没完成，还谈什么加薪！

上级：老王，今天下班后，希望你留下来处理一件紧急任务。

下属：呀！今晚我有个重要约会，为什么不找别人？

甲：这工作你是怎么做的，这么不负责任！你要重做！

乙：你少来指手画脚，自己管好自己就是了！

图9-9　交互作用分析案例

特别重要的是，相互作用分析强调尽量以成人自我状态控制自己，并以成人的语调和姿态对待别人，同时也应该引导和鼓励沟通对象进入成人自我状态。

相互作用分析主要是通过分析了解员工在交往中常常属于哪种心理状态，通过培训，找出交往中的问题和不良状态，建立互信、互助的关系。

5）职业生涯规划

随着市场经济体系的逐步完善，人们职业发展的高度直接与个人的物质待遇和精神利益满足挂钩。然而，人生来就是有差异的，经过后天环境和教育的塑造，差异更大。如何根据每个人的心理、生理、社会特点，设计符合每个个体特点的职业发展道路，是实现组织和个人双赢的重要保证。

根据赫兹伯格的激励理论，人有保健的需要，也有激励的需要。完美的职业生涯规划是统合这两种需要的最佳形式。然而，由于自我认识的困难，许多人为了单纯的就业，或服从父母和老师的安排，进入了自己不喜欢或不擅长的职业领域，满足了保健的需求，但牺牲了挑战的乐趣；也有一些员工，满足了个人的兴趣，但实在是缺乏足够的岗位能力，承受着巨大的压力和内心的煎熬。如何通过组织的职业生涯管理，还每个人具备岗位胜任能力和个人喜好的岗位，既有利于个人潜能的充分释放，也有助于满足企业培养有潜力的员工的需要。

组织可以通过业绩考核和面谈，为员工的职业发展方向和道路提供帮助；通过岗位空缺信息的发布和采用公开竞聘方式，让员工的理想变成现实。

6）团队建设活动

团队建设（team building）活动旨在改善团队工作的有效性，提高团队活动的效果。团队建设的核心活动主要包括以下几个方面：

第一，强调团队的目标和远景。让团队成员明确努力的方向，使各个成员了解彼此的责任，当个人目标与团队目标冲突时，知道努力的方向，避免内耗。

第二，建立团队成员的相互信任。信任是交流、合作、共事的基础，没有信任，相互猜忌，很难将成员的心凝聚在一起。

第三，鼓励交流，交换成员的想法和意见，鼓励有利于团队目标实现的想法和行为，抑制消极的思想和行为，消除误会、减少内部摩擦和矛盾，鼓舞士气。

第四，鼓励团队成员相互配合，对照目标和远景，实行齐步走，如期完成任务。

7）群体间关系的开发（intergroup development）

变革很难回避利益的重新配置问题，这种重新配置常常导致不同利益群体的矛盾和冲突。从局部考虑，市场部和研发部、生产部经常有冲突。市场部如果销售业绩不好，将责任推到研发部和生产部，认为研发部研制的产品不能贴近客户，加上生产存在质量问题，自然不好销售；而研发部则抱怨市场部能力太差，没有销售能力，同样水平的产品为什么其他公司销售得很好？

一旦经营出现困难，原因一定是多方面的，需要各个职能部门集体合作攻关，相互帮助和努力才能最终解决问题。但如何能够使各个部门相互理解和配合呢？比如，在研发部和市场部之间建立正式的沟通渠道，迅速将客户反映的问题反馈到研发部门，并进行集体攻关，以解决问题为根本，而不是以推卸责任为出发点；可以实行奖励制度，对发现和解决客户问题者进行适当的奖励；还可以将市场部和研发部划归一个总经理领导，便于协调和沟通，化解矛盾。

8）调查反馈

调查反馈（survey feedback）相当于组织的满意度调查工作，让管理者明白员工对组织发展、领导风格、沟通能力、人际关系、工作条件、职业发展等方面的想法和期望，然后将这些员工的真实态度与管理者的主观想法和判断进行对比分析，找到共同点和分歧点。特别需要将分歧找出来，通过管理者与员工的讨论、交流取得相互的理解，并通过管理措施的改进化解矛盾和分歧。

9）过程咨询

过程咨询（process consultation）旨在通过外部顾问的帮助，对企业管理者的运作流程、沟通渠道和方法、人际关系、领导风格等进行全面的诊断和分析，找到管理者的优势和不足，并提出相应的改善办法。

外部顾问为了熟悉环境和管理者，可以共同工作，发现管理者遇到的问题，作为参谋，分析问题并协助解决问题。通过这种活动，管理者可以更加明确地了解各种问题出现的原因，以及解决这些问题的具体办法和技巧，并将这些方法和技巧内化到自己的工作中。

9.4.3 构建学习型组织

学习型组织的构建，本身就是一种组织发展，它通过改变个人、群体乃至组织的思维和行为模式，从系统的角度营造一种有利于个人、群体和组织共同的希望和远景，形成一种和谐的思维方式，追求卓越。

学习型组织的提出，以彼得·圣吉（Peter Senge）1990年出版《第五项修炼》为里程碑。彼得·圣吉1947年出生在美国芝加哥。第二次世界大战结束后，西方普遍沿用以泰勒科学管理为基础、以斯密分工理论为主导的传统管理理论，强调职能分工、条块分割和“金字塔”式的等级权力组织机构。随着社会从工业经济时代进入知识经济时代，这种传统的管理模式越来越不适应市场经济条件下生产力发展的需要。经济学家、管理学家、企业家都在探索、寻找一种能适应时代要求的管理理论和管理模型，“圣吉模型”便应运而生。

“圣吉模型”有五项内容，圣吉把它称为“五项修炼”：

（1）自我超越。自我超越是学习型组织的精神基础。首先是学习并不断厘清、丰富个人的真正愿望，集中精力，培养耐心；其次是在不断学习完善中客观地观察现实，了解真实情况。只有学习型组织的每个成员都有学习的愿望和能力，学习型组织才有学习的愿望和能力。每个人到一个组织，都是带着独特的人生经历，很容易受到个人经历的局限，不论是利益还是对他人的看法，而组织是一个群体，需要求同存异，不能实现自我超越，就容易造成人际矛盾和群体内耗。

（2）改善心智模式。心智模式即存在于人们大脑中的许多设想、信念或图像、印象。心智模式实质上就是心理素质和思维方式，它根植于人们的心中，源于对过去事物的认识过程，但又参与对现实事物的认识。人的心智模式影响着个人看世界和对待事物的态度，有时可能直接决定人的成功与否。要想改善心智模式，首先要把镜子转向自己，使内心世界的图像浮到表面，并严加审视；其次要有效地表达自己的想法；最后是以开放的心态容纳别人的想法。

（3）建立共同愿景。共同愿景是指组织中人们共同愿望的景象。它要求组织的全体成员拥有发自内心的共有的目标、价值观与使命感，把大家凝聚在一起。为了实现大家衷心渴望实现的目标，而主动地去认真努力学习、追求卓越。共同愿景分为个人愿景、团队愿景和组织愿景三个层次，它为学习提供了焦点与能量。如果能够通过学习和修炼，解决人与人之间的隔膜和冲突，就为建立共同愿景奠定了良好的基础。每个人到组织中来，都是带着差异化的需求和愿望的，这些个人的愿望与群体、部门的愿望不同；而各个部门的愿望很可能与组织的愿望有分歧，在这种情况下，求大同存小异就显得十分重要。如果有共同愿景，就能够实现心往一处想、劲往一处使的理想局面。

（4）团队学习。团队学习是指发展团队整体配合能力和提高实现共同目标能力的过程。当团体真正在学习的时候，不仅整体产生出色的成果，成员成长的速度也比其他的学习方式更快。在团队中进行的讨论可以让每个成员的想法得以自由交流，可以发现远比个人深入的见解，从而克服有碍学习的自我禁锢。

（5）系统思考。系统思考要求人们运用系统的观点看待组织的发展。系统思考被称为“见树又见林的艺术”，它引导人们从看局部到综观全局，从看事物的表面到洞察其变化背后的结构，以及从静态的分析到认识各种因素的相互影响，进而寻找一种动态的平衡。系统思考是学习型组织的核心。从字面上看，系统思考是一种思维方式，实际上是一种科学的组织管理模式，因为学习型组织的系统思考要求将组织看成是一个具有时间性、空间性并且不断变化着的系统，要整体而非局部、动态而非静止、本质而非现象地考虑问题，就像中医疗法，把人体看成一个有机的系统，五脏六腑气血脉相通，任何一个部位出现异常，都有可能是其他因素引起而不仅仅是该部位问题所致。

在具体的学习过程中，需要从高层到基层统一学习，特别是高层的学习非常重要。通过高层的学习，既起到示范带头作用，也有利于自身更好地把握组织的使命；既能站在组织发展的角度看问题，也能站在员工的角度看问题；既能把握组织的近期利益，也能前瞻性地考虑组织的长远利益。最终为组织的战略、目标、管理理念的正确设立奠定良好的基础。

组织是以一个个团队为基础的有机体，团队学习可以成为组织学习的重要保证。团队既可能是隶属于某个部门，也可能跨部门构成，还可能由纵向的成员构成。大家在一起，相互学习、沟通，解决问题和矛盾，成为信任度更高、合作性更强的群体。

组织学习则能营造一种文化氛围，激励组织中的每个人学习。根据群体动力学的理论，一个人处于一种氛围中，就不可能脱离组织背景而自由活动，很容易受到组织背景的熏陶而表现出相似的学习行为。

学习型组织构建的结果就是组织的学习氛围和学习能力。清华大学陈国权教授比较系统地研究了组织学习能力的要素，并编制了相应的测量问卷，用来衡量组织学习能力和学习型组织的学习状况。

【理论应用9-1】

陈国权教授多年致力于学习型组织和组织学习的研究和实践，取得了比较丰硕的研究成果。这里仅仅介绍其关于组织学习能力的模型和测评方法，供学习参考，如图9-10、表9-3和表9-4所示。

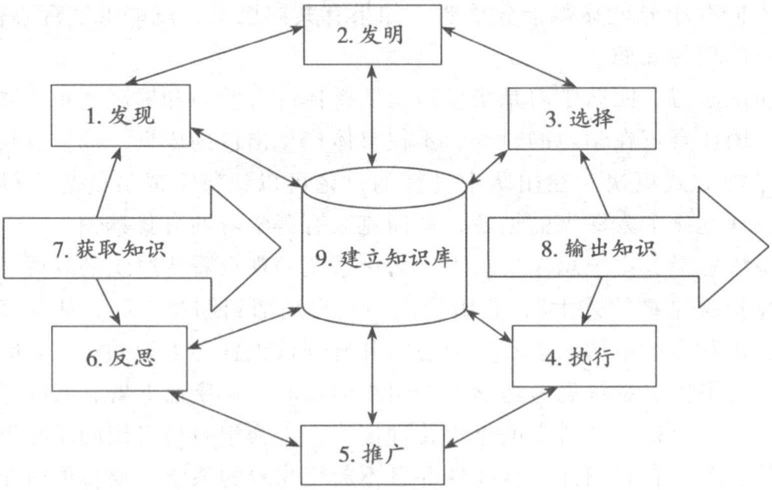

图9-10　九种组织学习能力示意图

表9-3　九种组织学习能力的定义

学习能力名称	组织学习能力的定义
发现能力	组织及时、准确地发现内外环境变化以及这些变化给团队带来机会和挑战的能力
发明能力	组织提出应付内外环境变化的各种措施和方案的能力
选择能力	组织面对应付内外环境变化各种新措施和方案进行优化选择的能力
执行能力	组织将优化选择出的新措施和方案付诸行动的能力
推广能力	组织从其内部将知识和经验由局部传播到更广范围来共享的能力
反思能力	组织对过去发生的事情进行总结归纳形成规律和知识的能力
获取知识能力	组织根据自身发展需要对外部知识进行辨识、获取和吸收的能力
输出知识能力	组织根据自身发展需要向外部输出自身知识和经验的能力
建立知识库能力	组织在其内部对知识进行积累、分类、整理和存取的能力

表9-4 组织学习能力测量问卷

学习能力名称	题目
发现能力	本组织能及早、准确地发现内外各种新变化、新动向 本组织能及早、准确地发现各种新机会 本组织能及早、准确地发现内外各种潜在的问题、挑战和危险
发明能力	本组织能针对内外各种变化构思出新的应对措施 本组织善于提出新点子 本组织善于提出有创意的措施
选择能力	本组织能在面临多个考虑或方案时做到正确比较、取舍和选择 本组织能在面临多个考虑或方案时做到有效比较、取舍和选择 本组织能在面临多个考虑或方案时做出合适和有效的决策
执行能力	本组织能将经营管理上的想法（目标）转化成具体行动 本组织能将经营管理上的计划有效地贯彻执行 本组织能将经营管理上的想法（目标）最终变成现实
推广能力	本组织能将自己局部的一些成功的做法在组织内推广并获益 本组织能用局部的失误、教训告诫大家，使类似失误不再重复发生 本组织有效地建立组织范围内分享其知识和经验的方法和系统
反思能力	本组织具有总结和反思的习惯 本组织善于对以前的工作进行反思，总结出经验或教训 本组织善于从以前发生的事情中探索出规律性的东西
获取知识能力	本组织善于从外部获取知识和经验 本组织善于从外部得到咨询意见和指导 本组织善于通过各种渠道（如书、刊物、网站等）获取知识
输出知识能力	本组织能有效地通过沟通向外界传播本组织的理念、知识和经验 本组织能有效地通过文章向外部传播本组织的理念、知识和经验 本组织能有效地用本组织的理念、知识和经验影响外部
建立知识库能力	本组织平时注意记录和积累各种点滴的想法、知识和经验 本组织将其知识和经验采用文档或电子化方法进行管理 本组织将其知识和经验整理得井井有条，保存和使用都很方便

本章小结

组织变革是为了适应外部竞争或服务的需要，为提高组织运行的效率，改善组织运行的功能，管理者以某种方式进行的有目的的改变。组织发展旨在通过预防性的准备和训练，改变组织成员的态度和行为习惯，形成符合市场经济规律的合理的态度、观念和行为习惯，为提高组织的市场竞争力服务。

组织变革可以从结构开始，也可以从技术开始，还可以从人员变革开始。但不论从哪方面入手，一次变革的开始总会遇到来自个人、群体以及组织不同层面的阻力。教育、参与、运用群体压力、协商和沟通都是消除变革阻力的有效途径。

组织发展是组织变革的重要手段和途径，组织发展的方法可以划分为个体、群体和组织三个层次。敏感性训练、技能培训、管理者的领导力培训、相互作用分析和职业生涯规划都是个体层面的方法；团队建设活动和群体间关系的开发属于群体层面的方法；组织层面的方法则包括调查反馈、过程咨询、行动研究和工作再设计等。

关键概念

组织变革　组织发展　工作轮换　工作扩大化　工作丰富化　学习型组织

单项选择题

9.1　从组织变革的角度来看，BPR属于（　　）层面的变革。

A.组织结构　B.技术　C.任务　D.人员

9.2　以下被视为有计划变革理论的创始人为（　　）。

A.吉普森　B.卡斯特　C.勒温　D.沙因

9.3　以下变革方法中以技术为中心的方法是（　　）。

A.工作轮换　B.工作扩大化　C.工作丰富化　D.SAP

9.4　组织变革与发展的最具决定性的原因是（　　）。

A.内部动因　B.宏观社会经济环境动因

C.国际环境变化的影响　D.市场变化的影响

9.5　以下组织发展的方法中，不属于个体层面的是（　　）。

A.职业生涯规划　B.相互作用分析

C.行动研究　D.敏感性训练

9.6　在组织变化趋势方面，目前最具代表性的是（　　）模式。

A.扁平化　B.柔性化　C.人本化　D.学习型组织

思考题

9.1　简述勒温的组织变革理论及其特点。

9.2　组织变革过程中会遇到哪些阻力？可以通过哪些途径去克服变革的阻力？

9.3　简述组织变革与组织发展的关系与区别。

9.4　组织变革与组织发展的方法有哪些？

9.5 学习型组织的特点有哪些？如何构建学习型组织？

案例分析题

通钢集团与建龙集团重组失败

1.公司背景

通化钢铁集团股份有限公司是吉林省最大的钢铁企业。通钢集团现拥有资产总值268亿元，具备年产钢700万吨的生产能力，总部位于长春市。2008年，通钢集团在中国企业500强中排名第244位、中国企业纳税200佳第195名，下辖通化钢铁、吉林钢铁、通钢矿业、磐石钢管、四平制品、通化网航、通钢国贸7家子公司。

建龙重工集团有限公司是一家集资源产业、钢铁产业、造船产业、机电产业于一体的大型企业集团。集团创建于1999年，到2008年底，共拥有控股子公司17家，总资产319.81亿元，企业遍布河北、黑龙江、吉林、辽宁、山东、浙江、北京、湖北、四川等省市。2008年，建龙集团名列中国制造业企业排名第78位，中国企业500强第158位。2008年，该集团控股企业实现销售收入407.9亿元。

公开资料显示，建龙集团创建于1999年。建龙集团董事长张志祥发家于钢材贸易，毕业初曾在浙江嘉兴供销社工作了5年，尔后开始从事钢材倒卖的生意，1999年，张志祥正式涉足钢铁生产。

经过近十年的发展，建龙集团旗下拥有了四大板块——钢铁产业、资源产业、造船产业和机电产业。而在四大产业中，钢铁产业最强。经过一些收购，该集团的钢铁产业目前共有唐山建龙、承德建龙、吉林钢铁、黑龙江建龙、抚顺新钢铁等5家控股子公司，2008年实际产钢654万吨。

2.两个公司的兼并历程

这是一项富有戏剧性的收购。建龙集团很早以前就将收购战车开进了吉林，瞄向了通钢集团。2005年12月30日，建龙集团以近12亿元正式收购原通钢集团，并组建了吉林省省属最大企业新通钢集团，注册资本38.81亿元。

在新通钢集团中，吉林省国资委持有46.64%的股权，华融资产经营公司持有14.6%的股权，浙江建龙钢铁公司持有36.19%的股权，通钢集团管理层持有2.57%的股权，实现了国有、民营、金融机构共同出资的多元产权结构和法人治理结构。

在建龙集团进入的前一年，通钢产钢470万吨。收购后，建龙集团提出，让通钢发展成为具有较强核心竞争力和经济带动力的区域性大型钢铁企业集团，争取在两年内将具备1 000万吨钢产能，建成精品钢和特种铁合金两个基地，形成特有的产业优势和产品优势。

2005年10月，在吉林省委省政府的积极运作下，全国最大型的钢铁投资公司建龙集团与吉林省唯一一家大型国有企业通钢集团联姻。建龙以资本注入形式入主通钢，占通钢近40%的股份。虽持有股份不是最多，但通钢集团及通化钢铁的总经理、财务主管却在很短时间内都换成了建龙人，引入民营机制。于是，一场所有人都看不清的运作开始了。从那时起，通钢管理体制完全走样，高层拿着高薪，员工则被裁员、减薪。可以说，建龙集团进入后，并没有受到通钢集团员工的欢迎。

2008年的金融危机直接激化了双方的矛盾。在钢铁行业低迷的情况下，通钢集团连续亏损，一再限产，而员工工资也减到每月人均300元。由于通钢连续亏损，2009年年初，建龙集团决定与通钢集团进行股权分立。按照双方达成的协议，建龙集团将拥有吉林精品钢基地的所有权，并拥有通钢原有的矿山所有权。

此后不久，随着4万亿元投资的拉动，钢铁行业逐渐走出了亏损的阴霾。2009年6月，通钢首次扭亏实现盈利6 000余万元。但是建龙集团7月份又要收购整个通钢集团，而且这次是控股。通钢集团的内部人士显得有些气愤，如果被建龙集团收购，担心会大范围裁员。

3.总经理陈国军被围殴致死事件

2009年7月23日，吉林省国资委领导、建龙集团高层到通钢集团召开重组大会，会议宣布建龙集团再次收购、控股通钢集团。2009年7月24日，国内著名民营企业建龙集团重组通化钢铁集团时遭职工反对，委派的总经理陈国军被围殴致死。集团子公司通化钢铁停产11小时。当晚，吉林省政府宣布，建龙将永不参与通钢重组。

（1）民企二次入主引抗议

据通钢炼轧厂某负责人说，2009年7月22日，从长春通钢集团总部传来消息，建龙集团将持有通钢集团65%的股份（简称通钢）。建龙集团此次是二次入股通钢。此前在2005年到2008年，建龙集团曾入股通钢，但在2009年年初退出。集团被建龙控股消息传出，通钢部分职工找集团领导及建龙管理层抗议。

这距离建龙与通钢第一次重组后的股权分立仅仅只有三个月。

据一职工说，24日上午，数千名通钢职工及家属向厂区聚集，打着口号，要求建龙撤出通钢。通钢一中层干部透露，当日，通化警方阻拦抗议队伍，遭到职工矿泉水瓶袭击。另据通钢一负责人说，职工们在铁轨上聚集，阻止高炉向外运铁水。随后通化钢铁7个高炉停工。当日下午，各主体、辅助单位陆续停产。

（2）总经理被推下二楼

当日下午，通化钢铁各车间职工停工后也加入了抗议队伍。通化钢铁厂区内聚集的职工越来越多。

据某负责人说，24日下午，建龙集团委派通钢集团总经理陈国军赶到焦化厂与干部开会。陈国军于7月22日接受建龙集团委派，担任通钢集团总经理。职工听说此事后赶到焦化厂，将陈国军围堵在办公楼内。

7月23日上午，吉林省国资委领导、建龙集团高层到通化钢铁召开重组大会，

50多名员工家属和100名工人冲击了会场。7月24日，近3 000名工人及家属在公司办公大楼前高举“建龙滚出通钢”等标语示威集会，造成通钢整体停机停工。当日下午，建龙派通钢新任总经理陈国军带队到焦化厂与工人代表对话，双方发生口角冲突，陈威胁说要让全体工人下岗，激怒示威人群，一群工人冲入会议室把陈国军拖到走廊群殴。大批员工堵塞大门不许保安人员进入，救护车也无法靠前，陈于当晚8时不治身亡，许多工人还为此燃放鞭炮。

据数名职工证实，当时陈国军要求工人复工，引起激愤，现场多人数次对他拳打脚踢，还有人向他扔矿泉水瓶及凳子，并不让其离开。据当时在场的一职工说，当时有人拿炼钢穿的靴子对其殴打，并将其从二楼楼梯推下。

一职工称，24日晚8时许，陈国军死亡，医务人员和警方数次向里冲，均被人群堵在外面。

（3）结局

25日早上，通钢家属区及各厂门前贴出吉林省国资委及吉林省政府红头文件，吉林省政府决定终止建龙集团控股通钢集团的方案，不再实施。

问题：

1.根据组织变革的理论和过程原理，分析通钢重组引发的集体暴力事件，错在哪里？

2.员工、组织的管理者反对重组的阻力在哪里？

3.这次群体暴力事件的发生和发展，对政府、企业有何教训？

推荐阅读资料

[1] 汉姆林，凯普. 组织的变革与发展 [M]. 周凯，译. 南京：江苏人民出版社，2006.

[2] 沃里. 组织变革与发展 [M]. 李剑锋，译. 北京：清华大学出版社，2003.

[3] 弗伦奇. 组织发展与转型的变革管理 [M]. 阎海峰，译. 北京：机械工业出版社，2006.

[4] 陈国权. 组织行为学 [M]. 北京：清华大学出版社，2006.

网络视频资料

吴晓波频道. 私人定制将是消费主流.

网络阅读资料

[1] 收稻智客平台. 未来商业组织不再是“公司+雇员”，而是“平台+个人”.

[2] 道客巴巴. 华为组织变迁梳理：从集权到分权.

[3] 生活百科大家谈. 互联网时代，如何开展组织变革.

网上资源

http：//www.rlzygl.com

http：//info.ceo.hc360.com/list/qygl-zlgl-jzfz.shtmlhttp：//www.ebusinessreview. cn/magazine/change-management

http：//www.ejianlong.com

第10章 组织文化

学习目标

了解组织文化发展的历史；理解组织文化的内涵；理解组织文化对于企业发展的重要性；掌握组织文化要素的组织与构建，重点掌握组织文化建设的机制与主体；了解我国企业组织文化发展的现状。

引 例

德胜洋楼的企业文化

德胜洋楼成立于1997年，是一家总部位于中国苏州的专门从事美式木制别墅建造的公司。北京大学国家发展研究院BiMBA商学院联席院长杨壮称赞德胜洋楼是一家真实到令人震撼的公司。德胜建造的美式木结构住宅超过了美国标准，它把农民工改造成高素质的产业工人和绅士，它的员工手册被誉为中国企业的管理圣经，它得到长期研究丰田制造体系的日本管理专家河田信先生的高度赞扬！

德胜洋楼始终坚持“诚实、勤劳、有爱心、不走捷径”的企业文化，德胜的高层深信：制度只能对君子有效，对于小人，任何优良制度的威力都将大打折扣，或者是无效的。德胜公司呼吁人们做一个合格的员工，应努力使自己变成君子。

德胜的企业文化总结起来就两点：第一，公司制定详细的制度并且十二万分地遵守和执行。第二，公司真心对员工好，比如把农民工变成绅士。

翻开德胜洋楼的员工手册，你会发现手册内容可谓洋洋洒洒、包罗万象，不仅有关于个人卫生和工作习惯的规定，还有关于生产和运营各方面的详细规定：财务报销、采购规则、质量监督、工程管理、仓库管理、安全管理、用车规定等。员工手册几乎对员工生活和工作的各个方面都做了详细规定，从“每天刷牙一次”到“饭前便后必须洗手”，甚至连一个月内要洗澡几次、理发几次，公司都做出了具体的规定。德胜的管理是精细化的、科学的、严格的，甚至是冷酷无情的。如果你违反了任何一项规则，后果都很严重，随时可能回家待岗。

然而德胜也有它人性化的一面，那就是德胜是真心对员工好，包容关爱员工。它呼吁人们做合格的员工，应努力使自己变成君子。德胜没有打卡制度，可以随时调休，不允许员工带病上班，员工不会因办公事而自己垫钱，甚至财务报销不必经过领导审批，签上自己的名字即可。德胜对员工的信任可见一斑！同时，德胜还尽自己的努力将农民工转变成一个绅士。德胜每年会请员工到五星级酒店开大会，并年年组织员工到欧美国家参观学习，希望让身处社会底层的农民工享受到绅士的待遇，感受高品质的生活，从而获得一份自豪感和尊严感。这样做的公司恐怕国内仅有德胜一家。

德胜洋楼把管理当作一种教育：通过制度和文化的反复教育过程，把农民变成绅士，把“小人”变成君子，把管理贵族变成了精神贵族。德胜洋楼总裁聂圣哲说过：“德胜的成功是管理的成功，是思想的成果，但究其根本是价值观文化的胜利。”

人是社会性的动物，个人的行为不仅仅受到个人喜好、价值观念的制约，同样也受到社会环境的影响。在美国，朋友之间聚会、郊游、聚餐等活动，开支都是AA制，大家都很习惯；在中国，类似的情况，费用常常是由某一个人牵头支付，当然，以后类似的活动费用会由朋友中的另一个人支付，如果AA制，人们会很不习惯。

有的文化符合组织效率，可以看成积极的文化；也有的文化可能阻碍组织效率的发挥，称为消极的文化。国有企事业单位由于产权不清晰，责任主体不明确，利益控制在少数管理者手中，很容易形成官本位文化。因为权力集中在管理者手中，部分员工为了个人利益最大化，采取拉关系、请托等社会寻租的方式讨好管理者，形成特定的人际关系，从而淡化制度的约束力量，形成不公平的文化氛围，最终可能影响员工的士气和凝聚力。在国有企事业单位，员工比较烦恼的是官本位和复杂的人际关系，缺乏公平、公开、公正、透明的制度文化。而在民营企业中，产权相对清晰，责任主体明确。但是由于人与人之间缺乏可靠的信任，经常会看到内外有别，这里的内是指与经营管理者有亲戚、朋友、老乡等关系的人，这些人经常被放置在企业的重要部门和岗位，如采购、财务、销售、核心技术控制等，与经营管理者没有亲情或友情等关系的人（称为外人），则被放置在一些不大重要的岗位，如生产、杂务、后勤等，外人即使能力过人、业绩显著，也不能被重用；同样，在这样的企业，有能力的员工缺乏积极性、稳定性，迟早可能离开企业。

组织文化是一个氛围，是一个背景，只要大多数人都如此活动，即使不合理的行为也被人们接纳。比如，在我国农村和中小城市比较流行的请客送礼现象，订婚、结婚、生育、抓周、孩子十周岁、考大学、盖新房等事件都要请客，长此以往，由于请客活动过于频繁，开支很大，大家心里都很讨厌，但只要有人主动请客，为了维持表面和谐的关系，人们也不好推辞，这也就是人们常说的“死要面子活受罪”。可以说，积极的文化催人奋进，提升组织的效率，减少人际摩擦；消极的文化使人颓废，降低组织的活力，阻碍组织的可持续、健康发展。

组织文化像个染缸，只要是在这个缸里染过，就会带有这个染缸中水的颜色。一个注重客观绩效的组织，人们非常看重客观的绩效表现，可能淡化人际关系的作用。如果一个人希望通过拉关系来提升自己的形象，进而获得较高的绩效评价，就会显得格格不入。而一个人际关系主导的文化，员工如果只顾埋头拉车，不管人际关系，最终可能竹篮打水一场空，多劳者不能多得，努力工作的人受到惩罚；而工作一般、人际关系活络的人更可能名利双收。正因为如此，组织的领导需要根据组织发展目标，营造一种与组织使命、愿景、追求相适应的文化氛围，形成一种磁场，引导和约束员工的行为，使员工的表现朝着组织期望的方向发展，最终使组织获得市场竞争力。

那么组织文化的本质是什么呢？组织如何根据自身的行业属性选择适合的文化氛围？如何营造和巩固这种氛围？有哪些成功的文化氛围案例可供借鉴？这是本章要回答的问题。

10.1 组织文化的历史与内涵

10.1.1 组织文化兴起的历史

西方的管理主要受科学主义的影响，强调管理的科学要素，比如个体、群体、沟通、冲突、领导、组织变革等细节要素，相对忽视整体和文化因素的作用。自第二次世界大战后，美国在全球的政治经济地位日益加强，后来则成为经济发展的领头羊。然而，发展到20世纪70年代，就在美国经济处于巅峰状态之时，日本经济重新悄然崛起，形成了对美国的极大挑战。日本的汽车、电器、银行进入美国市场，比如丰田、本田、日产、三菱等汽车品牌，松下、索尼、佳能等电器品牌，并且在美国逐渐扩大市场占有率，不断蚕食美国公司的地盘，让美国人非常惊讶。

喜欢挑战、反思的美国人开始检讨自身管理存在的问题，并十分重视研究日本经济强大之管理方面的原因。一方面，他们研究日本和美国管理的区别，试图从中发现日本管理中可以借鉴的规律；另一方面，他们也对美国成功的企业进行总结和概括，发现这些企业基业长青的逻辑和规律。在美日对比研究中，学者们根据美日两国管理文化价值理念的差异分析，提出了企业文化的概念。比较有影响的是加利福尼亚大学美籍日裔学者威廉·大内（William Ouchi）教授，他从1973年开始研究日本公司的企业管理方法，认为美国应该从中吸收有益的成分，改进和提升美国的管理。大内在分析了美国占多数的A（America）型组织和日本类型的J（Japan）型组织之后，提出了他所设计的Z型组织。Z型组织的特点是：实行长期的、终身雇佣制，使职工在职业有保障的前提下，更关心与自身前途关系重大的本企业的长远利益；相对的长期考核和逐步提升制度；对人才采取非专业的培养方式，增强他们的工作适应性；在管理的明确控制和含蓄之间保持平衡；采取集体研究和个人决策相结合的“统一思想式”的决策方式；在员工中贯彻平等主义原则，使他们在不受监督的情况下自主酌情处理问题。为建立这种Z型组织，必须推行Z理论和文化。1981年，他出版了《Z理论——美国企业界怎样迎接日本的挑战》。

美国国内学者对企业文化的研究，比较有影响的当属哈佛大学教育研究院的迪尔和肯尼迪（T. Deal & A. Kennedy）合著的《企业文化——企业生存的习俗和礼仪》(1981)。他们在6个月的时间里，对80家企业进行了详细的调查研究，认为杰出而成功的企业都有强有力的企业文化，这种文化为全体员工共同遵守，但往往是自然而然、约定俗成而非书面的行为规范；企业常常具有宣传、强化这些价值观的各种仪式和习俗。这些非技术、非经济的因素，最终导致了企业的成功。他们将企业文化的理论体系概括为5个要素，即企业环境、价值观、英雄人物、文化仪式和文化网络。

总之，组织文化是管理水平的高级体现。它表现为一种综合的管理哲学思想以及与之相关的一套潜在的管理制度、舆论氛围、做事风格等，潜移默化地影响员工的思想和行为，最终影响组织的效率。

10.1.2 组织文化的内涵

随着组织文化研究的流行和深入，学者们对组织文化的界定产生了争议。根据组织文化定义颇多、争议较大的现状，赵建平（2002）将组织文化的定义进行了梳理，并划分为四类：

第一类："总和说"，即认为组织文化是物质文化和精神文化的总和，是组织管理中硬件与软件的结合。硬件是指外显文化，包括厂房设备、文化教育、工艺产品等；软件是指组织的隐形文化，是以精神为寄托的各种文化现象，包括管理制度、行为方式等。

第二类："精神现象说"，即认为组织文化是一个组织以物质为载体的各种精神现象。它是以价值取向为主要内容的组织精神、思维方式和行为方式，是组织员工在生产经营活动中形成的一种行为规范和价值观念。

第三类："现象说"，即组织文化现象大体有7类：①风俗、习惯、舆论；②思维方式；③行为准则；④价值观念；⑤精神境界；⑥作风；⑦待人艺术。总之，组织文化现象都是以人为载体的现象，而不是以物质为中心的现象，由一个组织的全体成员共同接受，普遍享用，而不是组织中某些人特有，并且是在组织发展过程中逐渐积累形成的。这样的组织文化现象任何组织都有。

第四类："同心圆说"（"层次说"），即组织文化包含4个同心圆：表层即物质层面（物质文化）、浅层即制度层面（制度文化）、中层即行为层面（行为文化）、核心层即理念层面（精神文化）。

物质层面，包括设备、产品和生产环境，还有视觉形象（visional image）、厂房外观、颜色、服装、车辆等。制度层面，包括管理体制、规章制度、经营机制、奖惩办法及行为准则、道德规范等。行为层面，包括会议、活动、典礼仪式、领导风格、行为、语言及习惯等。精神层面，包括企业愿景（vision）、经营理念、价值取向、标语口号等。由于精神文化处于核心地位，它在企业文化中的比重最大。

其他代表性的组织文化定义可以参见表10-1。

表10-1 **组织文化的含义**

人物	定义
Becker & Geer（1970）	一系列以语言形式表达的共享的契约
Kroeber & Kluckhohn（1952）	广为传播的价值观、理想以及其他符号系统，能塑造行为
Martin & Siehl（1983）	一种通过共享的意义模式团结一个组织的线索，包括三个成分的系统：背景或核心价值观、形式（交流的过程——比如行话）、强化满意行为的策略（比如奖励、培训计划等）
W. Ouchi（1981）	一系列符号、典礼和神话，将组织潜在的价值观和信念传达给员工
Swartz & Jordon（1980）	成员共享的信念和期望模式，能塑造人们的行为
Uttal（1983）	共享的价值观（什么是重要的）和信念（怎样处事），与组织的结构和控制系统有交互作用，从而产生行为模式（在此处做事的方式）
Van Maanen & Schein（1979）	成员达成共享的价值观、信念和期望
Armstrong（1990）	共同拥有的态度、信念、假设以及期望的模式，可以塑造人们的行为和相互作用的方式，并促进工作的完成，包括组织的主要思想观念，可以通过虚构的故事、英雄人物、故事、行话、礼仪和传奇表达出来
Denison（1995）	成员所持有的基本的信念、价值观和假设，以及表现出来的实践和行为，包括显而易见的个体行为和群体标准，以及不可见的假设、价值观和核心的信念

大多数研究者习惯于按照第四种方式来研究组织文化，也就是从文化的结构与层次入手。对组织文化结构的划分通常有以下几种：

（1）“两层次说”。沙司（V. Sathe，1985）主张文化包含内隐型和外显型两类。内隐型文化包括祭典、仪式、习俗、故事、隐喻、特殊语言、英雄、口号、装饰品、服装以及符号语言等；外显型文化包括宣布、公告、备忘录以及其他各种外在表达与沟通形式。

（2）“三层次说”。沙因（Edgar.Schein，1985）依据文化的抽象性和具体性，将文化分成可见的人为事物（人工制品与创造物）、外显价值观、深层的基本假设三个层次，并且认为只有基本假设才是文化，其余的只是文化的衍生物。他还进一步提出了对文化的基本维度的假设：现实与真理的本质、时间的本质、空间的本质、人性的本质、人类活动的本质以及人际关系的本质。

（3）“四层次说”。很多学者认为，组织文化包含物质文化、行为文化、制度文化和精神文化四个层面（J. B. Barney，1997）。

（4）“五层次说”。罗素（D. Rousseau，1990）将文化层级进一步扩大，认为文化的元素应该包括基本假设、价值观、行为规范、行为模式以及人工制品五个层次，如图10-1所示。

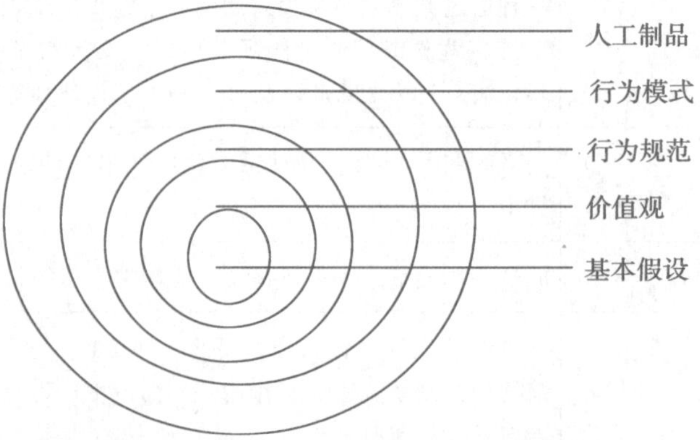

图10-1　组织文化的五层次说

其实，无论将组织文化划分为几个层次，其核心观点都是认为组织文化应该有物质层面和精神层面之分。组织文化的核心是价值观。无论源于何种理论，所有关于组织文化的研究者使用的都是相当类似的术语和结构，赋予组织文化这一概念的基本含义也是基本一致的。依据主观性-客观性、意识-潜意识这两个维度，可以将组织文化的研究分为两类：一类是“文化适应学派”（culture adaptationist school），关注群体成员可以直接观察的事物，如人工制品、行为规范、行为模式、服装、装饰品以及语言等，强调文化的客观及意识层面；另一类是“文化观念学派”（culture ideational school），关注群体成员内心共享的信念、价值观、意义、意念以及假设等，强调组织文化的主观及潜意识层面。

基于上面的理论回顾和分析可以得出结论，价值观是组织文化的实质内涵，不仅具有操作上的可行性，也能够预测组织文化的其他层次。所以，价值观是组织文化的核心，以价值观来论证和衡量组织文化是可行的。支持这种观点的研究者进一步讨论了价值观的内涵。帕森斯（T. Parsons，1951）认为，文化传统是围绕价值观形成的，价值观是一种共享的符号系统，在一个开放的情境中，这种共享的符号系统可以充当选择的标准，在各种固有的选择倾向中做选择。克拉奇等（Clyde

Kluckhohn等，1951）则认为，价值观是个人或组织对什么值得做、什么叫作好的一种建构，它可以是内隐的或外显的，影响到个人或组织的行为方式、行为途径以及行为目的的选择。而罗克奇（Milton Rokeach，1973）认为，价值观是一种不变的信念，使个人和组织偏好特定的行为模式或存在的目的状态，而不喜欢相反的行为模式或存在的目的状态。无论是“共享的符号系统”，或是建构，还是“不变的信念”，价值观都是一种内化的规范信念，一旦这种信念形成了，就可以引领组织成员的行为而不受外在因素（如酬赏、处罚等）的影响。

10.1.3 组织亚文化

一个庞大的组织有自己的主流文化。然而，在组织的不同部门和群体中，因为工作性质不同，领导不同，历史渊源不同，也可能形成一些自己的特色，即组织亚文化。好的亚文化，是对主流文化的补充和深化；不良的亚文化，则可能成为组织行为的障碍，削弱主流文化的积极效应。比如，研发部门，一方面强调常规工作的完成，另一方面更突出创新，受创新追求的影响，很容易形成比较民主的气氛；而生产部门，则更加强调规范，希望通过规范来约束流水线上的员工，使每个员工的行为按照标准进行生产，其结果是员工的行为趋向于刻板和保守。因此，在一个弘扬创新文化的组织中，不同的部门表现有差异，研发部门创新氛围更浓，而生产部门则是谨慎创新。

同样的工作性质，领导风格不同，亚文化也不同。一个开朗、活泼的领导和一个严肃、注重细节的领导，对组织文化的塑造结果也截然不同。同样一个性质相似的单位，有一个优良传统，大家齐心协力、互相帮助、勤奋上进，即使有些员工与之矛盾，也会改变自己，寻求与部门一致；如果这个单位领导层貌合神离，个人利益高于集体利益，纵然是一些有公心的人，也难以坚持自己的行为，或者敢怒不敢言，最终是邪气战胜正气，导致整个单位死气沉沉，缺乏战斗力。

10.1.4 组织文化的重要性

在人们感觉到文化与自身的价值取向一致时，往往看不到文化的作用；一旦周边的背景与员工的需求产生极大反差，而自身的修行或组织文化的变革十分困难时，员工就会产生组织文化的煎熬。

组织文化有许多功能，具体如下：

1）激励功能

人在自己喜欢的工作环境中工作，积极主动、富有热情和创造力，最终可以提高工作动机，提升群体凝聚力、满意度，降低离职率。有人研究了组织文化对员工满意度和忠诚度的影响，研究调查了组织的实际成就气氛和员工理想的成就气氛之间的差异，结果发现这种差异比较小的员工对工作更满意、对组织也更忠诚。也有研究表明：价值观一致性对离职意向有较好的预测力。

2）减压功能

随着竞争的全球化，工作节奏加快，许多人都受到工作压力的困扰。如果人们在自己喜欢的组织氛围中工作，心情舒畅，就可能缓解工作本身的压力和紧张。研究者们借鉴了人格心理学家对人格进行A型和B型划分的研究思路，将组织也分为A型和B型两类。自我报告和血压测试的结果表明，当个体加入具有比较相似的价值观的组织时（即A型个体加入A型组织或B型个体加入B型组织），他们所体验到的工作压力呈现较低的水平。

3）吸引功能

一旦组织文化通过一定的媒体向社会各个领域传播，就可能在人们的心目中形成不同的拟人化的组织形象。这些组织形象就可能成为吸引人才的重要因素。过去，由于信息传播的局限性，人们对企业只有一个表面的认识，在数字化的今天，信息传播非常快且广泛，人们可以通过各种媒介获得特定组织的信息，经过选择性的加工，形成各种印象。现在，人们大脑中有一些比较粗的印象，比如对国有企业和事业单位、民营企业或家族企业、外资企业的印象。国有企业和事业单位比较稳定，但人际关系比较复杂，效率比较低下；民营企业待遇较好，但缺少培训，外人很难被重用，有任人唯亲的倾向；外资企业待遇好，注重培训，能学到很多东西，但晋升到高层比较困难。

同样是进入组织的过程，从组织的角度来说就是人员选拔，这一过程中价值观一致性同样具有重要意义。要实现长期的雇佣关系以及组织的灵活性，个人与组织文化的良好契合是关键，其重要性甚至超过了实现个人与工作的契合。选择人格与组织文化协调的人，会创造出灵活的劳动力群体。这里的灵活具体体现为，群体成员能轻而易举地在不同工作之间转换。在选拔员工的过程中使用能评估个人与组织是否契合的系统，将会改善员工的工作态度，减少旷工和人员流动。

4）行为塑造功能

实现个人与组织价值观的契合不是个人选择工作或者组织挑选雇员的唯一决定性因素，所以，在进入企业初期可能会出现个人与企业价值观一致性比较低的情况。随着工作年限的增加，人们逐渐学会和开始接受组织的价值观，个人与组织的匹配程度也会随之有所提升。个体在组织中的社会化实践，使他们潜移默化地受到组织气氛的影响，于是，随着时间的推移，个体开始表现出组织的特征，从而导致更高水平的匹配。

由此可见，个体在组织内部的组织化过程，为组织提供了一个绝好的机会来巩固雇佣关系，促进员工的积极行为。这从另一个侧面有力地论证了组织开展员工文化理念培训的重要意义。组织有计划地对员工进行培训，能推动个体进行组织文化各方面的学习，包括工作关系、规范、政策、组织特定语言、组织历史以及组织价值观，从而更有效地实现个人和组织之间的契合。更重要的是，培训能通过提升个人与组织的契合程度，为组织带来高满意度、高绩效和低离职率、低压力的人力资源。

10.2 组织文化的要素及建构

影响组织文化形成的因素有很多，如何根据企业的特点，选择适合自身的文化核心要素，整合成组织的主流价值观，并逐步扩大、影响员工的行为，是企业文化建设和发挥效益的基础。组织文化由许多核心要素组合而成，这些核心要素如何提取、如何建构，是组织文化建设首先会遇到的问题。

其实，组织文化的要素建构受到多种因素的影响。第一，会受到社会传统文化的影响；第二，会受到地域文化的制约；第三，组织文化还会受到管理科学规律的影响；第四，组织本身的特点也影响到组织价值观的选择。从某种意义上说，组织文化的要素建构有通用规则和特殊规则之分。所谓通用规则，是指管理本身的内在逻辑对组织文化建构的制约性，如管理科学的要求、组织赖以存在的物质和社会环境的要求等；所谓特殊规则，是指组织本身的特点、组织文化倡导者的特点对组织文化要素选择和建构的影响。比如，日本企业文化就考虑到日本文化本身的特点，主张集体主义，淡化个人主义；强调企业与员工、员工之间的长期合作、利益和风险共担；强调员工技能的多样性，增加相互理解、相互支持，不主张过度分工的人才培养模式等。

10.2.1 通用组织文化要素研究

早期的研究者通常选择自己认为重要的价值观进行测量和研究。比如，皮特斯等（T. Peters和R. Waterman，1982）通过研究确定了8种组织文化价值观，在后来的研究中经常被引用：崇尚实验、接近顾客、创新精神、尊重员工、形成共识、做内行事、组织单纯、自主自律。

而萨斯金等（Sashkin和Fulmer，1985）的组织信念问卷（organizational beliefs questionnaire）选择了10种价值观进行测量：享受工作、追求卓越、创新或冒险、关注细节、重视个体、追求顶级质量、注重沟通、产品或利润的增长、层级管理、信仰共同的组织哲学。

但是，这种研究方法的理论基础不是很明确，很大程度上是研究者根据自己的理解或调查的结果，选择自己认为比较重要的价值观项目，因此，很容易造成一些重要价值观的缺失。为了避免这样的失误，后来的研究者改进了研究方法，他们借鉴人格以及社会心理学的研究方法，从案例和经验开始提炼组织文化价值观维度。运用这种方法，欧来理等（O' Reilly等，1991）的组织文化问卷（OCP）最终确定了54个价值观的描述，用这个54个项目进行具体研究，抽取出了7个因素：改革创新有闯劲、稳定性、尊重员工、结果取向、注重细节、团队取向、积极进取（含社会责任）。

台湾大学教授郑伯埙（1990）则以沙因的理论为依据，从5个方面来审视企业文化。他采取持续团体面谈的方式，探索出了9个因素：社会责任、敦亲睦邻、顾客取向、科学求真、正直诚信、表现绩效、卓越创新、甘苦与共、团队精神。

在另一项研究中，郑伯埙（1998）根据自己1990年编制的组织文化价值观量表、欧来理等人的组织文化问卷，编制了组织文化价值观知觉与期待量表，包括120个题目，抽取了7个有意义的因素：组织公义与员工取向、主动求真、竞争能力、团队精神、社会责任、绩效取向、终极目标。

不同时期、不同地区的研究者，探索出的价值观结构具有很高的相似性。比较突出的是团队精神、进取或竞争性、绩效或结果取向、尊重员工、安全或稳定性这样一些维度，在大多数研究结果中都有所体现。但是目前对于组织文化价值观的维度，并没有形成比较一致的看法，也没有比较权威或有说服力的理论产生。而在国内，对于组织文化价值观的定量研究尚缺乏尝试。

一些主要学者不同研究结果的比较见表10-2。

表10-2 **不同研究结果的比较**

Peters & Waterman（1982）	Miller（1984）	O'Reilly（1991）	郑伯埙（1990）	郑伯埙（1998）
崇尚实验	实证原则	注重细节	科学求真	主动求真
接近顾客			顾客取向	
创新精神	卓越原则	改革创新有闯劲	卓越创新	竞争能力
尊重员工	一体原则	尊重员工	甘苦与共	组织公义与员工取向
形成共识	共识原则	团队取向	团队精神	团队精神
做内行事	目标原则			
组织单纯				
自主自律				
	正直原则		正直诚信	
	绩效原则	结果取向	表现绩效	绩效取向
		积极进取（含社会责任）	社会责任	社会责任
		稳定性	敦亲睦邻	终极目标

不论组织有何特点，然而管理中总是有一些共性的东西。比如，要关心客户，

就需要产品有创新、质量高和成本低；企业要生存，必须关注业绩、利润；员工作为企业价值的创造者，从长计议，关心员工自然重要；知识经济时代，速度重要，团队精神、员工合作也非常重要。通常来说，这些都是共性的东西，可能作为组织文化的要素。

海尔就选择了客户服务作为自己的核心价值，主张服务客户“真诚到永远”。而奇瑞公司作为中国民族汽车工业当之无愧的第一品牌，经过十年左右的奋斗，已成为国内自主研发能力最强、自主品牌轿车销量最多的企业。奇瑞的核心理念是：自主创新，世界一流，造福人类；用户第一，品质至上，效益优先；目标管理，规范流程，持续改进；以人为本，诚信合作，勤俭廉洁。与海尔不同，奇瑞的核心价值观几乎包括了企业经营管理的各个方面。

在经济全球化的过程中，我们需要借鉴国外先进的管理文化理念，也需要保持本民族的积极文化元素，通过加工整合，形成组织特有的组织文化特色。

10.2.2 个性化的组织文化要素建构

在具体的组织文化建设过程中，除了一些通用的、对组织发展有影响力的要素外，其实，组织所处的行业、组织领导者的个性、组织所在地区的文化、组织传统中的积极要素等，都会影响组织文化要素的提炼和选择。

1）行业的影响

比如，一家煤矿企业和一家高新技术企业的企业文化可能差异比较大，煤矿企业属于安全风险大、又脏又累的行业，是典型的劳动密集型行业，因此企业文化可能集中在安全生产、艰苦奋斗的精神上；而后者知识型员工比重大，注重观念创新、实效性，关心员工自我价值的实现等，在其企业文化精神中，更多包含解放思想、关注国际前沿、突出创新、追求速度等现代理念。

2）领导人的作用

根据二八法则，核心员工，特别是领导层的思想、工作作风，对组织文化要素的提炼作用较大。蒙牛乳业的创始人牛根生就很有个性，并且将自己的思想和风格体现在蒙牛的组织文化中。对于人才的理解，他的名言是：“小胜靠智，大胜靠德”“一个人的智力有问题是次品，一个人的灵魂有问题就是危险品”。为此，他将自己的股份捐献出来，实现其对“财散人聚，财聚人散”的人性理解。为了展示发展速度的重要性，他提出了蒙牛的飞船定律：“不是在高速中成长，就是在高速中毁灭。只有超越环绕速度，企业才能永远发展。”当然，蒙牛还不是百年品牌，牛根生的许多文化理念未必能够站住脚、未必能够实施到位，特别是三聚氰胺事件后，蒙牛遇到了前所未有的压力，现在牛根生已经不能主宰蒙牛了，但是他对蒙牛企业文化要素的选择、建构的影响是深远的。

3）组织的传统价值观

许多组织不是从零开始的，本身就有自己的历史和文化特色，可能这些要素有些不能契合当今时代的要求，需要修正，但有些合理化的东西仍要保留。很可能大庆油田就保留了铁人王进喜的三老四严、顽强拼搏的精神（这里的三老四严是指：对待革命事业，要当老实人、说老实话、办老实事；对待工作，要有严格的要求、严密的组织、严肃的态度、严明的纪律）。石油企业发展了，需要高科技，但仍然不能缺少这些传统元素，毕竟油田的生产环境还是相对艰苦的，脏和累还是存在的。

【案例10-1】　吴仁宝的企业文化建构

在华西村，尽管村民们都过上了富裕的生活，但他们每个人身上体现出的那份对工作、对生活的热情却丝毫没有减少，而这份热情的来源正是吴仁宝所体现出的“华西精神”。

在华西，有很多广告牌子，其中不少就写着吴仁宝的“语录”，因为这些语录，人们送给吴仁宝一个农民思想家的称呼。但是吴仁宝常说，他并不想做什么思想家，而是要做实干家，要不讲废话，只说实话，不来虚的，只是实干。如果说，保持这种特有的朴实让吴仁宝获得了长久的发展方向，那么，吴仁宝对财富的独特看法，则让村民和他一起远离了“因富生骄，因骄而败”的怪圈。吴仁宝在早年就曾立下“三不”规定：不拿全村最高工资、不拿全村最高奖金、不住全村最好房子。他把可以放进自己口袋里的5 000多万元奖金全部留给了集体，自己还住在全村最老的别墅里。

目标是方向，精神是力量，班子要建强，班长要过硬。

十穷戒词：逐渐穷——多因放荡不经营；容易穷——家有钱财手头松；懒惰穷——朝朝睡到日头红；无才穷——不学无术人无用；心散穷——家庭不和常内讧；受骗穷——不识良朋钱骗空；违法穷——违法贪财进牢笼；无度穷——浪吃浪用山要空；失算穷——算计不好一世穷；三害穷——嫖赌吸毒彻底穷。

十富赞歌：智能富——学文练艺成才富；勤劳富——爱岗敬业辛勤富；节俭富——精打细算聚财富；守法富——遵纪守法健康富；守信富——恪守信用客多富；团结富——家庭和睦同心富；帮带富——邻里相亲互助富；育才富——育好后代子孙富；集体富——巩固集体共同富；爱国富——国家强盛安定富。

10.2.3　组织文化要素建构的过程

组织文化要素的提炼和建构，通常会经历一个过程。有的企业可能没有刻意地建构组织文化，而是将组织的发展战略，组织的远景规划，人员的激励和晋升制度、惩罚制度、工作制度的流程等逐步建立和规范起来，形成了组织文化的核心要素，然后在适当的时候进行总结。也有的企业或组织，为了凝聚人心、鼓舞士气，改变人们的观念，塑造人们的行为，专门将组织文化建设放在重要的位置，组成专门的班子进行研究和提炼，做到思想先行、制度和行为跟进的策略。

不论先行动再总结提炼，还是先总结概括再付诸实施，组织文化要素的提炼都是不可回避的一环。根据组织文化的构成要素，首先需要提炼核心价值观，然后是提炼制度和行为文化，最后是提升物质文化。这些文化要素是否能够得到员工的理解和支持，还需要与员工沟通和协商，不断地听取员工的意见，最终达成共识，固化下来，形成组织文化建设的纲领和基础。组织文化建设的程序和步骤如图10-2所示。

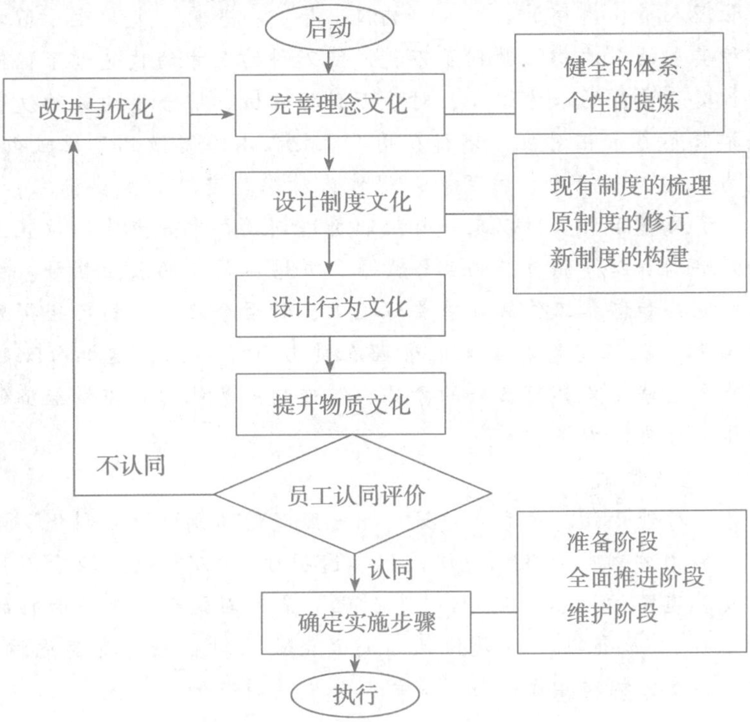

图10-2 组织文化建设的程序和步骤

【案例10-2】 **万科的企业文化建构**

万科文化包括三个部分：万科核心价值观、万科宗旨以及万科愿景。三者拥有共同的主题——创造健康、丰富的人生。它意味着万科将持续提供超越客户期望的产品和服务，让客户骄傲；意味着万科将持续提供超越投资者期望的回报，让投资者满意；意味着万科将持续提供超越员工期望的发展空间和报酬，让员工自豪。

1）客户是我们永远的伙伴

“客户是我们永远的伙伴”所阐述的是万科人与万科客户之间所存在和要去追求的关系；“让顾客微笑”则代表万科人在与顾客交往时需要遵守的根本原则，体现了万科定义的客户意识；“客户并非永远是对的，但是当你试图证明客户是错误的，你就是错误的”；“尽管有些时候客户的表现并非理性和客观，但面对新阶段出现的新问题，万科应该更多地同情和理解，更多地检讨反思自身的不足”。

2）人才是万科的资本

在万科发展的历史上，有过不少响亮的口号，但影响最大且流传至今的莫过于公司于创立之初就提出的“人才是万科的资本”这一理念，不间断并且深刻地影响了公司的发展。在人才类型上，万科提倡兼容并蓄，政府官员、大学教授、科技工作者、企业管理人员、推销员、工人、编辑、导演、艺员、大学生、留学生……各行各业、各种类型的人才都汇聚到了万科，使万科的人才结构超过了任何一所大学所能提供的种类。这样的人才组合，对于万科跨地域、综合性业务的发展是非常有帮助的。与举贤不避亲相对应，万科在用人上把任人唯贤做到了比较彻底的地步。万科强调能力主义，以能力、作用、表现作为对职员定级的主要标准，不分年龄、性别、学历和资历。万科长期以来一直把职员培训放在十分重要的位置上，经常举办各种各样的培训班以提高员工的业务素质，并培养员工的敬业精神。由于长期以来万科把人才储备和培养工作放在重要位置上，时至今日，万科已经得到良好的回报：从本公司职员队伍中培养出来的管理人员占70%以上，这批人既熟悉公司情况，对公司非常忠诚，又具有良好的素质、较强的业务能力和市场经济的观念，成为公司一支非常重要的力量。

3）阳光照亮的体制

对内平等，对外开放，致力于建设“阳光照亮的体制”。“万科化”是企业发展过程中的三个努力方向：专业化、规范化和透明度。“万科化”源于万科前领导人王石对企业发展道路的认识和判断。“专业化”是王石就新兴企业面临的宏观环境变化所作的选择；“规范化”则是他认为新兴企业应对企业自身变化该作的选择；透明度建设与制度化相辅相成是万科走规范化发展道路的重要支撑。

4）持续增长

“建筑无限生活”的万科宗旨对不同人群有着不一样的含义：对客户，意味着了解你的生活，创造一个展现自我的理想空间；对投资者，意味着了解你的期望，回报一份令人满意的理想收益；对员工，意味着了解你的追求，提供一个成就自我的理想平台；对社会，意味着了解时代需要，树立一个现代企业的理想形象。“成为中国房地产行业领跑者”不仅是王石的梦想，更是万科的愿景，而这正是万科持续增长的无限动力。

资料来源　王石，缪川. 道路与梦想——我与万科20年［M］. 北京：中信出版社，2006.

10.2.4　组织文化要素的逻辑

组织文化由许多因素构成，主要包括组织价值观、组织制度、员工行为以及外显的符号等。然而，这些要素不是同等重要的，其中价值观处于核心地位。

组织文化理论上像一个人的图像，要让一个人与另外一个人产生区别，就需要有一些闪光点，抓住了这些闪光点，人们就能迅速地分辨出来。比如，人的五官在刻画人物时非常重要，而五官中眼睛是重中之重，因此，需要点睛之笔。

组织成员所共同遵守的价值观非常重要。由于组织在许多情况下，不可能穷尽所有的行为要则，这就需要人们根据组织的价值观进行演绎，推断出对组织有利的决策和行为；而不是墨守成规，事不关己高高挂起，自己不受损害，但组织的利益受到损害。

制度非常重要，组织制度的制定和执行是由价值观支撑的。然而，再好的价值观，没有组织制度规范，也会让人们产生较大的操作空间和想象空间。同样当父母，不同的人对父母角色的理解是不一样的；同样是爱护孩子，有人认为严厉好，有人认为仁慈好，有人认为顺其自然好。结果是，每个人不知道共同的行为准则，导致行为因理解的差异而产生很大误差。

员工行为是落实组织价值观的重要外显形式。组织存在，就是需要完成一定的任务，而这些任务能否如期、高质量地完成，依赖于受雇员工的行为表现。“拥有国际竞争力”是一种价值导向，仅仅停留在脑子里，停留在口号上，不能让人信服，需要每个员工脚踏实地地工作，有创新的产品、有一流的质量、有足够的市场占有率等。

物质形象非常重要，但它不是组织文化的全部。耐克有一个简单、充满美感的标志，但其良好的品牌绝对不是靠这个简单的符号树立起来的。它需要接受市场的检验，需要得到顾客稳定、持久的评价。

【理论应用10-1】 组织文化的诊断

瑞士洛桑国际管理学院著名教授丹尼森（Denison），在经过对1 500多家样本公司的研究后，分别从内部关注-外部关注、稳定性-灵活性两个维度来判断企业文化的状况，利用这两个维度组合出使命（mission）、一致性（consistency）、参与性（involvement）与适应性（adaptability），这四大文化特征对一个组织的经营发展具有重大影响。

以此为基础，丹尼森又将每一种文化特征细分出三个考察维度（如图10-3所示），即：使命从愿景、目标、战略导向和意图来考察；一致性从核心价值观、配合、协调与整合来考察；参与性从授权、团队导向和能力发展三个方面进行考察；适应性从组织学习、客户至上、创造变革来考察。利用这十二个考察维度，能够比较准确地确定某一组织的文化类型与明显特征。

使命：这一文化特征是帮助测量诊断者判断公司是否具备远大而明确的目标和志向。其中，愿景：员工对公司未来的理想状况是否形成了共识？这种愿景是否得到公司全体员工的理解和认同？战略导向和意图：公司是否希望在本行业中脱颖而出？明确的战略意图展示了公司的决心，并使所有人都知道应该如何为公司的战略做出自己的贡献。目标：公司是否周详地制定了一系列与使命、愿景和战略密切相关的目标，可以让每个员工在工作时作参考？

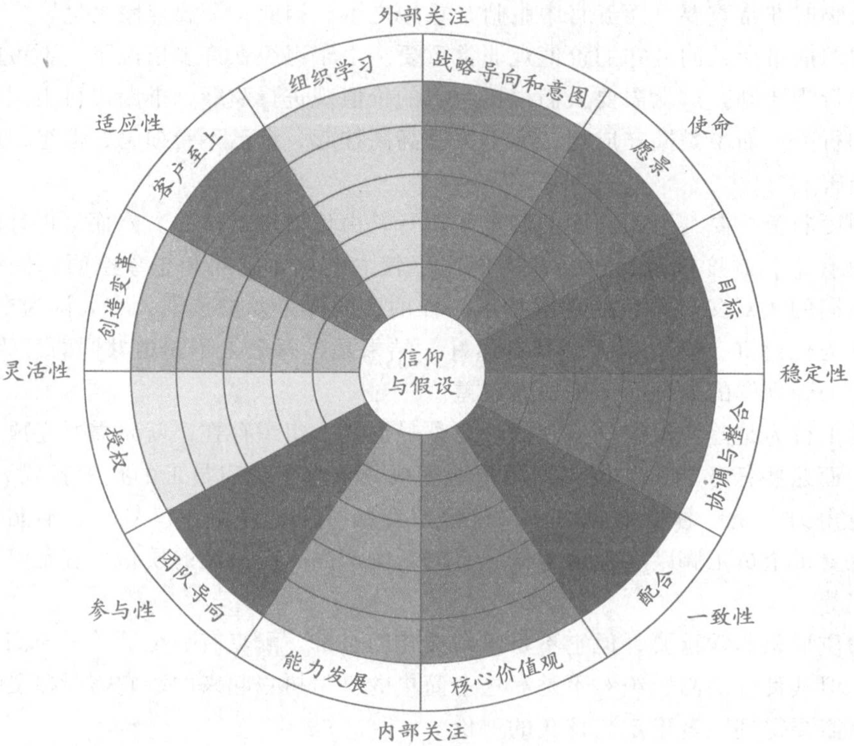

图10-3　丹尼森的组织文化诊断维度

一致性：用于衡量公司的内部凝聚力和向心力的情况。其中，核心价值观：公司是否存在着大家共同信奉的价值观，从而使公司员工产生强烈的认同感，并对未来抱有明确的期望？配合：领导者是否具备足够的能力让大家达成高度的一致，并在关键的问题上有达成一致的能力。协调与整合：公司中各职能部门和业务单位是否能够密切合作？部门或团队的界限会不会成为合作的障碍？

参与性：参与性的考察与测量主要是涉及员工的工作能力、主人翁精神和责任感的培养。一家公司在这一文化特征上的得分高低，可以反映出公司对培养员工的政策，公司内部的上下沟通状况，公司对员工参与管理的认识及为员工参与所开辟的途径多少。其中，授权：员工是否真正被授权并承担责任？员工是否具有主人翁意识和工作积极性如何。团队导向：公司是否重视并鼓励员工相互合作，以实现共同目标。员工在工作中是否依靠团队力量？能力发展：公司是否不断投入资源培训员工，使他们不断成长，公司对员工学习和成长的愿望的满足程度。

适应性：该文化特征主要反映公司对外部环境的适应能力，包括对市场和客户的各种直接间接信号的捕捉能力和反应速度。其中，创造变革：公司是否惧怕承担因变革而带来的风险？公司是否学会仔细观察外部环境，预计相关流程及变化步骤，并及时实施变革？客户至上：善于适应环境的公司凡事都从客户的角度出发。

公司是否了解自己的客户，使他们感到满意，并能预计客户未来的需求？组织学习：公司能否将外界信号视为鼓励创新和吸收新知识的良机？

在丹尼森的企业文化诊断模型中，适应性与参与性强调的是组织的灵活性和变革欲望与能力，而使命和一致性则强调组织保持可预测性与稳定性的能力，两者构成了一对矛盾主体。而适应性与使命强调的是一个组织对于外部环境的适应能力，参与性与一致性强调的是一个组织内部的和谐能力，这又构成了组织文化建设中的一对矛盾主体。

两对矛盾主体是一个组织在文化建设中所要平衡和解决的主要冲突，对于这两对矛盾的解决，也决定了一个组织文化建设的成败。

10.3 组织文化建设的机制与主体

对于一个新建立的组织，其组织文化就像一张白纸，主要是按照经营管理者的意愿进行塑造。如果经营管理者事先有一套组织文化理念，并通过组织的规章制度、仪式和活动予以强化，就可能在组织中固化下来，成为组织经营和发展的起点，长期地影响人们的行动。

在更多的情况下，组织经营者面对的是有一定历史的组织，其组织文化或多或少地存在，可能是积极文化居于主导，也可能是消极文化居于主导，这时就需要经营管理者重新构建符合组织发展壮大的文化理念，并通过各种管理方式、方法的落实和推进，强化合理的部分，改造不合理的内容，形成优良的组织文化。

【案例 10-3】 阿里巴巴的企业文化落地

阿里巴巴的企业文化价值观非常特别，主要体现在两个方面：第一，构建了自己的政委体系，行使人力资源管理的职责。政委既是价值观的传播者，也是所谓的业务合作伙伴。如果仅仅抓思想政治工作，没有实效，很难长期坚持。第二，在考核制度层面，渗透了价值观考核，把激励、晋升、培养等与价值观结合在一起。既要考虑短期的绩效，没有绩效，企业无法生存；更要考虑长期的绩效，价值观正了，才能长期发展。

据说马云当年看了《历史的天空》这部戏，就发现政委的力量非常重要。共产党之所以能胜不仅胜在军事上，更胜在政治工作上。所以，马云将所有阿里重要的人力资源晋升成政委，不仅管人事的八个模块，更加重要的是传承公司的使命，以及关怀人的成长。

后来，阿里的政委体系大部分是由彭蕾建起来的。在彭蕾看来，阿里巴巴不是个职场，它应该是一个情场。她把自己毕生的情感倾注在了阿里巴巴这个平台，而且她要求所有阿里巴巴的人在里面把自己的情感灌输到自己的工作中去，而不仅仅要用力工作，而且要用心来工作。她有段幽默的话在阿里传得很广，叫“爱”不是说出来的，“爱”是做出来的。不要随随便便说“爱”，要认认真真做“爱”。大家每个人要从行动中，从每时每刻中把你对于员工的爱、对于客户的爱表现出来、做出来。

政委体系的人具备什么样的特征？需要干什么？这些人典型的特征就是外柔内刚，很真诚、很简单，非常坚定。政委体系的人带领大家快速地发展，政委必须是业务的伙伴。

有一个朋友从京东来阿里巴巴做一个资深总监，这个人曾经是京东的COO。京东的首席运营官被阿里挖过来，到了阿里三个月之后就离职了。怎么三个月就走了？他说，第一，在京东的时候，一人之下，万人之上，他一句话，京东的几千人马上就动了，他们的行动力非常快。可到了阿里巴巴，他说话没有人听，因为员工说："老板，我也有自己的想法，你听听我的想法。"然后员工不听他的想法，员工自己有很多想法，还要他听。结果他觉得根本指挥不了这下面的几千人，其实在阿里管200多人都管不过来，因为员工每个人都有想法来找他提，员工都想要做自己的事情。老板下命令，人家员工没有答应之前，员工可以不做的。他认为阿里的速度太慢了。第二，在京东的时候，基本上想做什么事情的时候，对错自己承担责任。但是到了阿里巴巴之后，一个1985年出生的小姑娘每天把他关在办公室里面骂，那个小姑娘就是政委，每天说："你不能这么讲效率，你要注意大家开不开心。"在阿里，除了要把事情做好，还要培养员工，还要自己去招人。

阿里巴巴把价值观考核体系纳入了KPI系统，在整个体系里占了考核分值的50%，与员工的晋升、年终奖、期权挂钩。阿里的文化与价值观，看上去像一个抽象的东西，但是最后的落地有一套科学的方法来保证它的执行。

阿里巴巴的价值观体系（见表10-3）如下：（1）客户第一：客户是衣食父母；（2）团队合作：共享共担，平凡人做非凡事；（3）拥抱变化：迎接变化，勇于创新；（4）诚信：诚实正直，言行坦荡；（5）激情：乐观向上，永不放弃；（6）敬业：专业执着，精益求精。很多公司都有企业文化和愿景，都挂在墙上，没有落实到员工的心里，更不可能付诸行为，但是阿里巴巴做到了。

考核打分说明：（1）员工自评或主管/经理考评必须以事实为依据，说明具体的实例；（2）如果不能达到1分的标准，允许以0分表示；（3）只有达到较低分数的标准之后，才能得到更高的分数，必须对价值观表达从低到高逐项判断；（4）小数点后可以出现0.5分；（5）如果被评估员工某项分数为0分、0.5分或者达到4分（含）以上，经理必须注明事由。

考核周期及程序：（1）每季度考评一次，其中价值观考核部分占员工综合考评分的50%；（2）员工先按照价值观考核细则进行自评，再由部门主管/经理进行评价；（3）部门主管/经理将员工自评分与被评分进行对照，与员工进行绩效面谈，肯定好的工作表现，指出不足，指明改进方向。

评分结果等级说明：（1）优秀，27~30分；（2）良好，23~26分；（3）合格，19~22分；（4）不合格，0~18分。

表10-3 **阿里巴巴价值观考核内容及评价标准**

考核项目		评价标准				
价值观考核（总分30分）	客户第一	尊重他人，随时随地维护阿里巴巴形象	微笑面对客户投诉和受到的委屈，积极主动地在工作中为客户解决问题	与客户交流过程中，即使不是自己的责任，也不推诿	站在客户的立场思考问题，在坚持原则的基础上，最终达到客户和公司都满意	具有超前服务意识，防患于未然
	分值5分	1	2	3	4	5
	团队合作	积极融入团队，乐于接受同事的帮助，配合团队完成工作	决策前发表建设性意见，充分参与团队讨论；决策后无论个人是否有异议，必须从言行上完全予以支持	积极主动分享业务知识和经验；主动给予同事必要的帮助；善于利用团队的力量解决问题和困难	善于和不同类型的同事合作，不将个人喜好带入工作，充分体现“对事不对人”的原则	有主人翁意识，积极正面地影响团队，改善团队士气和氛围
	分值5分	1	2	3	4	5
	拥抱变化	适应公司的日常变化，不抱怨	面对变化，理性对待，充分沟通，诚意配合	对变化产生的困难和挫折，能自我调整，并正面影响和带动同事	在工作中有前瞻意识，建立新方法、新思路	创造变化，并带来绩效的突破性提高
	分值5分	1	2	3	4	5
	诚信	诚实正直，言行一致，不受利益和压力的影响	通过正确的渠道和流程，准确表达自己的观点；表达批评意见的同时能提出相应建议，直言不讳	不传播未经证实的消息，不背后不负责任地议论事和人，并能正面引导	勇于承认错误，敢于承担责任；客观反映问题，对损害公司利益的不诚信行为严厉制止	能持续一贯地执行以上标准
	分值5分	1	2	3	4	5
	激情	喜欢自己的工作，认同阿里巴巴企业文化	热爱阿里巴巴，顾全大局，不计较个人得失	以积极乐观的心态面对日常工作，不断自我激励，努力提升业绩	碰到困难和挫折的时候永不放弃，不断寻求突破，并获得成功	不断设定更高的目标，今天的最好表现是明天的最低要求
	分值5分	1	2	3	4	5
	敬业	上班时间只做与工作有关的事情；没有因工作失职而造成的重复错误	今天的事不推到明天，遵循必要的工作流程	持续学习，自我完善，做事情充分体现以结果为导向	能根据轻重缓急来正确安排工作优先级，做正确的事	遵循但不拘泥于工作流程，化繁为简，用较小的投入获得较大的工作成果
	分值5分	1	2	3	4	5

价值观评分结果的运用：

①价值观得分在合格及以上等级者，不影响综合评分数，但要指出价值观改进方向；

②价值观得分为不合格者，无资格参与绩效评定，奖金全额扣除；

③任意一项价值观得分在1分以下，无资格参与绩效评定，奖金全额扣除。

资料来源 根据百度文库相关资料整理。

个人和组织的价值观追求是有差异的。如果组织非常有影响力，可以为个人提供很好的价值回报以及事业发展的平台，也许这个人与组织的价值观不是十分合拍，但他也希望有机会进入这类组织，分享成功的荣耀，为此，摩擦难以避免。还有一些员工，尽管知识经验、能力符合组织的要求，但组织的价值观和文化氛围与员工期待有一定的差距，需要员工适应。还有一些年轻的员工，刚刚参加工作，价值观处于建立和巩固期，需要组织引导和教育。最困难的是一些比较优秀的员工，市场价值很高，个人影响力很大，但他们的价值观可能与组织的价值观对立，这些员工的势力非常大，如何处理，是组织塑造员工还是员工改造组织，同样需要研究。

本节主要介绍如下内容：(1) 个人与组织契合的机制。(2) 组织领导者掌握着组织较多的权力和资源分配机制，组织领导者自身的组织文化塑造意识十分关键。(3) 组织社会化是组织员工培训的责任，也是组织传递组织价值观、塑造良好企业文化的重要途径。选择合适的途径和方法，让员工成功地社会化，其作用也不可小视。(4) 组织需要将许多做法规范化、程序化、制度化，使组织文化塑造建立在制度的基础上。

10.3.1 个人-组织文化契合的机制

价值观与身份形成的心理过程有着根本的关联，个体通过这个过程寻求自己的社会身份。大量研究表明：个体倾向于将自身划分到社会类属（如性别、人种、种族以及组织从属关系）中，并通过这些社会类属来定义自己。潜在的价值观帮助个体选择一致的角色、职业甚至组织来经营自己的人生，这就是契合（fit）理念的体现。

个人-组织契合（person-organization fit）有多种形式。经克里斯托弗（Kristorf，1996）的概括，个人-组织契合是在以下三种情况下个人和组织之间体现出来的相容性：(1) 至少有一方满足了另一方的需要；(2) 它们有相似的基本特征；(3) 以上两者都具备。第一种情况下发生的是补偿性契合，第二种情况下发生的是相似性契合。

在过去的几十年里，研究者们以不同的操作化定义和研究指标，验证着自己对于契合理念的假设。比如，以欧来理等（O’Reilly和J.A.Chatman，1991）为代表的学者认为，组织文化对员工的行为有极大的塑造作用，而价值观又是组织文化中最基本、最持久的思想层面，所以应该通过评估个体与组织之间价值观的相容性来审视个人与组织的契合情况。根据斯莱德（B. Schneider，1995）的吸引-挑选-摩擦（attraction-selection-attrition）理论，个体会选择与其目标相似或能助其达到个人目标的组织；反过来，组织也会选择与其目标相似的个体。所以，研究个人与组织之间的契合应该评估个体与其他组织成员的目标相容性。无论研究个人与组织的价值观相容性还是目标相容性，反映的都是相似契合的观点。

关注补偿契合的研究者认为，个体的偏好或需要与组织的系统或结构之间的契合，最能体现个人与组织是否具有相容性，如果组织满足了个人的需要，那么个人会对工作感到满意。所以，他们围绕组织系统（尤其是报酬系统）与个人需要进行了比较多的研究。

另外一种较为特殊的研究方式是考察个体人格和组织气氛（有时也称为组织人格）的契合。从表面上看，这又是在研究个人和组织在人格这一基本特征上的相容性，似乎仍旧是相似契合。但实际上，研究者通常根据组织提供的资源和环境等（比如奖励系统或交流模式）来评定组织气氛，而个体的人格特征也是通过其需要来体现的。例如，一个组织的集体气候可以概括为一个奖励系统，这一系统可能适合或不适合个体的成就需要，这些又都是补偿契合的体现。因此，这是一种综合了相似特征和补偿契合观点的研究取向。

大多数研究者将个人-组织符合度宽泛地定义为个体和组织之间的协调性。在实际研究中，研究者对这种协调性的定义方式多种多样。其中一种将协调性分为两种：相似和补偿。当个体与组织环境中的其他个体具有相似的特征时，会产生相似性符合（supplementary fit）。当个人的特征使组织环境变得完整或增加了组织所缺时，发生的就是补偿性符合（complementary fit）。

克里斯托弗（1996）在前人研究的基础上，针对个人-组织符合度提出了一个概念结构（如图10-4所示）。根据这个结构图，相似符合度是组织和个人的基本特征之间的关联。对组织而言，这些特征通常包括文化、氛围、价值观、目标和规范。而对个人而言，通常包括价值观、目标、人格和态度。当组织和个人在这些特征上有相似之处时，就出现了相似性符合。

组织和个人还可以在雇佣协议中说明能互相提供什么和互相要求什么。组织提供了员工需要的财政、物质和心理的资源，以及一些发展机遇。当组织的这些供应适合员工的需求时，就实现了需要和供应之间的符合。同样，组织会要求员工在时间、努力、承诺以及知识、技能和能力（KSAs）方面做出贡献。当员工的能力适合组织的要求时，要求和能力之间的符合就产生了。实际上，无论需要-供应还是要求-能力方面的符合都属于补偿符合度的范畴。

因此，克里斯托弗将个人-组织符合度定义为以下三种情况下发生的个人和组织之间的协调性：（1）至少有一个实体提供了另一个实体的所需；（2）他们有相似

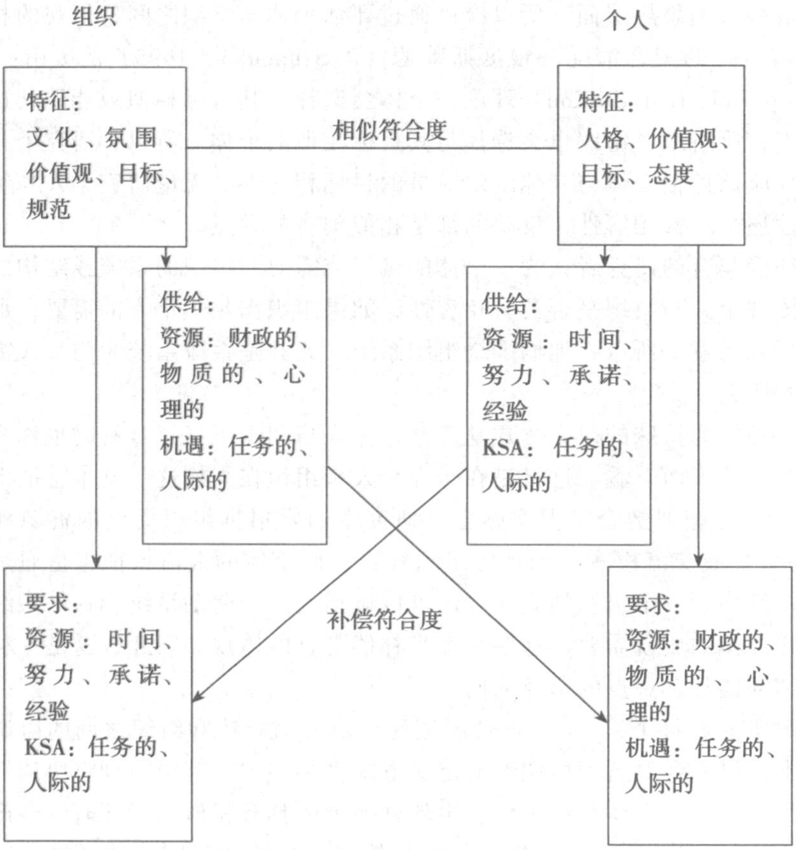

图10-4　个人-组织契合机制

的基本特征；(3) 以上两者都具备。这种定义包含了现存的多种定义方式，允许同时考虑相似性和补偿性观点。

个人与组织的契合不是全或无的关系，更可能是交叉或重叠的关系，即有些方面两者契合较好，有些方面两者契合较差。组织和个人都有自己特别看重的价值观，如果这些核心价值观能够很好地契合，对于双方来说都是比较理想的；否则就可能出现摩擦，导致最终的矛盾。

从本质上看，个人与组织是交换关系，双方是带着各自的需求走到一起的。个人对组织文化的影响力，因领导力的不同而不同。领导力强的，影响力大；反之，则小。如果个人不能够适应现有的文化，就可能在自己影响的范围内采取必要的措施来重新塑造文化。

10.3.2　领导者对组织文化的塑造

由于组织中员工所拥有的权力有大有小，所处的地位有高有低，因此，其思想观念对组织的影响力是不同的。按照金字塔组织结构，处于结构上端的影响力是高于下端的。因此，有人认为，企业文化或组织文化其实是领导文化（或称老板文化、英雄文化），因为任何一个组织的价值观，都是通过高层领导制定、推行和固化的。

高层管理者对组织文化的塑造有两种形式：一是根据自己对组织文化的理解，进行经验式的组织文化塑造；二是借外力构建和塑造组织文化。在组织文化建设的早期，较多采用的是高层管理者经验式地建构和塑造文化；随着管理咨询业的发展，管理实践者寻求外力支持的可能性增加。

组织的高层管理者在长期的工作实践中，可能发现许多与自己的管理愿望不一致的思想观念、制度、行为等，为了凝聚人心、求大同存小异，高层领导可能根据自己的经验，选择一些场合和机会，寻求对员工施加影响，让员工明白自己的价值观和喜好，通过奖励和惩罚来推行自己的管理理念。起初海尔的员工不重视冰箱的质量，张瑞敏亲自砸毁了质量不合格的冰箱，他没有选择修理而是选择破坏，表明自己对质量的关注以及提高质量的决心，传递了他的价值观和质量观。

管理经验比较丰富的职业经理人，可能在大脑中有一套比较系统的组织文化体系，一开始就按照自己理解的逻辑进行推行。当然，可能有更多的管理者自己发现了问题，提出了解决办法，逐渐形成了自己的组织。

随着管理科学研究的不断发展和成熟，为管理者提供服务的机构日益增加。有些管理人员为了科学地构建、推广组织文化，也会寻求管理咨询公司的帮助，整合组织的发展战略，利用已有文化中的合理要素，形成符合组织未来发展的组织文化。

企业文化塑造与改造常常联系在一起。有些新进入的员工带着新的思想和行为方式进入组织后，其思想和行为方式自然要与现有的文化发生交互作用。如果是先进的、有影响力的，加上现有的文化本身有兼容性，就可以改造不合时宜的旧文化。在这种情况下，高管团队的空降兵表现更为突出和现实，因为他们有新思想，且有权力和制度作为保障。如果一些新进入的员工，思想相对僵化和落后，则需要接受新文化的改造，比如许多欠发达地区的人到发达地区工作，就会经历这样的历程，由于新来者是弱势的，加上文化也是弱势的，不改造就可能破坏优良的传统，个人不改变，就很难融入组织之中，因此需要重新塑造，通过逐渐地改进形成新的思维方式和行为习惯。

【案例10-4】　振华港机与管彤贤

1）振华港机的创业与管彤贤

管彤贤是在1992年创办振华港机的。那一年，管彤贤59岁（1933年出生）。他自交通部水运司工厂处悄悄地“下海”了，从京城来到了上海。

在这之前的岁月里，管彤贤可谓命运坎坷。他也一直不想提及往事。当然，管彤贤把1992年以后的日子，看成自己人生最开心的时光。那一年，管彤贤带着从上海港机厂过来的设计、质量管理、生产以及市场等部门的十几个人，就在紧贴着上海港机厂的浦东南路上租用了几间简陋的办公室。就这样，在年届退休之龄，管彤贤开始了艰难创业，同时也开启了振华港机图谋世界港机霸主的征服之路。

振华港机成立之初，管彤贤就立下一个誓言：世界上凡是有集装箱作业的重要港口，都应该有中国生产的集装箱机械。尽管今天这一目标早已成为现实，但在当时，很少有人相信这样的誓言能成真。

20世纪90年代初，世界上大部分港口机械订单都掌握在日本、韩国、美国和欧洲大企业手中，中国港口用的也几乎都是洋设备，核心、关键技术都被国外制造业巨头把持。国内的生产企业缺乏设计能力，生产水平低下，造出来的产品还不如外国的淘汰货。

但是，管彤贤偏不信邪。1992年底，加拿大温哥华港决定要一台集装箱起重机，凭着初生牛犊不怕虎的豪气，振华港机依靠价格和售后服务承诺的优势一举中标。管彤贤回忆，当时生产集装箱起重机的跨国公司有很多，日本的三菱、三井和石川岛，德国的克鲁伯、诺尔，韩国的三星、现代等，这些企业占据了全球95%以上的市场，而振华港机创办才不久，没有显赫的业绩，只有14个人、100万美元资金而且来自一个港口机械主要依靠进口的国家，能在列强中杀出一条血路并不容易。

振华港机像制作一件工艺品一样制造了第一台起重机，凡自己做不好的关键配套零部件，一律采用世界名牌。因此，这个第一单没有为振华港机带来多少利润，但为振华港机赢得了好名声。在随后的几年里，其他国家资深的同行们为振华港机的出现头痛不已：他们不可能拥有振华港机低廉劳动力的优势；更要命的是，在集装箱机械这个产品技术和生产方式广为人知的领域，振华港机总能迅速地模仿和复制同行们的产品，并且有所创新。没有采购商能够摆脱价廉又物美的诱惑。1993年，温哥华港又从振华港机买走一台设备。1994年，振华港机在美国旗开得胜，迈阿密港一次性订下4台产品。

从此，在港口机械的各个竞标会上，都可以看到振华港机的身影。从新秀到行业领导者，振华港机并没有用太长时间。1998年，振华港机就超越列强，以世界市场1/4的占有率成为集装箱机械行业领袖。

2）创新与用人

2008年7月，荷兰鹿特丹港举行了世界上最先进、规模最大的集装箱自动化码头——Euromax的开港仪式。鹿特丹港方邀请了1 400多位全球海运和港口业界的贵宾出席。这个年吞吐量达230万标准箱的自动化码头，日常只需要50名员工管理运作。

人们在现场看到了一处处振华港机（ZPMC铭牌），才知道如此高程度的自动化其实跟中国人分不开。总价超过2亿欧元的全部76台自动化设备，16台集装箱岸桥、58台轨道吊和2台铁路吊车，全部由振华港机建造。

17年前，当振华港机刚刚敲开国际市场的大门时，还要凭借劳动力优势打价格战，但现在却不需要了。竞标时，奥地利一家集装箱起重机厂的报价比振华港机低5%~10%，但鹿特丹港方还是选择了振华港机。

“因为鹿特丹港方更注重的是整体实力。集装箱岸桥兼具技术密集型和劳动密集型两大特点。随着集装箱船舶越来越大、货主对船期要求越来越紧、船公司对装卸作业时间要求越来越短，对集装箱岸桥的效率要求越来越高。”管彤贤解释，鹿特丹港方认为振华港机的产品值那个钱。

振华港机之所以能做到这一点，是因为它目前已代表了世界集装箱机械的最高和最新水平，除了原有的劳动力优势外，振华港机还具备了技术优势。29项世界领先的技术，200多项专利，让振华港机占据了全球集装箱起重机研制的制高点。

不仅仅是创新，管彤贤用人的高妙更为人称道。

在众多企业看中高学历人才的时候，振华港机却一直以“英雄不问出处”作为用人标准。在人才战略上，想法多、点子多的管总也有一套“振华哲理”。

重学历但不能唯学历。振华港机的企业队伍有两类人才：一类是科班出身的白领，外语、计算机均有基本功；另一类是有热情、想得出、做得到、有动手能力但无正规学历的“行伍出身”人员。在管彤贤看来，那些高达数十米、重达数百吨的港口机械，也只有行伍出身的人能镇得住。对待这两类人，管总毫无门户之见，积极发挥“行伍出身”同志的积极性。他认为，只要对创新有贡献，都要重奖。每年公司在鼓励创新方面，就要支出近千万元。2003年举办了科技颁奖大会，设立了4个100万元大奖，他还设置了“振华功臣”。评选时不问职位高低，不问学历，只问贡献。在他和其他高层的推动下，这一奖项变成了公司最高荣誉。得奖者，不仅有纯金奖章和奖金，今后的住房、医疗保险和退休后的生活全部给予周到安排。

退休不按年龄划线。在振华港机，只要身体好、有本领、工作需要，不按年龄退休，一律留用。“在企业里做一件比较大的事需要5~10年，如果到了60岁就要退，那让50多岁的人还做不做事?”管彤贤认为，振华港机能少走弯路，和一批经验丰富的老员工把关很有关系。

在薪酬激励方面，管彤贤主张较好的工资与福利待遇和较小的工资差距。管彤贤表示，振华港机拥有4 000名白领，他们的人均月收入超过万元。4万名农民工平均每月也可以拿到接近2 500元。值得一提的是，在振华港机，全体员工的收入比较均衡，即使是公司高管，年收入最高也不过35万元，管彤贤个人的年收入甚至没法排在公司前5位。但是，在不追求年收入高的同时，公司通过职工互助组织等形式，在职工患大病，或者购房，或者子女考上大学等需要较大支出时，给予必要的补助或无息贷款等。

3）管彤贤的管理技巧

（1）激励农民工

振华港机把庞大的农民工队伍变成产业工人。振华港机的生产一线，使用了4万名一线工人，绝大部分是农民工。管彤贤多次表示，农民工虽然文化程度不高，但朴实肯干，振华要通过培训把农民工培养成为能工巧匠。目前，振华港机已拥有数千人、世界上规模最大的焊接工人队伍。

第一，多劳多得，待遇留人。在管彤贤看来，对农民工，不用讲大道理，直接反映到收入上。工人为什么要加班？给他们开工资，干一个小时拿一个小时的钱，他们没心思想别的，就琢磨着加班加点多拿钱。电焊是振华最重要的生产环节，管总高薪留人：一个优秀的焊工每月能拿到1万元，一般水平也能拿到2 000元以上，在他看来，“不给足工钱，留不下人”。

为了把庞大的农民工队伍变成产业工人，振华连出妙招：先给他们盖房，让农民工把家搬到长兴岛，把心留在振华。一家人可以拿到30平方米的房子，有厨卫，“老婆一来，就稳定一大半”。第二，办各种学校，加强培训。振华有焊接学校，由于工资与焊接技术挂钩，水平高了自然能加工资，所以工人们非常积极，争先恐后地参加培训。

第三，制定严格的规章制度。员工只要赌博，立刻就开除。在工地上，稍有不慎就会机毁人伤。振华下猛药，一次严重的安全违规罚款500元。于是，再散漫的工人也不得不提高警惕，丝毫不敢大意。

（2）管彤贤重视英语培训和业余学习

振华拿下了70%的市场份额，大部分产品是卖给老外。从售前沟通，到拿下订单、出国安装机器，再到售后服务，员工的英语水平直接决定了订单数量、服务质量。以前，振华懂技术的人不懂外语，无法沟通，非常尴尬。老管下决心，一定要大范围提高员工英语水平。可是空喊口号不起作用，他想了以下办法：

考试：每年组织两次外语考试，请外国人来当考官。最关键的是，通过考试以后，每人可以凭考试成绩加工资600元到1 200元不等，“享受两年，每个月都加”。这是自愿考试，可员工们早就炸了锅，每天下班抓紧学外语，拉都拉不住。

为了鼓励员工积极参加业余学习，公司规定，凡考试及格者，学费一律报销。与此同时，公司也开办了各种学校。这当中，要数MBA项目最引人注目。创造条件让员工拿文凭，他们自然会努力工作、拼命学习，而且高度忠诚。

（3）管彤贤始终保持创业状态

管彤贤就像是一台发动机，不知疲倦地高速运转。他对记者说：“以前一个星期工作六天半，多好。现在工作五天休息两天，太浪费了。”

虽然已是古稀之年，老管每天早上7点起床，晚上常常忙到晚上8点才下班，而且就住在公司的小单间里。他的手机24小时开机，铃声是催人奋进的《斗牛士进行曲》。

作为一个上市公司的总裁，他没有一点派头：既没有宽大的办公桌，也没有真皮的老板椅，甚至连独立的办公室都没有。他长期坚持与10多个下属合用一个狭长的办公室，还特意把办公桌放置在下属们背后，下属们一个个如坐针毡。

4）振华港机未来发展战略：海上重工

港口机械是振华港机的起家产品，也是当家产品。管彤贤并不满足于现状，把目光投向了新的领域，世界港机霸主希望能开拓新的疆土。管彤贤对此有这样的表述："仅仅满足于已拥有的矿藏而沾沾自喜者是没有出息的人，振华港机不会自满于现有的港口机械市场占有率。"

"我们要'以钢制钢'、围绕钢制品做大文章，在保持港口机械和散货机械的传统业务的同时，"他强调，"这两年来我们一直着力于开拓新的产业领域，已经将目标锁定在大型钢构桥梁与海上重型工程两大市场，其中海上重工将成为我们的主攻方向。"

事实上，振华港机擅长的集装箱机械产业的市场空间约为40亿美元，而振华港机已占了其中3/4以上的市场份额，未来振华港机还要保持这样的份额，但增长空间已有限。而海上重型工程市场规模多达500亿美元，这一市场的想象空间巨大。

资料来源　佚名. 振华港机集团总裁管彤贤［EB/OL］.［2017-11-30］. http：//www.szcps.net/show.club.asp？id=1699.

10.3.3　组织如何建设组织文化

其实，国内许多组织，在新员工报到后，都会集中地进行培训，这种培训其实是组织塑造员工的重要机会和时间。然而，组织的培训往往比较重视组织表层的东西，忽视活动的过程和新员工的需求，常常使新员工感到索然无味，好像是在浪费时间。如何将这种教育贴近新员工的工作、生活、学习，将新员工初来乍到时可能遇到的各种问题集中起来，尽可能地解决或者进行说明，将这种关怀员工、体贴员工的文化慢慢地渗透到新员工的心中？如何使新员工尽快地熟悉组织的结构、工作环境、组织文化，减少由于不确定性而带来的焦虑和压力，增加满意度？

员工刚到组织，希望熟悉组织的规章制度，以便将来更好地开展工作，这恰恰是一个十分难得的员工教育和塑造机会。员工有这种需求时，即使组织不采取任何措施，员工仍然会寻找答案，不是获得正确的答案，就可能获得错误的答案；没有正常的渠道，就通过非正式的渠道，以减轻自己认识的焦虑。比如，员工可以通过观察组织中的活动来了解组织的相关内容。结果是，组织积极的或消极的、客观的或主观的、正确的或错误的东西都塞满了员工的脑子。有些员工能明辨是非，形成对组织正确的、客观的、积极的印象；而有些员工则可能相反，形成消极的、主观的、错误的印象，产生怠工、离职等行为，影响组织的形象和效率。

如何帮助员工了解组织，适应组织，进而关心组织、留恋组织？组织社会化是一个很好的概念，即组织通过一定的方法、途径、策略，使新员工尽快地了解组织的结构、文化和制度，了解工作岗位，了解人际环境，适应新环境，并逐步被新环境同化，成为组织忠诚的、可靠的、进取的员工。经过多年的研究，人们逐步对组织社会化有一定的理性认识。这些研究集中在以下几个方面，即组织社会化的目标；组织社会化的本质；组织社会化的影响因素；组织社会化的策略、途径、内容；组织社会化的进程等。弄清这些问题，就可以帮助人力资源部门制定有效的措施和办法，帮助新员工进行社会化，尽快地适应、喜欢、稳定在现在的组织，提高人力资源管理的功效。

1）组织社会化的本质与目标

社会化的本质就是通过学习，获得知识、技能以及社会行为规范的过程。一般的社会化，内容更加宽泛、概括，其目的是维持社会的延续。组织社会化在本质上也是一个学习过程，相对于普通社会化过程，组织社会化更加狭窄，主要是通过组织的一系列活动，传递特定的组织所要求的知识、技能和行为规范，使组织更加有竞争力和生命力。

当人们面临一个新环境，就会产生许多的疑问或者不确定性，如组织的目标是什么？组织主张的价值取向是什么？组织的结构是什么？组织的成员关系、上下级关系按照什么原则处理？组织的激励措施有哪些？个人在组织中的发展前景如何？等等。只有获得了有关的信息，人们才会变得有控制感，才会感到踏实，才会根据组织的情况以及个人的追求制定事业发展规划。要解除这些疑问，就需要相应的组织信息；一旦获得了这些组织信息，人们的疑问减少，不确定性焦虑也相应地减少。

组织社会化的目标可以分成直接的、近期的目标和间接的、比较远期的目标。近期的目标如明确工作角色、获得必要的技能、激发工作的动机、使员工个人与岗位或者组织契合、改变自我形象、为自己的未来角色定向。这些目标主要是为组织目标的达成服务的，比如组织产生了空缺需要及时填补，于是开始招聘新员工，新进的员工适应能力越强，组织的损失就越小，效率就越高（Saks & Ashforth，1997）。

然而，一个组织有效的、长期的和谐运营，不只是单个人的简单相加。组织希望能通过自己的管理，把每个人的力量凝聚起来，产生质的飞跃，成为有竞争力的组织。每个人都有自己的活动能量，有自己的兴趣爱好，如果这些力量朝向一个方向，就会形成合力；否则就会成为离心力。为此，组织社会化还有间接的、远期的目标，要将个人融入组织、群体之中，心往一处想，力往一处使。远期的目标分成三个水平，即组织水平、群体水平和个人水平。组织水平包括形成更强的组织文化、更高的士气、更加稳定的员工关系、更高的组织效率和更好的名声。群体水平的效果与组织相似，不同的是群体规模相对于组织较小。个体水平的目标主要是降低焦虑、获得较高的满意度、较高的组织承诺、较高的组织公民行为、较低的旷工率和离职率、较高的绩效、认同角色、创造角色等（Saks & Ashforth，1997）。

2）组织社会化的内容、途径和策略

组织社会化的内容可分成六个方面：（1）绩效，主要涉及任务、知识和技能；（2）与人相关的领域，主要是和谐的人际关系；（3）政治，主要是组织中的正式和非正式的工作关系信息，以及组织的权力结构信息；（4）语言，主要是技术语言和行话；（5）组织的目标和价值观，组织的使命和措施；（6）历史，主要是组织的传统、风俗和故事。

对于一个组织，首先要解决的是事的问题，即要完成组织的任务，这是组织赖以生存的基础，如何使新员工尽快地工作，出色地完成工作至关重要。此外，员工不是单个地存在，要完成复杂的任务，需要许多来自不同部门、不同员工的共同努力，这样人与人之间的协同工作就非常必要，建立和谐的人际关系，相互理解、信任、合作，是需要通过学习（社会化）来完成的。组织是一个由不同的利益群体构成的复杂结构，要使这个复杂的系统正常地运转，需要有指令的发出者和接收者，需要有决策者，通过这些决策者，调节、分配人力和物力；语言是交流的工具，特别是行业的技术语言，就更加重要；第（5）个方面和第（6）个方面主要涉及组织的文化问题，它是人们行动的原动力。

组织社会化主要通过三个渠道进行：第一，组织的干预措施。组织可以采取一些措施帮助新员工社会化。组织可以通过培训，使新员工社会化；可以通过员工角色定向项目，使员工朝组织期待的方向规划、设计自己；可以通过师傅带徒弟的方式，将组织的文化、制度、规范传递给新员工，使新员工接纳组织的文化观念。第二，群体的影响。通过群体的规范、群体的社会支持等，帮助新员工社会化。第三，个体自身的作用。个人不是被动地社会化，人们会主动地获取信息，采取行动，减少不确定性，适应新环境。

组织社会化的主体主要包括上级、同事和自我。自我也是社会化过程中的重要力量，是自我效能感、控制欲、对不确定的容忍性等影响个人的社会化因素。

奥斯洛夫等（C. Ostroff和Kozlowski，1992）提出了员工获取信息的六种渠道，即师傅、上司、同事、观察、尝试错误、组织手册。新员工主要通过观察以及人际交往（与上司和同事）来获得信息。获得的信息首先是工作方面的，其次是角色、群体和组织方面的。阿西佛斯等（Ashforth和Black，1996）还研究了个人的七种社会化策略，即工作网络、一般社会化、上司关系、工作更换中的谈判（negotiating job changes）、积极的工作参照（positive framing）、获得信息、寻求反馈。

3）组织社会化对组织文化塑造的贡献

为了使新员工尽快地熟悉组织，适应组织的工作、学习和生活，比较常见的做法是：第一，通过新员工岗前教育，将组织的文化、经营理念、组织结构、历史沿革，以及相关的管理政策（如分配、奖励、培训、考核、升迁等）传递给新员工。第二，将与新员工学习、工作、生活有关的各个部门动员起来，一条龙地解决新员工可能遇到的各种问题，让新员工有亲切感、温馨感，自然而然地得到熏陶，形成正确的组织文化观念。第三，将有关的重要资料编辑成册，一旦新员工到企业，就发给他们，特别是一些重要的人事制度、政策，由于内容比较多、琐碎，不可能在短时间内传播，可以让员工保存，作为今后工作的指引。第四，还可以将与新员工有关的同事组织起来，相互介绍，如果可能，可以指定临时的指导者或确定指导关系，帮助员工适应工作和生活。

新员工的组织社会化可能比较系统，其实，随着组织经营管理环境的改变，组织的管理思想、员工的行为规范可能也需要相应地改变。为了适应组织内部和外部环境的变化，组织需要重新塑造人们的观念，并通过系统地规划、组织，在管理实践中实施一系列行为塑造活动，强化新观念，让这些新观念、新行为逐步固化。

10.3.4 组织文化建设的误区

组织文化的本质是传递行为的价值理念，最终达到引导员工行为的目的。由于每个人参与组织活动的目标和追求可能有差异，组织文化正好可以修正这些差异，使员工明确组织目标和行为准则，和谐相处。客观上说，如果一个良好的价值观体系变成了组织的规范制度，而且这些制度深入人心，成为人们行为的准则，并有一些与组织价值观一致的外部的物质文化载体，这种文化的向心力和凝聚力就能够发挥积极的作用，化解人们心中的矛盾或困惑。

组织文化从建构到凝练、推广、实施是一个过程，而且需要借助许多方法，花费相当多的时间和精力，才能实现组织文化建设目标。然而，有许多组织文化的建构者忽视了组织文化建设的艰巨性和长期性，有许多片面的理解、行为和做法，使组织文化建设脱离了科学的轨道和方向，值得引起注意。具体地说，表现为以下几种误区：

第一，将组织文化建设等同于思想政治工作。组织文化建设需要传递先进的价值理念，也需要进行思想政治工作，但不能简单地将二者等同。

在某种意义上，两者都需要改变人们的思想观念和行为习惯，但组织文化更多地从个人与组织的关系和利益角度考虑，目的是建立可持续发展的、员工心情舒畅的和谐组织。员工要明确组织的需求和愿望，同时组织也应满足员工的需求和愿望，组织和员工各得其利。为了实现这个目标，组织可以采取很多措施，但不限于思想政治工作的方式和方法。比如，拓展训练、创新思维训练、国外考察和标杆企业学习等方法，都可以用来建设组织文化。

第二，将组织文化视为搞运动。为了推进组织文化，组织领导人可能需要加大力度，在一段时间内开展组织文化建设的动员、学习、落实、反馈，但给人的印象就是一阵风似的运动，也的确有人将组织文化建设当成一次运动。

事实上，组织文化建设是一个长期的、细致的、深入的过程，非一朝一夕之功。当然，为了突出影响，需要有一些大张旗鼓的组织行为，给人们以必要的重视程度。但是，如果认为组织文化建设仅仅靠一次运动就能成功，最终的结果一定是歪曲理解组织文化的作用。改变人的思想、行为习惯是一个需要耐心、细心并讲究方法的工作，需要制度化、长期化才能真正落实。一个人的思想和行为是经过了几十年才形成和固化的，不是说变就变的，如果速度太快，可能是表面变化而非实质变化。

第三，将组织文化看成几句口号。企业文化建设是一个攻心的活动。为了帮助员工理解和记忆，需要提炼一些简洁的语言，也可以看成口号，但这些口号一定不是组织文化的全部内涵。

组织文化口号的背后，是一系列精心设计的制度体系，以及保障制度执行到位的激励和约束体系，没有这些背后的支撑，简单地喊几句口号，就是歪曲组织文化建设的科学内涵，回到形式主义的老路上去。海尔的“真诚到永远”，关系到每一个服务的细节。比如，海尔的员工给客户安装空调，需要自备鞋套、自备墙面塑料薄膜和不干胶，以保证钻孔时不污染墙面，自备钻孔后接墙灰的布垫，不能抽顾客的烟，不能喝顾客的水等，之后还有客服中心话务员的回访电话。

第四，认为组织文化包打天下。良好的组织文化具有广泛的渗透力以及影响力，是组织竞争力的重要表现形式。但不能将组织文化视为万能的东西，认为开展了组织文化建设，就不再需要战略管理、投资和融资管理，不再需要营销管理，不再需要人力资源开发与管理了。

本质上，组织文化建设只是为人们的思想和行为指明了方向，具体到管理实践中，各个方面的管理制度都需要体现组织的价值观，但不能用价值观代替具体的规章制度本身。组织文化建设为组织制度的制定和执行提供了润滑剂，但不能依靠组织文化代替具体的流程管理、风险管理、成本管理、创新管理等制度管理。

10.4 组织文化建设案例

10.4.1 华为文化

华为多年奋斗所取得的骄人业绩，堪称中国企业史上独一无二的例子。华为人俨然是一群善于“拼命”的狼。公司有一种强烈的扩张欲望，一旦找到突破口，不惜任何代价也要有所斩获；群狼“胜则举杯相庆，败则拼死相救”，研发队伍超过万人，营销人员更是每次出征都给自己立下军令状，破釜沉舟，不达目的誓不罢休。华为在今天的国际市场上虽然还算不上足够强大，也无法预期它在强手如云的国际舞台上还能纵横多久，但华为不断强调危机意识，总把自己放在一个攻击者位置，正是这种狼性让华为至今仍在国际化的险途前行。

作为最重要的团队精神之一，华为的“狼性文化”可以用这样的几个词来概括：学习、创新、获益、团结。用狼性文化来说，学习和创新代表敏锐的嗅觉，获益代表进攻精神，而团结则代表群体奋斗精神。华为主张团队作战，厌恶个人英雄主义。“胜则举杯相庆，败则拼死相救。”在华为还一直存在着一种忧患意识，任正非时刻都在提醒着华为的冬天可能到来。而对待忧患的方法就是要求团队团结，不能丢失狼性。华为人认为只有这样，“华为才能找到过冬的棉袄”。

当一个中高层管理者只抓组织建设、制度建设，而不搞文化建设时，它的组织职能难以发挥，组织制度难以实施，这样的管理者是不称职的管理者。当一个中高层管理者脱离华为文化背景去抓组织建设、制度建设和文化建设时，就是搞山头主义，在华为管理机制中形成逆向反馈，妨碍华为事业的发展，这样的管理者就是心术不正，这样的管理者是离心离德的管理者。当一个中高层管理者以华为公司核心价值观去营造部门文化，去抓组织建设和制度建设时，就能推动华为事业的发展，这样的管理者就是焦裕禄式的合格的管理者。华为的文化建设实际上是要树立起上下级之间、部门之间、同事之间的敬业精神、团结协作精神和奉献精神。在具体的管理事务中，企业文化是推动管理的润滑剂。日常管理实际上是在职责范围内按制度和规范进行工作沟通、协调与合作。然而沟通、协调与合作效果的好坏，关键在于相互之间的敬业精神、团结协作精神及奉献精神，取决于管理者抓文化建设的努力和能力。这实际上是一种情感的融合，是组织能力和协调能力的体现。

华为文化之所以能发挥使员工凝聚在一起的功能作用，关键在于华为文化的假设系统，也就是隐含在华为核心价值观背后的假设系统。如“知识是资本”的假设，“智力资本是企业价值创造的主导要素”的假设。再如，学雷锋的文化假设是：雷锋精神的核心本质就是奉献，做好本职工作就是奉献，踏踏实实地做好本职工作的精神，就是雷锋精神。而华为的价值评价与价值分配系统要保证使这种奉献得到合理的回报。正是这种文化的假设系统使全体华为人认同公司的目标，并把自己的人生追求与公司的目标相结合，了解公司的政策；也是这种文化的假设系统调节了人与人之间、个人与团队之间、个人与公司之间的利益关系，从而形成文化对华为人的行为的牵引和约束。

10.4.2 联想文化

联想文化是典型的目标导向。柳传志时期，以强力执行，极大地支持了以客户为中心的目标导向；以出奇制胜的创新，实现了企业绩效和市场份额的高增长。当杨元庆从柳传志手中接过“联想未来”的旗帜后，虽然联想文化在不断调整，但管理风格始终建筑在绩效导向的基础上，仍然是以做到一个目标再奔向另一个目标的扑捕动作，去实现要跳一下才够得着的高目标。联想最根本的东西没有丢——从大处看世界，对自身永不满足，不断进取。

联想四大核心价值观——服务客户、精准求实、诚信共享、创业创新；告诉员工四个基本问题——做什么、怎么做事、怎么做人、为什么；引导员工融入联想，建设四种文化——服务文化、严格文化、创新文化和亲情文化。

不同于其他企业精简的企业使命，联想提出了四个方面具体的企业使命，分别是：

（1）为客户——提供信息技术、工具服务，使人们的生活和工作更加简便、高效、丰富多彩。

（2）为员工——创造发展空间，提升员工价值，提高工作生活质量。

（3）为股东——回报股东长远利益。

（4）为社会——服务社会文明进步。

四个方面中，联想在“为员工”方面走在了国内企业的前列。联想对人才有“德才兼备”的要求。“德”就是要把企业的利益放在最高地位；“才”就是一定是学习型的人。要善于总结，善于学习，善于把理论的东西用于实践，善于对实践加以总结。在以人为核心竞争力的前提下，联想创造了“吸引人、培养人、留住人、用好人”的用人之道，核心是“创造发展空间，提升员工价值，提高工作生活质量”。

10.4.3 盛隆电气的“群体老板”制

1）盛隆电气的历史与发展

（1）创业

1978年，党的十一届三中全会后，改革开放的序幕刚刚拉开。出生于1950年、年仅28岁的谢元德，敏锐地意识到中国经济改革将为非公经济提供更宽广的舞台。1979年5月13日，谢元德在当时的枣阳县王城镇西门外一块空地上，与几个伙伴一起，搭建起一个简陋的工棚，挂起了全省第一家农村联合体企业——“513公司”的招牌，主要从事小型农机具维修、气焊、水泥瓦制作等业务。

1984年，513公司与交通部长江航运管理局合资创办了鄂北电气遥控设备厂（后更名为枣阳市开关厂），借此机会，513公司也迁至枣阳市，并于1986年更名为盛隆公司，盛隆二字借用了家乡圣龙山的谐音。此时的盛隆公司有建筑业、运输业、工业的相关业务，谢元德思量再三，认为工业才是未来的发展方向。1986年，谢元德提出“巩固提高建筑业，补充完善运输业，培养人才发展工业”的口号。也是从这一年开始，谢元德尝试公开招聘学生、培养人才，那时有很多没有考上大学的落榜高中生，谢元德通过严格的考试，把一些优秀的年轻人招聘进来，进行培训，以适应工作需求。

（2）“群体老板”模式的雏形

随着公司的发展，谢元德意识到盛隆需要进一步完善和规范管理体制。他最初的尝试是股权激励，号召管理层和公司骨干购买公司股份，作为创始人他只要10%的股份，然而这一尝试却因大家的认识程度不一而未能实现，也许人们还不懂股份制，也许大家对盛隆的未来心里没底。痛定思痛后，谢元德重新思考适应公司发展的路子，他从家庭联产承包责任制找到了灵感。

家庭联产承包责任制是20世纪80年代初期在中国内地的农村推行的一项重要的改革，是农村土地制度的一个转折点，这种分田到户突破了过去的“大锅饭”分配机制，激发了农民的活力，极大地解放了农村生产力，解决了农民的温饱问题，也为国家上交了更多的公粮。能不能把盛隆公司打造成一个平台，让所有人成为这个公司真正的受益者。公司创造的利润，通过一种分配的体制能体现到劳动者身上，真正实现多劳多得。谢元德思考的这种新体制，正是受到农村家庭联产承包责任制的一种潜移默化的影响。

最初的实践从四位副总开始，他们与公司签署承包协议，每个人分一块、承包经营。公司整体划分为营销和生产两大系统，每个承包者，自己招收营销人员，自负盈亏，利润可以自行分配；大家共同使用生产系统这个平台。这种承包经营的方式在第一年就取得了成功，当时做得最好的营销老板的团队，毛利有一两百万元，业绩差一些的也有数万元盈利。

此时的盛隆提出了四句话文化：个人讲诚信，企业来投资，个人先赚钱，企业后获利。谢元德希望这些先富起来的老板可以带动更多的年轻人，“先富带后富”，让更多的年轻人加入盛隆创业。20世纪90年代初期，盛隆正式推行了“注册“制度，也就是延续至今的“群体老板”模式。有市场、有团队，就会成为盛隆的老板。

（3）经营业务的拓展

在探索“群体老板”模式的同时，盛隆的业务也在不断地发展和完善。在工业产品这块，盛隆最初从事的是配电设备相关业务。改革开放后，ABB、施耐德、西门子等国际巨头进入国门并快速占领了整个中国市场，相较于国产配电设备，这些外资品牌的产品更轻、更薄，有更低的能耗，还有价格优势。但这些品牌由于体量太大，刚进入中国不够接地气，服务跟不上。在这样的情况下，当时的盛隆，采取了向国际巨头学本领的策略，成为这三大品牌的授权生产商。例如，授权生产ABB配电柜产品，主要的元器件均为ABB品牌，附件可以由盛隆自己生产或对外采购。但根据不同客户的需求，盛隆会在产品的开关数量、回路、集控、管理等方面做出差异化的设计。这种合作方式，帮助盛隆开拓市场，同时向外资品牌学习先进的理念。

后来，盛隆的主营业务也逐渐聚焦，专注于电气行业。随着电力智能化的发展，盛隆一定程度上实现了弯道超车。通过自主创新，盛隆不再像功能化时代那样跟随外资品牌，而是超越外资品牌，引领电气智能化技术的发展。

1991年，刚刚创建的武汉东湖新技术产业开发区被国务院批准为首批国家级高新技术产业开发区。1993年，盛隆电气落户关东科技工业园首批建成的两栋大楼，也标志着盛隆正式进入了武汉市场。1999年，盛隆电气北京研究所成立，正式进驻北京市场。此后，盛隆电气的业务领域延伸至供电系统，拥有了电力工程资质。由于我国各个省市的供电标准不同，盛隆电气可根据客户的不同需求，为其提供专属化的配电工程解决方案。1999年之后的8年间，盛隆电气南下东进西扩，2004年进驻东莞、2007年进驻上海、2008年扎营重庆，并先后在武汉、北京、上海、重庆、东莞（2014年8月8日成立广州公司，南大营由东莞改为广州）建立“五大营”。

2）盛隆电气的“群体老板”模式

（1）群体老板制的文化基础

一个企业的制度、员工行为离不开创业元老的经营管理理念。盛隆董事长吸收了中国儒家文化的精髓，从《论语》“己欲立而立人，己欲达而达人”中获取灵感，形成了其经营价值观，即“立人己立，达人己达”，这种从联产承包责任制获得的灵感，符合人性与现代管理的理念，激发了员工的创新创业精神，通过激发成就他人来成就自己（如图10-5所示）。按照现在的互联网思维，就是“让听得见炮声的人来指挥战斗”的早期版本，也是人单合一的先行者。更加可贵的是：先人后己，以人为本的管理理念，渗透到企业的制度设计、运作模式中，很好地解决了西方管理中员工和组织的矛盾，把当代的共享理念较早地融合到中国的管理实践中，实现了员工和组织的相生相融。盛隆的员工，不是定位于打工的角色，而是企业的主人翁。在盛隆，加班加点是常有的事，但是一想到为盛隆干就是为自己干，每个人都自觉加班，为有朝一日当上老板而努力，而非员工讨论的“996”（早上9点到晚上9点，每周工作6天）。

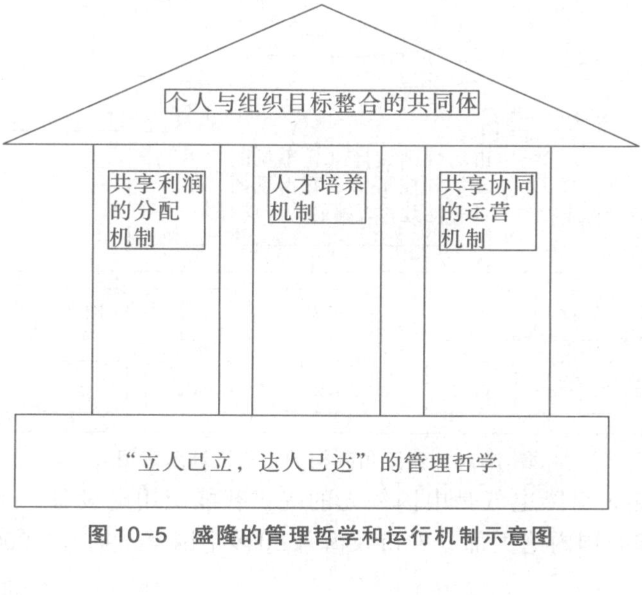

图10-5　盛隆的管理哲学和运行机制示意图

盛隆将公司的利润让渡给“群体老板”，由群体老板给团队分配，而组织的后端则提供研发、生产、财务和人力资源的支持，一荣俱荣、一损俱损，形成了牢固的利益共同体。这种先立人再立己，通过达人再己达的管理哲学，消融了劳资的矛盾。

盛隆电气是一个创业平台，鼓励创业、支持创业、尊重创业。在盛隆，谁帮助的人越多，就越光荣，就越能受到尊重。具有创业思想的准老板，经过努力成为小老板，小老板成为大老板。大老板帮带小老板，小老板帮带具有创业思想的准老板，如此生生不息。用自己的本钱，干自己的事业，自己当家作主，自己负责盈亏，实现企业、员工一起做大做强，经济、社会效益互惠双赢。

（2）盛隆公司的组织架构

盛隆公司为了充分满足市场需求，运用群体老板制模式，组建不同层次的老板，构成最有动力的市场前端，然后通过市场的力量拉动后台。后台则提供前方打仗所需的资源，包括生产、研发、人力资源和财务、法务支撑等（如图10-6所示）。

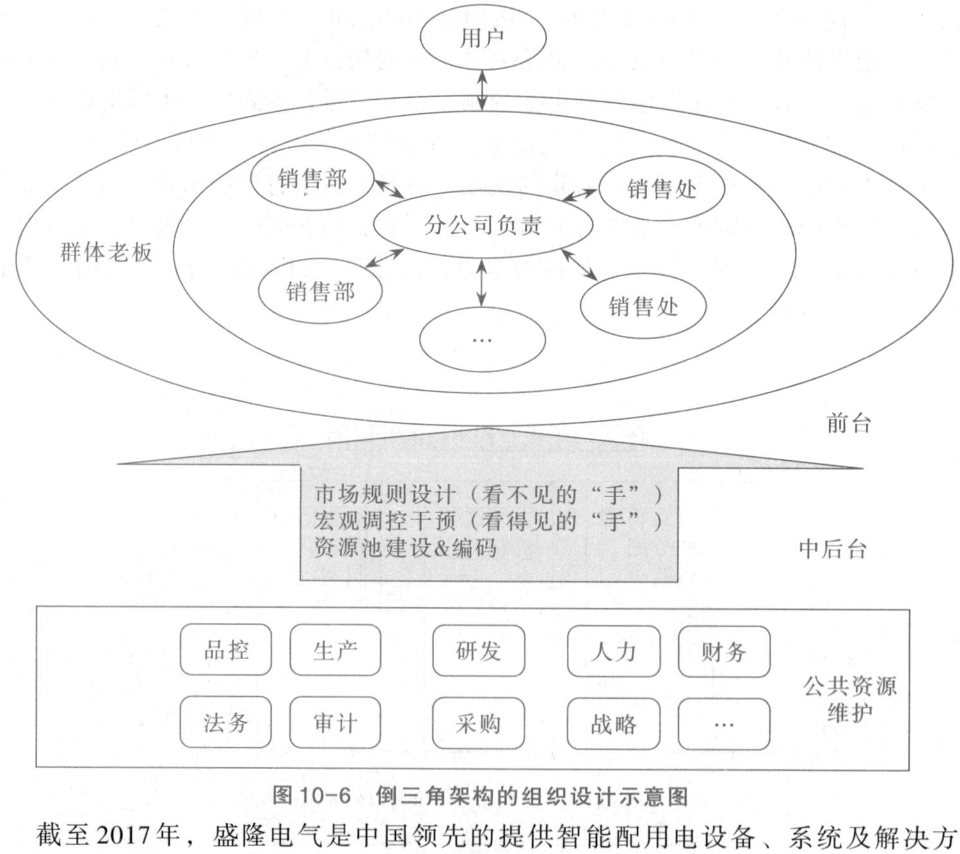

图10-6 倒三角架构的组织设计示意图

截至2017年，盛隆电气是中国领先的提供智能配用电设备、系统及解决方案的厂商，业务遍布国内绝大部分省市及海外50多个国家，拥有7 000多名员工。目前，盛隆电气集团旗下拥有22个子公司和工厂，2个研究院，在北京、上海、武汉、广州和重庆5个城市建有五大营。北京公司在“绿地中心”建有国际领先的中国锦智能商务中心，在中关村科技园区建有领先的智能配电及能源互联网科研及产业基地。武汉公司从2012年起连续5年当选为武汉百强企业，2016年当选湖北百强企业。

（3）群体老板制的运行机制

盛隆电气集团的体制，是以“一体三委”为基本组织架构的群体老板制。

“一体”有两个层面的含义：一层是指集团董事会，是集团的最高管理机构。公司的董事会中，营销系统占60%，管理系统占20%，生产系统占20%。另一层是指五大营各地区董事会。五大营指武汉、北京、广州、上海、重庆。

各地区设立“三委”。“三委”分别是营销委员会、技术委员会、管理委员会，这也是盛隆的“三大系统”。其中，营销委员会（简称“营委会”）是公司的群体老板会议，由公司“注册“的部门负责人构成，是公司生产系统和整体前进、发展的火车头，是盛隆的销售系统；技术委员会（简称“技委会”），是公司的生产系统；管理委员会（简称“管委会”）由管理系统各部门负责人组成，主要职责是通过管理、控制、支持和服务，使营销系统和生产系统的协调达到最好的效果，确保公司的全面安全、有序运转，保持公司健康、良好的内外形象。

在盛隆，个人账户达100万元，有条件申请注册营销部，任部门经理，有资格招收本部门成员；经理账户达300万元，有条件申请注册营销处，任处总经理，有资格下设营销部；总经理个人账户达1 000万元，有条件申请注册营销公司，任公司总裁、公司董事长，有资格下设营销处。每年5月份年检，若注册资金不足要降级或清算、销户。

营销部门个人与部门经理的经济关系，由双方事前签订文字约定并备案。营销部每年向上级交纳6万元，营销处每年向上级交纳7.5万元，营销公司每年向上级交纳15万元。上级部门对下级部门的亏损负全责。

以一个刚刚加入盛隆的新人、创业者为例，他在其上级老板的帮助和指导下开拓市场，一旦找到潜在客户，创业者即与客户形成一对一的关系，对这位客户负责，包括售前、售中和售后的环节，客户有任何问题可以直接联系创业者解决。当创业者确定了潜在客户，有把握拿到具体项目的订单时，他可以去盛隆的市场办进行项目备案或保护，即该项目属于该创业者，如果将来有人想再来做同一项目，需要与该创业者进行协商，协商不成，通过竞拍解决。最后又衍生出了区域市场竞拍制度——区域市场对于大家原是开放的，但由于某些区域竞争激烈，因此有了区域划分和区域市场竞拍。

创业者通过拿订单做业务，获取销售利润分成。分成比例可通过盛隆电气集团基本制度文件中的《营销经理与营销人员经济关系备忘录》来进行约定。备忘录不仅约定分成比例，还须明确双方的责任与义务、项目具体授权内容和授权办法等细节，经双方签字确认后生效。当创业者赚取了属于自己的100万元后，他就可以注册成立营销部，将这100万元资金存在内部银行，用于部门的经营管理费用和风险保障的资金。盛隆会为这些在内部银行的资金提供年化利率5.5%的收益率，当老板们经营中需要资金，也能够方便地提取。营销经理可以招兵买马，经营团队，此后他只需要每年向上级交纳6万元，向公司缴纳一定比例的产品制造和行政管理费（合同价的7%～9%，用于生产、管理、研发、财务、采购、商务等各公共平台人员工资）及税金，其余利润全部由团队自行分配。

内部银行不仅帮助老板们保管资金，随时存取，还能拿到利息，更是帮助年轻人创新创业的创业基金。这些资金面向集团新创业人员开展"信用贷款"，为有能力、有想法的年轻人解决创业资金难题。

对有理想的创业者来说，100万元的起步账目并不是个小数字。但在盛隆电气有一个"授信"平台，在这个体制下，只要能力突出，每个人都有机会成为老板，拥有自己的团队。具有创业思想的准老板，经过努力成为小老板，最终成为大老板，再带动新人。小老板激励着想创业的准老板，如此形成生生不息的循环。在盛隆，大小老板们加起来有400多位，公司总裁级别的有26位。

如前所述，创业者在盛隆拿到一笔订单，须有"一体三委"的机制保障，订单得以顺利完成。在销售环节，所有与营销相关的问题可以在营委会的层面解决。营委会由群体老板构成，公司总裁是轮值主席，并设有当值主席，负责制定与营销相关的政策、设定规则，例如项目备案制度、区域市场划分等；负责解决营销部门之间的冲突、部门之间竞争协调的问题。

盛隆电气的"群体老板"模式，让盛隆成为一个打造企业家的平台。老板们组成了支持企业迅猛发展的"军团"，在公司独特而成熟的管理体制下，军团将士们各守其职，各尽其能，共同推动了集团快速前进的步伐。

在生产和项目服务环节，技委会承担重要的角色。技委会由设计中心、采购中心、生产系统、客户支持中心等部门负责人组成，负责创新产品、提升质量、降低成本。其中，设计中心下设多个设计室，分别服务于不同的营销部门，出设计方案，作为项目服务的支持；采购中心则根据营销老板要求，从供应商处争取到最优的采购价格；设计方案和元件采购完成后，则由生产系统进行生产，在生产环节，盛隆电气的模式是以销定产，营销部门拿到订单，会委派给不同的生产车间执行；生产过程中，客户支持中心下设的质检部、质管部和售后服务部，对产品品质和质量有严格的把控责任。盛隆电气严格按照国家标准、行业标准生产产品，包括提供服务、工程施工、质量管理等各方面，均由技委会严格把控，不受营销部门的约束和控制。

管委会作为重要的支持平台，由谢元德直接管理。管委会由市场、财务、人事等相关部门的负责人组成，是整个盛隆公司的管控平台，保证盛隆的群体老板体制运行得更好。

在技术研发领域，凭借强大的技术团队，盛隆电气已经站在国家产业政策的最前端、技术发展的最前沿。技术创新得到国家能源局、国家工信部等部委的认可和支持。在中关村管委会的支持下，盛隆作为副理事长单位，和清华大学、国家电网等单位，发起成立中关村智能电力联盟，引领中国智能电力技术创新和发展。

除出售电气设备产品外，盛隆正努力成为优秀的系统及解决方案服务商。在盛隆人看来，单纯卖产品已经不足以维持企业的品牌忠诚度，而是需要好的服务赢得长期合作。所谓长期合作，就是你离不开我，我也离不开你。而要做到这一点，需要深入了解客户的现实需求，了解科技发展的趋势，了解客户的未来需要。

3）盛隆大学的人才打造机制

（1）群体老板们的经典故事

盛隆电气的发展，以及每一个新市场的开拓，都离不开群体老板的努力打拼，更离不开一个个老板的打造。

现任盛隆集团副董事长、一公司董事长的谢清伦，是盛隆的元老之一，也是群体老板模式的先行者和实践者。她于1985年加入盛隆，先后担任过财务部部长、开发部部长、信息部部长等职务。在谢元德提出承包经营的主张后，她成为一公司的老板。谢清伦的先生几年后也加入了盛隆，最终也成为独当一面的群体老板之一。1992年，正是她的先生担起开拓武汉市场的重担。作为一个枣阳的民营企业，当时的盛隆想要打开武汉市场的难度可想而知。在月收入只有两三百元的年代，谢清伦的先生花光了家里2万多元的积蓄，还没能拿下武汉市场。此时谢清伦亲自给丈夫送去5 000元，全力支持并安慰丈夫："我们是打市场、做正事，即使还要再向公司借款，也要去做。"就这样，盛隆的第一批产品——两台配电柜艰难地进入了武汉市场。

谢清伦说："在盛隆，我们更愿意说，我们培养了多少年轻人，多少年轻人在盛隆就业、创业，有多少人带出了多少人，这样才算成功。"1998年，刚毕业的李洪英加入盛隆，成为谢清伦的助理，得到其亲自培养和教导。恰逢盛隆准备开发北京市场，谢清伦安排她带领几个人组成小团队去北京做市场。临行前李洪英趴在谢清伦的肩膀上哭泣，想要在谢总身边多学一段时间，舍不得离开。谢清伦安慰道："你出去之后，会学到更多，我还是会指导你。"

年轻人的创业之路很艰难，李洪英是中南民族大学毕业的，她的同学毕业后有的在别的企业工作、有的做了律师，月收入五六千元，而在盛隆做销售，基本工资只有2 000多元，盛隆也不认为这是绝对意义的工资，而是在年轻人创业时期提供的生活费。李洪英来到北京约同学一起喝咖啡，到后来自己都请不起别人，总是同学请客，她不好意思再去。此时谢清伦安慰她："小李你坚持住，两年以后，你可以请同学到五星级酒店来住来玩。”当时北京因申办奥运会带来了一些项目的市场需求，李洪英在跟进这些项目时，谢清伦亲自带人到北京，加以协助和指导。之后，李洪英终于签了属于她的第一单，这个项目让她赚到了100多万元，收获了她的第一桶金。此后李洪英的业务逐渐做大，在有了足够资金后，她申请成立了营销部，之后又发展为营销处、营销公司，现在李洪英的团队有七八十名创业者，年销售额近2亿元。并且，李洪英继续带队伍、培养人才，她手下的精兵强将也有的成立了营销部、营销处甚至营销公司，盛隆的群体老板就这样传承延续下来。

时至今日，谢清伦已经培养出了5个公司总裁。谢清伦本人所带领的一公司目前有员工500余人，年销售额超过4亿元。

“盛隆大学是我们给自己的定位，”谢元德说，“盛隆电气集团也就是盛隆大学，这是一所特别的大学，在这里学技术、学本领，鼓励和帮助大家成功、成才。盛隆大学和群体老板，是盛隆发展前进、跨越起飞的双翼。”

1994年加入盛隆的谢正新，现在是盛隆电气集团的技术总监。他毕业于一所气象学校，来到盛隆之初，先是在车间工作两个月，后来到设计室。当时的设计室只有一个主任、一个老师傅和他三名员工，也没有计算机制图，完全是手画。他跟着老师傅学习设计、学着如何把产品画出来。此后计算机兴起，盛隆引入了第一台386计算机，谢元德非常重视，认为计算机设计是未来的趋势。他专门请了一个机关的总工，教谢正新学习用电脑绘制电气设计图，此后又派谢正新到西安交通大学学习计算机辅助设计。学成之后，谢正新回到盛隆，绘制出了武汉市第一张计算机制作的电气设计图。

“公司在培养人这方面，非常重视，不遗余力，”谢正新说，“公司早期很多方面的技术人员，都是自己内部培养的，很少在外面挖一个现成的人。包括我们所有产品的设计、新产品的开发，我都是在设计室里边干边学，慢慢成长为一个技术员，成长为一个工程师，成长为一个项目部主任，成长为一个设计室主任，成长为一个厂长，这样一步一步地成长起来。”

现在，谢正新担任盛隆电气集团副总裁、集团公司技术总监、武汉市工业总会秘书长，并长期主持重点工程和重大项目的研发、设计、生产指导工作。他主导开发了智能型风力、光伏箱变产品；主持和开发智慧城市产品的研发；领导盛隆电气集团科技中心的发展建设；组织引进了先进的柜架生产线。

（2）盛隆大学的运作机制

在盛隆，每一个来到盛隆的新员工，不管是高中毕业还是大学毕业，都要先到盛隆大学进行培训，学习盛隆文化，熟悉盛隆的电气产品。这些人不仅要学技术，还要学管理、学营销，了解公司的文化、群体老板体制。盛隆不仅是“造星工厂”，还是一所大学，一所培养年轻老板的大学。

群体老板制的精髓，关键还是要培养称职的老板。老板的培养，一方面是在实践中培养，通过师徒制的模式，就像谢清伦带徒弟一样；另一方面就是通过一定的机构培养。盛隆公司创立了盛隆大学武汉创业学院，聘请教育家、原武汉大学校长刘道玉担任校长，先熟悉业务，即电气设计、技术管理、生产管理、工厂管理等经验，一旦具备一定的知识经验，相对成熟了，就可以有机会自己当老板。

与其他企业不同，新人入职，都是定位于准老板，这些人来盛隆是学习和实践创业导向的，创业人才的培养就是盛隆的使命。

资料来源　宋学宝，曹珊珊．"群体老板"共创盛隆电气．清华经管案例中心，中国工商管理案例中心，编号：8-116-331；盛隆电气集团．盛隆群体老板之路［M］．北京：知识产权出版社，2017.

本章小结

组织文化的实质内涵是价值观，组织文化的要素建构有通用规则和特殊规则之分。通用规则是指管理本身的内在逻辑对组织文化建构的制约性，特殊规则是指组织本身的特点、组织文化倡导者的特点对组织文化要素选择和建构的影响。一个积极的组织文化具有激励、减压、吸引和行为塑造等功能。

个人和组织的价值观追求是有差异的，如何让员工尽早与组织文化相契合是构建组织文化的关键。从本质上看，个人与组织是交换关系，双方是带着各自的需求走到一起的。个人对组织文化的影响力，因领导力的不同而不同。领导力大的，影响力大；反之，则小。

组织社会化是帮助员工了解组织、适应组织，进而关心组织、留恋组织的理想途径，即通过一定的方法、途径、策略，使新员工尽快地了解组织的结构、文化和制度，了解工作岗位，了解人际环境，适应新环境，并逐步被新环境同化，成为组织忠诚的、可靠的、进取的员工。组织社会化主要通过三个渠道进行，分别是组织的干预措施、群体的影响和个体自身的作用。

关键概念

组织文化　组织亚文化　个人-组织契合　组织社会化

单项选择题

10.1　最早论及组织文化理论的管理学家是（　　）。

A.泰勒　B.法约尔　C.巴纳德　D.梅奥

10.2　最早提出Z理论的管理学家是（　　）。

A.罗杰斯　B.威廉·大内　C.麦格雷戈　D.沙因

10.3　我们常说的企业愿景（vision）是属于四层次组织文化中的（　　）。

A.物质层面　B.制度层面　C.行为层面　D.精神层面

10.4 组织文化的核心是（　　）。

A.价值观　　B.规章制度　　C.企业愿景　　D.职业道德

10.5 在组织管理中，强调人是整个组织中最宝贵的资源与财富，指的是（　　）。

A.组织的人本文化　　B.组织的企业精神

C.组织的情感　　D.组织的团队精神

10.6 海信的企业精神是“敬人敬业，创新高效”，这是一种（　　）。

A.象文化　　B.狼文化　　C.鹰文化　　D.羚羊文化

思考题

10.1 如何理解组织文化的概念？

10.2 为什么企业要重视企业文化建设？

10.3 什么是组织亚文化？哪些因素决定了组织的亚文化？

10.4 社会化能为组织带来什么好处？能为组织的新成员带来什么益处？

10.5 简述组织文化建设的机制与主体。

案例分析题

海底捞的企业文化

在海底捞的企业文化中，尊重是成功的根本，一个人只有得到了尊重才会去尊重别人；一个员工只有得到尊重才能尊重他所从事的工作。企业为员工考虑得更多一些，他就会增加对企业的责任感。在海底捞工作只需考虑如何为顾客提供更贴心的服务，公司会帮你解决生活的后顾之忧。

——张勇

四川海底捞餐饮股份有限公司（以下简称“海底捞”）是一家以经营川味火锅为主，融汇各地火锅特色于一体的大型直营连锁企业。1994年成立，经过20年发展，海底捞在北京、上海、西安、郑州、天津、南京、杭州、深圳、厦门、广州、武汉、成都等国内25个城市有94家直营餐厅。在国外，已有新加坡2家和美国洛杉矶1家直营餐厅。年营业额10余亿元，拥有员工近2万人。

海底捞现有七个大型现代化物流配送基地、一个底料生产基地。七个大型物流配送基地分别设立在北京、上海、西安、郑州、成都、武汉和东莞，以“采购规模化、生产机械化、仓储标准化、配送现代化”为宗旨，形成了集采购、加工、仓储、配送为一体的大型物流供应体系。位于郑州的底料生产基地，其产品已通过HACCP认证、QS认证和ISO国际质量管理体系认证。

海底捞是一家火锅店，但它的出名除了美食之外，更在于它的服务。成立至今，海底捞热情周到的服务使其赢得了“五星级”火锅店的美名，获得“食客口碑奖”“最具幸福感服务业企业”“最佳服务体验餐厅奖”“中国人力资源管理学院奖之最佳实践奖”“最佳印象餐厅杰出奖”等多种荣誉称号，成为中国火锅第一品牌。支撑海底捞优质服务的背后是海底捞简单而珍贵的文化逻辑（如图10-7所示）。

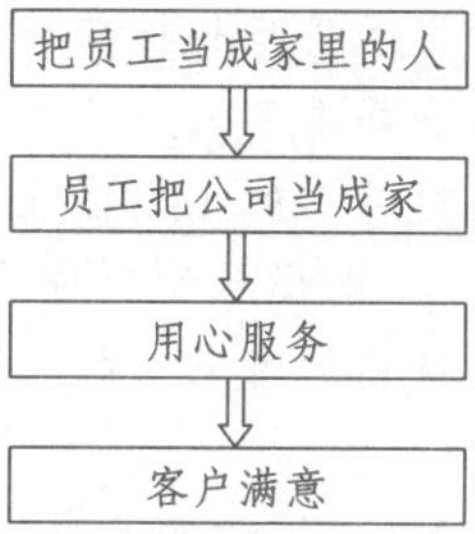

图10-7 海底捞文化逻辑

家，是绝大多数人的精神家园，一生的追求与荣辱都同家连在一起。中国人对家有着特别的情节。张勇在海底捞创造了一种家庭氛围，家的文化是海底捞的基础，把员工当家人看是海底捞最大的创新。

体贴

张勇真正把海底捞的每个员工当作家人来对待，衣食住行，样样考虑。他给员工租和城市人一样的正规楼房，基本为步行距离不超过20分钟的正式小区或公寓中的两、三居室，不能是地下室，屋内空调、暖气、电视、电话一应俱全；配置专人给员工打扫卫生，换洗被单；逢年过节慰问员工，同时还能想到员工的父母，每月给中层干部和优秀员工的父母发放补助；出资千万元在四川简阳建了一所寄宿学校，让员工的孩子免费上学，其中还为店长及店长以上的员工干部提供不同程度的教育津贴；设立了专项基金，用于治疗员工和直系亲属的重大疾病；在海底捞工作满一年的员工，若一年累计三次或连续三次被评为先进个人，该员工的父母就可探亲一次，往返车票公司全部报销，其子女还有3天的陪同假，父母享受在店就餐一次。

对那些背井离乡在海底捞打工的“大孩子”们，海底捞有一个特殊政策——对优秀员工和管理干部进行不定期家访。这样做的目的有二：一是代表他们去问候父母和子女；二是了解员工的家庭情况。

这一系列的亲情化、人性化的措施解决了员工的后顾之忧，让员工对企业有了强烈的归属感，铸成了海式大家庭。领导把员工当家人，员工才会把公司当家。每当员工在家乡的父母领到公司的补助，脸上就有了光彩，都说：“这孩子有福气，找到一家好公司，老板把他当兄弟！”

信任

家人之间不仅要互相体贴，还应互相信任。把员工当成家人，就要像信任家人那样信任员工。

在海底捞，信任的标志就是授权。海底捞的普通员工有给客人打折和免单的权力。不论什么原因，只要员工认为有必要，都可以给客人免一个菜或加一个菜，甚至免一餐。而在其他餐厅只有经理才有这种权力。除了日常用餐的小处授权外，即使是像选店址这种大的决策，张勇只参与和批准每年开多少店的总计划。具体在哪儿开店、什么时候开店、装修标准都由各大区负责。对于餐饮这种“地点选对即成功一半”的行业，这种授权亦是对员工的无比信任。

孟子说：“君之视臣如手足，则臣视君如心腹。”张勇把员工视为姐妹手足，将心比心，员工自然把海底捞当作自己的家来呵护。

公平和希望

追求公平从来就是穷人的DNA，因为穷人认为世界对他们不公平。海底捞员工的主体是农民工，自然是最渴望公平的群体。海底捞追求公平的企业文化准确地打中了他们这一精神诉求。

海底捞的大部分人都是农村出来的，上过大学的人凤毛麟角。在海底捞学历不再是必要条件，工龄也不再是必要条件。这种不拘一格选人才的晋升政策，不仅让这些处在社会底层的员工有了尊严，更是在他们心里打开一扇亮堂堂的窗户：只要努力，人生就有希望。

海底捞给员工公平的环境，所有的员工都从一线做起，任何新来的员工都有三条晋升途径可以选择：管理线、技术线、后勤线（如图10-8所示）。海底捞所有管理干部必须从服务员干起的这条铁律，让杨小丽、袁华强、谢英和林忆这些没有学历，但有管理才能的员工通过晋升到管理职位改变了命运；有业务能力的人，也可以通过后勤晋升通道，成为财务、物流和维修等业务人员而改变命运。

图10-8 海底捞员工发展路径

从传菜员到门童、到会计，再到领班、大堂经理，最后晋级到片区经理，现在担任海底捞火锅董事职务的袁华强说：“只要正直、勤奋、诚实，每个海底捞的员工都能够复制我的经历。”

资料来源 郑晓明．“海底捞”的管理智慧．北京：清华经管案例中心；黄铁鹰．海底捞你学不会［M］．北京：中信出版社，2011.

问题：

1.海底捞的文化对海底捞的发展有何影响？

2.其他企业，特别是知识型员工较多的企业能否复制海底捞的文化？

3.结合“情、理、法”的社会背景与现实市场环境，分析海底捞的文化是否可取。

推荐阅读资料

[1] 杨艳英，李柏松. 企业文化修炼案例［M］. 北京：蓝天出版社，2005.
[2] 马丁 J.组织文化［M］. 沈国华，译. 上海：上海财经大学出版社，2005.
[3] 孙萍. 文化管理学［M］. 北京：中国人民大学出版社，2005.
[4] 盛隆电气集团. 盛隆群体老板之路［M］. 北京：知识产权出版社，2017.
[5] 谢清伦. 企业共创共享管理模式及运行机理：盛隆“群体老板制”实证研究［D］. 武汉：武汉大学，2019.

网上资源

http：//www.7158.com.cn

http：//www.bsr.org

http：//www.ghrlib.com/talent/5948www.cnmags.com

http：//www.cssn.cn/glx/glx_jlr/201401/t20140116_945626.shtml

附录03 章后客观题参考答案

第1章 1.1 B 1.2 B 1.3 B 1.4 C

第2章 2.1 D 2.2 D 2.3 A 2.4 C

第3章 3.1 C 3.2 B 3.3 A 3.4 D 3.5 B 3.6 C

第4章 4.1 C 4.2 A 4.3 C 4.4 C 4.5 A

第5章 5.1 B 5.2 C 5.3 C 5.4 A 5.5 D 5.6 B

第6章 6.1 D 6.2 A 6.3 C 6.4 B

第7章 7.1 B 7.2 B 7.3 C 7.4 D 7.5 B 7.6 B 7.7 A 7.8 C 7.9A

第8章 8.1 A 8.2 C 8.3 D 8.4 D 8.5 B 8.6 B

第9章 9.1 A 9.2 C 9.3 D 9.4 A 9.5 C 9.6 D

第10章 10.1 C 10.2 B 10.3 D 10.4 A 10.5 A 10.6 A

参考文献

[1] 菲尔德. 工作评价——组织诊断与研究实用量表 [M]. 阳志平，等，译. 北京：中国轻工业出版社，2004.

[2] 张德. 组织行为学 [M]. 北京：清华大学出版社，2000.

[3] 陈春花，杨忠，曹洲涛，等. 组织行为学 [M]. 北京：机械工业出版社，2009.

[4] 诺思豪斯. 卓越领导力——十种经典领导模式 [M]. 王力行，等，译. 北京：中国轻工业出版社，2003.

[5] 吴培良，郑明身，王凤彬. 组织理论与设计 [M]. 北京：中国人民大学出版社，1998.

[6] 余凯成. 组织行为学 [M]. 大连：大连理工大学出版社，2001.

[7] 孙彤. 组织行为学教程 [M]. 北京：高等教育出版社，1995.

[8] 俞文钊. 管理心理学（上册）[M]. 上海：东方出版中心，2002.

[9] 俞文钊. 管理心理学（下册）[M]. 上海：东方出版中心，2002.

[10] 卢盛忠. 管理心理学 [M]. 杭州：浙江教育出版社，1998.

[11] 郭永玉，王伟. 心理学导引 [M]. 武汉：华中师范大学出版社，2007.

[12] 龙立荣，李晔. 职业生涯管理 [M]. 北京：中国纺织出版社，2003.

[13] 彭聃龄. 普通心理学 [M]. 北京：北京师范大学出版社，1988.

[14] 洛克. 把握你的职业发展方向 [M]. 王东升，等，译. 北京：中国轻工业出版社，2006.

[15] 王重鸣. 管理心理学 [M]. 北京：人民教育出版社，2000.

[16] 史班瑟. 才能评鉴法 [M]. 魏梅金，译. 汕头：汕头大学出版社，2003.

[17] 张志和. 企业培训实务 [M]. 广州：广东经济出版社，2001.

[18] 刘光明. 企业文化 [M]. 北京：经济管理出版社，1999.

[19] 俞文钊. 领导心理学导论 [M]. 北京：人民教育出版社，1999.

[20] 罗宾斯. 组织行为学 [M]. 孙健敏，李原，译. 7版. 北京：中国人民大学出版社，1997.

[21] 罗宾斯，贾奇. 组织行为学精要 [M]. 吴培冠，等，译. 9版. 北京：机械工业出版社，2008.

[22] CHEN GUOQUAN. Management practices and tools for enhancing

organizational learning capabilities [J]. SAM Advanced Management Journal, 2005, 70 (1) .

[23] 陈国权，马萌. 组织学习评价方法和学习工具的研究及其在30家民营企业的应用 [J]. 管理工程学报，2002 (1) .

[24] 陈国权. 组织行为学 [M]. 北京：清华大学出版社，2006.

[25] 胡君辰. 组织行为学 [M]. 北京：中国人民大学出版社，2014.

[26] 房玲. 印象管理综述 [J]. 社会心理科学，2005 (3) .

[27] 刘正周. 管理激励 [M]. 上海：上海财经大学出版社，1998.

[28] 吴志明. 招聘与选拔实务手册 [M]. 2版. 上海：北京机械工业出版社，2006.

[29] SCHNEIDER B, GOLDSTEIN H W, SMITH D B, The ASA framework: an update Personnel Psychology, 1995 (48): 747-769.

[30] 赵慧娟，龙立荣. 个人-组织符合度的测量 [J]. 人类工效学，2003 (4) .

[31] 赵慧娟，龙立荣. 个人-组织匹配的研究现状与展望 [J]. 心理科学进展，2004 (1) .

[32] 康戴夫. 冲突事务管理：理论与实践 [M]. 何云峰，等，译. 北京：世界图书出版公司，1998.

[33] 吴志明. 招聘与选拔实务手册 [M]. 2版. 北京：机械工业出版社，2006.

[34] 格林伯格.化解压力的艺术 [M]. 12版. 张璇，译. 北京：机械工业出版社，2014.

[35] 黄卫伟. 以奋斗者为本：华为人力资源管理刚要 [M]. 北京：中信出版社，2014.

[36] 田涛，吴春波. 下一个倒下的会不会是华为 [M]. 北京：中信出版社，2017.

[37] 吴晓波，吴春波，黄卫伟，田涛. 华为管理变革 [M]. 北京：中信出版集团股份有限公司，2018.